世界传世藏书

世界枭雄大传

刘宇庚◎主编

線裝書局

世界枭雄大传

沙场悍将

线装书局

卷首语

战争是将帅的摇篮。在人类历史上无数次战争中，涌现出了一批又一批的统军将帅。比如，苏联的朱可夫、崔可夫、铁木辛哥、伏罗希洛夫、华西列夫斯基，美国的艾森豪威尔、麦克阿瑟、巴顿、布雷德利、马歇尔、尼米兹，德国的隆美尔、邓尼茨、布吕歇尔，英国的蒙哥马利、坎宁安，日本的山本五十六等。他们中，有的因为其战功卓著为人称道，有的因其给人类带来巨大灾难而恶名昭彰。

在战场上，他们指挥千军，驰骋沙场，威风凛凛。因此，人们总是把他们与铁血冷酷联系在一起，而对他们的常人之情则关注不多。其实，许多威名赫赫的将帅，他们也有常人一样的生活，在勇猛无畏的另一面却有着水一样的柔情，在刚毅果敢的背后却有着懦弱温情的一面，也即他们既有令人瞩目的战场上的冲锋陷阵，也有丰富多彩的个人生活。并且，这种私生活是将帅全部生活的一部分，其中不乏有趣的内容。

自古有云：胜者王侯败者寇，虽不尽然，但大抵如此。历史，总以成败论英雄。时势造英雄。本卷通过对几十位世界著名将帅人生经历的描述，从某些侧面展示了若干波澜壮阔的战争画面，再现了著名将帅的军事生涯和军人风采。

如果说战争与文化是推动历史这辆大车前进的两个发动机，那么名将就是前者的燃料、后者的催化剂。问天下哪一个热血男儿，不欲"了却君王天下事，赢得生前身后名"，品尝一番"醉里挑灯看剑，梦回吹角连营，沙场秋点兵"的冲天豪情。

然而要做一个名将并不是那么简单的，它需要勇敢和努力，还需要天分和运气，它需要太多太多常人难以企及的素质。

本卷所写的仅仅是世界历史长河中的一部分。窥一斑而知全豹，通过对他们的了解，也许会有助于我们了解整个世界历史发展的进程。

目　录

世界传世藏书·世界枭雄大传

·沙场悍将卷·

美国伟大的军人

——约翰·约瑟夫·潘兴

人物档案

简　历：1882 年进入西点军校，1886 年毕业，前往骑兵团任职；1890～1891 年到新墨西哥和南达科他州参加讨伐印第安人的作战；1898 年参加入侵古巴作战；1916 年率部对墨西哥进行武装干涉；第一次世界大战末期，率部进行圣米耶尔等战役。

生卒年月：1860 年 9 月 13 日～1948 年 7 月 15 日。

安葬之地：阿灵顿国家公墓。

性格特征：雄心勃勃、为人严厉、政治上十分老练。

历史功过：第一次世界大战期间，潘兴凭着顽强和不屈不挠，终于在欧洲建立了他为之奋斗的美国集团军群，为总参谋部在第二次世界大战发挥不同于第一次世界大战的更大作用铺平了道路。

名家评点：英国战史家德尔·哈特上校在他的《十年后的声望》一书中高度评价了潘兴，说："可能不会有第二个人能像他那样把美军建成如此规模的部队。没有这支部队，第一次世界大战几乎不可能出现转机，更谈不上取胜。"

破格晋升

约翰·约瑟夫·潘兴 1860 年 9 月 13 日出生于密苏里州林恩县拉克利德的一个普通家庭。父亲是南部联邦军一位退伍军人。年轻时的潘兴勤奋好学。小学毕业后，考入师范学校。从师范毕业时，取得美国陆军军官学校（即西点军校）的入学资格。

1882 年，潘兴进入西点军校学习，1886 年毕业。潘兴被授予少尉军衔，前往第 6 骑兵团任职。5 年后，调任内布拉斯加大学军事教官。

1890～1891 年，潘兴奉命到新墨西哥州和南达科他州参加讨伐印第安人的作战。

1897 年,潘兴回到西点军校,担任战术教官,因纪律严明、要求严格,学员们很喜欢他。学员们称他为"黑鬼杰克""黑杰克"。

1898 年 2 月 15 日,在古巴哈瓦那港口,停泊在这里的美国战列舰"缅因"号突然发生猛烈爆炸而沉没,死伤 300 余人,酿成震惊世界的惨案,该事件导致了美西战争的爆发。战争爆发后,潘兴奉命率领黑人骑兵团参加作战。在埃尔卡纳和圣胡安山战役中,潘兴与西奥多·罗斯福的第一义勇骑兵团并肩作战,并结下深厚的战斗友谊。战争结束后,上级给他的评价是"潘兴是我见过的炮火底下最冷静的人"。

1899 年,潘兴被派往菲律宾,在美军中任副官。在此期间,他所表现出来的除勇敢和精悍有为之外,还有他的成熟老练的政治才能。他指挥镇压了摩洛族人民的武装起义,并于 1903 年绥靖了棉兰老岛的摩洛人,成功地巩固了美国在菲律宾的殖民统治。1904~1905 年任美国驻日本武官,兼任日俄战争的军事观察员。其间,潘兴作为美军观察员到过中国东北。

为了奖赏他的成绩,1906 年罗斯福总统破格把他从上尉直接提升为准将,成为美国历史上唯一的由上尉军衔直接晋升为准将的军人,并任棉兰老岛军区司令和摩洛省省长。1913 年,潘兴返回美国。

罗斯福总统的任命,使名不见经传的潘兴能够跻身于美国的高级将领阶层,得以进一步施展才华;同时也使舆论哗然,纷纷盛传他借助岳父飞黄腾达。有些心怀不满的军官还散布流言蜚语,诋毁潘兴。潘兴的岳父是一个富有的农场主,任参议院军事委员会主席,他并没有为潘兴去争取什么。潘兴的成功完全靠自己的努力。所有和潘兴接触过的政治家,无一例外地都对他的那种职业化的极度严峻和献身精神产生由衷的敬佩之情,罗斯福对他的喜爱也说明了这一点。

奉命出兵

1916~1917 年,美国再次武装干涉墨西哥。战事使潘兴有机会在困境中充分地表现对政府当局的忠心,进一步稳固了他在政治家们心目中的地位。当陆军少将范斯顿去世后,潘兴晋升为少将,继任墨西哥边境司令。

1916 年美国占领墨西哥维拉克鲁斯,加剧了墨西哥人的反美情绪。3 月 9 日,墨西哥人弗朗西斯科·维拉率兵袭击了美国新墨西哥州哥伦布城。美国人当然不能容忍。一周后,潘兴奉命追捕维拉。

3 月中旬,美国陆军部派了 5000 名正规军,在潘兴的率领下跨过边境,追击维拉的军队。但美军的入侵激起了墨西哥人极大的愤怒,追击行动十分艰难。墨西哥军队也投入了对美军的战斗。

在这种危急情况下,美国陆军部队一方面提议扩充军队,使正规陆军达到满员的兵力,一方面试图向墨西哥征兵。扩军一时没有什么结果,陆军部又向墨西哥增派了 7000 人。

4 月 12 日,潘兴的部队同墨西哥部队在帕拉尔发生了小规模的战斗,墨军要求潘兴撤退。潘兴的参谋长斯科特少将等人在艾尔帕索墨军事首领阿尔瓦罗·奥伯雷贡举行了会晤,同意在墨军控制住维拉后,逐步撤走潘兴的部队。维拉对此协议嗤之以鼻,袭击了得克萨斯州的格伦斯普林斯。墨军要求美军撤回部队,如果潘兴不撤军,就以战争相威胁,而美国政府又以维拉威胁着美国的城镇而不愿撤走潘兴的部队。在这种情况下,战争看来是不可避免的了。

5月9日,陆军部征召得克萨斯州、新墨西哥州和亚利桑那州的国民警卫队。但是,三个州的民兵是不够的。在边境事件的压力和在威尔逊的竭力调解下,参众两院和陆军立法会议的人员最终达成了妥协,《国防法》分别于1916年5月17日和29日在参众两院通过。

这个法律规定:和平时期的正规陆军兵力,在5年内增至17.5万人;在战时,正规陆军可扩充到28.6万人。其基本力量编为65个步兵团、25个骑兵团、21个野战炮兵团、7个工程兵团、2个机动工程兵营、263个海岸炮兵连、8个航空中队和支援部队。该法批准了战术师和战术旅的编制,即每师3个旅,每旅3个团。

但是,法案解决不了美国眼前的急需。这时候,潘兴率领1.2万正规军已深入墨西哥腹地,由于兵力有限,部队补给品在进入墨西哥后,时常受到当地游击队的袭击,使潘兴深感指挥如此小规模的战争都十分困难。

面对这种处境,潘兴忠于职守,苦苦支撑。在此期间,对于潘兴个人来说,其损失极大,妻子和3个女儿被烧死,只有1个儿子幸存。

1917年初,威尔逊总统担心长期下去,潘兴同墨西哥部队的摩擦会导致一场大战,于是下令停止战争,将潘兴的军队召回。

1917年2月,潘兴被授予少将衔。

开赴欧洲

1917年,第一次世界大战欧洲战场的形势急剧变化,美国已不愿再隔岸观火了。

3月9日,威尔逊下令武装美国商船,4月2日又敦促国会提前召开特别会议,审议对德宣战问题。这期间,又有数艘美国商船遭到德国潜艇袭击。俄国又爆发了"二月革命",政局动荡不稳,协约国的东方战线出现了危机。这些都成了加速美国参战的促进剂。到4月6日,美国国会两院相继通过了美国参战的决议。

4月6日,美国政府对德国宣战,决定组建远征军,开赴欧洲西部战线作战。美国宣战之初,华盛顿的陆军参谋部法定员额是19名军官,现役陆军正规军不足15万人,加上国民警卫队兵力,共20万。没有独立的空军,仅在陆军通信兵里有130名飞行员和55架老式飞机。只有海军的海上舰队已初具规模。

5月,法国和英国派霞飞为特使专程到美国说明欧洲战场的危急形势,敦促美国尽快出兵支援。5月7日,潘兴被任命为美国驻欧洲远征军司令。陆军从驻墨西哥边境部队中调回4个团,编成远征军第1师。

5月底,美国远征军司令部启程开赴法国。在第1师到达法国前3星期,潘兴已到达法国,以建立一个美军驻欧司令部。他要准备迎接一支从墨西哥边境调来的美国军队的到来,这支军队最终将由他来指挥。同时,他还要搜集情报,以供陆军部决定派往欧洲的陆军数量。

6月,潘兴带着当时仅有的这1个师和海军陆战队1个团,出现在巴黎街头,象征性地显示美国参战的决心和力量。随后美国又象征性地派去1个师,以鼓舞协约国士气。

潘兴少将是一位雄心勃勃、为人严厉、政治上十分老练的军官,他无意使自己的部队接受参谋部或协约国的调遣。

潘兴刚直不阿的职业道德和献身精神,给所有接触过他的政治家留下了深刻的印象。据说,陆军部长贝克曾告诉潘兴,他只给美国远征军司令官潘兴两个命令:"一个是出发,一个是返回。"贝克几乎没有食言。

潘兴被授予"美国法律、条例、命令和惯例对一位战时陆军野战军指挥官和平时与战时各部门指挥官所能授予的所有权力和职责",以及"总的来说……按照上述精神能坚韧不拔和协调一致地将战争引向胜利所必需的一切职权"。

在当时,美国还没有产生现代化的参谋部,陆军部又比较弱,因而战场司令官大都比较能干,权力也甚是突出。华盛顿同潘兴的驻法司令部之间的遥远距离,势必会提高这位将军的职权。而潘兴也确实把他的权力扩大到了最大限度。

潘兴前往法国上任时,政府和陆军部的特殊情况,更进一步确立了潘兴那个近似独立总督的地位。

为了迅速增加美国陆军兵力,1917 年 5 月 18 日威尔逊总统签署了《选征兵役法》,规定 21~30 岁为征集年龄(1918 年 8 月改为 18~45 岁)。根据欧洲战场的需要,陆军部计划在 1918 年底以前向欧洲派出 52 个师,235 万人,1919 年 6 月再增至 80 个师。

组建如此巨大规模的军队,并要在短时期内调往欧洲执行作战任务,不能不说是一项艰巨的"工程"。仅仅把人召齐并武装起来是不够的,还必须经过必要的训练。

陆军部从 1917 年 5~8 月开办了 16 个军官训练营地。每个训练营地都组建成为 1 个临时性的训练团,包括 9 个步兵连、2 个骑兵连、3 个野战炮兵连和 1 个工兵连。经过训练后有 2.7 万多人被编入现役。当陆军师普遍建成后,各师都自办军官训练营地。后来,随着部队陆续开赴欧洲,又开办了 8 所军官训练学校,每期 4 个月(后来缩短为 3 个月)。整个战争期间,共有 8 万多人毕业于各类军官训练学校,成为军官。尽管时间有限,但凡是要指挥部队的军官,都程度不同地接受了专门训练。

陆军部决定,步兵要在美国国内训练 4 个月,再派往法国。为协助美军进行欧洲西线战场正在实施的堑壕战训练,英国和法国派出了教官。已进驻法国的美军第 1 师,从 10 月起,每个团派出 1 个营跟随法军进入前沿阵地实习 10 天,然后再由其他营轮换实习。后续的几个美军师也相继采用了上述轮训的方法,使部队在正式参战前得到一定的实战体验。

美国决定参战后,美国海军于 1917 年 4 月 10 日和 11 日与英法海军会谈,初步划分了各自作战区域。美国负责西半球海域安全;英国主要承担英伦本土周围海区的反潜作战,美国尽力协助。美国援助英国的第 1 批 6 艘驱逐舰于 5 月 4 日到达爱尔兰的昆士敦,至 7 月 5 日已有 35 艘美国驱逐舰停泊在该基地。美国从 5 月份停止了上一年的庞大的战列舰建造计划,改为紧急建造 250 艘驱逐舰和 400 艘猎潜舰艇,以对付日益加剧的德国潜艇威胁。

潘兴经过同法国人和英国人的协商,并观察了他们的部队情况后,于 1917 年 7 月提出了一项《大编制计划》。他提出的美国应向法国派出的兵力,大大超过了威尔逊在战争文告中宣布倾其国力时所设想的数字:到 1918 年 12 月 31 日,要派往法国 100 多万人。潘兴强调,美国必须送去一支完整的军队,即 20 个师及其支援部队,因为这样一支军队,在"现代战争中才是作战编制完善、结构均衡的最小单位"。此外,潘兴认为,英法军队士气不振,法国在凡尔登战役后,人力已近枯竭,精神上也几乎崩溃,他们已从编制表上撤销无法恢复战斗力的师。英国人的状况也好不了多少,他们把部队送进了 1917 年进攻的屠宰场。现在,只有一支大规模的美国陆军才能战胜德国人。而且派往法国的这 100 万人,不应被认为已是应派出的最大数量,或是法国只需要这么多。

陆军部将潘兴的《大编制计划》和支援部队补充计划合并为一个计划,将 137 万人编成的 30 个师及其辅助部队,在 1918 年 12 月以前全部送往法国。但是,潘兴对英国和法国的前景日趋悲观,事实证实了他的担心。英国 1917 年的攻势一败涂地,伤亡 25 万人,到年底,英国在法国的兵力比 1 月份减少了 10 万人;而且他们已无力补充损失。11 月,布尔什维克革命使俄国退出了战争。

潘兴估计,这样德国就能够集中 250~260 个师来对付西线协约国的 160 个师。当德军所指望的 1918 年的攻势逐渐展开,而且节节胜利,从而使战争自 1914 年以来第一次转向西线时,潘兴修改了他对美国远征军所需兵力的估计,认为到 1919 年 5 月应达到 300 万人,共 66 个战斗师。他提出这个估计数时,是在 1918 年 6 月 21 日。这时,德军正在铁尔里堡的马恩摆开阵势,准备向 40 英里以外的巴黎做最后的挺进。潘兴同协约国军总司令费迪南·福煦元帅协商后的两天内,又增加了他的估计数:"为了在 1919 年赢得战争,必须要有一个人数上的优势,而这一优势只能由我们于 4 月已在法国的 80 个师和到 7 月的 100 个师来创造。"

陆军部并不相信到那时能将 100 个美军师集结到法国,而且认为没有必要。但是,陆军部答应潘兴到 1919 年 6 月将建立 98 个师,其中 80 个师将派往法国。原来计划到 1918 年 12 月 31 日将派往法国 30 个师,共 1372399 人,现在新加强的计划改为要求到那时给潘兴派去 52 个师,共 235 万人。上述目标使征兵年龄扩大到从 18 岁到 45 岁。

协调调运

为了保证急剧增加的军备生产和战场物资供应,在动员美国国民经济方面,国会也采取了一系列措施。开战两天后,政府成立了军需品总局,专门负责军事采购方面的协调工作。该局由 20 名成员组成,其中包括陆军后勤供应官和总参谋部的军官。1917 年 7 月 28 日,军需品总局改组为战时产业局,下设若干分组委员会。任务是掌管军需品采购结算、重要原料分配和战时工业生产管理。战时产业局逐渐成为"政府中最强有力的机构",成为"美国而且在很大程度上也是协约国的经济独裁者"。8 月,威尔逊总统设立了与战时产业局平行的粮食管理局,统一调度国内的粮食和肉类生产,使战时美国粮食输出得以逐年成倍增长。

8 月中旬,潘兴任命道斯将军为美国欧洲远征军的采购总管。潘兴仍主张大批购买协约国物资,而英国和法国却只同意有限的合作。最终,在美国欧洲远征军所要的 1800 万吨航运物资中,从欧洲采购到了 1000 万吨。

像在欧洲的其他所有事情一样,华盛顿的参谋部只通过潘兴和美国欧洲远征军司令部来控制在欧洲的补给工作。潘兴建立了一个交通司令部,集中部队的支援工作。后来该司令部改称为补给部,由1名将级司令官领导。他的司令部有一个后方区域。他将这个区域又分为几个地区:开始是8个,最后是9个地区。基地设在法国和英国主要港口区附近,以接收和发出从美国运抵的货物;中间地区是美国欧洲远征军的库存站;设在前方地带,即作战地带之后的前进地区,是美国欧洲远征军的宿营和训练区。每个区的司令官向补给部司令官报告。在开始出现一些权力重叠现象后,潘兴的技术与补给参谋,被调任补给部做参谋。

面对德国人即将发动的强大攻势,协约国首脑迫切希望美国增援大批士兵。从1917年12月~1918年1月,他们眼睁睁地看着37个师还在美国本土组建和训练,同时又仔细地研究了美国远征军的派遣计划。他们对眼前的状况颇感不快。协约国担心美国是否有能力装备和运送一支独立的野战军队,还怀疑美军指挥官的参谋人员是否有能力组织和指挥这样一支部队去抗击身经百战的德国人。此外,他们还害怕自己没有美军支援就无法阻挡德军。

协约国是想把美国部队从1000人的营到26000人的师,分别编入法国和英国的现有军队编制之中。其目的是防止美军部队组成一支独立的野战军队而使之全部变成支援部队。

于是,英法两国同美国就运输和军队混编的问题进行谈判,英国以拥有的航运力量、法国以拥有的各种装备为本钱,双方一直争论不休。其间经历了两个阶段:1917年12月~1918年3月,为第一阶段;1918年3~6月,是第二阶段,是德国发动进攻以及后来丧失了战略主动权的期间。

关于军队混编问题,美国远征军司令潘兴态度强硬,甚至超过那些向他下达命令的文职官员。他坚持把美军建成一支独立的军队,力主美国集中编组,极力反对将美军分散在英法军编制内行动,为此与费迪南·福煦发生激烈争执。有几次甚至争得面红耳赤,无法下台,只是在贝当的斡旋下才重归于好。费迪南·福煦也做出让步,同意美军单独编组,独立作战。甚至当威尔逊和贝克由于受协约国及他们自己的顾问的影响对此产生动摇时,潘兴也总是毫不动摇。他赞同威尔逊的设想,认为保持一支独立的部队对于实现总统的战争目的至关重要。对于协约国的指挥程序、作战思想、训练和领导能力能否被美国军队所接受,他也持怀疑态度。

争论的第一阶段始于英国的一项建议。英国提出,由英国船只将10个师中的全部步兵营运往法国。潘兴并不反对他的部队与英国人共同训练,但他坚持说,这一计划会使这些步兵为了有效作战而不得不与英国远征军混编,因此是不可接受的。经过数次针锋相对的会谈和电报往来,美国远征军和英国达成协议,用那些尚未指定运送美军部队的英国船只运送6个整师去欧洲。当美国部队与英国远征军共同训练时,美国货船将送去他们的装备。

早在"六师计划"付诸实施之前,德军的3月攻势已迫使协约国重新坐下来,就酝酿已久的混编问题再次同美国讨价还价。经过一系列的激烈争论,潘兴同意推迟组建他的野战部队,但他表示,除了在紧急情况下协约国司令们可以动用美军部队外,他不接受任何条件。他原则上引用了协议中的内容:必须组建一支美国的军队,而且美国军队应在洛林建立自己的防区,这里是美国远征军计划在1918年和1919年发动攻势的地方。关键问题是英国的航运。英国从其他任务中抽调了更多的船只,建议在3个月内以每月12万人的速度从美国运送步兵机枪手到欧洲,让他们与英国远征军共同作战。1918年4月,陆军部背着潘兴同意了这一建议。

潘兴和未得到增援的法国人对此颇为不快。

5月初,在法国阿伯维尔举行的一次会议上,潘兴坚持要再次修改运输计划,使之能运送整师部队。为换取法国的支持,他提出,英国船只可以运输这些部队,但在部队的使用上应与法国共享。虽然英国一再提出他们在1918年的战斗中受到了空前的损失,但协约国新任统帅法国的费迪南·福煦将军宣称法国也很需要援军。为解决这一争执采取了一项权宜之计:步兵和机枪手将被优先运往欧洲,但6个师中的其他部队也将在短期内运去。如果英国能腾出更多船只,他们还可以运送更多的步兵。这一协议只包括5月、6月和7月3个月的时间。

潘兴的参谋机构重新研究了航运计划,发现虽然已有近百万士兵正在开赴前线,美国远征军要作为一支独立的军队仍缺少近40万支援部队。与此同时,德军沉重地打击了法国军队,迫使其撤向巴黎。

6月1日和2日,在凡尔赛举行的另一次会议上,潘兴和陷入穷途末路的法国人再次联合起来,力图改变英国人提出的航运计划。为换取更多的英国船只,潘兴同意再向欧洲增派10个师的战斗部队,但他仍要求由英美船只共同运送增派的支援部队。

随后,事情有了根本性的进展,从1918年5月到7月,每月平均有27万美军抵达欧洲。这一紧急部署使美国远征军的数量超过100万,并拥有足够的支援部队,使一支独立的军队初具规模。美国远征军尚未准备好作为一支独立野战军单独作战,但它避免了混编,并使其部队按师建制齐装满员,而没有被分散编入协约国的师中。这当然是由于潘兴坚持的结果。

美军部队大批奔赴法国,再次使陆军部的计划受挫。在凡尔赛会议上,费迪南·福煦将军估计,美国必须提供100个师(按欧洲标准为200个师)才能确保在1919年取胜。潘兴赞同这一新的方案,他认为应刺激一下美国对于战争三心二意的态度。

1918年6~7月间,欧洲战局动荡不定,陆军部和军事工业委员会研究了局势,并断定,鉴于航运和供应条件,美国最多只能提供65个师。在获得提供更多的英国航运和协约国装备的许诺后,陆军部将部队数量提高到80个师。从7月到战争结束,美国的征兵和武器装备订货都围绕着"80个师方案"进行。

除了关于混编的争论和美国远征军的迅速扩编等问题,潘兴的司令部在组织问题上也面临着广泛的难题。大部分问题都是起源于美国军事系统、各军种间的关系和协约国政策的痼疾。在1918年期间,美国远征军总司令部和陆军部参谋部之间的关系严重恶化,潘兴将军和马奇将军分别成为敌对派别的首领。从某种意义上说,问题的产生是出自两个人本身的原因:两位将军都是西点军校的高才生,都曾在菲律宾战功卓著,又都有丰富的参谋工作和海外服役的经验。更为重要的是,双方都自信,只有自己才是战时陆军的主要统帅,这就是矛盾的焦点。在航运计划、美国本土的训练方案、军官的任命和晋升、美国远征军供应体系的管理以及武器的采购等等各种问题上,他们都争吵不休。贝克部长对双方争执的问题进行了裁决,却唯独没有确定统帅陆军的究竟是参谋长还是远征军司令。

潘兴在法国遇到的麻烦使他无法终止与陆军部的电报往来,因为他的部队中缺少有经验的各级军官。除非潘兴能改善美国远征军的混编要求。在参加第一次世界大战的20万名美国军官里,每6个人中只有1人战前在陆军或国民警卫队中服过役。美国远征军军官的专业水平,特别是新军官的水平,在大战期间一直使潘兴感到不安。在美国远征军尚未投入 1918 年的战斗之前,潘兴在法国建立了一整套精心安排的军官训练学校,其课目从武器的使用到参谋的职能无所不包。然而,这些课程使指挥官们在训练期间无暇顾及部队。在美国远征军内,业务能力千差万别,特别是在使用支援武器方面。

潘兴对士兵的要求也很严格。他坚持以西点军校的标准作为美国远征军的标准,并且尽自己的最大努力在纪律、训练、军容风纪和服装上执行严格的规定。但这类战斗几乎是注定不会取胜的。在某些方面,潘兴遵守诺言,要使部队"清洁卫生",他不准许经营妓院(如协约国所为),军医们都竭尽全力与性病做斗争,而且成绩斐然。但反酗酒运动却收效甚微,因为与之作对的是友好的法国人、寒冷的气候以及美国人的嗜酒习惯。更为重要的问题是官兵关系,这一关系的特点是双方在执行任务中相互容忍、默契和漫不经心的态度,特别是在后方各部队中更是如此。

有两类部队特别使美国远征军司令部感到头痛。第一类是海军陆战队。屈服于海军部的压力,潘兴在 1918 年初接受了 2 个陆战步兵团和 1 个机枪营加入美国远征军。这些陆战队被编为第 2 师和第 4 旅,他们纪律严明,后来还击溃了攻击的敌军。但是陆战队坚持要组成一个独立的陆战师,而且他们在华盛顿有着强大的后台,而潘兴绝不允许建立一个独立的陆战师。

还有一个使潘兴恼火的问题是驻法美军中黑人部队的地位。到大战结束时,美军共派遣了 20 万黑人士兵前往欧洲,其中大部分是应征入伍者。四分之三的黑人在劳工部队中从事着对美国远征军来说不可缺少的工作。这些劳工部队给美国远征军总司令部带来了一个很大的问题,就是他们与法国人,特别是妇女的关系过于密切。由于自身的种族偏见,同时也害怕在美军部队中引起黑人与白人间的冲突,潘兴和他的指挥官们在法国建立了 4 个黑人步兵团。这些团队在整个作战当中都表现得很突出。由于白人军官和黑人军官之间的矛盾,以及没有文化的士兵粗俗无礼的行为,从而使陆军对于黑人战斗部队的印象十分恶劣。

经过对协约国战术技术的分析,潘兴强调美国远征军不应采用欧洲式的"堑壕战"战术,而应采用"野战"机动。他强烈要求陆军部减少 800 名协约国军官和士兵在美军训练营中的活动,并命令师级军官尽量不要依赖协约国教官。潘兴要求部队突出小部队袭击,主要依靠手榴弹、迫击炮和自动武器。由于潘兴计划用美国远征军来突破德军防线,因此,他希望部队能做好在开阔的乡村地带作战的准备。

整饬编制

当美军积极参加 1918 年夏季战斗时,陆军部和参谋部曾考虑任命格瑟尔斯建立一个司令部,协助潘兴指挥在欧洲的支援部队和基地工作,让潘兴集中精力于前线作战。但是潘兴不愿意他的权力有任何削弱,坚持认为控制战区的支援活动是战区指挥官的传统特权。为了抵制陆军部的做法,他将自己的第一参谋长哈博德少将调任负责补给部工作,并加强了哈博德司令部的权力。

美国欧洲远征军和陆军部的补给部门共同制定了一项补给协调计划。该计划规定,大量航运和在仓库保存的物资,必须与驻法国部队的性质和数量相适应。这一规定,消灭了频繁地重复订货的现象。当潜艇的威胁减少到足以保障航运计划的实施时,在法国的补给品库存量规定下列标准:在基地库存站为 45 天,在中间地区库存站为 30 天,在前进地区库存站为 15 天标准量。

在前进库存站附近,调度站将各师的补给品装上火车,并运往军需品终点站。从那里,各师再用汽车和牲口将补给运往前线。每个作战师每天要消耗 25 车皮补给品。为了充分利用全法国的铁路运输为前线服务,特别是企图想把法国陈旧的铁路改建成为美国标准的铁路,潘兴任命阿特伯里准将为宾夕法尼亚铁路的总负责人,并让他指挥美国欧洲远征军的运输兵。

1918 年夏,大批美国远征军到达法国。7 月 24 日,潘兴下达了成立美军第 1 集团军的正式命令,8 月 10 日正式成立了美军第 1 集团军,直接由美国远征军司令潘兴指挥。该集团军编成内有 3 个军,辖 14 个师,每师 2.8 万人,加上保障部队,总兵力为 55 万。另有 2 个师的法军,11 万人,也由潘兴指挥。战役开始前,美军第 1 集团军的兵力增加到 17 个师,3000 门大炮,270 辆坦克,1400 架飞机。

当时,第 1 集团军由美军 3 个军 14 个师组成,共有美军 55 万人和法军 11 万人,拥有火炮 3000 门(都不是美国制造的),其中 1329 门由法国人操作,拥有轻型坦克 267 辆,全部为法国制造,其中 113 辆由法国人驾驶。支援该集团军的有在美国航空勤务队威廉·米切尔上校指挥下的近 1400 架飞机,其中包括少将休·特伦查德爵士指挥下的英国独立轰炸机中队和一个有 600 架飞机的法国航空师。

第 1 集团军的编成既反映了美国在法国兵力的迅速增长,也反映了美制装备数量有限。美军在最后 3 个月的战斗中,一直具有这一特点。10 月 12 日,充足的美军兵力使潘兴得以组建第 2 集团军。第 2 集团军将接管第 1 集团军以南的前线地段,并向布雷—隆维铁矿推进;而第 1 集团军则继续 9 月 26 日从摩泽尔河的阿尔贡森林一线发起进攻。潘兴担任集团军群司令官。以前,他是作为贝当集团军群的一部分接受费迪南·福煦命令的,而现在他同贝当及海格爵士平起平坐了。不久,利格特和李布拉德被任命为中将,分别指挥第 1 和第 2 集团军。

截至 11 月 1 日,美国远征军共有 7 个军 41 个师,另有一些部队仍分散在协约国部队中。美军师的数量足以保证把德军击败,并实现福煦 10 月初的预言。因为美军的这 40 个师相当于其他大国军队的 80 个师。法、英、德军各师的正式编制数是 1.2 万名战斗人员,而实际上,法、英各师的兵力通常每师只有 5000 名战斗员。然而,潘兴将每个美军师的人数规定为 979 名军官、27082 名士兵,加上支援部队,共计 4 万人。他的目的是想获得持续作战能力,使美军不至于像英法军队那样,尚未达到目标就无力前进了。

由于战前的晋升是严格执行论资排辈规定的,潘兴发现很多师长年龄偏大,体力不支。堑壕战十分消耗体力,要求有持久的耐力和充沛的精力,因此,他毫不留情地淘汰了在某个方面不符合他要求的人。也许他太不留情、太不耐心了。1917年 12 月,他免去了赛伯特少将第 1 师师长的职务。赛伯特擅长于行政管理,在管理巴拿马运河区的工作中获得了声誉,而潘兴却需要一位更敢作敢为的勇士来领导美军第 1 师的作战。他选择了罗伯特·李·布拉德来接替赛伯特的职务。

由于潘兴坚决地令不称职者离职,因此,他很快就在远征军中建立了他所要求的称职的指挥领导层。

在高级将领中,利克特是完全能胜任军和集团军战术指挥要求的指挥官,他长相肥胖,起初,潘兴很难相信他能达到高标准的身体要求。然而,后来潘兴发现他是人才,一再要求尽可能快地晋升他,总是把他放在最危急的地区上。利克特同他杰出的参谋班子制订了美军 1918 年 11 月 1 日的进攻计划。

独立作战

由于饥荒日益严重,政治局势动荡,德国武装力量损耗严重,鲁登道夫及其幕僚决定在 1918 年发动强大攻势,以便在美国对西线战事施加影响之前迫使对方签订城下之盟。从 3 月 21 日至 7 月中旬,德军分别发动了 5 次大规模进攻,给协约国造成了战术上的重大失败。但是,随着美军少量地参战,协约国军队又重整旗鼓,挫败了德军的进攻,为最后胜利奠定了基础。

为加强对各自为战的各师的控制,潘兴成立了军司令部,并命令马恩河突出部的几个精锐师统一行动,准备参加法国最高司令部计划在 7 月中旬发动的反攻。潘兴担心,他们在法军中“暂时借用”美军师的形式会变为永久性安排。

7 月 18 日,协约国的埃纳—马恩河反攻开始后,美国远征军首次以主力部队的姿态出现。8 个美军师发动了多次进攻,将德军赶回沿埃纳河和维斯尔河一线的防御阵地。

7 月 24 日,西线协约国军统帅费迪南·福煦在法国博蒙召集贝当、海格、潘兴举行他在联军统帅任内的第一次、也是唯一的一次协约国同盟军总司令会议。会上通过了协约国的反攻计划:先消除德军在马恩河、亚眠、圣米耶尔的 3 个突出部,打通被这 3 个突出部切断的铁路交通,然后发起全面反攻以击败德军。

8 月 8 日,协约国军队在西线实施亚眠战役。这是协约国反攻的第 2 个战役,由英国远征军司令海格统一指挥。这一次进攻产生了异乎寻常的结果,处于守势的德军全线崩溃了。那一天被鲁登道夫称作德国军队的一个“黑色的日子”。此后数天中,情况都没有改善,英国远征军的攻势作战给德军造成了一倍于己的伤亡,这种前所未有的现象标志着德军的战斗力和士气开始急转直下,一落千丈了。

西线协约国军司令费迪南·福煦经过前两次反攻战役,逐步看清了德军的败势,开始把彻底打败德军的计划从 1919 年提前到 1918 年底。为做好全面总攻准备,他要求各协约国军部队在整个战线对德军实施连续不断的进攻,不给敌人以喘息的机会。8 月 20 日法军第 10 集团军在苏瓦松至瓦兹河地段向德军第 9 集团军发动了进攻;8 月 21 日,英军第 3 集团军在北线阿尔贝尔至阿腊斯 20 公里正面上向德国第 1 集团军发动了进攻;8 月 26 日英军第 1 集团军也参加了这一进攻。协约国军队的连续进攻迫使德军全线后撤。到 9 月 8 日,大部分德军已撤至春季发动攻势的阵地,即兴登堡防线。

9 月 12 日,美军发动了圣米耶尔战役,这是协约国军队在西线实施反攻的第 3 个战役,也是美军参战以来第 1 次单独组织实施的进攻战役。战役到 9 月 15 日结束,历时 4 天。

圣米耶尔突出部是 1914 年秋季德军进攻形成的。这个突出部楔入法军防线 20 公里。它切断了法军从巴黎到洛林沿战线平行的横向铁路交通,威胁着法军凡尔登、南锡等要塞的后方,同时还能保障德军后方交通枢纽梅斯和布里铁矿区的安全,对德军具有重要价值。所以,几年来德军一直把这一突出部作为重要设防地区,驻有重兵。

还在维斯尔河畔毒气弥漫、反攻形势初见端倪的时候,潘兴就宣布美国第1集团军即将投入战斗,同时把第1集团军所属的5个法军师和15个美军师集结在埃纳—马恩河战场西南的圣米耶尔突出部附近。潘兴不仅打算一举削掉这个突出部,而且一旦德军抵抗不力,便要对梅斯当面的德军主要防御阵地发起猛攻。协约国此时却另有打算。在英国远征军胜利的鼓舞下,海格元帅建议对德军造成一个巨大的"压缩"包围圈。包围圈的一翼为英国远征军,向东横扫比利时和法国北部;另一翼将是美第1集团军和法国军队,向北穿过默兹河和阿尔贡森林区。如果协约国的这一右翼部队能突破德军的五道防线,并杀开血路穿过大约40英里的无人区,就能切断色当和梅济埃尔的德军主要铁路供应干线,迫使德军沿崎岖的阿登地区两侧后撤。由于法国的费迪南·福煦元帅没有其他高招,便采纳了海格的建议,并劝说潘兴削减圣米耶尔攻势的目标。潘兴同意重新部署他的部队,准备在9月底发动默兹—阿尔贡攻势。

潘兴是个个性极强的军人,绰号为"凶恶的杰克"。他在协约国军总部受领在圣米耶尔突出部实施反攻的任务时,有意借机向世人显示美国远征军的力量。他首先提出,第一步应铲平圣米耶尔突出部,然后挥师北上进攻梅斯,切断西线德军的退路,与中段和北段法英军强大攻势相配合,彻底摧毁德军西线防御。对此,福煦和海格以不能与其他战线形成向心进攻为由,加以拒绝。在马恩河、亚眠两个突出部反攻轻易得手后,福煦又要求潘兴大大缩小圣米耶尔作战规模,以分出一部分美军协助法军作战,但遭到潘兴的反对。最后,双方都做了让步,达成协议:美军抽调5个师支援法军,圣米耶尔战役规模稍有变动,比原定目标线缩短9~12公里。

进攻圣米耶尔的作战计划,是由受到潘兴十分赏识的美军第1集团军作战处长马歇尔上校(第二次世界大战时任美国陆军参谋长)负责制定的。该计划对圣米耶尔突出部的两侧底部同时发起强大的向心突击,合围突出部的德军集团。美军第5军将从突出部的西面进攻,美军第1军和第4军从突出部的南面实施主要进攻。法军第2殖民地军的3个师在突出部的顶端实施助攻。

德军防守该突出部的兵力,包括一线的8个师(其中有1个奥匈师),另有2个旅和5个预备队师。尽管统帅部曾下令,"不经过激烈战斗,不准放弃一寸土地",但是,经过连续征战的消耗,后备兵源已近枯竭,德军再也不能与协约国硬拼消耗了。8月底,德军指挥部预先估计到美军可能进攻,于9月8日下令德军撤出突出部。

美军原定于9月10日开始进攻,由于前来支援的法军重炮兵未按规定时间进入阵地,才推迟到9月12日。美军进攻开始时,德军撤退工作远没有结束。

9月12日5时,美军在坦克支援下发起进攻。突出部的德军步兵在撤退中受到攻击,由于大部分炮兵已后撤,无法组织有效抵抗。

圣米耶尔战役是第一次世界大战中协约国集中使用航空兵最多的一次。美军第1集团军的航空勤务队,由美国著名的空权论者威廉·米切尔将军指挥,集中了包括美、英、法、意等国航空部队在内的96个航空中队,各型飞机1481架。战役中,协约国的歼击航空兵积极打击德军航空兵,夺取了战场上空的制空权,轰炸机部队直接配合地面部队行动,攻击德军纵深目标。13日上午,在南面进攻的美军第11师和在西面进攻的美军第26师在维尼厄勒地域会合。当天德军完全放弃圣米耶尔突出部。14~15日美军进抵德军新的阵地后便停止了进攻。战役遂告结束。

这次战役美军以不到7000人的伤亡代价,歼敌5000人,俘获德军1.6万人,收复土地500平方公里,战线收缩了24公里。但是,由于美军未能及时发现德军撤退,因而未能实现合围德军的计划。

协约国以消除西线3个突出部为主要目标的反攻,取得了预期战果。经过近两个月的反攻作战,协约国军队已牢牢掌握了战略主动权,为发动全面总攻创造了条件。

迫敌投降

1918年9月协约国在西线的反攻,铲除了亚眠、马恩河、圣米耶尔3个突出部,战略态势大为改善。协约国军队在兵力对比上对德已形成绝对优势。在西线,协约国拥有211个师,其中包括法军101个师、英军61个师、美军34个师、比利时军12个师、意军2个师、波兰1个师。而德军只有190个师,其中包括奥匈军4个师。在巴尔干、中近东等战场,协约国也不断取得胜利。协约国联军总司令部判明德军已在全线溃退后,决定于9月26日转入总攻,力求在1918年内彻底打败德军,把战争胜利提前1年。

协约国总攻始于1918年9月26日发动的默兹—阿尔贡战役。

9月3日,西线协约国军总司令费迪南·福煦分别向贝当、海格、潘兴下达了9月下旬实施总攻的命令,规定协约国军以其极大部分兵力同时沿向心方向实施3个突击,一举摧毁德军的兴登堡防线。第1个突击,由美军第1集团军(16个师)和法军第4集团军(29个师)在马斯—阿尔贡地区向梅济埃尔方向实施;第2个突击由英军第1、第3、第4集团军(48个师)在法军第1集团军左翼(14个师)的支援下,在圣康坦和康布雷之间向瓦朗西安—互森伊一线推进;第3个突击,由比利时国王指挥的佛兰德集团军群(33个师)在北翼沿海地带和伊斯河之间实施。此外,法军第5集团军(13个师)、第10集团军(13个师)以及第5集团军(6个师)应随后投入交战,用以进一步扩大战果。这样,参加西线总攻的协约军总兵力为179个师,1500辆坦克和5000架飞机。

潘兴对第1集团军的局限性了如指掌,他集结了手下的60万名美军和4000门炮从60英里以外的地方调往新的前线。战线之后储备了4万吨弹药和同等数量的其他补给品,单单此项调动就足以证明参谋班子的计划和后勤管理的技术水平已达到欧洲水准。在堆积如山的地图和轰鸣的打字机和油印机的伴随下,各师、军、第1集团军的参谋班子起草了复杂的作战计划,为现代化战争开了先河。

从一页又一页的透明地图、炮兵火力计划和部队序列表中产生了一种对于此次进攻作战的盲目乐观情绪。潘兴批准在默兹—阿尔贡森林之间发动了一场3个军(9个师)规模的进攻。法国部队将在森林西部和默兹河东部支援美国部队。中路的美军将作为主力,长驱直入穿过蒙福孔山插入德军在罗马格涅和库内尔的第三道防线。左翼军将扫荡森林和埃尔河谷进抵格朗普埃,这也是德军第三道防线(即克里姆比尔迪斯泰隆防线)中的一个主要堡垒。右翼军将占领库内尔和默兹河之间的地区。这次进攻预计在8英里宽的地带展开,突破德军主要防线(5个师），总共只进行两天时间。

协约国军队在短短的一个多星期内，克服各种困难，在同一狭小的地区里，隐蔽地调整了兵力部署，为顺利实施这次进攻战役创造了条件。

9月26日5时30分，美国第1集团军发动了美国远征军最持久的一场进攻。在3个小时密集的弹幕射击之后，步兵一波又一波冲向第一批指定目标。支援美军进攻的有2700门大炮、800架飞机和189辆坦克。进攻第1天，美军在中路突破了德军第1阵地，前进6~9公里，而在两翼，即马斯河以西和阿尔贡地区攻击都未奏效。突击部队中仅有4个师进行了激烈战斗，还有4个师根本没有与炮兵密切合作。虽然右翼军完成了大部分任务，但中路和左翼军很快就被困在密林和深谷之中，或是在开阔的丘陵地带受到机关枪和密集炮火的猛烈射击。

第2天开始，德军从其他防区调来了7个师加强防御，美军进攻速度减慢，经过两天的艰苦进攻，美军未能攻到德军防御的主阵地。双方在原地又苦战了两天，形势仍未改观。

9月28日，比利时国王指挥的佛兰德集团军群沿利斯河开始了协约国在西线的第3次突击。

10月1日，潘兴承认原计划失败，并动用了美军预备队。这一停顿使炮兵和补给沿着毁坏的道路缓缓地来到前沿，当时，法国力主将美国第1集团军的预备队派往法国的侧翼部队，一些法国官员还建议美国远征军临阵换将。

10月3日，美军暂时停止进攻，重新变更部署，从前线调换了3个没有作战经验的师。潘兴下定决心，既不能丧失美军的独立性，也不能放弃美国远征军艰苦作战赢得的左右战争进程的影响力，因此，在10月4日恢复进攻，但进展仍很缓慢。至10月31日，美军才进抵德军第3阵地，攻占阿尔贡森林。

美军进展缓慢的主要原因是，战前准备不足，一线部队缺乏作战经验，坦克数量少，后方补给不及时。进攻第1天起，美军后方地域所有的道路堵塞。美军虽然未达成战役目标，但也迫使鲁登道夫动用了27个最精锐的后备师，从而削弱了德军在其他战线上的防御。

由于潘兴派出了最有战斗经验的几个师，德军的增援部队也同样是身经百战。两军短兵相接，奋力拼杀。一位炮兵下士回忆道："我们把所有的炮弹都打到了德国人头上。他们无疑也是在寻求和平。不过，他们拼死抵抗。我军第1师的步兵已伤亡半数……我们日夜遭到炮击。"然而各条战线的相对稳定使美国得以集中压倒优势的炮兵，并在前线投入更多的师。阵地一个个被攻破，德军的主要堡垒崩溃了。

在东线和西线，其他美军师配合齐头并进的法国军队，向勃朗峰和默兹河东部高地等坚固支撑点推进。在这次战斗期间，美军主要的战术革新是发动了几次夜间进攻。这几次进攻事先不做炮火准备，对德军发动突然袭击，使美军突破德军防线，几次迫使德军仓皇撤退。此外，几个最精锐的美军师在使用炮兵火力、近距离空中支援、毒气和坦克与步兵协同作战方面，表现得相当出色。但是，对于师级指挥官来说，由于地形、气候和德军防线等原因，他们极少有机会来发挥自己在战术方面的想象力，加之下级指挥系统的水平参差不齐，致使美军的伤亡数字很大。

由利格特中将接管的美国第1集团军杀开一条血路，突破了克里姆比尔迪斯泰隆防线。从11月1日起直到停战前的一系列进攻中，这支部队连战连捷。在默兹—阿尔贡战役开始阶段,潘兴便派遣由布拉德中将率领的美军第2集团军,在靠近梅斯的地区开辟了另一个战场。想要重新打开战场的局面,就需要使用坦克和飞机。利格特的第1集团军在11月1日发起最后攻势时,有19辆轻型坦克投入作战。

11月6日,美国第1集团军抵达了色当附近俯视默兹河的高地,对德军的铁路线进行了炮击。第1集团军的几个师在色当东西强渡了默兹河。与此同时,美国第2集团军在11月10~11日也取得了有限的进展。在部署于美军第1、第2集团军阵地之间的几个法国师的配合下,潘兴的集团军群攻破了色当和梅斯之间的整个德军阵地。同时,英国远征军给予北路德国集团军群以沉重打击,迫使德军退向莱茵河。在同一时期里,轴心国在意大利、巴尔干和巴勒斯坦的薄弱防线也都土崩瓦解了。德国政府面对全球范围的惨败和奥地利、土耳其的倒戈背盟,不得不接受了停战条件。11月11日,西部战斗逐渐减少,全线停火。饥寒交加的美国远征军士兵纷纷爬出堑壕,他们燃火取暖,尽情享受着宁静的气氛。

潘兴及其参谋部对美国远征军取得的成就感到又惊又喜。战争结束时,共有130万美国军人在前线的29个作战师中服役。这些部队使协约国在数量上占绝对优势,足以逼迫德国军队俯首就擒。在历时200天的战斗中,美军有50280人阵亡或伤重不治,在战斗中负伤的人数超过20万。因病死于国内外的官兵人数高达57000人,其中大部分是死于1918年的流行性感冒。

随着德国军队在战场上的不断败退,德国的国家政治体制逐步崩溃。饥饿、混乱、流行病折磨着广大城市和农村。饱受战争蹂躏的人民埋藏已久的积怨终于爆发了。人们从俄国十月革命胜利的红色旗帜上看到了希望。反对战争,结束君主制的群众游行很快演变成起义。

1918年11月7日,德国政府派新任国务部长埃茨贝格前往法国贡比涅森林的里松德斯火车站,在一节车厢里与协约国代表费迪南·福煦谈判。11月11日正式签订停战协定。德方完全接受了协约国提出的停火条件。包括德国从所有侵入的领土撤出;保证遣返所有协约国的战俘而不要求立即交换;交出大量战争物资,其中包括5000门大炮、2.5万挺机枪;交出公海舰队的全部舰艇和全部潜艇等等。至此,第一次世界大战宣告结束。

载誉回国

大战结束,对美国人而言,可以说是结束了两场战争,即与朋友的论战、与敌人的血战。潘兴凭着顽强和不屈不挠,终于在欧洲建立了他为之奋斗的美国集团军群。英国战史家利德尔·哈特上校在他的《十年后的声望》一书中高度评价了潘兴,说:"可能不会有第二个人能像他那样把美军建成如此规模的部队。没有这支部队,第一次世界大战几乎不可能出现转机,更谈不上取胜。"美国国会为了褒奖潘兴几乎是从无到有地创立全国庞大军队体系的巨大成就,重新制订了以前也许只有华盛顿担任过的陆军上将衔的授衔条件,于1919年9月正式授予潘兴为美国陆军五星上将,使他成为继华盛顿以后第2个五星上将。

战后,潘兴回到美国,于1921年出任美国陆军参谋长。他利用自己的威望,使总参谋部成为常设机构,分为5个部门:人事部(一部)、军事情报部(二部)、作战与训练部(三部)、供给部(四部)和战争计划部。每个部的部长又是助理参谋长。其中三部和战争计划部将共同担负为战争制定战略计划的主要责任。这样,他就为总参谋部在第二次世界大战发挥不同于第一次世界大战的更大作用铺平了道路。后来在20世纪的40年代,马歇尔将军把参谋部办成了全球作战行动的指挥中心。

值得一提的是,潘兴独具慧眼,看到了马歇尔的潜力。乔治·马歇尔是第一次世界大战潘兴驻法总部作战部里的优秀参谋军官,战后他又成为潘兴的军事助理。在20世纪30年代中期,潘兴竭力为马歇尔争取准将军衔,甚至进一步直接说服总统,让马歇尔越过许许多多的高级将领担任总参谋长。潘兴说:"马歇尔担任这个职务一定会名声大噪,而且他一定会为美国陆军和美国人民争光。"马歇尔用行动证明了潘兴的正确性,在第二次世界大战中出尽风头。

潘兴爱才,也会用才。马歇尔正是潘兴火冒三丈的时候,不顾后果陈明事实而给他留下深刻印象的。当时在场的人都为马歇尔捏一把汗,但潘兴却重用了他。第二次世界大战时期的名将乔治·巴顿也对潘兴十分钦佩,常常以他为楷模,模仿他的指挥艺术。巴顿将军最早是在墨西哥战事中跟随潘兴,从中得到他的指导,受到他的影响的。被人赞许为第一次世界大战中唯一有些光彩的道格拉斯·麦克阿瑟也是在潘兴的提拔下一步步走向辉煌的。毫无疑问,在这些将才的成长经历中,或多或少地都能找到潘兴的扶助和赏识。

潘兴在陆军建设方面的建树,使他不愧于"美国伟大的军人之一"的荣誉称号。他领导的美国远征军不仅是美国第一支现代战斗部队,而且创造了陆军总参谋部的直接基础。在他协助下,1920年的"国防法"成为美国长期军事政策的良好基础,这是美国过去从未有过的。

他对转入开阔地作战的考虑十分周密,甚至比实际情况还要全面。德军撤退时,从一个阵地转向另一个阵地进行顽抗,他们的机枪总是部署巧妙,猛烈射击。潘兴正确地主张,士兵不能总是依赖堑壕保护,必须进行适合战壕外的步枪和刺刀训练。这个训练使他的部队在通过贝洛伍德和阿尔贡森林时产生了很好的效果。

潘兴善于在战争中学习,推崇现代武器的威力,也深知疏开队形、流动战术以及惩罚性炮火支援的价值,然而,美军对这一战术思想的认识是用鲜血换来的。

像他在自己的回忆录中描述美军战斗的高峰期时所说的:"默兹—阿尔贡战斗所产生出的种种困难看上去似乎不可克服。这一战斗的胜利,将作为伟大的功绩之一载入美国军事史册。突然的考虑,匆忙地准备,前所未有的重大战役所遇到的各种复杂问题,在西方前线所面对的是你死我活的顽强防御,再加上严寒的气候,只受过部分训练的参战部队,等等,这场战争是以无私无畏的英勇不屈和坚韧不拔的精神进行的,这种精神是为取得最终胜利所必需的。"

1924年,潘兴由陆军总参谋长任上退役,后担任美国战地纪念碑委员会主席,负责管理美国的纪念馆、纪念碑,以及在欧洲的墓地。

1931年,潘兴的回忆录《我在世界大战中的经历》出版,并获普利策奖,接着,又出版了《最后的报告》一书。晚年的潘兴曾在南美和欧洲国家执行美国政府委托的使命。

1948年7月15日,潘兴在哥伦比亚区华盛顿华耳特里德医院去世,葬于阿林顿国家公墓,终年88岁。

领导南北战争的统帅

——罗伯特·爱德华·李

人物档案

简　　历:1825 年进入西点年校,1829 年 6 月毕业,到工兵部驻防;1846 年参加过美国对墨西哥战争;1859 年率兵镇压约翰·布朗的反奴隶主起义;南北战争中多次击败北军;1865 年出任华盛顿学院院长。

生卒年月:1807 年 1 月 19 日~1870 年 10 月 12 日。

安葬之地:不详。

性格特征:以能宽容别人而出名;既幽默又圆滑老练;大胆;富有进取心;凡事追求尽善尽美。

历史功过:他出任华盛顿学院院长期间,华盛顿学院增设了 10 个系,着重强调科学技术和现代语言,此外还准备建立商学院、农学院、新闻学院和法学院。几年的时间,他已被公认为美国一流的教育家,而不再提他过去的军旅生涯。

军人之子

罗伯特·爱德华·李于 1807 年 1 月 19 日出生在弗吉尼亚州一个贵族家庭里。

罗伯特·爱德华·李有一位英雄的父亲亨利·李,独立战争爆发时,他父亲投笔从戎,组织起一支骑兵队伍。

亨利·李是一位天生的勇士,这位骑兵队长用草绿色的上衣、紧绷绷的羊皮裤、锃亮的高筒马靴和长缨飘扬的皮帽子把他的部下打扮起来。这一切都是他家里出的钱。从家里他还获得了弗吉尼亚的统帅派头和骑兵的豪侠劲儿。"我剑不离身。"他说,然后率领着骑兵闪电般冲向英军给养队。他以少胜多,唬住了给福治谷驻军送给养的敌军。华盛顿将军请他当随从参谋,但是这个佩戴金肩章的亨利·李认为这差使太平淡了,他更愿意袭击敌人,以获得赫赫战功。

亨利·李早年毕业于新泽西学院。1775 年美国独立战争时参军。1778 年晋升少校。他曾指挥 3 个骑兵队和 3 个步兵连,战功显著,因此获得"轻骑亨利·李"

的别名。战争胜利后,年仅 26 岁的亨利授衔中校。

但他冲动,好闹事,而且爱发脾气。他说,他们对他没有论功行赏,他原该不止是个中校的。一怒之下,他离开了军队,回到了弗吉尼亚,并在第二年与一个 19 岁的李姓堂妹结了婚。

李的前程无比辉煌,但他的经商能力与他的军事天才正好相反。短短几年他的土地投机生意已经亏掉了妻子几乎所有的钱。8 年后,李的妻子亡故,抛下 4 个孩子。

但他还年轻,有光荣的名声和历史支撑家业。他竞选弗吉尼亚州州长,结果当选了,并且与这个州的一个富豪的女儿查尔斯·安结了婚。

尽管李与汉密尔顿甚至华盛顿总统交情甚笃,但他不懂生意经,他的投机生意做得比以前更大了,直到最后彻底破产。

就在这时,罗伯特·爱德华·李出生了,李的一家靠借债度日。

1818 年 3 月,亨利·李在劳困和疾病中去世,享年 62 岁,此时,爱德华·李才11 岁。

爱德华·李正在上学,不过他可不是个只知道读书的人。闲暇时他虽然使自己成为出色的游泳健将、滑冰运动员和划桨能手,但他主要的心思还是帮助妈妈。

李夫人度日艰难,受着烦恼和贫穷的煎熬。要是没有罗伯特的话,她绝对无法支撑下来。罗伯特负责每天的采购,掌管食品室的钥匙,在餐桌上给姐妹们分吃的。他给妈妈配药,照料伺候她,在亚历山德里亚地区,许多比她日子好过得多的亲戚都看出了他十分孝顺,认为他将来准有出息。

她母亲是殖民总督亚历山大·斯波茨伍德的后裔。她嫁的是弗吉尼亚的李家,丈夫尽管晚年潦倒,但是他是独立战争中战功赫赫的军人,当过州长和国会议员,而且还是开国元勋们的朋友。凭着血统和婚姻,她与本州几乎所有的名门望族都有亲戚关系。

罗伯特是一位快乐的年轻人,生着一对棕褐色的眼珠和一头浓密的棕发,有时扬声大笑,眼泪都笑出来,这快乐的天性是他父亲的遗传。

1825 年罗伯特就要 18 岁了,他自己愿意当个医生,但是母亲无力送他到医学院或别的学府。他父亲最得意的时刻是在部队里,西点军校是免费的,有影响的亲戚们为他写了推荐信。

罗伯特来到纽约,进入西点军校。

他在班里总是名居第一,4 年中没有犯一次过。他的纽扣锃亮,佩剑没有污渍,出操从不迟到,被褥永远整整齐齐,敬礼绝不马虎。也许算得上同样出色的是,他总是非常受人欢迎。每年他都担任更高的学员职务,4 年级他得到了西点军校最高的学员职务,士官生部队的参谋。

在校期间,他不抽烟,不喝酒,不玩牌,从不违反任何规定,是个品学兼优的学生,被大家誉为"大理石样板"。

1829 年 6 月,李以年级第二名的成绩毕业,被授予少尉军衔。7 月,他的母亲去世,他回去料理丧事,接着来到密西西比河工程兵部队驻防。

真诚待妻

罗伯特高贵的出身和他天性的风趣使他成为社交界的宠儿,他爱上了远房的表妹玛丽·卡斯蒂斯。

她是乔治·华盛顿·帕克·卡斯蒂斯的女儿,卡斯蒂斯是马莎·华盛顿的孙子、第一任总统的养子。

玛丽身材纤细,头脑聪明,性子也很执拗。大多数人都觉得她好使性子,并且被惯坏了。但是李少尉以能宽容别人而出名,他既幽默又圆滑老练,使人对他发不起火来,他一个劲儿给她写信,一个劲儿地去看她,表明自己的求爱是认真的。

看到自己的女儿喜欢上罗伯特·爱德华·李,乔治·华盛顿·帕克·卡斯蒂斯心里是不快的。然而卡斯蒂斯夫人还是认为罗伯特是个一表人才、前程远大的绅士,他对已故的母亲曾极其孝顺。最后还是由玛丽自己去决定,于是终于有一天,她和罗伯特宣布订婚了。

1831 年 6 月 30 日,他俩在阿灵顿府第的客厅里举行了婚礼。

两年后,李少尉调往华盛顿工兵总部工作,他在城里找不到合适的房子,于是便把家安在阿灵顿巨大的府第里,他每天骑马经长桥跨过波托马克河,每天晚上返回。

1835 年,李奉命与一个勘测队前去测定俄亥俄州与密歇根州之间的准确界线,出门在外时,次子出生。第二年李晋升为中尉。

李长期奔波在汉密尔顿堡、北卡罗来纳沿岸,不久,晋升上尉军衔。

这时,美国与墨西哥的战争爆发,李在温菲尔德·斯科特属下任工程师。

当李上尉第一次到墨西哥水域时,他和晕船晕得死去活来的老同学约瑟夫·E.约翰斯顿住一个舱房。在维拉克鲁斯靠岸后,李涉水上岸,受命去找一个合适的炮兵阵地,斯科特希望从这个阵地上发出的炮火可以攻陷城市。

新墨西哥州鸟瞰

他与皮埃尔·O.T.博雷加德中尉进行了一番勘察,在他们标出的阵地上,炮火很快把维拉克鲁斯打得竖起白旗。

美军从维拉克鲁斯进入内陆,直取墨西哥城。虽然兵法最忌孤军深入,但是比狮子还勇猛的斯科特说,他要破釜沉舟,冲杀向前。

斯科特派李上尉前去勘测一条通过高地包围墨西哥人阵地的路线。

李在山上抓着生长在岩缝中的灌木爬了整整一天。下午时分,他在一眼山泉附近听见了西班牙语的说话声。他在一根木头下面躲了好几个小时,墨西哥士兵

抽着烟遛来遛去,虫子咬他,敌军士兵坐在他藏身的木头上,黑夜降临,敌兵终于走了。李连夜赶回。沿着他标出的路线,美军用从山崖上吊下来的绳索把大炮拖上了大峡谷,从侧翼包围了桑塔·安纳,向他的部队开炮,墨西哥人逃回了城里。

被提升为少校的李,与斯科特站在一起,俯视着这个首都。"这个美丽的城市将是咱们的了!"斯科特说,但是首先得攻破外围防线。

李去寻找一个薄弱点,一连 36 个小时未离马鞍。该城所有的人口显然都在炮火控制之下,于是他冒险进入墨西哥人称之为乱石滩的地方,这是一片巨大的熔岩区,就像波涛汹涌的海洋被冻住了。他回来报告说,他可以带着炮兵通过。

石山花岗岩陡崖上的戴维斯、李将军和杰克逊的浮雕

在后方总部里,斯科特派遣了一名又一名的军官去探听情况,他们没有一个能穿过乱石滩到达李的营地。夜幕降临,飓风般的热带雨随之而来。李知道,必须向斯科特汇报情况,于是只身一人步行穿过熔岩的荒野,闪电给他照路,他摔了数不清的跟头,但是终于找到了将军,做了汇报,然后再次穿过乱石滩找到部队。斯科特称他这个来回"无论在肉体上还是在勇气上,都是最伟大的业绩"。天亮后,炮兵用了 20 分钟便打跑了墨军。

几天以后,墨西哥城投降,李晋升为中校。很快,他又被提升为上校。

李在墨西哥逗留了 8 个月以后,终于回到了阿灵顿。

不久,李就前往巴尔的摩港,继续从事修建要塞的老行当。

1852 年,罗伯特·爱德华·李出任西点军校校长。像修筑要塞那样,他实施斯巴达式的纪律。有一次,弄不到足够的钱为上骑马课的学员买马鞍,他便说:"如果需要的话,学员应该没有马鞍也能骑马。"

李了解学生的实际需要,开始为学生放暑假,很受学生欢迎。后来放暑假成了西点军校的惯例。

这时美国已经认识到:要想管理好从墨西哥夺取过来的广阔地区,就必须扩军。

1855 年 8 月,国会批准组建新部队,李被派往得克萨斯州的库珀营,家眷去了阿灵顿,李奔赴他第一任野战部队指挥官的岗位。根据法令同时也免去了他的校长职务。

李指挥 4 个连队、12 名军官、266 名士兵。他经由干谷,翻山越岭,进入峡谷去追赶那些骚扰边境村落的印第安人。

1857 年 8 月,李调往华盛顿,接任团长。团部设在圣安东尼奥。10 月,他的岳父去世,于是李告假还乡。

回到阿灵顿时,李受到了也许是有生以来最大的打击,妻子成了病残——年仅 49 岁的玛丽早就患有风湿性关节炎,她现在已不能行走,一只胳膊几乎不能动弹。

玛丽的病后来终生未愈。李把当年在他母亲病榻旁学到的东西用在了妻子身上。

李成了岳父房地产的遗嘱执行人,开始尽力处理卡斯蒂斯先生留下的烂摊子,遗嘱中那处理房地产的指示几乎都是互相矛盾的,卡斯蒂斯先生还欠下了相当多的债。

时光飞快地流逝,1859 年 10 月,离开团部已两年的李,突然收到一封来自华盛顿的密报。

内战爆发

1859 年 10 月,美利坚内战的导火线点燃了,在哈泼斯,一个鞣皮匠的儿子——约翰·布朗率领一伙奴隶起义了。

约翰·布朗现在既是上帝的使徒又是战士,他让他的征讨队深入敌人的腹地。布朗与他手下的 18 人携带北方支持者集资购买的步枪,开始去解放南方的奴隶。他袭击弗吉尼亚州的哈泼斯渡口,占领了一个政府的军械库。他从大户中抓来人质,传话要奴隶们务必集合到他这儿来,他将带领他们穿过南方,沿途解放黑人,到他大功告成时,美国的蓄奴制就会彻底灭亡。

詹姆斯·布坎南总统认识到马上就会爆发一场全面的暴动了。

首都仅有的部队就是伊斯雷尔·格林中尉指挥的 90 名美国海军陆战队,他们奉命开赴哈泼斯渡口。

接着,又派人通知罗伯特·爱德华·李上校。李当时告假离团,仍可召之前来。

1859 年 10 月 17 日夜里 11 点,李进入军械库的围栏。布朗一伙人与 13 名人质在那所存放着驻军机车的砖房子里。这所房子有很厚的砖墙和结实的橡木门,无法知道造反者有多少人。当地人与布朗交火的时候已经死掉了几个。李按兵不动,等待天亮。

几分钟后,李派中尉斯图尔特去劝降,斯图尔特举着白旗来到机车房门口。门开了一道缝,斯图尔特发现有人拿枪对着他。

斯图尔特向后退去,挥动帽子发出事先约好的信号。李已经吩咐谁也不许开枪,只能用刺刀。现在他命令格林进攻机车房。海军陆战队发起冲锋,砸开了房门。格林中尉冲了进去,只见布朗朝他调转枪口,格林一剑刺去,刺中了布朗的肩膀。那曾向李瞄准的人开了一枪,打死了 1 名海军陆战队队员,死者的一个战友一刺刀捅死了这个枪手。布朗手下其余的人都举起了手。整个战斗只用了 8 分钟。

侵入者被押出时,围观的人高喊要对他们处以私刑。李命令海军陆战队队员围着俘虏站成方阵,然后把他们带进驻军军需官的办公室,他给布朗包扎了伤口,后来布朗被解去受审,李返回阿灵顿。

1860 年 2 月,李回到了得克萨斯。由于他所在的地方圣安东尼奥东海岸有好几个星期的路程,所以他没有立刻明白约翰·布朗的死意味着什么:南方认为布朗是发了疯的凶手,而北方却把他看成殉道的圣徒,到处为他举行追悼会。

秋天,亚伯拉罕·林肯当选为总统,对于好闹事的南方人来说,这意味着一个北方集团要掌权了。林肯当选后的第 4 天,南卡罗来纳州的议会召开大会,投票表决让该州退出联邦。1861 年初,密西西比州也效仿了,接着是佛罗里达州、亚拉巴马州和佐治亚州。

1 月底,路易斯安那州也退出联邦。几天后得克萨斯州召开大会,通过了一项脱离联邦的法令。李周围的军官们纷纷递了辞呈,退出了他们所说的"旧军队"。

只剩下弗吉尼亚州。那儿也召开了全州大会讨论是否退出去的问题,前途如何将取决于会议的结果。弗吉尼亚是联邦中最强大的州,面积仅小于得克萨斯州,它是许多总统的家乡,是华盛顿、杰斐逊、门罗的出生地。仍然怀着希望的李被召回华盛顿。

命令到来时他正在沙漠里。他立刻前往圣安东尼奥,发现街上挤满挥舞武器的人。

美国国旗从得克萨斯州的每一根旗杆上降下,他离开圣安东尼奥,穿过现在已是一个异国的美国南部邦联,前往家乡。两天后即将宣誓就职的亚伯拉罕·林肯对南方的人民说,内战的严重问题掌握在他们手中,而不是掌握在他手中。

在华盛顿,一名使者带着温菲尔德·斯科特将军的信直奔阿灵顿,召李上校到总司令办公室报到。

第二天,罗伯特·李骑马走下阿灵顿的山坡,沿大路前往华盛顿。他先去的不是斯科特处,因为在斯科特下命令的同一天,全国最有影响的政界家族的首脑弗朗西斯·普雷斯顿·布莱尔大人也向李发出了邀请。

李来到总统官邸对面的布莱尔宅邸,弗朗西斯·布莱尔以总统的名义封他当少将,统辖 10 万大军。名望、权力和荣耀,李唾手可得。

"我不能参与入侵南方各州的行动。"他对布莱尔说。

然后他去见斯科特。"李,"年迈的总司令说,"你犯了你有生以来最大的错误。"

李离开斯科特的总部,第二天,弗吉尼亚已投票表决脱离联邦。

有人问这位上校对此消息做何感想。"我必须说,"李答道,"我是个笨人,看不出脱离联邦有什么好处。"

这天晚上,坐在客厅里的李夫人听见丈夫在楼上卧室中踱来踱去。李的心情十分沉重。他给姐姐安写信说,他觉得退出联邦的行动是错误的,南方的许多痛苦是想象出来的。但是"尽管我如此热爱联邦,可我却无法下决心举起拳头去打我的亲戚、我的孩子、我的家"。

他给斯科特写了一封信。他感谢老将军的友情以及一切。"您的一片好意我将终生铭刻在心,您的名字和声誉我将永远珍视。"

星期天,罗伯逊法官的信使来到阿灵顿,请前上校去一趟弗吉尼亚州府里士满,约翰·莱彻州长想要见他。

李一定已经知道莱彻要邀请他在弗吉尼亚的部队中任职。脱下他穿了 30 多年的军装刚刚一天,他就准备加入将与穿这种军装的人作战的部队了,他认为自己别无选择。正是因为对弗吉尼亚的忠诚,他脱下了联邦军队的蓝军装,也正是因为对弗吉尼亚的忠诚,他将穿上南部邦联军的灰军装。

他去晋见莱彻州长,他俩谈了话。两天以后,在州议会大厦里,罗伯特·李就在弗吉尼亚大会全体与会者的面前出现了。"我以你生身之州人民的名义,"大会主席约翰·詹尼致辞道,"衷心地欢迎你前来这个大厅,在这个大厅中,我们几乎还听得见昔日政治家、军人和先哲们的声音,你继承了他们的姓氏,他们的血液在你的血管中奔流。"

4月20日,他提出了辞职报告:"我非常荣幸地提出辞去我所担任的第一骑兵团上校的职务。"10天之后他致信他的表兄,即西点1851届毕业生罗杰·约翰斯,概述了自己的立场:

对于我们可爱的国家所遭受的不幸,我非常赞同您的观点,并能充分理解您的感情。我同您一样难以定下决心举起手来反对我们的家乡州,我们的亲友、儿女和家庭,所以我辞去了军队的职务。除非保卫我的家乡州,我再也不愿拔剑出鞘。我认为没有必要进一步阐明我这样做的理由。我很难对您提出什么忠告,我仅能告诉您,我所做的一切您会做得更好。

统驭军队

加入南方同盟军后,李在弗吉尼亚组建军队。1862年3月任南方同盟"总统"军事顾问,不久兼任北弗吉尼亚军团司令,直接指挥东线的军事行动。

南军的形势很艰难。他们远离给养地,驻扎在山区,没有铁路,弗吉尼亚西北地区的居民在感情上大都是反南部邦联的。事实上,这一地区不久就脱离了弗吉尼亚,作为一个新的州——西弗吉尼亚加入了联邦。

南方总统杰斐逊·戴维斯指望李能老练地调和这几支南军部队首领之间的明争暗斗,但是李的绅士气太多而军人气又太少。不久,人们就在背后叫他"李婆婆"。

他在海岸防御工作中干得非常出色。薄弱点加强了保护,港口筑起了堡垒,流动炮台和土木炮台都建造起来。

李上任伊始人们对他并不抱希望。他奉命将联邦军队赶出弗吉尼亚西部。他的战略在执行中走了样。部队嘲笑地称他是"婆婆妈妈的李"和"后撤的李"。当他统辖南大西洋沿岸时,由于命令部下挖掘战壕又得了另一个形象化的绰号"铁锹王"。

这些绰号都没有言过其实,因为李在战时最初的举动埋没了他的真实个性。没有一个将军比他更大胆、更富有进取心。如果说麦克莱伦从不涉险,李或许就屡行险招。他更乐于大胆进攻,寻求按真正的拿破仑式样去摧毁而非仅仅打败敌军。他热衷于赢得歼灭战的胜利,有时没有获胜的可靠把握也死打硬拼地连续进攻。李也需要扩展他的战争视野。他坚信弗吉尼亚是最重要的战区,表现出一种狭隘的地方观念。他低估了同盟军指挥官们在西部和密西西比战区所面临的问题以及那些战区对南方生存的重要意义。但是,李为南方立下了汗马功劳。尽管他使南方付出了高昂的代价,但他力挽狂澜取得的胜利,大大提高了同盟军的士气,也使北方感到沮丧。

李任职不久即开始通过大胆的攻势作战来保卫弗吉尼亚。

1862年3月,麦克莱伦开始行动。他聚集起400条小船、汽轮和驳船,足以把12万名士兵和15000匹骡马运到詹姆斯河与约克河之间的弗吉尼亚半岛的底端,再用几星期的时间在那儿筑垒设障。一切都计划得非常出色,每一个细节都注意到了。这位凡事追求尽善尽美的统帅终于对全部就绪的准备工作完全满意了,于是开始艰难地向半岛上方的里士满偷偷逼近。

这时,南部邦联的乔·约翰斯顿将军退向里士满,把自己的部队一直撤到离市中心不到5英里的地方,南部邦联的首都陷于一片恐慌之中。

1862年5月14日,戴维斯总统召开内阁紧急会议。总统的军事顾问罗伯特·爱德华·李到达时,发现人们都脸色铁青。李刚一落座,戴维斯就告诉他说,大家来此开会讨论里士满陷落后的下一道防线问题。李吃了一惊,他用一种别人从没听到他使用过的激动噪音高声说:"里士满一定要守住!"

5月31日,城里的人们听见了激烈的枪炮声。两支军队终于鏖战起来。

6月间,麦克莱伦将除菲茨—约翰·波特3万人的一个军以外的全部人马都调到奇卡霍明尼河以南。他反复许诺一旦得到更多的援军就发起进攻。虽然李只有85000人,麦克莱伦却以为他有20万。直到6月25日这位联邦指挥官才进行了一次试探性进攻,但到那时,李已让同盟军做好了进攻准备。李从自己的骑兵指挥官杰布·斯图尔特口中获悉,波特军处于易受攻击的位置,他建议用30000名士兵阻击麦克莱伦的4个军(70000人),再用包括"石壁将军"杰克逊所部在内的55000人进攻波特。如果波特被消灭,麦克莱伦就会与"白宫"大本营分开。李确信,麦克莱伦将会撤向约克河去保护他的补给与交通线。同盟军然后就猛打猛追粉碎联邦军。

6月26日,同盟军发动了"七天战役",这次战役由5次战斗组成:梅卡尼克斯维尔战斗(6月26日)、盖恩斯米尔战斗(6月27日)、萨维奇车站战斗(6月29日)、格伦戴尔战斗或称弗雷泽农场战斗(6月30日)以及马尔文山战斗(7月1日)。整个1周内,李事事都不如意。杰克逊一成不变地总是晚点。破旧的地图、杂乱的情报以及参谋部工作的不得力造成了进攻的不协调。麦克莱伦并没按李想象的那样去干。他不是打回白宫大本营,而是转移到詹姆斯河上的哈里森登陆场,实施了战役中的大本营转移。

除盖恩斯米尔之战外,李仗仗皆负,没能歼灭波托马克军团。特别是在盖恩斯米尔和马尔文山的战斗中,他督促部队向对方铜墙铁壁般的防御工事猛烈冲击。一位师长在马尔文山战斗之后说,"这不是战争——是谋杀"。"七天战役"使南方军的伤亡超过20500人,北方军伤亡约为16500人。然而,李却成了英雄。他的攻势把联邦军从里士满打跑,从敌人手中夺回了主动权。

李很快就使南方有更多的理由来信任他。在李进攻梅卡尼克斯维尔的那天,林肯把班克斯、弗里蒙特和麦克道尔的司令员划归到由波普指挥的弗吉尼亚军团。

7月11日,总统又把另一位西部人调到了东部——把在西部一帆风顺的哈勒克提升到总司令的职位。林肯希望哈勒克只把自己看作"是陆军部长和总统的一名军事顾问,必须服从和执行他们做出的决定,而不管自己赞成与否",因而他不能按自己的权限发布命令。

然而,哈勒克是一位有效的管理者,也是大规模全面战争中的一个宝贵人才,一般都能给予恰当的建议。林肯向哈勒克提出的第一个大问题是怎样部署波普和麦克莱伦的部队。应把他们集中起来使用吗?是放在詹姆斯河畔置于麦克莱伦指挥之下抑或是放在拉帕汉诺克河畔置于波普指挥之下?根据哈勒克的建议,林肯决定麦克莱伦应撤离半岛。

麦克莱伦对这一决定恨之入骨,他憎恶波普,深信"在华盛顿的这帮笨蛋决心要毁掉我"。他以一种不能令人原谅的速度缓慢行动,所浪费的时间超过了波普不得不节省下来的时间,因为李正在向东急进。

李将其部队编成由杰克逊和詹姆斯·朗斯特里特指挥的两个军,并在麦克莱伦开始撤退前向波普运动。留下防御薄弱的里士满唱空城计,但他相信麦克莱伦不会抓住这一机会。这次进攻由杰克逊打头阵,于8月9日在塞达山打败了班克斯军。

在两周内,李的55000人与波普的65000人隔拉帕汉诺克河对峙。李一反所有的军事准则,实行了分兵,派杰克逊率23000人向西从距波普右翼较远的地方迂回敌后,杰克逊摧毁了设在马纳萨斯枢纽部的联邦补给站,又在第一次布尔溪战场附近筑起了防御阵地。

8月28日,波普发现杰克逊为时已晚了,他还错误地认定正在撤退中的同盟军陷入了困境。朗斯特里特和李正沿杰克逊的路线进兵,杰克逊的任务是一直坚守到他们到达。当29日北方军向杰克逊发动攻击时,李和朗斯特里特抵达战场,潜伏在波普的左翼。第二天下午,正当敌人重新发起的进攻快要占领"石壁"的阵地之时,朗斯特里特摧毁了联邦军的侧翼,把阵脚大乱的波普赶往华盛顿。第二次布尔溪战役(或称第二次马纳萨斯战役)——北方的又一次丢人现眼的失败——使北方佬伤亡了16000人。李的伤亡为9200人,但他未能歼灭波普的军队。

李在连续战胜了麦克莱伦和波普并将其赶出弗吉尼亚的大部分地区后,准备进一步把战争引到敌方领土。但他不能孤军深入。秋季,南方发动了唯一的一次协同攻势作战,试图同时攻入宾夕法尼亚、肯塔基和西田纳西。南方同盟希望"解放"马里兰和肯塔基,让其部队在敌方的乡村获得粮食补给。

当李的5万部队于9月初涉水渡过波托马河时,其情况并不太好。许多士兵因吃青玉米而患急性腹泻,其他人则光着疼痛的脚一瘸一拐地行军。高级司令官也健康不佳。李的双手打上了夹板,杰克逊的脊背疼痛,而朗斯特里特由于裸露的脚后跟上长了水泡而感不适。李就打算用这支拖泥带水的部队去切断巴尔的摩与俄亥俄铁路同宾夕法尼亚铁路的联系,并打垮联邦军。

9月17日,李率部与联邦军在安提坦激战。当黑暗笼罩着忧郁的田野时,24000多人已陈尸疆场或身受重伤,其中有13000人是着灰色军服的。李置自身的惨重损失于不顾,不但在18日守住了阵地,而且还打算发起进攻。然而,他那些心有余悸的部下使他相信,再发起进攻将是一场蛮干。更令人难以置信的是,麦克莱伦也没有进攻,李在当天晚上撤出战斗,而麦克莱伦却没有追击。

虽胜犹败

当李在北弗吉尼亚连战连捷时,在西线,北军一部在格兰特率领下,一举攻占了维克斯堡。这场战役是格兰特的杰作,可与拿破仑的战例相媲美。

相比之下,李的对手都太平庸,他渴望一场真正的战斗。当伯恩赛德惨败后,波托马克集团军的指挥权交给了乔·胡克。

胡克着手的第一项工作是重整伯恩赛德的残部。他把部队编成各有特点的新军团,每一个军团都有自己的标志,他改进了休假制度,注意伙食和卫生设施。

1863年春,胡克出动了。

李用了整整一个冬天的时间想把战马养好,搞好部队的给养。这两件事都没有成功。战马又瘦又乏,许多士兵没有鞋,得了坏血病。4月29日破晓之前,他被远处传来的炮声惊醒。他去迎战率领着将近14万装备精良的北军的乔·胡克。

胡克是在夜色掩护下偷偷向李进发的。40000人的部队在弗雷德里克斯堡安全地过河,而几个月前,伯恩赛德的部队就是在此遭到灭顶之灾的。李研究着形势,与杰克逊交换意见,他认为真正的进攻将发生在东北方向几英里外的地方。他凭推测——弗雷德里克斯堡只是佯攻——把部队作孤注一掷。他留下 10000 名邦联军的薄弱力量对付 40000 名联邦军,把其余的 60000 人开到东北方向去。

几个月来胡克一直在说,要抓住李的部队,一下把它捏成面粉。现在他似乎要如愿以偿了。他的前锋部队正向李的防区推进,他的强大的主力部队正处于猛扑南军的态势。1863 年 5 月 1 日,天气也十分适于作战。

胡克的战略将李置于险境,但李采取了大胆的应战手段。这位同盟军将军又重施对付波普的故伎,他兵分二路,以 10000 人牵制塞奇威克,50000 人袭击胡克。然后,李又进一步分兵,指派杰克逊军于 5 月 2 日包围胡克的右翼。一位高度警惕的指挥官本应能够将李分散的军队各个击破。然而,胡克竟不知所措。当杰克逊的部队击溃联邦军侧翼时,李也发起了进攻。南方人最初曾迫使北方佬后退。但是,由于李的部队处于分兵状态,加上对方的拼命抵抗和夜幕的降临,进攻停止了。胡克的大多数部下都敦促他于 5 月 3 日进行反攻,但他拒绝了。相反,李又发起了进攻,经过激战,他的两翼部队会师敌阵。与此同时,塞奇威克攻占了马里高地,并向昌塞勒斯维尔疾进。李铤而走险,再度分兵。他以一部分部队监视胡克,而其他人则于 5 月 3~4 日主动出击塞奇威克,并迫使他退到拉帕汉诺克河以北,此后,李再回师抗击"斗士"胡克,于是胡克命令他的部队于 5 月 5~6 日返回河对岸。

早晨胡克夺路奔向渡口,南部邦联军用步枪的硝烟与大炮的轰鸣为他送行。用以命名这个地方的钱瑟勒住宅着火焚烧。李骑着"旅行家"走到南军的大队人马中(部队这时正在射击逃跑的敌人),这时响起了一片连续不断的欢呼声,盖过了枪炮的轰鸣——士兵们在向自己得胜的长官欢呼。

正当李的部队在燃烧的森林中靠近燃烧的房子,围着他欢呼雀跃的时候,一名通讯兵骑马跑来,李伸出戴着长手套的手接过信,打开后再递给一名副官,副官朗读起来,南部邦联军昨天夜里打的那通枪打中了在前沿摸黑巡视的杰克逊,他左臂伤势严重,截了肢,此外还有别的伤处。李嗓音颤抖地说:"石壁将军丢掉了左臂,而我失去了右臂!"一星期后,杰克逊去世了。

虽然昌塞勒斯维尔战役是李所取得的最辉煌的一次胜利,但有两个因素冲淡了胜利的喜悦。首先,李的部队伤亡人数高达 13000 人,虽然略少于联邦军 17000 人的伤亡数字,但对他的部队来说,其伤亡比例要高于对方,而杰克逊的死,对李来说,其代价尤为惨痛。其次,联邦军队只是再次蒙受耻辱,遭到重创,但并没有被打垮。波托马克军团对于险恶困境早已习以为常,它仍然屹立在拉帕汉诺克防线上。

杰克逊的死,迫使李重新将他的军团由战绩斐然的两军体制改编成朗斯特里特、安布罗斯·希尔和理查德·尤厄尔指挥的 3 个军。希尔和尤厄尔在长途行军和打硬仗方面能否比得上天才的杰克逊,还十分令人怀疑。

急于求胜

李急于利用他新近取得的胜利将战争引向北方。从一开春,他就要求北进,但是一场战略上的激烈争论使他的要求化为泡影。由于北方佬在各条战线上都显示出咄咄逼人之势,哪条战线才是对同盟军生死攸关的呢?鉴于格兰特正在步步逼近约翰

·彭伯顿的要塞,向维克斯堡增兵的问题引起了特别的关注,有些人建议李派兵增援布雷格,好让田纳西军团打垮罗斯克兰斯,进而威胁肯塔基和俄亥俄,解救维克斯堡。

李对西援的任何计划一概拒之门外。他认为,减少部队就必然会牺牲弗吉尼亚。南方的铁路破坏严重,而北方却能以比南方更快的速度调动部队。这样,同盟军的援军将总是迟到一步。李还争辩说,由于北方人不习惯南方恶劣的夏季气候,格兰特无论如何不久就会撤兵。解决同盟军困难的答案就是进兵宾夕法尼亚,此举将打乱联邦计划,迫使格兰特和罗斯克兰斯向东部驰援,还能解救弗吉尼亚并使同盟军获得补给。在北方土地上取得的胜利也许会赢得外国的承认并助长分裂分子的势力。李的论据使戴维斯确信,南方应再次跨过波托马克河。

6月9日,当李将他75000人的部队移师谢南多亚时,联邦骑兵向在布兰迪车站的斯图尔特发动突然袭击,引发了战争中规模最大的骑兵战。虽然同盟军的骑兵迫使蓝制服的骑兵后退,但获胜的希望仍很渺茫。

北方的人民开始明白,李是在进行大规模入侵,他必须这样做,他的军队食不果腹,衣不遮体,他们在北方却可以得到一切。李并不担心胡克会攻打里士满,因为这样一来华盛顿就会暴露出来。如果南方军占领了华盛顿,那么外国政府就会承认南部邦联,承认它的独立。

所以李就向北挺进。6月的天气又闷又热,胡克知道不会马上有援兵来。杰布·斯图尔特的骑兵在他周围迂回。胡克被搞得六神无主,要求解除自己的波托马克集团军司令官的职务。

斯图尔特急于挽回名誉,建议去袭击胡克的后方,李同意了这个计划。斯图尔特于6月25日起程,他应允在几天后就使部队与主力汇合,但意想不到的困难使骑兵的归期推迟了1周,而李却在盲目进兵。李的部队驻扎在约克·卡莱尔和宾夕法尼亚的钱伯斯堡,仍然相信胡克还在弗吉尼亚。实际上联邦军队在弗雷德里克,而且"斗士"也已不再是它的统帅。当李的灰色纵队从拉帕汉诺克向宾夕法尼亚行进时,胡克不愿意与其交战,这使林肯大为恼火。6月27日,总统命令乔治·米德接替了他。这位新上任的指挥官承认,他应当采取守势以逸待劳,因为李绝不会不战而退回弗吉尼亚。与此同时,李获悉联邦军队就在不远的地方,形势危险,于6月28日命令他的部队在卡什镇集中。3天后,詹姆斯·佩蒂格鲁旅去夺取葛底斯堡的军鞋供应站。他们在那里与北方佬的先头部队——约翰·布福德骑兵遭遇,北方部队一直抵挡着灰制服士兵直到步兵增援部队抵达。虽然双方都没有计划要在葛底斯堡交锋,但是,战斗一旦打响,双方部队就都向那里集中了。

乔治·G·米德接任司令官。很久以前他曾在墨西哥与罗伯特·李共过事。现在,当李的部队北上宾夕法尼亚州时,米德派出骑兵部队寻找南军。1863年7月1日,双方的先头部队在美丽的小镇葛底斯堡遭遇了。

杰克逊的继任者皮特·朗斯特里特认为这个场所是不适于南部邦联军发动进攻的。北军占据着山头和高地,狭长的旷野将会给他们许许多多使用他们居于优势的大炮的机会,他感到南军面临一场灾难。相反,李则不是如此。李知道,如果他在葛底斯堡打胜了,那么哈里斯堡、巴尔的摩、华盛顿、费城甚至纽约,就都会落在他的掌握之中,他下达了命令。

李开始炮轰联邦军的左翼。

第一天的战况既激烈紧张又混乱不堪,联邦第1军和第11军试图占领葛底斯堡以西和以北地段，但同盟军把他们逐出城镇，赶到公墓山和卡尔普山。这里就像一个4英里长的倒置的鱼钩，从倒钩部的卡尔普山，沿着形成钩体的公墓山和公墓岭直到好似鱼钩环的圆顶。同盟军的战线与之平行，从葛底斯堡以东开始穿城而过，然后沿塞米纳里山岭向南。联邦部队不仅在高地掘壕固守，而且建筑了内部工事以利机动和通信。米德于午夜抵达战场，凭借月光就能清楚地知道他88000人的部队占据着居高临下的地形，只等着李来进攻呢！

7月2日，李转而炮轰联邦军的右翼。

1863年7月3日拂晓，由于在两翼尝试都没成功，李决定试试中央突破。

李计划发起进攻，由朗斯特里特向米德的南侧发起主攻，而尤厄尔向卡尔普山和公墓山进行助攻，朗斯特里特不赞成在葛底斯堡作战，他告诉李，部队应当绕过联邦左翼，进到米德和华盛顿之间，寻找有利的防御地形，反客为主，迫使波托马克军团进攻，李拒绝了这个建议，发布了进攻的命令。朗斯特里特连续猛攻，但未能突破联邦军的主要防线，尤厄尔也只是稍有进展，在卡尔普山的低矮山坡上取得了一个立足点。当天傍晚，米德与其部下开会，以决定部队下一步是应当撤退、进攻或是继续坚守阵地。几乎所有的人都一致认为联邦军应当继续保持防御态势。李最可能在哪里发起进攻呢？米德推想敌人已经在侧翼尝试过了，有可能选择进攻中部战线，他果然料敌如神，李计划先大规模炮击然后攻击鱼钩的中部。突击部队有13000人，配置在1英里长的战线上，李再次把进攻的任务交给朗斯特里特，而他仍反对这位上司的计划。但是，这位南方的统帅挥手让他的部下走开。"敌人就在那里，朗斯特里特将军，"李遥指着公墓岭说道，"我要揍他们。"

李的计划像伯恩赛德的一样异想天开。它导致了另一件胜负颠倒的弗雷德里克斯堡。震天的炮火打破了下午1时酷热的寂静并一直持续了将近两个小时，然后同盟军部队从塞米纳里山岭的丛林中走出来，像在阅兵场上一样昂首阔步地前进。这次进攻被称作作"皮克特冲锋"，是得名于乔治·皮克特，他指挥着三个进攻师中规模最大的一个。他以勇敢精神来对抗对手的火力。40分钟就决定了胜负。北方的炮群向着暴露无遗的队列雨点般地倾泻着葡萄弹和榴霰弹。联邦步兵不停地进行射击，而来自侧翼的猛烈火力也吞噬着这支纵队。阵阵炽热的弹雨将进攻纵队打得七零八落，造成了50%的伤亡。

"这都是我的错。"李向幸存者说道，并督促他们重整旗鼓以防米德反攻。北弗吉尼亚军团在几小时之内又重新集结起来，但米德并没有离开他的战线。就像安提坦战役之后一样，李在阵地上坚守了一天后撤退。战役伤亡人数占他整个部队的三分之一，还有数以千计的人在撤退时掉队。

这年秋天，北军的乔治·米德在东部与李打了几个小仗，然后撤了兵，双方的部队各自回到自己的营地，开始了战场的"冬眠"。

罗伯特·李向南方总统提出了辞呈，说葛底斯堡之役是由于自己犯了10个错误，这些错误是他指挥不当，但总统拒绝了他辞职。

陷入僵局

李在葛底斯堡之战后，率军转入防御，而联邦军则积极训练，准备进攻。

1864年5月3日晚上，波托马克集团的12.7万名官兵整队集合，穿着正式军服阅兵。一个团挨着一个团、一个炮兵连接着一个炮兵连地排列开来。军号吹响，战鼓齐鸣。然后部队在一片肃静中聆听进军的命令，这天夜里，当部队在销毁不想带往南方的东西时，点起了数千堆火。

李将军与他的军官们站在克拉克山上，拉皮丹河的好长一段都在他们的视野之内，他指点着远方说，格兰特将渡过伊利河和杰曼纳河这两条浅水河，也就是说要取道莽原——波托马克集团军会遇到许多困难。不过他推断，此次进军，格兰特头上顶着西部战场得来的桂冠，他的自信会使他采取一条直截了当、不要策略的路线，走莽原。

整整一夜，部队和装备越过浮桥，走上进入南边树林的羊肠小道——几英里长的步兵行军行列，后面是几英里长的车队，古弗诺尔·沃伦少将指挥第5军，他的行动太迟缓、太小心，所以到第二天晚上，他部队的前锋还没有穿过莽原。在他后面，第6军被阻塞在狭路上。

随着夜晚的降临，莽原中枪声渐稀，到了天黑时就完全沉寂了。在冒着烟的树林中，伤员的喊叫声和呻吟声让人毛骨悚然，精疲力竭的士兵们睡得人事不知，双方的伤亡率都高得惊人。格兰特告诉米德，他要发动一场全面进攻，让部队冲到开阔地去。他说，进攻应在5点钟发起，在对面一英里开外，李也下令南军在同一个时辰发动进攻。

凌晨，双方同时向对方发起攻击。

这时，北军开始显示出自己的力量，眼看南方军阵地就要被攻破。

这时，李身后传来喊声，他一转身，看见了朗斯特里特的先头部队即得克萨斯第1与第4步兵团。

"得克萨斯万岁！"李喊道，摘下帽子，在头顶上挥舞，"得克萨斯万岁！"

800来名士兵跑上前来排成战斗队形。"冲啊！"他喊，部队开始出击。两个团队之间有一道缝隙，罗伯特·李骑着"旅行家"插了进去，他面孔通红，眼睛中闪烁着战斗的光芒。他成了一头猛虎。

朗斯特里特此刻冷静地指挥着他的部队进入阵地。战斗非常激烈，被子弹削断的树枝下雨般落在士兵们头上。南方军向躲在木料和土堆后面开火的联邦军发动进攻。伤亡率高极了。这天朗斯特里特的前锋部队有一半人倒了下去，但是中午时分，联邦军左翼出现了混乱。

正在这时，朗斯特里特受重伤倒下了。

人们把他抬到后方，没有了他的指挥，进攻停顿下来。

黑夜降临。双方都做出不准备采取军事行动的样子，但是在静止不动的士兵与目光穿不透的树木后面，格兰特指挥部队起程了，一路上尘土飞扬，战士们都不知道开往何处。

他们来到了斯波奇尔韦尼亚，发现李正在严阵以待。

当联邦军的前锋到达目的地时，杰布·斯图尔特的骑兵正等在那里，挡住了去路。骑兵撤下来了，卧在地上的南军步兵忽然站起身开了火。斯波奇尔韦尼亚之战开始了。

两军从各自的工事里对打了两天，鏖战声远远大于从莽原里传来的枪炮声，因为在斯波奇尔韦尼亚的开阔地上，炮火可以大显身手。这个战役的伤亡之大是史无前例的。

　　格兰特在斯波奇尔韦尼亚骑马巡视前沿,发现了一个薄弱之处,南方军的胸墙突出了一个 1 英里长的半圆形。南方军称其为"骡蹄",可以从两侧和正面同时向它发起进攻,如果能把它拿下来,南方军阵地就被攻破了。

　　格兰特向南方军的右翼发动佯攻。李中了计,以为主攻之处在此,便把"骡蹄"处的大炮调去对付他所认为的强攻。

　　接下去的几天,联邦军对南方军的前沿进行骚扰,因为格兰特要找出一个薄弱点。

　　李也对北方军作了试探袭击,声称一定要狠狠地给格兰特一下。

　　后来,波托马克集团军要发起进攻,格兰特没有同意,并下令放弃斯波奇尔韦尼亚,再次向左移动,挥师向东又向南,来到北安娜河。当格兰特的部队在沿河北岸摆开阵势时,李的部队也在南岸展开了。

　　夜幕降临了,格兰特的两翼都到了河两岸,向前推进。于是李灵机一动,就以他的危险处境给敌人造成了一个错觉。他占据了河上的一个渡口,把它作为三角的顶点,让自己的两翼向后退去,形成一个颠倒过来的 V 字形。这样一来他的两翼便可以遥相呼应,而格兰特的部队则被完全分割开了。

　　双方剑拔弩张,互相对峙。但没有真正交锋。李已经挑战,而格兰特却不接受挑战,双方形成了僵局。

　　格兰特再次闪向左边,他的部队首尾绵延了好几英里。"李去哪儿你也去哪儿,"他曾这样吩咐乔治·米德,但是现在李却去求助于米德了,他在格兰特东进的部队内部运动。李到达一个叫作科尔德的小镇后,立即筑起胸墙等待联邦军。

　　格兰特看了李的工事和战壕,如果在科尔德港这地方能把李打败,那么战争就算结束了。如果放过这个机会,那么李就会退守里士满周围 7 个山头的工事之中。这将意味着他们要围困夏季的沼泽地。格兰特想到长期的围困将会使自己水土不服的军队染上可怕的疟疾,他决定打一场歼灭战,最难走的路往往最近,他下令进攻。

　　6 月 3 日凌晨 4 时半,联邦军主力向南方军工事发起进攻。他们并不想悄悄行动,也不想从侧翼包抄,而是全力突破李的阵地。

　　联邦军逼上来时,南方军列队站在工事后面,把上了膛的步枪传到前面士兵的手里,射手们简直是弹无虚发地向蓝色军队开枪。这是弗雷德里克斯堡之战的重演。

　　这场战斗持续了 20 分钟,后来联邦部队称其为"屠宰场中的杀戮"。伤亡10000 人,平均每分钟 500 人,每秒钟 8 人。南方军的伤亡仅是这个数字的十分之一。然后战斗结束了。

　　6 月 12 日夜联邦军在格兰特的指挥下,渡过了詹姆斯河,飞兵进逼里士满以南 25 英里处的彼得斯堡。他们的目的是切断首都与南方军其余地区的联系。

　　北方军在对守卫在这里的南方军进行试探性进攻后,发起全面进攻。守将急忙向李求援。然而,北方军在攻陷了南方军前沿阵地后不知为什么停止了攻击。

　　这时,李火速挥师援救。联邦军坐失良机。当他们发起进攻时,没有表现出在科尔德港时的那种锐气,南方军守住了阵地。

　　接着,李命令厄尔利率部向北方军首都进攻。

　　7 月 11 日,厄尔利兵抵联邦首都郊区,拿下了马里兰州的银泉镇,掠夺物品,格兰特得到消息,立即命令第6军回师首都。他们轻而易举地赶走了厄尔利。

四面楚歌

格兰特在弗吉尼亚州阿波马托克斯河与詹姆斯河的汇合处锡蒂波因特(现为霍普韦尔)安营扎寨。

时值酷暑,天气炎热,尘土飞扬,加上疟疾流行,许多士兵死在战壕里。

北方军一名士兵向格兰特建议:"如果能在地底下挖通一条地道,就可以把南方军的堡垒炸掉。"格兰特觉得可行就同意了。矿工出身的士兵们挖了几个星期,挖出一条150米长的地道,尽头处是个十字巷,正好在南方军阵地的下面,填进去将近4吨的黑色火药,足以掀掉一座大山。

1864年7月30日凌晨,导火索点着了。爆炸如火山爆发般猛烈,立刻炸出一个巨大的弹坑。数百名南方军丧了命,炸碎的石头、泥土飞出几条街那么远。李的防线被突破了,通往彼得斯堡的道路打通了。

1865年1月李任南方军总司令。当1865年的战役开始时,北方军斗志昂扬。联邦军已控制了谢南多亚,谢尔曼正向海边进军,再次将南方同盟一分为二,而且南军的两大主力野战军团中已有一个全军覆灭了。此外,在1月份,联邦军夺取了开普菲尔河上的菲希尔堡,控制了威尔明顿,这是南方同盟军最后一个走私港。苟延残喘的南方同盟军的全部剩余部队就是在里士满——彼得斯堡工事中死守的李军团和约翰斯顿的北卡罗来纳州率领的一支小部队。约翰斯顿已被再度召回。

在南方军阵地上,士兵们衣衫褴褛,拿不到薪饷,忍饥受冻。他们以玉米面的面包为食,偶尔吃到点儿咸猪肉,饥馑已经开始了。

整个冬季,格兰特未发动大的进攻,而任凭疾病和逃亡削弱李的部队。李唯一的希望是能与约翰斯顿会师。因为如能合兵一处,或许有可能打退谢尔曼,然后再回头对付格兰特。

为使格兰特收缩其左翼,从此处打开一条生路,李在3月2日对处于联邦军中心的斯台德曼堡发起攻击。李先获小胜,随后便一败涂地。

格兰特掌握了主动权,在李最靠后翼的五岔口集结了谢里登的骑兵和43000名步兵来对付11000名同盟军士兵。4月1日,联邦军打垮了南方军。

4月2日,格兰特下令进攻彼得斯堡防线,越过了同盟军的堑壕工事。当天夜间,李向西撤退,谢里登的骑兵和步兵两个军穷追不舍。

里士满一片惊慌。装满细软的货车隆隆地驶过街道。人们跑来跑去,只要能搭上出城的车出多少钱都行。火车挤得满满的,船只也是一样。政府工作人员在烧毁文件,火堆上升起团团的浓烟。

薄暮冥冥,司令官手持"旅行家"的缰绳屹立在横跨阿波马托克斯河的桥上,彼得斯堡南方军的最后一批守军正排成纵队从他身边走过去。这时里士满已经挤满了从战壕中撤下来的人。在彼得斯堡,弹药库爆炸了,大地颤抖,天空都被照亮了。他跨上马,徐徐地在黑暗中前进,部队在他身边同行,就像是漫长的严冬之后的一群活骷髅。

军乐队在空荡荡的战壕中奏着乐,以掩盖部队撤退的声音。里士满每一家都把所有的灯点亮了,因为人们都在清理值钱的东西,或者是埋起来,或者是带在身边去逃跑。士兵们把一桶桶的火药搬到停泊在河边的9艘炮舰上,并且准备在部队撤离后烧毁铁路上的桥梁。整整一夜,士兵们川流不息地从战壕里涌出来,向西开拔。

4月3日凌晨,当联邦军准备向如今已经空荡荡的阵地发起全线进攻时,最后一批南方军的士兵越过了詹姆斯河。最后一辆货车也跟在部队后面过了河。这时候负责善后工作的军需官们宣布说,政府仓库里的东西可以随便拿。人们一哄而上去抢肉类、粮食、糖、面粉——政府的一切东西,除了已经护送走的价值50万美元的黄金。

李将军

破晓之前,炮舰上的导火索一个个地点燃了火药桶,浪花飞溅,炮舰化为碎屑,冲击波震碎了离河两英里的房屋的玻璃窗。灰烬随风飘落,引起烧掉全城三分之一的大火。里士满烧起来了,醉醺醺的抢劫者走街串巷,撬开商店和民房。军队在行军,在它后面,南方军的首都遭受着浩劫。

不久,联邦军穿过冒烟的废墟来到里士满的大街上,其中包括一支黑人骑兵部队,战刀出鞘,高唱军歌,并发出了一道声明:"戈弗雷·韦策少将特此宣布,格兰特麾下的美利坚合众国军占领了里士满城。"

在华盛顿,为攻克彼得斯堡鸣放了300响礼炮,为攻克里士满鸣放了500响礼炮,炮声持续了几小时。

在西面,格兰特追赶着李。

李加快速度,朝40英里外的阿美利亚考特豪斯前进,满载着给养的火车已受命开到该处。李带着30000名饥肠辘辘的士兵来到阿美利亚考特豪斯,在那里等待他们的是成箱的弹药——没有任何吃的。装了食品的列车错开到了现已落入联邦军之手的里士满。

这时,格兰特的部队已经紧随李之后,谢里登的部队已赶在李的部队之前,堵住了李从阿美利亚考特豪斯西行的退路。

4月7日,尤利塞斯·格兰特走上法姆维尔一家旅馆的台阶,给李将军写了一封短信:

将军:

上星期战斗的结果一定已经使你明白,继续抵抗是徒劳无益的。我认为情形就是这样,同时我还认为我有义务使自己免于承担继续流血的责任,因此我要求你率领号称北弗吉尼亚集团军的南部邦联军投降。

顺致敬意,你忠实的仆人

U.S.格兰特

31

这封信放在一面白旗下送到了李的手中。这天晚上,李看过信,默默地把它递给皮特·朗斯特里特。"还没到这种地步。"朗斯特里特说。

　　李在回信中写道:

　　尽管我不敢苟同你所说的北弗吉尼亚集团军继续抵抗是徒劳无益的见解,但是我赞同你那避免继续流血的愿望,我特此请你提出我军投降的条件。

　　4月8日,格兰特收到李的信后,再次回信告诉李,为了和平,建议他们举行一次会晤。

　　于是,李无奈地打着白旗来到格兰特的驻地,与格兰特会晤。

　　李首先挑明题旨,要格兰特提出接受投降的条件。

　　格兰特说:"就是在我昨天信中明确讲明的条件——你的官兵将凭誓获释,不得重新拿起武器。全部武器、弹药、给养都要作为被缴获的物品而交出。"

　　"这正是我盼望你提出的条件",李说,因为这样就不会有押着成排俘虏作胜利游行的情况,也不会有绞刑。

　　会谈结束,李在受降文件上签了字,双方交换文件。

　　4月9日,罗伯特·李率残部28000人在弗吉尼亚境内的阿波马托克斯镇向北方军投降。在这之前,他起草了最后一份给战士们的文告:

　　经过了4年勇敢刚毅的艰苦战斗以后,北弗吉尼亚集团军在寡不敌众的情况下现将投降。

　　我无需对这些身经无数次恶战、始终坚贞如一的勇敢幸存者说,我同意这样做并不是因为信任你们,只是因为感到英勇和忠诚是无法补偿继续战斗所招致的损失,所以我决定避免无谓的牺牲。

　　我永远敬佩你们对自己国家的坚贞和忠诚,永远铭记你们对我本人的宽宏大量,我在此向你们全体深情地道别。

　　李将军留在阿波马托克斯,直到最后一批南部邦联军凭誓获释,最后一面军旗献出,最后一支滑膛枪擦在武器堆上由征服者运走。

　　几个月后,李出任华盛顿学院(现在的华盛顿与李大学)院长。当时,该院规模很小,只有4名教授,95名学生(其中94名来自弗吉尼亚),几乎濒临倒闭。在李的指导下,华盛顿学院在全国率先实行选修课制度,鼓励学生学习如何设计,如何研制复合化肥,如何重建铁路和运河,并为工厂设计图纸。

　　李任院长两年后,招生规模已扩大到410人(来自26个州)。在他的任期内,华盛顿学院增设了10个系,着重强调科学技术和现代语言,此外,还准备建立商学院、农学院、新闻学院和法学院。甚至在哈佛和约翰·霍普金斯这样的大学在高等教育中重视科研之前,华盛顿学院就已开始了公共福利等课题研究,并为研究人员提供研究基金了。几年的时间,李已被公认为美国一流的教育家,而不再提及他过去的军旅生涯。

　　1870年10月12日,罗伯特·李在弗吉尼亚州莱克星顿市去世,终年63岁。

绰号"石壁"的将军

——托马斯·乔纳森·杰克逊

人物档案

简　历:1842年进入西点年校,毕业后任炮兵少尉;参加过1846～1848年墨西哥战争;1851年去弗吉尼亚军事研究院任教;南北战争期间,参加了1861年对弗吉尼亚的进攻。1862年的河谷战斗、七天战役、第二布尔溪之战和1863年的昌斯洛斯维尔战斗。

生卒年月:1824年1月21日～1863年5月10日。

安葬之地:不详。

性格特征:治军严格;在作战指挥上,善于采取快速机动和突袭战术,能高度隐蔽自己的意图,出奇制胜。

赢得绰号

托马斯·乔纳森·杰克逊出生于1824年1月21日。自幼父母双亡,少年时代接受正规教育极少。1842年进入西点陆军军官学校学习,毕业后任炮兵少尉。在1846～1848年的墨西哥战争期间,结识了后来成为南军总司令的罗伯特·爱德华·李将军,并在作战中显示了自己的优秀素质。他在作战行动中沉着勇敢,足智多谋,墨西哥战争结束时,被晋升为中尉。1851年自愿去弗吉尼亚军事研究院任教,教授炮兵战术和自然哲学。

内战爆发后,杰克逊晋升上校军衔,并受命将弗吉尼亚州志愿人员编成一个旅参加南军。

1861年,由于北方的战略失误,所以在这一阶段的战斗中,南方占了明显优势。1861年南方设想以闪电战夺取华盛顿,以便争取英法的直接支持。杰克逊参加了双方在东战场进行的第一次大规模交锋——第一次布尔溪会战。

7月,北军进军弗吉尼亚,林肯决定在华盛顿和里士满之间的交通枢纽马那萨斯地区同南军主力决战,以便扫清进军里士满的道路。北军由麦克道尔将军指挥,

33

有 35000 人。由于北军事先大肆宣传，认为会轻易取胜，因此许多华盛顿市民、议员、记者身着盛装，带着野餐，前来战地观光。

7 月 21 日，北军一开始以优势兵力向布尔溪对面的南军阵地发起猛攻。

南军托马斯·杰克逊指挥的 1 个旅在亨利豪斯山周围顽强抗击北军，战斗十分激烈。杰克逊指挥所部兵力，组成坚强的防线，顶住了北军的 5 次进攻。

南军的一个将军对掉队的士兵大声喊叫："杰克逊像石壁般屹立在那里！快到弗吉尼亚去集合！"

杰克逊坚持抗击，为南军右翼调兵增援以及约翰斯顿的最后一个旅的到达赢得了充足的时间。杰克逊组织的坚强防线成功地抗击了优势敌人的进攻，这为他赢得了"石壁"的著名绰号。

南军援军到达后，发起反攻，击溃了北军。战斗结果，北方损失近 3000 人，丢失了大批枪炮弹药，南方损失近 2000 人。

在冬季，杰克逊把北军的一个军牵制在谢南多亚河谷口。这个河谷为南军提供了一条通向华盛顿的天然大道。

大胆出击

1862 年 3 月，北军指挥麦克莱伦制定出由切萨比克湾间接向南部同盟首都里士满发动进攻的方案。

3 月 23 日，杰克逊在克恩斯敦遭到失败。为避免战斗，杰克逊撤退至湍流峡。在那里，他奉命牵制再次向里士满运动的北军一部。4 月，北军在约克敦和威廉斯堡集结。麦克莱伦的军队共有 12 万余人，而南军集结在这里的只有 15000 人，尽管如此，麦克莱伦却不敢发动进攻，在南军阵地前驻扎了整整一个月。后来大雨滂沱，道路泥泞，南军在后卫掩护下向里士满撤退。由于麦克莱伦缺少准确的情报，把南军的兵力过高地估计为 20 万，因而一直不敢行动，一味等待来援。

杰克逊看到北军按兵不动，便计划率南军乘火车佯装向里士满撤退，实际上是向西绕到北军的侧后，从侧后将北军击败后，继而再沿河谷而下，在温切斯特包围了撤退中的北军一部的右翼，并一举打败，将其赶过波托马克河。这时，北军另一部约 20000 人的兵力奉命进攻杰克逊。这样，当杰克逊向北出击之时，就面临着 5 万人的围攻。

杰克逊率部队快速运动，很快逃出了包围，并再次从后面绕过去打败已经被击溃的南下北军的一部，消灭了前哨的据点，迫使北军转头向北撤退，逃往波托马克河彼岸。

南下北军 9 次受击，造成了北军紧张的局势，华盛顿城里虽有两倍于杰克逊的兵力担任防守，却被他们的迅速进击搞得惊慌失措。林肯极为害怕，因而撤销了向里士满增援的命令，集中大批北方部队留在波托马克河一线，以保卫华盛顿免遭南军的袭击。

在北军部队从河谷退出重新部署以保卫华盛顿时，"石壁"杰克逊的一支 3500 人的军队进攻了北军部队留下的 9000 人的垫后部队。尽管杰克逊低估了对手的力量，使部队受到很大损失，但因为进攻打乱了北军的调动，南军实际赢得了一个战略性的胜利。因为，南军的阻击部队在杰克逊指挥下，以 16000 人的兵力，牵制了北军7万人,迫使其转为守势。

　　1862年5月23日,杰克逊猛攻在弗朗特罗亚尔的一个北军的营地并沿河谷而下,虚张声势地向华盛顿逼近。经过一阵短时间的慌乱,林肯随即意识到杰克逊的推进只是虚张声势而非进犯。他还意识到北方有一个好机会可将"石壁"的16000人合围在弗里蒙特、班克斯和麦克道尔之间。林肯命令麦克道尔回师向上谢南多亚方向运动,背向麦克莱伦,同时敦促3位指挥官快速进兵,密切合作。但是,三位指挥官都没有依命行事。而杰克逊则抓住时机,凭借他熟悉地形和行动迅速的条件挫败了60000名北军合围聚歼的企图。

　　杰克逊的河谷之战使南军重新确定进攻北军的方向。在5月31日的"金橡树战役"中,南方军几乎获胜,但北军的增援部队从一个半毁的桥上渡过了奇卡霍明尼河,使其功败垂成。次日,北方军又把南军打回到他们的出发地。

七天战役

　　杰克逊率部牵制了北军援军之后,约翰斯顿将军十分高兴,尽管他只有63000人,但他仍决定向北军开始进攻。因为他本人负了伤,6月1日,罗伯特·李接替了负伤的约翰斯顿,亲自担任战场指挥。他把他的部队改组为北弗吉尼亚军团,同时挖掘战壕,构筑工事,加强里士满城防,并派兵侦察敌情,准备出击。麦克莱伦拥有绝对优势的兵力,只要他选择有利战机和适当的战术,就一定会夺得里士满。因此罗伯特·李决定采取攻势,先发制人,迫使麦克莱伦处于守势。

　　罗伯特·李急于争取战争的主动权。他于6月12~15日派出斯图尔特率1200名骑兵深入其北面之敌的后方进行侦察,并命令杰克逊从河谷乘火车前去与他会合。杰克逊的部队到达后的任务是立即破坏北军的交通,迫其退却。

　　此时,由于麦克莱伦等待援兵的计划破产了,于是,便把其10.5万人的兵力集中在一起,加修工事。6月12日,当他得知南军派出了1200名骑兵深入其军队的后方正在侦察情报,准备进攻的消息后,大为震惊,立即准备把部队迁到詹姆斯河畔。

　　麦克莱伦行动迟缓,其行动完全被南军侦察发现。罗伯特·李得知消息迅速抓住这个有利时机,抽调兵力。6月22日,罗伯特·李立即召开作战会议,布置行动计划。他决定以一部兵力据守里士满以东第一线防线,以杰克逊的兵力为主力,绕过奇卡荷弥尼河以北麦克莱伦兵团的阵地,迂回到他的右翼,切断其交通线,扰乱麦克莱伦兵团的背面和侧翼,迫使他们撤退,然后乘北军撤退之际,再以另一部兵力从正面进行攻击。

　　这一战略无疑是卓越的,但是能否成功关键在于三路大军能否在时间上有精密的配合,在于南军弗吉尼亚军团司令部参谋人员及时掌握情况,准确调整指挥。这时,弗吉尼亚军团共有8.5万人,其中杰克逊的部队共有1.8万人。

　　6月23日,北军情报人员发现南军正在计划联合进攻,第二天,又获知杰克逊正乘火车从河谷前去同南军其他部队会合。6月25日,两军展开遭遇战。不知什么原因,杰克逊这时指挥不果断,对正面进攻的部队也考虑不周,因此在6月26日这一天,麦克莱伦所部击退了南军外侧右翼的部队,但是没有真正掌握对方的兵力情况,把罗伯特·李将军的兵力多估计了10万人,因而他不敢再战,决定退却,随即把右翼兵力撤退盖恩斯磨坊附近的坚固阵地内,并在这里构筑了仓促应急的野战工事。

这一战使罗伯特·李认识到要进行一次大的决定性的攻击,主要突击方向不能单靠杰克逊的兵力。为此决定将主要力量集中起来,造成局部兵力优势来对付工事坚固的麦克莱伦的右翼正面和后方。27日,罗伯特·李对他的方案进行修改,将杰克逊和其他几位将领指挥的兵力全部合在一起,共达5.7万人。

下午两点,南军再次进攻,北军顽强抵抗。到黄昏时分,杰克逊的部队由于走错了路,才赶到前线,于是罗伯特·李命令其左翼所有部队沿麦克莱伦右翼正面发动全面突击,终于在夜幕降临时突破了防线。俘获了北军2800余人和22门大炮,由于天黑,南军无法继续进攻,遂停止行动。

6月29日,罗伯特·李拟定了另一作战计划。命令杰克逊全速迂回扰击北军的背后;另以两路兵力分别行动,同时攻击北军的右翼。但是,由于参谋人员和他的部下对计划执行不力,效果不好。

6月30日,北军继续退却,眼看就要逃出罗伯特·李所布下的陷阱,于是罗伯特·李不等部队全部到达,就命令部队改变原计划中的进军路线,从弗雷色斯农场中的森林中直插而过,以制止其退却。但是由于一路障碍甚多,到天黑才前进了3公里左右。由于北军沿途丢弃了许多机械和装备,士兵们一路捡拾,杰克逊行动缓慢,耽误了战机。后来发现途中桥梁被破坏,且又受到北军炮兵火力的阻击,杰克逊不愿继续追击,遂停了下来。

7月1日清晨,南军继续追击。杰克逊的部队沿大道向南前进,抵达莫尔文山一线。预备队在杰克逊部队后面展开。此时,麦克莱伦已经把波托马克军团全部集中到莫尔文山上。麦克莱伦将部队分为三部分,以两部兵力分别在大道两侧展开,准备迎战南军从北路进攻。另有一部兵力在高地西侧展开,以防南军从西面进攻。整个阵势成一个月牙形。

南军抵近北军阵地后,罗伯特·李当即决定开始进攻,同时以炮火进行掩护。下午两点左右,南军的炮兵开始射击,可是很快就被北军集中的火力所压制。罗伯特·李被这猛烈的炮火吓住了,对正面进攻的计划犹豫起来。罗伯特·李看到战斗已经打响,虽然受到严重损失,但也取得进展,并得知北军又开始撤退,便取消了迂回攻击的意图,督促各部继续进攻。预备队在杰克逊的帮助下,双方兵力展开了大屠杀,直到夜幕低垂,这场悲剧才自动闭幕,各自收兵。

第二天,麦克莱伦率领部队冒着暴雨渡过詹姆斯河,而后在北军炮艇掩护下撤到哈里森斯兰丁。罗伯特·李派刚回来的骑兵和杰克逊的部队继续追击,但是由于途中不断受到阻击,无法接近,便命令停止追击,撤往里士满。

这样就结束了这场战争中的第一次大战役。从6月25日算起,在这7天的战役中,双方都付出了代价。北军投入作战的兵力为9.12万人(实际兵力有12.4万余人),损失了1.58万人。南军参战兵力为9.55万人,损失了2.06万人。这一战就战术而言,双方各有得失。南军在整个战役中互不协作,各自为战,杰克逊部队担任主力,但行动较为迟缓、被动。

升任军长

"七天战役"之后，北军被迫撤退，南军则乘机追击。7月中旬，杰克逊率领的1.2万名老兵部署在戈登斯维尔这一重要的铁路枢纽。

由于杰克逊在战斗中表现突出，被任命为军长。

1862年8月，两军在布尔溪再次交战。北军集中13万兵力准备一决雌雄。南军弗吉尼亚军团司令罗伯特·李将其部队编成由杰克逊和詹姆斯·朗斯特里特指挥的两个军，并在麦克莱伦开始撤退前向北军运动，留下防御薄弱的里士满唱空城计，但他相信麦克莱伦不会抓住这一机会。

这次进攻由杰克逊打头阵，于8月9日在塞达山打败了北军一部。在两周内，罗伯特·李的5.5万人与北军的6.5万人隔河对峙。

罗伯特·李一反所有的军事准则，实行了分兵，决定乘北军尚未完全集中之前迅速进击，冒险把5.5万南军一分为二，派杰克逊率2.3万人向西从距北军右翼较远的地方迂回敌后。在那里，杰克逊封锁了北军部队与华盛顿的交通，摧毁了设在马纳萨斯枢纽部的联邦补给站。

北军寻机歼灭杰克逊部队。杰克逊在石桥西面利用尚未完工的铁路路基进行防守。有一段时间，由于北军骑兵侦察的错误，他们不知杰克逊在何处。

杰克逊由于担心北军要撤回华盛顿，于8月28日下午故意暴露了阵地，以引诱北军进攻。北军集中力量攻其一点，但是，他们没有发现南军另一部朗斯特里特就在距杰克逊仅16公里的撒勒费尔峡。朗斯特里特和罗伯特·李正沿杰克逊的路线进兵，杰克逊的任务是一直坚守到他们到达。当29日北方军向杰克逊发动攻击时，罗伯特·李和朗斯特里特抵达战场，潜伏在北军的左翼。北军的逐次突击是从正面进行的，杰克逊守住了阵地。北军在得到支援后，再次进攻杰克逊右翼。

杰克逊命令部队佯装退却，北军过分乐观地下令"追击"杰克逊，8月30日下午，正当敌人重新发起的进攻快要占领"石壁"的阵地之时，朗斯特里特的部队赶来支援，与杰克逊共同发起进攻，将北军部队置于钳形包围之中。但是罗伯特·李将军没有足够兵力对北军形成合围，无法阻止战败的敌人在夜间撤回布尔溪彼岸。不过，他确实派杰克逊再次威胁北军的后方，然而杰克逊的部队又累又饿，在9月1日的尚蒂伊战斗中未能取胜。

这时，南军已处在华盛顿城下。北军两面受击，全线溃退，被迫退守华盛顿。但是由于南军后勤供应不足，兵力处于劣势，南军不可能构成对华盛顿的包围，无法阻止北军撤退，北军才免于全军覆没。

此刻，罗伯特·李在军事上和政治上都低估了他的对手。在第191号特别命令中，罗伯特·李详述了一项大胆的分兵计划。在杰克逊的总指挥下，三路纵队对哈泼斯渡口分进合击，而朗斯特里特仍留在南山正西的博恩斯博罗。

当罗伯特·李的5万部队于9月初涉水渡过波托马克河时，其情况并不太好。许多士兵因吃青玉米而患急性腹泻，其他人则光着疼痛的脚一瘸一拐地行军。最高司令官也健康不佳。罗伯特·李的双手打上了夹板，杰克逊的脊背疼痛，而朗斯特里特由于裸露的脚后跟上长了水疱而感不适。

9月7日，罗伯特·李把部队集结于马里兰的弗雷德里克，并以斯图尔特的骑兵掩护他的行动。此后,杰克逊去夺取哈泼斯渡口,朗斯特里特去攻取黑格斯敦。

9月13日,北军士兵发现罗伯特·李的一份命令副本,并把它交给了麦克莱伦。很少有哪位将军有如此鸿运,但是,麦克莱伦对此却置之不理。

14日,麦克莱伦获悉杰克逊已攻克哈泼斯渡口,于是决定与杰克逊交战。麦克莱伦在安提坦小溪的后面构筑了一个阵地,等待着杰克逊。杰克逊率部于16日到达。由于掉队者众多,罗伯特·李的部队已减员至大约4万人。麦克莱伦以为罗伯特·李至少拥有10万人,他花费了一天半的时间准备进攻,给了罗伯特·李以集结部队的时间。

9月17日,安提坦战役从北向南逐次展开。北军首先攻打南军的左翼,那里的战斗铁血交织,人们疯狂地搏杀,发出歇斯底里的喊叫与狂笑,"直杀得天昏地暗,吼声震耳欲聋"。北军打垮了罗伯特·李的右翼,突破了南军的防线。富有戏剧性的是,杰克逊的最后一个师,从哈泼斯渡口出发,经过极度紧张的强行军,兼程到达战场,填补了缺口并把北军赶了回去。

中弹身亡

麦克莱伦由于行动迟缓,打击不力,11月7日被解职。新任总司令伯恩赛德虽然是个称职的军长,但经过一段实践证明,他不能胜任军团司令,于是,林肯于1863年1月25日又解除了伯恩赛德及其主要部下的职务,把指挥大权交给了约瑟夫·胡克将军。

4~5月间,胡克指挥波托马克军团13万人向里士满进军。

5月,胡克率领部队在拉帕哈塔诺克河上游过河,尔后以3个军绕到南军的背后,可是当部队到达昌斯洛斯维尔后,胡克命令部队停止前进,构筑工事,等待增援,再作攻击。

南军罗伯特·李将军及时发现了胡克的意图,采取了大胆的应战手段。他兵分两路,一面派兵1万人牵制来增援的4万北军,他自己集中4.3万人对付胡克的7.3万人。为保证成功地打击北军胡克的部队,罗伯特·李又进一步分兵,用1.7万人作正面攻击,牵制胡克,其余部队由杰克逊带领采取迂回包抄的奔袭战术,从北军的右翼进攻。

5月2日上午6时,杰克逊军对北军右翼开始包围袭击。胡克不但没有发现南军的行动意图,反而以为敌人是在退却,因此没有采取任何措施。

5月2日下午,杰克逊军发起攻击,击败北军第11军,并一直打到了北军的战壕里,迫使北军退却逃跑。

杰克逊下令乘胜追击,这时天已黑暗,在黑暗中追击的南军部队秩序混乱,杰克逊趁着黑夜带着一小队参谋到前沿进行观察巡视。他沿着自己的前沿阵地策马徐行,远处枪声大作。当返回时,他遭到己方流弹的误伤。

杰克逊左臂伤势严重,被迫截去左臂,此外身上还有多处受伤。杰克逊被送到一家医院,他身上的枪伤还没有来得及医治,又引起了并发性肺炎。一星期后,5月10日杰克逊去世了,年仅39岁。

杰克逊治军严格,深受部属信赖;在作战指挥上,善于采取快速机动和突袭战术,能高度隐蔽自己的意图,出奇制胜。他说:"兵不厌诈是成功的秘诀。"

把恐怖当成战争的手段

——威廉·特库姆塞·谢尔曼

人物档案

简　历：1840年毕业于西点军校,在炮兵服役;1841~1842年参加征伐印第安人的作战;1846~1848年参加对墨西哥的战争;1861~1865年南北战争中参加了马纳萨斯、维克斯堡和查塔努加战役,以及萨姆特堡和欣曼堡争夺战,并率部占领亚特兰大;撰有《1861~1865年美国内战回忆录》。

生卒年月：1820年2月8日~1891年2月14日。

安葬之地：不详。

历史功过：谢尔曼和格兰特制定并发展了"总体战"战略,该战略在美国军事史上影响极大。在以后的"无条件投降"核威慑和大规模报复等思想中,都可以看到这种战略的影子。

连连升迁

威廉·特库姆塞·谢尔曼于1820年2月8日生于俄亥俄州兰开斯特。9岁时,谢尔曼的父亲去世。

16岁时,谢尔曼的养父将他送入西点军校。在校期间,谢尔曼在工程学、地理学、修辞学和哲学等学科方面的成绩均名列前茅。1840年他毕业于西点军校,被授予少尉军衔,在炮兵服役。

1841~1842年,谢尔曼被派往佛罗里达州去参加讨伐印第安人的作战。1846~1848年参加了美国对墨西哥的掠夺战争。

1853年,谢尔曼退出现役,离开军队,从事企业活动,曾先后开办银行和主持法律事务所,当律师,但都不太成功。1859年重返军界,任路易斯安纳州亚历山大军事学院院长。

1861 年内战爆发后,谢尔曼利用当参议员的弟弟的影响,重返战斗部队,被授予上校军衔,几个月内,历任团长、旅长和师长。1861 年 7 月 21 日,谢尔曼指挥他的师参加了第一次布尔溪会战,1862 年 10 月,格兰特命令谢尔曼乘船顺流而下配合其陆上进攻。

1862 年 12 月 26 日,谢尔曼在维克斯堡上游上岸。格兰特由于遭受弗雷斯特和范多恩对其铁路线的成功袭击,放弃了自己的进军。林肯搞了个钳形攻势,命令部队从新奥尔良逆流而上。南军约翰·彭伯顿将军打退了谢尔曼。来自南面的班克斯部队的运动也被赫德森港的南军防御工事所阻挡。格兰特于 1863 年 1 月 29 日亲自在维克斯堡担任指挥。

在春天的大雨和洪水平息下来之前,格兰特的部队不能进行有效的行动。于是,格兰特决定绕过维克斯堡,在其下游过河,从东边间接地接近该城。这次行动由本杰明·格里尔森上校对密西西比的袭击作掩护。4 月 30 日,格兰特渡河,决定完全放弃他的交通线,插向内地。他采用了拿破仑一世的那种插入两敌之间然后各个击破的战略。

到 5 月 1 日,谢尔曼已将约翰斯顿赶出密西西比州的杰克逊城,而且彭伯顿由维克斯堡出发的进军已被阻挡。虽然彭伯顿还有力量再战,但他撤回到原来的防御阵地。格兰特 5 月 19 日的强攻失败,于是对该城实行围困。

维克斯堡城内南军兵力约有 37000 人。但格兰特逐渐得到增援。最后,与不幸的彭伯顿对阵的北军达 7 万多人。约翰斯顿曾命令彭伯顿不要失去后撤的机会,但是,军事会议确定,后撤已不可能,多纳尔逊情况又重演了。约翰斯顿于是打算派去援兵,但守备部队饿得没法,于 1863 年 7 月 4 日投降。约翰斯顿向东撤,谢尔曼在后面追。7 月 9 日,哈德逊港守军投降,整个维克斯堡战役结束。谢尔曼与格兰特一起攻下维克斯堡后,使密西西比河重新通航,沟通了与北方的商业来往,这对北方的作战行动具有重要意义。不久,谢尔曼被晋升为少将。

10 月,北军罗斯克兰斯把部队撤进查塔努加,南军布雷格包围了该城,并用部队包围通向该城的南部通路以及用骑兵来袭击联邦军队的交通线。由于罗斯克兰斯使用的唯一的一条补给线曲折迂回,并不时遭到南军骑兵的袭击,到 10 月中旬,部队几近绝粮。北方指派胡克,并从波托马克军团抽出两个军乘火车赶来增援。在这场战争中最大的一次铁路调动中,23000 人在 12 天之内行程 1200 英里。陆军部同时还命令谢尔曼指挥的 4 个师也赶到这座被围困的城市。

10 月 17 日,林肯派格兰特为西线总指挥。罗斯克兰斯因为战事失利一蹶不振,林肯则派托马斯接替罗斯克兰斯。胡克在卢克奥特山下开辟了一条直通查塔努加城里的铁路供应线。到 1863 年 11 月格兰特已做好了进攻的准备。24 日,胡克攻占了同盟军卢克奥特山上阵地。次日,托马斯攻打密逊纳里岭。格兰特原计划从两面实施包围,但谢尔曼的左翼受挫,因此计划未能如愿。勃拉格残部溃逃至佐治亚州的多尔顿附近,但未受到任何追击。从此,通向亚特兰大的大门被打开了,阿巴拉契亚防线易手,南方的战略重点失守。

格兰特计划发动一场重大的冬季战役,希望能从新奥尔良进入莫比尔,由于华盛顿担心田纳西东部和中部的安全,格兰特的这一战役计划未能实现。虽然格兰特不能实现他的莫比尔战役,他仍派谢尔曼自维克斯堡开往密西西比河的梅里迪安,这是他奔袭战略的第一个实例。谢尔曼于 1864 年 2 月初率领 25000 人离开维克斯堡,破坏了密西西比河中部的铁路和资源,然后,又在他3月初返回维克斯堡之前撤到了坎顿。

制定战略

1864年是北方向南方发起战略进攻的一年。

林肯撤换了作战消极的麦克莱伦,几经挑选,将格兰特召回华盛顿,并于1864年3月9日任命他为全军总司令,统一指挥东西战区的所有的北方军队。格兰特撤换了平庸的伯恩赛德、比尔等高级将领,任命智勇双全的谢尔曼为密西西比河战区司令,哈勒克为参谋长,米德为波托马克河战区司令,负责战术指挥。北方以前没有统一指挥,各战区司令自行其是。至此北军终于形成了一个得力的指挥部。

格兰特的春季战役计划是一个宏伟的战略设想,它将在尽可能多的战线上同时施加压力,使"整个陆军拧成一股劲,指向一个共同的中心目标"。在东线,由一些较小的部队在战略侧翼进行策应,米德则率军攻击弗吉尼亚军团。在西线,谢尔曼的任务是对付约翰斯顿的部队,然后"尽可能深入敌方领土腹地,并全力破坏敌方战争资源"。在扫荡乡村的同时,谢尔曼还决心打击对方的民心。他写道:"当时,我的目标就是要狠狠抽打南军,压倒他们的气焰,钻入他们的内心深处,使他们对我们谈虎色变。"

但是,这一计划一开始就流产了,班克斯并没有去进攻莫比尔。相反,林肯命令他沿雷德河而上,去阿肯色和路易斯安纳北军占领区协助重建联邦临时政府,并警告在墨西哥的法军不要轻举妄动,同时控制该地区的棉花供应。由于这一方向与谢尔曼和格兰特背道而驰,红河战役实际是一次战略失误,而且班克斯的指挥无能又使得情况越来越糟。南军部队把他的军团围困在百慕大小区内。格兰特写道:"他根本无法再对里士满发动任何攻击,就像被关进一只塞得紧紧的瓶子里一样。"

在这一阶段里,南北双方均根据前一段作战的得失,对各自的战略计划做了较大修改,以便赢得战争的最后胜利。格兰特的意图是要击败罗伯特·李和约翰斯顿的部队。除谢尔曼部仍继续向海洋进军外,格兰特的目标不再是一城一地的得失,而是歼灭敌军部队。

北方采用了格兰特和谢尔曼二人共同制定的"总体战"战略。

谢尔曼是美国著名的军事家,参加了马那萨斯、维克斯堡等战役,屡立战功。他发展了总体战略,把摧毁敌方的经济资源同心理攻击结合起来;把恐怖当作战争的手段之一,把敌方居民也作为打击的目标。他主张用战争暴力摧毁敌方居民的战斗意志,使他们无法继续进行战争。"我们不仅是在和敌对军队作战,而且是在和敌对人民作战,使其无法继续进行战争。"他说,"我们必须使他们不分老幼、无论贫富都感到战争的以及有组织的军队的无形力量,从而丧失继续进行战争的意志。"他的名言就是:"战争就是地狱。"谢尔曼所说的人民的征服,主要指的是没收敌方人民的财产而非消灭他们的生命。但是他也主张对拒绝服从法律和当局命令的人应该毫不怜悯地消灭。这样做的目的是:"只有让他们饱尝战争的苦头,使今后几代再也不敢诉诸战争……我们一定要清除和摧毁一切障碍,有必要的话,就杀死每一个人,夺走每一寸土地,没收每一件财物。一句话,破坏我们认为应该破坏的一切东西,不达目的,决不罢休。"

格兰特和谢尔曼的总体战略,在美国军事史上影响极大。在以后的"无条件投降"核威慑和大规模报复等思想中,都可以看到这种战略的影子。

此时,北方的革命路线已见成效,北方军民斗志高昂。

1864 年 3 月,格兰特东征罗伯特·李时,谢尔曼作为北军西战区司令,率领 3 个军攻入佐治亚州。随后,他与联邦军总司令格兰特共同制定东西战场协同作战、分割歼敌的计划。

按照格兰特和谢尔曼共同制定的作战计划,规定东西两个战区分三路同时向南方发起协调一致的进攻。东线为主攻方向,以歼灭罗伯特·李军团为主要目标,"靠不间断的一系列战役,消耗南部同盟的军队",然后相机夺取里士满,巴特勒的部队则由东向西,直攻里士满;谢尔曼军则由西向东南横扫,深入敌后占领佐治亚州,撤出到大西洋沿岸,对南方的东部地区实施中间突破。

由谢尔曼指挥的西部战区的部队包括托马斯将军指挥的坎伯兰军团、约翰·斯科菲尔德将军指挥的俄亥俄军团和詹姆斯·麦克弗林将军指挥的田纳西军团。格兰特想把罗伯特·李的部队牵制在弗吉尼亚,好让谢尔曼从后面将同盟军打垮。约翰斯顿接替了克雷格的职务。克雷格虽然仗没打好,但他还是作为总统的军事顾问到里士满去了。格兰特指示谢尔曼战胜约翰斯顿,打到敌人的内线去,尽一切可能破坏南方的作战资源。谢尔曼对其任务的后一部分渐渐着迷,实施破坏的范围确实非常广泛。

1864 年的主战场是在西线。谢尔曼集结了 10 万精兵强将。而与他对阵的 J. 约翰斯顿的南军是只有 62000 人的战败之师。5 月 7 日谢尔曼开始慢慢地驱赶约翰斯顿。南军使用的是一种地地道道的拖延困敌战术,在一个又一个坚固设防的阵地上与北军作战。

6 月 27 日,谢尔曼错误地判断约翰斯顿已拉开战线,中心空虚,便发动了攻击。谢尔曼采用正面进攻的手段进行突击,此举给自身造成了 3000 人的伤亡。后来,谢尔曼改用他那特有的、更拿手的迂回战术,不直接进攻,诱使约翰斯顿向查塔努加后撤。接着,北军第一次向东迂回,这就迫使约翰斯顿不得不撤出阵地,退到了桃树湾。

戴维斯对约翰斯顿打的这几仗很不满意,于 7 月 17 日撤了约翰斯顿的职,把指挥权交给了草率鲁莽的约翰·胡德将军。胡德在葛底斯堡失去一只手臂,又在奇卡莫加失去了一条腿,但仍斗志不减。正如谢尔曼和戴维斯预料的那样,胡德对联邦军发起了进攻。3 天之后,胡德在桃树湾以斜形战斗队形出击,结果反而自己溃退下来,一直退到亚特兰大。22 日,胡德又在亚特兰大发起攻击,但都失败了。

直指亚城

谢尔曼大胆采用了无后方依托的奔袭作战,目标是歼灭约翰斯顿军并夺取南方的工业中心亚特兰大。谢尔曼军从查塔努加出发,轻装潜行,迂回敌后,直指亚特兰大。

亚特兰大的地位仅次于里士满,有着无价之宝般的军事工业,还是连接西部和弗吉尼亚的最后一条铁路干线枢纽。如果失去亚特兰大,特别是如果不战而走,对于南方将是一个沉重的打击。

在 7 月 22~28 日的亚特兰大和埃兹拉教堂等战役中,北军部队利用阵地防御的有利条件,打死打伤敌军 13000 人,自己损失 6000 人。胡德部队血洒疆场而徒劳无功,造成了士气顿挫,逃亡剧增。7 月底,南方胡德军发动了几次反攻均被击退,南军伤亡约 10000 人。戴维斯下令停止进攻,部队在亚特兰大周围掘壕苦守。像格兰特一样,谢尔曼也开始了围城战。

谢尔曼对亚特兰大的防御作了确切的估计,没有采取直接进攻的办法,而是于 8 月 31 日将亚特兰大与梅根铁路线的往来切断,这样,胡德被迫撤出亚特兰大。9 月 2 日谢尔曼攻占了战略要地亚特兰大后,尽管胡德的部队漏网,北方仍大举庆祝。

此后,谢尔曼大军在亚特兰大实施恐怖战略。他下令毁坏一切工业设备,连铁轨都被拆下来弄弯,把亚特兰大城烧毁近半,这座南方最大的工业城市顷刻间变成了一座死城。

谢尔曼虽已深入到了南部同盟的一些重要城镇,从而部分地完成了交给他的任务,但是他并未能歼灭敌军。此时,谢尔曼变得懒散漠然起来,允许士兵们到处躺着休息,无所事事,而同时他却推行了一项严酷的占领政策。不过他在军事上的胜利确实增强了林肯在总统选举中的地位,甚至可以说帮助林肯击败了麦克莱伦以及那些企图在南北方之间寻求和平解决的民主党人。

谢尔曼攻占亚特兰大,给南军以粉碎性打击。他的攻势与格兰特遥相呼应。但谢尔曼也面临着许多难题。全军的补给都系于通往纳什维尔的铁路,为此,谢尔曼写道:"要动用整个军团来守卫,每一英尺铁轨都事关全线。"崎岖不平的地形对防守十分有利,约翰斯顿深知其中奥妙。他并不伺机发动进攻,而是宁可让出土地也要保存实力。他企图诱敌深入,让他们对严阵以待的工事发动正面进攻,然后耐心等待最有利的时机发动置敌于死地的反击。但谢尔曼并不急于进攻,而是包抄南军左翼,决不给约翰斯顿以可乘之机。双方军队短暂交火后,北军从约翰斯顿最初的阵地沿洛基菲斯岭向肯尼索山前进。

9 月 27 日,戴维斯同意胡德袭击查塔努加,间接地逼近敌人。两军相遇,互相吸引,这样就可迫使谢尔曼撤出佐治亚,由胡德牵着鼻子走。胡德希望有朝一日可以在对南方有利的条件下诱使谢尔曼与之作战。南方军队可以从亚拉巴马沿蓝山—塞尔马铁路线得到供应。为了对付福雷斯特的骑兵在田纳西的袭扰,谢尔曼于 29 日派托马斯回纳什维尔布防。同一天胡德命令其部队开始行动。谢尔曼以 55000 人的兵力尾随。但是南部同盟军动作机敏,甩开了追踪的北军。

胡德转而西进至亚拉巴马的加兹登,因为他认定自己队伍的士气已不能与谢尔曼的军队再战,当时他决定去消灭托马斯,进占肯塔基州,并沿途补充兵员。如果谢尔曼尾随而来,胡德准备在肯塔城与他交战;如果谢尔曼不跟着来,胡德就向东穿过坎伯兰峡谷,与罗伯特·李部会合,共同对付在彼得斯堡的格兰特。谢尔曼增援了托马斯。

11 月 2 日,谢尔曼长期渴望的向佐治亚州的沿海重镇萨凡纳进军的计划得到格兰特的批准。到 10 日那天,谢尔曼部队已上路开回亚特兰大。两天之后他放火烧城,随即便开始了他的"向海洋进军"的计划。

此时,胡德率部北上,威胁谢尔曼的铁路线,联邦军一个月来一直在徒劳无益地企图驱赶他。最后,谢尔曼决定不再依赖易受打击的补给线,而经佐治亚发动一次大规模进攻,当时胡德却在准备入侵田纳西。谢尔曼的计划是出于后勤上和心理上的考虑,他要削弱南方的财力物力,向南方人甚至是那些最顽固的叛逆者表明,南部同盟已末日来临。

11月中旬,谢尔曼挑选了62000名精兵,其中有大批黑人,携带20天的口粮从亚特兰大出发。他们一路抢掠,耀武扬威。为了迷惑敌军,谢尔曼命令部队分成多路纵队浩浩荡荡,齐头并进。为革命胜利所鼓舞的士兵们,在行军中高唱"约翰·布朗的精神引导着我们前进"的歌曲,奋勇前进。谢尔曼军在一个多月时间里,长驱460多公里,沿途毁坏南方的种植园、城镇村庄、工厂企业,削弱了敌人的战争潜力。

谢尔曼率兵深入南方联盟腹地佐治亚州,这是一次破坏性的、但却是几乎没有受到什么抵抗的进军。他放弃全部辎重运输,轻装前进。12月21日,北军在海军配合下,攻占了萨凡纳,击败胡德将军的部队,将"南部同盟"的领土东部分割成两半,胜利完成由查塔努加经佐治亚州到大西洋沿岸的"向海洋挺进"的作战方案,为最后战胜南方奠定了基础。谢尔曼特地把攻占萨凡纳作为献给林肯的圣诞节礼物。

捣毁基地

1865年,战争进入了尾声。南方同盟已到山穷水尽,濒临崩溃的边缘。罗伯特·李军团一度只有两天的粮食,南方生活用品奇缺,经济活动陷于瘫痪。士兵毫无斗志,逃兵多达数万人,而且南军的两大主力野战军团中已有一个全军覆灭了。黑人奴隶不断逃亡或者举行暴动。但是南方叛乱者仍在苟延残喘。罗伯特·李升任南方的军队总司令,他寄希望于和约翰斯顿的军队会师,以防御战略消耗北方力量,以达妥协求和的目的。但是由于缺少人力物力和机动作战的能力,未能实现上述目的。

当1865的战役开始时,北方斗志昂扬。联邦已控制了谢南多亚,谢尔曼正向海边进军,再次将南军一分为二。

北军总司令格兰特已估计到罗伯特·李突破北军防线与北卡罗来纳的J.约翰斯顿军会合的可能性,决心发起最后的总攻击,不给南方以丝毫的喘息机会。1月15日,北方军队在60艘军舰掩护下向南方最后一个港口威尔明顿展开攻击。经过三天的炮击,夺取了港口外屏障弗希尔堡。

2月初,谢尔曼大军6万人出其不意地从萨凡纳向南北卡罗来纳进攻。谢尔曼的部队,穿过卡罗来纳,再度开始摧毁南方资源,直捣罗伯特·李军的后方,打击南军的士气。尽管卡罗来纳的艰苦进军不如向海边的进军那样广为人知,但它却是一项更为出色的成就。这次进军要穿越众多的河流沼泽,困难大大超过了"向海洋进军"的程度。这次的路程更长,地形和气候更为恶劣,并遭到南军的顽强抵抗。由于士兵们"对南卡罗来纳复仇的愿望"十分强烈,他们的破坏行为比在佐治亚时更为严重。谢尔曼军一路上过关斩将,于2月16日攻克哥伦比亚,一路上摧毁敌军的后方仓库和铁路桥梁,使罗伯特·李军团的供应物资全部化为灰烬。由于北军已严重破坏了南方联盟与内地的交通联系,致使南军放弃了查尔斯顿。2月18日,谢尔曼抄后路突入该城。2月22日攻占威尔明顿。南方与外界的联系被彻底切断。

一个月后,双方在本顿维尔进行了本次战役中的一次规模较大的战斗。约翰斯顿在恢复指挥职务后,试图在3月16日于北卡罗来纳的阿弗里斯博罗阻止谢尔曼前进。但是谢尔曼的进军不可阻挡,有几成是因为他的出击目标从来是摸不透的。三天之后,约翰斯顿在本顿维尔再次失败。约翰斯顿企图打垮谢尔曼的左翼,但未成功。3月23日，北军进入戈尔兹伯罗，他们在那里发现，被格兰特从田纳西州调来的斯科菲尔德部队正在那里等待着他们。谢尔曼一鼓作气，又向罗伯特·李的后方挺进。一年内行程1300余公里，在里士满附近，谢尔曼与格兰特率领的军队会合，达成对罗伯特·爱德华·李将军指挥的南军主力的合围。

南部同盟无可奈何，便要求罗伯特·李用少量兵力掩护里士满。

罗伯特·李唯一的希望是能与约翰斯顿会师，因为如能合兵一处，或许可以打退谢尔曼，然后再集中力量对付格兰特。为使格兰特收缩其左翼，从此处打开一条生路，罗伯特·李在3月25日对处于北军中心的斯台德曼堡发起攻击。罗伯特·李先获小胜，随后便一败涂地。谢尔曼此时也已与米德会合一起，这样格兰特在数量上占的优势就超过了二比一。格兰特掌握了主动权。

3月29日，格兰特对敌右翼展开新的攻势。南军拼死反击，但为徒步骑兵所阻击。第二天，骑兵再次发起攻击，实际上消灭了罗伯特·李部侧翼，切断了南赛德铁路线。李的供应几乎断绝，人员也开始渐渐离散。

4月1日，北军打垮了南军，4月2日，格兰特下令进攻彼得斯堡防线。面临此种绝境，罗伯特·李于1865年4月3日命令部队撤退，北军攻占了该堡。历时10个月的彼得斯堡攻守战中，双方伤亡重大，计：北军伤亡42000人，南军28000人。这是内战中最艰巨、伤亡人数最多的攻坚战。

南军已彻底崩溃，仓皇撤出里士满。格兰特下令进行迂回追击，用骑兵截击消灭这支曾经是强敌的后撤部队的残部。北军穷追猛打，不使敌军有喘息之机。4月9日，罗伯特·李以所属骑兵突破联邦军阵线未遂。在这种形势下，罗伯特·李无路可走，只得在弗吉尼亚州的阿波马托克斯投降。

北弗吉尼亚军团被彻底歼灭了。当格兰特为罗伯特·李那饥饿濒死的部队提供口粮时，他曾询问2.5万份是否够用，罗伯特·李答道："太多了，太多了，不必浪费。"因为当时他手下的士兵已不足8000人。

当回忆4月9日之夜时，一位联邦骑兵写道："我深信，而且坚信不疑，我将有一个安静的夜晚，那种安全感真是不可言喻。"

4月26日，J.约翰斯顿也举起了白旗。

到5月底，南部同盟的所有其他部队都已投降。南北双方各自所害怕的事情都未发生。南方人本以为战胜者会进行大规模报复，但战后并未发生流血事件。格兰特、谢尔曼和其他人担心南部同盟会组织游击队继续作战，但也未出现游击队。许多南方军官表示反对游击战。

到6月2日，南军全部放下武器，总计投降的南军有17万人之多。

南北战争结束了。

1869～1883年，谢尔曼接替格兰特任陆军总司令员，并晋升为陆军五星上将。在改进军队战斗训练、建立大型训练中心（如利文沃思堡训练中心等）方面，采取许多措施。在作战指挥上，谢尔曼反对墨守成规，主张以连续进攻摧毁敌人的抵抗意志，善于以骑兵实施远程奔袭。

1884年2月，谢尔曼退役还乡。后从事文学活动，撰有《1861～1865年美国内战回忆录》等书。

1891年2月14日，谢尔曼在纽约去世，终年71岁。

制敌护国运良谋

——马歇尔

人物档案

简　历：第一次世界大战期间，马歇尔没有直接指挥过作战行动，而是参与制定作战计划；二战期间先后参加了华盛顿会议、伦敦会议、卡萨布兰卡会议、魁北克会议、开罗会议、德黑兰会议、马耳他会议、雅尔塔会议和波茨坦会议；1945 年 12 月作为总统特使来到中国；1947 年，担任美国国务卿，同年提出"欧洲复兴计划"；1950 年 9 月出任国防部长；1953 年 12 月被授予"诺贝尔和平奖"。

生卒年月：1880 年 12 月 31 日~1959 年 10 月 16 日。

安葬之地：阿灵顿公墓。

性格特征：善于把握全局、整体筹谋制胜先机、拘谨、矜持。

历史功过：任本宁堡步兵学校副校长期间，在本宁堡的教官和学员中，有 160 人受到马歇尔的赏识，他们在第二次世界大战中都成为美国陆军的骨干，其中许多人立下了赫赫战功。这些从步校出来的出类拔萃的将领都把自己日后得以攀上高峰归功于马歇尔。情况表明，马歇尔在训练军官方面所做的工作，对美国后来的军事影响显然是很大的。

名家评点：二战后，杜鲁门在评价马歇尔时说："在这场就规模和恐怖程度而言都是史无前例的战争中，数百万美国公民曾为祖国立下了殊勋，而五星上将乔治·卡特利特·马歇尔奉献的则是胜利……他的品格、作为、效率鼓舞了全军、全国、全世界。美国之得有今日，实赖于马歇尔和千百万人民。他于世间大将军行列中名列前茅。"

仕途不顺

1880 年 12 月 31 日，乔治·卡特利特·马歇尔出生在美国宾夕法尼亚州尤尼恩敦的一个煤炭商人家庭。他是家中最小的孩子，上面有一个哥哥和一个姐姐。老马歇尔是一家焦炭熔炉公司的董事长，在宾夕法尼亚拥有煤矿。

马歇尔幼年时期调皮但并不聪颖,学习不好,考试总是最后一名。他后来承认,9岁时他便认定自己注定是"全班的劣等生"。父亲对他很失望,常用柳条鞭管教他。父亲的"棍棒教育"、哥哥姐姐和同伴的冷嘲热讽,可说是家常便饭,但这也未能使他的学习成绩好起来。

马歇尔在少年时代就立志要当一名军人。老马歇尔对军队情有独钟,也希望儿子能成为军官。聪明的长子似乎可以实现父亲的梦想,他以优异成绩考进著名的弗吉尼亚军校,但他志趣不在军队,毕业后却改行到一家钢铁厂当了化学师。父亲只好将希望寄托在小儿子身上,但小儿子平时不成器,这么愚钝的孩子能考上一所像样的军校吗?父亲似乎没有信心。

这时,马歇尔雄心勃发,一再要求父母送他到哥哥的母校弗吉尼亚军校。他如此想上军校,并非因为喜欢军队或想穿上军装出风头,而是因为要胜过他那个自命不凡、百般嘲笑他的哥哥。

1897年9月,16岁的马歇尔进入弗吉尼亚军事学院。他刚入校,便受到老生的"考验"。高年级学员以命令新学员蹲坐刺刀来取乐,老学员让他悬蹲10分钟,正下方固定着一把刺刀。他刚患过伤寒,身虚体弱,没坚持几分钟便坐到刀上,臀部受伤,血流如注。他被抬到医务所急救,但始终未说出受伤的缘由。在这次"刺刀事件"中,马歇尔所表现出来的勇气和沉默,赢得大家的赞许,他受到尊敬,在军校站住了脚。

在校期间,马歇尔认真钻研军事课目(军事课目成绩优异而其他课目成绩一般),正确履行军事职责,严格参加军事训练,重视进行战场考察。一年级结束时当上伍长,两年后升为队长。校内举行的所有重大仪式,他都担任学生指挥。他声如洪钟,面色威严,发号施令极具威慑力。他还是出色的橄榄球运动员。马歇尔曾深有感慨地说:弗吉尼亚军事学院"不但给了我与人相处的日常行动准则,而且还给了我一种军事遗产——荣誉与自我牺牲精神"。

1901年,马歇尔以名列第8的优秀成绩毕业于军事学院。年底进入陆军,次年2月被授予陆军少尉军衔,并被派往菲律宾。临行前他与相爱的美丽姑娘伊丽莎白·卡特·科莱斯结婚。新娘患有心脏病,未能与他同行,留在国内。

这时菲律宾驻有美军3.5万人,维持某种"和平",战事已缓,年轻的少尉服役两年,没有参加战斗,但经历了丛林环境和疫病的考验。菲律宾服役期间,马歇尔体验到严明纪律和恢复控制的重要性。矜持和拘谨,似乎成了马歇尔的独特风格。

1903年夏,马歇尔回到美国,被派往俄克拉何马地区的雷诺堡。妻子身体不好,仍不能与他同行。马歇尔在雷诺堡的出色表现受到上级注意。1905年,他奉命领导美国西南部荒漠地区的勘测绘图工作,因工作出色而获得4个月休假。

1906年底,马歇尔被选送到步兵与骑兵学校(次年改为陆军军官进修学校)进修。进修学员都是上尉以上的军官,他是唯一的少尉,一年后他以名列第一的成绩获得继续深造的资格。这时,妻子搬到利文沃思堡与他同住。但是疾病使她无法与丈夫过正常的夫妻生活,也无法生育。虽然如此,马歇尔与妻子相亲相爱,外人认为他们的婚姻生活完美无缺。

1907年3月,马歇尔晋升为中尉(他称"晋升中尉的时候"是一生中最激动的时刻)。经过一年的努力学习,他被选送到陆军参谋学院学习。1908年,马歇尔毕业留校,担任教官至1910年。1910~1913年,先后担任国民警卫队教官和步兵连长。1913年,出任菲律宾军区美军司令的副官。

1914年,第一次世界大战爆发。此时,马歇尔已在陆军担任军官12年。在美国14个不同的部队驻地服役,两次在菲律宾服役,两次在国民警卫队服役,无论在哪里,他都得到上级夸奖。他肯吃苦,精通兵法,足智多谋,忠诚可靠。但他仍是一个中尉。处于苦恼之中的马歇尔只能向弗吉尼亚军事学院院长致信诉说:"步兵中晋升工作的绝对停滞不动使我作了一俟工商业情况好转即行辞职的暂时打算。"院长爱德华·尼科尔斯复信劝他坚持不懈,并确信马歇尔"将成为陆军最高级的军官之一"。他的上司哈古德将军1916年在有关军官能力的报告中写道:"马歇尔理应在常规军中任准将职,推迟一天任命,军队和国家就遭受一天损失。"

1916年5月,马歇尔调任西部军区司令詹姆斯·贝尔(后为陆军参谋长)的副官。已在陆军服役14年的马歇尔终于晋升为上尉。

任教显才

1917年4月6日美国向德国宣战,站在协约国一边参加了延续三年的第一次世界大战。这时塞伯特将军组建陆军第1步兵师,调任马歇尔任参谋部临时中校衔参谋。第1步兵师在潘兴将军的美国远征军编内,最先在法国登陆。

在法国前线,马歇尔作为师参谋部参谋,他的任务是向师指挥所报告前沿阵地的情况,检查部署及给养状况,维持部队士气。他执行任务一丝不苟,大部分时间是在前沿战壕里。他常常一人徒步巡视阵地。他渐渐习惯了炮火,学会了放开胆子赶路,听到炮弹的呼啸,他会本能地卧倒在泥地上。他也像其他战士一样,最害怕一件事,那就是不知哪颗炮弹会把毒气撒在自己面前。

6月,在美国远征军总司令约翰·潘兴主持的第1步兵师战术演习中,代理参谋长马歇尔(师长和师参谋长均不在)的言行引起了潘兴的注意。1918年7月,马歇尔调任远征军司令部(驻地在肖蒙,所谓"肖蒙帮"即因此得名)参谋,晋升为上校。战争期间,马歇尔没有直接指挥过作战行动,而是参与制订作战计划,对司令部工作实施某些改革,保证指挥官得以实施有效指挥。

建在法国贡比涅森林中的第一次世界大战停战协定签字遗址上的停战协定纪念碑

1918年11月,第一次世界大战以德国战败而告终。美国远征军总司令潘兴成为美国和欧洲的英雄。马歇尔被调到这位总司令的身边,当他的助手。他陪潘兴在巴黎参加了一系列的庆祝活动。

在巴黎热热闹闹地过了10个月,1919年9月1日,马歇尔随潘兴将军凯旋。

得胜回朝的将士们受到一片热烈的欢迎之后,一切归于平静。

马歇尔调任潘兴的副官,帮助撰写战争回忆录。马歇尔的能力一度引起战时曾在美国陆军任职的某些富商的注意。1919年,有个富商建议马歇尔去摩根财团任职,许诺最低年薪2万美元,遭到马歇尔的拒绝。1920年,马歇尔失去上校临时军衔,成为年薪仅3000美元的少校,但仍然留在陆军服役。马歇尔认为军人在军中服役绝不是为了金钱。

1921年,潘兴将军出任陆军参谋长,马歇尔作为首席助手随他到华盛顿赴任。这次他升了一级,领中校军衔。1923年潘兴任满离职,马歇尔决定到野战部队任职,以充实自己。

1924年7月,马歇尔调任驻中国天津的美国陆军第15步兵团代理团长,稍后改任副团长。在此期间,马歇尔实际主持全团的工作,熟悉和培养了一批有能力的军官。

1927年,马歇尔返回美国,担任陆军军事学院教官。是年9月,他的爱妻伊丽莎白因突发心脏病去世,马歇尔为此痛不欲生。

此后不久,马歇尔调任本宁堡步兵学校副校长的职务,这段时间是他生活中最重要的阶段之一。该校是美国陆军最大的军事学校,坐落在佐治亚州哥伦布市数公里之外。马歇尔就任后负责教学工作,他对教学方法大胆进行改革。主张授课应简明扼要,尽量将复杂的军事问题用三言两语加以概括;演习要力求形象逼真;并调配最富有改革精神和工作能力的军官担任教官和系主任。他对学员要求也很严格,经常督促他们,鼓舞他们,激发他们的热情;注意考察和了解每一个学员,并用"小黑皮本"记下能力突出而有发展前途的军官,后又逐步建立了一个学员档案,把他认为有才华的青年军官都一一记在上面。当时在本宁堡的教官和学员中,有160人受到马歇尔的赏识,他们在第二次世界大战中都成为美国陆军的骨干,其中许多人立下了赫赫战功,被晋升为将官,如:布莱德雷(兵器系主任)、史迪威(战术系主任)、柯林斯、霍奇斯、李奇微等。这些从步校出来的出类拔萃的将领都把自己日后得以攀上高峰归功于马歇尔。情况表明,马歇尔在训练军官方面所做的工作,对美国后来的军事影响显然是很大的。

1930年10月,马歇尔同一位教授的女儿凯瑟琳·布朗结为夫妻,他的老上级潘兴将军作了他的男傧相。他们有3个儿子和1个女儿。

1932年底,陆军参谋长麦克阿瑟将马歇尔调到斯克雷文堡,任营长,后任莫尔特里堡驻军司令(团长)。1933年底调任伊利诺伊州国民警卫队的高级教官。此举几乎葬送马歇尔的前程,但马歇尔只能努力工作,耐心地等待时机。正如他所说:"一个真正的将领无论环境如何艰苦,都能够展现才华,转败为胜。"

时机终于来临。1936年8月,马歇尔晋升为准将。9月,调任第5步兵旅旅长。1938年夏,又调任陆军助理参谋长兼作战计划部部长。同年10月,马歇尔晋升为陆军副参谋长。随后,总统决定任命马歇尔为陆军参谋长一事,意味着马歇尔将越过比他资深的20位少将和4位准将而获得晋升。

1939年9月1日,罗斯福总统任命马歇尔为陆军参谋长,正式授予他少将军衔,并暂领上将军衔。他上任的第3天,9月3日,第二次世界大战爆发。

从事战备

1939年9月1日，德国——波兰战争爆发。也就在此时，马歇尔在陆军部宣誓接受少将军衔、暂领上将军衔，并就任陆军参谋长，成为美国历史上第二位没有进过西点军校而担任陆军参谋长的将军。

第二次世界大战爆发后，美国没有马上参战。美国国内有人主张全力避免战争，有人主张积极参战。马歇尔认为，无论愿意与否，美国必然要卷入战争。他作为陆军参谋长，积极备战责无旁贷。他支持罗斯福总统的援英战略，认为英国人是在为美国赢得准备时间。

1939年秋天，马歇尔这位新任参谋长所面临的形势十分严峻。当时美国军队在世界武装力量中排名第17位，正规军的兵力仅有19万人，许多军官缺乏正规训练。由于装备较差，兵力不足，导致防卫力量甚至低于和平时期的水平。马歇尔深感需要更多的兵力、更严格的训练和更先进的装备，以保卫美国，防止敌人入侵。马歇尔开始从事战争的准备。

作为陆军参谋长，马歇尔除了不定期地会见总统、内阁成员、陆军部长和副部长，以及负责生产、分配和经济政策的委员会成员以及他的部下以外，他还定期参加制定军事政策的例会。他是总统委员会的成员，且是常设联络委员会的成员。

为使美国陆军足以应付未来战争，马歇尔曾经组织采取如下措施：组织拟制重整军备计划，争取获得国会的同意；组建装甲部队，提高陆军机动作战的能力；加强各军种联合作战训练，提高部队协同作战的能力；晋升有指挥能力的军官，将年老体弱和军事思想落后的军官解职退役；提高陆军航空兵的地

罗斯福

位(让陆军航空兵司令兼任陆军副参谋长)，组织拟制对英援助计划并根据总统命令付诸实施；组织拟制战时陆军的人力、物资和作战计划(统称"胜利计划")。总之，这时美国已着手积极加强陆军的战备工作。

面对这些艰巨的任务，马歇尔起用了一些高效的管理人才，协助他处理大量的日常工作。马歇尔对部下要求非常严格、态度严厉。军官们被叫到将军的办公室汇报工作，一定要按规定的时间到达，他不能容忍夸夸其谈，总是不客气地打断冗长空洞的谈话。他坚持要求他的助手善于言辞，这令那些笨嘴拙舌的人和讲话前无所准备的人感到惴惴不安。最了解他的部下们对他常常是既爱慕，又敬畏。

1940年7月，美国陆军总司令部在华盛顿成立，马歇尔出任陆军总司令。后来因为美国实施两洋作战而陆军总司令部不便指挥，陆军总司令部于1942年3月撤销。尽管如此，马歇尔仍然是事实上的陆军总司令。

1941年11月下旬，马歇尔前往北卡罗来纳州视察军事演习，但由此却耽误了对有关日本准备发动太平洋战争情报的及时处置。12月26日，美陆军情报部截获

了有关日本向美国宣战的重要情报,也因马歇尔过分刻板的作息制度和陆军无线电通讯故障等原因未能及时处置。

1941年12月7日(星期日),日本海军偷袭珍珠港,使美国陆军和海军遭受重大损失。紧接着,菲律宾、关岛、威克岛美军均遭到日军进攻。

调兵遣将

日本袭击珍珠港后,太平洋战争爆发,美国终于卷入战争。珍珠港事件使许多军队领导人受到处分,但对马歇尔的职位未造成影响。他受到质询和责难,但没人想到要撤换他,也不再有人对他主张美国参战的设想表示异议。

为了适应战争的需要,马歇尔加强了对军队的整顿。他提出一长串应当退役的军官的名单。这些军官并非无能,而是因为年事已高,思想大多囿于第一次世界大战的经验,甚至有人还用美西战争时期的方式思考问题。马歇尔认为应该是吐故纳新的时候了。他自己也提出要辞去职务,因为他与被自己开革的大多数军官是同代人。他向总统明确表示,自己这个61岁的老人理应让位给后来人,他们能更好地应付美国面临的挑战。总统批准了马歇尔所列的退伍军官的名单,但坚决留住了马歇尔。

马歇尔需要精力充沛、年富力强的军官填补空缺。这时马歇尔的那个档案发挥了作用。档案里又添了一些新名字,其中有年轻的上校艾森豪威尔。他在路易斯安那州的模拟战中是第3军参谋长,曾展现出卓越的策划才能,大挫对手的锐气。第3军军长克鲁格称他"目光远大,不拘陈规,对于军一级指挥问题的重要性具有深刻了解,积极主动,足智多谋"。由于艾森豪威尔表现出色,克鲁格建议给他晋级。马歇尔观看了路易斯安那州的演习,对艾森豪威尔印象至深。回华盛顿后,他立即保荐艾森豪威尔升任准将,并将他调到自己的作战处任副处长。

巴顿在马歇尔的档案上也榜上有名。马歇尔对他的评语是:"乔治带兵所向无敌,无往不胜。但要紧紧勒住他的笼头。"1941年马歇尔让他指挥了一个装甲军团。后来巴顿带兵打仗,屡立战功。

为了战场的需要,马歇尔积极想方设法,调兵遣将。

1941年英国首相丘吉尔向罗斯福总统建议在年底之前举行一次会议,以确定盟国的政策。于是在该年12月22日~1942年1月14日英美两国领导人聚集到了华盛顿,举行了"阿卡迪亚"会议。会上马歇尔代表美国军方淋漓尽致地发挥了自己杰出的协调组织能力。他力主美英军队实行统一指挥,并最终说服丘吉尔接受了这一建议,双方达成了以下协议:在华盛顿设立美英联合参谋长会议;在太平洋地区设美英荷澳联合司令部;组建中国战区并设中缅印战区美军司令部,重申盟国战略为"欧洲第一"。

1942年2月,由美国陆军参谋长、海军作战部长、陆军航空队司令和总统参谋长等人组成的美军最高指挥机构——参谋长联席会议正式设立。由于总统参谋长威廉·李海只是会议召集人以及陆军在现代合成军队中占有的特殊重要的地位,马歇尔实际上扮演了主席或总参谋长的角色。在美英联合参谋长会议中,马歇尔也以其良好的军事素质和严谨的工作作风赢得了英国同行的钦佩。

马歇尔一直坚持认为德国是主要的敌人,打败德国是取胜的关键。因此策划和推动第二战场(欧洲)的开辟,是马歇尔这一段时间内所担负的主要工作。1942年初,马歇尔向罗斯福总统提交了关于欧洲大陆进攻计划,建议集中建立一支拥有5800架飞机、48个师和其他必要装备的联合部队,于1943年4月1日实施欧洲攻势。欧洲大陆进攻计划具有明显的优点:即如果苏联战场崩溃,盟军即可发动牺牲性进攻;如果德军几乎全部被苏联牵制或德军力量遭到削弱,美英盟军即可及时向欧洲大陆推进;同时在西欧发起攻击,会给苏联战场以最大支持,加速德、意法西斯的灭亡,马歇尔这一计划得到了罗斯福总统的批准。

1942年4月8日,马歇尔和总统的亲密顾问霍普金斯抵达伦敦,开始与英方磋商欧洲大陆进攻计划。丘吉尔等人表面赞同该项计划,实际上则顽固地支持所谓间接路线战略,主张登陆北非,而这样就势必影响甚至破坏为进攻西欧而进行的兵力集中。在各次盟国首脑会议或军事会议上,马歇尔均极力主张实施西欧登陆作战、开辟欧洲第二战场。但是,由于英国的反对、罗斯福的妥协以及军事形势的变化,马歇尔只得同意实施北非战役,通过进攻西西里岛而迫使意大利退出战争。直到1944年6月,盟军才开辟欧洲第二战场。

1942年3月,马歇尔和陆军部长史汀生将美国陆军改组为陆军地面部队、陆军航空部队和陆军后勤部队。1942年6月,马歇尔先后参加华盛顿会议和伦敦会议。会议决定实施"火炬"作战计划,推迟"围歼"计划。

马歇尔为这次代号"火炬"的战役进行了积极准备。他指派艾森豪威尔将军出任盟国北非远征军总司令,全权指挥这次战役。他与艾森豪威尔商量,选中乔治·巴顿指挥美军特遣队在卡萨布兰卡附近登陆。同时,他还把奥马尔·布莱德雷推荐给艾森豪威尔。

沉默寡言的布莱德雷很快便证明他是美军有史以来最富才干的将领之一。他曾是艾森豪威尔的同班同学,在本宁堡当过马歇尔的下属。马歇尔极其赞赏布莱德雷的指挥才能,曾打定主意,一旦美军发动大规模战役,即委以重任。后来艾森豪威尔很快就将第2军交给了布莱德雷。再以后布莱德雷指挥了越来越多的军队,为打败法西斯德国立下赫赫战功。

英美联军按期于11月8日开始实施"火炬"登陆作战计划,登陆成功。经5个月的激战,盟军于1943年4月9日集中优势兵力发起总攻。英军第8集团军自南向北进行突击,美英联军自西向东发动进攻,经过18天的战斗,于5月7日分别攻占了突尼斯城和比塞大港。被挤压在这一地域的25万德意军队走投无路,于5月13日投降。至此,德意在北非的部队全部被肃清,非洲战场的战事以美英的最后胜利而结束。

拒绝荣名

英美联军在北非登陆之后,两国便开始考虑下一个主要战略行动方向。

1943年1月14~24日,罗斯福与丘吉尔率两国军事首脑在卡萨布兰卡举行会议。马歇尔将军参加了这次会议。会上,他极力主张横渡英吉利海峡,从法国北部攻入欧洲大陆。丘吉尔不同意。会议未能就此做出决定,实际是将进攻西欧的计划推迟实施。会议最后决定实施攻占西西里"赫斯基"计划(7月),加速"围歼"计划的准备工作,扩大对德国的战略轰炸范围。

5月，马歇尔参加华盛顿会议。这次会议决定，在1944年4月以前，继续扩大对德国的战略轰炸，在英国集结29个师，彻底打败意大利；增加对中国的空运物资，打通滇缅公路；把日军驱逐出阿留申、马绍尔、加罗林、所罗门、俾斯麦等群岛和新几内亚。

1943年7月10日，盟军在西西里岛登陆，8月中旬占领全岛，随即向意大利本土进军，很快进逼罗马，在纳粹控制的欧洲取得立足点。但是盟国决策者和一般公众在想到光复欧洲时，并不是把目光放在地中海地区，而着眼于法国、荷兰、比利时等国，以及德国本身。大家都知道，只有英美联军横渡英吉利海峡，在法国登陆后，导向最后胜利的大反攻才算真正开始。也正是基于这一认识，马歇尔一直主张排除对其他因素的考虑，尽可能早地渡海登陆西欧作战，全力消灭德军。

8月和11月，马歇尔又连续两次参加会议，讨论盟军的军事战略计划。8月的魁北克会议决定，9月进攻意大利并迫其投降，使之成为盟军从法国南北协同进攻的跳板，夺取吉尔伯特群岛和马绍尔群岛，向新几内亚进军并孤立腊包尔，组建东南亚盟军司令部以收复缅甸，打通滇缅公路。这次会议不同意让马歇尔出任将来进攻欧洲的盟军最高司令。11月的开罗会议和德黑兰会议决定，实施"霸王"和"铁砧"计划为盟军首要任务，西南太平洋盟军应于次年10月抵达菲律宾，中太平洋盟军必须攻占马绍尔群岛和马里亚纳群岛，推迟缅甸战役。

根据有关规定，马歇尔的任职期到1943年9月1日便告结束。但是，1943年8月，罗斯福从魁北克返回美国后，却宣布无限期地延长马歇尔的陆军参谋长任期。

1943年12月，罗斯福、丘吉尔和斯大林在德黑兰会议上最终商定，于1944年5月由美英军队在法国北部诺曼底地区登陆。这次登陆战役的代号定为"霸王"。

人们普遍认为，指挥"霸王"战役的盟军最高司令一职非马歇尔莫属。马歇尔将军已是众望所归的人。此际，美国陆军的步兵和航空队同时活跃在世界的六大战场，战线极长，但是由于马歇尔在华盛顿指挥得力，对各路人马的状况、需求、配备和军务缓急了如指掌，应付自如，协调有致，为美军的不断胜利创造了良好条件。

为表彰马歇尔的功绩，美国众议院和罗斯福总统曾打算特设陆军元帅一衔授予他，但是马歇尔拒绝了。他努力实干，不务虚名，此举博得许多人喝彩。

1943年秋，同盟国首脑在魁北克会议上一致同意让马歇尔出任将来进攻欧洲的盟军最高司令。当然作为军人的马歇尔也非常希望自己能够在战场上指挥千军万马，成为盟军的最高司令。

罗斯福让马歇尔指挥欧洲战役的决心本是十分坚定的。他在

1943年末，斯大林、罗斯福与丘吉尔在德黑兰的苏联大使馆内共度惬意的午间时光。

给潘兴将军的一封信中说："我们准备让他指挥的是这次战争中最大的作战行动。我认为他将担负的乃是欧洲战场的全部指挥行动，而不仅仅关系到某一地区。此

外,英国三军参谋部将同他就一切事宜进行磋商。再者,我认为如果不给乔治一个亲临前线统兵作战的机会就太不公平了……我所能做出的最好的解释是,我想让乔治成为第二次世界大战的潘兴……"

然而,罗斯福总统最后同意了潘兴将军的看法。这位身卧病榻的老将在信中说:"……我们在打着一场全球性战争,离结束之日尚远,因此要由最成熟的军官担任参谋长一职,以便明智地把握战略方向。明达的军界人士一致认为,马歇尔将军正是这样一位军官。而假若把他调往某个地区作战,则无论这个战场看上去如何重要,都将使我们因为失去这样一位深谙战略、任何其他人都无法同他相比的参谋长,而蒙受损失……"

为此,罗斯福在 1943 年底,决定任命艾森豪威尔为盟军欧洲最高司令,指挥"霸王"战役。事先,罗斯福征求了马歇尔的意见。尽管马歇尔内心深感遗憾,但是他认为这应该是总统决定的事情。他没有利用自己的权力和各种机会为自己作任何活动。可以说是他自愿放弃了他的永久抱负,把最高司令的职务交给了艾森豪威尔,并一如既往地支持艾森豪威尔。

1944 年 1 月 3 日,马歇尔被选为美国《时代》杂志的封面人物。

措置有方

马歇尔作为美陆军参谋长,既需协调解决美军多军种之间以及政府与军队之间的一些问题,又需协调妥善处理好美军与盟国军队的关系,工作比较繁杂,但他能通观全局,处置适度,因而颇获好评。

马歇尔清楚看到,在抗击德国和日本法西斯的战争中,美军并非孤军奋战,他必须倚重、倚靠甚至倚赖友军,才能取得最后的胜利。在欧洲战场上,他始终要求艾森豪威尔遵循他的指示,打败德军,赢得胜利,同友军保持良好的关系。1944 年 6 月 6 日,美英军队在诺曼底登陆后,美军将领认为英军最高指挥官蒙哥马利一心想唱主角,因而对他十分不满,双方矛盾重重。马歇尔不断提醒盟国欧洲远征军最高司令艾森豪威尔说,将军们都容易变得"虚荣自负",绝不要忘记,"蒙哥马利可说是英国唯一的英雄",可不要和他找麻烦。

在欧战的最后阶段,一些美军将领要求抢在苏军之前攻占柏林,丘吉尔和蒙哥马利也坚决反对放弃柏林,认为这等于西方把宣传上的一个大胜利白白丢掉了。但是马歇尔顶住了这股压力,在他看来,放弃柏林是正确的军事决策,不能忘记苏联还是西方的盟友。

1944 年 12 月,马歇尔获得了新设的美军最高军衔五星上将。

1945 年 2 月,马歇尔先后参加了马耳他会议和雅尔塔会议,会议通过了艾森豪威尔提出的战胜德国的计划,并批准了这一作战计划,还要求太平洋盟军攻占硫磺岛与冲绳岛。

1945 年,罗斯福总统去世后,对战争形势所知甚少的杜鲁门继任美国总统,马歇尔的责任显然得到进一步增加。

1945 年 5 月 8 日,纳粹德国终于被打败了,德军向盟军和苏军无条件投降。这时马歇尔已快满 65 周岁。他虽然体力尚好,但心力却不济了。战争几乎绞尽了他的脑汁。他的烦恼和忧虑也有增无减。他一心想卸下参谋长的重任。

但是，对日战争还没有结束，马歇尔还不能休息。7月，马歇尔又参加了波茨坦会议，这次会议决定英国增加对日作战兵力，苏联对日作战，美国则向日本投掷原子弹，结束亚洲战事。

8月，在中国、美国、苏联和其他各国的共同打击下，日本被彻底打败了。8月15日，日本天皇在电台上亲自宣读了《停战诏书》，宣布无条件投降。美军占领了日本。9月2日，在停泊于东京湾的美国"密苏里"号战列舰上举行了日本投降签字的仪式。

第二次世界大战结束了。

这年夏天英国首相丘吉尔给马歇尔写了一封信，对他在这场战争中所做的贡献给予了高度赞扬："……你不仅创建了野战大军及辅助部队，还造就了大批指挥人才，他们驾驭现代化兵种和军团的庞大有机体，迂回转战，以无比的速度调遣运动，几乎是哪里需要，哪里就涌现出这样的指挥官……这些年来，你的勇气和精力在我心中激起的尊敬和敬仰正与日俱增，你的所作所为对于与你共患难的同志，真是一种绝大的安慰。"

1945年8月20日，马歇尔给杜鲁门总统写信要求卸任："现在战争已经结束，军队正积极复员，有关削减军备生产的重大军事决策已经做出，战后军事计划也进入相当深入的阶段，现在我觉得，我可以心安理得地要求辞去参谋长这个职务了。"马歇尔信中还写道："我在陆军部服务7年有余，其中6年任参谋长，深知任务之艰辛繁重，如能获得解脱，则幸甚矣。"最后马歇尔提名艾森豪威尔继任参谋长。

杜鲁门总统考虑了一些时候，终于接受了马歇尔的辞呈，但要求他干到秋天。

退出军界

1945年11月，总统在白宫为马歇尔举行了告别仪式，在他佩戴的军功章旁边添上一簇橡树叶章。总统亲自宣读了嘉奖令。他在评价马歇尔时说："在这场就规模和恐怖程度而言都是史无前例的战争中，数百万美国公民曾为祖国立下了殊勋，而五星上将乔治·卡特利特·马歇尔奉献的则是胜利……他的品格、作为、效率鼓舞了全军、全国、全世界。美国之得有今日，实赖于马歇尔和千百万人民。他于世间大将军行列中名列前茅。"

仪式结束后，杜鲁门总统把马歇尔拉到一边，祝他退休生活安适，愉快长寿，还保证说："将军，你已经为国家做了这么多的事情，我不会在你退休以后再来打扰你的，你该好好休息一下了。"

但是杜鲁门总统食言了。10天后，他给马歇尔打了电话："将军，你愿意为我到中国跑一趟吗？"

1945年12月，已经退休的马歇尔作为总统特使来到中国，负责"调处"国民党与共产党的关系，调解国共军事冲突，推行美国扶蒋反共的对华政策，其使命最终以失败而告结束。

1947年，马歇尔返回美国，担任国务卿，同年提出"欧洲复兴计划"，主张乘战后欧洲经济困难之机，以"美援"为手段，打开西欧之门户，控制西欧。这项计划被称为"马歇尔计划"。马歇尔也十分注意加强美国与拉丁美洲的联系。1947年9月，美国与其他18个泛美联盟成员国签订了《美洲国家间互助条约》，美国企图利用这一条约进一步从军事上控制拉丁美洲。

1950 年 9 月,马歇尔出任国防部长。他提出只干 6 个月到 1 年,还要求任命他的老同事、老朋友罗伯特·洛维特为国防部副部长,看来他已认定在他退休时由洛维特接替他。当时正是朝鲜战争打得最为激烈的时候,他的主要精力集中在这场战争上。在谈到朝鲜战争时,他说:"神话已经破灭,美国原来并不是像人家所想象的那样是一个强国。"与此同时,他重视增强美国及其盟国的国防实力,强调"集体安全",尤其是通过在欧洲部署更多的美军来加强北约的作用。在马歇尔 1951 年离任前夕,美国分别与菲律宾、澳大利亚、新西兰和日本签订了《安全条约》。

在此期间,马歇尔还提出了一套军事理论。他反对只重机械力量忽略人力的说法,主张人力物力必须兼而有之。他认为:必须深入敌境,歼灭敌人,毁坏其军事根据地,并消灭其生产机构,战事方能结束。他虽然重视海、空军,但特别强调陆军的决定作用。他说:"任何关于我们只用机器而不用地面部队就可以打仗的想法,在我看来都是毫无理由的。"

马歇尔力主美国实行军国主义化,他认为美国军事力量的最大弱点在于陆军兵员不足,因而特别强调实行普遍军训的重要性,他在 1951 年春向国会提出的"普遍军役军训计划",就是企图通过后备陆军兵力的组织和训练,达到平时既可以不负担大量的军费,又可以随时取得大量陆军兵力的目的。在军需生产方面,马歇尔力主扩大军需生产的潜力,飞机坦克在平时不要生产过剩,而是要加强生产设备,以便在必要的时候,能"在 24 小时内开动全部生产能力"。

马歇尔还提出用经济侵略与外交力量相结合,达到美国对外军事扩张的目标。他提出,通过对外工业、贸易、财政和货币,控制扩张目标国,再由经济的控制达到政治的支配,并逐步使其成为美国的附庸。马歇尔推行美国的侵略扩张政策,堪称是煞费苦心的。

马歇尔的主要著作有《马歇尔报告书》等。

1952 年 9 月 12 日,马歇尔离开了五角大楼,回到了他的故乡——弗吉尼亚的利斯堡。1953 年 12 月,因"马歇尔计划"对欧洲复兴的"贡献",他被授予"诺贝尔和平奖"。

1959 年,长期身患流感使马歇尔的健康开始恶化。10 月 16 日,他在华盛顿的沃尔特·里德陆军医院去世,终年 79 岁。

安葬时,全美国举哀一日。他留有遗言:"简葬我,一如军中忠诚为国之寻常将士。切忌铺张。典式毋盛。追悼会宜简,到场只限亲属,尤须悄然为之。"

遵照其遗嘱,马歇尔的葬礼极其简朴。马歇尔的遗体在阿灵顿公墓入土之时,一名士兵吹响安息号,而自发前来的老部下们则肃立致敬。

战争史上的"太上皇"

——麦克阿瑟

人物档案

简　　历:1903 年 6 月 11 日从西点军校毕业,进入工兵营,前往菲律宾服役;1917 年赴法国参加世界大战,参加了巴黎保卫战;1942 年 4 月 18 日,任命为西南太平洋区统帅,参加了中途岛、瓜达尔卡纳尔之战,"车轮"战役;1945 年,被任命为盟军驻日本占领军最高司令官。

生卒年月:1880 年 1 月 26 日~1964 年 4 月 5 日。

名家评点:美国著名传记作家詹姆斯博士:"人们一致认为,是他而不是任何别人领导西点军校踏进迅速发展变化的世界,开始了现代化的军事教育。确实,他在美国军事院校方面所做的开拓新路的努力,是他对建设现代化军队做出的最重要的贡献之一。"

将门虎子

　　道格拉斯·麦克阿瑟于 1880 年 1 月 26 日出生在阿肯色州小石城的军营里。他有两个哥哥,二哥 6 岁时死于麻疹。

　　麦克阿瑟的父亲阿瑟·麦克阿瑟,是苏格兰移民的后代,1845 年生于马萨诸塞州。17 岁就参加了第 24 威斯康星州自愿步兵团,开始了他的军旅生涯。

　　老麦克阿瑟以令人畏惧的勇敢和顽强精神,荣获国家最高奖赏——荣誉勋章。19 岁时成为联邦军队中最年轻的上尉,1865 年复员。一年后,阿瑟·麦克阿瑟又重披军服,几经辗转。后晋升为中校。1898 年,阿瑟·麦克阿瑟作为陆军准将赴菲律宾参加了美西战争,开始了他军人生涯的鼎盛时期。战后,他又经过十几次浴血战斗镇压了菲律宾人民要求自由的战斗,成为美国驻菲律宾最高军事指挥官,并成为该岛的军事总督,后离开菲律宾回国,不久被任命为中将。

　　道格拉斯·麦克阿瑟的母亲玛丽·平克尼·哈迪于 1852 年生于弗吉尼亚一棉花商人家庭,她以优异的成绩毕业于巴尔的摩一所中等专科学校。1875 年 5 月 19 日与阿瑟上尉在弗吉尼亚诺福克的哈迪种植园结婚。

麦克阿瑟的父母对他性格的形成和职业的选择都产生了非常深远的影响,使他长大后在任何困难时刻都能以爱和理想鼓舞自己坚持下去。

麦克阿瑟4岁那年,他的一家到了新墨西哥州一个位于湖畔的小哨所——塞尔察堡。后来麦克阿瑟在回忆这段生活时曾说:"甚至在我学会说话和走路之前,就学会了骑马和打枪。我母亲在父亲的帮助下,开始教育她的两个儿子,启迪我们的责任感。对于该做的正当之事,不管个人做出什么样的牺牲,都要去实现它。我们的国家永远高于一切,永不说谎骗人,永不惹是生非。"在麦克阿瑟成长的关键时期,他的母亲给了他许多教益,在她的南方人优良传统的熏陶下,麦克阿瑟形成了贵族的气质,坚定的家庭观念和维护荣誉的责任感。麦克阿瑟坚信:"他命中注定"会成为像他父亲一样的"伟人"。

麦克阿瑟6岁时开始在堪萨斯州的利文沃思堡接受正规教育。这3年,他的学习成绩不好,以后他进入首都华盛顿军队公立小学学习了4年,成绩依然平平。13岁时,全家搬到休斯敦,他进入西得克萨斯军校。这时他在体育和学业方面显露出才华。4年学习期间,他始终名列前茅。

1897年在毕业典礼上,他代表毕业生致告别词。麦克阿瑟曾回忆说:"这是我的起步之处。"从此,麦克阿瑟也就把做一名像他父亲一样的军人,作为他一生追求的目标。

为了进入著名的西点军校,麦克阿瑟的母亲曾陪他在密尔沃基的一家旅馆里住了一年多时间,来准备考试课程。1898年春,赴考的前夜,由于紧张麦克阿瑟无法入睡。母亲以她坚强冷静的信念,使麦克阿瑟鼓起了勇气。她说:"如果不紧张慌乱,你肯定可以取胜,你必须相信自己,我的儿子。不然的话,别人谁也不会相信你。要树立信心,要依靠自己的力量,纵使不能取胜,你也会知道你尽了最大的努力。现在去吧。"考试结束,她的儿子——道格拉斯·麦克阿瑟果然独占鳌头。

一战显勇

1899年6月13日,年轻英俊的道格拉斯·麦克阿瑟进入了"名将的摇篮"——西点军校,这是他"孩提时代全部梦想的实现"。多年后他回忆道:"做一个西点军校学员的那种自豪和激情,从来没有稍许消失过","我仍然可以说,'这是我最大的光荣'"。在这里麦克阿瑟受到许多磨炼。在校4年,他的表现十分突出,有3年名列全班级第一。他二年级时被任命为连队下士,三年级升任连队上士,四年级时成为学员队第一队长。

1903年6月11日,23岁的麦克阿瑟以98.14分的总成绩毕业,据说这是25年来学员所取得的最高成绩。

毕业时,按照西点军校高才生的传统,麦克阿瑟选择了工兵。他进入第3工兵营,前往菲律宾服役,但很快便因患了疟疾而被送回旧金山,一年后病愈。

1905年10月,麦克阿瑟被派去给他父亲当随从参谋,他父亲作为日俄战争官方观察员住在日本。他到达日本时,日俄战争已经结束。父子两人所面临的任务,就是分析估价日本的军事力量。这时期,日本的扩张野心给麦克阿瑟留下了深刻印象。他写道:"既然已经征服了朝鲜和台湾,他们势必要伸手去控制太平洋,称霸远东,这是显而易见的。"

父子两人受命把情报收集活动扩大到整个远东。他们做了一次长达9个月的旅行，到了中国香港、新加坡、仰光、加尔各答、孟买、爪哇、暹罗、印度支那和中国上海。这段经历使年轻的麦克阿瑟眼界大开，加深了对东南亚的认识。

1906年秋，麦克阿瑟父子回国。此时战事沉寂，军人无用武之地，军界谋事很难。麦克阿瑟中尉回到驻在利文沃思堡的第3工兵营，任连长。他的母亲曾意图让他改行，但由于对军队生活的酷爱和他父亲的榜样，他拒绝了。1912年，被麦克阿瑟奉为楷模的父亲，在向南北战争时期的老战士发表演说时，猝然逝去。为照料母亲，他请求调到了华盛顿陆军部工作。次年，他成为陆军参谋长伦纳德·伍德将军参谋部的成员。

1914年第一次世界大战爆发后，麦克阿瑟晋升为少校，当了陆军参谋长兼陆军部长牛顿·D.贝克将军的助手，同时兼任陆军部新闻检查官。

1917年，美国参加第一次世界大战后，从各州国民警卫队抽调人员组成第42步兵师。麦克阿瑟出任第42步兵师参谋长，晋升为上校，赴法国参加世界大战。他声称该师人员来自美国各地，犹如跨越长空的彩虹，故该师亦称"彩虹师"。

1918年2月中旬，该师开进洛林南部一个"平静的防区"吕内维尔，这时恰逢几十年最寒冷的冬天。该师在洛林地区前线不断地进行战斗，麦克阿瑟虽然是个参谋官，但他不断深入前线，身先士卒，不避艰险，率领和激励士兵勇敢作战，以超人的勇气和突出的作用获得了他军人生涯的第一枚勋章——十字军功章，并获得美国陆军银星章。6月26日麦克阿瑟被提升为陆军准将。7月在保卫巴黎的战斗中以作战英勇而获第二和第三枚银星章。10月在攻击夏蒂隆山的战斗中，麦克阿瑟严重中毒，几乎双目失明，但他却拒绝住进医院。11月战事结束。麦克阿瑟因为勇猛善战，战功卓著，在大战中被授予两枚优异服务十字勋章，一枚优异服务勋章、7枚银星章、两枚紫心勋章及数枚法国勋章，成为战争中受勋最多的军官之一。潘兴将军盛赞他为"我们所有的最伟大的将领"。

同年11月，麦克阿瑟在大战结束之后担任彩虹师代师长。

官阶升卸

第一次世界大战结束，麦克阿瑟于1919年4月从欧洲归国。6月，他被任命为西点军校校长。当时西点军校比较混乱，课程陈旧，学员知识面极为狭窄。新任陆军参谋长佩顿·马奇对此深为不满，他对麦克阿瑟说，西点军校有悠久的历史，要使军校恢复起来，重放光彩。麦克阿瑟开始尽力推辞，最后勉为其难，偕其老母，走马上任。他在西点军校当了整整3年的校长。其在任职期间排除各种障碍，开拓新路，使西点军校适应迅速发展变化的世界，开始了现代化的军事教育。他还念念不忘亚洲对美国的重要性，下令在校内张挂亚洲地图，供学生们阅读。

麦克阿瑟在3年任期内，成绩斐然。美国著名传记作家詹姆斯博士写道："人们一致认为，是他而不是任何别人领导西点军校踏进迅速发展变化的世界，开始了现代化的军事教育。确实，他在美国军事院校方面所做的开拓新路的努力，是他对建设现代化军队做出的最重要的贡献之一。"

此间，年逾40的麦克阿瑟第一次坠入情网。他与一个35岁的富有寡妇路易丝·布鲁克斯相爱。1922年2月，两人结为伉俪。由于她厌倦军旅生活，7年后与麦克阿瑟离异。

麦克阿瑟于 1922 年 6 月结束军校工作之后,前往马尼拉担任军事总督伦纳德·伍德将军的副手。

1925 年 2 月 15 日,麦克阿瑟晋升为少将。这时他 45 岁,是陆军中最年轻的少将。他奉调回国,统辖第 3 军区。先后在亚特兰大和巴尔的摩任军长。同年,麦克阿瑟在米切尔准将(主张建立独立的空军)案件中奉命担任审判官,以致后来不得不在回忆录中为自己辩解。

麦克阿瑟于 1927 年秋出任美国奥林匹克委员会主席,率美国代表队参加 1928 年在阿姆斯特丹举行的奥林匹克运动会并获得冠军。陆军参谋长为此致电祝贺:"你不仅获得了美国人决不撤退的美誉,而且获得了美国人深知如何获胜的光荣。"1928 年夏天,麦克阿瑟再次被派往马尼拉,担任美国驻菲律宾部队司令。他对再次赴菲十分高兴,他在回忆录中写道:"没有什么委任比这更使我高兴了。"他同参谋人员相处得十分融洽,他常常能见到菲律宾参议院议长——他的老朋友奎松。他和美国当时驻菲律宾总督史汀生建立了亲密的友谊。

1930 年 8 月 5 日,麦克阿瑟收到陆军部长发来的电报,胡佛总统决定由麦克阿瑟出任陆军参谋长之职。当时资本主义世界正处于世界经济危机之际,和平主义情绪高涨,军队预算缩减,麦克阿瑟认为此时如去担任参谋长必将面临严峻的考验,所以有推辞之意。其母得知此情后,立即拍去电报,力劝儿子接受这个职务,她说:"如果你表现出怯懦,你父亲在九泉之下也会感到可耻。"

11 月 21 日,麦克阿瑟宣誓就职。这一年他 50 岁,是美国陆军史上最年轻的参谋长。任内,麦克阿瑟用机械化装备代替马匹,提高了部队的机动能力和速度;制定战争总动员计划;为诸兵种建立统一的采购制度以减少浪费;建立航空队司令部以提高地空部队的协调效率;反对国会因经济原因而欲裁减陆军机构的企图;反对削减军官队伍,声称"一支陆军可以缺乏口粮,可以居住简陋,甚至可以装备破旧,但如缺少训练有素及指挥有方的军官,则在战时注定会被歼灭。胜利与

麦克阿瑟与菲律宾总统奎松在科雷吉多尔岛上

失败的不同,全在于有无干练而有效率的军官队伍";每年均成功地阻止削减陆军员额的议案,并为陆军的战备辩护。

需要特别指出的是,作为陆军参谋长的麦克阿瑟于 1932 年不惜亲自披挂出马镇压华盛顿的美国退伍军人的"退伍金进军"。当时,由于美国正处于经济危机之中,人民生活困苦,1932 年春天和夏天,25000 多名曾参加第一次世界大战的军人及其家属纷纷从各地向华盛顿举行"饥饿进军",要求政府立即发放退伍金——根据 1924 年通过的国会法令,应在 1945 年发给他们。麦克阿瑟根据胡佛总统的命

令,竟然亲自出马,进行驱赶和镇压。

7月28日发生流血冲突,作为陆军参谋长的麦克阿瑟竟派骑兵、坦克对付退伍军人,他还身穿装饰着一排排勋章的军装,亲自指挥杀戮,用武力驱散了曾为他胸前的勋章流过血而今日难以糊口的战友。这一切使麦克阿瑟在陆军中的形象黯然失色。麦克阿瑟出于反共本性,直到临终前还深信索取退伍金进军是赤色分子的阴谋,认为自己的行为不是野蛮而是明智的。

1938年,富兰克林·罗斯福就任总统,为挽救财政危机,他命令麦克阿瑟把陆军预算削减50%。尽管在麦克阿瑟当面直言力争和以辞职要挟下,罗斯福总统做了一定的让步,但实际上军费还是被削减许多,致使陆军不得不节约俭省,连最有魅力的新式武器也不得不拒绝接收或延缓装备部队。而此时日本人却在远东积极侵略,希特勒也在扩建陆军和空军。凡此种种,激起陆军的极大愤怒,他们把这一切归咎于麦克阿瑟一人。

1935年,麦克阿瑟参谋长任期结束,他接受菲律宾自治政府总统奎松的邀请,担任菲律宾军事顾问,这是他第三度赴菲。菲律宾自美西战争后即成为美国的殖民地。1934年,美国国会通过了泰丁斯—麦克杜菲法案,批准菲律宾于1935年建立自治政府,1946年完全独立,届时美国部队全部撤出。美国的如意算盘似乎是鼓动菲律宾在美国"援助"下,逐渐建立起一支军事力量,在1946年获准独立时能够达到自卫的程度,使这块美国势力范围不落入潜在敌人之手。麦克阿瑟就是在这背景下出任菲律宾军事顾问的。

1935年底,麦克阿瑟带着复杂的心情"乘胡佛总统"号班船离开旧金山,赴菲律宾"军事顾问"之任。同行的有他87岁高龄的母亲(这位一生曾给他无数教益的母亲于两个月后,在马尼拉溘然长逝),还有他的前副官、现任参谋长的德怀特·艾森豪威尔少校——后来的五星上将,美国总统。

在旅程中他还结识了在身世和个性上酷似他深爱的母亲的琼妮·费尔克洛思。琼妮·费尔克洛思是一位富商的女儿,1937年4月他们在美国结婚,1938年2月生下一个男孩。麦克阿瑟一行抵达菲律宾以后,迅即着手实施组建菲律宾军队的计划,计划规定,至1946年菲律宾将拥有40个师——一支40万人的地面部队,一支拥有250架飞机的空军和一支由50艘鱼雷快艇组成的海军。其目的是要把这个美丽富饶而又具有重要战略地位的岛国,建成为美国在远东太平洋地区的堡垒,并企图永远占有它。

麦克阿瑟曾为此大肆吹嘘说:"到1946年,我将把这个群岛变成太平洋的瑞士,任何侵略者必须付出50万人、3年时间和50亿美元的代价才能征服它。这些岛屿必须守住,而且也能够守住。我是遵照上帝的旨意来这里的,这是我的使命。"这个计划由于经济、政治等多种原因而基本流产,麦克阿瑟的夸口后来在日本侵略者面前也彻底破产。1936年,麦克阿瑟接受奎松总统授予菲律宾陆军元帅的军衔,与此同时,他正式退出了已服役37年的美国陆军。麦克阿瑟在菲律宾俨然是个殖民主义大老爷,他月薪为16500美元,免费住有空调和讲究的住房。他经常在楼顶平台上散步,俯瞰风光旖旎的马尼拉湾。他身穿自己设计的荒唐可笑的"陆军元帅"服,服装用白色雪克斯金丝呢制成,翻领的下边缀着红色肩章,镶有4颗星,手中还提着一根金短杖。美国的自由主义批评家评论麦克阿瑟是"吕宋的拿破仑"。

败却受荣

1939 年德军突袭波兰,第二次世界大战爆发,希特勒迅速在欧洲取得大胜,日本也在远东积极扩张,侵略了东方古国中国并占领了印度支那半岛。华盛顿不得不冷静地对待世界形势,制定了范围广泛的全球军事战略。1941 年 7 月麦克阿瑟应召服役,以中将军衔任远东美军司令,统管全部远东陆军和空军,下辖温赖特指挥的第 1 军和帕克指挥的第 2 军。

12 月 7 日,日军偷袭珍珠港,同时向南洋大举进攻,日美交战,太平洋战争爆发。

12 月 8 日凌晨 3 时,马尼拉得到日本偷袭珍珠港的消息。美军指挥部估计到日本飞机可能偷袭菲律宾美军基地,但是在中午时分,当从中国台湾起飞的日本轰炸机飞临吕宋美国空军基地时,美军仍被打了个措手不及,大半飞机未及起飞便被炸毁在地面上。次日,日机又袭击了菲律宾甲米地美国海军基地。美军保卫菲律宾的海空力量损失殆尽。

12 月 10 日,日军发起了对菲律宾的地面进攻。麦克阿瑟麾下美军 1.9 万人,菲军 11.2 万人,未能挡住日军进攻。到 12 月 24 日,日军已在吕宋岛多点登陆,向马尼拉实施向心突击,并在其他各岛登陆。

日军随后多次进攻巴丹半岛,但未能成功。当日本广播电台的"东京玫瑰"嘲笑美国太平洋舰队的时候,麦克阿瑟要求陆军部派遣飞机飞越菲律宾上空以打击"敌人宣传的气焰",稳定守军士气。然而,这种要求没有也不可能得到满足。

麦克阿瑟看到马尼拉势所难保,虽战无益,决定弃城,将吕宋岛守军全部撤到巴丹半岛,据守科雷吉多要塞,扼住马尼拉湾进出口咽喉。于是麦克阿瑟宣布了马尼拉为不设防的城市,并于 1942 年 1 月 1 日前将吕宋岛守军撤到了巴丹半岛,他的司令部随迁该地。1942 年 1 月 2 日,日军开进马尼拉。

麦克阿瑟将全部 8 万守军沿巴丹半岛长约 20 英里的颈部一线展开。温赖特将军和帕克将军分兵各守西、东岸。两部被横亘其间的纳蒂布山分隔开来,彼此几乎失去联系。

麦克阿瑟没有海上和空中支援,半岛军需贮备仅够一个月之用。药品奇缺,热带雨林的流行疫病侵扰着美军。守军处境异常艰难。

此时,日本大本营认为菲律宾战役已基本结束,剩下的仅是扫尾,攻占巴丹半岛如探囊取物,遂将精锐部队移向其他战场,只留下一些新兵居多的部队。

1942 年 1 月 9 日,日军 65 旅开始对巴丹半岛进攻。美菲军坚守阵地,挫败日军进攻。日军进攻两周未果,便集中了两个精锐团,改用中间突破战术,直插温赖持和帕克两军中间,左右扩展,将守军分割开来。

麦克阿瑟命令全军从第一防线退至半岛中部的第二防线,扼守半岛南部。

日军进行了不间断地连续进攻,激战两周,终未突破美菲军第二防线。

至此,日军已强攻巴丹半岛月余,损兵折将 7000 余人,另有上万人染上疟疾和登革热或脚气病。日军暂停进攻,等待援兵。据守半岛的美菲军却无援兵可待,给养也供应不上,处境更加恶化。在日军再次发动进攻之前,日美两军对峙了 1 个多月。

南进势如破竹的日军在巴丹半岛受挫，气急败坏，声言将活捉麦克阿瑟，将他绞死在东京帝国广场上。

由于美国政府执行先欧后亚，先打败德国再战胜日本的战略方针，因此，对菲律宾的美菲军队难以及时增援。奎松总统抱怨美国政府，人们辱骂美国，再加上麦克阿瑟不去巡视部队，又风闻他还在尝着美味，过着豪华的生活。因此，在巴丹半岛上流传着一支讽刺麦克阿瑟的歌谣："麦克阿瑟狗，躺着心发颤，不怕遭突袭，不会挨炸弹。麦克阿瑟狗，吃喝在巴丹，且看他部下，饿死无人管。"

华盛顿对援菲问题一再拖延，以至菲律宾总统奎松发怒，发电报给罗斯福总统要求独立，并宣布菲律宾为中立区。罗斯福当然不会同意，但他一面授权麦克阿瑟向日本投降，一面安排舰艇护送奎松和麦克阿瑟前往澳大利亚。

当时新几内亚和澳大利亚也面临着严重威胁。为保住澳大利亚这一反攻基地，罗斯福总统和陆军参谋长马歇尔一致认为有必要任命一位新的盟军总司令，麦克阿瑟成了当然的理想人选。

马歇尔向麦克阿瑟转达了罗斯福总统要他撤离的命令，命令麦克阿瑟将守军交给温赖特将军，他本人离开被围之半岛，前往澳大利亚担任新成立的西南太平洋战区盟军总司令。但麦克阿瑟坚持只有总统亲自下令他才撤离，为的是不让人指责他胆怯。

3月11日，麦克阿瑟登上PT—41号鱼雷艇，在其他3艘鱼雷艇的护航下，乘夜雾悄然离开科雷吉多岛，逃出日本海军封锁线，抵达卡加延港，然后搭飞机飞往澳大利亚。3月17日上午9点30分，麦克阿瑟终于踏上澳大利亚国土。这次出逃海空行程1500英里，历时5天，几经险境。

麦克阿瑟再乘飞机飞抵澳大利亚中部的艾利斯普林斯，然后转乘火车前往墨尔本。在阿德蒙德停留时，记者请麦阿瑟发表讲话。他说："美国总统命令我冲破日本人的防线，从科雷吉多来到澳大利亚，目的是组织对日本人的进攻，主要目标是解放菲律宾。我脱险了，但我会回去的！"

4月9日，巴丹的9000多名美军和45000名菲军向日军投降。哥黎希律要塞的守军抵御了日军长达1个多月的围攻，直到弹尽粮绝，无法进行抵抗时为止。5月6日下午美远东军司令温赖特请求投降，7日深夜通过马尼拉电台命令菲律宾所有美菲军队无条件投降。当麦克阿瑟将军听到哥黎希律陷落时，他写道："它用自己的炮口写下了自己的历史……我将永远有一幅图景隐现在脑际：一群神情严酷、形容憔悴、像鬼一样苍白的好汉们，依然无畏地挺立着。"麦克阿瑟逃离哥黎希律出乎日本人的意料之外，使他们生俘麦克阿瑟并在东京帝国广场当众绞死的梦想破产。后来，麦克阿瑟在回忆录中这样写着："我一点也没有想到5年之后，在占领军的首次阅兵式中，我就在预言执行我死刑的地点作为盟军最高统帅而接受献礼。"

在太平洋战争开始盟军连遭惨败的最黑暗时期，麦克阿瑟在巴丹半岛英勇阻击日军进攻10周之久，使他成为英雄。

当麦克阿瑟到达墨尔本、驱车驶入市内时，他受到成千上万群众的热烈欢呼。

罗斯福总统授予他荣誉勋章，更为他的业绩增添了光彩。而他骗过狡猾的日本人安然逃离战区，则几乎使他成为神话般的人物。

但是在澳大利亚，麦克阿瑟绝无英雄凯旋的兴奋，有的只是沮丧。他这个盟军司令尚无一支强大的陆军和空军。到处是失败主义的情绪,士气低落。他意识到,他所许诺的返回菲律宾的道路将是漫长而艰难的。不久,从巴丹半岛传来的消息更使他沮丧到了极点。

轴心国的发言人兴高采烈地称麦克阿瑟是一个"逃跑将军",是"胆小鬼"。麦克阿瑟怒不可遏,发誓要雪此大辱。他认为只有解放菲律宾,才是洗刷罪责、挽回美国及他本人名誉的唯一途径。

逐岛反击

1942年4月18日,麦克阿瑟被正式任命为西南太平洋区统帅,尼米兹担任南太平洋区指挥官,开始布置策划太平洋的防务。西南太平洋与南太平洋的划分原以东经1600为界,后又改为1590,因为瓜达尔卡纳尔岛是海军陆战队防区,要归入南太平洋区的海军地盘。

麦克阿瑟到达澳大利亚后迅速建起他的司令部。随后,澳大利亚帝国陆军第6师、第7师和美国陆军第32师、第41师调拨给他指挥。同时,澳大利亚开始实施组建10个陆军师的计划,其中8个师已经开始接受训练。美国陆军参谋长马歇尔还下令组建有8个大队的以澳大利亚为基地的空军,其第一线的轰炸机和战斗机有535架。美国金海军上将给他派去了6艘驱逐舰、2艘潜艇补给舰和6艘老式S级型潜艇,并着手改造澳大利亚基地的20艘潜艇。

麦克阿瑟在澳大利亚东北部建起新的机场网,使轰炸机离日军的所罗门、新不列颠和新几内亚的基地大为接近。

7月,麦克阿瑟将盟军司令部从墨尔本移到布里斯班。

此时,日军为切断美澳海上交通线,在占领了所罗门群岛的图拉吉岛并登上瓜达尔卡纳尔岛之后,又开始在新几内亚的布纳登陆,欲图攻占东南亚重港莫尔兹比。

日军先遣队约2000人于7月21日从布纳登陆后,直向莫尔兹比扑去,29日占领了科科达。8月中旬,日军南海支队主力13000人陆续从布纳登上新几内亚。9月14日,日军进攻部队指挥官堀井已登上了莫尔兹比港背后的伊米塔山脊。

麦克阿瑟组织了反击,迫使日军停止了向莫尔兹比港进军,并从科科达山道撤向布纳,在戈纳—萨纳南达—布纳一线绵延10英里的海岸建起了滩头阵地。

11月6日,麦克阿瑟在莫尔兹比港设立前线指挥部。

11月14日,麦克阿瑟命令左翼澳军第7师攻击并扫荡戈纳—萨纳南达之敌,右翼美军第32师攻击并扫荡布纳之敌。11月16日,两师发起攻击,但遭到日军顽强抵抗。美澳军伤亡惨重,补给跟不上,丛林疾病猖獗,大雨不断。进攻开始后两周,盟军完全陷入困境,士气低落,裹足不前。

11月30日,麦克阿瑟撤掉了前线指挥官哈丁将军,命令新编美第1军军长艾克尔伯格少将接任。麦克阿瑟对艾克尔伯格说:"我要让你到布纳任司令官,撤掉哈丁,我送你去。我要你撤换所有不会打仗的军官,如有必要,撤换团级和营级指挥官,让中士负责营的工作,下士负责连的工作,只要会打仗,由谁负责都可以。时间至关重要,日军在任何一个晚上都可能登陆增援。我要你夺取布纳,否则就别活着回来。"

第二天,艾克尔伯格飞往布纳前线。他整顿了队伍,撤换了所有畏缩不前的军官,组织调动了大批的补给,重新发起进攻。他身先士卒,率众冲锋陷阵,一寸一寸地向前推进,到12月14日,艾克尔伯格终于攻占布纳,左翼澳军也拿下戈纳。

但是日军防线并未崩溃,数千日军仍在死守阵地。麦克阿瑟及时派去生力军。得到增援的盟军部队于12月18日再次发动进攻。激战两周,日军溃退。

1943年1月21日,麦克阿瑟用新几内亚的全部盟军,以钳形攻势,围歼了沿岸登陆的全部日军。新几内亚莫尔兹比战役以盟军胜利告终。此役美澳军伤亡8500人,歼敌12000人,挫败了日本在南太平洋的战略企图,为美军在这一区域实施战略反攻创造了有利的条件。

在此后的半年里,新几内亚岛上的地面战事暂告沉寂。盟军据守莫尔兹比、布纳一带,日军占据莱城、萨拉茅阿一带。为减少日后进攻日军占领区的阻力,麦克阿瑟以其辖下的海军和空军,全力阻击日军从海上向新几内亚运送增援部队。

麦克阿瑟所辖海军以布里斯班为基地,主要由潜艇组成,力量不大,但是由肯尼将军任司令的空军部队则是一支举足轻重的力量。肯尼的飞机不断从莫尔兹比、来尔恩湾和布纳的前线基地出发执行任务,架次越来越多,战绩日益显著,除给日军阵地施加压力外,还多次摧毁向新几内亚运送援兵给养的日军舰船。

3月初,麦克阿瑟通过可靠情报得知将有一支运送援兵和给养的日军庞大船队驶往莱城,当即命令空军拦击。肯尼在新几内亚集结了207架轰炸机和150架战斗机,组成了强大的突击机群。此外他还在澳大利亚东北部各基地集中了80架轰炸机和95架战斗机,作为预备队待命,随时准备出击。

3月2日,肯尼捕捉到日运输船队,立即实施攻击。第二天,又先后派出400多架飞机,组成巨大机群,几乎将这支日军运输船队和护航驱逐舰全部击毁,运输船上的日军绝大多数丧生鱼腹,船队装载的给养、军需用品,也全部沉入海底。麦克阿瑟称这次袭击日军运输船队的战斗为"俾斯麦大海战"。巨大的机群给日军船队以毁灭性打击,炸沉了全部12艘运兵船,击沉10艘护航战舰中的6艘。据麦克阿瑟总司令部的战报,歼敌15000人。据日方战报,日军损失3000人。

肯尼在3月4日午夜唤醒麦克阿瑟,报告了袭击日船队大获全胜的消息。麦克阿瑟当即对飞行员发出嘉奖:"请向全体将士转达我对他们的感谢和祝贺。作为一次在任何时候都可以看作是最彻底的歼灭战,它不能不被载入史册。我为你们全体人员感到的骄傲和满意,是无限的。"

车轮行动

日本侵略者南进之后,势如破竹,连连取胜。但是,通过1942年和1943年初的中途岛、瓜达尔卡纳尔岛之战,日本在太平洋战场上开始逐渐转攻为守,完全丧失了主动权。盟军从1943年开始对日军发动局部反攻,美国的战略目标是进攻日本本土诸岛,但这一目标是通过一种越岛进攻的战术来实现的。

美军参谋长联席会议于1943年3月28日确定了当年太平洋战争的新计划:仍以新不列颠岛上的重要港口腊包尔为主攻目标,盟军轰炸机由此逐步前移。西部战区,在麦克阿瑟直接活动范围内,夺取莱城、萨拉茅阿和新几内亚附近的几个地区,并在新不列颠南部登陆。东部战区,在哈尔西海军上将直接活动范围内,夺取所罗门群岛中的新佐治亚和布干维尔,两战区联合作战,麦克阿瑟为总指挥。

麦克阿瑟和哈尔西制定了代号"车轮"的进攻计划,并积极进行了战役准备。

6月30日,麦克阿瑟发动了"车轮"战役。这是一次极为复杂的军事行动,战线绵延1000英里的陆地和海域,有美国、澳大利亚、新西兰等多国陆海空部队参战。盟军两路出击,一路指向所罗门群岛,一路指向新几内亚东海岸,对腊包尔形成钳形合围之势。

右翼哈尔西的两栖部队在6月30日首先开始攻击新佐治亚,经1个月的激战,于7月底完成占领,8月15日占领佛拉拉佛拉岛。到10月1日,盟军在新佐治亚和佛拉拉佛拉已经有了4个前进机场,下一个进攻目标布干维尔处在盟军飞机的作战半径之内。

左翼,麦克阿瑟麾下的美军第6集团军司令克鲁格上将也于6月30日挥师进攻。他首先攻占了伍德拉克和基里维纳。麦克阿瑟在那里建立了空军基地。这两个岛屿距布干维尔很近。与此同时,美军还拿下了萨拉茅阿以南60英里的拿骚湾,掌握了向萨拉茅阿和莱城跃进的前进站。

7月,麦克阿瑟向萨拉茅阿进军。日军撤退。

9月,麦克阿瑟进攻莱城,这是二战中最漂亮的行动之一。进攻是在极其缺乏两栖舰艇和海上护航舰只的情况下实行的。麦克阿瑟的计划是:以澳军第9师从海上进攻莱城;美第503伞兵团同时在莱城的纳德扎布机场空降,占领机场;而后肯尼将澳军第7师全部空运过去,从背后攻打莱城,与第9师形成夹击。

9月4日日出时,对莱城的进攻开始了。巴比海军上将的5艘驱逐舰炮轰莱城以东的滩头阵地之后,澳第9师潮水般涌上海岸,向西直抵莱城日军要塞,一路几乎未遇抵抗。

次日,肯尼出动由302架飞机组成的庞大机群,将第503团空投在莱城背后的纳德扎布机场。伞兵上午10时20分开始跳伞,数分钟后,全团1700人全部着陆,随即占领机场。日军未做顽强抵抗。

麦克阿瑟在一架B-17"高级将领"式轰炸机上观战。战前,他曾探望伞兵。肯尼在编队中驾驶另一架B-17"高级将领"飞机。由于这次飞行,麦克阿瑟被授予空军勋章。

攻打莱城的战役按计划发展。澳第7师空运到莱城背后,盟军夹击莱城。日军于9月15日弃城败逃。澳第7和第9师胜利会师莱城。麦克阿瑟下令扩大战果,发展胜利。澳第7师乘车和飞机一气向北推进200英里,直抵拉穆峪,攻占了卡亚皮特和杜姆普。澳第9师各部于10月2日夺取了芬施哈芬。至此,盟军从日军手里夺回了新几内亚大部。

此间,罗斯福、丘吉尔和盟军联合参谋部的参谋长们商定,为免使麦克阿瑟在直接进攻腊包尔防区时遭受重大损失,将置腊包尔于不顾。"车轮"计划以占领布干维尔和新不列颠南部告终。

11月1日,右翼哈尔西的部队在日军防线最弱点布干维尔的奥古斯塔皇后湾西岸登陆,33000人上岸后站住脚,建立了环形防御地带,并开始修建机场。

为了击退进攻布干维尔的盟军部队,日军从特鲁克向腊包尔派去一支庞大的巡洋舰队。麦克阿瑟盟军司令部的情报部门破译了日军密码,肯尼和哈尔西的侦察机很快就发现了日舰队的行踪。麦克阿瑟和哈尔西决定将日舰队放入腊包尔港,然后用飞机摧毁。

11月5日上午11时30分,哈尔西的两艘航空母舰上的100架舰载机袭击了腊包尔,将日军防空力量吸引过来。1小时后,肯尼的100架飞机集中袭击新开进港内的日本舰队。这次袭击取得成功,炸伤日巡洋舰6艘和驱逐舰2艘。日舰队严重受创,被迫撤离腊包尔,取消了对进攻布干维尔的盟军部队的所有海上攻击行动。

在进攻主轴上,萨拉茅阿—莱城—芬施哈芬战役结束之后,麦克阿瑟于12月中旬发动了对新不列颠的进攻。两支美军部队于12月15日和16日分别在南岸的阿拉维和西北端的格罗斯特角登陆,并站住脚。

一直在新几内亚北部海岸作战的澳第7师和第5师向马丹推进。日军节节败退。澳军第7师占领了锡奥后,又得到澳第5师的增援,追击逃窜之日军。澳军1944年2月中旬占领达塞多尔,3月攻下马丹。

此间,麦克阿瑟的另一个进攻目标是阿默勒尔蒂群岛的马努斯岛。麦克阿瑟决定采用肯尼的建议,先用小股部队迅速占领马努斯岛附近的洛斯罗内格罗岛,修建机场,为进攻马努斯岛提供空中支援。

进攻前,他先让空军对该岛进行侦察,发现该岛主要机场完全废弃,敌人防御阵地薄弱,遂决定于2月29日晨发动进攻。当美军在该群岛的洛斯内格罗斯岛登陆时,由于日军对这次突袭毫无准备,只遇到轻微的抵抗,两小时后就占领了主要目标莫莫特机场。当天夜里,日军组织反攻,但为时已晚,盟军已建立起滩头环形防线,不久,大批增援部队在空军的掩护下陆续登陆。3月底,盟军即全部占领了阿德米勒尔提群岛,4000日军除75人被俘外,其余全部战死,盟军仅损失320多人。

不久,肯尼的机群从洛斯内格罗岛上的机场起飞,掩护克鲁格的大部队登上马努斯岛。美军全歼岛上守军4500人。麦克阿瑟掌握了阿默勒尔蒂群岛连同重要港口锡阿德勒港。

占领马丹后,麦克阿瑟原计划下一个目标是汉萨湾。但汉萨湾和威瓦克有日本第18集团军的5万人防守,是两个强固据点,一时难以攻下,即使攻克,最远也只能跃进200多英里。因此,麦克阿瑟决定越过这两个强固据点,进攻艾塔佩与荷兰的亚,这样就可以一次向前挺进500英里。

据情报部门了解,荷兰的亚将成为日本设想的新防线的堡垒,日军在那里修建了一些机场,并将该地作为海上补给线的终点,修建队已着手实施庞大的港口扩建计划。这些情报表明,盟军占领荷兰的亚,在战略上有重要意义,空军可以控制到新几内亚最西端的鸟头半岛,盟军西进的时间可提前几个月。麦克阿瑟决定在荷兰的亚两侧,即享博尔特和塔拉梅拉湾登陆,同时用一小股兵力在艾塔佩登陆。占领荷兰的亚的部队集中到内地三个机场的侧翼,占领艾塔佩的部队控制战斗阵地,阻止威瓦克与荷兰的亚日军彼此会合。进攻日期预定在4月22日。进攻时,尼米兹的太平洋舰队将全力予以支援。

此外,麦克阿瑟还制定了欺骗日军计划。他一面命令空军在汉萨湾和威瓦克上空投放照明弹,模拟照明侦察,投放假降落伞;一面让海军把空橡皮舟遗弃在海滩上,造成盟军要进攻汉萨湾和威瓦克的假象。通过照相侦察和破密情报证实:日本第18集团军果然加强了这里的防御。荷兰的亚日军机场有三四百架飞机,部队有 12000 人,多是勤务保障部队。这时,美国空军已拥有许多 P-38 战斗机,其航程足以掩护重型轰炸机到达荷兰的亚,但为了进一步麻痹日军,麦克阿瑟严令这些战斗机不准飞越艾塔佩以远。集中在阿德米勒尔提群岛北部、由 113 艘舰船组成的盟军特混舰队(不包括从尼米兹那里借来的 8 艘小型航空母舰),也只准向西北与攻击目标荷兰的亚和艾塔佩平行方向行驶,以使日军摸不清盟军下一步棋会怎么走法。

待到进攻荷兰的亚前夕,即 3 月 30 日、31 日和 4 月 3 日,美国空军突然每天派出由 75 架 P-38 护航的约 65 架重型轰炸机,还有 171 架中型和轻型轰炸机对荷兰的亚连续进行了 3 次袭击。这 3 次袭击,几乎全部摧毁了荷兰的亚的日本空军力量,并炸毁了弹药库、维修设施、兵营和食堂。一直在攻击目标荷兰的亚和艾塔佩平行方向行驶的盟军特混舰队,这时也突然向南一转,直指荷兰的亚。

4 月 21 日傍晚,盟军小股兵力驶向艾塔佩,准备登陆。22 日凌晨 4 时,继续前进的特混舰队一部迅速驶向荷兰的亚北部 20 英里的塔拉梅拉湾,主力护航队则直接向亨博尔特湾驶去。天一亮,海军重炮向岸上目标进行了猛烈的炮击,空军也向岸上目标予以饱和轰炸。盟军部队登陆时,比想象的要简单得多,日军执勤部队没有怎样抵抗,即向大山或丛林逃去。荷兰的亚和艾塔佩一被占领,威瓦克和汉萨湾的日军就成了笼中之鸟,不久亦被盟军所消灭。

从 1943 年 7 月到 1944 年 4 月的 9 个月的时间里,麦克阿瑟占领了新佐治亚、佛拉拉佛拉、奥古斯塔皇后湾、萨拉茅阿—莱城、芬施哈芬、格罗斯特角、锡奥、赛多尔、马丹、洛斯内格罗斯—马努斯。"车轮"行动的大铁钳从东西两个方向合围了腊包尔要塞,盟军机场形成了半圆形包围圈。腊包尔的主要补给基地特鲁克岛也被封锁,另有 10 万日军被困在布干维尔、腊包尔和卡维恩。至此,"车轮"行动以胜利告终。

麦克阿瑟对布干维尔、腊包尔和卡维恩诸岛被困之敌围而不打,直接跃向下一目标,将他们甩在后面,这是一种越岛进攻的战术。

对日军的西南太平洋的最重要海空基地腊包尔围而不打,即是应用越海战术的典型一例。日军被困死在岛上,无所作为,坐以待毙。美军每获得一个据点,便立即修建机场,然后以机场为出发点,夺取新的据点和修建新的机场。这种越岛进攻的战术打破了日军的逐岛防御体系。东条英机曾认为,越岛进攻战术是盟军胜利的主要原因。当然,东条英机的说法只不过是为他的失败寻找借口,但这种战术确实使日本处于穷于应付的被动地位。

洗雪前耻

至 1944 年春、夏,美军已攻占阿留申群岛、吉尔贝特群岛、所罗门群岛、新不列颠岛、新几内亚岛、马绍尔群岛、加罗林群岛和马利亚纳群岛等。美军这时在太平洋上已拥有绝对优势,问题是下一步的进攻目标在哪里。对此,麦克阿瑟和中部太平洋盟军司令尼米兹上将意见不一,各有主张。

麦克阿瑟要迅速攻占菲律宾,理由之一是在中国台湾登陆是冒险的;之二是一旦攻克吕宋,可进攻冲绳而完全绕开中国台湾;之三也许是最重要的,出于政治上的考虑,他要实现 1942 年春天离开菲律宾时所许下的诺言:"我还要回来!"

尼米兹认为在棉兰老取得空军基地之后,孤立吕宋,进攻中国台湾和沿海,进而打击日本本土,可以缩短战争进程。陆军总参谋长马歇尔和海军作战部长金各为自己部下撑腰,僵持不下。

最后,罗斯福出面仲裁,他于1944年7月来到珍珠港,召集两员大将开会商讨,经过两天激烈的辩论,特别是麦克阿瑟向总统力陈述首先占领菲律宾的政治和军事意义。最后,尼米兹做了让步,总统接受了麦克阿瑟的建议。

麦克阿瑟进攻菲律宾采用中间突破战术,首先攻打中部的莱特岛。

日军守岛主力是第35集团军第16师约2万余人,集团军司令铃木宗中将任指挥,协助守岛的还有空军的大量飞机和海军的大量舰艇。

美军攻岛部队是鲁格将军的第6集团军,有4个突击师,共约20万人。麦克阿瑟辖下的第7舰队司令金凯德海军上将集结700余艘舰船,肯尼将军集结4700架飞机,负责运送部队和支援进攻。

10月16日,麦克阿瑟登上金凯德的旗舰"纳什维尔"号,亲率进攻部队出战。菲律宾流亡政府总统奥斯默纳也乘"约翰·兰德"号运输舰一同出发。由800艘舰船组成的舰队浩浩荡荡地向莱特岛驶去。这是有史以来最庞大的舰队。麦克阿瑟后来回忆当时的情景时写道:"我们顶风停下,等候天明进入莱特湾。低头俯视,是阴森森的海水;抬头仰望,是黑漆漆的天空,我们好像被裹在一个无形的斗篷里。"

天亮时,进攻开始。金凯德军舰上的舰炮进行了炮火准备。10时,美军登陆梯队在莱特岛附近的杜拉格和塔克洛班两个小岛首先登陆。

10月19日,盟军在莱特湾诸岛迅速登陆。麦克阿瑟将军身着卡其布军装,戴着墨镜,头顶着他那"人人都知道的"战斗帽,带着来自他父亲的可以使他"永远都不会被活捉"的手枪,跳下水,冒着日军迫击炮和狙击手的射击,穿过登陆舰被击中后发出的"壮烈的火焰"涉水上岸。

10月20日,克鲁格将军的部队分三处在莱特岛东岸和南端登陆。

麦克阿瑟率部在莱特岛登陆之后,在菲律宾总统的陪同下,从广播车上激动地宣称:"菲律宾人民,我回来了!……让巴丹半岛和哥黎希律岛上的那种不屈不挠的精神发扬光大。在战线推进到你们所在的地区时,起来战斗!利用每一个有利机会,打击敌人!为了你们的故乡和家庭,战斗!为了你们神圣的死者,战斗!"就这样,麦克阿瑟在离开菲律宾两年半以后,又回来了。

菲律宾是日本从南方供应石油和橡胶的生命线。失去菲律宾,就意味着日本将输掉整个战争。所以日本大本营下令实施"捷1号"作战计划,决心投入一切可以集中的力量,摧毁哈尔西第3舰队和金凯德第7舰队,并将登陆盟军部队赶出滩头,坚决守住菲律宾。

从10月23日到26日,在莱特湾展开了二战中规模最大的海战,双方共投入战舰282艘。在这次海战中,日军首次使用"神风特攻队",采用人机一同攻击目标、同归于尽的"特攻战术"。在4天激烈的海战中,日军损失航空母舰4艘,战列舰3艘,飞机100架,人员2800人。

在莱特岛战役即将取得最后胜利的时候,12月15日,美国国会授予麦克阿瑟新设置的五星上将的军衔,以表彰他的功绩。该新军衔相当于其他国家的元帅军衔。麦克阿瑟是获得这种军衔的将领之一。

美军在莱特岛战役获胜后,立即将进攻矛头指向吕宋岛。麦克阿瑟首先派遣一支登陆部队占领了离吕宋岛航程较近的民都洛岛,控制了岛上机场,并将美国第5航空队调到岛上,为进入吕宋提供强大的空中支援。

退守吕宋岛的日本第14方面军陷于困境,粮食极其缺乏,自11月中旬后,每人每天的主食减少到300克,武器弹药等军需品也供应不上。方面军司令山下奉文大将决定以其主力确保吕宋北部的重要地区,以其一部兵力确保马尼拉东面的山地与克拉克西面的山地。

占领民都洛岛后,麦克阿瑟计划让盟军第8集团军驻扎在吕宋岛南部的海岸以外,准备在莱加斯比、巴丹和其他南部港口登陆,对敌造成威胁,把大部分日军吸引到南部来。第6集团军以两栖战术包抄无掩蔽的吕宋岛北部海岸,并从那里登陆,然后迅速向纵深发展,迫使南部日军退回北部。这时,第8集团军再次登陆并向纵深发展,造成南北夹击日军之势。根据这一计划,麦克阿瑟命令空军不停地轰炸吕宋岛南部地区,其他飞机对巴丹、塔亚巴斯地区进行摄影侦察。运输机在同一区域的上空飞来飞去,伪装为空降部队。鱼雷快艇在吕宋岛的西南方,最北达到马尼拉湾的沿海进行巡逻。登陆舰船向这些地区的海滩靠拢,当日军向它们开火时,就溜走。如此安排,果然使日军中计,他们把部队从北方调到南方来,造成北方空虚的局面。

1945年1月9日,由164艘舰艇组成的庞大的美国舰队到达吕宋岛的仁牙因湾。民都洛岛上的美机对吕宋岛的日军各机场进行了猛烈轰击。7时20分,美军在仁牙因湾登陆,主力占领圣伐比安。日军进行了顽强的抵抗。但是美登陆部队迅速由海岸向马尼拉推进,2月3日,开始攻入马尼拉市区。2月7日,麦克阿瑟随第37师进入市区。2月26日,马尼拉守军司令官岩渊三次少将自杀,市区战斗于2月底结束。

3月4日,美军占领了马尼拉。5月中旬,菲律宾群岛的大规模战斗行动基本结束。美军占领了菲律宾。

麦克阿瑟将军回到他父亲曾战斗、他母亲长眠于此的马尼拉。而后他的部队攻占了科雷吉多和巴丹,面对着无数战士浴血的地方,麦克阿瑟将军感慨万分:"我相信它将作为世界上的一次决定性的战役载入史册。"

在马尼拉市,麦克阿瑟到了圣托马斯和老比利比德监狱,探望5000名美军被俘人员,其中800名是巴丹半岛幸存下来的。麦克阿瑟在回忆录里写道:"在我一生中充满了激动人心的场面,但我不记得哪一次比这一次更令人感动……当一个战俘气喘吁吁地说:'你回来了!'我回答说:'我回来晚了,但我们到底回来了。'"

美军在莱特登陆时,菲律宾人民抗日军就积极配合盟军的攻势,对日军展开了大反攻,切断日军后方重要交通线,他们为抗日战争胜利做出了重大的贡献。但是,当美军重返菲律宾之后,那号召菲律宾人民战斗的麦克阿瑟又露出了帝国主义者反共、反人民的真面目,视人民抗日军为他们独占胜利果实的障碍。1945年2月5日,美军解除攻打马尼拉的人民抗日军的武装;7日,又突然袭击人民抗日军第77支队,100多名战士竟被活埋。

1945年7月菲律宾群岛战役以日军的惨败而结束,麦克阿瑟赢得了菲律宾人民对他永存的感激之情和忠诚。在后来东南亚政局动荡的岁月里,菲律宾群岛大都是亲美的,成了美国至关重要的战略基地。

主持受降

1945 年 4 月 6 日,太平洋战区的美军进行了整编。美国总统罗斯福任命麦克阿瑟指挥所有地面部队,尼米兹指挥所有海军部队,空军上将阿诺德组建并指挥战略空军部队。

1945 年 7 月,在麦克阿瑟的统一指挥下,澳大利亚的陆军和海军配合美国第 7 舰队,占领了婆罗洲,控制了巴厘巴板的油井和炼油厂,切断了日军的石油来源之一。婆罗洲战役之后,美军参谋长联席会议命令麦克阿瑟停止南进,集中力量攻打日本本土。

由于中国和亚洲各国人民坚持长期抗日战争及盟军在太平洋战场的胜利反攻,1945 年 7 月,日本法西斯已经是"人命危浅,朝不虑夕"了。8 月 6 日和 9 日,美国投掷两颗原子弹,屠杀和伤害了大量的平民百姓。8 月 8 日苏联出兵对日作战,8 月 15 日,日本宣布无条件投降。同一天,杜鲁门任命麦克阿瑟为盟国驻日本占领军最高司令官,受命处理 3 个法西斯帝国之一的日本的接收工作——处理军事投降人员,在日本本土登陆,建立军事占领政府,实现《波茨坦公告》的各项条款。麦克阿瑟对任此职务深感荣幸,他在给杜鲁门的致电中说:"我对你如此慷慨地给予我的信任深为感激……"在他的回忆录里有这样的描述:"此刻,堆在我面前的贺词、贺电和勋章多得无法计数……从最早的童年时代以后,我就未曾哭过。这时,我激动得热泪盈眶。"

8 月 28 日,麦克阿瑟命令艾克尔伯格将军的第 8 集团军最先进驻日本,先遣队分乘 48 架飞机抵达东京附近的机场,开始以盟国占领军的名义占领日本。

同日,拥有 383 艘军舰,1300 架舰载机的哈尔西将军的第 3 舰队开进东京湾。

1945 年 8 月 30 日下午,在距横滨约 20 英里的厚木机场,麦克阿瑟佩有"巴丹"标记的座机降落在日本的土地上,机场上只有一支小得惊人的武装部队。麦克阿瑟将军叼着玉米芯烟斗步出机舱,他没有携带任何武器,他的随从也是一样。

此后一周里,美第 8 集团军和第 6 集团军共 46 万人陆续进驻日本,控制了各大城市和战略要地。

1945 年 9 月 2 日,在停泊于东京湾的哈尔西的旗舰"密苏里"号战列舰上,举行了日本正式签署投降书仪式。

8 时 30 分,盟国占领军最高司令麦克阿瑟将军登上"密苏里"号。8 时 50 分,盟国九国代表及其他将领相继登舰。九国代表是:美国尼米兹海军上将,中国的徐永昌将军,英国的弗雷泽海军上将,苏联的杰烈维亚科中将,澳大利亚的布拉梅,加拿大的科斯格雷夫,法国的勒克索,荷兰的赫尔弗里克,新西兰的艾西特。

8 时 55 分,日本新任外相重光葵、陆军参谋总长梅津美治郎及其他人员登舰。盟国代表严峻地默视日方人员的到来。

9 时,受降仪式开始,由麦克阿瑟将军主持。他首先发表了简短演说:"我以盟国占领军最高司令名义,在此声明……以正义和宽容来履行我的职责;同时,为了彻底、迅速、忠实地遵守投降条件,将采取一切必要措施。"

接着,战败国日本的代表首先在投降书上签字,然后最高司令麦克阿瑟签字,最后美中英苏澳等九国代表依次签字。仪式仅用了 14 分钟。

麦克阿瑟在签字受降时,特意安排太平洋战争初期即被日军俘虏了的美国将军温赖特和英国将军珀西瓦尔站在身后的荣誉位置,然后动用5支笔签署英日两种文本的投降书。第1支写完"道格"即送给温赖特;第2支笔续写"拉斯"之后送给珀西瓦尔;第3支笔签完"麦克阿瑟"而后送交美国政府档案馆;第4支笔开始签署其职务和军衔,而后送给西点军校;第5支笔是从军服口袋内掏出的粉红色小笔,签完其职务和军衔,而后送给麦克阿瑟夫人。

当麦克阿瑟宣布"仪式完毕"时,天空传来嗡嗡的机群声。从关岛起飞的400架B-29式轰炸机和从美航空母舰起飞的1500架舰载机同时出现在东京湾上空,宣告第二次世界大战结束。

这次仪式举行后不久,杜鲁门总统两次邀请麦克阿瑟回国庆祝胜利,但均被麦克阿瑟以日本的"形势复杂而困难"为由加以拒绝。杜鲁门对此甚为恼怒,他们之间的关系也由原来的友好渐渐转入紧张。

麦克阿瑟的权势非但未因战争的结束而削减,反而更加炙手可热。作为盟国驻日本占领军最高长官,他到达了权力的顶峰。在美国历史上,不曾有任何人拥有过麦克阿瑟在日本所拥有的那种至高无上的权力。这位65岁的将军,是一个有7500万人口的国家的绝对统治者,是独裁者,是太上皇,是日本幕府时期的大将军,是沙皇。他的这一地位保持了5年零7个月,战后日本的历史无疑印下了他深刻的痕记。

受降仪式6天之后,麦克阿瑟和总司令部迁往东京,原美国大使馆作为他私人官邸,司令部设在东京商业区第一大厦——一家日本大保险公司的大楼上。

战争结束的这一年,麦克阿瑟已经65岁了,但他又以盟军最高统帅的身份执行了占领和改造日本的任务。他将资本主义民主强加给日本人,用专制独裁的手段使日本摆脱了封建专制与法西斯主义,走向了现代民主主义,使日本历史掀开了新的一页。由于阶级的局限,他也成功地限制和镇压了日本的民众运动,为把日本建成美国的远东反共小伙伴而竭尽全力。

麦克阿瑟仇视共产党和人民革命运动。这种态度在战后表现得极为突出。他在回忆录中写道:"我在那里(远东)担任最高统帅那么长久,以致我已成为自由世界的一种象征……一个遏制共产主义的堡垒。"

解职回国

根据雅尔塔和波茨坦会议的协议:战后朝鲜将成为一个在美、俄、英、中四国共同控制下的托管国,时间约为25年。1945年9月麦克阿瑟指挥下的第24军占领了38度线以南的朝鲜。为平息南朝鲜的政治动乱,美国抬出了一位流亡在国外的朝鲜人李承晚,试图恢复南朝鲜的秩序。朝鲜爱国者金日成在北朝鲜也建立了政府机构,开始在这个被日本奴役了40多年的土地上进行社会主义建设。1948年8月15日,李承晚在汉城宣布就任"大韩民国总统"。麦克阿瑟发表谈话说:"就我本人而言,我愿做我能做的一切来帮助和保护朝鲜人民。我将像积极保卫美国免遭侵略一样去保卫他们。"于是在美国陆军的指导下,南朝鲜刚刚成立的政府开始了建军工作,到1949年中,已建成8个师10万人的陆军。对于一个刚刚成立的"民主"国家,这就不单单是防卫了。

1950 年 6 月 25 日，在朝鲜半岛上爆发了战争。

美国总统杜鲁门为了挽救李承晚政权，控制整个朝鲜，于 6 月 27 日宣布美国军队"支援"南朝鲜军队，并命令麦克阿瑟从日本调出美国占领军的两个师去朝鲜。与此同时，杜鲁门命令第 7 舰队侵占台湾海峡，以武力阻止中国人民解放台湾。7 月 7 日，联合国安理会在美国操纵下通过决议，成立由各国派遣人员组成的"联合国军"，杜鲁门任命麦克阿瑟为总司令。这样，朝鲜战争由原来的内战迅即转化为国际性战争。

6 月 29 日，麦克阿瑟乘飞机在汉城以南 20 英里外的水原着陆，以便实地观察朝鲜战场的形势。当他看到南朝鲜军队正处于全面瓦解和溃逃之中时，他要求政府派地面战斗部队入朝。经华盛顿批准后，他选派迪安少将指挥的第 24 师开进朝鲜，结果迪安被俘，全师几乎被消灭。

麦克阿瑟竭力主张扩大侵朝战争，执行一项更冒风险的政策，要求政府增派军队介入战争。7 月底，他擅自决定飞往中国台湾，同蒋介石磋商所谓"军事防卫问题"。

8 月，麦克阿瑟起草了一份演说稿，并在正式发表前广为散发，攻击所谓"鼓吹太平洋绥靖政策和失败主义情绪的人"，力图使美国政府对朝鲜进行更大规模侵略和进一步干涉中国内政。麦克阿瑟认为，五角大楼军人集团的人员海外阅历局限于欧洲，观点基本上是欧洲式的。他还认为杜鲁门和他的军事顾问们并未竭尽全力阻挡共产党的"侵略"。麦克阿瑟上述一些行动引起了世界舆论界的注目，公开暴露了他和美国政府在策略上的分歧，使美国政府处于被动地位。

杜鲁门为此大为恼火，他下令麦克阿瑟收回这份演说稿。八九月间，美李节节败退，最后龟缩在东南部釜山一隅。美国政府以挽救李承晚政权为借口，最终走上了扩大侵略战争的道路。

当时麦克阿瑟提出在仁川登陆的建议，这个计划遭到华盛顿军方的反对。

经过一段时期的激烈争论和麦克阿瑟的坚持，8 月底，参谋长联席会议才同意由两栖部队在仁川实施一次"转向行动"。9 月 12 日，麦克阿瑟在佐世保登上"麦金利山"号舰，向登陆地点驶去，亲自督战。

9 月 15 日美国调集了它在远东的几乎全部陆军约 4 万多人，以及 300 多艘军舰，500 多架飞机，在朝鲜中部的仁川登陆。登陆部队向东开进，并与釜山防御出击的沃克将军的队伍合力攻打汉城。30 日，攻陷汉城。

这时麦克阿瑟踌躇满志，贺电纷至沓来，杜鲁门也为桀骜不驯的麦克阿瑟喝彩说："干得好，干得漂亮。"10 月 4 日美军越过三八线，10 月 15 日杜鲁门同麦克阿瑟于威克岛会谈整个局势和下一步行动。当总统走下飞机的时候，不修边幅、傲慢的麦克阿瑟敞着衬衣、戴着一顶旧帽子，上前迎接。一副墨镜、一套褪了色的卡其布军装、一顶旧帽子和一支玉米芯烟斗，这是人们非常熟悉的在第二次世界大战期间麦克阿瑟的形象。在会谈中，麦克阿瑟大言不惭地说："我认为到感恩节，正规抵抗在整个南北朝鲜就会停止。我本人希望到圣诞节把第 8 集团军撤至日本。"在离开威克岛时，杜鲁门授予麦克阿瑟优异服务勋章。

战火迅速向北延伸，终于飞机开始轰炸鸭绿江——中国边界的界河。在美国日益扩大的侵略战争面前，中国政府多次发出警告。

但麦克阿瑟之流置中国严重警告于不顾，继续疯狂向北推进。10 月 21 日，侵占平壤，侵略的战火燃烧到中朝边境。面对武装入侵的危险，中国人民掀起了抗美援朝、保家卫国运动。10月下旬,以彭德怀为司令员的中国人民志愿军应邀入朝参战,同朝鲜人民军并肩战斗,严惩侵略者。

到1951年5月,中朝军队胜利地进行了5次大规模战役,将麦克阿瑟赶回三八线。美国在朝鲜战场上的失败加剧了美国统治集团内部的矛盾以及美国与其盟国之间的矛盾,反对美国侵略的呼声日益高涨。美国政府被迫开始寻求停火,但是麦克阿瑟反对任何停火企图,公开与美国政府唱对台戏。

1951年3月24日,麦克阿瑟竟然发表声明,声称要把战争扩大到中国沿海地区和内地,对中国人民进行战争威胁,并狂妄宣称:"我随时准备与敌军总司令在战场上会谈。"接着,4月5日美国众议院少数党领袖小约瑟夫·马丁在众议院发表了麦克阿瑟3月20日给他的复信,信中麦克阿瑟尖锐抨击了政府政策,要求在亚洲对共产主义扩大战争。麦克阿瑟上述言论轰动世界,美国舆论哗然,使杜鲁门政府尴尬到极点。

1951年4月11日凌晨,杜鲁门总统发表公告:"陆军五星上将道格拉斯·麦克阿瑟已不能在涉及他所担任职责的问题上全心全意地支持美国政府和联合国的政策。根据美国宪法赋予我的特殊责任和联合国赋予我的责任,我决定变更远东的指挥。因此,我解除了麦克阿瑟将军的指挥权⋯⋯"

于是,麦克阿瑟在一夜之间便从辉煌的顶峰跌落,成为一个悲剧性人物。杜鲁门撤销麦克阿瑟的一切职务,标志着美国侵略政策遭到严重失败,是杜鲁门推卸朝鲜战场上一切失败责任的"脱身计"。

然而,有意思的是,由于通讯故障,麦克阿瑟自己开始还不知道被撤职的事,是从妻子琼妮那里获悉被解职的消息的,而其妻子则是别人从广播中听到后告诉她的。当麦克阿瑟听到这一消息时自我解嘲地说:"琼妮,我们终于要回家了。"他的52年戎马生涯从此结束。麦克阿瑟对杜鲁门不宣而撤的方式耿耿于怀,认为对他是一种"嘲弄和侮辱"。后来他写道:"就是对办公室的勤杂工、干粗活的女佣或者随便什么样的仆人,也不能这样无情无义,不顾一般的体面,随便打发呀。"

1951年4月16日,麦克阿瑟将军在远东渡过了14年的时光后,踏上了回国的旅程。当他回国时,仍受到英雄凯旋般的欢迎。

麦克阿瑟返回美国后曾在国会发表演讲,继续主张扩大侵略战争,对中国实行经济封锁,怂恿蒋介石反攻大陆等政策。美国国会亦曾举行麦克阿瑟听证会。1952年,麦克阿瑟企图获得共和党总统候选人提名,但未能成功。不久,任兰德公司董事长,著有回忆录《往事的回忆》。从此,他与妻儿隐居在纽约曼哈顿的一座公寓里,安度晚年。

1960年,年已80的麦克阿瑟患了前列腺炎,此后,体质渐衰。他曾做过包括摘除胆囊在内的几次手术。

菲律宾人没有忘记他,1961年他被邀请参加菲律宾独立15周年纪念活动。所到之处,这位依旧身着卡其布军装、戴着墨镜的81岁的年迈老人,受到了隆重热烈的欢迎。

1962年5月,麦克阿瑟将军在西点军校发表演说:"我的生命已近黄昏,夜色已经降临,我昔日的风采和荣誉已经消失。"

1964年4月5日下午2时30分,麦克阿瑟在沃尔特·里德陆军医院病逝,终年84岁。

二战中的传奇战将

——巴顿

人物档案

简　历：1918 年 8~9 月，率领自己组训不久的坦克旅参加了圣米耶尔战役和阿尔贡战役；1942 年，被派往大西洋彼岸的非洲战场作战；同年，执行"火炬"战役计划；1943 年 2 月参加制定和准备实施"爱斯基摩人"作战计划；欧战结束后被任命为巴伐利亚州军事长官。

生卒年月：1885 年 11 月 11 日~1945 年 12 月 21 日。

安葬之地：不详。

性格特征：内向，喜欢独处，善良敏感。

名家评点：潘兴称赞他："是一个真正的斗士！"

夏威夷军区司令威廉·鲁思文·史密斯对他下的评语是："此人在战时会成为无价之宝，但在和平时期却是一个捣乱分子。"

出身名门

乔治·史密斯·巴顿 1885 年 11 月 11 日出生在加利福尼亚州圣加夫列尔一个具有文韬武略的传统家庭里，曾祖父是美国独立战争时期大陆陆军的一名准将，祖父和父亲都是弗吉尼亚军事学院的毕业生。祖父在南北战争中曾任联邦上将，而父亲则是一名律师。母亲是一位参加过独立战争，后来成为田纳西州众院议长的后裔。

巴顿年幼深受双亲的宠爱，在牧场中度过了愉快的童年。他在少年时代就喜欢骑马且骑术精湛。他对历史特别有兴趣，很早就已决定当军人。

18 岁时，巴顿进入私立弗吉尼亚军事学院，一年后他又获得入西点军校的保送资格。第一学年因注重队列练习而忽视数学，被留级一年，但这并未影响他发奋努力。巴顿在初期受挫面前毫不退却，经过刻苦努力，数次刷新了学校田径比赛纪录；第四年又升为令人羡慕的学员副官。毕业时，他的队列训练成绩名列第一。

1909 年 6 月，巴顿军校毕业，随即以少尉军衔赴伊利诺斯州谢里丹堡美国第 1集团军骑兵部队服役。

1910 年,巴顿与马萨诸塞州纺织业巨头的女继承人比阿特丽丝结为伉俪。他的婚姻极其美满,生有一男二女。巴顿夫妇腰缠万贯,生活阔绰,经常出入上层社会,结交了不少军政要员。

1911 年,巴顿调到华盛顿附近的迈耶堡服役,这是他一生事业的第一转折点,他在这里和政府中的要人有了进一步接触的机会。他曾经临时担任当时陆军参谋长伍德和陆军部长斯蒂姆逊的副官,后者在第二次世界大战期间再度出任部长。巴顿深知"争名于朝"的道理,他一方面培养那些将来可能作为后援的关系;另一方面又努力上进,研究他的本行。

巴顿喜欢并擅长体育,骑马游泳样样在行。他经常参加各种马术比赛。1912年,他自费前往斯德哥尔摩,参加第 5 届奥林匹克运动会现代五项的比赛。游泳比赛中,当他游完 300 米到达终点时,因过于拼命,力量耗尽,人们不得不用船钩将他从池中捞上来。在 4000 米越野赛中,他又因精疲力竭而晕倒在终点线上。但他在43 名参赛者中获得了第 5 名,是美国正规军官中表现最出色的一个。回国途中,他特意绕道前往法国,到著名的索米尔骑兵学校学习了一段时间的剑术。次年,他又专程赴法进修,不断提高剑术。由于他刻苦训练,获得"剑术大师"称号。巴顿在参加多样的体育活动中练就了强健的体魄,为以后从事艰苦的军事训练和紧张的战斗奠定了基础。

1915 年,巴顿调到布里斯堡第 88 骑兵团,在潘兴将军手下服役。这期间他有了表现自己的机会。1916 年,潘兴率领一支部队深入墨西哥追剿土匪,他把巴顿带在身边做一名临时的副官。巴顿身兼数职——助理情报官和司令部指挥官,并且还要亲自担负传令和联络的工作。他每战都身先士卒,赢得了英勇的美名。巴顿曾率领 14 人,分乘 3 辆汽车,去突破敌人占领的一个牧场,这也许要算是美国陆军史中的第一次摩托化行动。

一次,他奉命冒险追捕墨西哥革命领袖弗朗西斯科·维拉。他没能追上这位革命领袖,但是在一个牧场里击毙了维拉的警卫。当时巴顿抽枪射击的动作极为迅捷,这与其说是一次军事行动,倒不如说是一场西部的打斗。巴顿追捕的成绩虽然不大,但颇出风头。这位实干的年轻军官得到潘兴的赏识,潘兴称赞他:"是一个真正的斗士!"

1916 年 5 月 26 日,潘兴将军将他提升为中尉。从少尉到中尉,巴顿等了 7 年的时间。而这还属破格提拔。和平时期陆军晋升十分缓慢,一次小小的提升可能要等 15 年之久。但是巴顿自这次晋升之后,便开始扶摇直上了。从 1916 年到1918 年不到两年的时间里,他从中尉逐级升至上校。

1917 年初,巴顿随潘兴凯旋。

在这期间,巴顿曾以潘兴为心目中的指挥官楷模。他研究潘兴如何自律,如何判断他的部下,如何做出决定。他也像潘兴一样,坚持严格的纪律,绝对恪尽职守,从上到下打成一片。他重视部队的仪容和礼节,像潘兴一样,他的观点和行为都是完全讲求实际,他相信努力工作注意观察才能保证成功。

组建新军

1917 年美国参加第一次世界大战,巴顿又随美国远征军总司令潘兴到了法国。巴顿担任副官兼营务主任,晋升上尉。巴顿天性好动,喜欢表现自己,对在参谋部任职不感兴趣,于是去见潘兴,要求调到战斗岗位上去。恰巧,潘兴这时正设法组建美国的坦克部队,便提出两个职位供其选择:或者去指挥一个步兵营,或者去坦克部队。当时,坦克还是一种发明不久、尚有争议的武器,仅在英国和法国的部队中使用。巴顿一时拿不定主意。

于是他写信征求岳父的意见,那位波士顿纺织业家回信说:"我是一个爱好和平的人,对战争一无所知。我对你的劝告是:应该选择那种你认为对敌人打击最沉重、对自己伤亡最小的武器。"这句话言简意赅,使巴顿定下了去坦克部队的决心。从此时起,巴顿和坦克结下不解之缘。

1917年11月,巴顿受命去组建美国第一支坦克部队。他刚接触坦克时并不怎么喜欢,把它称之为"带轱辘的棺材",但不久却热情地投入了这一组训工作。巴顿的具体任务是在美国远征军中训练和指挥出两个坦克营,然后组成坦克第1旅。

对于训练和指挥这一新兵种,巴顿一窍不通。因此,他从零做起,在进行训练以前,先到英国博文顿坦克学校和法国夏普勒坦克学校学习专业,钻研坦克技术,研究坦克参战的战例,摸索使用坦克的规律,并且爱上了这个他称之为"早产而患有无数先天疾病的婴儿"。

后来,巴顿根据他自己熟悉此种武器性能和用法的优势,写了一份详细的报告,这也就成为关于美国坦克的基本文件。他在报告中论述了坦克的构造、修理和维护,兵员的训练以及战术等问题,其主要思想就是用坦克支援步兵来突破对方的防线。

1918年初,巴顿在马恩河上游的朗格勒附近建立了一个训练中心。这时,他将最初的怀疑态度转为无限的热情。他说:"在我看来,没有坦克我们就无法打开缺口,这一点越来越肯定无疑了。杀人武器很多,但我相信,不断改善的坦克最能克敌制胜。"

法国援助了巴顿少校所需要的22辆坦克,这批坦克在一个月色当空的夜里运到布尔附近的铁路支线上,当时在训练中心劳累了一天的巴顿正在寝室里蒙头大睡。晚上11时,他的传令兵闯进室内:"少校,坦克运到车站了,需要你去接货。"

巴顿穿上衣服,直奔车站,接着用了4个小时将坦克从平板车卸下来,送进库房。每辆坦克都由他亲自操作,因为训练中心只有他一人会驾驶坦克。

此后,巴顿开始了艰苦的训练工作。当年3月他晋升为中校。

到1918年7月,巴顿组建了6个坦克连。这是公认的美国远征军中最厉害的部队。而巴顿也以远征军中"最残酷最严格的"教官而声名远扬。

1918年8~9月,巴顿率领自己组训不久的坦克旅参加了第一次世界大战中的两个战役。当时坦克的时速很慢,装备也很差,这个坦克旅参战对整个战役当然不会起多大作用,但却显示了巴顿勇猛和富有攻击精神的指挥特色。

8月22日,巴顿奉命参加圣米耶尔战役。因为坦克之间无法联络,于是,他不时出没在坦克内外,时而在前头引导坦克前进,时而又到坦克后边去督促,他的足迹踏遍了整个战场。后来,他竟一人开着坦克,冲入德军的防线之内,差点送了命。当他在冒险之后兴高采烈地跨进上司的办公室时,立即遭到了严厉地训斥,并要解除他的指挥职务。巴顿一再检讨,事情才算了结。9月26日,巴顿第二次参加作战,在阿尔贡战役中,他早已把上次的教训抛到脑后,这次他离开坦克,冒着枪林弹雨,带头冲锋,结果身负重伤,被送入医院。

第一次世界大战结束后，巴顿由于组训坦克旅和作战有功，晋升为上校，还获得了"优异服役十字勋章"。

痴迷坦克

1919 年 5 月，巴顿回到美国。此后 20 余年里，他大多在"和平的军营里"消磨时光，十几次调动，等待战争的召唤。

回到美国之初，巴顿被派往米堡坦克训练中心。经过第一次世界大战，巴顿认识到坦克在未来战争中的潜力，因此在训练中心致力于这种武器的研究、发展与训练工作。可是，战后美国孤立主义思潮抬头，军备受到限制，加上陆军部对发展坦克缺乏热情，因而巴顿的工作十分困难。他常常得自己掏腰包购买训练坦克用的汽油或解决坦克的一些技术问题。他与人合作，为加农炮和机枪发明了同轴架，以便于射手瞄准目标，但军械署拒绝使用这种发明，而这种同轴架在以后的第二次世界大战时成为中型坦克的标准设备。当时，有人设计了一种提高行驶速度的"M19"坦克，巴顿发现后就安排在米德堡表演，并说服陆军部的 7 名将军，得到了肯定。据说，后来苏联购买了这种坦克，成为上世纪 30 年代苏军坦克的骨干。

但巴顿的努力很快便付诸东流。1920 年，美国国会通过了一项国防法案，改组和削减陆军。装甲兵归步兵建制，坦克全年经费仅为 500 万美元。正规军的军衔也普遍降低，巴顿由上校转为正式上尉。他不愿加入步兵，便又回到骑兵部队。

在和平时期，巴顿同其他军官一样，调动频繁，有些职务纯属闲差。巴顿有很多时间阅读书刊和参加社交活动。巴顿夫妇拥有自己的游艇、良种马、最新式的摩托车。他参加各种赛马活动，当上了陆军马球队的队长，还学习驾驶飞机。他曾驾驶自己的游艇去夏威鲁岛。他还进行飞靶射击、打网球、玩手球。他在最擅长的马术比赛中，得过 400 枚奖章和 200 个奖杯。

巴顿衣着讲究，仪表堂堂。他的制服都是由他自己设计而特制的。他总是随身佩带一支擦得锃亮的珍珠镶嵌的手枪。他的奢侈生活十分引人注目，人们称他和他的妻子为"公爵和公爵夫人"。

除了参加体育和社交外，巴顿夫妇都喜欢读书。他们拥有自己的家庭图书馆，军事藏书相当丰富。巴顿特别重视军事史的学习，曾熟读拿破仑、李·格兰特、腓特烈大帝等所进行的各次战役的书，可以复诵某些重要段落和名言。他还攻读战略、战术以及新技术兵器方面的著作，以提高自己的军事素养。他不时地给《骑兵杂志》撰写文章，阐述自己的学术观点。

巴顿在对他个人和部队的要求方面受他的老上司潘兴的影响颇深，他要求部属坚持严格的纪律，整洁的军人仪表，绝对忠于职守，上下打成一片，在平时训练和作战时刻都强调部属要坚强勇敢。他的口号取自普鲁士国王腓特烈大帝："果敢、果敢，永远果敢。"他为人豪爽，对下属有同情心，但又经常表现粗暴，满口脏话。因此，他在部队中绰号很多："血胆将军""绿色大黄蜂""赤心铁胆老头儿"等。他的 5 岁小孙子在晚祷中也祈求上帝"保佑这血胆老头"。

其间，巴顿还曾先后在赖利堡骑兵学校、利文沃思指挥参谋学校和华盛顿陆军大学学习和深造。

1935 年，巴顿被派到夏威夷军区担任情报处长。当年 4 月 26 日，他写了一份报告,论述未来太平洋的风波以及夏威夷群岛在太平洋的战略地位。他在结论中说,日本对珍珠港发动突然袭击既是潜在的危险,也是很可能发生的事,而这样一次袭击对美国来说将是灾难性的。他的这一见解没有受到重视,但历史证明他的话绝非危言耸听。在夏威夷任职期满后,巴顿调任驻赖利堡的第 9 骑兵团团长,同时兼任教导主任。1938 年 7 月,巴顿终于晋升为上校,调任驻克拉克堡的第 5 骑兵团团长。

上世纪 30 年代开始,欧洲和亚洲的战争风云日益紧急。随着新的战争的迫近,新的军事理论和新的兵器技术不断涌现。当英国的富勒将军和法国的戴高乐上校关于使用坦克的新理论被本国的当权者置若罔闻的时候,希特勒的将军们却接连发表了许多关于装甲兵在未来战争中使用的新原则。古德里安和隆美尔的著作和主张传到美国后,在美国的决策人物中少有反响。但巴顿和部分有识之士却非常重视这些观点,他贪婪地阅读从公开报纸和内部资料得到的材料,从而使他对于在未来战争中发挥坦克突击性的思想更加明确起来。

巴顿加紧研究德军的最新军事论著,根据德军的全新战例指导沙盘演习,预言"不要听那些老顽固对未来战争中乘马骑兵的前途如何高谈阔论,我还是对你们说,当战争来临时,在美国军队中不会有几匹马的"。他因而被某些人称为"克拉克堡的疯子"。

巴顿奇特的个性,锋芒毕露的言行,受到一部分有眼光的将领们的赏识,但在高层军政领导中树敌不少。夏威夷军区司令威廉·鲁思文·史密斯将军对他下的评语是:"此人在战时会成为无价之宝,但在和平时期却是一个捣乱分子。"有一段时间他十分消沉,郁郁不得志,买了一所庄园作为退步之计。

受到重用

正当此时,华盛顿上层的政治变革也在进行,一度默默无闻的巴顿好友马歇尔受到罗斯福总统的赏识,从上校被提升为陆军参谋总长。马歇尔上任后,意识到战争的临近,他按照罗斯福的意见立即着手人事改组,把那些身居高位而实则老朽的高级军官调离,同时物色一批富有进取精神的将领充实指挥岗位。

巴顿的军事才能得到了马歇尔的赏识,被认为是在战场上能够对付快速机动的德军并取得决定性胜利的优秀人才,是美军克敌制胜绝对不可缺少的人物。就在 1938 年 11 月,巴顿调任第 3 骑兵团团长兼迈尔堡驻军司令。

1939 年 9 月,第二次世界大战全面爆发。美国面临战争,罗斯福总统改组了陆军总参谋部。马歇尔上将出任陆军参谋长,他将巴顿调到华盛顿附近的迈尔堡,以便随时召用。

1940 年 7 月,马歇尔批准组建装甲师,巴顿受命组建一个旅,并被晋升为准将。

同年,巴顿被任命为第 2 装甲师师长,晋升为少将。巴顿主张的作战要领是"运用手中的一切手段在最短时间内给敌人造成最大伤亡的破坏"。在他率部参加的 1941 年田纳西州演习、得克萨斯州—路易斯安那州演习和南北卡罗来纳州演习中得到较好的体现。

1941 年 12 月珍珠港事件之后,美国对德日意宣战。1942 年 1 月,巴顿升任第 1 装甲军军长。

1942 年 3 月,巴顿被调往迪奥沙漠训练中心,负责坦克部队干部的培训工作。

不久,美国参加对德战争,巴顿被派往大西洋彼岸的非洲战场作战。

1942 年 7 月 30 日,陆军参谋长马歇尔在华盛顿紧急召见巴顿,命令他去执行英美联军在法属北非登陆的"火炬"战役计划,指挥这个战役中的美国特遣部队。在第二次世界大战中,他是第一位率领美国军队参加战斗的美国将军。

执行"火炬"作战计划是一个十分艰巨的任务,因为要横渡大西洋。巴顿看到这个战役的详细计划后,怒气冲冲地打电话给马歇尔的副手说:"我需要数量大得多的人员和舰只去执行这项任务。"马歇尔听到这个口信后,只说了一句话:"命令巴顿回到迪奥去。"巴顿接到命令后回到了沙漠训练中心,但思想受到了极大的震动。两天后,他打电话给副参谋长说:"在此期间我想了很多,得出结论,我也许能用你那些笨蛋参谋人员所愿意给我的兵力去完成任务。"这样,巴顿又回到华盛顿,为实施"火炬"计划而努力工作了。

当时,无论美国或英国的高级军事领导人对执行这一计划都忧心忡忡,认为前途莫测。根据英国陆军部有关将领的估计,完成这一使命,需要 11 个师,最大的困难是海军支援力量和登陆艇不足,以及要对付深秋时节大西洋的汹涌波涛。马歇尔为了了解英国方面对这个计划的态度,派巴顿去伦敦调查。巴顿在伦敦待了 10 天,为"火炬"战役计划大展口才,走访伦敦的"关键部门",不断进行游说,终于使英国的高级将领们赞同了这一计划。巴顿的态度也使马歇尔坚定了实施这一计划的决心。有人说,如果没有巴顿富有感染力的热情和乐观主义,"火炬"作战计划可能会束之高阁,这也许不是夸张之言。

1942 年 9 月下旬,美英两国参谋长联席会议在伦敦确定了实施在西北非登陆的"火炬"作战计划的细节,决定两国军队于 11 月 8 日在摩洛哥的卡萨布兰卡、阿尔及利亚的奥兰和阿尔及尔三处同时登陆。

巴顿将军被任命为在摩洛哥登陆的西线先遣队总指挥。

10 月 24 日,巴顿登上"奥古斯塔"号旗舰,率领由 36 艘运输舰、货船和油船运载的美国特遣队 4 万多名官兵,在 68 艘军舰的护航下,从弗吉尼亚州的诺福克港出发,横渡 3000 英里的大西洋,前往法属摩洛哥的海滨。11 月 8 日,美国特遣队在卡萨布兰卡地域登陆,经过整整 74 个小时的战斗,终于迫使驻摩洛哥的德军投降。北非登陆成功,为盟军顺利地完成北非战局部署创造了有利的条件,并使盟军控制了通过苏伊士运河、从大西洋向印度洋进行的海上运输。1 月底,盟军占领了摩洛哥、阿尔及利亚,并突入突尼斯境内。

巴顿将军被任命为美国驻摩洛哥总督。他作为总督在摩洛哥的所作所为引起了英国人的非议。

巴顿打仗内行,但当总督、搞政治外交却不是天才。一旦对手放下武器,巴顿也就尽量显得宽宏大度,他同法国维希政府在摩洛哥的军事长官打得火热,允许法国法西斯分子和亲纳粹分子组成执政机构继续掌权,默许他们继续实行迫害犹太人的种族主义政策。巴顿的司令部变成了一个社交中心,像是一个豪华的宫廷。美国副领事对巴顿的行为大为不满,他描述当时的情况说,维希法国人决定同美国人合作后,对美国将军百般献媚,博取欢心,在富丽堂皇的现代化寓所里举行各种美妙的晚会,令人乐而忘忧。在最高层,巴顿迈着大步,手枪摆弄得嘎嘎作响,颐指气使,自我欣赏。英国特工认为巴顿在摩洛哥"和魔鬼打得火热",向丘吉尔首相做了报告。丘吉尔为此两次写信给罗斯福总统,表示不满。若非艾森豪威尔因战事需要将巴顿调到前线,真不知他还会搞出什么名堂。

整顿军纪

1943 年 2 月 2 日,艾森豪威尔指令巴顿参加制定和准备实施在西西里岛登陆的"爱斯基摩人"作战计划。西西里岛是 1 月在卡萨布兰卡召开的英美两国首脑会议上所确定的下一个作战目标。参加此役的地面部队将是蒙哥马利的第 8 集团军和预定由巴顿指挥的美国第 7 集团军。"爱斯基摩人"作战计划定于 1943 年 7 月中旬实施。英美两国估计那时非洲战事将告结束,可以移师东渡。但是此时,突尼斯战役正酣。

退守突尼斯境内的隆美尔于 2 月中旬在南部集结了两个坦克师,对弗雷登多尔的美第 2 军发起突然进攻,弗雷登多尔治军不严,指挥不力,美第 2 军几乎溃不成军。德军突破美军防线,向北纵深推进 150 公里。盟军急忙向被突破地带调去一个加强装甲师,并出动大量空军,才堵住缺口,迫使德军退却。至 5 月 25 日,美军防线恢复原来态势。

3 月 5 日,艾森豪威尔将弗雷登多尔调离第 2 军,派巴顿接任军长。

其实,巴顿早就期待着到突尼斯前线去。他对人说,他对隆美尔的书不知读了多少遍,对这家伙了如指掌,早就盼望着和这个"厉害的杂种"厮杀一场并亲手击毙他。艾森豪威尔告诉巴顿,他必须立即重振萎靡不振的第 2 军的士气,使其恢复高昂的战斗精神。

巴顿 3 月 6 日晚到达设在库伊夫山的第 2 军司令部,当时在 250 英里外的梅德宁正展开激战。巴顿将军显出一副令人生畏的神情,头戴两颗星的擦得亮亮的钢盔,就像一个战车驾驶员一样,站在装甲车上,开进那个满是土屋的小村庄。

巴顿的使命首先是重振萎靡的第 2 军,使其恢复战斗力。他的做法在许多人看来,只不过是"一个狂暴急躁的严厉军官的小动作"而已。巴顿规定早饭在 7 时 30 分前结束,参谋人员上班不得迟到。他重申军容风纪条例,要求所有军人戴钢盔,包括护士在内。他亲自四处巡视,检查执行纪律情况。他将那些没戴钢盔的官兵集合起来,训斥说:"我对任何不立即执行命令的兔崽子都不会容忍。我给你们最后一个选择机会——要么罚款 25 美元,要么送交军事法庭。我可要告诉你们,送交军事法庭是要记入档案的。"

这些人被迫拿出 25 美元,对这位新军长咒骂不已。

有人认为巴顿注重的仅是鸡毛蒜皮的小事,但是他正是通过抓军容风纪震动了第 2 军,迅速改变了全军涣散的软弱状态。新任副军长、后来的集团军群司令布莱德雷说:"每当战士扎上绑腿和扣上钢盔时,他们就不能不想起现在指挥他们的是巴顿,以前的日子结束了,纪律严明的新时代开始了……尽管他的做法未能使他赢得众人的好感,但是在人们的头脑中留下了不可磨灭的印记:第 2 军的老板是巴顿。"

巴顿从到达第 2 军的那天起,便全力以赴地整肃军纪。他视察了所属的 4 个师的每一个营,每到一处都发表一通鼓舞士气的讲话,话里常夹杂着不三不四的脏话。这期间,他督促参谋人员迅速落实作战计划,其余的时间便去搜寻那些不戴钢盔、不打绑腿或领带的官兵。他一丝不苟,上厕所忘戴钢盔的人也要受罚。

3月17日,英美联军开始进攻。英第8集团军和美第2军分别从东、西两个方向夹击德军。

进攻前夕,3月16日晚,巴顿将军向部队发出号召:"明天我们要开始进攻了,不成功便成仁!"

巴顿的第2军面目一新,猛攻猛打,进展迅速,很快与蒙哥马利的第8集团军胜利会师,在突尼斯北部完成了对德军的合围。

在英美联军发起最后进攻前5天,4月14日,艾森豪威尔将巴顿召回摩洛哥,由副军长布莱德雷接任第2军军长。

此时西西里战役已迫在眉睫。艾森豪威尔认为巴顿已经完成了他在第2军的使命,现在需要他全力以赴地准备"爱斯基摩人"作战。

回到摩洛哥不久,巴顿晋升为中将,准备担任在西西里岛登陆作战的美国第7集团军司令。

耳光事件

1943年7月9日,盟军发起西西里岛登陆战役。

这天下午,盟军登陆部队在马耳他集结,当晚实施登陆和空降。攻占西西里是历史上规模最大的水陆两栖作战之一。盟军投入了两个集团军共13个师、3个独立旅和5个特种侦察登陆部队,总兵力达47.8万人,并动用了舰船3200艘和飞机5500架。

蒙哥马利的第8集团军在岛东南登陆,逼近墨西拿湾的东海岸,切断敌军。巴顿的第7集团军保护英军的后方和侧翼。但巴顿不满足于此,他要求进而攻取巴勒莫。盟军副总司令亚历山大同意了巴顿的建议。

7月18日,巴顿兴冲冲地回到西西里岛。他命令凯斯指挥他的临时军第二天开始进攻巴勒莫。这个军从其占据的滩头阵地向西北挺进,只有第2军的两个师在岛中部到恩纳一线支援第8集团军。

巴顿第7集团军主力向100英里之外的巴勒莫进攻,粉碎了敌军的抵抗,大获全胜,这一胜利很快以头条新闻见诸报端。他的训练有素的部队进展神速。凯斯直到逼近市郊还未动用留作预备队的坦克部队。然后,凯斯命令坦克部队突然出击,沿街道向市中心开进,巴勒莫市于7月22日晚向凯斯投降。此役美军共损失200余人,而敌军死亡2900余人,投降53000人。巴顿进驻豪华大厦,那种梦幻般的情景,连他自己也不敢相信是真的。

尽管夺取巴勒莫并无战略价值,但是这一胜利却激动人心,鼓舞士气。消息传到美国,举国欢腾。艾森豪威尔闻讯,喜不自禁。

此时,蒙哥马利在东海岸的进攻受阻,进展异常缓慢。亚历山大决定改由巴顿的第7集团军从巴勒莫沿北部海滨公路向墨西拿推进,与沿东部海滨公路推进的第8集团军遥相呼应。7月23日,亚历山大命令巴顿进击墨西拿。

第2军在特罗伊纳受到德军的顽强阻击。在这里发生了西西里战役中最为激烈的战斗。也正是在特罗伊纳,发生了两件巴顿打人事件。

在诺曼底登陆后展开的1944年7月25日的"眼镜蛇"攻势中,巴顿第3军团的装甲部队攻陷汤斯,越过莱塞山隘,闯进法国心脏地区的大门,又直扑法国边境。

在南方、东南方接连攻克马延、拉瓦耳；在西方将德军赶出了布列塔尼半岛的内陆，并和美军第1军团、英军第2军团将德军反击部队近20个师包围在法莱兹、莫尔坦之间的狭窄地带。接着巴顿将第3军团编成若干坦克群，不顾一切地向前猛冲。曾参加二次大战的英国记者亨利·莫尔叙述说：巴顿"曾命令部下：'以尽快的速度，向一切可以推进的地方前进！'"最后歼灭了敌人的大量有生力量，取得了惊人的战果。

当战斗进入高潮时，8月3日，巴顿到尼科西亚视察后方医院，发现一个叫库尔的士兵无伤住院。巴顿问："孩子，你有什么病吗？"库尔说："没有，我只是受不了。"巴顿问他是什么意思。库尔说："我就是受不了去当炮灰。"巴顿："你是说你开小差？"他突然眼泪直流。医生诊断他得了"急躁型中度精神病"。这是库尔第三次到后方医院了。

巴顿勃然大怒，痛骂库尔，用手套打他的脸，然后将他推出帐篷，怒吼道："我不允许你这样的胆小鬼藏在这里，你卑劣的懦夫行为败坏了我们的名声。"叫他站起来，归队去，做一个堂堂正正的男子汉，库尔遵命回去了。

后来，库尔得了疟疾，体温升到40℃，医务人员把他送到北非医院。由于人们忙于打仗，这件事并未立即引起反响。

8月10日，巴顿在特拉斯科特部队后方医院视察时，又发现一个未受伤的士兵住在医院里。此人叫贝内特，据称患有"炮弹休克"症。他在床上哆哆嗦嗦，缩作一团。他说："我的神经有毛病。我不怕炮弹飞来的声音，就怕爆炸声。"巴顿又愤怒地吼起来："你的神经，滚蛋！你这婊子养的胆小鬼……真该枪毙你。"

他掏出手枪威吓贝内特，并挥手打了他一个耳光。贝内特号啕大哭，巴顿继续打他，将他的钢盔打掉。医生劝阻，巴顿对医生大吼："你给我把这个胆小鬼赶出去，决不能让这些胆小鬼躲在医院里。"此事也未立即掀起波澜。

8月17日，巴顿抢在蒙哥马利之前拿下了墨西拿城。盟军占领了西西里岛，德军退到意大利本土。

这时，巴顿打人事件终于被披露出来。第7集团军许多人已风闻巴顿打了人。一些随军记者对此十分关注。《星期六晚邮报》记者德马雷·贝斯进行了彻底调查，证明传闻属实，向艾森豪威尔提交了一份详细的调查报告。

军医们不同意巴顿的做法，他们向艾森豪威尔提出了抗议。其他一些人也写信控告巴顿。艾森豪威尔认为巴顿是个不可多得的将才，是盟军夺取胜利不可或缺的人物，不愿因此失去他。

8月17日，艾森豪威尔致信巴顿，附有军医官控告信副本。艾森豪威尔在信中说："我十分明白，战场上，严厉和硬心肠是必要的，有时需要采取严厉措施。但这不能成为打骂病人的理由。"他要求巴顿认真检讨自己的行为，写出报告，保证不再重犯，并要求巴顿向西西里全体部队道歉，从而使新闻界保证不得将此事宣扬出去，避免了公众提出撤换巴顿的要求。但同时艾森豪威尔又决定，巴顿的职务不能高于集团军司令。11月，当美国公众知道这次打耳光事件后，仍有人感情用事，要求撤换巴顿，但是艾森豪威尔断然加以拒绝。

巴顿意识到问题的严重性，按艾森豪威尔的要求一一做了。他复信给艾森豪威尔，表示对此事追悔莫及。他说："你对我有知遇之恩，我本当赴汤蹈火，但却给你惹来麻烦，我诚感悔恨、内疚和痛苦。"

这件事并未就此平息。3 个月后,波澜又起。新闻界大谈此事,轰动了国会,也惊动了白宫。最后由陆军部长史汀生将事件的经过、处理情况和考虑提交参议院军事委员会主席。史汀生强调处理此事必须考虑到战争的需要。他还举行了两次记者招待会,说明情况,使事件渐渐平息。

巴顿被保护过关,但失去了指挥美国第 5 集团军进攻意大利的机会,也失去了指挥美第一梯队在诺曼底登陆的机会。他被免去第 7 集团军司令的职务,晋升为正式少将的时间也被推迟。

公众心目中的巴顿形象和现实生活中的巴顿本人相差极大。巴顿实际上是一个性格内向、喜欢独处、善良敏感的人。他喜欢独自骑马、看书,也喜爱作诗、写小说和论文等等。然而,巴顿更认为,一个优秀的军官必须具有"男子汉"气概,所以他尽力掩饰自己沉默寡言的一面,而表现出豪爽、直率和暴躁的一面。他讲话时爱咒骂,语言粗俗,这也是他有意塑造的军官形象。

巴顿认为"美国士兵唯一不具备的气质就是狂热。当我们与狂热者作战时,这是一个极为不利的因素"。巴顿试图用那种粗鲁、泼辣和咒骂的语言来唤起那种狂热气质,努力使士兵仇恨敌人。巴顿是依据这样的原则来行动的,即他的使命是勇猛、迅速、毫不留情地消灭德国人。战争是毁灭,而不是好事,人们不能文质彬彬投入战争,因为这种斯文人一定打不过嗜血成性的刽子手。

第二次世界大战中所有隶属于巴顿的师长们几乎毫无二致地认为,巴顿那种特有的粗俗语言,是其领导艺术的内容之一。当然也有例外,如第 87 师师长弗兰克·丘林少将说:"巴顿讲话就像个密苏里州的赶骡汉,试图哄骗那些顽固的骡子,替他载上重负。"

当有人问巴顿讲话为什么粗俗时,他回答说:"他妈的,你没有粗俗劲就无法指挥军人。"在巴顿看来,他用的是士兵们所能理解的语言,也许这是对少数人的冒犯,但为的是多数人。

在巴顿手下工作的士兵更知道巴顿的严厉只是外表,而内心是善良的。他的领导艺术所以切实可行,获得成功,主要依靠的是为士兵着想并尊重他们,而不是其他的东西。他认为一个优秀的军事将领首先应当像一个技艺精湛的工匠那样,懂得如何使用工具,所不同的是,将领使用的工具是士兵。巴顿常对他的指挥官们说:"士兵们有兴趣的一切,将官也必须有兴趣,有兴趣就会了解到许多情况。"巴顿是一位亲临第一线的领导者,士兵们到处可以看到他的身影,一会儿在滩头卸船,一会儿在泥水中帮士兵推车,他对士兵的甘苦关怀备至,确保他们吃好、穿暖、休息足,不要担无谓的风险。士兵中的英雄事迹一出现,他当场授勋。对受重伤的士兵,巴顿常在战场上或病床前向他们颁奖。奖章由他的副官随身携带,并同时记下立功表现作为立功报告的依据,巴顿相信拿破仑的格言:"只要有足够的勋章,我就能征服世界。"

纵横驰骋

1943 年 10 月,暂无任职的巴顿奉命带了 10 余名参谋人员到科西嘉、马耳他等地游荡。盟军司令部利用德国人对他的注意,布下疑兵之计,使敌军对盟军的重点作战目标产生错觉。

1944年1月22日,他奉命去伦敦另有任用。他到达后得知被任命为第3集团军司令,该集团军将在诺曼底登陆以后投入陆上的作战,它的士兵大部分还在美国。但处于当时情况的巴顿,仍然以感激的心情接受了这项任命。盟军司令部为了隐蔽诺曼底登陆的企图,决定在位于加来海峡的多佛设立一个假司令部,受到德国人注目的巴顿在这里扮演着这个虚构司令部的司令,这使他大为生气。巴顿的第3集团军司令部暂时设在曼彻斯特和利物浦之间一个叫克纳兹福德的小城里。就在此时,他又闯了一次祸。该地一个妇女俱乐部开会欢迎美军的到达并邀请巴顿发言。巴顿在会上讲了一些无关痛痒的话,但这些话被记者们一编造就出现了政治问题,美国国会议员攻击他"干预政治""诬蔑俄国盟友"。这场小小的风波再次使巴顿处于困境,他不仅失去晋升的机会,还可能被免去第3集团军司令的职务。但艾森豪威尔在权衡轻重之后,还是决定留下巴顿,从而使他又越过了一道"险滩"。

1944年6月6日,诺曼底登陆战打响。盟军出动各种舰船9000余艘,飞机13700多架,总兵力达287万人。作为后续梯队的巴顿第3集团军仍留在英国海岸。巴顿急于投入战斗,如热锅上的蚂蚁,受着等待的煎熬。唯一可告慰的是:德国人仍以巴顿的行止判定盟军将在加来海峡实施主要登陆,不肯将加来海岸的庞大兵力调援诺曼底。

7月6日,巴顿奉命从英国飞往战场,但他的第3集团军还没有集结完毕,仍然不能很快参战。他原来的副手、现在的上级布莱德雷也生怕巴顿对他俩职务上的变更心存芥蒂,唯恐掌握不了巴顿,因而迟迟没有让巴顿率领第3集团军投入战斗。直至7月28日,当布莱德雷发动"眼镜蛇"战役取得进展,需要发展时,他才允许巴顿以第1集团军副司令的职务,到前线监督第8军的作战。巴顿求战心切,顾不上计较职位高低,一旦到了前线,早忘记了他只是监督职务,下令把两个装甲师调上来开路,一举夺取了通向布列塔尼的"大门"——阿夫朗什,为扩大战果创造了条件。

1944年8月1日,巴顿终于可以指挥他的第3集团军作战了。第3集团军在布莱德雷任司令的新组建的美第12集团军群之内。

巴顿受领的任务是从阿夫朗什地区向南推进,直插雷恩,然后挥师向西,占领布列塔尼,夺取圣马洛和布勒斯特,打开半岛港口。但是巴顿认为用1个集团军攻占布列塔尼既浪费兵力,又将失去战机。他命令编成内米德尔顿的第8军西攻布勒斯特,海斯利普的第15军主力向东推进,沃克的第20军掩护集团军主力随时准备进攻。

命令发出后,巴顿便以超人的精力和近似疯狂的热情检查、督促、协调、干预,甚至隔级指挥各部。

巴顿坐着吉普车到处巡视,后面跟着一辆装甲车。他时不时停下车去干预他喜欢或不喜欢的事情。在阿夫朗什,看到装甲车和步兵在过分拥挤的街道上缓慢蠕动时,他爬上一个岗亭,指挥交通整整一个半小时。

至8月8日,第3集团军部队围困了布勒斯特,并向东占领了卢瓦尔河上的勒芒市,从而打破了盟军被阻于诺曼底"灌木篱墙"地区的局面。

8月9日,巴顿下令向东进攻的部队向北发起进攻,以便配合美国第1集团军和蒙哥马利的部队,从背后迂回和包围莱兹地区的德军。

8月12日,第1军推进到阿尔让当,巴顿给集团军群司令布莱德雷打电话,要求允许他的部队越过和英军的分界线,迂回和包围法莱兹村区的德军。蒙哥马利不同意美军越过分界线,艾森豪威尔和布莱德雷指示第15军停止越线向北发起进攻。但北翼的英军和加拿大部队推进缓慢,延误了3天才到达合围点,致使德军大部得以从缺口逃走,丧失了一次漂亮的歼灭战的机会。巴顿异常恼怒。

此后,第 3 集团军一部继续向东追击,渡过塞纳河,粉碎了德军沿河设防的企图。8 月底,巴顿进抵马斯河。据可靠情报,此时德军的西部堡垒——齐格菲防线已是一座虚空工事。希特勒没想到这座工事还会派上用场。巴顿打算乘虚而入,突破西部壁垒,强渡莱茵河,插入德国腹地,置敌于死地。他千方百计推行他的计划,四处游说,但毫无结果。在蒙哥马利的强烈要求下,艾森豪威尔决定仍按既定计划以整个后勤系统保障英军在北部向鲁尔地区展开大规模攻势。巴顿的第 3 集团军作为侧翼配合行动。给第 3 集团军的油料限制在最低限度,一些卡车也被调走。巴顿对此大为恼火,他命令部队不要停顿,把四分之三的燃料集中起来,保障四分之一的坦克部队继续高速前进。

巴顿决心不理睬盟军司令部的限制,想方设法找到汽油加速前进。在他的授意下,集团军后勤人员搞汽油达到不择手段的地步。他们采取劫持,偷别的部队的油库,或冒充第 1 集团军的人员领油。巴顿为了引起重视,自己驾驶着油箱里只剩下最后的一点汽油的吉普车到布莱德雷指挥部去,要求让他在集团军群的汽油站把油灌满。

此时,希特勒正准备在阿登地区发动一次反攻,妄图扭转形势。他认为最大、最直接的威胁是巴顿突进。他召来赫赫有名的巴尔克将军,命令他不惜一切代价"制止巴顿"。

而此时艾森豪威尔也下达了限制巴顿突进的命令。

敌我双方都发出了"制止巴顿"的呼声,这无疑是整个战争中最不可思议的咄咄怪事。

巴顿不肯就范。他已经到达默兹河并冲过了凡尔登,距梅斯 35 英里,距萨尔不到 70 英里。

8 月 30 日,巴顿命令队伍继续前进,冲过马恩河和默兹河,直捣莱茵河。"我只需要那可恶的 40 万加仑的油料,就能赢得这场该死的战争。"他吼道。其实他还不止需要油料,给他的其他供应物资也已经到了接应不上的地步。

8 月 31 日,第 7、第 5 装甲师相继越过默兹河,在凡尔登建立了桥头堡。第 9 师已抵达兰斯,第 4 装甲师已从康麦斯和默兹桥两处越过默兹河,而这一天,第 3 集团军已用尽最后一滴油料。

9 月上旬,当巴顿部队再次获得了油料和集团军群司令布莱德雷的支持,开始新的进攻时,战机已经失去。希特勒已下令把各地闲散部队集中起来,拼凑了 13.5 万人把防线重新布置起来,以阻止巴顿的横冲直撞。因此,巴顿部队虽然攻占了南锡,但终于未能攻破齐格菲防线,进攻受到了阻滞。

率部显威

1944 年 12 月 16 日,希特勒不顾其他将领的反对,拼凑了 25 个师,在阿尔登地区实施反扑,企图以优势兵力突破盟军防线,越过默兹河,直插西北方向的安特卫普和布鲁塞尔,以断绝经安特卫普的海上运输,将盟军分割歼灭,以便而后集中兵力对付苏军。

在阿登一线驻防的美军第 1 集团军的第 5、第 8 两军共 6 个师,猝不及防,当即被德军冲垮。12 月 17 日和 18 日,米德尔顿将军的防线被打开缺口,形势异常危险。12 月 19 日,艾森豪威尔在凡尔登召集高级将领开会,紧急做出反击部署。

巴顿根据德军兵力集结的情报,对这次反扑及其方向已经有所察觉,他在 16 日的早晨就下令他的参谋部拟订一个计划,让第 3 集团军放弃东进,来一个 90 度的大转弯,向德军反扑的侧翼——北部的卢森堡方向实施进攻。因此,当盟军为粉碎德军反扑进行紧急部署调整时,艾森豪威尔问巴顿你的部队何时可以对德军发动进攻,巴顿回答说,12 月 22 日早晨即可开始。这个回答不仅使与会的司令部人员大为惊讶,连艾森豪威尔也以为巴顿在故意挖苦,气恼地说:"别胡闹,乔治。"

巴顿不动声色地解释说:"不是胡闹,将军。我已经做好了安排,我的参谋人员正在全力以赴地拟定作战细节。"他介绍了自己的计划,又补充说:"我肯定可以在 22 日发起强大攻势,但只能投入 3 个师。在 22 日我不可能投入更多的兵力,几天后可以。但我决心在 22 日发起进攻,不能等待,否则会失去出其不意的效果。"

散会以后,巴顿和他的司令部参谋人员立即投入了紧张的准备工作。

12 月 22 日早 6 时,巴顿用第 3 军的 3 个师如期在南部发起进攻。战斗进展顺利。在西面第 4 装甲纵队攻到布尔农和马特兰格。在右翼,第 26 师向前推进了 16 英里后在朗布罗赫一格罗斯伯斯地区与敌交火。第 80 师前进 5 英里后在梅尔齐遇到德军阻击,经激战占领该城。

到 24 日,巴顿已摧毁了德第 7 集团军在左翼建起的保障中央进攻的屏障依托。

紧接着,巴顿命令第 4 装甲师"拼命狂奔",前去解救陷于德军重围的巴斯托涅。巴斯托涅是美军阻挡德军推进的一个钉子。18000 美军死守孤城,顽强抗击希特勒两个最凶猛的军团的进攻。

26 日凌晨,加菲将军的坦克冲进巴斯托涅与守军会师。次日,大部队沿打通的道路驶入城内,最终粉碎了德军的围攻。加菲将军的第 4 装甲师随即在第 9 装甲师和第 80 步兵师的支援下,开始扩大通道并打通了阿尔隆通往巴斯托涅的公路。

12 月 29 日,巴顿挥师沿公路向赫法利策进军。突破阿登美军防线的德军受到南北夹击,被迫撤回,战线恢复。

阿登战役是第二次世界大战中西线最大的一次阵地战,也是第 3 集团军遇到的最残酷的一次血战,战死 1 万余人,受伤 7 万余人,对此,一向以勇敢无畏著称的巴顿也产生了与他性格迥然不同的某种悲哀情绪。

1 月 16 日,第 3 集团军经过血战后在乌法利兹胜利会师,当时,全军都在为胜利而欢呼雀跃,而巴顿却躲进自己的办公室,悄悄地写下了一首凄婉忧伤的小诗,表达他对战争的残酷性的深刻认识:

噢!乌法利兹,小小的城镇,

我看见他们依旧躺在那里;

起伏破碎的街道,

只有飞机在上空翱翔。

夜色如墨的街道,

见不到一丝可怜的灯光。

永恒的希望和恐惧被带入地狱。

晋升四星

打退德军阿登反扑之后,盟军最高司令部确定,以蒙哥马利元帅的第21集团军在北部发动主攻,巴顿的集团军在原地进行防御。巴顿对此大为不满,决定不执行原地不动的命令,下令第3集团军的部队分别向普吕姆和比特堡方向推进。至3月12日,北翼部队完成了对萨尔河和摩兹河三角地带的清剿,攻克了德国境内的特里尔市;南翼部队推进到莱茵河畔,并肃清了该河以西的德军。

巴顿在取得以上胜利后,毫不放松地扩大战果,但为了加速渡过莱茵河向法尔茨推进,他很需要增加一个装甲师。3月16日,艾森豪威尔的飞机因风雪阻滞在巴顿的机场做短暂停留,巴顿立即抓住了这个机会,在短时间内组织了隆重的欢迎:机场安排了仪仗队,当天晚上举行了丰盛的宴会,找来了4名漂亮的红十字会女士作陪,当晚宴会气氛达到热烈高潮时,巴顿以战场的好消息打动艾森豪威尔,并提出,根据第3集团军作战进展情况,能否再拨给他一个装甲师,最高司令官马上一口答应下来。

巴顿抓住部队后,立即发起了向莱茵河畔的科布伦茨和美茵兹推进的作战,突破了齐格菲防线,并将溃退了的德军两个集团军大部歼灭,余部逃过了莱茵河,从而抢在蒙哥马利之前在莱茵河东岸建立了两个桥头堡。巴顿在渡河部队打退了德军的反扑、巩固了桥头堡之后,给布莱德雷打了电话,他扯着嗓子大喊道:"快向全世界宣布,我们已渡过了河。""我要让全世界知道,第3集团军在蒙哥马利尚未渡河之前就渡了过去。"3月24日,巴顿乘车过了莱茵河,当车开到浮桥中间,他让车停下来,朝河里吐了一口唾沫,以表示他的胜利和对德国人所吹嘘的天险的轻蔑。巴顿越过莱茵河后,继续向卡塞尔和富尔达快速推进,粉碎了德军想在埃德河和韦拉河一线组织防御的企图。

4月10日,第3集团军已开始向穆尔德河进军。巴顿的装甲部队长驱直入,把埃尔富特、魏玛、耶拿和格拉甩在后面,一直推进到克姆尼茨才住脚,5天共推进80英里。

4月14日他应邀去参加在美茵兹的莱茵河桥通车典礼剪彩时,他拒绝别人递给他的一把大剪刀。"他妈的,给我拿把刺刀来!"他嘟嘟哝哝地说,"你把我当成什么人了,裁缝师傅吗?"

4月中下旬,巴顿率领第3集团军推进至捷克斯洛伐克西部边境,根据和苏联达成的协议,巴顿未被允许进入捷境,奉命改变进攻方向,向西南方向推进,以粉碎德国的所谓"全国防御堡垒"。据盟军司令部获得的情报说,一些狂热的纳粹分子,正准备在阿尔卑斯山大规模地集结部队和物资,企图拖延战争,这处山地要塞被称为"全国防御堡垒"。

4月16日,巴顿接到向该堡垒进军的命令,翌日,他在巴黎看到他被晋升为四星上将的报道,巴顿只是略表高兴地说:"很好,但是如果早在第一批发表的话,我会更高兴。"

4月20日,第3集团军开始转向南方发动新的攻势,进攻未遇德军顽强抵抗。巴顿的3个军沿阿尔特米尔河、多瑙河和伊萨河一线,将德军赶进奥地利。事实上德军并未在阿尔卑斯山一带集结重兵设防,所谓"全国防御堡垒"是德军的欺骗宣传,并不存在。

4 月 21 日,巴顿率第 3 集团军推进到克姆尼茨近郊方才停住。

这时,欧战结束的日子已屈指可数。4 月 25 日,布莱德雷的部队在易北河之畔与苏军乌克兰第 1 方面军的部队胜利会师。4 月 30 日,希特勒自杀身亡。5 月 2 日,苏军攻克柏林。

5 月 4 日,进抵林茨的巴顿获准再次转向,进攻捷克斯洛伐克。5 月 5 日,巴顿请求布莱德雷允许他占领布拉格,并提出以他失踪几天为掩护,使他争取时间占领该市,以便造成既成事实。但布莱德雷不敢贸然行事,他打电话请示艾森豪威尔,艾森豪威尔断然命令制止巴顿盲目行动。因为在此之前的一天,艾森豪威尔已和苏军参谋长安东诺夫商定,美军应根据协定停止在此一线,不得在捷境越过最初划定的界线,以免军队之间出现混乱。艾森豪威尔命令布莱德雷,不论巴顿在哪里都要把他找到,并告诉巴顿,在任何情况下都决不可强行越过布德魏斯—比尔森—卡尔斯巴德一线,更不要去碰布拉格这座城市。当巴顿接到布莱德雷电话时,他大声抗议,但布莱德雷没有再理睬他就挂上了电话。

5 月 7 日晚,巴顿看到来自盟国远征军司令部的一份电报:"德国的最后投降定于 5 月 9 日柏林时间午夜零时一分。"

5 月 8 日,德国投降。

巴顿完全清楚战争的残酷无情,但他却深深地热爱战争,以至于 5 个月后,德国政府签署无条件投降书、欧洲战事结束时,巴顿却感到可怕的孤独和惆怅。他为战争结束而感到遗憾,为无仗可打而感到无限的苦闷,于是他想在空军司令阿诺德来访时,让他在马歇尔面前替他讲讲情,准许他参加远东对日战争。同时他自己也给马歇尔写了好几次信,表示宁愿降职,哪怕指挥一个师也行,让他参加远东战争。然而,巴顿虽然雄心勃勃、斗志高昂,力争彻底摧毁法西斯主义的最后一个巢穴,但他最终未能再走上战场。

车祸身亡

欧战结束后,巴顿成为仅次于艾森豪威尔的最受欢迎的人物。他曾引起的种种风波一时统统被人忘怀。他和其他人一样沉浸在胜利的欢乐之中。欢呼的人群,无数的鲜花,盛大的游行,使他兴奋异常。在伦敦,在波士顿,在丹佛,在洛杉矶,在卢森堡,在所到之处,他都受到英雄凯旋的欢迎。在巴黎和斯德哥尔摩,他参加了隆重的授勋仪式。

不久,巴顿被任命为巴伐利亚州军事长官。

巴顿对苏联人有着深刻的偏见,当他听说苏联人曾经杀害了数千名波兰军官和其他一些人的消息时,这种偏见简直变成了一种不可更改的憎恨。欧战结束不久,巴顿参加了盟军的阅兵仪式,苏军的高级将领们对他这位美国著名的将军显然比较注意。他们不时地向巴顿投以微笑,但巴顿则紧皱眉头,表现极不友好。当一名苏联将军派一名翻译来邀请他在阅兵之后去饮酒时,他竟然愤怒地说:"告诉那个俄国的狗崽子,根据他们在这里的表现,我把他们当成敌人,我宁愿砍掉自己的脑袋,也不同我的敌人去喝酒。"巴顿命令那个被吓坏了的翻译一字一句地翻译过去。那位将军听后哈哈大笑,很幽默地说,他对巴顿的看法和巴顿对他的看法一样,既然如此,巴顿先生为什么不能同他一起饮酒呢?这次几乎酿成一场小小的尴尬的外交事件的舌斗就此了结,巴顿最后还是同意了去喝酒。巴顿对不少苏联的高级将领都有一些刻薄的描述,反映了他对社会主义制度有着深刻的成见,也反映了他的保守的政治偏见。当他听到苏联人抱怨在他管辖地段中的几支德国部队的遣散和拘禁工作太迟缓时,他怒不可遏,扬言要把他掌握的德国军队武装起来,把那些"该死的俄国佬赶回俄国去"。

巴顿对苏联人的憎恨和对德国纳粹分子的偏爱形成鲜明的对照。

在捷克斯洛伐克,他曾被当作解放者受到热烈欢迎,但几天后,由于他下令迁走约1500多名波兰法西斯分子以使他们免于惩罚,激起了捷克人的愤怒。他还雇佣了一个原德国党卫队的人,并对清除一批有纳粹主义污点的银行家和企业家提出质疑,为此他受到公开批评和责难。德国人很快看出巴顿是他们的朋友,他被称为救星而到处受到欢迎,这使巴顿更加忘乎所以。于是他重蹈覆辙,就像他在摩洛哥任总督时一样,再次和魔鬼打得火热。他甚至召开记者招待会,抨击盟军所实行的非纳粹化计划,声言如果军管政府雇用更多的纳粹党员参加管理工作和作为熟练工人,就会取得更好的效益。一名记者问他,大多数德国人参加纳粹党是否和美国人参加共和党与民主党差不多。他没有意识到这是一个圈套,不假思索地回答说:"是的,差不多。"当记者以醒目的标题报道了他的谈话时,舆论反应是迅速而强烈的。

这时,巴顿引起的轩然大波已不像战时那样容易平息了。艾森豪威尔不再迁就,撤掉了巴顿第3集团军司令和巴伐利亚州军事长官的职务,改任他为无声无息的第15集团军司令。其实这称不上一个集团军,只是一个有名无实的空架子而已,这个集团军的任务是整理欧战史。1945年10月7日,巴顿忍泪告别了第3集团军。

巴顿在他生命的最后两个月里,强压心头激愤之情,外表轻松而懒散地打发着日子。1945年12月9日,当他乘车到莱茵法尔地区的施佩耶尔附近森林中去打鸟的途中,他的轿车和一辆卡车相撞,巴顿受了重伤,颈部折断,颈部以下瘫痪,处于病危状态。

12月21日,在妻子守护的德国海德堡一家医院病床上,巴顿带着平静的微笑,永远地停止了呼吸。

世界各地的许多报纸都发表了消息和社论,向巴顿致哀。《纽约时报》的社论写道:"历史已经伸出双手拥抱了巴顿将军。他的地位是牢固的。他在美国伟大的军事将领中名列前茅……远在战争结束之前,巴顿就是一个传奇式的人物。他引人注目,妄自尊大,枪不离身,笃信宗教而又亵渎神灵。由于他首先是一个战士,因而容易冲动而发火;由于他在急躁的外表之下有一颗善良的心,所以易受感动而流泪。他是一个奇妙的火与冰的混合体,他在战斗中炽热勇猛而残酷无情,他对目标的追求坚定不移。他绝不是一个只知拼命的坦克指挥官,而是一个深谋远虑的军事家。"

巴顿无疑是一代名将。

但巴顿不是帅才,他的短处和他的长处一样突出。对战略,特别是政治战略的浅见,作风的粗暴与骄浮,使他不仅在平时备受非议,即使在战时也是几经沉浮,最终在被免职遗恨中谢世。

打造海上战将的称号

——哈尔西

人物档案

简　　历：1904 年从安纳波利斯海军军官学校毕业；第一次世界大战爆发时加入美国驱逐舰舰队；大战结束后，指挥"雅纳"号驱逐舰，为参加巴黎和会的威尔逊总统的坐舰护航；1934 年，出任"萨拉托加"号航空母舰的舰长；1942 年 1 月，率领两艘航空母舰对马绍尔群岛和吉尔伯特群岛发动了一系列大胆的突袭；二战期间参加过圣鲁斯海战，所罗门群岛战役。

生卒年月：1882 年 10 月 30 日～1959 年 8 月 16 日。

安葬之地：不详。

性格特征：倔强。

历史功过：他研究出一个重要的技术成果——即主张对舰载机的通信方法可使用无线电话而不用无线电报，他最早提倡使用雷达。

名家评点：战后，有的传记作家在评论哈尔西的带兵方略时说：哈尔西从来不是一个把自己的部下送入战斗的将军，而总是亲自带领他们进入战斗。也许这就是为什么官兵们都喜欢在他的指挥下出海打仗的原因吧。

绰号蛮牛

威廉·弗雷德里克·哈尔西于 1882 年 10 月 30 日出生在新泽西州一个海军军官家庭。他的父亲是美国海军军官学校 1873 年的毕业生，在海军服役多年，曾被授予海军上校军衔，并担任过海军军官学校船艺系的领导；他的祖先中，很多人都与海军有关，同战舰有缘，跟海浪打过交道。这一切，对哈尔西选择海军生涯不无影响。

中学毕业后，他原指望考入美国海军大学，可是因为其家庭当时没有固定住所，又没有什么政治关系，所以，未能得到保送的资格。失望之余，他曾到弗吉尼亚大学攻读医学。后来因为他的母亲一再写信向麦金莱总统恳求，才得到了保送的资格。哈尔西成名后曾对朋友说,要不是因为自己的母亲,他现在一定是个医生了。

1900 年,哈尔西怀着激动的心情,跨进了安纳波利斯海军军官学校的门槛。就学期间,哈尔西是绿茵场上的活跃分子,曾在学校的足球队里当了两年的后卫。正是由于踢足球的缘故,哈尔西与尼米兹朝夕相处,成了亲密的朋友,然而,与尼米兹不同,哈尔西的学业并不太好,几乎被勒令退学。

在海军军官学校他最糟糕的是机械学,海校 4 分是最高分,哈尔西通常是 2 分半左右,有时刚好及格。

哈尔西不好好读书与他酷爱足球有直接关系。在弗吉尼亚大学时,他就成为呼声最高的足球明星,只是在球场上太蛮了点。有一次他甚至将对方一个后卫的腿给撞断了。在海校,他常常代表海军队参加当地的比赛,但连续两年都败于陆军队脚下。记者们在评论这些比赛时,总是说哈尔西是最糟糕的球队中最好的球员。他在家的绰号是"胖子",但记者们更喜欢称他为"蛮牛"。

1904 年,由于老罗斯福总统大力扩建海军,需要大批新军官,哈尔西从学校提前毕业,被分配到一艘烧煤的战舰"密苏里"号服役,从此,开始了自己 40 余年的海上生涯。

3 年之内,他已经是新军舰"堪萨斯"号上的一位青年军官。那也是罗斯福的环游世界"白色大舰队"中的主要战舰之一。又很巧合,哈尔西的第一次航行是从澳大利亚到日本。

1909 年,哈尔西与弗朗西丝·库克·格兰迪结婚。这时,他虽然只是一名低级军官,但渴望在战争中大显身手。然而,他一直未能如愿,以致慢慢地对这种缺乏火药味的海上生活失去了兴趣,曾想离开海军,多亏朋友们的竭力劝阻才使他打消了这一念头。

第一次世界大战前,哈尔西受命指挥"弗鲁塞"号驱逐舰。恰好,未来的美国总统富兰克林·罗斯福也在这艘军舰上,这使哈尔西有机会结识了罗斯福,并与他建立了不同寻常的友谊。

第一次世界大战爆发时,哈尔西终于如愿以偿,成为一个年轻的驱逐舰编队指挥官。哈尔西加入基地设在爱尔兰昆斯敦的美国驱逐舰舰队,先后指挥"奔汉姆"号和"肖"号驱逐舰,获得海军十字勋章。在战争中,他多次立功,显露出卓越的军事才能,深受上级的赏识。

多次调任

大战结束后,哈尔西指挥"雅纳"号驱逐舰,为参加巴黎和会的威尔逊总统的坐舰护航。经过海军情报部的训练之后,哈尔西海军中校出任美国驻德国大使馆海军武官。1924 年,改任驱逐舰舰长。两年后任"怀俄明"号战列舰副舰长,晋升为海军上校。

1927 年是哈尔西海军生涯的重要转折点。哈尔西调到海军学院,担任一艘练习舰的舰长。说来凑巧,这个学校的第一个飞行学员大队,正是以该舰为训练基地,这使哈尔西意外地获得了学习航空知识的机会。

哈尔西说:"我一生的事业在这里发生了极大的变化。我开始对航空入了迷,几乎一天到晚都在想航空。"

当时,他对飞行入了迷,坚决要求参加飞行训练,但因视力不佳未获批准。尽管如此,他对飞行仍然有着浓厚的兴趣,并确信飞机已成为作战舰队的重要组成部分。于是,他开始潜心研究航空部队如何与水面舰艇协同作战的问题。

由于他潜心钻研,最后终于使自己成为美国海军最有经验的航空母舰指挥官之一。

1930年,哈尔西赴大西洋指挥驱逐舰分遣舰队,之后,先后在美国海军军事学院和陆军军事学院任教官。哈尔西被调往陆军战争学院受训,与他同班的有布莱德雷和温赖特。

1934年,美国海军航空署准备让他出任"萨拉托加"号航空母舰的舰长,但有一个附加条件:51岁的哈尔西必须通过"航空观察员"的训练。哈尔西大喜过望,立即表示同意。他说:"那一天夜里,我把一年的酒都喝光了!"于是,哈尔西终于登上了航空母舰的舰桥,成为美国最早的航空母舰指挥官之一。不久,他又通过严格训练,获得了"驾驶练习员"的证书和"金翼"证章。

两年后,哈尔西调任萨科拉飞行学校校长,晋升为少将。这时,他虽然已进入高级指挥员的行列,但仍对各种新技术感兴趣,并成为引进新技术的积极倡导者。例如,他曾极力主张把舰、机通信的无线电报改为无线电话,并最早提出了舰、机使用雷达的建议。哈尔西曾十分感慨地说:"假如要我列举哪些工具曾经帮助我们赢得太平洋战争,我就会照下列的顺序排列:潜水艇第一,雷达第二,飞机第三,推土机第四。原子弹则不能列入。"

1938年,哈尔西出任第2航空母舰分遣舰队司令,次年改任第1航空母舰特混舰队司令,旗舰为"萨拉托加"号。

1939年,美国海军已有5艘航空母舰,其中两艘是由他指挥的。这时,航空母舰战术已有很大发展,逐步走向成熟。舰载机根据任务不同,也有明显分工,战斗机分为歼击机、俯冲轰炸机和鱼雷轰炸机三种。歼击机主要任务是保护俯冲轰炸机和鱼雷轰炸机以及母舰本身的安全;俯冲轰炸机以携带炸弹为主,主要攻击敌方中小型军舰和大型战舰的舱面设施,由于携弹较轻,所以比鱼雷轰炸机机动性能好;鱼雷轰炸机主要以攻击敌大型舰船为主,因为携带鱼雷进攻,危险性较大,而且鱼雷攻击要求瞄准敌舰吃水线以下,所以鱼雷轰炸机不得不贴近水面直线飞行相当一段距离,这样在迫近敌舰时,极易被敌炮火和战斗机击中。

由于三种飞机任务不同,性能差别很大,所以在实施攻击时,要想取得最佳效果,就必须实行协同作战。通常是歼击机先投入战斗,引开敌方歼击机,俯冲轰炸机紧接着投入战斗,等到敌人注意力最分散的时候,鱼雷轰炸机才悄悄地从敌舰两舷侧翼的一定角度同时接近敌舰,施放鱼雷,这就使得敌舰向任何一方规避都会被鱼雷击中。然而这一战术在实际战斗中却很难掌握,主要取决于飞行员的战术技术水平。

根据当时的形势,哈尔西深感对日战争日益迫近,因此,为了使自己的航空母舰部队在开战后有更强的战斗力,他想尽一切办法,提高飞行员的战术技术水平,组织了许多次近似实战的演习,通过演习又进一步深入研究舰载机的协同进攻战术,使部队的作战能力有了进一步提高。所以太平洋战争爆发时,他所指挥的第8任务部队,成为太平洋舰队最有战斗力的一支航空母舰特混编队。

1940 年春,哈尔西升任航空母舰特混舰队司令,指挥太平洋舰队所辖的全部航空母舰,晋升为海军中将,哈尔西此时正预感到日本有可能进攻美国,所以潜心研究对策。他还是主张海军应引进新技术的积极倡导者。

他研究出一个重要的技术成果——即主张对舰载机的通信方法可使用无线电话而不用无线电报。这种口语的方法是比较有效的,并且也证明在 150 英里以内的距离是不会受干扰的。他最早提倡使用雷达,当时那还是一种极为机密的新发明。他曾指出即使在恶劣气候条件下,远隔 7 万多码,雷达都能发现一支驱逐舰中队。

率舰出航

1941 年 11 月 27 日,哈尔西出席金梅尔召开的一次会议,讨论的主题是美国"前哨岛屿"的防御问题。包括中途岛、威克岛和约翰斯顿岛等等,它们都是同样的缺乏人员和装备。哈尔西主张把一批(12 架)陆战队 F-4F 战斗机运往威克岛用来代替陆军飞机,因为后者离开地面的距离很难超过 15 英里。他的主张被采纳,并由他负责运输。

11 月 28 日下午 7 时,即在珍珠港事件爆发前几天,哈尔西奉命率领以"企业"号航空母舰为核心的一支特混编队,为威克岛运送远程作战飞机,以加强美国"前哨岛屿"的防御。离港之前,他曾请示太平洋舰队司令金梅尔:"您想要我走多远?"意思是说,假如碰到敌方兵力,就有挑起战争的可能。金梅尔回答说:"用你的常识!"哈尔西认为,金梅尔的命令是恰到好处而并非推卸责任,因为在紧要关头,一切决定必须由"在现场的人"来做出。

行动前,为了麻痹夏威夷的日本间谍,使他们以为这次行动只是一次例行训练,哈尔西原打算让他的 3 艘战列舰随舰队一起出发,后来转念一想,必须尽快把这批战斗机送到威克岛,如果让航速只有 17 节的战列舰同行,就会使航速高达 30 节的"企业"号和其他战舰失去优越性,一旦与日本人遭遇,战列舰又无法保护其他舰只,因为保证安全的最大要素是速度,所以,他最后决定还是不带那几艘老掉牙的战列舰。没想到这一决定却把那 3 艘战列舰送进了鬼门关。

舰队一驶离珍珠港,哈尔西立即命令舰队进入战斗状态,所有飞机都带上炸弹或鱼雷,一旦发现敌舰或敌机就可以马上发起攻击。

由于全舰队知道这次任务的只有 3 个人,所以在哈尔西的命令下达后,整个舰队都沸腾起来。此时此刻,美国尚未对日宣战,哈尔西的参谋们接到命令后感到极为惊讶,一个作战参谋甚至以为这个命令是什么人昏了头,胡乱造出来的。他找到哈尔西,问他是否知道这个命令。当他听到哈尔西回答说正是他亲自下达的命令时,参谋不由得紧张起来,脱口问道:"您知道这个命令意味着战争吗?"

"知道。"

"但开战与否这是不能由您个人来决定的,万一出了事谁来负责呢?"

"我负责。如果发现敌人立即出击。先射击,以后再讲理!"哈尔西斩钉截铁地说道。

随后,他又下令停止了一切无线电通讯。白天,派出反潜巡逻机担任戒备,早晚两次出动飞机在舰队周围 300 海里的范围内搜索敌机敌舰。当时,在美国太平洋舰队中,只有哈尔西的这支舰队保持了高度的警惕性。

这时,一支巨大的日本联合舰队在11月26日已经离开基地,采取偏北的航线驶向夏威夷。假使日军的航线拉直一点,哈尔西这一支小型兵力就可能一头撞上,那他的卓越事业也就可能在尚未开始之前就已结束。

12月4日晨,哈尔西顺利到达离威克岛约200英里的地方。他命令海军陆战队的12架F-4F战斗机自行飞往威克岛,然后便掉转船头返回了珍珠港。他原计划在12月7日晨7点30分(夏威夷时间),也就是在日本第一次攻击波发起攻击前20分钟,进入珍珠港,但因气候关系,在给驱逐舰补给燃料时耽误了时间,所以,在具有历史意义的那个黎明,哈尔西的舰队还在离珍珠港200多海里的地方。

早晨6点钟,哈尔西派出18架SBD俯冲轰炸机兼带前方巡逻任务先行飞回珍珠港。他自己则走下舰桥,跑到司令室,悠闲地刮了胡子,洗了澡,然后同副官共进早餐。当他正要喝第二杯咖啡时,电话铃响了。副官拿起听筒,脸色骤变,转脸向哈尔西报告说,值班参谋收到一份珍珠港惨遭空袭的电报。

哈尔西一听不由得跳了起来。他以为是自己的18架飞机与基地高炮部队打了起来。他冲着副官吼道:"你说什么? 难道自己打起来了?"

正在这时,通讯参谋走进来,交给哈尔西一份电报,上面清清楚楚地写着:"珍珠港遭空袭,这不是演习。"哈尔西当即用扩音器向全舰队通报了这一消息,并命令全体人员进入战斗状态。

在以后的24小时里,他的舰队不断地在日本舰队可能撤退的方向搜索,意欲报仇,但一无所获,只好悻悻地返回珍珠港。

珍珠港损兵折将后,美国当局把受到的责难完全强加到金梅尔的头上时,哈尔西却挺身而出为他辩护,不惜牺牲自己的前程,毅然为他的老友说话。金梅尔是他的同班同学(1904年)。1941年2月金梅尔超越资深的将领被提升为太平洋舰队总司令时,哈尔西既高兴又吃惊。10个月后,金梅尔受到撤职的处分,哈尔西认为把全部责任归于上任仅10个月的金梅尔,似乎不太公平。他认为珍珠港之所以受到偷袭,主要是因为缺乏远程侦察机。哈尔西自己也承认过去太低估了日本人。他在回忆录中说:"在12月7日以后我才改变了我的看法,日本海军航空兵这一次的攻击的确非常高明。"

主动出击

哈尔西从威克岛返回珍珠港时,整个军港到处都是劫后的惨景。3艘战列舰葬身海底,4艘受重创,到处都是倾覆的舰船,到处都可以见到冒烟的废墟。看着这副令人难以置信的景象,哈尔西暗自发誓,一定要亲手把山本五十六送入地狱。当时太平洋舰队的士气一落千丈,失败带来的悲观情绪充斥着整个舰队。

这种情绪也影响到一些高级军官,舰队司令部草木皆兵,唯恐日本人再来偷袭,以致把一些海洋生物也误以为是敌方的潜艇,一再派出哈尔西的特混编队前往攻击。尽管哈尔西对此火冒三丈,但也无可奈何。有一次,哈尔西奉命前往夏威夷群岛北部海面搜索据认为是驶向美国西海岸的日本潜艇。当时部队上下都有些神经过敏,海上观察员一再地把白色浪花当成敌方的潜望镜,把海豚报告成敌方鱼雷。以致哈尔西的编队一路上不断地为一些可笑的目标担惊受怕。哈尔西不得不经常亲自站到舰桥上观察敌情。

一位年轻军官误以为一艘在波涛中驶往前方搜索敌潜艇的驱逐舰正沉入海底，便大叫起来，"哎呀！沉下去了！驱逐舰沉没了！"哈尔西正好站在他身旁，立即拿起望远镜，只见这艘驱逐舰从波峰后面又浮现出来。见此情形，哈尔西气得七窍生烟，大发雷霆，恶狠狠地训斥道："下次再说这种蠢话，就把你扔进大海！"

可是，观察员的神经过敏症仍然随着时间的推移而日益严重，致使哈尔西不得不正式训诫自己的部下。

代替金梅尔接任太平洋舰队总司令的尼米兹到达珍珠港不久，即召见了哈尔西。经过一番长谈，尼米兹发现在许多重大问题上，他们的看法都是一致的。当时太平洋舰队的许多高级军官都不赞成尼米兹提出的积极防御、主动出击的作战方针，而在保存实力的借口下，力求消极避战。哈尔西却是少数几个坚决支持尼米兹的将官之一。这使尼米兹感到欣慰。以致在其后的几年时间里，他一直都坚持着这样一个原则："任何有损于哈尔西声誉的事我都不会参加。"

尼米兹告诉哈尔西，日本人此时已经攻占了英属吉尔贝特群岛。从那里很容易就可以推进到西萨摩亚，从而切断美国到澳大利亚的海上交通线。从最近获得的情报看，那里的情况十分危急。目前，除了使用航空母舰特混编队外，别无他法。因此，他要哈尔西率领航空母舰特混编队，对日军据守的马绍尔群岛和吉尔贝特群岛进行一次战术突袭。

哈尔西在接受第一次战时的攻击任务时，内心并不感到兴奋。后来他承认知道日本人在马绍尔群岛早已作了不合法的设防；同时他也知道在过去的一次军事演习中，曾经判定美国人攻击夸贾林的计划是失败的。

尽管哈尔西深知这项任务的危险性极大，但他依然接受了任务，并立即率领部队驶往目的地。

1942年1月，哈尔西率领两艘航空母舰，冒着危险，穿过日军严密控制的水域，向设防缜密的马绍尔群岛和吉尔伯特群岛发动了一系列大胆的突袭。2月1日轰炸了马绍尔群岛北端的各据点。由弗莱彻少将指挥的"约克城"舰队也猛袭吉尔伯特岛中的马金岛，以及马绍尔南端的两个小岛。日军完全没有料到美军会远离珍珠港数千里进行远程奔袭。日军统帅部唯恐美军会进一步将突袭矛头指向日本本土，不得不从前线召回三分之一的战斗舰只。这是因为日本害怕本国有受到攻击的危险，但这么一来使原来在数量上对美军占巨大优势的日本在前线的兵力受到了削弱。

哈尔西说："当我们的舰队向马绍尔出击时，你在珍珠港到处都可闻到失败主义的臭味，而现在官兵们正恢复精神，斗志昂扬，美国人民也是如此。至少我们现在可以答复他们在困惑中所提出的疑问'美国海军到哪里去了'。"而这只不过是刚刚开始。因此，哈尔西获得了他的四枚"优异服务勋章"中的第一枚。

此后，哈尔西又根据尼米兹的命令，成功地袭击了被日军侵占的威克岛和离日本东京只有1000海里的南鸟岛，均获得一定的战术效果。这些胜利尽管成果并不大，但却具有很好的宣传价值，使美军官兵和国内舆论受到鼓舞。

轰炸东京

"鼓舞士气的突袭"刚完成，哈尔西又被邀请到太平洋舰队总司令的办公室，讨论来自华盛顿参谋长联席会议的"某种十分机密"的计划。尼米兹告诉他一个秘密的军事行动——轰炸日本首都东京——已获批准,并进入了最后的准备阶段。根据尼米兹的意见,这一行动由哈尔西直接指挥。

杜利特尔中校已经训练了 16 名陆军航空队的 B-25 轰炸机飞行员,他们在模拟的飞行甲板上学习起飞的动作,并准备做一次前所未有的奇袭——用匕首插向日本心脏。海军参谋长的一位使者说:"他们也许并不能造成多大的损害,但可以让裕仁要多加考虑。"

哈尔西立即接受了把杜利特尔的突袭兵力送到距离东京 500 英里以内海面上的紧要任务。

为了万无一失,哈尔西制定了周密的计划,组织部队做了大量的准备工作,并采取了严格的保密措施,甚至在起航时,部队仍然不知道进攻的目标。他说:"他们需要好运,因为必须达到足够接近的位置才能有效。"他率领两艘航空母舰"企业"号和新来到太平洋的"大黄蜂"号,另外加上一些掩护兵力。

4 月 13 日,满载 B-25 远程轰炸机的"大黄蜂"号航空母舰,在预定海域与担负支援任务的以"企业"号航空母舰为核心的第 16 特混舰队会合。哈尔西召集全体官兵,郑重宣布:"我们正前往轰炸东京!"全体将士欢呼雀跃。然后,哈尔西把负责空袭的指挥官杜利特尔叫到跟前,交给他一枚"日美亲善纪念章"。那是哈尔西当少尉时,随舰访问横滨港,不知哪个团体赠送的。他对杜利特尔说:"把这个东西从东京上空扔还给日本鬼子吧!"

4 月 18 日清晨,在离东京 650 海里左右的地方,哈尔西的舰队被日本巡逻舰发现了。这比原定的飞机升空距离整整多出了 100 英里。哈尔西果断决定,飞机立即起飞。

8 时 15 分,16 架 B-25 远程轰炸机腾空而起,向东京飞去,舰队则迅速离开了危险海域,安全返回珍珠港。

3 个多小时后,由杜利特尔中校率领的 B-25 机群飞抵日本。他们以超低空飞行,顺利地突破了敌方防线。当机群出现在东京、横须贺等城市上空时,日本人还没来得及发出空袭警报,就被炸得乱作一团了。

詹姆斯·杜利特尔中校率远程轰炸机群成功地轰炸东京等地,后来有部分飞机降落在中国机场,飞行人员得到中国军民的救护。此番轰炸震惊日本朝野,杜利特尔因此晋升为准将并获得国会荣誉勋章,哈尔西也声名大振。

这次轰炸虽然给日本人造成的直接损失并不大,但政治影响却是巨大的,正如尼米兹战后所说的:"这次空袭东京对于日本的影响是微乎其微的,甚至于很少有日本人知道这个城市曾经遭到轰炸,而日本的统治者不仅知道而且大为震动。这次空袭对于战略形势的发展具有重大的影响。"

美国虽然还是采取守势,但在战略上已经展开积极的行动。

当哈尔西向太平洋舰队总司令报告时,后者告诉他南太平洋的形势"日趋紧急",日本正在集中兵力准备进攻新几内亚和所罗门群岛。"列克星顿"和"区克城"两艘航空母舰正在现场,哈尔西奉命率领他的两艘航空母舰加入它们的阵容。

使哈尔西感到终身遗憾的是,历史上第一次航空母舰大会战珊瑚海海战发生时,他正在赶赴该战区的途中;而中途岛海战前,他又不幸因病住院,从而又错过了一次具有历史意义的大战机会。

鏖战瓜岛

中途岛海战后,美军决定乘胜前进,反守为攻。哈尔西异常兴奋,立即向他的部属发布了一项简短的命令:"攻击! 攻击! 再攻击!"

1942 年 8 月 7 日,美军向所罗门群岛的重地瓜达尔卡纳尔岛(以下简称瓜岛)发起攻势,揭开了"反守为攻"的序幕。然而,由于战役司令戈姆利指挥不力,美军初战屡屡受挫。

10 月中旬,形势更趋恶化,美军亨德森机场在日机的猛烈攻击下,受到严重破坏,已陷入瘫痪状态,以后又遭到日本巡逻舰的轰击,48 架飞机被击毁击伤,全部燃料烧得精光。登陆美军已面临被赶下大海的危险。为了扭转战局,尼米兹断然决定将南太平洋地区的三军指挥权交给哈尔西,让他尽快组织兵力打退日本人的进攻。这一任命使瓜岛前线的美军官兵情绪振奋。

尼米兹的手令送到哈尔西手里的时候,他刚巧正在南太平洋巡视。哈尔西对瓜岛的形势很了解,但对此任命却毫无准备。据哈尔西的情报参谋回忆,当哈尔西接到任务时,惊讶地说:"这可真是上帝交给我的最烫手的白薯了!"他从没有指挥过陆军,也没有指挥过盟国的友军,更何况他所要顶替的戈姆利中将还是他 40 年的老友。尽管如此,他仍然坚决执行了尼米兹的命令,并很快组成了美国军事史上第一个真正的三军联合指挥部,迅速展开对三军合同作战的指挥。

日本人在瓜岛已建有机场,对在新赫布里底的联军构成严重威胁。海军上将金不顾参谋长联席会议的多数反对,决定要在这一点上向敌人挑战。

哈尔西接管指挥权之后,就召见了手下的陆海空三军首长并问他们是准备撤退还是准备苦撑下去。地面指挥官范德格里弗特宣称:"只要能够比过去获得较多的海上支援,那我可以撑下去。"哈尔西回答说:"好,就这样! 我答应给你我所能获得的一切东西。"

哈尔西的行动似乎比言词更积极。他从珍珠港搜集一切不用的船只,并从回国的船只上拆卸武器和电子装备用来补充自己已经受损的舰艇。哈尔西提出了一个响亮的口号——"歼灭日军,多多杀敌!"他以自己勇于进取的精神,"燃起了瓜岛部队的火焰"! 一位在岛上的美军军官写道:"我永远不会忘记。当时我们许多人正患疟疾,有气无力地从散兵坑里爬了出来。一听说哈尔西当我们的指挥官,大家都高兴得大叫起来,跑得像兔子一样快!"为了有效地组织作战,哈尔西冒着风险亲临瓜岛前线视察,迅速调整了部署,并很快建成了"美国军事史上第一个真正的三军联合指挥部"。

这时日本人也在加紧策划下一步的攻势,他们准备从陆上、海上和空中同时向防守亨德森机场的美军发起总攻。陆上将分三路进行突击。工兵将为主攻部队开辟一条穿过莽林的通道。主攻部队的目标是打进机场破坏美军的通讯中心。当主攻部队行动时,各路日军均展开凶猛的牵制性进攻,迫使美军在整个防线上疲于应付。与此同时,日军腊包尔、布喀和布干维尔等地将派出大批飞机袭击美军,支援陆上战斗。山本五十六的联合舰队主力也将冲进狭窄的海峡,用炮火轰击美军阵地,在夺得亨德森机场后,航母舰上的飞机将以该机场为基地追击被击溃的美军。

从侦察机报告的情况分析,哈尔西判断日军的总攻几天内就将发动。在研究反击对策的最高司令官会议上,瓜岛守军司令范德格里弗特反复强调该岛形势险恶万分,必须给予强有力的支援。哈尔西咆哮地回答:"我会把我的全部家底统统调给你的。"范德格里弗特知道,哈尔西从来都是说话算数的,这才放心地返回了防地。

10月23日,日本人倾全力想夺回亨德森机场。哈尔西立即投入一支由两艘航空母舰为核心的舰队,用来对抗自中途岛以来最强大的敌方舰队。哈尔西在指挥所发出一项简单的命令:"攻击,再攻击。"结果"大黄蜂"号被击沉,"企业"号受了重伤。但尼米兹认为那是具有"长远的战略利益"的,因为敌军的攻势已经受挫,尽管日军死伤极重,但亨德森机场仍安然无恙。

经过了几小时的战斗之后,瓜岛的关键会战终于爆发了。

10月24日,日军总攻开始。凶猛的日本陆军嗥叫着冲向美军阵地,一批又一批地被打死在铁丝网前,但他们仍然踩着同伴的尸体继续向前冲击。有几处防线被突破。美军陆战队的士兵们勇敢地发动反击,迅速封闭日军突破口,然后又经过艰苦的搏斗,全歼突进防线的日军,就在陆上战斗接近尾声时,海上的战斗则刚刚拉开序幕。

由于日本担负陆上进攻指挥的司令官过分性急地发出了"攻击成功"的电报,山本五十六认为,美国人已经招架不住,所以,他只给南云指挥的由4艘航空母舰和5艘战列舰组成的机动编队发出了一个极其简短的命令:"捕捉并歼灭所罗门海峡的任何美军,包括任何增援部队。"这终于导致了海战史上有名的圣克鲁斯海战。10月26日,哈尔西所辖的第16特混舰队和第17特混舰队与日本联合舰队在圣克鲁斯岛海域交战,美国海军遭到战术性失利,损失1艘航空母舰和74架飞机,日本则有两艘航空母舰受创并损失100架飞机,但是,太平洋舰队司令部认为"瓜达尔卡纳尔岛总的形势并非不利",因为联合舰队舰载机飞行员损失严重。趁日本联合舰队撤回特鲁克岛接受补给的机会,哈尔西加紧为海军陆战队赶运增援力量。哈尔西视瓜岛战役为南太平洋战区战役的关键,于11月8日飞抵该岛的亨德森机场视察,提出"杀死日本佬!杀死日本佬!杀死更多的日本佬!"的口号鼓舞守军。

11月13日,圣克鲁斯海战之后不久,哈尔西又指挥自己的舰队,与山本五十六在所罗门海域再次交锋。战斗中,美军击沉了日本战列舰"比睿"号和"雾岛"号,还击沉击伤其他一些舰只,日军损失很大。

11月14日,美国海军在哈尔西指挥下向日本运输舰队发起反击。次日,在瓜岛海域的战列舰交战中,日本损失2艘战列舰、1艘重型巡洋舰、3艘驱逐舰、11艘运输舰和数十架飞机。

此后,山本再也没有冒险派遣他的舰队驶进瓜岛海域。由于丧失了制空权和制海权,瓜岛上的日本陆军,再也没有能力发动新的进攻了。

1943年2月9日,瓜岛美国海军陆战队指挥官帕奇将军告诉哈尔西:"瓜岛上已经没有'东京快车'的终点站了。"满怀胜利喜悦的哈尔西向尼米兹发出了捷报。

持续半年的瓜岛之战以日军的惨败告终。为了庆祝美军的胜利,罗斯福总统给哈尔西发了贺电。哈尔西立刻向全体参战官兵转达了总统的祝贺,并在贺电中添了一句结语:"向战斗中光荣牺牲的人们致敬,愿这些英灵魂归天堂!"

鉴于哈尔西在瓜岛争夺战中功绩卓著,罗斯福总统亲自建议,破例提升他为海军上将(按美国海军的习惯,同时只能有4位上将,而当时员额已满)。

毙命山本

瓜岛战役结束后,太平洋战争又进入了一个新的阶段。日美双方都在积极地集结兵力,准备下一步的行动。只有哈尔西指挥的南太平洋战区,战斗始终没有停止。

2月21日,哈尔西的部队在拉菲尔群岛登陆。3月2日,又在俾斯麦海以空中优势打垮了山本的一支由8艘驱逐舰组成的分遣舰队。

山本为了扭转在这一地区的空中局势,又抽调了大批舰载机进驻腊包尔,以期对美军基地进行连续不断的空袭。但在空战中,他们损失惨重。日军在所罗门一线,陷入困境。

为了鼓舞前线官兵的士气,山本五十六决定亲赴布干维尔视察,但是,他的起飞时间被美军情报部门获悉。罗斯福总统得知这一消息时,美国海军首脑恰巧正按惯例同总统一道就餐,于是击落山本座机的决定就在餐桌上定了下来。这次行动被定名为"复仇",意即报珍珠港之仇。

4月17日,哈尔西接到尼米兹关于要他组织航空兵完成这一任务的命令。此时离山本座机起飞的时间已经不远。哈尔西当即向所属航空兵布置了任务。根据山本历来遵守时间的习惯,美军制定了一个地点和时间都极为准确的伏击计划。战斗将由18架P—38战斗机来完成。

4月18日清晨7时半,美机编队向布干维尔飞去。为了避开日军雷达,美机群在海上低空飞行了大约两小时。在预定截击前几分钟,6架担负狙击任务的飞机和12架担负掩护任务的飞机分别上升到3500米和6000米的高度。

9时34分,当美机临近卡伊里以北大约55公里上空时,2架日本双引擎飞机在6架零式战斗机的护航下,在左前方30度出现。这时担任掩护任务的12架P—38从6000米高空直扑下来,于是6架日本护航机被引开。

美军行动组长朗菲尔中尉乘机扑向山本座机,直到非常接近的距离才向山本的前进方向猛烈扫射,就在他即将与山本座机错开的一瞬间,他看见对方右发动机起火,接着右机翼也着了起来,朗菲尔的机头差一点撞在山本座机的屁股上。随后,他看见这架巨大的日本一式陆上攻击机触到密林的树梢上,机翼被卷入紫色的火焰和碎片中,机体像个大火球,一头栽进了密林。曾经称雄一时的山本五十六就这样葬身在异国的土地上。

战斗结束后,美军所罗门地区航空兵司令米彻尔向哈尔西报告了战斗经过。哈尔西感到非常满意,立即回电表示祝贺,他在电文中以幽默的语调表达了自己的愉快心情:"祝贺你们成功!在猎获的鸭子中,好像还夹着一只孔雀。"

1943年5月11~25日,盟军在华盛顿举行的"三叉戟会议"上,研究确定了下一步的"双叉冲击"作战计划,盟军将从中太平洋和西南太平洋同时向日军发起进攻。哈尔西奉命指挥所罗门群岛战役。为了使这一战役能够顺利进行,尼米兹大大加强了哈尔西指挥的第3舰队的实力,航空母舰增至6艘(舰载机540余架),战列舰增至2艘,巡洋舰和驱逐舰增至49艘,而且还给哈尔西配属了大批海军陆战队。

6月30日,哈尔西部在新乔治亚岛实施登陆作战,遭到日本守军的激烈抵抗。

海战速度的加快促使哈尔西更换了陆战指挥官。8 月 25 日，美军攻克该岛，歼敌约 9000 人。

根据预定计划，哈尔西下一个攻击目标是科隆班格拉岛。该岛有 10000 名日军严密设防，强攻不仅会造成重大伤亡，而且将使作战旷日持久，因此，哈尔西决定对该岛围而不攻，越过该岛而攻取韦拉拉维拉岛，为后来尼米兹提出"越岛作战"提供了成功的先例。

正当哈尔西这样做的时候，日军主动撤出了科隆班格拉岛及韦拉拉维拉岛的守备部队。

接着，哈尔西又开始制定攻占布干维岛的作战计划。由于这时吉尔贝特战役即将开始，根据尼米兹的命令，哈尔西的许多舰船和部队被调给了斯普鲁恩斯。为能以较少的兵力顺利完成布干维尔岛战役，哈尔西在选择登陆地点上颇费了一番心思。

11 月 1 日，哈尔西以数处伴攻吸引日军主力，却在该岛不便登陆的西海岸登陆成功，令日军震惊不已。但哈尔西所辖特混舰队远在后方补充燃料、弹药，而日本的大森舰队得到 6 艘重型巡洋舰的加强，使哈尔西面临最危急的时刻。哈尔西于 11 月 5 日在没有足够的水面舰只护航的情况下出动他的 2 艘航空母舰，舰载机炸坏了停在腊包尔的日本 6 艘巡洋舰和 4 艘驱逐舰，古贺横一匆忙将重型巡洋舰撤走。布干维尔岛争夺战直到次年 3 月才结束。

在所罗门群岛战役中，美军击沉日军 1 艘巡洋舰、11 艘驱逐舰，重创 19 艘巡洋舰和驱逐舰，击毁日军飞机 700 余架。

获准攻菲

所罗门群岛战役之后，美军正式划分中太平洋战区和西南太平洋战区的辖区和任务。作为南太平洋战区最高司令的哈尔西在作战方面归麦克阿瑟指挥，而作为第 3 舰队司令哈尔西则归尼米兹领导，这就难免产生摩擦。

1943 年 12 月，南太平洋的战事已日益沉寂，日本的南进战略已经从此成为幻影。哈尔西被召回华盛顿，由诺克斯授予第二枚"优异服务勋章"。授勋令中有这么一句话："一位强有力和精神旺盛的将领，能够将其本身的战斗精神和坚决意志灌输给他的部下。"

1944 年 6 月 15 日，哈尔西又接收了原在斯普鲁恩斯指挥下的第 5 舰队，使之并入自己的第 3 舰队，从而将第 3 舰队的阵容大大扩展，成为一支以 4 个航空母舰群为主体的（共有 12 艘大型航空母舰）拥有 500 余艘舰船的庞大舰队，当时在所有高级将领中几乎只有尼米兹和哈尔西主张绕过加罗林群岛，直接进攻菲律宾。但是，他们的主张没有被接受。

尽管如此，哈尔西还是在 1944 年 8 月 24 日率领第 3 舰队浩浩荡荡地向加罗林群岛出发。

9 月中旬，在 3 天的激战中，舰载机几乎一共出动了 4000 架次，在空中击落敌机 173 架，在机场炸毁 305 架飞机；击沉的舰只大约 100 艘，同时炸毁了许多岸上设施。而哈尔西的全部损失只是 9 架飞机 10 名飞行员。哈尔西已经用事实证明在美军占压倒优势的海空军兵力面前，加罗林群岛实际上只是囊中之物。在此期间,哈尔西还派飞机袭击了菲律宾沿海一带,发现日军防务十分空虚。

于是,哈尔西建议改变原定的"由南向北、逐次推进"的打法,而直接在中部的莱特岛登陆。这一建议,很快被美军参谋长联席会议采纳,进攻的日期也提前了两个月。对此,美国朝野上下都曾给予了高度评价。尼米兹上将认为"哈尔西提出的进攻莱特岛的建议有可能使太平洋战争大大缩短几个月时间",罗斯福总统在国情咨文中说:由于哈尔西的提议和计划的改变,"加速了菲律宾的解决和最后胜利的获得,也节省了许多的生命"。

为了完成"中和北面"的任务,从1944年9月下旬起,哈尔西的第3舰队对吕宋、冲绳及中国台湾等地的日军基地进行了一系列空袭,为美军攻占菲律宾对日本继续从事战争至关重要,日军一旦失守,日本与东南亚各地的海上交通线就将被切断,所以为了保住菲律宾,日军决定采取孤注一掷的办法进行最后一战。

日本联合舰队制定了一个"捷1号作战"计划,他们准备在美军开始菲律宾战役时,动用日军海军的所有战舰,组成北方、中央和南方3支分遣舰队,兵力将由9艘战列舰、4艘航空母舰、19艘巡洋舰和33艘驱逐舰所组成,还把菲律宾战区的600多架飞机全部调回来,企图首先以航空母舰为主的北方分遣舰队诱使哈尔西的第3舰队北上,远离莱特湾,然后,其中央分遣舰队就乘虚而入,穿过圣贝纳迪诺海峡,与南方分遣舰队分进合击于莱特湾,粉碎美军登陆场,恢复菲律宾态势。

10月24日,海战史上最大的一次海战——莱特湾大海战开场了。战斗打响后,日军由于航渡组织不严密,空中掩护无力,突击也没有做到出其不意,而且各舰队之间的通讯联络又很差,因此,各编队均未完成规定任务。

在南路,10月24日夜间,西村舰队在苏里高海峡遭到美第34特混编队和鱼雷艇队的攻击,战列舰2艘和驱逐舰3艘被击沉,被迫仓皇后撤。25日,志摩舰队进入苏里海峡时,正好遇上败退的西村舰队,便一同撤向苏禄海了。

在北路,10月23日清晨,栗田舰队在巴拉望外海遭到哈尔西派出的200架舰载机和潜艇的攻击,战列舰1艘、巡洋舰2艘被击沉,巡洋舰1艘受到重创。栗田舰队遭到痛击后,掉头转向,朝西驶去。

正在这时,小泽舰队抵达马尼拉东北约400海里处。小泽为了诱敌,赶紧发出明码信号,以引起哈尔西的注意;并出动舰载机56架发起攻击。哈尔西根据空中侦察机"夸大战果的报告",认为栗田舰队遭到重大损失并已仓皇撤退,便奋力北追小泽舰队。

至25日,哈尔西舰队连续出动了飞机6批,击沉小泽舰队4艘航空母舰(舰上几乎没有飞机)、3艘重巡洋舰、8艘驱逐舰。

在哈尔西舰队北追时,栗田舰队于24日夜间又掉头向东,趁机穿过圣伯纳迪诺海峡(哈尔西得到情报后认为,这不过是一支丧失了战斗力的舰队,根据日本的传统做一次自寻死路的努力罢了。他深信,金凯德率领的美第7舰队能轻而易举地击败他。因此,他还是继续北追),25日驶抵萨马岛以东,与掩护登陆的美第7舰队相遇。美第7舰队因缺乏大型舰只和快速航空母舰,立即向哈尔西呼救,但没有及时得到援兵。结果,美第7舰队遭到重创,向南撤退。

栗田舰队挫败美第7舰队后继续向莱特湾行驶。此时,该地有80余艘美国运输船正在卸载,而且没有大型舰只掩护。但栗田不明情况,深恐被美国航母编队歼灭,竟调头转向,从原路撤走了。

太平洋舰队司令尼米兹一直在注视着战局的发展。上午 10 时左右，从未下达过战术指示的尼米兹给哈尔西发了一份电报，询问"34 特混编队在哪里"。报务员为防止敌人破译，把电报改成了"全世界都想知道 34 特混编队在哪里"。接到电报后，哈尔西受到极大刺激，气得直咳嗽，好像"挨了一记耳光"。这时，小泽舰队离他只有 42 海里了，但他还是立即掉头南下，"放弃了从军校学员时起就梦寐以求的机会"。

此战，日本 3 支海战部队均遭到挫败，共损失航空母舰 4 艘、战列舰 3 艘、巡洋舰 11 艘、驱逐舰 9 艘，飞机 600 架。

然而，美军由于没有组成统一的作战指挥部，参战的两个舰队仍然分属两个战区统辖，因此，在作战中协调很差，战斗出现了一些险情，几乎使美军在登陆地域的态势转为不利。

菲律宾战役期间，哈尔西还有一次重大历险。1944 年 12 月中旬，哈尔西率第 3 舰队在航行途中没有得到任何气象警报而突遇强台风，损失 3 艘驱逐舰、重创 9 艘驱逐舰；毁伤 156 架飞机；890 名官兵失踪或遇难，80 名官兵受伤。

由于美军一度出现的险情与哈尔西的决定有直接关系，因此，海战结束后，哈尔西受到了许多人的批评。有人称哈尔西的北追是一场"蛮勇的追击战"。但耿直的哈尔西一直认为"真正的错误在于命令他的舰队掉头转向"，他在战后曾说："我决心打击北面敌军的决定是一个很难作的决定，不过假使遭遇到这同样的环境，而且只获得那同样的情报，即令在今天我也还是会再度做出这样的决定。"美军海军部在"公正的检讨"之后，认为哈尔西的打法是"成功"的。

为了表彰哈尔西在菲律宾战役中的巨大贡献，罗斯福总统在白宫亲自把第 3 枚"优异服务勋章"挂在哈尔西的胸前。

参加受降

莱特湾大海战后，哈尔西一直在菲律宾及中国沿海一带率舰作战。12 月 11 日那一天，第 3 舰队击沉了 41 艘舰只，共 12000 吨，可算是最高纪录。到 1945 年 1 月 26 日，哈尔西把指挥权交给斯普鲁恩斯，于是第 3 舰队改名为第 5 舰队。

1945 年初，第二次世界大战接近尾声，德日法西斯在各个战场都遭到惨重失败。5 月 8 日，德国法西斯政府无条件投降，预示着日本法西斯的末日也为期不远了。

5 月 18 日，哈尔西又披挂上阵，以"密苏里"号为旗舰。7 月 1 日，第 3 舰队从莱特湾起程，发动太平洋战争中最后的海军攻势。哈尔西发出了气壮山河的通报："我们将攻击敌人的本土，消灭他们残余的海军、商船、空军以及工业和交通……我们下一个要进入的港口就是东京本身！"

此时，哈尔西已成为海上皇帝，对方根本无招架之力。他说："我唯一感到遗憾的就是我们的船没有轮子，不能从岸上冲入日本内陆，把敌人赶尽杀绝。"

7 月 26 日，中美英三国发表了波茨坦公告，宣布日本法西斯政府必须无条件投降。但日本军政府执迷不悟，继续负隅顽抗。8 月 6 日，美军在日本广岛投下了第一颗原子弹。

日本投降已在眼前。但在尚未结束战争之前，哈尔西的攻击仍然不停，直到 8

月 15 日才停止一切攻击行动。哈尔西认为真正迫使日本帝国屈膝的是潜水艇和飞机。至于原子弹和苏联的参战并非是结束战争的直接原因,不过恰好让日本人获得了一个挽回面子的借口而已。他说:"我希望历史记住这个教训。"

8 月 8 日,苏联对日宣战,苏军随即进攻中国东北,向日本关东军发动全面进攻。日军整个防御体系不久就土崩瓦解了。此时,中国共产党领导的八路军、新四军也在全国各地向侵华日军发起了强有力的攻势,日本帝国主义全面失败已成定局,至此,日本军政府不得不于 8 月 15 日宣告无条件投降。从这以后,散布在远东、南亚各国、南中国海地区和太平洋诸岛的 330 万日本侵略军陆续向盟国投降。

根据波茨坦会议的有关条款,盟军将对日本实行军事占领。美国总统杜鲁门通知麦克阿瑟,根据美英苏政府之间的协定,他被指派为盟军的最高联合总司令,并授权接受日本天皇、日本政府及日本帝国统帅部的正式官方代表们签署的投降文件。

但是,美国海军五星上将、太平洋舰队总司令尼米兹却为此大动肝火。他认为:如此随便地把赢得太平洋战争的全部荣誉都给了陆军是对海军卓越战功的贬低,他决定不出席日本投降签字仪式。指挥盟国军队取得太平洋战争胜利的美国陆军和海军的两个统帅发生的怄气事件,很快被反映到美国总统杜鲁门那里。

为了调解这场可能贻人笑柄的矛盾,海军部长福莱斯特借机游说杜鲁门,终于成功地获准尼米兹可以以美国政府官方代表的身份代表美国政府签字,这才挽回局面。签字仪式在一艘以福莱斯特家乡命名的战列舰上举行,这艘舰恰好是哈尔西的旗舰"密苏里"号。说来也巧,40 年前哈尔西恰是在"密苏里"号上开始自己海军生涯的,现在他又要在"密苏里"号上迎接他一生中最光荣的时刻了,他感到无比的欣慰。

为了安排这次举世瞩目的仪式,哈尔西颇费了番心思。他下令,会场设在他住舱附近的甲板上,会场中放置一张水兵饭桌,铺一张绿色桌布。为了使摄影师和记者有个活动的场地,又不致影响整个仪式的秩序,还专门在舰舷外侧临时搭了一个能容纳 40~50 人的平台。举行仪式的那天,"密苏里"舰的桅杆上将悬挂 1941 年12 月 7 日日本偷袭珍珠港时,华盛顿国会大厦上曾悬挂的那面星条旗。

9 月 2 日,美国驱逐舰首先把盟国的将军们运到"密苏里"号上,同行的还有世界各国包括日本的新闻代表。此时,"密苏里"舰的所有炮口都高高地仰起,全舰官兵早就聚集在会场周围,有的人甚至爬到大炮的炮身上坐定,俯瞰这令人激动的一幕。为了表示对日本法西斯的蔑视,参加仪式的所有盟军官兵都身着军便服,美军官兵则更为随便。他们只穿着卡其布衬衣,不系领带,不挂勋章,也没有穿外衣。这是他们作战时的衣着。

8 时 45 分,麦克阿瑟一行登上"密苏里"号,精明的麦克阿瑟忽然注意到主桅上不同寻常的安排:他的红色将旗正好与尼米兹的蓝色将旗并排飘扬着。他知道这是尼米兹有意安排的,意在提醒他,在太平洋舰队司令部里,他与尼米兹的级别是相同的,并无高低之分。

麦克阿瑟登舰后,哈尔西将他和尼米兹安排在自己的住舱里等待日本特使的到来。几分钟后,日本代表团乘坐一艘小汽艇靠上"密苏里"号。这时,麦克阿瑟、尼米兹起身,并肩步入会场,哈尔西紧随其后。不一会儿,日本人依次登上舷梯。

签字仪式由麦克阿瑟主持。首先由乐队奏起美国国歌,然后由一个牧师做了祈祷,接着麦克阿瑟站在一排麦克风前发表了一篇简短的演说,最后,他代表盟军指示日本代表在投降书上规定的地方签字。

投降书被装订成两个文本，一份是英文的，另一份是日文的。日本外相重光葵第一个走上来。他神情紧张地摘下自己的帽子、手套，哆里哆嗦地把手杖放在一边，然后坐在桌前磨蹭了好半天，好像不知该在哪里签字，使整个会场出现了一阵尴尬、紧张的气氛。

9 时零 4 分，重光葵签了字。战争从此结束了。

盟国方面由麦克阿瑟首先代表盟国签字。在签字时，他有意让两位在战争初期被日军俘虏的美国将军温赖特和白西华站在他的身后，然后，用 5 支笔分别在两个文本上签完字。

随后，尼米兹代表美国政府签字。他请哈尔西、薛尔曼和他的一个作战参谋站在他的身后，他签完字后，也把自己的笔分别送给了这 3 个人。尼米兹签字后，中国代表徐永昌、英国代表弗雷泽、苏联代表杰列维亚科等，以及澳、加、法、荷、新西兰等各国代表也依次签了字，仪式前后只用了 14 分钟。

至此，日本帝国主义战败投降被载入史册，反法西斯的第二次世界大战也同时宣告结束。

战后荣归

1945 年 10 月 15 日，在美国海军中已服役了 44 年的老将哈尔西，站在"南达科塔"号战舰的舰桥上，从旧金山的金门大桥下缓缓通过。他们是美国太平洋舰队第一批载誉而归的部队。正像 1942 年初，哈尔西的航空母舰首先发起攻势一样，现在他又赶了个"先"。当时，一位资深的战地记者这样写道："战争中最著名的海军部队——哈尔西的第 3 舰队，今天回家了。"

作为一位战术指挥官，哈尔西的一生大部分时间在海上度过。他尽管有点随心所欲，甚至在指挥作战时，也常常带头蛮干，但带兵还是颇有办法的。他知道怎样去激励自己的部下。他喜欢与士兵在一起，他有一种吸引他们的魅力和幽默感。在他的旗舰内，虽然官兵众多，工作紧张，但他却能叫出每一位水兵的小名和绰号。他的参谋人员大都是追随他多年的部属。他们之间彼此了解，关系融洽。战后，有的传记作家在评论哈尔西的带兵方略时说：哈尔西从来不是一个把自己的部下送入战斗的将军，而总是亲自带领他们进入战斗。也许这就是为什么官兵们都喜欢在他的指挥下出海打仗的原因吧。

他与斯普鲁恩斯不一样，他喜欢在公开场合出头露面。太平洋舰队的新兵大都在入伍前就久闻他的大名，就连他的一些近乎骂人的粗话也成了前线许多士兵的口头禅。美国人都知道他是一位勇敢善战的海上猛将，从未打过败仗，为美国建立过卓越功勋，所以，对于他的一些缺点，人们也总是抱着谅解的态度。

哈尔西踏上美利坚的土地时，受到了朝野上下的热烈欢迎。为了表彰他的卓著战功，美国政府又授予他第四枚"优异服务勋章"。

1945 年 12 月，哈尔西晋升为海军五星上将。

1947 年，哈尔西退出现役，出版《哈尔西海军上将的故事》。

1959 年 8 月 16 日，哈尔西在美国旧金山去世，享年 76 岁。

受命于危难之时的将军

——切斯特·威廉·尼米兹

人物档案

简　　历:1901 年 9 月 7 日,入读美国安纳波利斯海军军官学校;1922 年,进入美国海军军事学院深造;1926 年秋,调任加利福尼亚大学海军科学与战术教授;1942 年 6 月,指挥美军在中途岛周围集中兵力,取得了击沉日本 4 艘航空母舰和 1 艘重巡洋舰的重大胜利。

生卒年月:1885 年 2 月 2 日~1966 年 2 月 24 日。

安葬之地:金山国家公墓。

性格特征:开朗、合群、知人善用、精明干练、善于协调和处理各种矛盾关系。

历史功过:精通业务而又肯于钻研的尼米兹在指挥潜艇的实践中,发现当时潜艇使用的汽油发动机排泄毒气并易于爆炸,于是,提出了用柴油发动机代替汽油发动机的设想。尼米兹受命于危难之时,力挽狂澜,赢得了中途岛海战的胜利,终于使盟国看到了战胜日本法西斯的希望。

投身海军

切斯特·威廉·尼米兹于 1885 年 2 月 2 日出生于得克萨斯州的弗雷德里克斯堡。祖先为日耳曼移民。他是一个遗腹子,他的母亲后来再婚,因而他与爷爷的关系极好。

尼米兹的青少年时代是在清贫中度过的。8 岁起他就开始在舅舅经营的肉店帮忙送肉,每周赚取 1 美元的工资帮助家庭。15 岁起,他又在亲戚开的旅馆帮忙。虽然家境贫寒,但尼米兹在学习上却认真刻苦,在学校,他一直是一个优等生。

16 岁时,尼米兹面临着中学毕业。家庭的处境使他无力继续升学深造,而他有志学习,寻求发展。当他看到一些因军事演习而住在他工作的旅馆的青年军官时,终于找到了一条通往外界广阔天地的道路——报考军校。对于尼米兹来说,报考军校不仅可以免费继续接受教育,而且还可以寻求事业的发展。

他找到了参议员詹姆斯·斯赖顿,请他推荐自己报考西点军校。然而参议员告诉他,陆军学校的名额已满,同时问他:"如果我推荐你进美国海军军官学校,你愿意吗?"不能报考西点军校,尼米兹有些失望。对于海军军官学校,他也从来没有听说过。但尼米兹不愿放弃这个受教育的机会,他决定报考海军军官学校。经过一番认真的准备,尼米兹终于以很好的成绩通过了考试。

1901年9月7日,尼米兹宣誓成为美国安纳波利斯海军军官学校的学员。至此,他走出了家乡那狭小的天地,开始了漫长而不平凡的军旅生涯。

在海军学校,尼米兹保持了他的老习惯,早晨4点半起床,一直学习到吹起床号。勤奋的学习,使他的成绩一直名列前茅。1905年1月毕业时,尼米兹的总成绩在同届114名毕业生中名列第7。他的祖父,一位始终关心并爱护他的老人对此非常高兴。他在给孙子写的信中说:"我对你的学习成绩感到高兴……任何人都不能再有更高的期望了。"

尼米兹并非是那种只知道读书工作的人,他仍具有在得克萨斯州孩提时代性格开朗和合群的特点。

学习期间,尼米兹除了认真学习规定的课程之外,还特别注意课外的学习。他认为,"有些最有价值的经验不是从书本中能学到的"。他参加学校的各种活动,和同学们友好相处。

值得一提的是,海军军官学校荟萃了一大批日后美国海军的栋梁之材。先后从这个学校走出的有在二战期间担任美国海军总司令的欧内斯特·金,有号称"海上公牛"的勇将哈尔西,有在中途岛战役中立下赫赫战功、被尼米兹称为"将军的将军"的斯普鲁恩斯。仅与尼米兹同届的毕业生中,后来就有16人升为海军少将。尼米兹从海军军官学校毕业时,学校给他的评语是:"他是一个对昨天感到愉快对明天充满信心的人。"

毕业后的尼米兹登上了亚洲舰队的旗舰"俄亥俄"号,开始了为期两年的实习生活。在实习期间,给尼米兹留下深刻印象的,是在随"俄亥俄"号停泊在日本期间他参加了日本天皇为庆祝日俄海战的胜利而举行的花园晚会。在这次晚会上,他和同事们与日本海战的胜利者东乡平八郎海军上将进行了交谈。此后,他们再也未能见面。多年后,尼米兹对这位海军老将仍记忆犹新。在实习结束时,"俄亥俄"号舰长洛根上校对他给予很高的评价:"学员尼米兹是一个优秀的军官,我高兴地推荐给学术委员会,请给予最优秀的考虑。"

1907年1月31日,尼米兹被正式委任为海军少尉,并成为一艘叫作"帕奈"的小炮艇的艇长,在远东一带执行巡航任务。在此期间,尼米兹因工作疏忽大意而受到警告处分。

1909年1月,尼米兹被调到潜艇第一支队任职。当时,海上的主战舰只仍然是战列舰。而潜艇作为攻击作战的武器,其特殊作用还没有受到重视。在潜舰上工作艰苦,没有额外补贴,尼米兹多少有些失望。然而,他克服了失望情绪,全心投入到新的工作中,其后为"潜水者"号、"甲鱼"号、"一角鲸"号等潜艇的艇长,并越级晋升为海军上尉。

精通业务而又肯于钻研的尼米兹在指挥潜艇的实践中,发现当时潜艇使用的汽油发动机排泄毒气并易于爆炸,于是,提出了用柴油发动机代替汽油发动机的设想。

经过刻苦钻研,尼米兹很快成为一名潜艇动力专家。1912年,他曾以潜艇专家的身份,应邀到美国海军军事学院发表专题演讲。

1913年4月9日,尼米兹与凯瑟琳・弗里曼结婚。

他们婚后共生育了4个孩子。长时期里,凯瑟琳伴随着尼米兹过着居无定所的漂泊生活,相夫教子,承担繁忙的家务而毫无怨言。当他们不在一起的时候,每天总要互通一封信。这种笃深的感情伴随了他们夫妇一生。

为了深造,1913年5月,尼米兹带着他的新婚妻子前往德国学习柴油机的工艺技术,足迹踏遍了汉堡和尼恩贝格各家造船厂的每个角落。回国后,他在海军油轮"莫米"号上成功地安装了柴油机,并当上了该船的轮机长。当时,不少工业界人士曾不惜重金聘请他前去任职,圣路易斯的布希・苏尔泽兄弟柴油机公司甚至以25000美元的年薪聘请他,而他在海军的薪金每月只有24美元。但是,尼米兹毅然谢绝了他们的好意,决心坚守在海军的岗位上。

曾任英国参谋总长的加富尔元帅认为,尼米兹在舰艇动力方面,"是一位领先的专家","这种贡献对于他以后在太平洋中发动高度机动性海上战争也大有贡献"。

转事指挥

1917年8月,尼米兹升任少校,并由油料供应船副船长调到大西洋舰队潜艇部队,任该部队指挥官罗比森少将的副官。罗比森对这位年轻的海军少校极为赏识,并且成为终身的朋友。罗比森不放弃一切能帮助尼米兹飞黄腾达的机会,并劝他放弃工程师的事业以免限制了他的前途。尼米兹开始钻研军事指挥技术,1918年秋,就任海军作战部潜艇设计委员会高级成员。后来经过一番努力,尼米兹终于做了"南卡罗来纳"号战舰上的执行官。这是一项重要的任命,暗示他已被考虑升为将官。因为在当时战舰被称为"主力舰",这是正道,而其他的却只算是旁门左道。

1920年尼米兹奉命到珍珠港去建立一个潜艇基地。他利用第一次大战时剩余物资完成这项艰巨工作。同年底,晋升为海军中校,就任基地司令兼第14潜艇分遣队司令。

1922年,尼米兹进入美国海军军事学院深造。对于尼米兹来说,这将是他通向高级职务的重要一步。

在军事学院期间,尼米兹把主要精力放在学习上,听课,参加军事演习,广泛阅读有关战略战术的著作、战争史和名人传记。尼米兹一直认为,这一时期的学习,为他后来在战时担负高级指挥工作奠定了基础。在学习期间,尼米兹和同事们一起探索以航空母舰为核心的圆形战斗编队,并在毕业后的工作实践中加以完善,使这种圆形战斗编组成为二战期间美国标准的航空母舰编队队形。

从军事学院毕业后,尼米兹又被他的老上司、当时任美国战列舰队司令的罗比森将军招去,在他的旗舰上担任副官、助理参谋长和战术官。利用在旗舰"加利福尼亚"号上工作的机会,尼米兹不顾保守势力的反对,进行了圆形战斗编组的海上演习,并把美国当时唯一的一艘航空母舰纳入战斗编组之中。通过海上演习,尼米兹的圆形战斗编组更臻于完善。

1925年10月,罗比森晋升为美国海军总司令,尼米兹仍任其副官、助理参谋长和战术官。

1926 年秋，尼米兹调任伯克利的加利福尼亚大学海军科学与战术教授，组建海军后备军官训练团。1928 年 1 月，晋升为海军上校。1929 年 6 月，改任圣迭戈第 20 潜艇分遣队司令。两年之后升任圣迭戈驱逐舰基地司令。1934 年出任"奥古斯塔"号巡洋舰舰长，并随舰前往中国上海。

1935 年，尼米兹调任海军部航海局（现为人事局）局长助理。因航海局长经常不在办公室而海军部长又体弱多病，尼米兹经常代理局长职务并代行部长职权。在这个职务上他才了解了政治对军事的重要。由于罗斯福总统又开始执行新的造舰计划，尼米兹就忙于为那些新舰提供适当的人员。

1938 年 7 月，尼米兹出任第 2 巡洋舰分遣舰队司令，晋升为海军少将。稍后因病改任第 1 战列舰分遣舰队司令。

1939 年，尼米兹再次回到华盛顿，担任海军人事局局长。当时，正是美国海军进入发展的时期，尼米兹的任务就是征召和培训所需要的水兵，并把他们分配到迅速扩大的海军中去服役。

在海军人事局长的职位上，尼米兹显示了他另一方面的才华——知人善任，精明干练，善于协调和处理各种矛盾及关系。所有这些，再加上他的优秀服役记录，使他赢得了很高的声誉，也使他深受同样有过海军生涯的美国总统罗斯福的器重。

1941 年初，随着国际局势日趋紧张，罗斯福召见尼米兹，准备任命他为海军舰队总司令。这个职位对于一个尚属年轻的海军少将来说，无疑是一种非凡的荣誉。然而，尼米兹谢绝了。他考虑到了在和平时期越过 50 多名比他资深的将军就任这一职务所可能带来的后果，特别是在他得知，他的朋友、精明能干的金梅尔将军也是候选人之一后，更是毫不犹豫地放弃了这一职务。结果，这个职位给了金梅尔，但不久金梅尔就因为日军偷袭珍珠港而辞职。

拒绝出任舰队总司令，对于尼米兹来说，可能是他一生中最幸运的一次选择。因为他不仅避免了金梅尔被越级提升后所受到的毁誉，而且也避免了为珍珠港遭袭这一灾难性事件承担责任——虽然这并不是他拒绝出任的初衷。

担任海军人事局长，是尼米兹在太平洋战争爆发前担任的最后一个职务。时年他 56 岁，身体健康而富有活力，淡黄色的头发刚刚变白。几十年的军旅磨砺，他干过了海军中除航空兵以外的几乎每一行，积累了丰富的经验。所有这些，为他在即将到来的恶战中一显身手奠定了基础。

力挽狂澜

1941 年 12 月 7 日上午 7 点 55 分，日本飞机偷袭了美国夏威夷的海军基地珍珠港，港内有 18 艘舰船被击沉、击伤，这几乎是美国太平洋舰队的大部实力。通常停泊在该港的三艘航空母舰"企业"号、"列克星顿"号、"萨拉托加"号和一支巡洋舰队因为外出执行任务，幸免于难。

数小时后，日机轰炸了香港，一支日本舰队出现在暹罗湾，不久即在马来亚漫长的海岸上登陆。3 天后，日本从空中、海上轰炸了菲律宾群岛上的美军基地。美国在太平洋的据点威克岛、关岛遭到猛攻。荷属东印度群岛的苏门答腊、爪哇、婆罗洲和邻近一些岛屿被日军占领。在菲律宾，道格拉斯·麦克阿瑟指挥的美军艰难地据守在马尼拉湾西南人海处的哥黎希律岛上。

日本侵略军发动了四面出击的海上攻势,在太平洋掀起了侵略的狂澜。在短短6个月内,日本军队占领了拥有1.5亿人口的486万平方公里的广大地区,掌握了在太平洋和印度洋的制海权。

在这种情况下,罗斯福总统和海军部长诺克斯于1941年12月15日决定改变海军的高级指挥机构。总司令部移到华盛顿,由金出任,地位在海军参谋长斯诺克之下。几星期之后,斯诺克被派往伦敦,由金同时兼任二职。罗斯福与斯诺克又亲自选尼米兹接替金梅尔,而他的官职则改名为太平洋舰队总司令。

12月16日,美国总统罗斯福郑重决定,由尼米兹接替金梅尔出任美国太平洋舰队司令,"到珍珠港去收拾败局,然后留在那里,直到战争胜利"。

面临国家危难之际,尽管尼米兹对越级提升有所顾虑,尽管他对此去是接替一位老朋友的职务感到为难,但战时执行命令是不容讨价还价的。他牢记美国总统罗斯福的重托,毅然挑起了力挽太平洋狂澜的重任。

受命于危难之际的尼米兹与其他美国海军高级将领相比,既无长期指挥海上作战部队的经历,也无值得夸耀的战功,"越过比他资历深的28位将官"就任太平洋舰队总司令,自然引起了许多风言风语,对此,深知责任重大的尼米兹却一笑置之,因为他正像安纳波利斯海军学校在他即将毕业时所评价的那样,是一个"对昨天感到愉快对明天充满信心的人"。

尼米兹接到任命后立即动身前往夏威夷。当时的夏威夷到处舰船倾覆,士气低落,充斥着悲观失望和消极避战的情绪。为了鼓舞士气,整顿再战,尼米兹没有急于处理那些渎职者,也没有过多责备那些情绪低落的失败主义者,而是告诉他们"要眼睛向前看,不要向后看",并制定了"积极防御,主动出击"的作战方针。在当时情况下,美国海军要以劣势兵力遏制日本人在太平洋的进一步扩张非常困难,但尼米兹认为,只有主动出击,才可能逐步取得局部的战术性胜利,积小胜为大胜,扭转被动形势,重振美军士气。根据这一战略指导思想,尼米兹开始策划、组织、指挥一系列的军事行动。

首先,尼米兹选拔重用英勇善战的军官(如哈尔西、斯普鲁恩斯、特纳、史密斯等),重建指挥系统以协调太平洋战区的海陆空三军力量,承接调拨给战区的人员、武器和补给物资,参与华盛顿的最后决策以制定横跨太平洋而战胜日本的战略计划,亲自筹划切实可行的作战行动。在拟制作战计划时,尼米兹总是向参谋人员提出3个问题:计划能否成功? 作战一旦失败会产生什么后果? 计划是否在物资和供应能力允许的范围之内?

尼米兹有四个主要目标:(1)保护美国、夏威夷、中途岛与澳大利亚之间的海路安全;(2)引诱日本人离开东印度群岛;(3)制止日本人在太平洋中的进一步扩张;(4)恢复太平洋舰队已经动摇的士气。他唯一剩下的攻击武器就是航空母舰,所以他主张用它们去发动突击使日本人失去作战能力。

1942年1月,尼米兹毅然决定,由2艘航空母舰组成联合编队,向日军控制的马绍尔群岛和吉尔伯特群岛发动一次闪电式的突袭。结果,突袭成功,一举炸毁日军2艘潜艇、1艘运输船、8艘小型船只,并炸毁了岸上的部分设施。这是"美国海军在第二次世界大战中的第一次得分"。消息传来,美军士气为之一振。

接着,尼米兹又于2月上旬开始筹划对日本首都东京的空袭。当时,实行这一计划困难很多，美国任何一个军事基地离东京都太远，而在距离日本本土500英里的海面上就有日军巡逻舰严密监视着。因此，要完成这一任务只能运用航空母舰，而且必须要在距离日本550英里处开始行动。而如果航空母舰过于靠近许多日本机场又十分危险。陆军建议使用B-25型远程中型轰炸机，詹姆斯·H·杜立特中校训练了从航空母舰甲板上起飞的16名机组人员。经过审慎研究，决定用航空母舰把轰炸机运至日本以东500英里的区域。飞机空袭东京和其他日本城市后，到中国沿海机场降落。从航空母舰上起飞重型陆基飞机，这无疑是一个大胆而机智的决定。

于是，从大西洋调来了新航空母舰"大黄蜂"号以搭载旧金山附近阿拉米机场的B-25型轰炸机。而"大黄蜂"号因为在飞行甲板上装载了陆军轰炸机，不能再用它的飞机进行侦察巡逻，需要另一艘航空母舰将其护送到日本海域。

尼米兹仔细征求了哈尔西中将的意见，并把护送任务交由他指挥。

1942年4月，盟国将太平洋战场划为太平洋战区和西南太平洋战区，尼米兹兼任太平洋战区最高司令，统一指挥该区的盟国陆海空军部队。尼米兹提出的动用"大黄蜂"号航空母舰搭载陆军航空队的B-25型远程轰炸机空袭计划得以实施。

美国太平洋舰队总司令切斯特·威廉·尼米兹海军上将在中太平洋展开攻势

哈尔西指挥的第16特混舰队于4月8日离开珍珠港，与"大黄蜂"号在13日会合后，按预定计划驶向日本。

但意想不到的情况发生了。18日清晨，离预定作战区域还有100海里，即离东京约650海里外，美国特混舰队被日本巡逻舰发现。哈尔西果断地决定提前行动。16架B-25轰炸机满载炸弹从"大黄蜂"号甲板上腾空而起，在短短几小时内，飞抵东京、名古屋、横须贺、神户等城市上空，投下炸弹和燃烧弹后顺风直飞中国。

这次空袭，直接战果虽然并非很大，但却产生了巨大的影响。在日本，亿万臣民目瞪口呆，天皇陛下深感惊恐，山本大将再三请罪。在美国，朝野上下深受鼓舞，广大官兵士气更盛，悲观情绪烟消云散。为了防止袭击事件再次发生，日本陆军统帅部立即削减了前线航空兵的力量，把大批的战斗机群紧急调回国内保卫本土岛屿；侵华远征军还派遣了一支由53个营组成的讨伐队专门去扫荡美国轰炸机降落的浙江省和江苏省。

破获密码

东京被炸之后，日本海军总部及太平洋战区指挥部更感惶恐，立即采取对策，决定首先夺取新几内亚的重要港口莫尔兹比港以及中所罗门群岛的美军基地图拉吉岛以便扩大"外防御圈"，抢先制止美军的再次空袭。为此，日军于4月底派出了一支由航空母舰等兵力直接护航的登陆大军，从特鲁克出发，直奔珊瑚海。

鉴于珍珠港事件的教训,尼米兹大力加强太平洋舰队情报机构的建设。情报机构设法从被击毁的日本潜艇中找出日本海军密码本,致使日本海军的电文得以破译。尼米兹和他的参谋部根据夏威夷情报站罗切福特少校提供的情报分析,做出了正确判断:日军为控制新几内亚东部,可能要夺取澳大利亚在珊瑚海的莫尔兹比地,因为从那里起飞的轰炸机不仅可以到达新几内亚尾部,而且还能到达日本在腊包尔的基地。

当日军开始把即将发动的进攻战称作"MO"行动计划的时候,通过情报的破译,尼米兹得知日军企图攻占图拉吉岛并进而夺取新几内亚的莫尔兹比港,参战兵力包括由2艘航空母舰、3艘重巡洋舰和1艘驱逐舰组成的突击部队,由1艘航空母舰、4艘重巡洋舰和1艘驱逐舰组成的支援掩护部队,以及由1艘巡洋舰和6艘驱逐舰护航的登陆部队。

由于密码的破译,尼米兹更确信了日军的进攻目标。然而,尼米兹所掌握的兵力却很有限:曾被日本潜艇击伤的航空母舰"萨拉托加"号正在修理;"企业"号和"大黄蜂"号航空母舰袭击东京后正在返航途中。能马上使用的只有"约克敦"号和"列克星顿"号两艘航空母舰。为了组成一支能与日军对抗的特混编队,尼米兹不得不从新喀多尼亚和澳大利亚紧急抽调了8艘巡洋舰和11艘驱逐舰,与2艘航空母舰组成一支特混舰队,由弗莱彻指挥星夜赶往珊瑚海。

战役从5月3日日军攻占图拉吉岛开始。次日,日军分乘14艘运输船由1艘轻巡洋舰和6艘驱逐舰护航,驶往莫尔兹比港;美国"约克敦"号航空母舰的舰载机攻击图拉吉,击沉驱逐舰1艘、毁伤其他舰船数艘,导致日本航空母舰机动部队南下。

从5月7日拂晓到5月8日黄昏,珊瑚海地区战云低垂,硝烟弥漫,人类战史上航空母舰的首次交锋开始了。在激战中,双方战舰从未照面,只用舰载机实施远距离攻击。结果,日军的1艘航空母舰、1艘驱逐舰和3艘小型战舰沉没,1艘航空母舰遭到重创,损失飞机77架,人员伤亡1074人;美军的1艘航空母舰、1艘驱逐舰和1艘油船沉没,1艘航空母舰身受轻伤,损失飞机66架,人员伤亡543人。

此次战役,从战果上看,美国的直接损失较日本要大些,但从战略上分析,美国则获得了有利的地位。尼米兹不仅使日军取消了对莫尔兹比港的进攻,而且可凭借技术优势及时修复受伤的"约克敦"号,使之能投入下一阶段的战斗。而参加珊瑚海海战的两艘日本航空母舰却难以及时恢复战斗力。其中受伤的一艘至少需要修理1个月,未受伤的另一艘也将因为舰载机飞行员严重减员而不能投入中途岛战役。这样,在以后的中途岛战役中,日方的航空母舰部队将减少三分之一的兵力,这对双方力量对比产生了重要的影响。

在强敌面前,尼米兹采取"打了就跑",以小胜为主的战术,既达到了激励士气的目的,也打乱了山本五十六的如意算盘。曾经就读于美国哈佛大学、多年出任日本驻华盛顿海军武官的山本,深知美国有着巨大的生产力和军事潜力。因此,他在策划偷袭珍珠港时就已拟定必须在美国经济纳入战争轨道之前,即彻底摧毁美国太平洋舰队,迅速结束这场战争。而山本的这一战略意图,被尼米兹推迟了。

美国太平洋舰队接连打了几个小胜仗,特别是派遣B-25型轰炸机轰炸了东京之后,山本五十六决定加速摧毁它。山本的战略目标是进攻珍珠港西北的中途岛。中途岛是美军保卫珍珠港的海军巡逻机前进基地,是美军海上补给线,也是太平洋上的前哨阵地,占领了该岛,太平洋必将落入日军之手。为了达到这一目的,山本集中了有 8 艘航空母舰在内的各种舰船 200 多艘,飞机 700 多架,组成了一支庞大的舰队,并把这支庞大舰队分成 6 支战术部队:(1)主力部队,由山本五十六亲自指挥;(2)第一机动部队,由南云忠海军中将指挥,负责歼灭美军航空母舰的作战任务;(3)中途岛攻略部队,由近藤信竹海军中将指挥;(4)北方部队(阿留申部队),主要任务是牵制、迷惑敌军;(5)先遣部队(潜艇部队);(6)岸基航空部队。山本选定 6 月 7 日进攻中途岛,在预定进攻的前两天,对该岛实施大规模空袭,同时佯攻阿留申诸岛。山本指望美国人会被这种双管齐下的战术搞得晕头转向,使其在日军完成中途岛登陆前来不及组织认真的抵抗。

在珊瑚海战斗爆发之前,尼米兹在公务繁忙之际,仍然抽出时间飞赴中途岛进行了视察。在研究了太平洋战略形势之后,尼米兹敏锐地感到,日本在太平洋发动的攻势,迟早要指向位于太平洋中部的中途岛。值得庆幸的是,自开战以来,美国情报部门已破译了日军的"紫色密码",这就为尼米兹判断日军的动向,制定正确的军事行动计划,创造了有利条件。

尼米兹很重视侦破敌方的密码,通过侦破敌方的密码来了解对手的真实作战意图和行动。因此,他专门成立了由约瑟夫・J・小罗切福特负责的破译小组。在珍珠港,小罗切福特从日军的一系列密码电报中,发现"AF"两个字母最引人注目,因为两个月前水上飞机袭击珍珠港的日方在电报中就曾提到"AF"。据推断,"AF"只能是指中途岛。为了进一步证实这一推断的准确性,中途岛上的美国海军受命制造假情报,就是使用容易破译的英语密码拍发一份作为诱饵的无线电报,报告该岛淡水设备发生了故障。不久,美军截获一份日军密电,密电中说"AF"很可能缺少淡水。这就使得尼米兹进一步确认"AF"是指中途岛。

5 月 27 日,由山本五十六大将统帅的日本联合舰队气势汹汹地扑向中途岛。日军此次行动的目的,是占领中途岛,把日本的防御圈向东推进;并诱使美国太平洋舰队出来应战,伺机将其歼灭。

为了有效迎战,必须加强对现有美军三军部队的集中领导。尼米兹向埃蒙斯将军通报了自己的计划,然后下令部队进入"敌前进攻"状态。这样,夏威夷地区的所有部队,除陆军外,都纳入了太平洋舰队总司令的直接指挥下。虽然保卫夏威夷地区仍然是埃蒙斯将军的任务,尼米兹却把他所管辖的第 7 航空队的大部分轰炸机派到中途岛去。

果断自若

正当日军积极备战的时候,美国情报部门从破译日军密码已获悉,日军将于 6 月 3 日进攻阿留申群岛,6 月 4 日进攻中途岛。然而这份情报并没有能完全说服太平洋舰队司令部持怀疑态度的人,反而加深了他们的猜疑。他们有的人怀疑日本何以会出动整个舰队去进攻太平洋上的几个小岛,有的人怀疑这是否是日本用来迷惑美国人的假电报。

埃蒙斯将军对尼米兹的计划深感不安,太平洋舰队的一些军官也暴跳如雷,而尼米兹却泰然处之。尼米兹根据双方力量的对比分析,深知此战的艰巨。日军有 10 艘航空母舰,而美国只有"企业"号和"大黄蜂"号两艘。"约克敦"号需要 30 多天才能修复参战。在其他舰艇方面,日军拥有 23 艘巡洋舰,美方只有 8 艘。日军有包括世界驰名的最大战舰新"大和"号在内的 11 艘快速战列舰,美方只有 6 艘速度缓慢、难以配合航空母舰作战的战列舰。有鉴于此,尼米兹决定必须尽力保卫中途岛,不能分散兵力,被日军对阿留申群岛或其他地区的牵制性进攻所迷惑。

美国领导层和军方高级将领对日军进攻的真正目标是否在中途岛一直有怀疑,担心如果尼米兹判断失误,美国西海岸就会因无舰可守而完全暴露于敌。尼米兹当然也很清楚自己在冒多大的风险,假如判断有误,自己的下场将比前任金梅尔更惨。但决心已下,尼米兹已把一切都置之度外了。

尼米兹根据作战部署,精心制定了各种应战措施:(1)命令"必须在 3 天之内修好'约克敦'号"。为使它能赶上中途岛决战,尼米兹穿着齐膝长靴站在船坞中,亲自组织突击抢修,使原来预计要一个多月才能修复的"约克敦"号只用了 3 天就基本完成了。(2)严密封锁日军将发起进攻的消息,使舰队像往日一样平静。(3)在 5 月 6 日,再次亲自飞抵中途岛,检查各项防御措施,增派了两个 B-17 型空中堡垒式远程轰炸机中队和 4 个改装后可进行鱼雷攻击的 B-25 轰炸机中队,配置了许多高射炮群,并将所有潜艇部署在附近海域。

经过充分准备,尼米兹于 5 月 14 日下达了太平洋舰队进入全面战备状态的命令。5 月 25 日,罗切福特的情报组又破译了日本舰队行动计划的通讯密码,查明了山本五十六各编队的实力、指挥官、航线等内容,并了解到总攻时间在 6 月 3~5 日之间。

临阵折将,是兵家大忌。就在尼米兹正需用人之时,负责指挥第 16 特混舰队的司令官哈尔西却因病住院,不能随舰队指挥作战。哈尔西是一位富有进取精神和作战经验的航空母舰指挥官,失去这样一位骁勇善战的指挥员对尼米兹是一个很大的损失。然而知人善任的尼米兹再一次做出了一个后来被证明是极为正确的决定,他接受了哈尔西的推荐,下令由巡洋舰指挥官斯普鲁恩斯暂时接替哈尔西指挥部队。尼米兹早就认为,斯普鲁恩斯少将是第一流的组织者和战略家,不仅勇敢善战,而且具有冷静考虑问题的能力。而这种能力,对于即将进行的敌我力量对比悬殊的战斗来说,是十分重要的。

5 月 28 日晨,斯普鲁恩斯将军指挥的第 16 特混舰队离开珍珠港,他将在途中与弗莱彻海军指挥的第 17 特混舰队会合,然后在中途岛东北海域设伏待机。尼米兹给两位将军下达的作战指示是:"动用最有效的消耗战术",给敌人以最大限度的打击。

尼米兹将两支舰队埋伏在中途岛东北 200 海里的海面上,停留在日军空中攻击航程之外。这样就可能在日军还没有发现美国航空母舰之前,先发现日军的航空母舰。选择在中途岛东北方向的另一个原因,是有的将领不相信日军会进攻中途岛,如果这一派人的预见是对的,埋伏在这一方向的航空母舰即可转而保卫夏威夷或美国西海岸。

战役发动之前和战役的关键时刻,一个统帅镇定自若的态度和有序的指挥往往会影响部属的情绪,增强他们的信心。尼米兹在这方面是无可挑剔的。

E.B.波特这样描述说:6 月 1 日,"太平洋舰队的参谋们继续伏在绘图板上,不断用彩色钢笔标出双方前进的航线。他们不断增长的紧张情绪影响到了基层,那里的下级军官和士兵对将会出现什么情况只能猜想而已。而司令官尼米兹在他们面前昂着头,来回走动,镇静而泰然自若的表情,使他们打消了顾虑"。

其实,尼米兹怎么能不紧张呢?山本五十六会不会按照尼米兹的设想出现在中途岛,这还是一个未知数。为了放松紧张心理,尼米兹干脆到室外射击场去练习手枪打靶,不一会儿身边留下了一堆子弹壳。6月2日,作战绘图板上的橙色线已接近目标,如果海图标线无误的话,美军向西巡逻的"卡塔林娜"联络机和进攻中途岛的日军即将遭遇,但到当天夜间仍没有报告,6月3日的侦察也毫无结果。那天夜里,太平洋舰队参谋部的军官几乎都没有睡觉。有一位参谋后来回忆说,"当时尼米兹将军为了应付突变,在紧张而忙碌的两天两夜里,仅在办公室里的一张帆布床上打个盹"。

6月3日,第16、第17特混舰队在中途岛东北海面列阵,准备在那里伏击南云的舰队。而山本五十六当时得到的消息却是:美国幸存下来的航空母舰,肯定还远在所罗门群岛。

6月4日拂晓,"卡塔林娜"飞机的飞行员终于发现了日军两艘航空母舰并观察到大批敌舰载飞机正编队飞向中途岛。听到这个消息,尼米兹总算松了一口气。他高兴地派人把情报官罗切福特叫来,幽默地对他说:"你这个月的薪水总算是没白拿。"

6月4日凌晨,日本南云舰队中"赤城""加贺""飞龙"和"苍龙"号上的泛光灯突然打开,把飞行甲板照得通亮,俯冲轰炸机、水平轰炸机和零式战斗机直扑中途岛上的美军机场。中途岛上的美军因早有准备,当南云的第一批突击飞机距离中途岛30海里的时候,停在该岛机场上的所有美军飞机皆振翼起飞,使日军轰炸机扑了个空。

正当日军第一批飞机返航、第二批飞机待飞时,突然,从"企业"号、"约克敦"号和"大黄蜂"号上起飞的一批接一批的美国各型轰炸机群在空中出现。在战斗中,美军鱼雷轰炸机以自杀式的低空飞行向日舰施放鱼雷,结果无一命中,绝大部分鱼雷轰炸机被击落。但它却吸引了日军防空火力和战斗机的注意力,为美军高空俯冲轰炸机赢得了宝贵的有利时机。它们在没有阻拦的情况下,扑向日本航空母舰,短短的几分钟内,首先是"赤城"号被鱼雷击沉,后来是"加贺"号和"苍龙"号被击沉。不久,幸存的另一艘航空母舰"飞龙"号也受重创。

在取得胜利之后,斯普鲁恩斯将军做出一个正确的决定,不是指挥追击敌人,而是率舰队乘夜色东撤。这时,南云率领的战列舰、重型巡洋舰,正在全力东驶,试图寻找美国太平洋舰队决战,以挽回白天的损失。斯普鲁恩斯的决定,使美军避免了同惯于夜战的日本海军的遭遇战。

斯普鲁恩斯在该勇敢的时候勇敢——倾其所有飞机率先发动攻击;该谨慎的时候谨慎——拒绝接受南云要打一场夜战的挑战,从而最终确保了中途岛海战的胜利。这不仅显示了他杰出的指挥才能,而且也反映了尼米兹的知人善任和谋略。在开战之前,尼米兹就指示斯普鲁恩斯和弗莱彻:"必须掌握既要勇敢但又不莽撞的原则","盘算好了再冒险"。

就在南云舰队遭到灭顶之灾的时候,山本五十六还蒙在鼓里,继续指挥他的主力舰队在中途岛背后450海里的海面上游弋着。当山本得知中途岛海战的确实情况后,为时已晚。他不得不在6月5日凌晨2时55分痛苦地下达命令:"取消中途岛的占领行动。"6月6日天刚亮,一艘日本潜艇发现在海战中被击伤的"约克敦"

号,遂用鱼雷将其击沉。至此,中途岛海战即告结束。

中途岛一役,美军以损失 1 艘航空母舰、1 艘驱逐舰和 147 架飞机的代价,击沉了日本 4 艘航空母舰、1 艘重巡洋舰,击毁 332 架飞机。更为重要的是,日军损失了大批参加袭击珍珠港的最有经验的飞行员,这是难以弥补的损失。经此一役,美军再次以劣势兵力击溃了日军的进攻,一举扭转了在太平洋战区的不利局面,双方的对抗出现了均势。中途岛海战成为太平洋战争的一个重要转折点。

尼米兹受命于危难之时,力挽狂澜,赢得了中途岛海战的胜利,终于使盟国看到了战胜日本法西斯的希望。尼米兹也终于赢得了他一生最辉煌的一次胜利。

6 月 6 日早晨,尼米兹收到了金上将发来的祝捷电报。埃蒙斯将军也高兴地和副官提了两打香槟酒前往太平洋舰队司令部,向尼米兹表示祝贺。在欢庆胜利的时刻,尼米兹没有忘记与自己一样付出极大心血的部下,他让参谋给夏威夷情报站打电话,并派车去接破译电码的老手罗切福特,来共享胜利的喜悦。由于修饰打扮的时间过长,罗切福特到达司令部时,庆祝会已开过了,另一个高级会议正在进行。然而尼米兹仍对他表示热烈欢迎,并把他介绍给一些高级将领说:"这位军官为中途岛的胜利立了一大功!"

打开敌门

在整个太平洋海战期间,作为美日两国海上舰队最高指挥官,尼米兹和山本五十六在指挥风格上有很大不同。山本五十六不仅亲自制订军事行动计划,而且还把他的司令部设在日本也是世界上最大的战列舰"大和"号上,并经常率战舰参加重大的军事行动。相反,尼米兹却把他的司令部始终设在瓦胡岛上,只是到了战争末期,随着战局的进展,才把司令部迁到关岛。此外,尼米兹也从未亲率舰队出海征战。

尼米兹作为太平洋舰队总司令,为了进行战略规划,需要同华盛顿参谋长联席会议保持联系,需要同担任西南太平洋战区司令的年老资深目中无人的麦克阿瑟将军保持协调,需要最及时的情报和便利的通讯中心。而要满足这些需要,把司令部设在瓦胡岛,无疑是一个最佳选择。

在太平洋战争期间,美国的海军战略规划主要是尼米兹和美国舰队总司令欧内斯特·金一起制订的。他们通过每天多次的电报往来、写信和派人保持经常联系,相互交换意见,并定期在旧金山会晤。一旦做出决定,便通过参谋长联席会议批准下达。

尼米兹通常在他的司令部主持作战计划会议,他总是先听取别人的意见,仔细权衡利弊,然后再做出最后决定。他还在自己的办公桌玻璃上压着几张军事卡片。其中一张写道:"作战目标,进攻战,突然袭击,接敌点要有优势兵力,简要,安全,运动,节省力量,协同配合。"正是遵循这些作战原则,尼米兹制定了一次又一次军事行动计划,然后交由手下那些值得信赖的将军们去执行,从而不断把战争引向胜利。

中途岛海战之后,美军立即制订了代号为"望台作战"的计划,决心在太平洋战场迅速地反守为攻。

1942 年 8 月 7 日,在尼米兹的筹划下,美陆战队第 1 师约 2000 余人由 89 艘舰艇护送,向所罗门群岛的重要岛屿瓜达尔卡纳尔岛(简称瓜岛)发起攻击,揭开了"望台作战"的序幕。

攻击瓜岛的作战,由年老资深的戈姆利中将具体指挥。然而,此公软弱无能,出师不利,美军初战连连受挫。为此,尼米兹乘坐 B-17 轰炸机飞抵瓜岛,亲自视察了这场"整个战争中最残酷的战斗"。与此同时,他果断决定,易帅再战,由哈尔西替代戈姆利。戈姆利虽然不动声色地交出了指挥权,但他回到珍珠港时,马上要求尼米兹解释清楚为什么如此不给他面子。尼米兹说:"我必须从整个海军中去寻找一个最适合处理那种情况的人。你是否就是那个人呢?"戈姆利回答说:"假如你这样解释,我就不再介意了。"尼米兹果然知人善任,不徇私情。

哈尔西一到瓜岛,便立即发起了凌厉的攻势。然而,瓜岛虽然只有弹丸之大,却并非是等闲之地。日本联合舰队司令山本五十六亲率舰队主力进入瓜岛附近海域,日本陆军的精锐部队也从东印度群岛以及中国战场和日本国内移师而来,哈尔西更是倾其囊底,连"一身伤疤"的战舰也从船坞中赶了出来。顿时,瓜岛成了战争的"绞肉机",附近海域也获得了"铁底海湾"的雅号。经过 6 个多月的激战,双方损失驱逐舰以上的舰只各为 24 艘,日军损失飞机 600 余架,人员伤亡 24000 多人,而美军的飞机损失较少,人员伤亡仅为 5800 人,并牢牢地占领了瓜岛。

1942 年 11 月底,美英在开罗会议期间做出对日进攻的战略决定,把中部太平洋诸岛作为对日主攻的方向。这条进击路线将通过吉尔伯特群岛和马绍尔群岛至卡罗林群岛,然后,北上直捣日本本土。之所以选择这条进攻路线,是因为这条路线较短,容易把日本与其控制的南方地区隔离开,中路大都是一些岛屿,日军布防兵力有限,有利美军展开海空优势。虽然这一决定遭到麦克阿瑟的反对,但参谋长联席会议毫不动摇并任命尼米兹负责中路的指挥。

1943 年 1 月,尼米兹组织中太平洋的兵力首先实施吉尔伯特群岛的登陆。美军第 27 师在海军的猛烈炮火掩护下,比较顺利地登上了马金岛。但海军陆战队第 2 师在塔拉瓦岛的登陆却遇到驻岛 5000 余名日军强有力的抵抗,美军共牺牲了 1000 余人,才控制了这个岛屿。这次战斗的胜利,使尼米兹向东京跨出了一大步。

夺下吉尔伯特之后,尼米兹又把进攻的锋芒指向了马绍尔群岛。当时,日军判断,美军必将先取群岛东端、翼侧暴露的米利岛,因此立即从中心主岛夸贾林岛抽调兵力,重点加强米利岛的防御,企图以外围岛屿迟滞和阻止美军的进攻。然而,日军又一次失算了。尼米兹经反复考虑,决定集中兵力先打群岛的心脏夸贾林岛,以动摇日军的全盘防御部署,尔后再各个击破。为此,在登陆之前,尼米兹命令 4 个编队的舰载机和岸基飞机对马绍尔群岛进行了不间断的轰炸,但有意减少轰炸夸贾林岛的次数,以进一步造成日军的错觉。同时,尼米兹又告诫参战部队吸取塔拉瓦登陆作战的教训,而且亲自选择了一个荒岛,命令工兵模拟建造日军防御工事,并要武器专家实地研究克敌的措施。经过精心的准备,美军于 1944 年 2 月一举攻克了马绍尔群岛的主要岛屿,毙敌 8122 人,己方仅伤亡 356 人。

1944 年 3 月 23 日,尼米兹应麦克阿瑟将军邀请,率领参谋人员离开珍珠港前往布里斯班,就两支部队协同作战问题进行商讨。尼米兹和麦克阿瑟就此后作战方向发生了争执。前者主张先获得棉兰老空军基地,孤立吕宋,进攻中国台湾和沿海,继而打击日本本土;后者则主张迅速攻占菲律宾并获得参谋联席会议的支持。尼米兹派哈尔西率第 3 舰队参加解放菲律宾的作战。为了满足太平洋舰队远距离机动作战的要求,尼米兹组建"太平洋机动勤务舰队",有效地实施机动补给和就地检修。

在攻克马绍尔群岛后,受夸贾林胜利的启发,尼米兹率领美国舰队再一次采取大胆行动,绕过日军设防坚固的联合舰队主要驻泊地克鲁特岛,直取马里亚纳群岛,以突破日军的"内防御圈"。1944年5月,美军登陆编队在15艘航空母舰的掩护下,驶抵马里亚纳群岛海峡。6月15日,美军在塞班岛登陆。此时由小泽将军率领的一支包括9艘航空母舰和5艘战列舰的庞大日本舰队驶向这一海域,斯普鲁恩斯指挥美国第5舰队奋勇迎敌。经过两天激战,日军共损失了420多架飞机、3艘航空母舰、2艘油船,另有2艘航空母舰、2艘战列舰和1艘巡洋舰受到重创;而美军仅损失了130架飞机。这就是海战史上著名的"马里亚纳大规模火鸡射击战",官方称之为"菲律宾海"战役。1944年8月,马里亚纳群岛战役结束。美军控制了塞班岛、提尼安岛和关岛。这次战役的胜利,使美军夺得了下一步作战的后勤基地、攻击日军运输线的潜艇基地和轰炸东京地区工业设施的B-29型轰炸机基地。它预示着日本法西斯灭亡的日子已为期不远了。

1944年末到1945年初,尼米兹统率中路大军,会同麦克阿瑟所部,进行了菲律宾战役。战役期间,美国参议院通过了众议院的一项法案,同意任命4名海军五星上将和4名陆军五星上将。其中海军五星上将的人选之一,便是尼米兹。12月19日,尼米兹宣誓就任五星上将。

1945年1月,尼米兹将其司令部移驻关岛,为的是在战区附近建立一个前进指挥部,便于对部队的指挥。3月中旬,美军攻克了硫磺岛,6月美军占领冲绳岛。至此,进攻日本本土最后一道障碍也被清除了,日本的"国门"终于被打开了。

1945年8月,美国在日本投掷了两颗原子弹,以谋求加快结束对日战争。尼米兹事先知道这一计划,并负责选定在投掷原子弹的轰炸机的飞行员被迫跳伞或飞机迫降时进行援救的措施。

8月15日,日本正式宣布向盟国投降。尼米兹的情报官莱顿上校在收到电报后,立即向尼米兹做了汇报。

9月2日上午,尼米兹在美国"密苏里"号战列舰上,代表美国同时也是代表美国海军在日本投降书上签下了自己的名字。可以说,这是对他在太平洋战争期间所做出的杰出贡献给予的最高奖赏。

为了表彰和纪念这位战功卓著的名将,美国政府把1945年10月5日宣布为"尼米兹日",美国海军现在的特大型核动力航空母舰也被命名为"尼米兹"号。

战后生涯

上世纪30年代中期,尼米兹的儿子小切斯特曾问他的父亲:"你在海军中有什么抱负?"对此,尼米兹回答说,他希望有朝一日当上海军作战部部长,也就是海军的最高指挥官。如今,战争结束了,尼米兹不仅功成名就,而且梦想成真。1945年11月20日,美国总统杜鲁门任命尼米兹上将担任海军作战部部长,12月15日,尼米兹在海军部宣誓就职。早年的理想终于实现了。

尼米兹在其海军作战部长的任期内,从美国海军的利益出发,曾抵制各军种的统一指挥,反对陆军部和海军部的合并。他坚持认为,"是海上力量赢得了太平洋战争";他从美国的国家利益出发,坚决主张"美国拥有世界上最强大的海上力量","要把橄榄枝扎根在含有优质235铀矿的肥沃土地上",他主持领导了美国在比基尼珊瑚岛进行的原子武器攻击海上战舰效果的实验,并大力主张和推动发展核动力潜艇。

尼米兹作为太平洋战争中海军的杰出代表,在美国社会公众中享有崇高的威信和影响力,因此,除了作战部的本职工作外,他还必须出席各种重要组织召集的社会宣传活动。深谙公共关系奥妙的尼米兹认为,这些活动是博取公众舆论的重要途径之一,因而是他作为海军作战部长无法推诿的工作。他四处演讲,有时还亲自撰写讲稿,以切身体会讲述他所经历的战争,讲述海军在各大战役中所遭遇的艰难困苦,使民众了解和平的来之不易。

尼米兹利用与杜鲁门的交往,向他宣传海军和制海权。杜鲁门虽然从未减少对陆军的偏爱,但海军在他的心目中的分量因此有所增强。

在任职的后期,尼米兹开始为全国性杂志撰写有关战争和海军命运的文章,为海军的发展摇旗呐喊。他在《海上力量》月刊发表《海军无用了吗?》一文,批驳了海军无用论的观点;他在《国家地理杂志》发表《海军是和平的保证》一文,呼吁人们注意和平时期发展强大海军力量的作用。此外,他还在《国家商业》上发表《海军:为和平进行投资》;在华盛顿的《新闻文摘》上发表《海军仍不可少》,立场鲜明地捍卫海军的荣誉和地位。

1947年12月,尼米兹任职期满。由于五星上将为永久军衔,他被任命为海军部长的特别顾问。虽然如此,尼米兹在离任后还是离开了华盛顿,移居西海岸加利福尼亚州。在这以后,他与波特合著有《海上力量:海军史》和《太平洋的胜利:海军的抗日战争》。

1949年3月,海军作战部长登菲尔德上将发来一封急电,请他出任联合国有关克什米尔普选的督察员,调解印度和巴基斯坦的领土纠纷问题,应该说,作为军人的尼米兹对和平事业有着很大的兴趣。在以巨大的代价击败日本发动的战争之后,他即发表坚定的声明:"我不赞成先发制人的战争。我相信只要存在任何成功的希望,就必须运用外交手段。和平是可以获得的,只要我们具有勇气、耐心和才智。"他毫不犹豫地接受邀请,并立即赶赴华盛顿。

后来,尼米兹又担任了加利福尼亚大学董事达8年之久。

1950年6月25日,朝鲜战争爆发,杜鲁门宣布出兵朝鲜,并命令第7舰队进驻台湾海峡。杜鲁门亲自往尼米兹在纽约的住处访问,请他再次出任海军作战部部长。尼米兹婉言拒绝,但推荐了自己的朋友福雷斯特·谢尔曼将军,杜鲁门采纳了他的建议。

回到加利福尼亚州的尼米兹又一次接到联合国秘书长特鲁格夫·赖伊的邀请函,请他出任"友好大使"。尼米兹同意了,在以后的两年时间里,尼米兹在美国各州和世界一些地区演讲,宣传联合国和国际和平事业。

1966年2月24日,尼米兹在加利福尼亚临海而立的家中去世,终年81岁。人们遵照他的遗嘱,只举行简单的葬礼后将他葬在太平洋边上的金山国家公墓中。

热爱中国的将军

——约瑟夫·沃伦·史迪威

人物档案

简　　历:1904 年从西点军校毕业,以少尉军衔赴菲律宾服役;1906 年到西点军校现代语系任教官;1919 年 8 月 6 日,任命为代表陆军的驻华首任语言教官;1942 年 4~5 月,在缅甸指挥中国军队阻击日军;1943 年 10 月指挥中美联军和云南远征军进行缅北战役;1944 年 8 月指挥部队攻占北缅重镇密支那。

生卒年月:1883 年 3 月 19 日~1946 年 10 月 12 日。

安葬之地:不详。

性格特征:活泼、精力旺盛、聪明伶俐、有办事能力、过分敏感。

名家评点:《亚特兰大宪法扳》指出,史迪威将军是美国历史上屈指可数的在人民中间享有崇高威望的军人之一。

西点毕业

约瑟夫·沃伦·史迪威祖籍英国。1883 年 3 月 19 日出生在美国佛罗里达州帕拉特卡的绅士家庭。为纪念在他出生时进行照料的一位行医的朋友,他的父亲给他取名约瑟夫·沃伦。

史迪威的父亲本杰明·史迪威博士是一位仪表堂堂、聪明、英俊的绅士,有舒适的生活条件,并有多种技能。21 岁时,他在哥伦比亚大学获得了法学学位,但是没有从事法律工作。史迪威的母亲叫玛丽·皮思,1880 年结婚后,迁移到佛罗里达州的帕拉特卡附近的一座种植园,打算兴办南松木材业。史迪威出生后,他父亲放弃了木材业,同全家一起回到了扬克斯,并去学医,取得了学位,但是这个职业也没有吸引住他。1892 年,全家搬到了伯克郡的大巴林顿附近的一个农场。4 年以后,又回到了扬克斯,在那里,老史迪威接受了一家公用事业单位西切斯特照明公司的一个职位,最后成了该公司的副总经理。

史迪威的父亲对孩子教育要求严格,史迪威在少年时代就受到了良好的家庭教育。然而,他又是个活泼、精力旺盛、聪明伶俐的孩子,常常干出爬上房顶、把兔子淹死在饮马槽里的事。他极端讨厌每逢礼拜日要他一天作三次的祈祷,包括去教堂、主日学校和晚祷时听人讲道。

小学和中学时代的史迪威是体育场上的活跃分子。他喜欢打网球、划赛艇,同学们称他是"橄榄球队的动力、鼓舞力量和战地指挥官"。他对赛跑的兴趣也很大,还当上了一家报纸体育版的通讯员。强壮的体魄为他以后的军旅生涯打下了基础。1899年,史迪威从扬克斯公立中学毕业。校长在其结业报告中称他是个模范学生,各科学习成绩优良,精力充沛,有办事能力,没有坏习惯。其父认为16岁就进大学年纪太小,故而让他继续留校学习。然而,这个"模范学生"竟在此期间学会调皮捣蛋,从而改变了后来的发展方向,这却是其父始料未及的。其父决定把他送入西点军校,史迪威亦乐于从军。

1900年,史迪威考入西点军校,接受军事基本训练和理论教育。为了使军人在任何时候都能不折不扣、不加怀疑地服从命令,并能卓有成效地履行职责,军校对初入校的学生进行各式各样的体罚:强迫他们坐在刺刀上;向被迫只穿一条裤衩跑步的新生身上浇凉水;用绳索拴住新生的拇指把他们吊起来;强迫新生在澡堂里倒立;长时间地平端步枪;喝辣酱油;一次吃满满一盘蜜糖;强迫两个新生打架;在桌子底下吃饭以及其他各种各样的侮辱。这种恶作剧式的训练,对于初年级学员是司空见惯的。

新生的生活结束后,史迪威就像穿过一条黑暗的隧道来到阳光明媚的地方那样,进入了高年级。他努力学习为造就一个军官所设置的全部课程。在学习中他还显示了善于学习语言的天赋,在第2学年中,他的法文成绩是全班第一名。除了学习,余下的精力便用在他持之以恒的体育活动上。

史迪威当过校越野长跑队队长,还是校篮球队和橄榄球队队员。史迪威不仅善于学习外语,而且特别喜欢阅读惊险小说。1904年他以124人中名列第32位的成绩从西点毕业,以少尉军衔赴菲律宾服役。

在菲律宾服役一年两个月后,1906年2月他接到通知,要他到西点军校现代语系任教官。他在日记上把这作为一件自豪的事写道:他是"1904年第一个回国的人"。他还列出了向他表示祝贺的7个人和没有向他表示祝贺的9个人的名单,这表露出他是一个过分敏感的人。

史迪威在充任教官的前三年里是教英语、法语和西班牙语。然而,军校里的生活不能使他满足,由于离家很近就更是这样。他坐不住,有好奇感,在1907、1908和1909年,每年夏季他都以学习西班牙语为理由请假去"海外"。第一次是去危地马拉,第二次是去墨西哥,第三次是去中美洲。

第4年,学校给史迪威增添了一项任务,担任战术教官,后来又从教外语转为教历史。他在战术系供职期间始终是篮球、棒球和田径队的教练,第4年还充当了橄榄球助理教练。

在动身去墨西哥之前,25岁的史迪威认识了那位后来与他结婚的姑娘。她是他妹妹玛丽在私立学校的同班同学、锡拉丘兹市的弗雷德·史密斯(爱称"温妮")。1910年春天,他们订了婚并在当年10月结婚。

1911年1月,他同妻子一起乘坐"谢尔曼"号运输船启程去菲律宾。3月,他晋升为中尉。到9月,他已经积蓄着3个月的假期,于是决心同妻子利用些时间多看一看东方的特色。然后她将回国等待他们的第一个孩子出世。

他们于 9 月 14 日乘船去日本,先抵达长崎,从那里开始游览了内海海滨,一直游览到广岛。11 月间,他的妻子回美国,他在送别妻子后自己继续旅行,亲眼看了中国。12 月 9 日,史迪威返回菲律宾。

1913 年 8 月,史迪威重返西点军校任英语和历史教官。次年夏季,改任现代语言系教官。1916 年,调任纽约普拉茨堡军事教官,晋升为上尉。1917 年,在美国参加世界大战后,晋升为少校临时军衔,任旅部副官。

1917 年 12 月,史迪威被派到法国战场任美国远征军司令部参谋。此时,第一次世界大战在欧洲战场正激烈地进行。不久,他又被派往美军第 4 军任首席情报官。由于史迪威法语娴熟,并参与作战组织工作,表现很出色,晋升为中校。第 4 军参谋长称赞他有非凡的天才,是战争中成长起来的最能干的情报官之一。

战后,史迪威返回美国,撤销临时军衔,成为上尉军官。

任职中国

1919 年 8 月 6 日,他被任命为代表陆军的驻华首任语言教官。接着,他去加利福尼亚大学学习汉语。一年以后,史迪威少校携带妻子孩子来到中国任职,只用中文译名"史迪威"。任职期间,两次被国际赈济委员借调,出任修筑山西和陕西公路的总工程师,长期接触中国下层群众。

在 1921 年到 1923 年的 3 年时间里,史迪威先后到东北、华北、西北、江南各省和蒙古旅行考察,与各种各样的中国人接触交往,包括拥有奴隶的大亨和船上那些不论阴雨、不论严寒酷暑、不论饥饱,总是跳来跳去、整日乐呵呵的水手,上岸以后又到农村进行长途旅行,在尘土、暴雨、恶臭和肮脏中行走……

1923 年 7 月 9 日,史迪威一家乘船回国。返回美国以后,年过四十的史迪威又回到了学校。1923~1924 年,史迪威人美国本宁堡步兵学校学习,随后出任校长助理。

1925 年,史迪威又进入利文沃思学校。他在这里学习了步兵野战的各种战略战术。1926 年毕业后,他放弃去法国参谋学院工作的机会,主动要求来中国。史迪威一家又一次成为驶往中国的陆军运输舰的乘客。1926~1929 年,他先后担任驻华美军第 15 步兵团营长和团参谋长,与马歇尔共事。1928 年,史迪威晋升为中校。

在此期间,中国发生了国共合作的北伐战争、"四·一二"反革命政变和新军阀的混战。由于史迪威具有熟悉汉语和情报业务的特长,因而他对各方军队的兵力和战争的进程了如指掌。

1929 年 4 月,史迪威返回美国。此时,他已获得研究东方问题的权威身份。1929 年 7 月,史迪威调任本宁堡步兵学校战术系主任,成为副校长马歇尔推行教学改革的得力助手,获得"能胜任平时和战时的任何指挥工作"的评语。某学员曾在史迪威特别刻薄地批评学员队的野外演习情况之后画出史迪威绷着很友善的面孔从醋瓶里钻出,而醋瓶的商标上拥有 3 个 X 的漫画,对此表示欣赏的史迪威从而获得著名的外号"醋性子乔"。1933 年,他改赴第 9 军任职,全家在卡梅尔定居。

1935 年 7 月,史迪威晋升为上校之后,重返中国,担任美国驻华武官。

这时,日本在侵占中国的东三省和热河之后,正策划着霸占整个华北。作为武官,史迪威以军事观察家的身份和眼光去观察、研究日本正在一天天蚕食中国的事实。他认为,日本的侵略企图在北平比在南京表现得更为明显:在东交民巷北大场,日军步兵和骑兵每天在刺耳的军号声中进行军事训练;在大街上,日本军官骑着高头大马到处乱跑,或乘坐着插了太阳旗的小汽车飞驰。史迪威同关心中国的人们一样憎恶这些日本人。

　　而在这时,蒋介石却为了转移人民对日本侵略行径的注意而发动"新生活运动"。对此,史迪威以厌恶的口气指出,蒋介石到处组织这种俱乐部,要求人们"不要随地吐痰""不要拥挤""不要拖拉"……"这对于一个需要做更多的事来对付危难的国家,是毫无意义的儿戏"。

　　1937年7月7日,驻北平日军向驻卢沟桥的中国军队发起进攻,抗日战争爆发了。为了搞清日军情况,了解战争进程,史迪威挑选了5名高级语言教官组成一个情报网,将他们派驻各城市,让他们了解日本飞机的架次、运送兵员和物资的日本列车和卡车的数目、中国军队驻扎的方位和中国军队集结的迹象等。史迪威把他们搜集来的情报电文底稿汇集起来放在办公桌上,供记者们翻阅。

　　8月13日,淞沪抗战开始。史迪威认为蒋介石故意把战火引向上海,其目的是把日军拖到中国心脏地区,以便使全国以更大的决心抗战,同时,促使外国进行干预。蒋介石始终死抱一个宗旨:消灭共产党,等待外国来击败日本。

史迪威用毛笔签署中文名字

　　9月下旬,八路军在平型关取得了抗战以来的第一个胜仗。这场胜利振奋人心,也引起了史迪威的注意。他认为中国共产党掌握了值得研究的战术。他曾与史沫特莱花了整整半天时间分析研究平型关战斗。

　　1939年,史迪威同溃败的国民党政府到了重庆。他在给参谋部的军事情报中概述了对国民党政府失败的看法,他写道:在蒋介石的指挥系统中通常存在的混乱状况,在很大程度上是蒋介石本人直接造成的。其原因在于蒋介石总是怀疑有人反对他。蒋介石不敢让部下掌握权力,不敢信赖自己的部下,总想尽可能多地把指挥权揽在自己手里,蒋介石首先考虑的是由他本人控制最精锐的部队和物资,以使自己的地位不致受到威胁。

　　相比之下,史迪威对八路军很感兴趣。1938年春,他和史沫特莱在汉口结识了周恩来和叶剑英。在拜访周恩来并同他一道进餐后,他发现周恩来"谈吐坦率,举止彬彬有礼,态度友好,同国民党身穿毛领大衣、脚登皮靴的新式拿破仑们形成对照——那帮家伙一个个装腔作势,盛气凌人",而周恩来仪表英俊,很有涵养,文质彬彬,深得外国人喜爱。通过与周恩来、叶剑英的谈话,史迪威感到这些中国共产党人热诚、精力充沛,他们在追求中国革命久未实现的目标,也没有被权势所腐蚀。

1939 年 5 月,史迪威返回美国。9 月,他被晋升为准将。当时的美国情报处处长说:海军情报部一直是依据史迪威的报告了解中国战争真相的。

1939 年 9 月,史迪威回到国内任步兵第 2 师第 3 旅旅长。在德国闪击波兰的刺激下,步 2 师同其他部队进入紧张的冬训。在 1940 年 1 月份的野外演习中,师长克鲁格让史迪威指挥进攻"敌军"。史迪威给这个角色带来了生气,使野外演习一改以往"单调和迟钝"的通病。正如他的战友所说:"他要的不仅仅是演练,而是取胜。"史迪威的确是把演习比作实战。他始终认为,尽管中国的抗战开始后,美国政府严守中立,也未对日实行禁运,但随着第二次世界大战的爆发和日军咄咄逼人的进攻,美日之战正在到来。

为此,史迪威紧张地忙于训练部队,每天工作达 16 个小时。他拟定计划,对部队进行监督和检查,安排士兵和军官训练。他先训练军官,然后再由军官训练士兵。不久,他又建立了一所军官学校。马歇尔评价史迪威想象力丰富,灵活多变,自信心强,是个出色的战术指挥家。

1940 年 7 月,史迪威提升为步兵第 7 师师长。9 月又被晋升为少将。在这期间,他制订计划,训练官兵,改善指挥,参加陆军全国性大演习。

史迪威从德国顾问法肯豪森和卡尔森上尉那里了解到,日本的战争机器是个三流水平的军队,进攻能力较差,运输系统不协调,空军和地面部队难以配合,炮兵打不准等等。他曾信心十足地说,让他率领一支装备齐全的中国军队和作为突击部队的两个美国师,他就能在 6 个月内把日军赶出中国。

1941 年 6 月 30 日,史迪威因率领步 7 师在训练演习中表现突出,被晋升为第 3 军军长。

再去中国

1941 年 12 月 8 日,日军对珍珠港的美国海军基地进行突然袭击,太平洋战争爆发了。当天,蒋介石在重庆召见英、美大使,建议亚洲反轴心国家结成同盟,组成以美国为首的战争委员会,协调各方的军事行动。

12 月 24 日,英美等国首脑和他们的参谋长在阿卡迪亚会议上,决定请蒋介石担任独立的中国战区盟军最高统帅。不久,蒋介石接受了中国战区最高司令部统帅的头衔,同时,蒋还提议美国派一名高级军官做他的盟军参谋长。

珍珠港事件发生时,史迪威率第 3 军在美国西部的奥德进行训练演习。12 月 22 日,史迪威接到召见的命令,要他立刻前往华盛顿。他乘飞机到华盛顿后,直接来到作战计划处,在那里,他听说总部拟挑选他指挥美国在第二次世界大战中的第一个进攻战役——在法属西非登陆,这次行动的代号是"黑色作战计划"。不久,阿卡迪亚会议决定了欧洲第一的战略,同时制定了在大西洋摩洛哥沿岸卡萨布兰卡登陆作战的计划,目的是在地中海地区占领一个能够阻止轴心国控制该地区的基地,然后以该基地为基础,最终夺取欧洲战场的主动权,该作战计划的代号为"体育家"。史迪威在为"体育家"作战计划而努力时,他发现整个事情都处在游移不定的状态中,这是由于太平洋初战日军步步得胜,给盟军指挥造成极度的恐慌;盟军各国有着不同的利益,因而制定出不同的抗日计划。在这种情况下,"体育家"计划不得不于 1942 年 1 月 10 日取消。

在取消"体育家"作战计划的同一天晚上,史迪威应邀来到陆军部长史汀生的家中。史汀生提出让史迪威前往中国。史迪威说:"我听从调遣。"

在以后几天里,史迪威忙于研究有关中国的文件,凑集参谋班子,拟写申领清单,长时间与宋子文和中国国防物资供应小组人员交谈。

史迪威的头衔是:中缅印战区美军司令、中国战区总参谋长、租借物资总监督、同盟国各战争委员会美国代表。他的职责和任务目的是保障滇缅公路的畅通,"指挥归他节制的中国部队","协助提高中国军队的战斗力"和"提高美国援华作战物资的作用"。史迪威将上述任务归类时发现,他有8个不同的头衔和职责。

美国政府派遣史迪威去中国,与蒋介石的愿望大相径庭。蒋介石要的是一个十分顺从、职务很高、具有国内影响,同时对中国情况若明若暗,以至无法对蒋介石的要求提出批评的人。一句话,蒋介石不希望派出史迪威这样的人。

为了使史迪威履行任务,美国政府将他晋升为中将。启程前,他又和家人一同生活了4天,在此期间,他组成了35人的参谋班子。陆军部还计划海运400名教官和技术人员,去训练国民党士兵,教他们使用美国的装备,并向他们传授美国的战术和技术。

史迪威在缅甸前线

1942年2月13日,史迪威一行踏上了去中国的征程。

1942年3月3日,史迪威飞抵重庆,在这里设立司令部并向蒋介石通报情况。

自2月15日到3月11日史迪威离开重庆,亚洲战场发生了巨大的变化。在日军强有力的进攻下,新加坡于2月15日失守,缅甸的首都仰光于3月7日陷落。史迪威相信进攻可以挽救缅甸,于是向蒋介石提出指挥权的要求。蒋口头上不得不把指挥权交给史,但又对把第5军、第6军让史拿去冒险犹豫不决。经过两人讨价还价,3月11日,得到蒋介石口头授权的史迪威前往缅甸指挥中国远征军(辖第5军、第6军和第66军)作战。

在史迪威和杜聿明(远征军代司令长官兼第5军军长)的指挥下,中国远征军取得了一些局部性胜利,并有效地为被日军围困的英缅军解围。

这时,远征军第6军、西路英缅军正与日军激战。日军集中陆、空军和炮兵向在同古的第5军第200师猛攻。同时日军从仰光派出的后续部队很快加入攻击,对第200师强行包抄。第200师已连续战斗12天,补给中断,粮弹两缺,有被敌人各个击破的危险,杜聿明遂下令第200师突围。史迪威则坚决反对,他"倔得像一头驴子",坚持以不足兵力向敌进攻,并派参谋窦尔登监督实施。杜聿明以"保全战力,这是任何一个指挥官的常识和义务"为由,拒绝服从史迪威的命令,继续实施有计划的撤退。

远征军入缅后,蒋介石表面上要远征军绝对服从史迪威的命令,但实际上,史迪威所有的命令都必须经杜聿明、林蔚和一个联络官报请蒋介石批准。联络官有一部和蒋直接联系的秘密电台,待蒋批准后,再依次通过同样的渠道传下来,然后

才能开始行动。由于指挥系统混乱,盟军缺乏协调和空中支援,缅甸战事失利,史迪威和杜聿明被迫率部分别撤往印度和中国,国际援华交通线滇缅公路被日军切断。

4月中旬,日军重新进占棠吉,并直取腊戍,从西南面截断了集结于曼德勒准备大战的中国主力军后方,远征军走向了惨败的境地。

史迪威果断地把狼狈不堪的盟军人员组织起来。他率领144名溃不成军的参谋人员从眉苗穿过缅北丛林,向印度英帕尔败退。

5月20日,史迪威率领队伍抵达印度的英帕尔,他以自己周密的计划、坚强的领导,终于把这支队伍完整地带出了缅甸。

5月24日,史迪威在新德里回答记者提出的所有问题后,就缅甸战役发表了声明:"我声明,我们遭到了一次沉重的打击,我们撤出了缅甸,这是一个奇耻大辱。我认为我们必须找出失败的原因,重整旗鼓,胜利返回缅甸。"

在总结这次失败的原因时,史迪威除了归结为技术上的劣势——空军、坦克、火炮、机枪、迫击炮、弹药以及后勤运输上的劣势外,认为还有人为的因素,即"指挥上的愚蠢和胆怯,蒋介石的干涉,英国人的铁路运输组织工作的混乱,糟糕的交通状况,英军的失败主义和不利的战术态势"。同时,史迪威痛切地感到,"蒋介石使得我办不了任何事……"

蒋介石把失败的责任都推到史迪威的头上。6~7月间,蒋介石以史迪威不服从命令为由向美国提出撤换史迪威,这一要求由美国总统特使转告罗斯福总统。

罗斯福认为在中国除了支持蒋介石外,找不到其他替代的办法,因为他担心重庆政府如垮台,在战胜日本之后,远东力量会出现真空。他认为史迪威锋芒毕露,个性太强,在其他地方比在中国更加有用,于是准备撤换史迪威。

罗斯福的意见遭到参谋部长马歇尔和陆军部长史汀生的反对。他们坚持认为,要想重新打通缅甸的运输线,说服中国人采取军事行动,史迪威是必不可少的人物。担负重新打通缅甸重任的人必须是一个美国人和一个能够率领部队作战的统帅,而不是一个"只会与重庆发展和谐关系的"协调者和物资供应者。罗斯福同意了马歇尔、史汀生的意见。

改革军队

史迪威回到新德里后,鉴于他在缅甸的亲身经历,致电陆军部,要求向中国战区派遣美国部队参加作战,只有这样才能收复缅甸。由于美国正全力以赴准备在欧洲开辟第二战场,马歇尔明确答复:不可能! 于是他不得不决定采取措施,提高中国军队的战斗力。

史迪威向蒋介石提出了军队改革计划:整编部队,减少空架子师,合并步兵师,使各部队满员,然后把现有武器发给那些能够作战的部队,利用有限的资源装备起一支强有力的突击部队,顶住日军的进攻。史迪威还建议,对军官进行一次全面的筛选,擢升有能力的军官,彻底清洗昏庸无能的高级军官,否则就是提供再多的物资装备,这支军队也还是会继续腐败下去的。最后他劝蒋介石挑选一名可以信赖的人担任前线总司令,给他以总的指示,然后放手让他去指挥部队,任何人不得加以干涉。

蒋介石对史迪威的建议没有做出答复,却让宋美龄提醒史迪威,军队不能大动,以免伤筋动骨,并说:"头不能砍下来,否则就不会有什么东西留下来了。"

史迪威明白,改造军队的工程是一项极其艰巨的事业,他甚至有可能是在拆自己的台。

蒋介石的政权具有军阀的特征,他自己没有绝对权威,只得依靠亲信和特务组织进行法西斯统治。在这种情况下,蒋介石不敢缩减改造其嫡系部队,也难以裁减地方派系的军队。

基于上述原因,史迪威明白,蒋介石内心并不需要一支训练有素、装备精良的战斗部队,这支部队对于蒋介石与其说是福音,倒不如说是威胁,他担心30个师的部队会被一个新手或集团所掌握,削弱以至对他的权力形成挑战。至于撤换庸碌无能的指挥官,蒋介石同样不会感兴趣,因为如果这样,被撤换者将是那些效忠于蒋和对蒋感恩戴德的人。

蒋介石对史迪威的计划大为不满,大骂史为"帝国主义者",认为史把他看成北洋军阀。他一面与史迪威虚与委蛇,一面与史讨价还价,索取租借物资。史迪威给蒋呈送了5份关于改造军队的备忘录,蒋介石一拖再拖不给回音,也不同他见面。

于是,史迪威不得不拿出手中唯一的一张牌,即以租借物资作为交换条件,争取蒋介石同意改造军队的计划,至少可以先从训练30个师的计划开始。蒋介石需要从美国政府攫取更多的物资,加上柯里的斡旋,蒋史之间的矛盾才稍有缓和。

8月,史迪威着手运用美国租借武器装备中国30个师(包括以远征军余部为主而组成的中国驻印军,史迪威为驻印军总指挥),设立拉姆加尔训练中心和军事委员会驻滇干部训练团以训练受械部队官兵。正式开训典礼之后,9000余名步行到印度的缅甸战役的幸存者是第一批受训的部队。10月份开始,国内开始每天运送400人到此受训。11月,每天出动16架飞机,运送650人,到12月底,在拉姆加尔受训的中国部队达到3.2万人。

史迪威的训练方法是对部队进行强化训练。训练主要是通过示范进行,中国人善于模仿的特长使这种训练极为有效。史迪威还亲自参加教练,他耐心地卧在每个士兵的身旁,为他们做示范,或者校正瞄准点,每逢重大纪念日的仪式上,史迪威总是向中国部队发表演说。他用汉语向士兵们讲述中国历史故事,给他们留下深刻的印象。他提醒中国士兵们应对他们自己的国家有所贡献。

根据对中缅印战区形势的分析,史迪威认为打通仰光与昆明之间的交通线是关键所在。1942年7月,史迪威提出盟军合作收复缅甸、打通中缅交通线的计划,代号为"安纳吉姆",并得到蒋介石的同意。

"安纳吉姆"计划虽然经盟国卡萨布兰卡会议、三叉戟会议、魁北克会议和开罗会议多次讨论修改,但因中美英利害关系不一而未取得一致意见。史迪威为了使收复缅甸战役早日打响,采取了"扯袖子"的办法,使中英这两个不和睦的盟国勠力同心,一致行动。他跑到重庆拉拉蒋介石的袖子,告诉他最好南下向萨尔温江进攻,因为英国人正计划从南面攻入缅甸;接着又飞到印度,拉拉英军司令的袖子说,蒋介石正准备南下萨尔温江,你们最好也迅速采取行动。"引导两个国家一致对付日本绝非一件易事。"史迪威不得不感叹。同时,史迪威深知拖延的危害性,决心依靠所属的中美军队反攻缅甸。

史迪威还向美国陆军参谋长马歇尔指出国民党在囤积租借物资以供战后使用，主张给美军驻华代表以讨价还价的机会，利用向中国提供租借物资时提出交换条件，制定联合作战计划让蒋介石承诺，逼蒋积极抗日。这个建议得到陆军部的赞同。可是，蒋介石却一再向美国要求具有处理租借物资的全权，但均遭到拥有租借物资控制与监督权的史迪威的坚决反对。因此，史迪威与蒋介石之间再次激化矛盾是无法避免的。

1942 年 10 月，蒋介石对美国未能兑现它的援华物资诺言感到强烈的不满，他不顾后勤方面的具体困难，认为这是史迪威没有尽职的结果。尤其是当他从宋子文那里得知，史迪威没有全力以赴为中国争取援助时，更是心怀怨恨。于是通过总统特使，蒋介石向罗斯福施加压力，再次要求撤换史迪威。而罗斯福由于担心日本战败之后，远东会出现力量真空，同时也需要一个强大的中国在亚洲牵制日本法西斯力量，确保美国的亚洲战略，因此他建议马歇尔召回史迪威将军。

只是由于马歇尔和陆军部长史汀生的支持，史迪威才未被召回。他们一直坚持认为：史迪威与蒋介石的关系非常紧张是一个事实，但找不到比史迪威更合适的人选。

1943 年春季，史迪威在宋希濂等国民党高级将领面前尖锐指责蒋介石政府腐败无能、抗战不力。后来又多次建议蒋介石进行政治改革，建立包括共产党在内的民主联合政府，以便能代表所有集团与党派意志，使美援能有效地用于抗日。同年 9 月，正当国民党第三次反共高潮酝酿之时，史迪威建议让八路军开进五台地区，袭击平汉铁路，和国民党军协同作战，提出用部分武器装备八路军。

深知中国共产党及八路军英勇抗战的史迪威，于 1943 年向美国政府建议向延安派驻美军观察组，以便加强双方的军事合作，进一步从政治方面了解中国共产党并尽可能地疏远中国和苏联两国共产党的关系。蒋介石害怕这种了解与合作，百般阻挠与反对，史迪威则始终坚持。

史蒋对立

1943 年 10 月，史迪威被任命为东南亚战区盟军最高副司令，成为英国海军上将蒙巴顿的副手。这时他在重庆已成了众矢之的，蒋介石明确地要求美国把他召回，美国总统也已经同意召回史迪威。理由是他同中国军队的关系极坏，已经失去部队的信任。蒙巴顿刚到一个新的战区，正需要有人协助，得知史迪威的处境大吃一惊。在他飞抵重庆时，运用其机智的手腕，向蒋介石间接施加了压力。史迪威为了避免被免职，强压怒火，与蒋介石主动见面，双方终于"和解"了。

随即史迪威着手反攻缅甸的战役准备工作，他派出部队向缅甸推进并掩护修筑雷多公路。12 月，大规模反攻北缅开始。参战部队包括新 1 军和新 6 军、美国陆军第 10 航空队和第 14 航空队、美国"抢劫者"突击队。在史迪威的指挥下，官兵们克服险峻地形、茂密丛林和恶劣气候带来的诸多困难，先后在胡康谷地、孟拱谷地和伊洛瓦底谷地与日军激战。

1944 年 3 月，日军向英帕尔英军基地发起全面进攻，英军挫败日军后进入缅甸战场。5 月，卫立煌率中国远征军从滇西向缅甸日军发起反攻。在友军的配合下，史迪威率部于 1944 年 5 月向北缅军事重镇密支那发起进攻，经过长期浴血奋战，8

月攻克了密支那。至此,史迪威率部消灭了日军第 15 师团主力,基本修成了雷多公路(后来被命名为史迪威公路),从而打通国际援华交通线,使美国租借物资得以通过陆路运入中国。

第一次缅甸战役的经历使史迪威意识到自己没有中国部队的实际指挥权,更加相信"中国士兵是极好的材料,但为笨拙的领导所浪费和出卖",认为国民党将领不值得信任,而欲取得缅甸作战的胜利,就得拥有所率中国部队的实际指挥权,排除蒋介石对战地指挥的干预。1944 年 7 月,当国民党战场在日军"一号作战"中出现溃败局势时,史迪威希望指挥全部中国军队,以取得对日作战的胜利。

国民党政府的无能使美国感到越来越不耐烦,他们在军事上开始把注意力转向中国共产党武装的潜力。史迪威出于与日军作战的目的,他非常自然地渴望与他认为有朝气、有明确目的的军队取得联系。这种心情,随着国民党战场的每况愈下越来越迫切。为了取得中国共产党军队的第一手资料,他于 3 月就准备派军事观察团前往延安,但遭到蒋介石的阻挠。

为了说服蒋介石,罗斯福总统于 3 月派副总统华莱士来华。华莱士促成了"迪克西"军事观察团的成行,但同时蒋介石再次向华莱士提出撤换史迪威。这时,宋子文和第 14 航空队司令陈纳德也火上浇油,华莱士由此得出结论:史迪威必须离开中国,这样才能解决中国问题。

当时,国民党战场节节败退,美军参谋长联席会议所关心的是如何赢得战争,而不是解决中国问题。他们对解决中国危机的建议正好与华莱士相反:扩大而不是取消史迪威的权力,简单地说,让他指挥中国军队,并建议晋升其为四星上将。

关于如何解决当时中国战场危机问题,参谋部长马歇尔问过史迪威,史迪威回答:……假如总统向蒋介石发一份内容强硬的电报,强调我们在中国的投资和利益,和中国一直忽视的军队的严重状况,坚持在紧急情况下必须采取紧急措施,蒋介石或许会被迫授予我指挥权力。我相信中国军队会接受我的。"如果允许蒋介石及其一伙控制租借法案供应物资,你知道谁将得到供应,你也知道谁将得不到供应,我们总得想办法将武器交给共产党,他们是要打仗的。"

马歇尔听了史迪威的陈述,马上以参谋长联席会议的名义向罗斯福总统送交了晋升史迪威为四星上将和任命他指挥中国军队的建议书。

7 月 6 日,罗斯福总统向蒋介石发出了由陆军部起草、态度非常强硬的电报,这正是史迪威所希望的。电报说:

"我想我完全了解你对史迪威将军本人的态度。但是……我不知道还有谁有能力、有力量、有决心来清除正在威胁着中国和我们的灾难。现在我要将史迪威晋升四星上将,并建议你立即考虑把他从缅甸召回,直接置于你的领导之下,负责指挥所有中国和美国驻华部队。你必须赋予他协调和指挥作战的全部责任和权力,阻止敌军前进……"

这时的史迪威相信已经得到了总统的有力支持,他正高兴地开始着手安排接管军事指挥权,并准备"与作战的共产党人携起手来"。

1944 年 7 月 22 日,为了了解中国共产党所领导的武装抗日作战情况,中缅印战区司令部派出了以包瑞德上校为组长,代号为"迪克西使团"的观察组去延安。观察组通过对延安的细致考察,向史迪威及美国政府提出大量有关延安党政军民的客观报告,多次要求美国向延安提供援助。史迪威据此得出的结论是:中国共产党人是一支正在形成中的更为强大而更为可靠的抗日力量。国民党腐败、失职、混乱,经济困窘,苛捐杂税,言行不一;共产党则减税、减租、减息,提高生产和生活水平,人民参政,言行一致。于是史迪威提出了对延安的军事援助计划并表示要访问延安。尽管因受美国对华政策约束而未能将援助计划付诸实施,史迪威还是尽其所能为中国共产党和八路军做过一些有益的事情。

由于蒋介石离不开美国的援助,其举止言行不得不小心谨慎,因此,当他收到罗斯福的电报后,表面上接受了电报中的要求,但提出一些修改意见,蒋介石坚持要对美国根据租借法案提供的物资有控制权,并要求华盛顿派一名特使来"调解我和史迪威将军的关系"。9月初,罗斯福委派前陆军部长赫尔利将军赴华,调解史、蒋矛盾。

也正是在这时候,华东地区已全部沦陷,日军逼近滇、黔,直接威胁重庆。蒋介石急令调回在缅甸前线萨尔温江地区的中国远征军部队,保护滇黔大后方。

9月15日,蒋介石命令史迪威将正在缅北密支那作战的驻印军调去进攻八莫,以解救龙陵的滇西远征军,史迪威认为这是蒋介石有意削弱他指挥的军队,拒绝蒋的命令,并进而要求蒋调围堵延安的胡宗南部南下赴援。至此,史蒋矛盾达到白热化程度。

史迪威将其处境电告了马歇尔,并告之,如果这样,史迪威几个月为打通中缅公路所做的努力和牺牲将付之东流,并将直接危及驼峰航线的安全。为此,罗斯福给蒋介石发出了一份措辞强硬的电函:

"近几个月来,我多次请求阁下采取严厉的行动来清除渐渐危及中国和阁下本人的祸患。由于阁下至今尚未委派史迪威将军指挥全部华军,致使华东要地失陷,后果可能是极为严重的。……

"我确信,阁下现在要阻止日军实现其在华目标,唯有立即加强萨尔温江中国部队的力量,饬令他们向前推进,同时立即委任史迪威将军,授予他指挥所有中国军队的全权。如果我的请求得以实现,那必将坚定美国保持和增加援华的决心……"

电报是发给史迪威、请他转递蒋介石的。史迪威吩咐将电稿译成汉语后,随即赴蒋介石的别墅。当时蒋介石正在和要员开会,在进会议室前,史迪威先叫出了赫尔利,向他出示了电文。赫尔利出于外交家的本能觉得电文的语气应予以缓和,并提出由他将电文口述给委员长。史迪威没有同意,他自己亲自将电文带进会议室面呈蒋介石。蒋介石接过电文读完后,没动声色,只是用眼睛扫了史迪威一下,说"知道了"。然后,他坐下沉默了片刻,起身宣布散会。

这份电报对蒋介石来说无疑是个很大的震动。但使史迪威震惊的是,蒋介石不仅不委任他,反而正式要求召回史迪威将军。

被召回国

史迪威的胜利只维持了很短的时间,其兴奋的时间也是短暂的。9月24日蒋介石与赫尔利谈话,次日发出给罗斯福总统的备忘录,备忘录提出只要能把史迪威作为蒋介石身旁的一根刺移开的话,国民党就能够实现罗斯福意愿中的每一件事。最后借口史迪威面呈罗斯福总统急电含有侮辱之意,拒绝任命而强烈要求召回史迪威。

当得知罗斯福总统在这个问题上仍举棋不定时,赫尔利在 10 月 10 日又给罗斯福捎去口信。他对罗斯福说,中国各种棘手问题的症结在于蒋介石和史迪威两个人的性格不合,只要召回史迪威,一切问题将迎刃而解。

蒋介石同史迪威的矛盾,自史来华开始,就一直处于激烈的对抗和不可调和之中,他们俩是名义上的盟友,也都为中国的命运搏斗着,但追求的目标不同,而由此反映在指挥权、援华租借物资以及改造国民党军队等问题上。他们两人的个性都很强,互相敌视,不肯屈服。蒋介石曾三次亲自或劝诱别人要求美国政府召回史迪威。傲慢、固执且不知圆滑二字为何意的史迪威则用公开的鄙夷来回敬蒋介石。

赫尔利调解无效后,于 10 月 11 日,将蒋介石坚决要求召回史迪威的坚决态度报告给华盛顿,并认为蒋和史"性格有异,互不相容"。同时他也支持蒋的主张,并告诫罗斯福如再支持史迪威将要失去蒋介石。罗斯福担心在史迪威问题上会加速蒋政权的垮台,从而破坏打败日本的计划。

罗斯福总统被迫在截然不同的两种作法中选择其一:要么支持史迪威;或者撤换他,支持蒋介石。

也恰恰在这时,美国对日战略由中国大陆进攻改为由海空军向日本本土进攻。军事上,美国对中国战场的需要程度降低,而政治上,美国需要蒋介石统治下的中国作为战后美国在远东和世界的主要支持者。

罗斯福出于总统竞选和支持蒋介石等方面的考虑,1944 年 10 月 18 日电令"立即将史迪威将军从中国战区召回",另派魏德迈接任。

史迪威接到电报,感到十分突然和气愤。在离别中国前夕,他向有关人员致函告别。他函告延安的朱德:"对不能与您和您的不断壮大的杰出的部队并肩抗日深感失望。"他把自己的皮大衣送到八路军后方,留给他敬重的朱德将军作纪念。他又与孙中山夫人告别,宋庆龄为之流涕,希望他能去华盛顿向罗斯福总统说明真相。

蒋介石派人来见史迪威,提出授予他青天白日特别绶章,这是国民党政府授予外国人的最高荣誉勋章,史迪威婉言谢绝。

1944 年 10 月 21 日,寒风萧瑟,乌云密布,史迪威上了飞机,永远离开了中国。何应钦得意扬扬地到机场为他送行。这一事件的真相被新闻界披露后,引发了一场舆论界猛烈攻击蒋介石政权的轩然大波。

史迪威回到美国后,美国舆论界纷纷发表报道或评论,斥责国民党政权,为史迪威鸣不平,批评美国政府的错误政策。

面对强烈的舆论反应,罗斯福不得不就此召开了记者招待会,一再声称史迪威和蒋介石的冲突完全是性格不合造成的,不涉及政治、战略和政策问题,也不牵扯"所谓的共产党"问题。重庆方面由宋子文出面,也向新闻界散布同样的观点,声称这只是"人事问题""个人问题"。

史迪威待在家里,一直保持沉默,门外总有拿着笔记本或麦克风的记者要求见他,但他都婉言谢绝了。

1945 年 1 月 25 日,由缅甸利多通往中国的公路修通,蒋介石出于外交礼节,下令将这条公路命名为"史迪威公路"。史迪威在美国听到这一消息,很不高兴地说:"是谁叫他这样做的! 我不赞成。"美国电台播放了他为此发表的讲话。他向参加建设这条公路和为建设这条公路而战斗的所有人——步兵、工程兵、医疗队、空军飞行员、汽车驾驶员和劳工们致敬。但他没提自己，好像他根本就没去过那里似的。2月10日，美国政府为表彰史迪威的功绩，授予他一枚荣誉军团勋章和一枚优秀服役勋章。

日本投降

风波渐渐平息，史迪威回到华盛顿。

1945年1月23日，史迪威被任命为美国陆军地面部队司令部司令，负责训练部队的工作。司令部设在华盛顿，但史迪威的大部分时间是在下面各兵营度过的。他从一个兵营跑到另一个兵营，视察部队的训练情况，处理回国部队的各种问题。他与其他视察的将军不同，去部队时不看营房的情况，而是一到就去观看部队的操练和射击。当时第二次世界大战各战场的战斗正在激烈地进行，训练工作对他来说毫无吸引力。他在给妻子的信中写道："我能忍则忍，但是，一旦忍不住就会爆炸。"

除了训练，他还致力于编辑《中缅印战区史》的工作，撰写了大量材料。这部大型官方史料分为作战报告、政治和陆军各部门等章节，3月7日成稿交陆军部。书中他批评了美国的政策。在书的末尾，他谴责了国民党政府，就美国对这个政府所承担的义务提出了异议，并预告国民党政府必将垮台。按照参谋总部的指示，书的内容削减为不到700页，而且必须将严厉批评蒋介石和英国人的部分删掉。史迪威拒绝这样做，书也因此未能出版。

战争仍在激烈进行。1945年1月，太平洋西南战区的美军部队在麦克阿瑟的指挥下进攻吕宋岛，随即向马尼拉进军。2月，海军上将尼米兹率领的太平洋中部战区部队在硫磺岛登陆。史迪威密切注视着战场形势的变化，仍盼望着有一天能指挥美国军队对日作战。根据第二次魁北克会议的决定，盟军已把太平洋作为对日战争的主要战场，同时准备在中国沿海登陆，以消灭大陆上的日军。美联社2月7日发表一篇文章曾在评述这一计划之后，分析了能指挥中国沿海登陆作战的军官人选，其排名顺序依次是史迪威、麦克阿瑟和尼米兹。

4月，美军对太平洋地区的指挥系统做了调整，麦克阿瑟任太平洋美国陆军总司令。同月，罗斯福逝世，副总统杜鲁门继任。5月，马歇尔安排史迪威到麦克阿瑟的太平洋前线视察，顺便也看看那里有没有合适的指挥位置。

史迪威和麦克阿瑟是仅差一届的西点军校同学，彼此非常熟悉。麦克阿瑟很热情地接待了他，向他介绍了前线情况，并为他安排了视察活动。美军在太平洋上正迅速推进，菲律宾的战斗已基本结束，硫磺岛也已占领，冲绳岛和塞班岛上的战斗正激烈地进行。6月18日，史迪威准备回国，麦克阿瑟又与他亲切交谈。他问史迪威是否愿意担任他的参谋长，史迪威摇了摇头，对他说："我认为我适合当一名前线司令官。"麦克阿瑟又问他："作为一名四星上将是否可以担任集团军司令。"史迪威答道："只要让我带兵打仗，哪怕指挥一个师也行。"可是，当时确实没有位置可以安排。第二天，史迪威只好离开前线回国。当他抵达夏威夷的火奴鲁鲁时，突然接到麦克阿瑟的电报："立即返回关岛，指挥第10集团军。"原来，该集团军司令巴克纳将军在冲绳指挥作战时，不幸被弹片击中身亡，史迪威侥幸得到一个指挥位置。

6月23日,史迪威正式就任第10集团军司令。但在同一天,美军已基本占领了冲绳岛。以后的战争进程更是急转直下,史迪威终于还是没能指挥美军进行一次大规模的战役。

正当史迪威准备在战争中大显身手的时候,8月8日和9日,美国相继在广岛、长崎投下了原子弹。苏联出兵中国东北。8月14日,日本投降,战争结束了。

8月31日,史迪威和其他军官一起抵达日本,准备参加日军投降签字仪式。

9月2日,史迪威出席了在东京湾"密苏里"号战列舰上举行的日军投降签字仪式。7日,他又亲自主持了琉球群岛日军的受降仪式。

剩下的事情就是对日本及其殖民地的占领了。按原定的计划,史迪威的第10集团军将进驻朝鲜。但是,蒋介石却极为敏感地又一次伸出干涉之手。他致电杜鲁门,要求美国就"史迪威将军将率领美军在中国沿海登陆"的传闻做出说明。杜鲁门回电说,不会发生这种情况。麦克阿瑟认为,朝鲜也得算"中国沿海"。为了避免引起麻烦,决定取消第10集团军的占领行动,准备于10月15日撤回国内。

当获悉第10集团军不参加进驻日本的行动时,史迪威想再去中国看一看。9月26日他致电马歇尔要求批准他去北平看望老朋友。当时在中国的斯特拉特迈耶就此征求了蒋介石的意见。一周后,蒋介石回答说不同意。很明显,蒋介石是担心史迪威的影响或意图。蒋说,由于北平驻有共产党的部队和日军,形势"很乱",在国民党军进驻北平以前,史迪威将军的访问有可能被共产党所利用。

听到这一消息,史迪威非常气愤:"他们不希望我现在去亚洲大陆……也许蒋介石以为我会掀起一场革命……我也真想那样干一番。"

热爱中国

1945年10月18日,史迪威回到美国,他带回去的第10集团军被解散,给他安排的新职务是军需装备委员会主席。他对这个工作一点儿也没兴趣。战争结束了,部队没有了,他也62岁了,还能做些什么呢?

在他长期关注的中国,出现了一些和平的希望,但也潜藏着内战的危机。赫尔利和魏德迈已经与蒋介石紧紧地抱在了一起,其亲密的程度连穿一条裤子都嫌肥。美国人的军舰在帮助蒋介石把大批的军队运往华东、华北和东北,局部的冲突不断。

这时,国民党政府在美国的支持和怂恿下,正准备打一场全面的内战。对此,史迪威是有预见的。

1945年1月,史迪威在同参议员穆斯谈话时说:"中国终究要爆发一场持久的内战。我们对此是无可奈何的。我们只能等到中国内乱平息之后再见机行事。只要蒋介石继续执掌大权,国共两党就不可能有联合之日,甚至工作上的合作也不可能。"由于美国支持反动的国民党政府,美国在华的信誉已一落千丈。为此,他憎恨华盛顿,在他看来,"华盛顿与重庆一样,都是一大堆粪"。

1945年8月抗日结束后,美国派飞机和军舰把国民党军队运往大后方抢夺胜利果实,并同中国共产党的部队发生冲突。史迪威认为,美国单方面提供援助的做法极有可能使自己卷入中国的内战纠纷。

11 月,史迪威的老上司马歇尔刚刚辞去陆军参谋长的职务宣布退休,杜鲁门总统找到他,让他赴华"调处"国共关系。马歇尔没有直接找史迪威,而是派一位助手去征求史迪威的意见。当史迪威听到杜鲁门对马歇尔赴华使命的指示后,他明确地断言,马歇尔的使命不可能成功,一旦蒋介石知道美国的基本政策决不会抛弃他时,他就决不会对中国共产党人做任何让步,而只会变得更加强硬。他认为:"我们应该脱身离开那里——立刻。"但是,马歇尔还是去了。

1946 年 1 月,史迪威被任命为第 6 集团军司令,兼管西部防御司令部的工作。他离开华盛顿,回到西海岸,到旧金山的普勒西迪奥就职。那里离他在卡梅尔的家,只有几个小时的路程。他想,再有一年就到 64 岁的退休年龄了,那时就可以摆脱一切,过些轻松的日子。

马歇尔的中国之行,没有解决任何问题,最初的停战协议,没有多久就成了一张废纸。局势首先激烈起来的是东北,国民党的军队乘坐美国军舰,大批地开到那里,先期进入东北的中国共产党的军队进行了坚决的抵抗。4 月 6 日,史迪威写了一封信,这封信没有收信人的名字,也不知是否曾经发出。信中写道:"满洲难道不是一个奇观吗? 这真使我渴望丢下手中的铲子,到那里去和朱德一起扛枪打仗。"

1946 年 7 月,他奉命去马绍尔群岛中的比基尼观察两次原子弹试验的结果。1 个月后返回时,他的妻子发现他明显消瘦,脸色不好。他感到手脚冰冷,有时还头晕目眩,体力不支,几次昏睡在椅子上。9 月 28 日,他住进了莱特曼陆军医院。

10 月 3 日,医院里最好的外科医生给他做了手术检查,发现胃部的癌变已到晚期,并且已扩散到了肝部。

史迪威已到了弥留之际,他提出希望得到一枚战斗步兵纪念章。这是一种极普通的奖章,凡在第一线战斗过的士兵都可以获得。史迪威作为战斗一生的四星上将,已获得了很高的荣誉,包括一枚荣誉军团勋章,一枚优秀服役十字勋章,两枚优秀服役勋章,但他渴望得到作为一名火线战士的荣誉。10 月 11 日,陆军部满足了这位老战士的最后希望。这是一种刻有一支步枪图案的普通纪念章。陆军部副部长帕特森来到史迪威的病床前,亲自向他颁发了战斗步兵勋章。

第二天,1946 年 10 月 12 日,史迪威将军在昏迷中与世长辞,走完了他 63 年的人生路程。

根据他生前的遗愿,没有为他举行葬礼,没有保留骨灰,尸体火化后撒进了太平洋。

史迪威在他的一篇遗稿中,有这样一段话:"一个人只要不辜负国家的期望,不虚度一生,也就心安理得了。"

人们用各种方式来悼念这位刚强、坚毅的将军。

美国许多报纸、杂志发表社论或评论,颂扬了他的品德和功绩。《亚特兰大宪法报》指出,史迪威将军是美国历史上屈指可数的在人民中间享有崇高威望的军人之一。

中国人民没有忘记这位忠诚的朋友。

飞虎将军

——陈纳德

人物档案

简　　历：1938 年 8 月,根据宋美龄的要求,去昆明筹办航空学校;1941 年在昆明空战和仰光空战中指挥志愿航空队,即"飞虎队",击毁日军 13 架战斗机和 14 架轰炸机;1942 年指挥航空特遣队对缅甸、桂林、衡阳、汉口的日军进行袭击。

生卒年月：1893 年 9 月 3 日~1958 年 7 月 27 日。

安葬之地：不详。

性格特征：要强。

历史功过：航空志愿队的战斗行动,对稳固防线、稳定军心起了重要作用;陈纳德在中国 8 年,为打败日军立下了很大功劳。

名家评点：英国人对飞虎队的胜利感到钦佩,丘吉尔称赞他们说:"此等美国人在缅甸上空的胜利,在性质上(如果不是在规模上的话)能够和不列颠之战皇家空军在肯特忽布草地上空所获得的胜利相媲美。"

征途坎坷

陈纳德原名克莱尔·李·谢诺尔特,1893 年 9 月 3 日出生在美国得克萨斯州的科默斯一个小农场主的家里。后来在路易斯安那州的乡下小镇长大成人。

陈纳德 5 岁时,母亲病逝,10 岁那年,父亲娶了陈纳德的继母。继母是一位小学教员,给了年幼的陈纳德以"同情和爱的教养"。15 岁时,继母不幸去世,但继母的教诲在陈纳德的心中留下了不可磨灭的印象。

陈纳德从小很要强,无论做什么事都想比别人强,比别人好。他学习很努力,每门功课都是名列前茅。中学毕业时,他以优异成绩考入路易安那州立大学,后又入克里佛航空学校攻读,并取得优异成绩。

从学校毕业后,1908~1913 年,陈纳德先后担任过密西西比州比洛克西商学院的英语老师,当过肯塔基州路易斯维尔基督教青年会的体育训练助理主任,还担任过得克萨斯州中学校长。

1911 年 12 月 25 日,陈纳德与内尔·汤普逊结婚,他们先后生了 8 个孩子。

第一次世界大战爆发时,陈纳德进入印第安纳州·本杰明·哈里逊堡的军官训练学校受训。3 个月后,成为预备役中尉转入陆军通信兵航空处。

1918 年秋,陈纳德到长岛米契尔机场担任第 46 战斗机队的副官,他利用工作之余学习飞行,克服了许多困难和阻力,终于掌握了飞行技术,并且在 1920 年 3 月得到飞行员的职位,从而转入正式飞行,与蓝天结下了不解之缘。

1920 年秋季,陈纳德从新组建的陆军航空处得到正式任命。

1921 年,被调到第 94 战斗机队,他是这个大队见习军官中的成绩佼佼者。

1923 年,陈纳德被调到夏威夷珍珠港的机场工作。这时,他开始研究新的航空战术,并领导他所在的部队钻研各种新的战术。在一次演习之后,陈纳德根据他们所采用的战争方式写了一份报告,颇获好评,并引起上司的注意。在此后的 15 年中他担任过多种职务,其中包括 1923~1926 年在夏威夷担任第 19 驱逐机中队中队长。

1930 年,陈纳德被保送到弗吉尼亚州兰黎空军战术学校学习。毕业后在亚拉巴马州马克斯韦尔基地的航空兵战术学校任战斗机的战术教官。

上世纪 30 年代,世界空军界被意大利军事理论家杜黑的空战理论所笼罩。杜黑主张,空军在作战中应集中大量远距离、运弹量大的重型轰炸机,将其分布在一些机场上,一有敌情,即以多个纵队对战略目标轮番进行轰炸袭击,而地面武器却无法形成对这些轰炸机的防御,这样经过 3~4 天的不断轰炸,就可迫使被轰炸国家求和。据此,欧洲的军事家断定,轰炸机一旦进入空中,它就无法阻挡。

在杜黑的"轰炸至上"理论的影响下,战斗机受到漠视。许多驾驶战斗机的好手,都不约而同地改习轰炸机了。

陈纳德对这一套理论持怀疑态度。他坚信,现代空战是不能没有战斗机的;在未来的战争中,战斗机将像轰炸机一样扮演着重要的角色,当然必须配备灵活有效的自卫武器。

为了证明自己的看法,陈纳德认真研究了第一次世界大战的空战记录。他根据已往的战例和自己的演练经验指出,过去战斗机离队俯冲目标,并进行一对一战斗的空战方式显然已经过时。交战时,在各种因素完全相同的情况下,交战双方的火力的差别不是火力单位的差别,而是火力单位差别的平方。就是说,一个由两架战斗机编队的机组攻打一个目标,这不仅是二对一而且是四对一的优势。他断定,两机小组是最容易运动的,并且最能集中火力攻击敌人的轰炸机或战斗机,同时又最能保护每一个进行攻击的驾驶员。另外,他还认为为了发挥战斗机的作用,必须做好情报工作,建立完整的警报系统。

一个思想和一种思潮作对,总是招致众多人的敌视。1931 年,陈纳德针对"轰炸至上"的理论写了长达 8 页的批驳文章,寄给持这种理论的安诺德将军。安诺德将军看后便写信给陈纳德所在的学校查问:"这个混蛋陈纳德是什么人?"

陈纳德对这些责难毫不在乎,他坚持自己的观点。1935 年,他编著出版《防御性追击的作用》一书,进一步阐述了自己的观点。此书出版后,其战术理论在美国陆军航空兵中有着一定的影响。他将书交给上司,希望能引起重视,结果却如沉大海,杳无音信。

陈纳德在马克斯韦尔基地还曾与威廉·麦克唐纳和约翰·威廉森组成"三人空中飞人"特技表演队,成为美国陆军航空兵公认的最好的特技表演队。

陈纳德技术精湛,但征途坎坷。他的战友都荣膺校官,可他已46岁肩上还扛着尉官的牌牌,这对于一个好胜心很强的人来讲,他的思想情绪可想而知。当时他的身体也不好,患有慢性支气管炎、低血压等病。于是他的上司顺水推舟,于1937年4月以上尉军衔让他退役。

来到中国

正在这时,陈纳德的好友霍勃鲁克从中国来信,问他是否愿意来华任职,条件是月薪1000美元,此外还有津贴、汽车、司机、译员,并有权驾驶中国空军的任何飞机。他答应了。1937年4月1日,他从旧金山启程来中国。

5月29日,陈纳德踏上中国的土地。6月3日,蒋介石、宋美龄接见了他。宋美龄曾在美国佐治亚州读书,陈纳德和她一见如故,此时,宋美龄任航空委员会的秘书长,实际上领导着空军。宋要他担任她的专业咨询。她将自己关于建设一支现代化空军的设想告诉他,并要他用书面的形式写下来,又讨论了他如何当顾问的问题。宋给他两架T-13式教练机,以便于他视察中国空军的现状。

次日,陈纳德会见了蒋介石的顾问端纳。端纳向他介绍了中国政治生活中的事实,如上海、南京和当时的权力结构的政治情况。

陈纳德来华时,国民政府聘有意大利空军顾问,而由于当时美国政府不愿干预中国内部事务,只有小部分美国人以个人名义在空军服务。陈纳德发现,国民党空军无论在训练技术上还是在装备上都很不正规。从训练方法来说,意大利人对基础飞行训练很不重视,只是教授一些初级飞行课程,结果所有毕业的驾驶员除了起飞和降落,几乎再也干不了什么。由于当时的飞行学员多是从中国上层社会挑选来的,需要照顾学员的面子,所以洛阳航空学校由意大利教官所教出的学员个个都能毕业,但他们却既不能驾驶战斗机,也不能驾驶轰炸机。

国民政府从意大利进口的飞机和零件也都是劣质产品,战斗的实践证明,战斗机多是容易着火的废物,轰炸机只能作运输机用。在抗战开始前,国民政府名义有500架飞机,但实际上只有91架能起飞战斗。

当陈纳德即将完成对中国空军的考察时,抗日战争爆发了。战争正是检验自己空战理论的机会。他决心在蓝天上实现自己的抱负。他马上给蒋介石去电,表示愿意在任何能够尽其所能的岗位上服务。后来蒋介石回电接受了陈纳德志愿服务的请求,让他"即赴南昌主持该地战斗机队的最后作战训练"。

根据蒋介石的要求,陈纳德招募了部分美国飞行员组成了第14志愿轰炸机中队。

1937年8月13日,淞沪会战开始。第二天,陈纳德派飞机参战。轰炸机队奉命轰炸停泊在长江口上的日舰,但由于技术差,投弹偏离目标,击中了上海国泰旅馆和江中饭店,炸死了150多人。他对轰炸结果十分不满,但中国战斗机与日机作战的战果又使他高兴,他们在当日的空战中取得了胜利。

日机不断对上海、南京进行轰炸,使中国遭受了严重的损失。陈纳德根据以前在美国建立航空地面情报网的设想,在南京、上海、杭州三角地带组织了一个地面电话警报网,又挑选出一些优秀的战斗机驾驶员,来对付日军的轰炸机。这些措施立刻收到了很好的效果。当日机飞临时,早有情报到来,一架战斗机从日机上面俯冲下来,另一架从下面升空,而第三架则按兵不动,伺机进行攻击。日军轰炸机在没有护航的情况下对南京连续袭击 3 天,一下子损失了 54 架,这时他们才明白,没有战斗机护航的轰炸等于自杀。

此后,日轰炸机改为晚上袭击,陈纳德又将在美国的设想拿到这里施行。他将探照灯布成格子形,当日机一临近即处于探照灯光中,敌驾驶员在灯光照射下,既看不到轰炸目标,也看不到攻击它的飞机。此时,陈纳德指挥战斗机驾驶员用最快的速度由下而上,背着探照灯对日轰炸机的肚皮开火。这一战法给日机轰炸造成了很大的困难。

1937 年 10 月,中国的飞机只剩下 10 多架,许多中国飞行员阵亡。陈纳德设法雇用了 4 个法国人、3 个美国人、1 个荷兰人和 1 个德国人,加上 6 个幸存的最优秀的中国轰炸机飞行员,组建了一个"国际中队"。他们成功地袭击了几个敌占区目标,造成日军的恐慌。但是一天下午,日军飞机袭击了机场,使国际中队的飞机全部被炸毁。

按照陈纳德与中国航空委员会所订的 3 个月合同,他的顾问任期到 10 月就满了。他有妻子和 8 个孩子,他留恋家乡农场大自然的风光。但他想到在中国有这么多的事要做,费了这么大的劲搞起的训练一走就完了,他又舍不得。这时,蒋介石、宋美龄也邀他留在中国一起参加抗战。于是他决心留下来。此后,他们也没有谈延长合同的事,每月照常发给薪金。

当时,美国政府对日侵华战争持"中立"态度,日本人知道美国顾问在华帮助中国,曾要求美国下令让所有在华的美空军人员离开中国。美国务院将此情况转告陈纳德时,陈斩钉截铁地回答:等到最后一个日本人离开中国时,我会高高兴兴地离开中国的。

1937 年 12 月,南京失陷,陈纳德随军撤退到汉口。这时中国的空军几乎损失殆尽,只得靠苏联援华的飞机来保卫城市。

1938 年 4 月 29 日,是日本天皇的生日,陈纳德和中国、苏联的空军指挥官断定这一天日机不会空袭,决定惩罚日本侵略者。陈要中国和苏联的飞机在前一天佯作撤离汉口,飞往南昌。飞机起飞后先在武汉上空盘旋,让人们(包括日本间谍)看到他们要撤离,当夜又溜回机场。29 日清晨,日机从芜湖机场起飞,轰炸机在战斗机的掩护下飞临武汉上空。陈纳德事先侦得日军战斗机只有从芜湖到汉口一个来回的汽油,于是派了 20 架战斗机在城南拖住日军战斗机,使他们消耗大量汽油,在城市安排 40 架俄国飞机埋伏在高空,等日机折回芜湖时把轰炸机和战斗机分开,日军战斗机因缺油不敢去保护轰炸机。中苏飞机一队攻击轰炸机,一队攻击战斗机,将 39 架日机击落 36 架,只有 3 架轰炸机落荒而逃。这就是天皇生日的惨败。

组建航校

1938 年 8 月,根据宋美龄的要求,陈纳德去昆明筹办航空学校,训练飞行员。同时,在陈纳德的建议下,中国一些地区开始建立空袭警报系统,从沿海的沦陷区到西部地区,都使用收音机、电话和电报等各种手段,用以预报敌机来犯。当一架敌机离开基地时,靠近该基地的中国特工人员即报告飞机起飞的时间、数量和去向,其他情报人员接到消息后即依次传下去,当敌机到达拦截区时,驾驶员已对敌机的情况了如指掌。1941 年 12 月到 1943 年,美国志愿队和来华航空队得以取得对日空战的成绩,就是依靠这个警报系统。

1938 年底,中国抗日战争进入相持阶段,日飞机不断对四川进行轰炸。陈纳德明白,要对付日军的地面进攻和空中轰炸,空军是最好的手段,因此他在昆明极其简陋的条件下对学员进行严格的训练,不少人中途被淘汰。

这一时期,陈纳德曾在 1939 年回国同家人团聚,住了 1 个月,其余时间都在昆明航校。1940 年后苏联空军援华人员陆续撤走,中国空军在数量上处于劣势,特别是飞机更为缺乏。这时的中国空军和日本飞机之比是 1∶53,日本完全控制了中国的制空权。日轰炸机无须战斗机护航就可进行轰炸,据统计,仅 1940 年 5 月 20 日~6 月 14 日,日军飞机对四川地区的空袭就达 277 架次,而中国没有 1 架飞机迎战,陈纳德在昆明航校的宿舍也被炸塌。航校仅有几架作训练用的飞机,学员毕业后也无飞机驾驶。

1940 年 5 月 20 日,蒋介石召见陈纳德,要他去美国,设法搞到尽可能多的作战物资。

陈纳德是以蒋介石的军事代表的身份被派往华盛顿的,这种身份属“民间行政”,与外交无缘。他作为一个退役的上尉,在美国军方也没有什么分量。美国陆军航空队的阿诺德将军对陈纳德的空战理论非常反感,而且对陈在服役期间的印象颇为不佳。美陆军参谋长马歇尔从来没有听说过陈纳德其人和他的作战理论。

在这种情况下,为中国筹款、采购军需品等具体事情,都要靠常驻美国的宋子文的关系来办。当时宋子文以中国国防供应公司行政长官的名义驻在华盛顿。

宋子文向美国财长摩根提出要 500 架飞机的援助,但摩根认为美国政府不可能把飞机交给陈纳德。

1941 年 2 月,罗斯福总统的经济顾问居里从中国考察回美,主张援华。居里在中国期间调查了中国空军的状况,他很赞成陈纳德关于建立空军的计划。罗斯福总统的一个亲密助手托马斯·科立被陈纳德口若悬河的游说打动,也在罗斯福面前赞扬这一计划。罗斯福决定对华进行军事援助,他要求国务院、陆军、海军和财政各部先拟一个计划。各部几经磋商后,决定暂缓向中国供应轰炸机,可先调拨一批战斗机,以把日本拖在中国,罗斯福同意了这一主张。但决定的事并不等于实现,战斗机的事仍困难重重。美国自己的军队需要飞机,它的欧洲盟国也预订了今后几个月生产的全部飞机。陈纳德急得四处联系,几经周折,最终得到 100 架 P-40 型战斗机,数量虽少,但是可解燃眉之急。有了飞机,飞行员又是一个棘手的问题。4 月 14 日,罗斯福总统签署了一项命令,准许预备役军官和退出陆军和海军航空部队的士兵,参加赴华的美国志愿队。

1941 年 7 月中旬,陈纳德回到中国时,除有 68 架飞机外,已有 110 名飞行员、150 名机械师和其他一些后勤人员到达中国。

率领"飞虎"

8月1日,蒋介石发布命令,正式成立中国空军美国志愿大队,"由志愿来华参战之美国人员及航空委员会派赴该队之中国人员共同组成",下辖3个驱逐中队,任命"陈纳德上校为该大队指挥员"。对此,陈纳德非常高兴。

志愿队的成员和代表中国政府的中央飞机制造公司签订了一年的合同,一年后回原部队,享受原有军衔。尽管合同上没有关于作战的条文,但在招募时,陈纳德对每个飞行员都说明了将同日本人作战,并规定每摧毁一架敌机有500美元的奖金。这支志愿队实际上是中国政府的雇佣军。由于这100多名飞行员中,半数以上没有驾驶过战斗机,因而作战前必须对他们进行专门的训练。为避免日本空军的袭击和供应上的方便,经与英国军方协商,训练基地设在缅甸同古附近的一个英国机场。

同古是位于丛林中一个破烂不堪的小镇,晴天热到华氏100度,雨天一片烂泥,电力供应时有时无。8月12日陈纳德一到,就有5名驾驶员和数名地勤人员向他递交了辞职书。陈纳德批准了他们的辞职。留下来的人牢骚满腹,但看到陈纳德一大把年纪,满脸的皱纹,也只好挺了下来。

陈纳德冒着酷暑,穿着短裤、短衫,头戴钢盔,爬上一个摇摇晃晃用竹子搭成的指挥塔,一手拿着望远镜,一手拿着麦克风,对飞行员进行指导。

经过几个月的训练,志愿队人员的技术、战术水平有了很大提高。到11月,陈纳德在指挥塔上看到志愿队飞机在天空中俯冲翻滚,配合默契,脸上露出了笑容。

1941年11月,陈纳德美国志愿航空队按作战需要编为3个中队。第1中队为"亚当与夏娃队",主要由前陆军飞行员组成,该队飞机均有亚当围着苹果追夏娃的图案;第2中队为"熊猫队",该队飞机未画熊猫而画有飞行员漫画像;第3中队为"地狱天使队",由陆军、海军和海军陆战队的飞行员组成,该队飞机均有姿态各异的裸体天使的图案。

1941年12月8日,太平洋战争爆发,志愿队立即进入战备状态。9日,陈纳德派机去曼谷侦察,发现日军正在那里登陆,机场上停有多架飞机。陈纳德听后火冒三丈,但手上没有轰炸机,无法采取行动。

7日,陈纳德率第1中队和第2中队到昆明,他第一件事就是使机场上的通讯和云南的警报网联系起来。20日,一批日机向云南方向飞来,警报网不断将情报传递过来。10时50分,昆明机场所有的飞机升空迎击,出师告捷。日入侵飞机10架,被击落6架,3架负伤,只有1架平安落地。志愿队仅有1架飞机因无油迫降在稻田里,飞行员负了轻伤,其余无恙。

志愿队的初战胜利,给了饱经日机轰炸的昆明人民以极大的鼓舞。当天晚上,昆明各界为美国志愿队举行庆功会,报纸以头版头条报道战斗的经过,称美国志愿队的飞机是"飞虎",从此飞虎队成为志愿队的代称。

12月23日,英军司令韦维尔请示将志愿队调往仰光,协同英军作战。陈纳德派第3中队转往仰光。同日,54架日机来犯,志愿队和英皇家空军迎战,击落日机32架,志愿队损失3架,英皇家空军损失4架。陈纳德担心仰光的警报系统质量低劣,会给志愿队带来不必要的损失,决定将志愿队撤回。由于缺乏志愿队的飞机,英空军无力在缅甸作战,于是向伦敦告急。在英美联合参谋部和丘吉尔、罗斯福的干预下,蒋介石同意把志愿队留在缅甸作战。

在仰光上空两个多月的空战中,美志愿队捷报频传。这时志愿队大多在中国境内作战,在仰光作战的飞机从未超过20架,最少时只有5架,英美战斗机对日机的比例是1:4至1:14。他们对日作战31次,共击落日机217架。

1942年2月3日,宋美龄致电陈纳德,要他出任驻华空军指挥官,军衔升为准将,任务是协助中国人训练空军。

陈纳德从一个鲜为人知的退役陆军航空上尉,一跃成为世界各地的新闻人物,美国和欧洲的记者蜂拥而至。陈纳德对记者采访的要求有点不知所措,他尽力满足他们,同时更加尽责地指挥着志愿队。

在美国,太平洋战争开始后,各个战场上的消息都不佳,战争正处于最黑暗的时刻。在一片枯燥无味、节节失败的新闻消息中,突然冒出陈纳德带领一小批"兵油子"取得辉煌胜利的消息,自然引起美国人的轰动和兴奋。陈纳德、飞虎队在好几百家报纸的头版得到颂扬,他们的照片出现在当地电影院的新闻片里,陈纳德顷刻之间成为美国家喻户晓的人物。

陈纳德也因此获得"飞虎将军"的美称。此后,腾空而起且头戴星条高帽的飞虎队愤怒地抓破日本太阳旗的图案,便成为美国志愿航空队及其所属作战飞机的著名的非正式标志。

英国人对飞虎队的胜利感到钦佩,丘吉尔也称赞他们说:"此等美国人在缅甸上空的胜利,在性质上(如果不是在规模上的话)能够和不列颠之战皇家空军在肯特忽布草地上空所获得的胜利相媲美。"

陈纳德在盛名之下自然欣喜万分,同时也为志愿队的飞机损失和驾驶员的战斗减员而操心。他一边指挥战斗,一边忙着找油料、找零件。但更使他伤脑筋的是复杂的人事关系。

陈纳德被中国方面晋升准将后,马歇尔、阿诺德对陈纳德的提拔颇为恼火,他们决定限制陈的权力。为此,他们挑选了陈纳德在航空队战术学校的老冤家,曾经讥讽陈纳德的空战理论的比斯尔做他的上司。陈纳德对这一决定十分生气,他愤怒地发电给居里,同时就比较合适的人选提出自己的意见。可是,居里只不过是总统的经济顾问,无法改变这既定的决定。

然而,陈纳德的烦恼到此并没有结束。1942年1月底,美国决定任命史迪威为中国战区参谋长。陈纳德很清楚,史迪威来华,马歇尔起了决定作用,因为他俩是老战友。这无疑对陈纳德是不祥的征兆。

1942年1月,陈纳德命令以第1中队接替第3中队参加仰光空战。

1942年3月4日仰光沦陷。志愿队继续在缅甸活动,协同地面部队作战。这时日军有四五百架飞机在泰国、缅甸,而美英在缅甸只有30架战斗机和10多架轰炸机。面对优势的敌人,陈纳德指挥志愿队采取灵活多变的战术。他们在不同的机场起飞降落,使敌人无法获取飞机的数量和部署,并在飞机场制造假飞机迷惑日军,以待其轰炸。当日本空军集中兵力来挑战时,志愿队飞机避开锋芒,移往他处;当日机一无所获悻悻而返时,志愿队则乘机奔袭日本机场,摧毁刚刚着陆的日机。陈纳德这些空中游击战术激怒了日本空军,他们的电台警告志愿队放弃这种不正规的战术,否则将被作为游击队员,受到不仁慈的待遇。

随着中缅印战区美军司令部的组建,1942 年 4 月,陈纳德及其美国志愿航空队被征召服现役,接受美国陆军第 10 航空队的管辖和补给。陈纳德颇不情愿地成为中缅印战区美军司令史迪威的部下,开始为史迪威指挥的缅甸战役提供空中掩护。

日军进占缅甸,继而进犯云南。云南省主席龙云请求陈纳德给予支援,阻止日军跨越怒江。5 月 7 日,蒋介石令陈纳德"倾美志愿队之全力袭击在怒江与龙陵间之卡车船艇等",阻止日军前进。志愿航空队随即连续出击,袭击保山、腾冲、龙陵一带的日军运输队,企图强渡怒江的一队日军在志愿队的轰炸扫射下几乎全军覆没。志愿航空队的战斗行动,对巩固防线、稳定军心起了重要作用。

5 月中旬,滇缅一带进入雨季,美志愿队大部移往衡阳、桂林一带,开始对驻华中的日军作战。

6 月,陈纳德率司令部及 2 个中队前往桂林,仅在昆明和重庆留下数架 F-40 保护两个机场并对付来自缅甸和印度支那的日本空袭。美国志愿航空队不仅执行了桂林空战,而且执行了轰炸衡阳和扫射汉口附近机场以及长江船只的任务。

6 月 12 日,志愿队在桂林上空一举击落日机 8 架,自己仅受伤 1 架,桂林人民为之欢欣鼓舞,集资 2 万元慰劳美飞行员。日军遭受打击后,飞行员上天心慌胆怯,因而要求增派飞机。

正当志愿队在空战中不断取得胜利之时,美国陆军部却做出将志愿队并入陆军航空队的决定。一些志愿队成员对此十分反感。有的提出,他们宁愿回家,也不愿意如此。

6 月 20 日,美国陆、海两军种归并委员会成员来到中国,并同志愿人员谈话。史迪威和比斯尔一再声明,美国志愿队如不接受归并,将不予补给,并允诺以一个完整的战斗机大队来替代志愿大队。

陈纳德参加了归并委员的谈话,尽管他认为最重要的事是打日本人,但没有责备那些要走的人。他反对归并,但他知道反对没有用,只好在表面上顺从归并委员会做工作。

1942 年 7 月 3 日,陈纳德根据美国陆军部和蒋介石的命令,解散美国志愿航空队,而以志愿航空队部分队员为主组建隶属美国陆军第 10 航空队的第 23 战斗机大队。美国志愿航空队在缅甸、印度支那和中国作战 7 个月,以空中损失 12 架飞机和地面被毁 61 架飞机的代价,取得击落约 150 架飞机和摧毁 297 架飞机的战绩。美国志愿航空队共损失 26 名飞行员。

原志愿队共有 237 名队员选择了返回美国,有 5 名驾驶员、5 名行政人员和 29 名地勤人员留下。美国志愿航空队成为历史。

筹谋攻日

美国志愿航空队解散之后,该队所留飞机和人员归并美国陆军航空队第 23 战斗机大队,与派驻中国的第 16 战斗机中队组成美国空军驻华特遣队,隶属美军第 10 航空队。

陈纳德在美国志愿航空队解散的同时改任美国驻华航空特遣队司令,军衔仍为准将。第 10 航空大队的司令是比斯尔,史迪威终于使陈纳德居于自己麾下。

美国驻华航空特遣队下辖第 23 战斗机大队(包括第 74 中队、第 75 中队和第

76中队）、第16战斗机中队和第11轰炸机中队。陈纳德命令第75中队驻衡阳,第76中队驻桂林,第16中队驻云南驿,第74中队留守昆明,装备B-25轰炸机的第11轰炸机中队则暂驻桂林和衡阳以轰炸印度支那、缅甸、泰国、香港、广州和汉口的日军目标。

美国驻华特遣队名义上有两个中队,但成立之初只有五六十架战斗机和轰炸机。由于大批身经百战的志愿队飞行员离开中国,因而战斗力实际下降了。此时,日军得知志愿航空队解散的消息,遂将原在南洋的第3飞行师团转到中国,企图一举歼灭新来的美国空军。

美国驻华空军特遣队编成后,陈纳德在给史迪威的一份电报中谈了自己对美国空军在华作战的打算。此时,史迪威刚刚经历缅甸的失败撤退到印度,对陈的计划很冷淡。

7月份,日本空军凭借数量上的优势,对华中尤其是衡阳基地的美国空军发起进攻。面对数倍于自己的敌军,陈纳德仍采取志愿队的空中游击战术,以奇袭和机动作战方式打击日军,到7月底,共击毁日军战斗机2架,轰炸机12架;自己损失战斗机5架,轰炸机1架。特遣队初试锋芒,粉碎了日军企图一举扫除在华美空军的企图,也表明该队有能力与数倍于己的日本空军周旋。

8月上旬,特遣队继续在华中上空打击日军,但因连续作战和替补零件短缺飞机得不到修理,使特遣队的战斗力减弱,同时从印度到昆明的空运量有限,满足不了特遣队的需要。特遣队之所以能战斗下去,除了依赖比较健全的警报网以外,还靠中国人在特遣队进驻机场之前已储存好汽油、弹药,尽管这些东西的型号和口径五花八门,但能凑合着用,特遣队的飞行员有时用口香糖的胶泥堵补油箱上的弹孔,有时用胶布粘贴衣服上的窟窿。食品无法运来,就食当地宰杀的猪牛和蔬菜,喝惯了咖啡的美国大兵就喝当地产的茶。另外,特遣队的指挥系统复杂得令人难以置信。史迪威在重庆和新德里均设有司令部,两地相距2000英里。比斯尔的第10航空队司令部设在新德里,陈纳德大部分行政问题都得向他请示。有时为了一件事,要把信先送到新德里,再由那里转到重庆。这一状况使陈纳德焦虑万分。

8月13日,陈纳德又向史迪威递交了一个较为积极的驻华空军对日作战计划。

史迪威将陈的计划搁置到9月初,才由自己的参谋班子制定出一个空军计划来回答陈纳德。史迪威在这个计划中规定驻华空军特遣队的主要任务,是保卫从印度来昆明的驼峰空运线和辅助地面部队进攻缅甸。陈纳德在给史迪威的回电中,同意保卫驼峰空运线为首要任务,但他仍要求史迪威同意他对日军发动进攻,使驻华特遣队成为一支独立的进攻力量。陈纳德不愿做一个执行防御任务的配角,他要做一个叱咤风云的主角,担负独立的作战任务,在中国上空大显身手。显然,他们两人在使用空军上有不同的看法,这也是两人发生尖锐矛盾的主要原因。

10月初,罗斯福总统的特使威尔基访问中国,陈纳德向威尔基全面阐述了他的空中作战计划,而后将该计划成文由威尔基转交给罗斯福。这封致罗斯福关于美国空军在华作战的信,被美国史学家称为"有关战争的特别文件之一"。陈纳德在信中认为,只要有由105架新式战斗机、30架中型轰炸机和几架重型轰炸机组成的美国空中力量(需要得到一定的补充)并保持印度与中国之间的空中补给线,就能在一年之内摧毁日本的空中力量。信中还流露出陈纳德的自信和对史迪威等构想的不满。

罗斯福总统对此颇感兴趣。11月初,他曾计划召陈纳德到华盛顿与他面谈在华作战问题。当时史迪威主张反攻缅甸,罗斯福等对此也表示支持。但英国方面对此消极,蒋介石则明确表示中国军队将不参加缅甸作战,因而反攻缅甸作战的计划无形取消。在此情况下,罗斯福要陆军参谋长马歇尔考虑让美国空军首先在中国对日军发动进攻,建议给陈纳德100架飞机,并提出为了更好地发挥陈纳德的积极性,让他脱离史迪威的管辖来"唱主角"。

陈纳德绕过史迪威和马歇尔与罗斯福直接联系并施加影响,对此,史迪威和马歇尔颇为不满。因而,马歇尔竭力反对陈纳德的建议。他认为陈纳德的空战计划近乎荒唐。由于两人意见大相径庭,致使陈纳德的计划一度搁浅。

1943年1月,在卡萨布兰卡会议前夕,蒋介石致电罗斯福表示支持陈纳德的空中战略,在此之前,蒋介石指示威尔基通过有关人员向美国政府表示,希望陈纳德握有全权,同时还以和陈纳德相同的口吻指责史迪威等不懂空中战略的基本原则,不知道空军在战场的重要作用。1月9日,蒋介石给罗斯福的电报中正式提出:中国战场对日作战的首要任务是空中进攻,同时表示对缅甸作战持"谨慎态度"。蒋介石的电报,既表明了他支持陈纳德的空中战略,又反对了史迪威的整训国民党军队的计划和反攻缅甸的企图。当史迪威知道电报的内容后,把这封电报归咎于陈纳德,认为是陈纳德使他陷入困境。史迪威原来就不同意陈纳德的空中战略,蒋介石的电报无异于火上加油。

但蒋介石的电报对罗斯福产生了重要影响,他当即在卡萨布兰卡会议上决定"加强陈纳德驻华空军,增派人员,使之有效作战",并明确空中进攻是"当务之急",应优先于缅甸作战。会议结束后,罗斯福和丘吉尔联名致电蒋介石,通知他已决定"立即支援陈纳德,使他不仅可以攻击日军重要航道,也可以攻击日本本土"。

争制空权

1943年3月10日,在罗斯福的过问下,美国陆军航空队将驻华航空特遣队编为美国陆军第14航空队,陈纳德晋升少将司令。该队计划实力为第23战斗机大队、第51战斗机大队(辖两个战斗机中队)和第308轰炸机大队(辖4个重型轰炸机中队,装备B-24)、第34轰炸机大队(辖3个中型轰炸机中队,装备B-25)。

第14航空队成立后,美国军方对罗斯福"加强陈纳德"的指示进行抵制和拖延,陈纳德的处境和以前别无二致。4月底,陈纳德和史迪威应召返美讨论在华军事战略问题,空中战略成了美国决策层争议的中心。陈纳德到华盛顿后向参谋长联席会议递交了一份《在华作战计划》,重申他的空中战略。

陈纳德的计划遭到史迪威的坚决反对。

但蒋介石积极支持陈纳德。就在陈纳德到美国后,蒋几次致电罗斯福,并通过在华盛顿的宋子文、宋美龄告诉罗斯福,他将集中所有的资源,"致力于空中攻击之准备"。

支持蒋介石是罗斯福的基本态度,罗斯福怕蒋介石垮下来。于是,在5月中旬的英美首脑华盛顿会议(即三叉戟会议)上,罗斯福强调了中国危机四伏的局势,认为必须支持蒋介石,因而"空中意义重大"。5月18日,罗斯福接见宋子文,明确保证立即加强美国驻华空军，以不使中国战场形势恶化。由于马歇尔的坚持，罗斯福总统搞了平衡，在批准陈纳德空中战略的同时，也赞同继续准备反攻缅甸作战。

陈纳德从美返华后，首先在指挥权上与史迪威发生了冲突。5月底，史迪威的参谋长贺安通知中国军事当局，今后中国对美国空军的作战要求须由史迪威驻重庆总部转达，如果美国空军接到中国方面的命令，必须先征询美军重庆总部，然后方可执行。史迪威想通过对陈纳德的约束来限制美国驻华空军的作战权，以保证缅甸战役能顺利进行。

此时的蒋介石毫不相让。6月中旬，蒋介石直接命令陈纳德配合中国军队在洞庭湖一带作战，连续4天轰炸藕池口和石首。但史迪威却命令陈纳德不得去轰炸。6月24日，蒋介石召见陈纳德得知此事后，十分愤怒，立即决定以后给陈纳德的命令由中国航空委员会直接转达，不经史迪威重庆总部。为了使陈纳德脱离史迪威的指挥，蒋介石于7月12日致电罗斯福，要求将陈纳德提升为中国战区空军参谋长。

罗斯福收到蒋介石的电报，立即召集霍普金斯、马歇尔等在总统卧室举行会议。罗斯福总统对空中战斗寄予厚望，因而倾向于蒋介石的主张，同意陈纳德"独立于史迪威的指挥"。但马歇尔竭力反对，他认为陈纳德是一个战术上的天才，但他是中国政府出钱雇佣的人，受蒋介石的影响较深。面对这种情况，罗斯福在蒋介石和马歇尔之间采取了折中的办法。7月1日，他致电蒋介石，同意让陈纳德担任中国空军（而不是中国战区）参谋长。

指挥权限的扩大使陈纳德开始发动计划中的攻势作战。从7月下旬起，美日双方为争夺制空权在华中上空展开了激烈空战。日军以其他战场抽调而来的优势兵力，在华中的衡阳、零陵和桂林等地对美空军频频发动进攻。陈纳德指挥美空军，依靠精密的情报通讯网，以对空通讯之绝对优势，完全掌握了制空权。仅在7月下旬8天的空战中，美军就击落日军飞机62架，自己仅损失3架。

美空军掌握了制空权之后，即对长江和北部湾的日本轮船进行轰炸，并接连袭击汉口、香港和广州的机场、码头，给日军以沉重的打击。

10月，第14航空队组建中美混合飞行联队。11月，位于衡阳东部的遂川机场建成。同月25日是美国的感恩节，陈纳德指挥轰炸机远征日军在台湾的机场。清晨，15架战斗机掩护14架B-24型重型轰炸机呼啸升空，飞机低空飞过江西、福建省，穿越台湾海峡，直指台湾新竹机场。他们出敌不意，争先恐后打掉了企图拦截的日20架战斗机中的15架。机群横扫了整个日军机场，炸弹和机枪子弹全部倾泻在跑道两侧的日本飞机上，把机场上的42架飞机全部摧毁。战斗结束返航时，护航战斗机几乎耗尽了最后一滴油才飞回大陆，幸运的是所有参战飞机无一损伤。陈纳德兴高采烈，专门派一架C-40运输机运来火鸡，让大家美餐一顿。

从7月至年底的半年时间中，第14航空队南征北战，共执行作战任务358次，出动飞机3519架次，迫使日军改变作战战术。

尽管第14航空队战绩引人注目，但它却没有完成陈纳德在4月底提出的作战任务。产生这一问题的原因除了飞越驼峰的运输力有限以外，主要是物资分配权在史迪威手里，史迪威是不会让陈纳德顺心的。另外，原来应诺在7月中旬增派给第14航空队的两个战斗机中队和两个轰炸机中队也没有兑现。9月份，第14航空队中实际上只有85架战斗机和9架轰炸机。为此，陈纳德向罗斯福求援。他告诉罗斯福,由于作战物资缺乏,第 14 航空队的轰炸机不能"自由作战",增补的飞机又没有按计划到达,因而"延迟"了对日作战的进程,使第 14 航空队"无法完成预定任务"。

罗斯福对陈纳德的请求高度重视,在罗斯福的干预下,驼峰空运量至 1943 年 12 月突破了 1 万吨,第 14 航空队的物资供应状况也因此得到改善,补充飞机亦源源运抵中国。

12 月,陈纳德根据华东和云南两个主要战区的作战需要,组建第 68 混合联队和第 69 混合联队。以东经 108 度为界,以东为 68 联队作战区域,联队总部设在桂林,以西为 69 联队作战区域,联队总部设在昆明。

1943 年秋季,陈纳德提出第 14 航空队在 1944 年的作战计划,把日本运输船只和空军作为重点打击对象,并强调了物资供应的重要性,他将这个计划呈送给美军中缅印战区司令部后,又写信给罗斯福总统寻求支持。

陈纳德的作战计划遭到史迪威的断然否决,史迪威以战区司令部的名义答复他:"目前之储备及燃料使我们尚无能力从后勤上支持这一计划。"罗斯福在 10 月底就陈纳德的计划回电:"你是医生,我同意你的诊治。"然而不久,罗斯福的看法却发生了重大变化。

1944 年初,日本大本营决定发动豫、湘、桂战役(一号作战),企图打通大陆交通线,摧毁美国驻华空军基地。

日军在黄河流域的调兵遣将引起了美国空军的警觉。2 月中旬,陈纳德第一次发出警告:日军可能发动一次大规模的进攻。在 4 月上旬,陈纳德接连致电史迪威,报告中国局势危在旦夕,请求增加物资供应。

可是在陈纳德发出日军进攻的警告时,史迪威正在缅甸的丛林中指挥反攻。罗斯福也两次致电蒋介石,以强硬的口吻要求驻云南的军队跨过怒江入缅作战。史迪威担心关于日本大举进攻的消息会影响中国军队出兵缅甸,因而命令陈纳德不得将此情况报告蒋介石,并拒绝增加对第 14 航空队的物资供应。

局势十分严重,陈纳德不顾史迪威的命令,还是将情况向蒋介石做了报告,说:"日本威胁已近,事不宜迟。"4 月中旬,蒋介石又接到罗斯福催促其在云南发起攻势的电报。而陈纳德此时却要求蒋介石调动华中部队对付日军,并请求史迪威将在滇缅作战的第 14 航空队所属的 69 联队调往华中,这显然与史迪威的主张背道而驰。恰在此时,史迪威重庆总部的情报却表明,日军在黄河两岸没有进攻能力。这一错误的情报使史迪威认为陈纳德在以空中攻势干扰缅甸作战。为此,史迪威要求美国军方解除陈纳德的第 14 航空队司令一职,让他专管中国空军的训练作战。由于美军方考虑到陈纳德在蒋介石那里的特殊地位,没有这样做。但二人的宿怨又加深了一层,使两人在面临日军进攻的严重局势中难以协调一致。

4 月 17 日,日军开始"一号作战"。国民党军队一触即溃,整个中国战场局势骤变,引起美国的严重关注。5 月 11 日,蒋介石在重庆召见史迪威驻重庆的代表,要求将在成都守卫 B-29 轰炸机的第 14 航空队的战斗机移至河南南部,支援洛阳一带的中国军队。

与此同时,陈纳德再次向史迪威告急,要求每月给 1 万吨物资,并准予借用 B-29 型轰炸机的储存物资。接着,他又写信寻求罗斯福的支持。但这时的罗斯福已"接受了史迪威认为蒋介石没有能力使中国在战争中发挥作用的看法",因而也

"抛弃了蒋介石与陈纳德提出的依靠空军制胜的论点"。

6月,陈纳德指挥第14航空队进攻湖南的日军,袭击日军的航运,轰炸日地面部队的桥梁、营房,配合地面部队作战。但由于油料告缺,致使第14航空队无法进一步扩大战果。

陈纳德(左)在昆明机场向飞行员讲解飞行技术(1944)

8月上旬衡阳失守,衡阳机场被日军占领。

10月、11月间,美空军频频出击,袭击日长江航运和京汉铁路运输,给日军的物资供应造成很大的困难。但由于国民党军队作战不力,第14航空队的这些战绩不能对整个战局产生更大的影响,日军仍继续南下。11月初,桂林、柳州相继失陷,日军完成"一号作战"任务,华中机场尽落入日军之手。陈纳德对国民党将领的无能破口大骂,但他对蒋介石消极抗日的思想仍毫无认识。

当美空军在华中作战时,第14航空队所属第69联队正在云南前线配合中国军队进行滇西战役。

1944年春,国民党在河南战场的溃败,证明了史迪威关于国民党军队不堪一击的说法。为了有效地打击日本,史迪威曾提出武装八路军的意见。6月,罗斯福总统派华莱士副总统来中国,"说服蒋介石同共产党人谈判"。蒋介石当然不同意这样做。蒋在同华莱士谈话中,"历数了史迪威不满足第14航空队许多需求的做法,并说他本人'对史迪威将军对事物的分析判断缺乏信心'"。

史迪威同蒋介石闹得不可开交,陈纳德从中火上加油。罗斯福面临着要蒋介石还是要史迪威的选择。1944年10月18日,罗斯福总统决定:立即调回史迪威。陈纳德在昆明听到这消息后欣喜若狂。他的老对头消失了。

辞职返美

史迪威离开后,魏德迈于1944年10月31日来华接替他为美军中国战区参谋长。罗斯福和三军参谋长从史迪威与蒋介石的关系中学到了东西,他们给魏德迈规定了一系列的新任务和新作用。魏德迈并不像史迪威那样对蒋介石及其将领冷嘲热讽,他讲策略,不使人感到紧张,并注意小节,因此他的建议很合蒋介石的胃口,魏德迈与陈纳德的关系也是如此。

魏德迈上任后第一件事就是让陈纳德施行"幼虫行动",将两个中国师、新六军司令部、一个重迫击炮连、一个通讯连和两所战地外科医院返回中国。

这时第14航空队的实力也大为增强,共有人员17473名、535架战斗机、109架中型轰炸机和47架B-24重型轰炸机。补给的物资也剧增,1944年11月为14729吨,到1945年7月陆续增加到了71042吨。

此时,第14航空队有36个战斗中队,分属第68和69混合联队、中美混合联队、第312战斗机联队。陈纳德将第69联队派往昆明,该联队由第51战斗机大队和第341轰炸机大队(中型)组成,任务是保卫驼峰航线和中国的西南。他让第68混合大队(由第23战斗机大队和第118战术侦察中队组成)承担支援京汉沿线的中国地面部队和维持一个地区性反击战役的任务。由第3战斗机大队、第5战斗机大队和第1轰炸机大队(中型)组成的中美混合联队被派到华中地区、黄河流域,甚至到宁、沪地区,由第311战斗机大队的3个中队组成的第312战斗机联队原来的任务为保卫成都,现在被改为拦截华北和华东的铁路线。

由于实力得到加强,陈纳德在昆明的记者招待会上宣称,现在"我们可以集中力量攻击日本的空军基地、航运和交通了"。

在对日作战的最后几个月中,第14航空队在中国上空纵横驰骋,四处出击,每月出动飞机三四千架次,对日本空军和机场进行了歼灭性打击。在美空军的连连打击下,日空军士气涣散,毫无斗志。4月,美空军在中国上空仅遭遇到3架日机。5月20日,由于日机大部用于保卫本土,在中国仅留42架战斗机和18架侦察机,致使日机失去了应战的能力。从5月15日到7月1日第14航空队在中国上空未遇任何敌机。

与此同时,在第14航空队的轰炸下,日军在长江的布雷和航运几乎陷入瘫痪。第14航空队还配合地面部队进行了豫西、鄂北战役和芷江战役,给中国地面部队以有力的支援。

正当陈纳德指挥第14航空队顺利进军时,一连串不祥的征兆相继出现,以致影响到他在中国的地位。

首先是蒋介石对他的怀疑。1944年7~8月间,日军的"一号作战"攻势正在进行,直接危及华南桂林、柳州、衡阳的机场。陈纳德力图不让日本取得这一批基地,因此他赞成立即给第9战区司令长官薛岳以武器,当时该部正在桂林地区奋力阻击日军。陈纳德也知道薛岳不是蒋的嫡系,也不受蒋的青睐,但他当时根本不管政治上的风波,还是在衡阳向薛岳空投了一批弹药。

蒋介石是不容他人染指军用物资的,即使陈纳德这样的人,蒋也不会饶他。

自史迪威离华后,马歇尔等人就开始考虑改组在亚洲的陆军航空队。1945年1月,驻印度美军航空兵司令斯特拉特迈耶草拟了一份建议,将所有驻缅甸和印度的空军调往中国,由驻华的空军司令部指挥第10和第14航空队。这一建议在1月中旬的密支那会议上得到魏德迈的赞成,驻印军代司令索尔登特也同意。陈纳德表示反对,理由是后勤工作无法跟上一下子涌来中国的那么多人。

陈纳德的反对无力,没有得到华盛顿的支持。

6月20日,魏德迈在成都召开了一个由在华所有将军参加的紧急会议。会上,魏德迈念了阿诺德的特别信件。信中说,马歇尔和阿诺德都希望对中国空军进行的改组能按计划执行,不管后果如何。实际上,马歇尔和阿诺德的目的很清楚,就是要赶走陈纳德。对此,陈纳德心中也是清楚的。

对于陈纳德这样的结局,蒋介石是完全可以干预的,但是,由于陈纳德犯了他的忌讳,这次他没有过问。

7月6日,陈纳德提出辞职,魏德迈等立即批准并任命了斯通将军接替陈纳德指挥第14航空队。

陈纳德辞职后即到中国各地作辞别旅行。他飞越日军的前线与薛岳会晤,并告诉薛:所有美国的军火都要运到华西的新军那边去,也许他得不到援助了。两人挥泪而别。

陈纳德在中国8年,为打败日军立下了很大功劳,中国人对他去职的依恋是自然的。蒋介石设宴为他送行,并授予中国最高荣誉——青天白日大蓝绶带。

1945年8月1日,陈纳德"带着十二分的愤怒和失意离开中国"。

据称:1942年7月以来,陈纳德率部摧毁2600架敌机,击沉和击伤敌大量商船和44艘海军舰船,己方损失500架飞机。

助蒋内战

陈纳德回到了美国。在遭到沉重打击之后,他无论感情上还是体力上都已精疲力竭。回到美国几天以后,日本投降了。他想到自己在最后不能参与其事感到十分难受。他说:"8年来我唯一的雄心是打败日本,而现在我却被褫夺参与那最后的胜利的权利。在战胜日本后,我热切希望能够在东京湾登上'密苏里'号战斗舰,看看日本人正式宣称他们的战败。"可是没有人邀请他。更使他难受的是,他的老对头史迪威倒从冲绳被请去参加了受降仪式。

陈纳德在美国的处境也很不妙,除了身体的情况外,他和妻子内尔分居多年,关系恶化,8个孩子都已成家,他独守空房。有人劝他竞选州长、参议员,但他缺乏政治经验,干别的威望又不够。陈纳德此时已55岁,在经历了几十年风风火火的戎马生涯之后,现在这样无所事事的寂寞生活对于他来说等于自杀。他在美国已无选择的道路,他想起在云南时,曾与龙云讨论过一旦战争结束,成立一个省一级航空公司的事。但不久他得知龙云已被蒋介石以武力夺去了权力。此时他的好友威劳尔打算在中国办航空公司,他很想利用陈纳德在国民党上层的老关系,于是和正在考虑出路的陈纳德一拍即合,两人于1945年12月离开美国来到上海。

陈纳德重返中国,受到蒋介石、宋美龄的欢迎,宋美龄并答应为他帮忙。经过陈纳德在中国上层朋友和美国朋友的帮忙,1946年10月25日成立了行政院善后救济总署,不久即成立民航空运队。他们买了15架C-46和4架C-47飞机,经修理后飞到中国,在上海设立了总办事处。飞行员是前志愿队、第14航空队的伙伴。到1948年秋天,民航队有1100名职员分布在全中国,其中85%是中国人。

1947年1月底,"行总"驾驶员驾驶印有"飞虎"标记的飞机,将一批批救济物资运往中国各地。但民航空运队的目的是盈利,他们运送救济物资赚不了钱,于是陈纳德和威劳尔到南京去见蒋介石。蒋同意对合同进行修改,允许民航空运队运载中国批准进口的东西,其中包括走私贩毒,牟取暴利。到 7 月,空运队就开始赚钱了。

在 1947 年一年中,民航空运队飞了约 200 万英里,运送了 700 万吨货物,盈利颇丰,偿还了联合国善后救济总署预支的款项。

这时,陈纳德与原妻内尔离婚已一年多,一直过着独身的生活。1947 年 12 月 21 日,他在过了 57 岁生日后不久,与曾多次采访并报道他及其部属的 23 岁中国记者陈香梅姑娘(英文名字为安娜)结婚,后来生有两个女儿。

按照民航空运队原来与行政院善后救济总署签订的合同规定,只要该署存在,空运队就应不断工作。此时国民党在军事上处处失利,蒋介石也需要他们参与内战。1948 年 1 月,陈纳德与国民党政府草签了一个要空运队继续工作的协议。此后,陈纳德帮助蒋介石空运军队、武器,进行内战。沈阳被解放军围困,他们将食品运进沈阳城,扔下大量照明弹和炸弹。

淮海战役中,他的民航空运队帮助国民党补充给养。在太原被包围的情况下,他利用青岛为基地,每日补给太原 200 吨食品。他们对阎锡山的援助一直持续到太原解放。

1949 年 11 月,陈纳德策划"购买"业已宣布起义但被港英当局非法扣压的中国航空公司和中央航空公司在香港的飞机和其他财产,最终获得成功。陈纳德的回忆录《一个战士的道路》于 1949 年在纽约出版。1950 年 6 月,民用航空运输公司由美国中央情报局花 100 万美元购得,将空运队改为控股公司,陈纳德任公司董事长。

空运队被中央情报局控制后,飞机可以在日本的冲绳、东京和汉城等地起飞,向中国大陆撒传单、空降物资和武器弹药等,支援国民党残存的军队、特务和土匪。这些活动遭到人民解放军的反击,不少飞机被击落,驾驶人员被俘。空运队还参与了朝鲜战争、越南奠边府战役。1953 年底应蒋介石的要求,将溃逃到缅甸的国民党残兵 2000 名、家属 300 名运到台湾。1954 年又从泰国运出了 3000 名士兵、500 名家属。

1956 年陈纳德仍然是空运队的董事长,但很少为空运队办事。1957 年他在医院体检时发现肺上有一个恶性肿瘤,同年 8 月进行了手术。两个月后陈纳德携妻和女儿回到台北,出席了空运队的会议。

1958 年 7 月 15 日,艾森豪威尔总统要求国会晋升陈纳德为中将,18 日,美国国会通过晋升他为空军中将的法案。

7 月 27 日,陈纳德在华盛顿去世,终年 67 岁。

保卫大英帝国的元帅

——蒙哥马利

人物档案

简　　历：1908 年，桑赫斯特军事学院毕业，到皇家沃里克郡团服役；第一次世界大战期间，参加了对德作战；第二次世界大战期间，参加了哈勒法山之战、阿拉曼会战、奥吉拉会战，打败了德国常胜将军"沙漠之狐"隆美尔；继而挥师攻入意大利，并率军参加诺曼底登陆。

生卒年月：1887 年 11 月 17 日～1976 年 3 月 25 日。

安葬之地：不详。

性格特征：冷酷、孤僻、固执、刚愎自用，宽厚、大度、和蔼而富有人情味、粗犷、干练。

历史功过：蒙哥马利在诺曼底战役中有两点特殊贡献。他以军事家的敏锐、历经战事磨炼的果决和善于抓住问题实质的独特才能，及时地发现、提出并促使决策层修订了作战计划中不彻底的部分。同时，由于他的正确判断和出色指挥，避免了登陆作战最容易陷入的登陆面过窄，部队展不开，不能很好地巩固滩头阵地并向纵深发展的弊端。

名家评点：被韦维尔将军誉为"我们所拥有的头脑最清楚的军官之一，是一个卓越的军队训练者"。

家境艰难

蒙哥马利 1887 年 11 月 17 日生于伦敦。他的母亲名叫莫德，是维多利亚女王时代一个名叫法勒的教长的女儿。莫德 16 岁时嫁给亨利·蒙哥马利，当时亨利已 34 岁，在法勒手下任副牧师，伯·劳·蒙哥马利是他们的第四个孩子。蒙哥马利两岁时，他们全家迁往偏远荒凉的塔斯马尼亚，后来父亲在那里做了大主教。

离开繁华的伦敦，蒙哥马利一家跌入了艰难的境地，以致后来他在回忆录中说："我的童年是不幸的。"当然，这种"不幸"只是相对艰苦而已，因为事实上并没有什么特别凄惨、特别尴尬的事情发生。蒙哥马利的这种印象，也许与其家世有关。他的祖先是爱尔兰人。1066 年，蒙哥马利家族从诺曼底的法莱斯迁到英国。

18世纪末,他的祖上塞缪尔·蒙哥马利经商发财,在福伊尔潟湖畔购置了1000英亩地,并盖了一所叫"新公园"的住宅。蒙哥马利的祖父罗伯特曾远走印度,在那里做过一个省的副总督,并被封为爵士。因此在蒙哥马利一家看来,他们应该算望族,望族受到艰苦的磨难显然是令人吃不消的。

军校深造

蒙哥马利年少时天真无邪,但同时有些冷酷和孤僻。他曾在圣保罗学校读过书,稍大,入了桑赫斯特军事学院。在这两所学校里,他都很难算是好学生,成绩一般,又有些喜欢说大话,据说还曾差一点被军事学院开除。那时的蒙哥马利别说元帅,当个好士兵都不能说是合格的。1908年,蒙哥马利毕业,因为成绩太差,没有如愿被分往印度,而是到了条件一般的皇家沃里克郡团服役。正是这个条件一般的团队,成了他迈向事业巅峰的第一级台阶。

1914年第一次世界大战爆发,蒙哥马利所在团作为英国远征军的一部分开赴法国前线。10月,蒙哥马利参加了对德作战。当时,他所在的第1营奉命进攻一个叫梅泰朗的小村子,已是排长的蒙哥马利表现得勇敢机智。在村边,他遭遇了一名德国兵。后来他回忆说:"千钧一发,必须当机立断。我纵身向那个德国人猛扑过去,用我全身的力气猛踢他的下腹部,正好踢中他的要害。"这个德国兵于是成了他平生抓获的第一个俘虏。此后,他又指挥全排上刺刀冲锋,顺利攻克梅泰朗村。战斗中,蒙哥马利身负重伤,被送回英国治疗,同时被授予优异服务勋章,提升为上尉。这是1914年12月。1个月后,蒙哥马利伤愈出院,惊奇地发现自己已被任命为旅参谋长了,这时他只有27岁。1916年,蒙哥马利返回法国前线,任第35师旅参谋长。第二年,升任第33师二级参谋,并很快升任第9军二级参谋。1918年,他出任第47伦敦师一级参谋。第一次世界大战结束时,蒙哥马利30岁,军衔为中校。

战争使蒙哥马利迅速成熟起来。1920年1月,他获准入坎伯利参谋学院深造。在他认为纯粹是教一些"完全过时和不现实的东西"的这所军事学府里,他最初形成了自己关于军事、战争以及军事家品格的思想。蒙哥马利认为,第一次世界大战中英军一个不可饶恕的错误,就是因为计划不当而造成伤亡惨重,由于不必要的伤亡和高级指挥官不亲临前线而造成士气低落。所以,他的一些想法和军事学术观点与学院是相左的,被认为固执、非正统和刚愎自用。一年后,蒙哥马利毕业回到部队。1926年,他作为教官又返回这所参谋学院,在这里执教3年。1934年,他被任命为奎达参谋学院的首席教官,又执教3年。前后6年的教官生涯,对蒙哥马利最终由职业军人转变为军事家是十分重要的。这期间,他发表了《步兵训练教范》等军事著述,较系统地简述了他的军事思想。其中最引人注目的,是他关于部队士气的观点。他认为,士气是一个军队能否取得胜利的至关重要的因素,不能把部队看作是"被驱赶着在金属屏障后面向前冲的一堆人肉",应该爱兵,使士兵感到温暖,从而激发他们的勇气和献身精神。他反对并极端蔑视高级司令部人员不与前线士兵接触,主张尽全力消除各级指挥员与士兵之间的"信任鸿沟"。他还说:"我的战争经验使我相信,参谋机构必须为部队服务。"不仅如此,在教学中,他还特别关心学员,注意培养那些有潜力的青年军官。这些思想和做法,都深为同事和学员称道,并且成为他以后军事生涯中的不变准则和制胜法宝。

蒙哥马利 1927 年 40 岁时与贝蒂·卡弗结婚,这次婚姻对他影响很大。贝蒂是一位阵亡军官的遗孀,带有两个孩子,嫁给蒙哥马利后,再没生育。这 3 个人,也就成了蒙哥马利后半生亲情的全部寄托。贝蒂是位艺术家,性情温和而执拗,她反对蒙哥马利所崇拜的大部分事物,包括他的军事、政治观点和忘乎所以的热忱。但他们在一起非常和谐幸福,原因就是互相关爱但互不干涉。贝蒂原谅蒙蒂(对蒙哥马利的爱称)的怪癖,蒙蒂则处处保护贝蒂,不让她做家务,不跟她谈论琐事,而让她专心致志搞艺术。在这种婚姻的温情中,蒙哥马利变了,变得更加宽厚、大度、和蔼而富有人情味。当然,作为军人,他还有着性格的另一面,粗犷、干练和虎虎雄风。这一切,奇特地融合在一起,成了他成长为军事家而非单纯军人的重要内因。所以,当 10 年幸福婚姻骤然终结时,他的精神几乎崩溃,他跌入的是一个"心灵的黑夜"。他后来说:"我回到朴次茅斯的住宅,这儿原来要作为我们的家。我独自待在那儿许多天,谁也不见。我全垮了……我好像堕入一片黑暗之中,心灰意懒。"贝蒂·卡弗是 1937 年 10 月被虫咬中毒而死,此后,蒙哥马利再也没有结婚。

1937 年夏天,也就是贝蒂去世前几个月,蒙哥马利被提升为驻朴次茅斯的第 9 步兵旅准将旅长。这个旅属南部军区的第 3 师。南部军区司令是当时英国陆军著名的改革派之一韦维尔将军,他的现代战争思想后来影响了蒙哥马利。在 9 旅,蒙哥马利开始贯彻他探索已久的军事思想,尤其是步兵训练方法,出色地指挥和参与指挥了几次军事演习。被韦维尔将军誉为"我们所拥有的头脑最清楚的军官之一,是一个卓越的军队训练者"。1938 年 10 月,蒙哥马利因出色的工作和军事才能被提升为少将,奉命负责巴勒斯坦北部地区军事指挥并组建第 8 师。这时,战争的阴影已经迫近,巴勒斯坦地区动荡不安。蒙哥马利接管防务后,立即着手分段治理,建立情报系统,组织突然行动,迅速控制了该地区局势。到 1939 年春,巴勒斯坦北部地区秩序井然。

决战沙场

有人说蒙哥马利是个天才军人,这种军人对战争有着猎豹般的机敏和不顾一切的献身精神。所以,当 1939 年夏秋战争降临前夕,他执意角逐第 3 师师长职务。他相信,这个第一次世界大战时的老牌"钢铁师",全英最优秀的陆军师之一,将在战争爆发时最早开赴前线。铁血冷月,马革裹尸,他渴望率领一支铁流驰骋沙场,去抒写自己的人生辉煌。

在世间所有谜一般的事物里,战争是极具戏剧性的。1939 年 9 月,当蒙哥马利的第 3 师随英国远征军雄赳赳地跨海作战时,谁也料不到他们将尴尬地败退而归。

1939 年 9 月 3 日,英国政府在德军入侵波兰两天后,向全国发出战争动员令,向德国政府发出最后通牒,同时,由陆军部下达组建英国远征军及其编备配属训令。9 月底,英国远征军第 1 军、第 2 军及空军部队总计 16 万余人在法国里尔以东地区集结,隶属盟军总司令部下属东北战区的第 1 集团军群。这时的英国远征军,虽士气不错,但实在不具备进行大规模作战的能力。首先是装备太差,像第 3 师这样的全英第一流陆军师,反坦克装备只是一些能发射两磅炮弹的炮,再有就是步兵0.8 英寸战防炮和能发射 1 磅炮弹的小炮,其他都是轻武器。其次是缺乏实战经验,战争爆发前几年,英军甚至都没有组织过一次实战演习,通讯设备落后,后勤供应跟不上,运输能力差,没有健全的指挥系统。类似蒙哥马利这样的军中有识之士早就预感到,他们将遭受一些挫折,但想不到最终竟差不多到了落荒而逃的地步。

英国远征军总司令是英军总参谋长戈特勋爵。蒙哥马利一直认为,任命戈特统率远征军是一个错误。戈特属于那种豁达、赤诚、好心肠的人,在部队担任过的最高主官是步兵旅长,所以他注重战术,对军事战略却似懂非懂。1939 年冬季,蒙哥马利预感到德军很可能在来年向盟军发动攻击,率部进行严格的冬训,并设置了大量反坦克障碍、掩体、堑壕和铁丝网。第 2 军军长布鲁克对此大加赞赏,认为蒙哥马利的一些想法、做法和训练方法使他大开眼界,蒙哥马利是一个具有非凡前程的高级军官。但这些都没有引起戈特的注意。1940 年 10 月底,布鲁克吸取了迪尔、蒙哥马利等人的意见,正式向戈特提出,德军将很快有所动作,无奈戈特仍心存侥幸。1941 年 1 月,希特勒果然下达了入侵荷兰、比利时、卢森堡等低地国家的"黄色战役"命令。

"黄色战役"第一次打击,于 1941 年 5 月 10 日凌晨 3 时降临到荷兰和比利时头上。英国远征军立即按预定作战方案,以蒙哥马利的第 3 师为先头部队向东急进,越过边境,进驻迪尔河南岸的罗文南北地区,准备接替比利时第 10 师防务。5 月 11 日凌晨,比利时士兵还沉浸在睡梦中,蒙哥马利部队就在迪尔河畔展开了。随后德军扑来,比利时第 10 师慌忙撤走,蒙哥马利部队开始向德军炮击。这是 5 月 14 日。5 月的阳光灿烂地照耀着比利时美丽的土地,阵地侧畔鸟语花香,然而蒙哥马利眼前却阴云密布。战争形势的急剧恶化超出了他的想象,鹿特丹遭到轰炸,荷兰要求停战,德军装甲部队全线挺进,比利时军队后撤,英军右侧的法国集团军垮了……几乎没有一个消息是令人鼓舞的,整个盟军陷入了一片慌乱。在残酷的战争面前,蒙哥马利再一次显示了一个杰出军人的良好素质。他表现得异常镇定。许多人后来回忆说,蒙哥马利在那段时间不仅从容自信,甚至还养成了巡视前线、指挥作战、进餐、就寝等等一切都严格按计划进行的刻板习惯,说他"具有一种在自己周围创造沙漠中的宁静绿洲的诀窍"。蒙哥马利的自信和镇定,使第 3 师在险恶的局势中巍然屹立,极为有效地阻击着德军的进攻。

此后盟军开始潮水般地后撤。第 3 师一直坚守到最后关头,才开始有秩序地撤离。5 月 17 日,第 3 师撤抵布鲁塞尔。18 日,英国远征军第 1 军行动迟缓,布鲁克接管了其第 1 师。这个师的师长,是哈罗德·亚历山大少将。于是,后来统率英军驰骋非洲战场的 3 位著名将领布鲁克、亚历山大和蒙哥马利,就在一种令人尴尬的境地里走到了一起,第一次合作,并挽救了深陷重围的英国远征军。

后撤的英国远征军采取环形防御,边打边退。但是 5 月 27 日夜,比利时国王利奥波德却命令比军向德军投降,使这条环形防御带的左翼出现了一个缺口。当时,蒙哥马利的第 3 师正在鲁贝前线与德军对峙,布鲁克急令他们立即前往堵住这一缺口。第 3 师连夜强行军,在黑暗崎岖的道路上运动 25 英里,28 日拂晓前工事已经做好了,然后是整整一天的阻击。5 月 29 日深夜,第 3 师进入敦刻尔克桥头堡左翼的海滩阵地,在这里掩护大部队撤离。由于战事险恶,伦敦方面决定尽快把远征军中的优秀将领撤回国去。30 日,布鲁克接到撤离命令。这位具有远见卓识的著名将领,向伦敦总部力荐他属下 3 个少将中资历最浅的蒙哥马利接替他出任第 2 军军长。当天下午,蒙哥马利以新任军长的身份出席了戈特总司令召集的关于最后撤退的紧急会议。会上,戈特按照伦敦方面的要求,命令第 1 军最后撤离,同时指定第 1 军军长巴克中将在他回国后接替他指挥部队。蒙哥马利认为巴克年纪太大,能力不足,不能够担此重任,于是直言举荐亚历山大出任此职,戈特采纳了他的建议。5 月 31 日深夜,第 2 军开始撤离。第二天,蒙哥马利所部冒着炮火在敦刻尔克港集结并安全撤回多佛尔。两天后,亚历山大冷静而机智地指挥远征军残余部队撤抵英国。

英国在第二次世界大战中的第一次出击就这样多少有些难堪地结束了。

这是一次带有很大盲目性的军事行动,它暴露了英国军队在装备、训练、指挥等等许多方面的问题,使得他们有可能在以后的战争中避免更多的错误和伤亡。对于蒙哥马利,跨海作战则成了他军事生涯的新起点,他在军队中的地位、声望都因此有所提高,他成了英军最有希望、最受重用的将领之一。后来许多人都对这一时期蒙哥马利军事思想的迅速成熟给予了很高评价,认为正是从此起,他才开始真正成为一位军事家。这一印象当然还与以下事实有关。敦刻尔克撤离之后,蒙哥马利向帝国陆军部提出,他不再担任军长职务,而重新出任第 3 师师长。他要把这个在跨海作战中遭受重创的钢铁师再造成一流部队,以肩负未来反攻重任。

蒙哥马利再次统领第 3 师后,只用了 10 多天时间就在萨摩塞特完成了整编,接受了新装备。随后,他向前来 3 师视察的首相丘吉尔提出,将国内满街乱跑的公共汽车征调一部分入伍,装备第 3 师使之成为机动能力更强的可以打运动战的师。这一建议很快被采纳,当然,得到了汽车的第 3 师并没有立即上前线。但这时他和布鲁克相继提出的进攻性防御理论,即在沿海前线建立一条相对薄弱的防线,尽力阻击入侵之敌,而在后方部署高度机动的战斗部队,乘敌立足未稳实施集中打击的思想,却被认为是非常有创见的“军事哲学思想”。

1940 年 7 月,蒙哥马利被任命为第 5 军军长。他在这个军里推行了一系列大刀阔斧的改革,清除了一批他认为年龄偏大的和懒惰、缺乏才干、没有献身精神、不被士兵敬重的而可以看作是“朽木”的中下级军官,举行师以上大规模军事演习,培养士兵的吃苦耐劳精神和实战本领。他要求部队“无论雨、雪、冰、泥,无论好天气还是坏天气,白天还是黑夜,我军都必须比德军善战”。一年后,当他调任东南军区司令时,第 5 军已经成为一支能在任何恶劣条件下英勇作战的第一流的部队。然后他又在东南军区推行他的军事训练和军队改革方案。东南军区辖肯特郡、萨里郡和苏塞克斯郡,是德军最有可能突袭的地区。蒙哥马利从实战出发训练部队,其逼真刻苦程度在英军中绝无仅有。他的战略思想是训练一支“不会退却的部队”,使全体官兵保持旺盛的斗志、攻击精神和乐观自信精神,然后,构筑一种蛛网般的防御体系,无论德军走到哪里,都必将遭到强有力的反击。这样就到了1942 年。

1942 年的最初几个月里,由蒙巴顿将军领导的“联合作战指挥部”以及英、美两国一些领导人,一直在研究如何实施分别定名为“围捕”和“大锤”的两项作战计划。前者为大规模进攻欧洲大陆的代号;后者则表示在俄国危急或德国即将垮台时,对法国实施小规模突击。到 4 月时,“大锤”计划被认为不可能在近期进行,“围捕”也只有到来年才有实施的可能。这样,整个联合作战指挥部对未来的战事就有一种隐约的悲观情绪,这导致了后来甚有争议的“迪耶普袭击”。

袭击迪耶普,是因为联合指挥部认为盟军必须占领一个可以进退英吉利海峡的港口,而迪耶普最合适不过。这个港在战斗机航程内,而守备力量又不足,只有一个机场、一个雷达站和各种炮兵连。袭击的任务按计划交由加拿大部队执行,加拿大部队当时配属东南军区,所以,蒙哥马利实际上是这次行动的最高指挥官。6 月 5 日,蒙哥马利主持了袭击行动的作战会议。会上讨论了是否按计划预先用重型轰炸机轰炸迪耶普的防御设施,由于英军和加拿大部队都有人反对这项计划,预先轰炸便被放弃了。这显然是个错误,但蒙哥马利并没有像他后来在回忆录中记忆的那样纠正这个错误。因此,西方战史研究家中有人认为,蒙哥马利应对这次代号为"拉特"的行动失败负有某种责任。这次行动8月19日正式打响,加拿大部队5000人苦战9小时,最后以被俘、伤亡3300多人而告失败。蒙哥马利是8月19日晚得到这一消息的,当时,他正在第8集团军司令部里以司令官的身份款待首相丘吉尔。他对失败的震惊程度正如后来听到有人议论应由他负一部分责任一样,是很难用语言表达的。因为事实上,他的确没有纠正放弃轰炸的错误,却是更明智地、很早就提出应取消这次行动。他曾给国内武装力量总司令佩吉特将军写信,指出这次行动由于参与部队多,又数次延期,早已泄密。他说:"如果要对欧洲大陆进行袭击的话,无论如何应让他们选择迪耶普以外的其他目标。"历史常常是这样,错误是许多因素共同铸成的,而预料到并力图阻止错误的人,却令人尴尬地成了这许多因素中的一个。

当然,这一切伴随着蒙哥马利入主第8集团军司令部,都显得有些无足轻重了。机遇又一次垂青了这位雄心勃勃而又有些自以为是的军人。

指挥若定

第二次世界大战的北非战场,若干年后成了蒙哥马利辉煌军事生涯的里程碑。但在1942年8月中旬前后,那里差不多是死亡之海。德国大名鼎鼎的以沙漠坦克战著称的常胜将军"沙漠之狐"隆美尔,指挥着他的黑甲虫般的坦克群,把这里搅得天昏地暗。而这时作为隆美尔直接对手的蒙哥马利,对沙漠战还几乎是一无所知。8月12日,蒙哥马利飞抵开罗,次日,巡视沙漠战场。他认为他必须办4件事:第一,在集团军内树立良好的自身形象和权威;第二,整顿指挥机构;第三,建立一个与他的性格和作战理论相适应的指挥系统;第四,打败隆美尔。

打败隆美尔,这在当时是一个神话,但是蒙哥马利料定它会成为现实。隆美尔的北非兵团由两种不同成分的部队构成:一是固守部队,以意大利军为主,没有多少装甲兵;二是机动部队,主要是由德军精锐部队装甲第15师、第21师和所谓"轻兵"第90师编成的装甲军团。隆美尔的作战特点是不断攻击,在1942年8月,他最大的企图就是早日攻下开罗和亚历山大。他有点焦躁。蒙哥马利认为这有机可乘。当时的第8集团军,以蒙哥马利的话说是"危如垒卵",训练指挥系统不灵,有一

蒙哥马利元帅在二战时的军服

批他认为是"朽木"的军官在不紧不慢地工作;后勤供给差;部队没有齐装满员,尤其没有一支可与隆美尔装甲军团抗衡的装甲部队。但这一些,蒙哥马利认为,正是可以向总部提要求的条件。后来,在撤换了许多"朽木"之后,总部果然就同意了蒙哥马利的计划,编成一个下辖第1、第8、第10三个装甲师和一个新西兰师的军,

番号第 10 军。一段训练之后,第 8 集团军事实上已面貌一新。而正是在这段时间里,隆美尔的部队却在悄悄地发生着衰败。先是隆美尔本人的健康状况非常糟糕,他不仅疲惫不堪,而且患有胃溃疡和鼻病,血液循环也不好。接着是部队构成出现问题,他的各个师共缺员 1.6 万人,战斗装备数量比编制规定的少 210 辆坦克、175 辆装甲运兵车,弹药匮乏、口粮不足状况也相继出现,燃料储备出现问题。最不利的是因为苏联战场吃紧,德军许多空军中队赶往支援,隆美尔失去了空中优势。尽管如此,蒙哥马利仍判断隆美尔会不顾一切再次发起进攻,因为北非战场是德军"大钳形运动"攻势的一部分,希特勒不会同意隆美尔撤退;而隆美尔的固执与自尊心,使他明知此时最好的办法是撤往阿莱曼休整,但他决不会这么干。于是大战不可避免,于是蒙哥马利就有了机会。

1942 年 8 月 30 日夜,隆美尔正如蒙哥马利预料的那样开始了攻击,但他没有想到,蒙哥马利为他设计了一个英国军队从未使用过的陷阱。这样,就有了哈勒法山之战。这场战役被奉为二战"典范"之作,或者叫"第一个典型的蒙哥马利式战役"。

蒙哥马利的陷阱,是在隆美尔攻击正面部署新西兰师箱形阵地;在这个阵地与哈勒法山之间的缺口处,部署第 22 装甲旅;哈勒法山顶,部署步兵第 44 师的两个旅;哈勒法山顶南部,部署第 8 装甲旅。陷阱开放部设有地雷场,并有第 7 装甲师机动待命。蒙哥马利用于设置陷阱的全部战车约 400 辆,形成三面钳制态势,只要隆美尔进攻,无论向哪个方向突击,都会遭到合围。同时,英国沙漠空军的庞大战斗机、轰炸机群也将随时听从蒙哥马利指挥,投下后来很长时间都令隆美尔心惊肉跳的"地毯式炸弹"。

英国沙漠空军 8 月 30 日黄昏先于隆美尔攻击就出动了,他们轰炸了隆美尔的装甲车停车场,使德军大伤元气。隆美尔第二天的仓促攻击,很大程度上是英国空军诱导的。8 月 30 日夜,隆美尔非洲军团突入蒙哥马利的地雷场,爆炸此起彼伏。德军第 21 装甲师冯·俾斯麦将军被地雷炸死,其余受伤官兵甚多。直到第二天凌晨 4 点,才勉强打开一条通道。隆美尔命令部队向北作预定的左包抄运动,这样,他们就又遭遇了早已埋伏好的英军第 22 装甲旅。当德军首批 87 辆坦克慢慢地在地平线上出现时,英军步兵旅的反坦克炮和装甲旅的"格兰特"式坦克几乎同时开火。战斗进行得异常激烈,双方伤亡都很大。不久,英军预备队第 23 装甲旅、第 5 皇家坦克团和苏格兰龙骑兵第 2 团投入战斗,德军开始疲于招架。这一天的傍晚,隆美尔许多部队被迫放弃燃料、弹药消耗殆尽的坦克。晚上,非洲军团遭受了二战以来第一次羞辱性打击——英国皇家空军的照明弹、炸弹以及英军第 13 军炮兵的轰击整整陪伴了他们一夜。而这一夜,蒙哥马利却照常进入梦乡。9 月 1 日晨,蒙哥马利从容洗漱,悠然进餐,关于战役进展,他一句都没有过问。

9 月 1 日,哈勒法山战役接近尾声。上午,有两次小规模的局部战斗。下午,蒙哥马利采取了两个欺骗性行动:一是下令制定"进行夺取主动权的反击"计划;二是命令第 10 军做好追击准备,并把预备队推进到代巴地区。隆美尔错误地认为蒙哥马利已强大到足以与他就地决战,立即下令开始第一阶段撤退。9 月 3 日,非洲军团撤退速度明显加快。英军官兵中有人提出追歼,但蒙哥马利拒绝了,为此他曾受到不少责难。然而事实是,第 8 集团军当时也已是疲惫之师,而且如果追击过猛,隆美尔就会一下子退到奥吉拉地区,在那里他将占据有利地势并得到充足补给。蒙哥马利没有这么干,他下令结束哈勒法山战役。

　　哈勒法山战役是典型的军团会战,张弛有度,并在英军所希望的状态下结束,它使蒙哥马利在军中的威望达到了前所未有的高度。后来有人评价这次战役,认为蒙哥马利从中赢得了3个非同寻常的收获:一是成为军中"偶像"。蒙哥马利镇定自若、潇洒果决的指挥风格给了第8集团军官兵深刻印象,他们对他信任极了。从哈勒法山战役时起,蒙哥马利便开始戴一顶澳大利亚军帽,这顶黑色扁平软帽上,除有一枚英军帽徽外,还缀有蒙哥马利视察一个战车团时,他们送给他的一枚装甲兵军徽。这顶双星软帽后来成了蒙哥马利同时也是"胜利"的标志,它的出现具有不可思议的号召力。直到二战结束,蒙哥马利一直戴着它,它像它主人的名字一样惹人注目。二是改革了装甲兵运动战术,开了装甲兵打伏击的先河。三是完善了指挥系统。他调配了下辖3个军的军长,从英格兰调用了何若克、李斯两位优秀的"少壮派"师长分别任第13军和第30军军长,又提升第1装甲师师长卢姆斯登为第10军军长,同时,调配了高级参谋人员和随军高级牧师。这个指挥阵容,蒙哥马利认为是十分难得的,因为它非常机敏干练,而机敏干练,在蒙哥马利看来是克敌制胜的法宝。

　　哈勒法山战役洗雪了第8集团军,特别是其第7装甲师的所谓"沙漠之鼠"的耻辱。蒙哥马利伺机扩大战果,以在适当的时候彻底歼灭隆美尔大军。这样,就有了阿拉曼会战。

　　阿拉曼会战是哈勒法山战役结束的同时就在蒙哥马利头脑中构想好了的。1942年8月和9月,他将这一构想变成作战计划。蒙哥马利设计了两套方案,代号都叫"轻步",作战目标是突袭隆美尔从地中海岸边向内延伸至盖塔拉洼地大约45公里纵深的防线。这个防线只能正面进攻,因此必须保证袭击的突然性。

　　会战计划经英伦白厅批准后,蒙哥马利再次导演了欺骗隆美尔的行动,他为这个欺骗计划拟订代号为"伯特伦"。"伯特伦"9月28日起实施,首先是伪装前沿地区的巨大的弹药库和作战物资仓库;其次,频繁在前沿地区调动部队与坦克、车辆,使隆美尔对大量部队集结习以为常;然后是挖战壕埋伏步兵;最后是做出在南面前敌部位发动主攻的假象。架设无线电,调动装甲运兵车。这种捉迷藏的战术持续到10月21日,战略目的即使在集团军内也是保密的,按军衔高低分批传达,10月21日传达到普通士兵,而两天后,按计划是阿拉曼会战打响的日子。这个欺骗计划被认为是二战中沙漠战最精巧的欺骗计划。隆美尔毫无察觉,后来他在回忆那场惨败时说:"在黄昏来临之前,23日那天过得像阿拉曼前线上的任何一天一样。"

　　10月23日到来了。这一天像往常一样,有鸟叫,有晨曦,阿拉曼前线一片宁静。然而就在这一片宁静中,第8集团军所辖3个军以及希腊军1个旅、法军2个装甲旅、2个步兵旅,总计19.5万部队悄悄地展开了。他们共拥有装甲车435辆、坦克1029辆、野炮和中型炮908门、反坦克炮1451门。而隆美尔的德意联军,这时仅有兵员10.4万人、装甲车192辆、坦克496辆、野炮和中型炮约500门、反坦克炮约850门。蒙哥马利占据了足够的优势。隆美尔后来无可奈何地评述说:"这一仗在射击开始之前就由军需官们打了和决定胜负了。"这天清晨,蒙哥马利出席了记者招待会,下午来到靠近第30军司令部的前线指挥部,晚上看了一会儿书就早早上床休息,因为他觉得自己已无事可做了。晚上9点46分,攻击开始,第8集团军所属部队1000余门火炮同时开火,阿拉曼前线地动山摇,一片火海,然后,1200多辆战车开始进攻。隆美尔的非洲军团乱作一团,随后便盲目还击。这时,隆美尔的小心细致帮了他的大忙。还在哈勒法山战役之后,隆美尔就转攻为守,把防御区设在两个大型地雷场和若干条地雷带构筑的箱、网形结构后,这些雷区共布设地雷44.5万颗,若按3%即1.4万颗杀伤人的理论概率算,那也是一个惊人的数字。第8集团军进攻开始不久,就陷进了雷区,然后不得不边排雷边进攻,推进速度明显变慢。直到10月24日早晨8点,北翼方面的两条走廊地带,还没有被第10军的装甲师完全打通。蒙哥马利不得已下令各装甲师自行杀出一条通道,向开阔地进击。

阿拉曼会战第3天双方陷入胶着状态。由于第10装甲师行动不利,第30军又没有突出南部走廊,战场形势令人沮丧。到10月26日,蒙哥马利便不再能安稳悠然地读书和睡觉。第8集团军及其所属其他部队的步兵伤亡严重,新西兰师大约伤亡和失踪1000人,南非师600人,澳大利亚师1000人,高地师2000人,整个集团军损失总数约6100余人,坦克损失300多辆。26日中午,蒙哥马利重新部署部队,将作战重心转移到澳军步9师辖区,改面北向海岸回旋,来了个180度大转弯。3天后,攻击奏效,隆美尔全部德军集结北部,防止英军突破。10月30日,蒙哥马利利用隆美尔高度集结所露出的战线过窄、人员过密、不利于展开等破绽,大胆制定了代号"超装药作战"的行动,命令集团军所属部队在10月31日和11月1日待命,准备全线出击,第30军向西推进,第10军向西北、西和西南推进,第13军向南佯动。11月2日凌晨1点,"超装药作战"行动开始,第8集团军在正面3650米、纵深5500米的开阔沙漠地带全线出击,非洲军团措手不及迅速败退。至傍晚,第8集团军俘获德军1500多人,隆美尔率部西退。

11月5日,阿拉曼会战形势进一步明朗,蒙哥马利完全控制了战场主动权。他于是命令全线追击,他的口号是:"挺进!挺进!挺进!最大限度地挺进!"他的目标是的黎波里,为此,必须攻占隆美尔最后也是经营最久的防线奥吉拉,阿拉曼会战便变成了奥吉拉会战。

奥吉拉会战的前奏是长途奔袭。第8集团军先后以第10军、第30军为先头部队,在沙漠空军强大机群掩护下,冒着滂沱大雨,13天内挺进了900千米,同时,部队得到27.2万吨弹药和1.84万部车辆的补充,空军也切断了隆美尔的黎波里和奥吉拉之间的后勤补给线,决战时机成熟。12月上旬,蒙哥马利将详细作战计划交给第30军军长李斯,命令按计划进行战役准备并于12月15日发动总攻。之后,他飞回开罗英军总部。蒙哥马利星期日晚上出现在圣乔治礼拜堂时,迎接他的是狂风暴雨般的掌声。由于哈勒法山战役和阿拉曼战役,蒙哥马利已经成了打败"沙漠之狐"的英雄,成了英国家喻户晓的名人。

奥吉拉会战12月15日如期打响。新西兰步兵师按计划直插敌后,第7装甲师以锐不可当的气势向前猛扑,两个师形成夹击态势,德军被分割成许多小股。16日激战一天,隆美尔遭到了强有力的拦击和空中打击,伤亡惨重,但最终在付出巨大代价后向西突围成功。蒙哥马利适时下令停止追击,宣告奥吉拉会战结束。

从阿拉曼到奥吉拉,蒙哥马利率部追击2000千米,重创不可一世的隆美尔非洲军团,埃及从此"安若磐石"。1943年1月23日凌晨4点,第8集团军进入的黎波里。

1943年3月20日,蒙哥马利追逼隆美尔非洲军团至突尼斯境内的马雷斯防线,以整编后的第30军3个师、新西兰步兵师、第10军2个装甲师和强大的空中打击部队,与隆美尔激战。7天后马雷斯战役结束,德军被俘2500余人,伤亡惨重,残部逃过盖布斯峡谷。4月6日,第8集团军与非洲军团在盖布斯以北鏖战一天,俘敌7000余人。4月8日,第8集团军与由加夫萨东进的美军第1集团军在盖布斯以北会师。5月6日,美第1集团军和英第8集团军一部,联合对突尼斯德军发起攻击,英第7装甲师最先攻入突尼斯。第二天,英美联军占领比塞大和突尼斯。5月12日,德军有组织的抵抗全部停止,被俘24.8万人,仓库、堆栈、重兵器和装备器材等全被英美联军缴获,除极少数溃窜崩条半岛外,德非洲军团全军覆没,非洲战争宣告结束。这个胜利,令英国首相丘吉尔欣喜若狂。6月初,他在蒙哥马利的纪念册上写道:"从西北非登陆战役开始,到阿拉曼会战的胜利,到现在的大获全胜,真让人感到无比辉煌、无比自豪。望再接再厉,取得更加光辉灿烂的成绩。"

直捣大门

西西里岛在第二次世界大战开始后相当一段时间是非常平静的。德国人、意大利人都不大相信盟军会直捣意大利本土。然而,1943年7月10日凌晨,风大浪高的西西里岛东南部的锡拉库萨港附近,却突然出现了登陆艇和英军第5师的皇家苏格兰燧发枪团的士兵。他们抢占滩头阵地后,立即向港口挺进,傍晚,占领锡拉库萨。在更偏南一点的诺托湾,英国第30军也登陆成功。南部海岸,美军3个师苦战一天登陆成功。同时,英军第1空降旅、美军第82空降师也突然出现在锡拉库萨和杰拉内陆上空。西西里岛变成了战场。这一切都源于1943年1月同盟国在卡萨布兰卡的一次会议。这个会议决定,在清除了非洲大陆的敌人后,立即开始彻底击溃意大利的作战。第一步就是攻占西西里岛,行动代号为"强壮作战"。

"强壮作战"是盟军第一次大规模联合登陆作战,是诺曼底登陆的预演。1月23日,联合参谋长委员会任命艾森豪威尔为"强壮作战"行动的最高统帅,亚历山大为副统帅,海军上将坎宁安为海军部队指挥官,特德为空军部队指挥官。艾森豪威尔受命组建一个特别参谋部,并任命地面部队指挥官。蒙哥马利被任命为东部特遣部队司令官,这个部队最初称545特遣部队,实际上就是第8集团军,下辖第13军和第30军;巴顿任西部特遣部队即343特遣部队司令官,这支部队也就是美军第7集团军。这两支部队都在亚历山大司令部的指挥下作战,该司令部起初叫第141部队,后来则干脆将所辖两个集团军番号数字相加,称为第15集团军群。对这次作战和人事安排,蒙哥马利大致是满意的。他清楚地意识到非洲沙漠时代已经成为过去,现在是与美军共同作战,要忠诚于共同的事业而不是狭隘的民族利益。事实上,他为此做了很大努力,譬如在作战计划上、后勤供给上都一再妥协,但他执拗的个性使他又一再与美军将领们发生不愉快。3月23日,他曾宣称:"本集团军指挥官打算用第8集团军的名称和声望来影响这次作战,因此打算尽可能使用第8集团军的名称,而不使用东部特遣队的名称。"这一举动很有些自我炫耀、自命不凡和闹独立性的意思,触怒了美国人,艾森豪威尔和巴顿都十分不满。但他们同时又都是以大局为重的人,因此只能一再容忍蒙哥马利。蒙哥马利后来反省自己:"我们现在已由自己的小天地汇入了北非作战盟军的主流,我们必须学习如何调整本身的作风,使之能适应全局战争的环境与要求,这也正是一般所谓的'折中'。"他说:"我们将不得不学习如何和别人共事,并且,为了整体利益将不得不牺牲自己的利益。但有一点我绝不松口,就是绝不容许第8集团军在一种拙劣计划的驱使下,随随便便地投入战斗,绝不许将官兵们宝贵的生命虚掷于暴虎冯河式的冒险勾当。"在"强壮作战"行动过程中,蒙哥马利的意见与艾森豪威尔、巴顿多次相左,最终都是在这一大的原则下得到解决的。在这个过程中,他们也增加了相互

160

之间的了解,为联合行动的胜利奠定了基础。

西西里岛登陆成功后,盟军面临的第一个问题就是如何攻占墨西拿。墨西拿是意大利的大门,但"强壮作战"计划却没有把如何占领这个"大门"讲得很清楚。亚历山大的想法是将这个岛"截为两半",直捣大门。蒙哥马利也有这个意思,他电告亚历山大他想向北进攻,以实现亚历山大这一意图。当时,只有两条比较好的公路可供机械化部队使用:一条是经过埃特纳火山的东翼侧向北延伸的 114 号公路,蒙哥马利准备让第 13 军使用;另一条是向西北方向延伸而经过卡尔塔吉罗内—恩纳—莱昂福泰的 124 号公路,但这条公路位于美军作战区域内。攻击开始后,德军凯赛林部抵抗非常顽强,蒙哥马利推进迟缓。亚历山大向帝国参谋总长报告,他打算用第 13 军经由卡塔尼亚向墨西拿进攻,并命第 30 军先到圣斯特凡诺海岸,然后转攻墨西拿。7 月 16 日,亚历山大将这一计划变为命令下达,使巴顿和美第 2 军军长布莱德雷十分不满,他们认为他们完全有能力攻占墨西拿,而亚历山大的命令却表明"只有蒙哥马利才被允许去进攻墨西拿"。巴顿立即派人乘飞机去找亚历山大说理。亚历山大权衡再三,于 7 月 25 日召开了一次协调会议,会上把向墨西拿突进的任务交给了美第 2 集团军。7 月 26 日,墨索里尼下台,意大利的主要防线由德军接管,凯赛林命令德军尽可能安全地撤离西西里,战役变得相对简单多了。8 月 16 日傍晚,第 8 集团军突击队进入墨西拿,迎接他们的却是满脸胜利喜悦的美军第 3 师第 7 步兵团。

巴顿抢先一步进入墨西拿,成了英雄,蒙哥马利感到失落与苦恼。当然,这并没有从根本上影响蒙哥马利的情绪,他是那种具有进攻型、挑战型性格的人,他决心在以后的战争中创造奇迹。

这一年的 8 月底,进攻意大利本土的最后战役计划制订完成,由英第 8 集团军北渡墨西拿海峡,进入意大利作战,代号"贝镇作战";由美第 5 集团军在萨勒诺登陆,进入意大利作战,代号"雪崩作战"。9 月 2 日,蒙哥马利以其惯有的激情和做法,发布了"告集团军官兵书",鼓励大家说:"第 8 集团军是同盟大军踏上欧陆本土的第一支队伍,对于我们,这是一种无比的殊荣。这次行将来临的会战将只有一种结果,这种结果就是'另一次成功'。"9 月 3 日凌晨 4 时 30 分,"贝镇作战"开始。这一天,恰好是战争爆发纪念日,蒙哥马利后来回忆说:"成千上万发炮弹开始向墨西拿海峡对岸轰击。这些炮弹是第 30 军密集部署的炮兵部队发射的,由于从巴顿的第 7 集团军借来了 80 门中型炮和 48 门重型炮,这次炮击的火力格外猛烈。与此同时,15 艘战舰轰击了海峡南端的雷焦的敌防御部队。驻在内陆的重型轰炸机也做出了贡献。这一切都是'贝镇'行动的雄伟序幕。大约 300 艘登陆艇和渡船在一种差不多像节日一般欢乐的气氛中把 13 军的第 5 师和加拿大第 1 师送上了意大利本土。"

由于道路状况和后勤保障不够理想,踏上意大利本土的第 8 集团军有劲使不上,组织不起大规模进攻。自 9 月底起,第 8 集团军在意大利作战的过程就是从一条河向另一条河稳步推进的过程。在特里尼奥河,第 8 集团军遇到了第一次真正意义上的抵抗,德军第 76 装甲师在冷雨、泥泞中坚持了很长时间才被赶跑。此后,第 8 集团军就逼近了桑格罗河。

夺取桑格罗河及河岸后部地区之战,是蒙哥马利在意大利组织的最后一次战役,是罗马战役的第一阶段,是英美联军协作的新的一页,同时,又被称作是在意大利进行的第一次重要的"蒙哥马利式"战役。然而,它没有以盟军的胜利而告终。

蒙哥马利将失利原因归结为恶劣的交通和气象条件。德军在桑格罗河 65 千米的正面部署了 4 个师，蒙哥马利以 5 个师正面强攻，时间定在 11 月 20 日。在那些日子里，桑格罗河地区或者暴雨倾盆，或者阴雨连绵，或者下雪，洪水泛滥，道路泥泞不堪，攻守双方都被搞得十分狼狈。第 8 集团军的攻击部队如新西兰师、印度师和第 78 师，甚至都无法获得一块干爽的或者稍微坚固一点的阵地。德军凭借自然条件顽强地坚守着，直到第 8 集团军不得不主动撤出战斗。这是二战开始以来，最令蒙哥马利无可奈何的一个战役。

反攻欧洲

如果今天让人们列举第二次世界大战中影响最深远的事件，相信绝大多数人都会说是诺曼底登陆。诺曼底登陆是世界军事史上的奇迹，是永垂史册的反对侵略战争的辉煌篇章。但是一般人并不知道，这个被称为"霸王战役"的作战计划，1943 年 8 月中旬魁北克会议被通过时，叫作"摩根将军纲要"计划。它只打算用 3 个师的兵力对巴约附近的诺曼底海滩进行一次类似西西里战役式的突击，在欧洲大陆上夺取一个立足点，以备以后进攻欧陆时作为桥头堡。这个计划在 1944 年的最初 5 个月里被做了重大调整，到 1944 年 6 月初，英伦三岛上聚集了盟军的 300 多万军队，其中英军约有 175 万，美军 150 万。此外，还有作战飞机 1.3 万架，训练和预备队飞机数千架，空降滑翔机 3500 架，战舰 1200 多艘，登陆艇 4000 多艘，运输船 1600 多艘。这是一个史无前例的庞大作战阵容。当时人们开玩笑说，如果不是因为大不列颠上空飘动着大量的拦阻气球，英伦三岛就会让这些军队压得沉入海底。诺曼底战役的作战目标，也由建立反攻欧陆桥头堡，改为直接反攻欧洲并给德国法西斯以毁灭性打击。

蒙哥马利在诺曼底战役中有两点特殊贡献。第一，他以军事家的敏锐、历经战事磨炼的果决和善于抓住问题实质的独特才能，及时地发现、提出并促使决策层修订了作战计划中不彻底的部分。同时，由于他的正确判断和出色指挥，避免了登陆作战最容易陷入的登陆面过窄，部队展不开不能很好地巩固滩头阵地并向纵深发展的弊端。第二，他参与了战役的核心指挥。1943 年 12 月底，蒙哥马利被英国陆军部任命为第 21 集团军群总司令，调离了他指挥了一年多的第 8 集团军。这次升迁，使他有机会施展军事才能，在更广大的战线上创造辉煌战绩。当时，熟知蒙哥马利的美国将军艾森豪威尔已就任第二战场最高统帅，他十分倚重蒙哥马利。1944 年 3 月 10 日，艾森豪威尔发布命令说，蒙哥马利"要负责制定计划和指挥参

诺曼底战役中的登陆艇

加这次战役的一切地面部队，直到盟军最高统帅给美国第 1 集团军群司令官划定责任区域为止……"这就是说，在这一年的 8 月 1 日之前，也就是巴顿接管美第 3 军、布莱德雷接管美第 12 集团军群之前，蒙哥马利

在艾森豪威尔领导下,实际上全盘指挥地面战斗,因此,在诺曼底登陆总体计划的批准和执行期间,蒙哥马利是主要负责人,他的指挥,对诺曼底战役胜利起了直接作用,是这个战役获胜的诸多重要因素之一。

诺曼底登陆前的作战计划是改了又改的,这主要是因为盟军最高统帅与战场指挥官在一些具体细节上未能迅速达成一致。在等待最后作战命令的日子里,蒙哥马利做了两件事。第一件是旅行和演讲。他在国内许多公共场合露面,向大量平民,特别是工厂中加班加点的工人讲解他的作战意图。他访问了许多工厂。1944年2月22日,他在尤斯顿车站向铁路工人代表做了一个半小时的演讲,赢得了铁路工会干事们的支持。3月3日,他到伦敦港口,向大约1.6万码头工人、搬运工人和驳船工人讲话。随后,又参加全国储蓄委员会主持的"向军人致敬运动"。他告诉人们:"不论是在前线作战的士兵,还是国内生产线上的工人,我们都属于一支伟大的军队。工人们的工作同我们的工作一样重要。我们的共同任务是把工人与士兵连成一个整体。"他说:"我决定在讲话中号召全国人民鼓励军队为伟大事业而战。"同时,他还乘坐"轻剑号"专列,检阅了参加诺曼底登陆的每一个部队,告诉士兵们他们将干什么,怎样干。他的这些活动曾一度惹恼过政界、军界要人们,他们怀疑他有什么政治企图。第二件,是整顿部队和落实作战准备计划。这段时间起至8月底,先后有1个集团军指挥官、3个军长、36个师长因被认为不能胜任战役指挥而遭解职。蒙哥马利还将诺曼底登陆区域划分为5个独立的部分或登陆点,由不同的部队负责,制定独立的登陆计划。同时,组织两支海军特遣队,分别用来支援英军和美军的登陆行动。空中,则统一调配打击力量。他计划登陆这一天,英军出动各种战斗机、轰炸机5510架,美军出动6080架,总计11590架。蒙哥马利在战前的准备工作是精细而谨慎的,这差不多可以算是他的一贯作风。

诺曼底战役攻击开始日定在1944年6月5日。然而从6月2日起,英吉利海峡气候骤变,艾森豪威尔不得不在5日凌晨4时召开紧急会议,将攻击顺延24小时。这样,这场决定欧洲和世界反法西斯战争命运的激战,实际上是1944年6月6日打响的。

6月6日,英吉利海峡万舰竞发。虽然德军没有正确判断出盟军登陆区域,但由于已调任该防区司令官的隆美尔生性谨慎,早已在诺曼底滩头布设了大约500万~600万枚地雷、大量的防登陆艇墩桩,以及密集的炮火和坚固的滩头阵地,还是给盟军登陆作战造成了极大困难。由于海上波涛汹涌,登陆艇在离岸还有20千米左右就不得不下水。士兵们挤在狭小的艇体中,浑身透湿,冷得发抖,战斗力受到影响。在美军第1师登陆地奥马哈海滩,由于战舰炮火和美军第8航空队轰炸受气候影响没有准确打击滩头,德军的岸边防御几乎完好无损,同时,岸上的敌人,除原来的防御部队德军第716师外,6日,又增加了第352机动师,所以战斗比预想的要残酷得多,由取胜变为求生。最后,美第1师在伤亡了3000人后,终于在滩头站住了脚。这一天,奥马哈滩头有3.4万人登陆。美军第4师攻击的犹他滩头情况要好一些,26辆水陆两栖坦克全部安全上岸,269架中型轰炸机将德军滩头阵地摧毁一空,2.3万人没有遇到顽强抵抗就登陆成功。在英军和加拿大军队登陆地的戈尔德、朱诺和斯沃德滩头,蒙哥马利的两个战略构想起了作用。一是空降部队策应,虽然大多空降部队降落地在恶劣气候影响下不符合战役计划,并且伞兵们相互联系也出现了问题,但还是扰乱了德军正面防御;二是水陆两栖坦克快速跟进,装甲部队几乎与登陆艇同时上岸,工兵部队扫雷、架桥衔接得也比较好。所以,这些滩头的进攻相对顺利一些。当 6 月 6 日的黄昏到来的时候,诺曼底的硝烟渐渐向内陆飘散,德军防线退缩了 6.5~10 千米,伤亡巨大。在美军的两个滩头阵地上,约有 57500 余名官兵登陆,还有空降部队 15500 人,伤亡约 6000 人;英军和加拿大部队共有 75215 人登陆,空降 7900 人,伤亡、失踪 4300 余人。诺曼底战役登陆打击首战告捷。

蒙哥马利是第二天早晨乘驱逐舰抵达诺曼底滩外海面的。这时滩头纵深处还在作战,蒙哥马利先驶入美军控制海域,靠上布莱德雷将军的指挥舰,与布莱德雷交换了对战役进展情况的看法,随后驶回英军控制海域,听取了邓普塞将军和魏安将军关于步兵和海军作战情况的报告。6 月 8 日清晨,蒙哥马利踏上了诺曼底海岸,并将指挥部设在克勒里的一座花园里。

在全面分析了诺曼底战况后,蒙哥马利提出在接下来的作战中,盟军的战略要点主要有三个:一是将各个滩头阵地连成一个相互衔接、相互支援的便于统一指挥、统一行动的战线;二是保持战场主动权;三是在德军重新配置兵力并得到有效增援之前,在狭窄的占领区内建立起行之有效的行政后勤系统。6 月 12 日,第一个战略要点实现,盟军控制了一个长 80 千米、纵深 13~20 千米的地带。6 月 18 日,蒙哥马利下达了攻占卡昂和瑟堡的命令,他计划以这两地为支撑展开全面进攻。攻占卡昂行动亦称"赛马场"作战,因英吉利海峡风暴又起,延迟至 6 月 25 日进行。这次作战,在卡昂南面形成大钳形攻势,当面德军有第 1 装甲军、党卫军第 10 装甲师和第 9 装甲师、党卫军第 2 装甲师、勒尔装甲师以及第 21 装甲师等,是块"硬骨头"。蒙哥马利把这块硬骨头留给英军啃,而将德军设防薄弱的瑟堡让给美军主攻。结果,美军几乎没遇到德军装甲部队任何抵抗就攻陷了瑟堡,英军却遇到了大麻烦。英军拥有绝对的空中优势,700 多门大炮,第 8 军、第 30 军和第 1 军全部部队,然而战斗进行得却异常艰苦。到 7 月 1 日,按蒙哥马利的设计,担任正面主攻的第 8 军,也不过只巩固了第一道河障——奥东河对岸的桥头堡。但蒙哥马利设计这次战役,目的不是为了攻占地盘,而主要是为了有效地吸引、消耗德军预备队,为诺曼底战役全胜奠定基础。所以,卡昂、瑟堡作战后,蒙哥马利认为诺曼底战役发生了重大转折,盟军已经完全控制了战局。

此后便是攻克卡昂和"古德伍德"作战。这是诺曼底战役中蒙哥马利遭到指责和误解最多的两次军事行动。攻克卡昂,是因为试图分散德军进攻美军的注意力。蒙哥马利将英军第 1 军所属 3 个师全部投入战斗,同时配有 450 架重型轰炸机。在付出伤亡 5500 多人的惨重代价后,第 1 军于 7 月 9 日攻入卡昂。蒙哥马利被认为是不会维护英国利益的"傻瓜"。"古德伍德"作战意图很简单,就是用 3 个装甲师越过奥恩河,踏上东岸,然后一直向南攻击,以牵制大量德军作战。7 月 18 日开始后,出现了装甲部队、步兵和空中支援衔接不紧密的情况,进攻一直不顺利。而蒙哥马利由于消息闭塞和考虑不周,竟在这一天的下午发报给帝国总参谋长说进攻顺利,晚上更将这个错误扩大化。他发表了一份特别文告,用了"突破"字样,并说:"蒙哥马利将军对这场战斗第一天的进展感到十分满意。"这显然有过早邀功的意思,因为他所谓的"突破""胜利"等等其实还不存在。此后,战局并未给蒙哥马利的报告以弥补,而是进一步恶化。7 月 20 日,倾盆大雨将战场变成一片泥潭,攻守双方都不能采取有效行动。"古德伍德"作战只能不了了之。"古德伍德"作战的失利,使蒙哥马利陷入各盟国领导人、公众和新闻舆论的一片失望抱怨声中,他几乎不可能将失利的客观原因以及自己更为长远的战略意图解释清楚。因此这段时间,蒙哥马利是很苦恼的,唯一可聊以自慰的,是他的攻击给了宿敌隆美尔以最后的致命一击:这次战斗中,隆美尔的指挥车因受英国空军袭击撞在树上,隆美尔负伤,部队大乱。后来,隆美尔虽伤愈出院,但被怀疑参与推翻希特勒的行动,没有再回部队。这年10月,他在希特勒的逼迫下服毒自尽。

诺曼底战役以后又进行了一系列作战,至8月19日,在历时两个多月后胜利结束。这场战役,英军伤亡6.8万余人,美军伤亡10.2万余人,付出了总计伤亡约17万人的代价,取得重创或歼灭德军40个师,毙伤德师长以上高级将领22人,毙伤德军约30万人的重大胜利,创造了世界战争史上大兵团作战的典范。蒙哥马利在这场战役中表现出的非凡的军事指挥天才和他那好胜的、不易与人合作的个性一起,成为他作为一个杰出军事家的鲜明标志,为世人熟知和接受。

1944年8月31日晚,蒙哥马利意外地收到丘吉尔首相的急信,信中说:"非常高兴地通知阁下,经我提议,英王陛下极为愉快地批准,自9月1日起晋升阁下为陆军元帅。王室对阁下亲临法国指挥这场值得纪念、也许是决定性的一战所建立的卓越功勋,深表嘉奖。"这封信使蒙哥马利高兴极了。自入桑赫斯特军事学院,蒙哥马利就认定自己会成为一个非凡的军人。他深入研究军事理论,刻苦磨炼自己的意志,在战场上忘我厮杀,目的都是为了建功立业,但他没有奢望当元帅,这个目标太远大了。所以,当他确信自己真的攀上了这军界最高阶梯时,禁不住欣喜若狂。第二天,英国广播电台在新闻节目中发布了这一消息,艾森豪威尔立即发来热情洋溢的贺电,英第21集团军群将士为自己统帅获得晋升欢欣鼓舞,美军、加拿大军乃至敌对的德军也都对这颗帅星的冉冉升起十分瞩目。后来,蒙哥马利从国王的私人秘书艾伦·拉塞尔斯爵士那儿听说,晋升他为元帅的命令,是8月31日早上,国王去医院探望发高烧的丘吉尔首相,首相趁机送上呈文,国王便在首相病床的枕头上签署的,这大约是世界军衔晋升史上罕见的特例。蒙哥马利为此十分感动。晋升元帅,加重了蒙哥马利在盟军指挥机构中的砝码,也使他暂时走出与美军合作中的分歧所引起的不快。

这分歧是盟军1944年8月25日攻克巴黎后,在确定塞纳河北岸进攻战略时产生的。诺曼底战役和巴黎作战后,德军实际上已被击溃,蒙哥马利认为结束欧战实在是"唾手可得",因此,他拟订了集中挺进计划。蒙哥马利设想,盟军在横渡塞纳河后,即以第12和第21集团军群总计约40个师的兵力,组成强大兵团,集中全力快速向东北方向推进。第21集团军群扫荡海峡沿岸加来海峡省、西佛兰德,占领安持卫普和荷兰南部;第12集团军向阿登行动,直捣亚琛和科隆。此外,龙骑兵从法国南部出发,攻占南锡和萨尔。这个计划,是要迅速拿下鲁尔,摧毁德军的最后防线,尽快结束欧战。蒙哥马利认为事实上英国已对战争不堪重负,无论经济状况还是人民心理,都无法承受更长一些的持久战。然而,当时正值美国总统选举年,美国国内舆论对美军的胜利要求很高,同时德军在诺曼底战役之后也得到了一个短暂但有效的喘息机会,美军将领们特别是艾森豪威尔,并不认为盟军可以速胜。于是,他们提出了"宽大正面战略",将兵力平均分布于海峡对面德国的布伦、根特、阿纳姆、杜塞尔多夫、科隆、科布伦次、曼海姆、斯特拉斯堡、第戎等地,造成全面进攻态势。同时,艾森豪威尔还决定,由他亲自指挥地面部队作战。这两种战略,指导思想各有侧重,理应由双方加强沟通与协调。但好胜的蒙哥马利固执地认为,美军的计划是要造成一个美军起战争主导作用的印象,尤其是地面部队改由艾森豪威尔亲自指挥,更让他不能接受。诺曼底战役以来,他已经习惯了地面部队指挥官的角色,所以,他一再反对美军将领们的计划。当然,他的计划也同样遭到了来自美军高层的激烈批评。

蒙哥马利晋升元帅后,情况有了一些变化。艾森豪威尔更多地加强了相互间的协调工作,给了蒙哥马利一定的地面指挥权限,采纳了他关于空中支援和后勤供给的一些意见,但整个战略构想并没变。因为蒙哥马利的计划即使在军事上百分之百地可行,在政治上也是绝对行不通的。美国公众以及罗斯福、马歇尔和美国参谋长联席会议决不会同意在他们看来是"极大的背叛行为"的不利于美国及盟国利益的冒险军事行动。这一点,艾森豪威尔清醒,而在政治上十分幼稚天真的蒙哥马利却浑然不觉,他甚至一直斤斤计较于谁任地面部队指挥官。所以,当他奉命实施"宽大正面战略"作战时,心情是闷闷不乐的。他决心进行一次快速作战,以表明他也能像巴顿一样迅速前进。

按照蒙哥马利的战术思想,英军坦克部队在 1944 年 9 月初的第一个星期内,向东横扫了 400 千米。9 月 3 日,警卫装甲师突入布鲁塞尔;第二天,第 11 装甲师攻占安特卫普。面对胜利,蒙哥马利忽视了打开通往安特卫普航道的重要性。希特勒及其参谋部却迅速反应过来,下令通过布雷、炮击和地面增援,使通往安特卫普的斯海尔德河不能通行。9 月 17 日,蒙哥马利按照"宽大正面战略"的总体构想,指挥英第 21 集团军群及由英第 1 空降师、美第 82 空降师、美第 101 空降师和波兰伞兵旅组成的盟国第 1 空降军,开始了旨在突击阿纳姆、拿下莱茵河上桥头堡的"市场花园"作战。盟军动用 10095 人,92 门大炮,500 辆吉普车,300 辆摩托车,400 辆拖车,数百架飞机和滑翔机,结果只把大约 700 人送到了莱茵河大桥这一战略要点上。主要原因在于艾森豪威尔、蒙哥马利等盟军高级指挥官不同程度的轻敌和指挥不够协调。战役突击曾预计 9 月初进行,结果推迟至 9 月中旬,使德军第 2 党卫队坦克军等主力部队得以完成整编,恢复了作战能力;盟军的右翼掩护和空中支援、后勤供应也都出现了一些纰漏。所以,当实施空降突击时,德军的阻击是强有力的,英军第 1 空降师及其他部队伤亡 3716 人,被俘 2200 多人,美军第 82、第 101 空降师伤亡 3542 人,"市场花园"失利。

此后,盟军又于 1944 年 12 月 16 日至 1945 年 1 月 16 日施行阿登战役,但这是一个噩梦。希特勒对这次作战早有准备,将其看作是第二个"敦刻尔克",命陆军元帅龙德斯特指挥作战,动用 800 辆军列集结了整编一新的第 6 装甲集团军,使盟军的进攻重重地碰了一次钉子。进攻开始日,蒙哥马利感到自己需要休整,乘飞机去埃因侯温打了几局高尔夫球,而这时,布莱德雷指挥的美第 12 集团军群正遭到德军的分割包围,战斗异常酷烈。其后不久,蒙哥马利回到前线,命令他的部队要确保右翼和右后方安全。1945 年 1 月 7 日,蒙哥马利在战役最紧张的关头,召开了一次记者招待会,描述了他所做的贡献。德国人迅速而又巧妙地辑录了他的讲话内容,搞成一个精心歪曲的讲话稿,对盟国的团结造成了危害。后来蒙哥马利曾反省说,"根本不该举行什么记者招待会"。因为他的一些说法实在是太不慎重了,比如他说:"后来,局势开始恶化。但整个盟军队伍团结一致,迎击这种危险,狭隘的民族之见被抛到一旁,艾森豪威尔将军令我指挥整个北部战线。我调用了英国集团军群全部可用的力量。"这一点曾被人指出是错误的,他并没有调用"全部可用的力量",因为阿登战役后的伤亡统计数字是:美军阵亡 8497 人,受伤 46170 人,失踪 20905 人;英军阵亡 200 人,受伤 969 人,失踪 239 人。毫无疑问,是美军承受了大部压力和牺牲,蒙哥马利做得并不像他说的那样好。他将自己竭力打扮成一个救世主的做法,损害了他在盟军和盟国公众心目中的形象。在盟军最高统帅部,美国将军们一致抱怨艾森豪威尔对蒙哥马利的宽容,唆使他和蒙哥马利一刀两断。连马歇尔都曾电告艾森豪威尔:"在任何情况下都不得做任何性质的让步。你不仅得到我们的完全信任,而且,如果你做出这一让步,将会在国内引起极大的愤慨。"这些,都表明作为一个杰出军事将领的蒙哥马利,在政治上实在是太不成熟了。

阿登战役失利的阴影很快就被扫荡一空。1945年3月初,盟军连续进行了"诚实"作战和"手榴弹"作战,打垮德军19个师,毙伤9万余人。莱茵河西岸大部解放,德国法西斯气数已尽,欧战行将结束。3月23日夜,蒙哥马利大军强渡莱茵河,开始了战争结束前最后一次大的作战行动,代号"大表演"。

蒙哥马利是那种好胜、也许还是好表现自己的军人,但他同时也是正直、严谨、优秀的将领和元帅。民族的和全世界爱好和平人民的共同利益,在他心目中始终是第一位的。所以,尽管有着各种争执和不愉快,蒙哥马利还是极其负责地执行盟军最高统帅部和最高统帅的命令,率部进行彻底消灭德国法西斯的最后一战。这时,英军在欧战中的地位事实上已开始衰退。相比苏联红军在东部战场、美军在西部战场的排山倒海般的攻势,英军在北部战场的攻势和气势都孱弱得多,因此蒙哥马利对"大表演"格外看重,集中了660多辆坦克、4000多辆装甲运输车和3.2万辆其他车辆,3500多门大炮,以英国第2集团军和当时属蒙哥马利指挥的美第9集团军实施正面突破。战役气势如虹。到3月27日,进攻部队全部越过莱茵河,建立了宽55千米、纵深32千米的桥头堡,歼敌、俘敌近2万人。此后,蒙哥马利甚至还有丘吉尔想挥师直取柏林,但没有被盟军最高统帅部批准。4月底,蒙哥马利根据艾森豪威尔的命令挥师东进。5月初,攻占波罗的海的维斯马和卢卑克,封锁丹麦半岛,并建立起由此向易北河的东西两条防线,俘敌50多万人。

1945年5月1日,德国电台广播了希特勒死亡的消息,德军在继任总统、海军上将邓尼茨的指令下陆续投降。5月4日,蒙哥马利在他的吕内堡荒地上的军营中,接受了由德国海军总司令、海军上将弗里德堡率领的投降代表团递交的投降书,接受荷兰,包括一切岛屿在内的德国西北部以及丹麦境内全部德国武装部队的无条件投降。同时,美军、苏联红军也在各自的战区内接受了德军投降。在欧洲大陆鏖战经年的3支重要的反法西斯武装力量——英军、美军和苏联红军胜利会师,欧战结束。

走出战争

走出战争的蒙哥马利元帅,情绪的亢奋和某种情感的失落几乎并存。作为军人,他毫无疑问已经登上了事业的巅峰。当统率大军纵横欧陆时,他对民族的忠诚,对人民的热爱,对反法西斯战争胜利的贡献,对军事理论与实践的发展,一如无形的丰碑,树立于欧洲乃至世界爱好和平人民的心里。然而,作为一个有着独特个性的人,他往往过高估计自己功业、过分看重荣誉的想法和做法,却使他对战后国家利益的划分和政治家、军事家贡献的评价,感到不尽如人意。当然,他不是斤斤计较于一己私利,他曾经否定有人要给贡献卓著的将领们一笔巨额奖金的动议,他认为"除国王的荣誉勋章外,金钱的奖赏是过了时的东西"。他需要的是与轰轰烈烈的戎马生涯相称的最广泛的理解和拥戴,是英雄般引人注目的荣誉。这种心态显然不适合于和平年代人们的普遍心理,所以在克服这种心态时,蒙哥马利是痛苦的。在此后的漫长的和平年代里,他渐渐地学会了做一个告别血与火、习惯会议和外交斡旋的军事家。

德军投降后,蒙哥马利首先着手解决遗留军事问题。当时英第21集团军群辖区内,有100多万难民、100多万德国伤病员和150万德军战俘,蒙哥马利划分了4个军区来管理相关事务,同时,他担任了英国占领军司令兼盟国对德管制委员会的英方委员,协同民事部门处理占领区内军民生活及其他问题。其次,他对自己在第二次世界大战期间的一些军事思想进行了梳理。他认为,军事将领必须有一个好的参谋班子和一位第一流的参谋长协助工作,要关心士兵,了解士兵,减少士兵伤亡。他认为,战争后勤至关重要,在作战意图和后勤物资两者之间,必须建立一个明确而长期的关系。他认为,有作为的高级指挥官必须果断,敢于下决心,敢于"驱使"部下去干,同时要学会"争取军心"。他认为,"要卓有成效地从事高级指挥,必须具有忍受痛苦和审慎准备的无穷能力,也必须具有一种有时超越理性的内在信念"。这些军事观点,在后来的英军指挥官特别是高级将领中,产生了广泛而深刻的影响。

1945年7月13日午夜,盟国远征军最高统帅部正式撤销,这意味着第二次世界大战欧洲战场的善后事务进入一个新的阶段,蒙哥马利同艾森豪威尔,同其他一道战斗过的盟军将领们依依不舍地分手了。回首过去的许多岁月,他们感慨万千。在处理了一些事务后,蒙哥马利决定去看望他指挥过的加拿大第3师。他的座机在降落中坠毁,他受了战争中都未曾受过的伤,两根腰椎骨被撞断。蒙哥马利忍着剧痛向加拿大第3师的军官们做了演讲之后,便疼得动不了。此后大约一年多时间,蒙哥马利的健康状况一直不好,常患感冒,还得了胸膜炎、关节炎和脊椎变形。有一段时间,他甚至以为自己再也不能像以前那样工作了。

但情况很快就发生了变化。1946年1月26日,蒙哥马利被确定为英军参谋总长人选,并被通知5个月后上任。这一意外的喜讯,非常有利于蒙哥马利康复。不久,他便再一次奇迹般地康复,并开始正常工作。他把出任军队最高长官,看作是对他军事才华和战争贡献的莫大褒奖,心中对国家、对赏识他的政府首脑充满感激。在准备去白厅上任的前几个月里,他着手研究军队改革并部分付诸实施。首先,他草拟了《战后陆军问题》,提出要解决战后英国陆军的组织问题,使官兵生活方式现代化,创建一支士气旺盛的、人人引以为自豪的强大军队。其次,他制定了一个内容广泛的陆军战术概则,并征询了海军、空军首脑的意见,确定在就任参谋总长后进行一次陆军演习。再次,他计划在上任后,提出亲自担任陆军最高统帅,掌握陆军。最后,他决定逐一访问驻有英国武装部队的地中海国家。1946年6月,他先后到过埃及、巴勒斯坦、印度、希腊、意大利,了解其国情、驻军状况,对军事整顿及防务问题进行了重点研究。这样,在去白厅上任前,他已对其任上的工作和今后英国军事战略做了认真思考和充分准备。

蒙哥马利担任英军参谋总长后,着重加强军队正规化建设。在第一次参加陆军委员会会议时,蒙哥马利就正式提交了《战后陆军问题》。这份文件,是蒙哥马利战后军事思想的集中体现,共涉及13个较大的问题。这些军事思想,是蒙哥马利战争经验的总结,也是他对和平时期世界军事理论,特别是军备和陆军建设理论的贡献。当然,由于受强烈民族意识和特定意识形态的影响,蒙哥马利军事思想中也有一些明显局限。

1946年8月,蒙哥马利出访美国、加拿大。1947年1月起,他又先后访问了苏联、澳大利亚、埃及等国家和地区,会见了美国总统杜鲁门、苏联党和国家领导人斯大林等,会见了二战时的战友艾森豪威尔以及他曾指挥过的美军、加拿大军、澳大利亚军和新西兰军等军队,就战争和军事防御问题与这些国家的政府首脑和军队领导人广泛交流了看法。海外之行,使蒙哥马利对世界政治、军事格局有了新的了解,反观英国和英军内部,他感到存在不少亟须解决的问题。于是蒙哥马利有一段时间十分爱挑毛病,被看作是白厅中"讨厌的人"。

蒙哥马利惹一些人"讨厌"的第一件事,是主张在和平时期实行国民兵役制。二战后,英国政府大量裁减兵员,但当时,巴勒斯坦局势动荡不安,埃及内乱,波斯湾油田纷争不息,全世界差不多都笼罩在动乱或者叫作"不稳定的和平"的阴影里,军队兵员过少,士兵服役期过短,显然不利于国家和地区的稳定。于是,蒙哥马利提出反对议会把兵役期限从18个月缩短为12个月的决定。他向首相建议,"陆军当务之急是稳定",解决兵员不足唯一最好的办法是从1949年1月1日起实行服役两年的国民兵役制。1948年10月19日,蒙哥马利召集陆军委员会军方成员开会,向政府提出建议。11月1日,他调离陆军部,11月下旬,政府决定仍实行一年兵役制。他的想法最终是由他的继任比尔·斯利姆实现的,兵役期限维持18个月。第二件事,是要求保证有足够数量的陆军正规军。1948年1月,蒙哥马利接到国防部通知,陆军在6亿英镑军费中所占份额为2.22亿,正规军人数18.5万,国民军人数10.5万。他立即表示反对,要求增加军费,并将陆军正规军人数增至20万。第三件事,是建议改组白厅防务组织。关于白厅防务,蒙哥马利自1946年6月进入陆军部不久,就提出了4点弊端:一是国防大臣亚历山大不称职;二是国防部秘书处"不中用";三是三军参谋长气质各异,不协调;四是在人力、物力均极为匮乏的情况下,三军各为自己打算。他认为,从国家战略、和平时期军队发展长期计划、战争计划以及和平和战争时期海外军事计划的长远需要看,白厅防务组织必须改组。这3件事,使蒙哥马利在议会和白厅中大出风头,遭到一些人的嫉恨。1948年9月,当西方联盟各国总司令委员会需要一名主席时,英国陆军大臣亚历山大理所当然地想到了蒙哥马利。这一年的11月,蒙哥马利赶赴法国枫丹白露,出任总部设在那里的西方联盟各国陆海空总司令委员会的常任主席。

1949年4月,美、英、法等12国参加防务联盟,签署了北大西洋公约,北大西洋公约组织成立。蒙哥马利在"北约"服务。1951年4月2日,西方联盟各国陆海空总司令委员会改编为欧洲盟军最高司令部,艾森豪威尔出任最高统帅,蒙哥马利为副统帅。此后到1958年,蒙哥马利一直在这一任上,先后在艾森豪威尔、李奇微、艾尔·格仑瑟、诺斯塔德4位美军派任的最高统帅手下工作过。1958年9月,蒙哥马利退休。

蒙哥马利是那种把自己的一生都奉献给军队和战争的军人。自1908年从军,他在军中服役50年,时间超过威灵顿、马尔巴勒等英军名将,是1855年英国取消军械局成立陆军部以来,英军中服役时间最长的军人。他又是那种个性非常鲜明的军人,有才华,有智慧,有贡献,有棱角,有缺点,有失误,不是一句话就能说得清的。他还是那种十分敬业的军人,戎马一生,战功卓著,他把自己融入了英国军队的历史进程中。蒙哥马利的晚年,仍然保持着他所认为的英国士兵的形象,艰难时坚定沉着,胜利时仁慈宽大。直至生命的终了,他都是一名军人。1976年3月25日,蒙哥马利元帅在原籍平静去世。

英国海军元帅

——蒙巴顿

人物档案

简历：蒙巴顿，生于英国温莎的王室家庭。曾祖母英国女王维多利亚。父亲巴登堡亲王路易斯，原系德国王室成员，后放弃德国国籍，参加英国皇家海军，曾任海军参谋长兼第一海务大臣。母亲为赫茜·维多利亚公主。

生卒年月：1900 年 6 月 25 日~1979 年 8 月 27 日。

性格特征：精力充沛，干劲十足

历史功过：蒙巴顿勋爵是一位出色的政治家、外交家，对英国皇家海军特别是海军航空兵部队建设做出过巨大贡献，在二战期间曾指挥英印部队取得了英帕尔战役、缅甸战役（1945）的胜利，并代表盟军在新加坡接受日军投降。他一生最为世人所知的政绩就是提出了印巴分治方案。

皇族子胄

1900 年 6 月 25 日，蒙巴顿出生于英格兰的温莎，受洗礼时遵照他曾祖母维多利亚女王的意愿取名为巴登堡·路易斯·弗朗西斯·艾伯特·维克多·尼古拉斯。蒙巴顿的祖籍是德国，他出身高贵。

蒙巴顿的父亲路易斯年轻时希望成为一名海员，由于当时的全德国没有值得一提的舰队，只有英国海军才能为他提供这一职业。因此，他父亲在 14 岁那年放弃了德国国籍，只身到了英国海军服役，决心效忠英国，坚定不移地献身于海军事业。后来，他父亲凭借自己努力和高效率的工作在英国皇家海军取得了成功，官至第一海务大臣。

孩提时的蒙巴顿是个腼腆温顺的孩子，显得有点懦弱。他深得父母兄姐的爱护，有时甚至是溺爱。这也不奇怪，他出生时父母已岁过中年，不经意有了这个小宝贝。他的二哥乔治比他大 8 岁，大哥已 11 岁，而 3 年后他的姐姐就与安德鲁王子结婚了。

胖乎乎的蒙巴顿十分逗人喜爱，曾祖母维多利亚女王看到他时总是满面笑容地抱起他，而蒙巴顿回报女王的是用小脚踢掉她的眼镜。每次父亲出海回来，都用加倍的爱报偿家人，虽然他更看重乔治，蒙巴顿的这个二哥是个聪明而稳重的孩子，但是他更钟爱蒙巴顿，他毫不掩饰对小儿子特别的喜爱。喜能生爱，父子之间感情的纽带非常牢固。

与任何正常的标准相比，蒙巴顿的成长环境都是极富流动性的。水手们的后代习惯于跟着他们的父亲走，水手们停泊在哪，他们的家就搬到哪。对蒙巴顿一家来说，由于遍及全欧的亲戚更显得居无定所。从德国到奥地利，从西班牙到马耳他，他们家经常搬迁。相对来说，海伦堡是较稳定的一个家。

在海伦堡，夏天充满了愉快。蒙巴顿在祖上留下来的庄园里四处玩耍游荡。他在树丛里寻找小动物，把逮住的蜥蜴和小海龟养起来，蒙巴顿养宠物的习惯就是从这时形成的。他还有一匹小马，有时骑着它到房后的森林里去，但不敢走得太远，因为那里可能有猛兽。沙皇尼古拉斯有时会带着家人来海伦堡小住。像沙皇亚历山大二世来造访蒙巴顿的祖父时一样，尼古拉斯一家的到来为海伦堡增添了喧嚣和欢笑。

也许蒙巴顿的那些俄罗斯表兄弟们要为他小时恐惧感负责，在五六岁之前，蒙巴顿夜里不敢一个人上床睡觉。

"不是怕天黑，"蒙巴顿解释道，"而是因为那里有狼。"父亲大笑着说："我说蒙巴顿，房子里没狼。"蒙巴顿逻辑清楚地回答道："我也可以说床边没狼，但我认为那有。"

蒙巴顿这是在告诉他父亲，狼在他心里，他的俄国表哥讲了许多大雪原上狼群追逐行人，猎人与狼厮杀搏斗的故事。这些经典的俄罗斯传说激发了小蒙巴顿的想象力，使他把草原上的狼联想到房屋后的树丛里。实际上蒙巴顿非常小心谨慎，有一次他的姊姊问长大了他想干点什么，蒙巴顿回答说："我还没想好呢。""做一名军人怎么样？"蒙巴顿摇了摇头："当兵的总会被打死。""那么当个水手，像你父亲那样？""不，舰总会沉下去的。"不论是否真实，这些故事与蒙巴顿的性格是相符的，直到1914年彻底改变了他的那一天。

蒙巴顿接受了令人吃惊的系统的启蒙教育，这完全归功于他的母亲维多利亚公主。维多利亚也许本来应该做一位教师，她喜欢开导别人，有着德国人那种典型的方法主义的头脑，并且对教育持有非常严肃的态度。她在固定的时间里教育蒙巴顿并且要求他的作业必须按时完成，虽然家里为蒙巴顿请了家庭教师，但维多利亚却是毫无疑问的真正教育者。不过，维多利亚失望地发觉，蒙巴顿成不了一个学者，乔治对功课的兴趣远比蒙巴顿浓厚。

蒙巴顿对各种机器和零件的热爱很快就显示出来。3岁那年，他父亲买了一辆汽车。蒙巴顿在许多年后自豪地说："我们大家族的各个家系中，我们是第一个拥有一辆烧汽油的汽车的，它的轮胎是实心的。"

两年后，他可以对着一个留声机的圆筒形装置说话，并且为能听到自己的声音而高兴。1905年1月，蒙巴顿第一次接受集体教育。他开始在麦克弗森体育馆上课。每堂课结束时孩子们都要集中起来唱爱国歌曲。蒙巴顿并不完全相信那些字眼，"啊，英国，……英国，统治着波涛滚滚的海洋！……"4年以后，他进入了克莱夫登镇的格莱斯顿学校。这所学校在某种意义上留下了他的印记。

有一次蒙巴顿和另外两个男孩在二楼楼梯平台上玩俯跨栏杆的游戏,看谁腰弯得最大。蒙巴顿获胜了,但却翻倒下来,下巴碰到了木椅上。一位医生把他的伤口缝上了,但却留下了一个终身都有的、不太明显的疤痕。仅仅在几个月前,他在给拴狗链子上钩子时伤了右手中指,伤口很深,以致不得不将中指截掉。这次也留下了一个长期存在的伤疤。这些只不过是他的一长串可悲的自伤记录的最初几次罢了。蒙巴顿是大胆而笨手笨脚的孩子,长大成人后也是如此。

三年后在一星期之内,他在上木工课时受了切伤,一直伤到骨头;"在一次小打斗中"被打了眼睛;在企图"使面式罗盘磁化"时,"我的手指被削掉了一块皮"。

在整个童年时代里,与乔治相比,蒙巴顿都处于一个非常不利的地位。乔治不仅学习好,而且还是个出色的运动员。在学校里,乔治在学习上和体育运动上都是头儿,而蒙巴顿在这两方面都平平。

1913年蒙巴顿进入奥斯本的皇家海军学院。第一次世界大战爆发后,在英国,人们的反德情绪日益高涨,即使是一只德国的小狗,在路上谁见了也都会踢它,到处都怀疑有德国间谍。当有两艘德国军舰溜出地中海的英军封锁网开往土耳其时,一些对阴谋感兴趣的人立即把怀疑的目光投向了海军部。因此,蒙巴顿的在海军部任第一海务大臣而又出生在德国的父亲被迫辞去职务。

父亲的蒙冤,对少年时代的蒙巴顿是一次震动极大和刻骨铭心的经历。

在一个烟雨蒙蒙的下午,蒙巴顿孤单地站在奥斯本海军学校的皇家海军军旗之下,浑身都被雨水打湿了,泪水毫不掩饰地在脸上流淌。

蒙巴顿的同学们虽然很同情他,但他们没有明显的表示,因为他们深知蒙巴顿的自尊心受到了极大的伤害,不敢触及也不知道该怎样触及这个话题。用一位学生后来的一句话说,"我们巧妙地避开了这个问题"。

就这样,蒙巴顿独自承受了巨大沉重的煎熬,在这悲惨的几天里蒙巴顿由一个少年成了一个男人。

蒙巴顿暗暗发誓,有朝一日要返回海军部,像父亲一样当第一海务大臣,以洗刷蒙受的冤屈和耻辱。这一决心,蒙巴顿终生不曾动摇过。

进入海军

1914年末,达特茅斯海军学院的高年级学员提前毕业,充实到急剧扩编的舰队里。蒙巴顿和他的同学们被转往海军学院填补这一空缺。离开奥斯本海校时,蒙巴顿在80名学员中排名第35——他的决心还来不及显示力量。

比起奥斯本海军学校,达特茅斯海军学院的条件要好得多。校舍高大漂亮,宽敞舒适,设施完备,食品讲究。

在达特茅斯,蒙巴顿开始沿着路易斯亲王的道路前进。经过超常的努力,他开始居于学员前列,并位列24个学员队长之一。在体育方面也露出了头角,在一次双桨速划比赛中,蒙巴顿与他最好的朋友斯坦福德一道击败了年长力壮的对手。这是低年级学员的首次胜利。他的一位同学后来回忆这段生活时说:"蒙巴顿快乐、勇敢。"

1916年年初,当蒙巴顿离开达特茅斯海军学院时,他的名次已上升到第18名,在凯汉姆斯的最后 3 个月的强化学习里,蒙巴顿一跃成为第 1 名。

1916 年 7 月,他作为一名见习军官来到了贝蒂的旗舰"狮子"号战斗巡洋舰上。1916 年底转入主力旗舰"伊丽莎白王后"号工作。几个月后,英国国王颁布通告:凡英国王族中取德国姓氏的都要英国化。因此,巴登堡被直接译成英语蒙巴顿。他的父亲路易斯得到一个新头——米尔福德·黑文侯爵。他也被授予路易斯·蒙巴顿伯爵的爵号。

接着,他从"伊丽莎白王后"号舰上被派上潜艇以及朴次茅斯的"恐怖"号船上工作,并花去 10 天时间去法国参观了正在作战的步兵部队。此后不久,他由一名高级见习生升为海军中尉,奉命指挥皇家海军舰艇 P31 号。P31 号是海军最小的快艇之一,它被用来对付德国潜艇,为开到法国去的运输船护航。蒙巴顿爱上了这只小艇,当艇长不在舰上时,18 岁的他就负起指挥全艇的责任。实际上蒙巴顿已把它看成是自己的战舰,而且认为它是皇家海军里最好的军舰,事实上他对自己指挥过的所有军舰都持这样的看法。

艇上的工作很艰苦。1918 年 9、10 两个月,盟军为结束战争进行了最后的努力。英国的增援部队潮水般地经舰船的运输涌向欧洲大陆,蒙巴顿的小快艇像发疯了似的来往护航,有时要在 24 小时之内往返两趟而在等待部队登船的时间里,巡逻艇还要加油和补充其他物资,因此艇上的船员们没人能得到一点休息。一天夜里,P31 号正在以 20 节的速度航行时,蒙巴顿在舰上站着睡着了。

1919 年 2 月,一个新舰长卡特少校调来了。蒙巴顿描写他说:"为人非常好,我说什么他做什么。"但有一次他突然发了火,对着麦克风咆哮说:"中尉,你是一头喝血的驴子。"这次受辱,教会了蒙巴顿以后从不当众辱骂他的下级军官。卡特后来也没把它当回事。他在蒙巴顿的鉴定中写道:"他是一个最热情能干的指挥者,非常善于和人打交道。"在蒙巴顿的一生中,从未有过写得不好的鉴定。"雄狮"号舰长查特菲尔德称他是一个"非常有前途的年轻军官","伊丽莎白王后"号舰长的评语是"认真、勤奋,相当聪明"。

然而,他被人们普遍认为是一个埋头苦干的人,但缺少一种伟大、卓越的东西。一个同事回忆说,当其他年轻军官坐在船舱里闲聊时,蒙巴顿总是写着他的笔记。总之,将近一年的 P31 号舰上的生活锻炼了蒙巴顿独立指挥的能力。

不久,一切好像在突然之间全结束了。德皇乘飞机飞往荷兰;德军退回德国;德国起义的水兵在无畏战舰上升起了红旗;德国新政府的黑衣特使在贡比涅森林里的一节火车厢内签署了投降书。10 天之后,1918 年 11 月 18 日,德国公海舰队最后一次驶出港口,在英王乔治和威尔士亲王的陪同下,贝蒂上将接受了德国海军的投降。黄昏时分,德意志帝国海军军旗缓缓降下,没再升起。

第一次世界大战结束以后,为扩大军校学员的知识面,弥补他们因战争而缺掉的许多课程,蒙巴顿也就作为大学生到了剑桥大学。他热衷且擅长辩论和演讲,这一特长使蒙巴顿在以后的生涯中受益匪浅。在一次有关削减军备经费的讨论会上,他的发言使他声名大震,并因此被提名为联合王国委员会的代表,这对于一个新生来说是罕有的事,更不用说作为一名海军军官。在蒙巴顿组织的一次辩论比赛中,他请来当时正担任劳埃德·乔治战后联合政府国防大臣的丘吉尔助战,增进了彼此了解,并从此深得丘吉尔的信任。

1920 年 3 月,蒙巴顿晋升为海军上尉,随即陪同威尔士亲王远航出访。在 7 个月的时间里,蒙巴顿和威尔士亲王访问了美国、加拿大、新西兰、澳大利亚和太平洋中的许多岛屿。通过这次旅行,蒙巴顿不仅熟悉了他以后将要生活和战斗的那些地方,而且还与他的皇室表兄威尔士亲王建立了牢固的友谊,并逐渐变得富有智慧,更加老练成熟。

1921年仲夏的一天,蒙巴顿在美国亿万富翁范得比特夫人在伦敦举行的舞会上,结识了英国财政家欧内斯特·卡斯尔爵士的外孙女埃德温娜·阿什利小姐。两人一见倾心,并于两年后举行了隆重婚礼。在这次婚礼上,威尔士王子竟然跟在蒙巴顿身后做男傧相。一时之间,他和埃德温娜的婚礼被称为是英国王室最亲密的人和世界最富有的女继承人的结合,而成为引人注目的新闻人物。在蜜月旅行中,他们受到著名滑稽喜剧大师卓别林的热情款待,还一起拍了一部电影,并成为终生的朋友,卓别林还特意把亲自编导的电影《友好情谊》作为礼物送给他们。

"凯利"号舰长

20世纪20年代初的皇家海军正处于困境。随着和平时期的到来,英国政府颁布了大量裁减军费和人员的指令。在上尉这一级军衔中共有350名被解职,截至1923年底,蒙巴顿52%的同级海校同学要离开海军。后来,有人问裁减委员会的委员柴尔菲尔德,为什么蒙巴顿未被裁掉,柴回答说:"在委员会工作的人所遵循的唯一原则是:以是否对海军有好处来取舍人。我了解蒙巴顿,并且认为留下他对海军有益。"

1924年2月14日,蒙巴顿的女儿帕特里夏在伦敦出生,她的教父教母是威尔士亲王夫妇。7、8月间,蒙巴顿又随威尔士亲王到美国作了短暂的出访。9月,在他的请求下,蒙巴顿奉命前往朴次茅斯皇家海军通信学校学习远程联络方面的课程。这是他对路易斯又一次有意识的模仿(路易斯曾任信号官),当然蒙巴顿本身也的确对新近发明出来的电子仪器颇感兴趣,这些仪器对于海上通信联络有非常重要的意义。

很快,埃德温娜在朴次茅斯附近的乡下租下了艾斯丁堡。艾斯丁堡坐落在一个树木繁茂的公园里,带有维多利亚时代那种典型的浪漫风格,各房间看上去很随意地组合在一块,宽大舒适,他们在艾斯丁堡养了许多宠物,其中包括一头幼狮、一对小种袋鼠和一只食蚁兽。蒙巴顿还买了辆新型跑车和一只小快艇。

显然,蒙巴顿要好好享受一下家庭生活的乐趣,不过这并没有影响他在海军通信学校取得极其优异的学习成果。

蒙巴顿开始稳步向他的目标前进。他极其精确地制定并执行这样的作息时间表:7:30起床,8点到校,学到下午4:30,然后回家玩高尔夫球或马球;5:45至6:30带女儿散步,然后再回学校继续他的发明,10点回家吃晚饭,与客人们聊天;11:30开始写大量的回信。

蒙巴顿非常具有创造性。他从不机械地学习知识,也不局限于学校设置的那些课程上。别人解决不了的问题常常激发他的灵感,即使他的前九个新创意都没能实现,他仍会提出第十个。蒙巴顿从不满足于事物的现状,而总是想方设法地改进它们。他的这个特点不但表现在海军业务上,而且还表现在日常生活中。他发明了一种弹性鞋带,这样他换鞋时就不用解鞋带了;他还是拉锁式男裤的发明者,他把在裤子上装拉链这个主意告诉了威尔士亲王,结果这个主意从伦敦的邦德大街传遍了整个世界。

以第一名的成绩从通信学校毕业后,由于分配不对他的胃口,蒙巴顿又到格林威治海军学院深造,继续攻读高级电子学理论。他努力钻研、精通无线电通信技术,翻译电码的速度超过了有15年资历的专业人员。

从1927年起的十年间,他除了1929—1931年两年时间在阿德斯恩进行无线电专业教学外,其余八年均待在了地中海舰队,并到法国完成了法语进修。1934年,他从"勇士"号驱逐舰换到"威沙特"号舰上,并领导这艘陈旧落后的舰只成为很有战斗力的军舰。

27岁时,蒙巴顿已获少校军衔,1932年,他晋升为海军中校。在和平时期,蒙巴顿军衔的晋升是相当快的。他的提前晋职部分是由于他在13岁半就加入皇家海军了(此时皇家海军的最低入伍年限已提高),但更主要的还是由于他非凡的才干。他的背景当然也起了一定的作用,但在谈到这个问题时,大多数海军军官认为蒙巴顿的才能与他的晋升是相称的。

1934年,蒙巴顿就任新建造的"勇敢"号驱逐舰舰长。"勇敢"号的设计航速是36节,但蒙巴顿设法使它开到了38.2节。像路易斯亲王任舰长时对自己军舰的态度一样,"勇敢"号成了蒙巴顿的心肝宝贝。蒙巴顿挑选的水兵真可以说是高大的魁梧,瘦小的精神,个个看上去有运动员的气质(这是路易斯传授给他的经验)。蒙巴顿让他的副官为每个船员做了卡片文件,他细心地研究了这些卡片,并且记住了每个人的名字及其背景情况。当蒙巴顿到某个部门时,他用昵称与水兵打招呼,像朋友一样询问他们在舰上或家里有什么难处,使水兵们觉得舰长了解并且关心自己,实际上蒙巴顿确实是这样。当然,蒙巴顿的这些苦心为的是使"勇敢"号成为整个舰队的明星。

在海军部工作期间,最让蒙巴顿感到心情振奋的事情就是去造船厂。蒙巴顿已在1937年晋升为海军上校,正在加紧活动准备再次出任舰长,他的目标是正在建造之中的"凯利"号驱逐舰。

"凯利"号是单层驱逐舰,重1605吨,发动机功率4万马力,设计航速36节(实际航速38节)。它的火力系统包括机关枪、鱼雷、舰炮和甘兹达式防空机关炮,舰组员额240人。蒙巴顿还为它装上了自己发明的航位仪。"凯利"号是皇家海军中唯一一个以海军元帅凯利命名的战舰。"凯利"号于1937年10月25日下水试航,1939年正式编入皇家海军序列。在此期间,蒙巴顿经常去造船厂了解"凯利"号的建造情况,与它的建造者们结下了终生的友谊。

1939年初,蒙巴顿被任命为"凯利"号舰长,他高兴极了。不过他并不觉得意外,虽然他自己曾声称这项任命是个意想不到的好运,实际上他一直希望得到"凯利"号,而他希望得到的东西一般都会如愿以偿。

1939年8月23日,蒙巴顿以舰长的身份正式接收"凯利"号,并亲自在舰上升起了皇家海军军旗。浅绿色的"凯利"号安详地停泊在港湾,"她美丽极了",蒙巴顿如痴如醉。

不久,第二次世界大战爆发。1940年4月底,蒙巴顿驾驶"凯利"号带领一支驱逐舰队奉命到荷兰沿海一带搜寻德国鱼雷艇时,突然一声巨响,"凯利"号被掀出水面,落下时整个军舰已是一片火海,德国鱼雷击中了"凯利"号。谁也不知道

"凯利"号究竟损坏到什么程度,不过没人惊慌失措。蒙巴顿沉着地指挥人员灭火,迅速把舰上的弹药和伤亡人员转移到靠近过来的"肯达华"号上。夜里 11 点左右,"牛头犬"号开始拖着"凯利"号返航。

午夜时分,蒙巴顿突然听到了快艇发动机的声音,转眼间,一艘德国 E 型快艇以 40 节的速度从暗中冲出来,它用鱼雷击中了"牛头犬"号,同时用舰载机枪疯狂向舰上的人影扫射。当它转弯想绕过"牛头犬"号时,一头撞在了"凯利"号的翼侧,它直竖起的艇身几乎搭上了"凯利"号的甲板。蒙巴顿后来承认他为自己当时的反应感到惭愧。当德国快艇在 20 码的距离上开枪扫射时,蒙巴顿立即躲到了舰桥的玻璃后面。"这样做可笑。"他说,"舰桥上的玻璃连步枪子弹也挡不了。忽然之间我觉得窘迫,不过还好,只有我一个人在舰桥上,因此没人看见我的丑态。我对自己说:'决不再次让自己表现出恐惧'。"

清晨,"凯利"号舰体严重下沉,看起来像只潜艇,而不是一艘驱逐舰。这时,"伯明翰"号打来信号:立即弃舰,否则将击沉"凯利"号。

蒙巴顿恼怒地打回信号:"那你就试试看吧,我要先击沉你。"不过蒙巴顿还是决定把大部分乘员转移到其他舰上去,他和 5 位军官和 12 个水兵留了下来。当夜幕降临时,"凯利"号看上去快要散架了,他们也登上了别的舰船。

然而第二天早上,他们发现"凯利"还像它的座右铭那样在那里"坚持"。蒙巴顿带着几个志愿者又来到"凯利"号上。不久,海军部派来的两只海军拖船到了,它们拖着"凯利"号返航。在途中,"凯利"号又遭德国空军的轰炸,不过它仍慢慢地奇迹般地在被鱼雷击中后第 92 个小时返回英国。当"凯利"号进入泰因河时,河两岸挤满了人,早已等候在那里的人们狂呼高叫,向英雄的"凯利"号致意。海军部认为"凯利"号能冲破海上风暴和敌轰炸的阻拦,胜利地回到英国,要归功于蒙巴顿那令人难以相信的领导才能、精湛的航海技术和"纳尔逊式的坚定信念"。

"凯利"号不幸被鱼雷击伤,这一失利与蒙巴顿错误的指挥密切地相关。但是,他却经过 92 个小时的奋战,在难以想象的困难环境中沉着地指挥它出乎意料地驶回了基地,显示了他精湛的航海艺术,创造了技艺和英雄主义的壮举,也得到了丘吉尔的赏识,并使蒙巴顿从灾难中获得了荣誉——优异服务勋章。除了维多利亚勋章之外,这是对军人勇敢精神的最高奖励。

1941 年 4 月,"凯利"号重返海洋,随第五驱逐舰队离开朴次茅斯,前往地中海。5 月初的一个夜晚,"凯利"号奉命袭击驻泊在本华兹港内的德国舰船。这次战斗是对港口内之敌实行歼灭性打击的成功范例。在黑暗的掩护下,"凯利"号悄悄驶过港内大部分德国舰船,然后在德军岸防部队做出反应之前,迅速撤退。

1941 年 5 月 20 日,德军对克里特岛发起了海空协同进攻,英军守岛部队28600 人,其中大部分刚从希腊撤出,武器弹药严重不足,只有 25 辆坦克和极少的火炮。但是最重要的差距在空中力量的对比上,在这一地区德军有战斗机和轰炸机 610 架,连同运输机等其他飞机共 1280 架,而英军只有 5 架"飓风"式战斗机和20 架已基本无法使用的其他飞机。

为进攻克里特岛,德军空降了一支 16000 人的精锐伞兵部队,另有 7000 人渡海进攻。虽然皇家海军表示决不允许这 7000 德国人靠近克里特岛,但是,很清楚,克里特岛英军获胜的可能性微乎其微。

1941 年 5 月 21 日,从马耳他参谋会议上返回后,蒙巴顿即召集全体船员,向他们交代了任务并毫无保留地指出了任务的艰巨性和危险性："德国空军将日夜轰炸我们，而我们没一架飞机能提供掩护"，最后他说："无论如何我们都要战斗下去。"当天晚上，"凯利"号随第5驱逐舰队出航。夜里德国飞机没出动，"凯利"号与其他军舰一道击沉了一艘德国潜艇。蒙巴顿一直守在舰桥上，整夜没睡，每隔几小时勤务员就送来一大块面包和一罐沙丁鱼，他的胃口特别好。

5月22日凌晨4点，德军开始轰炸地中海舰队。当"凯利"号加入主舰队时，英军已有两艘巡洋舰和两艘驱逐舰被击沉，还有的巡洋舰失去了战斗力，几乎所有的舰船都挨了炸，不过在头天夜里，它们已歼灭了一支德军运输队，消灭德军4000人。

当天下午，蒙巴顿奉命率领"凯利"号等三艘驱逐舰至克里特岛西北海域巡逻，傍晚时分，收到岛上被围部队发来的信号："急盼海军火力支援。"于是"凯利"号以30节的速度向预定海域驶去，途中击沉了两艘载满德军登陆部队的大帆船。

5月23日上午，"凯利"号遭到德军大批飞机轰炸。德国飞机飞得很低，几乎擦到了"凯利"号的舰楼，船员们可以清楚地看到挂在机腹下重逾千磅的大炸弹。"凯利"号上所有的对空防御武器猛烈开火，然而密集的俯冲炸弹最终还是击中了"凯利"号，一枚炸弹透过甲板，在舰体内爆炸，顿时"凯利"号浓烟四起，烈焰翻腾，蒙巴顿抓过麦克风大喊道："我们已中弹，继续射击。"

"凯利"号继续以30节的速度前进，但不久即开始倾斜，最后终于翻倒。在此过程中，"凯利"号上的所有武器都在轰鸣，船员们一直坚守在岗位上，直到涌进来的海水把他们冲走。

"凯利"号在海面上倒着浮了十几分钟，在此期间，蒙巴顿和其他活着的军官多次进入"凯利"号寻找、搭救受伤的水兵。过了一会儿，"凯利"号开始下沉，蒙巴顿用颤抖的声音对身边的部下们说："'凯利'要走了，让我们为她送行。"在水兵们痛苦的叫喊声中，"凯利"号慢慢地消失了。

蒙巴顿深知水兵们心里有多难受，因为他是内心最痛苦的一个。但这样无济于事。"小伙子们，唱个歌吧，"蒙巴顿大声喊道，然后用他那粗犷的声音起头，"打开啤酒桶，放出快乐来……"

不久，黑色的德国飞机又返回来，向他们轰炸、扫射，他们的歌声未断。

第二天傍晚，他们被其他军舰救起，送到了地中海舰队总部。

不久，蒙巴顿被任命为"光辉"号航空母舰舰长，同时得到几个月的假期。因而，蒙巴顿有机会到美国私人旅行。他与罗斯福总统一见如故，由此获得了参观珍珠港的机会。

在参观过程中，蒙巴顿尽可能礼貌地向美国人指出：珍珠港对空防御力量严重不足，通信设施也很不完善，并且缺乏对敌方深水炸弹和鱼雷攻击的防御能力。但遗憾的是，基地负责人并没有重视这位英国客人的意见，使日本后来对珍珠港的偷袭顺利得手。

10月，蒙巴顿被从美国召回，丘吉尔任命他为英海、陆、空联合作战部顾问，随后晋升为海军准将。蒙巴顿决心使联合作战部成为一个真正的统一体，让在这里工作的海、陆、空军官把他们对各自军种的忠诚转化为一种团队精神，即转化为联合作战部队的忠诚。

他认为，在需要海陆空三军密切配合的未来作战中，有关人员不仅应在一起制定计划,还应当一起生活,一起娱乐。联合作战总部的工作人员不是海、陆、空三军派驻总部的代表,任何这样的做法或想法都将被视为不适合担任目前工作的证据。当然,多年来形成的习惯是不会轻易丢掉的,各兵种之间的冲突和猜忌依然存在。但蒙巴顿尽了最大的努力去制止这种不团结现象,并在相当程度上取得了成功,让当时担任美国陆军参谋长的马歇尔将军感到非常吃惊。

不久,马歇尔、戴高乐分别派了一批军官到蒙巴顿的联合战部见习和工作。在蒙巴顿的影响下,手下各国军官把仅仅对本国利益的忠诚,不知不觉地转化为对联合作战总目标的绝对服从。蒙巴顿领导联合作战总部期间凝聚的团队精神,成为后来艾森豪威尔的欧洲司令部和蒙巴顿自己的东南亚联合司令部的先驱和样板。

在蒙巴顿的指挥下,联合作战部组织突袭了挪威南部的瓦格索岛,又对布吕讷瓦勒和纳泽尔发动袭击,还策划了弗兰克顿行动。这几次小规模作战是盟军海、陆、空三军的成功合作,同时振奋了盟军的士气。

1942年3月,蒙巴顿升任联合战部最高指挥官,兼任参谋长委员会里的第四参谋长,被同时授予海军中将、陆军中将和空军中将的军衔。蒙巴顿成了英军历史上第一个同时获得三个军种军衔的将军。

不久之后,蒙巴顿否决了大规模派遣部队越过英吉利海峡以减轻苏联盟军压力的"重独锤行动",而提出了以袭击迪耶普的"拉特行动"作为补偿。

在袭击迪耶普计划中,蒙巴顿提出的侧面进攻,空中轰炸和大型军舰支援的原案均遭到否决或所谓"变通"且也没有适合突袭的时间。

但是,8月29日,突袭迪耶普的计划仍然以"大赦"行动为名称而付诸实施。由于计划的研究和制定时间过长走漏了消息,加之作战目的含混与多重性,行动方案的多次变更等诸多因素,注定了迪耶普之战遭到惨败。在参战的5000人中,1000多人战死,包括登陆艇指挥官布赖恩·麦库存尔在内的2000多人的被俘。

迪耶普袭击是蒙巴顿一生中受到批评最多的事件之一。但是,它却为1944年6月的诺曼底成功登陆提供了宝贵的经验和教训。

迪耶普之战失利后蒙巴顿感到身心疲惫,处境尴尬,他要求辞去联合作战总部最高指挥官的职务,而丘吉尔并没有立即答应他。随后,根据丘吉尔的指令,蒙巴顿又赶忙集中精力投入制定"火炬"作战计划的工作中。"火炬"行动要求英美部队同时在阿尔和摩洛哥登陆。蒙巴顿吸取迪耶普之战的经验教训,使"火炬"行动取得了巨大成功。

临危赴任

为了扭转在东南亚地区的败局,打击日本侵略军,盟军在1943年5月提出设立东南亚盟军最高统帅。丘吉尔认为:蒙巴顿是联合作战计划的大师,声望也是与日俱增,因此,他极力主张由蒙巴顿担任最高司令,统一指挥英、印、美国和中国国民党军队。指挥范围包括缅甸、锡兰(今斯里兰卡)、逞罗湾、马来半岛和苏门答腊。这一任命得到了美国方面的一致赞同。作为一位海军军官被赋予陆军和空军的最高指挥权在英国历史上还是首次。

1943年10月,蒙巴顿走马上任。由于部队来自不同的国家,国家与国家之间,兵种与兵种之间以及老手与新手之间存在着多种矛盾,指挥系统错综复杂,士气不振,协同作战十分困难。

美国人甚至怀疑:蒙巴顿将会以美国为代价去寻求自己的帝国主义利益。蒙巴顿感觉到自己承担了一次相当棘手的任务,主要目的是建立一个真正国际性的工作班子,这个班子应该把最高指挥部的利益放在高于本国和本兵种利益之上。他为此付出了艰苦的努力。

蒙巴顿按照此前在联合作战总部的做法,把来自陆海空三军的参谋人员合在一起,组建了联合参谋班子;蒙巴顿自己也同他的 16 位有少将军衔以上的军官们住在一起。为了使自己的指挥权成为各路盟军合作的象征,蒙巴顿在座车的两侧,漆印上他名下指挥的各国军队的旗帜。在东南亚战区,要建立一个国际性的工作班子,完全成功是不可能的,但是,蒙巴顿比其他指挥官所能做到的要成功得多,他在盟军中的威望也在不断提高。

由于任命蒙巴顿为东南亚战区盟军总司令的目的之一是领导两栖作战,而几个月来,蒙巴顿参与制定的"锦标保持人"作战计划、"海盗"行动及"猎猪"计划等两栖作战方案被一一否定,使他的长处发挥不出来。因此,蒙巴顿把精力暂时转移到了整顿部队方面。

缅甸失陷后,在东南亚地区有几十万溃退下来的英、印、中军队。由于指挥不力,兵力和装备又不占明显优势,盟军多次吃败仗,被日本人逼着打,成了惊弓之鸟,疲惫不堪,士气低落。蒙巴顿必须尽一切努力来恢复这些部队的信心。

蒙巴顿很善于鼓舞士气。只要飞机能着陆或吉普车能驶入的地方,蒙巴顿都要去与军官们交谈,为士兵们进行演讲。他既不论兵种,也不管国籍,都能与部下深入交往。

为了便于接近印度籍士兵,蒙巴顿还学了一些乌尔都日常用语,然后试着去和印度士兵交谈。作为英王的侄子,东南亚战区的最高指挥官,蒙巴顿的言行使印度士兵很受感动。他还走访了印缅地区的美军及中国驻印军,士兵们普遍认为,蒙巴顿既不故作高贵态,对生活也不过分讲究和挑剔,容易亲近。他对调和英印当局与中国驻印军的关系起了较大的作用。

或许,有的人并不喜欢蒙巴顿,或不喜欢他的军事作战才能,但凡是与东南亚战区的老兵们接触过的人都不得不承认。蒙巴顿在接近士兵,笼络士兵,进而激发他们的士气和战斗热情方面是成功的。

尽管蒙巴顿不可能与散布于印度和印缅前线的数十万官兵都见上面,他每到一群士兵中间时,也不可能跟每位士兵都聊一聊,但是,所有的人都很快知道:他们的指挥官蒙巴顿是有信心带领他们打胜仗的人物。

另外,蒙巴顿对治理疟疾等热带病取得了较好成效。在缓和与印度人的紧张关系方面,蒙巴顿也有了一定的进展。

经过数月的辛劳,蒙巴顿和他的属下已经做好和日军作战的准备。

但是,在制定对缅甸的战略计划时,蒙巴顿与其副手史迪威将军产生了分歧。由于蒙巴顿的长处在两栖作战方面,他主张沿孟加拉湾的若干海岸线向前推进,以实现对印第安达曼群岛发动的两栖进攻。而史迪威将军力主打通"滇缅公路"。

这种分歧,后来在美英参谋长联席会议上同样引起了一场争吵。直到 1944 年 2 月,日本在若开地区和印度东北部的英帕尔地区发动了攻势,蒙巴顿才接受了史迪威的建议。

　　1944 年 2 月,日本为了切断英国第十四集团军主力和驻扎在缅北的由史迪威指挥的中国部队之间的联系,首先向若开地区发动了进攻,即第二次若开战役。由韦维尔指挥的第一次若开战役以英军的失败告终,而第二次若开战役在蒙巴顿的指挥下大获全胜,共击毙了 7000 名日本官兵,陆续生俘了 500 余名日本士兵(这在缅甸战场确是闻所未闻的)。

　　正当英军陶醉在若开战役的辉煌胜利中时,1944 年 3 月,日本又对印、缅边界的军事要地英帕尔发动了迅猛攻击。原来,若开战役仅仅是日本人的伎俩,他们的目的是使英国的后备部队远离真正的英帕尔战场,蒙巴顿迅即亲临前线部署作战。

　　根据军情汇报,蒙巴顿决定:把在亲敦江以西边境进行防御的部队,撤至英帕尔附近高地上来组织防御,使日军的进攻部队远离自己的后勤基地,日军不仅要被迫背靠着宽阔的亲敦江作战,而且还得完全依赖很不安全的丛林运输线。

　　此外,盟军的空中优势不仅会保证可能遭到包围的一些部队的补给供应,而且还能阻止日军获得补给品。由于雨季即将使一些干涸的河床变成汹涌的急流,迫使日军必须在雨季到来之前迅速取得决定性胜利,否则就不得不面临一场灾难。这些决策,都深中日军要害。

　　当日军两个师团对英帕尔形成南北合围夹击之势时,蒙巴顿收到斯利姆中将要求更多增援部队的急电。蒙巴顿建议:把用于喜马拉雅山运输线上向中国运送物资的美国飞机挪用过来。由于征得史迪威和英美联合参谋长委员会的同意要费太多时间,因此,蒙巴顿直接请求丘吉尔与罗斯福总统协商解决。

　　正是由于蒙巴顿采取了这种紧急的救援行动,将 30 架挪用过来的飞机用于运输援兵,对战役的结局起了重大作用。蒙巴顿和英国第十四集团军司令斯利姆充分估计了敌情,根据起初制定的策略,让英印军始终保持“以守待攻”的消耗战术,最终击溃日军,取得了英帕尔战役的巨大胜利。使日本第十五军团在三个月内有 3 万余人被歼灭,仅一小部侥幸逃脱。

　　英帕尔战役是日军在东南亚地区遭受的一次最惨重的军事失利。与此同时,在缅甸北部,史迪威将军指挥的美国和中国国民党军队于 5 月中旬发动了一场突袭,取得了重大胜利,夺取了缅甸战略重镇密支那,并占领了这一地区通往印度的三个重要机场。

　　1944 年 7 月,蒙巴顿提出了两份作战计划:一个是“卡皮特尔计划”,即命令第十四集团军向曼德勒推进,然后再向南进攻仰光;另一个是“德拉卡拉计划”,即在1945 年 1 月对仰光发动两栖和空中进攻。但由于种种原因,两份计划均未被允许付诸实施。

　　1944 年底,蒙巴顿指挥的东南亚盟军已近百万人,盟军拥有明显的战略优势,日军开始节节败退。蒙巴顿抓住战机,及时制定了具体作战计划,指挥盟军发动反攻,夺取仰光。梅塞维领导的第四军,强渡伊洛瓦底江,攻陷敏铁拉,夺取了曼德勒,整个缅甸中部已落入蒙巴顿指挥的英军之手。同时,缅甸北部的日军在中国远征军的打击下,已是苟延残喘。盟军乘势追击,接着抢占了仰光北部的东吁机场,于 5 月 3 日顺利攻进仰光,从日军占领下收复了缅甸。

事业顶峰

1945年8月15日,日本宣布无条件投降。在盟国所有的高级将领中,蒙巴顿对日本的态度是最强硬的。因此,他在战后访问过许多国家,却从未访问过日本。在日本投降问题上,蒙巴顿认为:战争应当一直进行下去,直到日本天皇本人亲自来投降。这样做将会永远地摧毁日本封建主义和军国主义机器。

1945年9月12日,蒙巴顿在新加坡代表盟军接受了驻东南亚50万日军的投降,他感叹"这是一生中伟大的一天"。他坚持:在他的战区内,日军投降应由所有的日方高级将领在他们自己的部下面前,举行正式的签字仪式;而且,一定要当场象征性地对他们进行缴械,并将佩刀、枪支等作为战利品分给在场的盟军军官和士兵。

受降这一天,坂垣大将带领缅甸方面军司令官木村等日军高级将领来到新加坡特别市政厅,他们当场解下佩刀,双手递交给盟军军官,然后在投降文件上签了字。坂垣等几位日军将领,想走上前去与身着笔挺的白色皇家海军上将制服的蒙巴顿握手寒暄,被蒙巴顿断然拒绝。仪式结束之后,蒙巴顿乘车"穿过密集的人群,在无尽无休的雷鸣般的呼声中"返回几公里外的英军司令部。

为了奖赏蒙巴顿在整个战争期间的功劳,特别是他指挥英印军队在缅甸击败日军的辉煌业绩,艾德礼首相向英王提议封他为"缅甸蒙巴顿伯爵"。乔治国王为王室成员中能有人凭着自己的功绩而获得这个荣誉,感到特别愉快。

由于蒙巴顿没有儿子,英王还做了一个不同寻常的决定,准予蒙巴顿的女儿们继承爵位,以免使这一荣誉在巴顿死后中断。蒙巴顿听到这一喜讯后,高兴之余也夹带着一丝伤感。他对从父辈那里继承下来的"路易斯勋爵"的称号抱有终生的留恋,有着近乎迷信般的那种感情,认为它给自己带来过许多好运。

然而,他在领受更高一级的荣誉时便顾不得那些了,毫不推辞地接受了"缅甸蒙巴顿伯爵"这一称号。尽管离开英国海军舰队已经有很长一段时间了,但蒙巴顿内心最喜爱的还是真正的海上生涯。战争结束了,作为一个战区的最高司令官、一个获得了伯爵称号的海军的将领,他为皇家海军带来了荣耀,现在他想要回到海军去,继承他先辈的事业,继续寻觅他少年时的梦想。1946年6月,蒙巴顿抱着重返海军舰队的强烈愿望回到了英国。

1946年下半年到1947年初,印度人民争取民族独立运动如火如荼。穆斯林联盟和印度教的争端急剧升级,英国政府在印度的殖民统治陷入深刻危机。在代表工党政府的艾德礼首相提议下,蒙巴顿这位享有盛誉的英雄被任命接替韦维尔印度总督这个职务,这是第二次世界大战后,蒙巴顿执行的最重要的一项使命。

赴任之前,由于蒙巴顿的强烈坚持,工党政府被迫声明:在1948年6月以前把政权移交给印度人,这在很大程度上得到了印度人民的信任。同时,他还获得了任何一位印度总督不曾有过的特权,即享有全权和获得行动的完全自由。

1947年3月23日,蒙巴顿在德里正式就任总督职务。任职期间,他提出了印度独立的"蒙巴顿方案",并于1947年7月获得英国议会批准。该方案导致印巴分治及两国为一些遗留问题而进行的长期纷争。

1948年6月21日,蒙巴顿被英国政府从印度召回,他重返海军实现少年时代

　　不久,蒙巴顿被任命指挥地中海第一巡洋舰队司令。

　　英国地中海舰队是当时世界上最强大的海军之一,而第一巡洋舰队又是皇家海军中唯一的一支常备部队,它拥有四艘大型战舰。所以,蒙巴顿的上任是相当重要的。但是,与他当年担任盟军最高司令或印度总督时的令人敬畏的权力相比,他现在的工作也就显得微不足道了。他没有在乎这些,只决心默默无闻地干一番。

　　1950年6月,蒙巴顿出任第四海务大臣,负责补给和军饷,尽管它是海军部所设的五个海务大臣中最没有吸引力的一个,蒙巴顿仍然服从了命令,忠于职守,尽心尽责,他对出任第一海务大臣依然满怀信心。

　　1952年5月,蒙巴顿担任地中海舰队总司令,并于次年2月晋升为正式的海军上将。1952年底,蒙巴顿又兼任北大西洋公约组织地中海舰队总司令职务。

　　1955年4月18日,蒙巴顿终于如愿以偿当上了第一海务大臣,并兼任海军参谋长。

　　1956年底,苏伊士危机爆发,英国政府计划大规模入侵埃及,即所谓"滑膛枪手"行动。蒙巴顿极力反对这一政策,他严正指出:"滑膛枪手"行动将给中东国家带来严重的、连年不断的混乱,可能使英国军队长期陷入埃及泥潭不能自拔。为此,他和艾登首相各执己见,弄得很不和睦。最后,以英国政府屈服于国际压力被迫对埃及停火和首相辞职而告终。

　　蒙巴顿担任第一海务大臣之时,适逢英国政府强令海军大幅度减员。蒙巴顿一直致力于改变当时海军被轻视的境遇,恢复海军的重要地位。他提出了多种方案去改造和重新装备陈旧落后的舰艇,尤其是为英国核潜艇的建造立下了汗马功劳。为了维护海军的地位,他同国防部长桑兹进行了针锋相对的斗争,取得了明显成效,这是蒙巴顿对皇家海军的又一伟大贡献。

桑榆暮景

　　1956年,蒙巴顿登上了皇家海军的顶峰——晋升为海军元帅。

　　1958年5月22日,蒙巴顿被麦克米伦首相任命为英国第二任国防参谋长。蒙巴顿开始对国防机构进行大刀阔斧的改组,以实现他20多年来一直主张的三军统一的观点。他积极推行军队的改革,在他的建议下,英国取消了分别设立的海军部、陆军部和空军部,设立国防委员会行使三部职权,统归国防大臣领导,以便协调海、陆、空三军联合作战,它迅速发挥出极大的作用。

　　然而,就在蒙巴顿在国防参谋长的显赫职位上,全力以赴地干自己的事业的时候,他的夫人埃德温娜却不幸病故了,终年仅59岁。

　　1965年7月,蒙巴顿正式退休,他获得了女王亲自授予的功勋章。

　　对蒙巴顿来说,退休绝不意味着与他毕生为之奋斗的海军事业诀别,他对海军事务的关注一如既往。退休给了蒙巴顿更多的自由去宣扬他的裁军和限制使用核武器的观点。

　　蒙巴顿虽然不是第一位指出核危险的人,但他的大名引起了轰动。

　　作为一个流动大使,蒙巴顿在他退休以后起了更大的作用。他极高的声望和遍布世界各地的熟人好友,以及他的忠诚和众所周知的观念的独立性,使他成为一个不可多得的解决麻烦的专家和非官方使者。不论走到哪里,他总是准备着手解决那里各种奇特的政治纠纷。

退休后的蒙巴顿热衷于公共事务,他担任过怀特岛总督,皇家海军陆战队旅长等名誉职务,他与 179 个社团组织有联系。在他的协助下,成立了尼赫鲁基金会和世界联合学院。

1974 年,蒙巴顿访问中国,他是第一位访华的英国王室成员。

1979 年 8 月 27 日上午 11 点半左右,蒙巴顿在北爱尔兰的马勒莫海滨消夏捕虾,乘坐的"阴影 V 号"渔船被当地的爱尔兰共和军预先设置的 50 磅重的炸弹炸毁,蒙巴顿遇难,享年 79 岁。英国政府按照他希望的最隆重的仪式举行了葬礼。

世界枭雄大传

人类历史上最大的魔头

——希特勒

人物档案

简　历：纳粹德国元首，武装部队最高统帅，第二次世界大战的发动者，民族主义和反犹太主义的狂热信徒。

生卒年月：1889 年 4 月 20 日~1945 年 4 月 30 日。

安葬之地：不详。

性格特征：有野心、平易近人、仇视犹太人。

历史功过：建立纳粹党魁，发动第二次世界大战，屠杀生命，灭绝犹太人。

维也纳的流浪汉

维也纳，这个十九世纪以来欧洲极富魅力的城市，依山傍水，蓝色的多瑙河多情地流过，一个世纪以来整个欧洲的才子佳丽们都被吸引至此，为这里古雅的博物馆、富丽堂皇的巴罗克式歌剧院，为欧洲第一流的美术学院，为海顿、莫扎特、贝多芬、舒伯特的音乐，为迷人的约翰·施特劳斯圆舞曲而倾心，而陶醉。1907 年 10 月，年方 18 岁的希特勒为实现自己做画家的梦想也前来维也纳投考这里的美术学院。

在维也纳奢靡华丽的氛围里谁也不会对这位踯躅街头、身材瘦削的年轻人过多关注，而这位未来帝国的元首出身也并不显赫。希特勒祖籍瓦尔德维尔特尔迪，虽然距首都维也纳不过 50 英里之遥，但这里一幅穷乡僻壤的景象，仿佛维也纳的奢华与开放之风从未飘到这里。然而希特勒的家庭却与这穷乡僻壤的保守之风有着截然不同的气质。祖父约翰·希特勒是一名打短工的磨坊工人，为招揽活计成年在外走村串户，1842 年老约翰娶了 47 岁的农妇玛丽亚·安娜。这是老约翰的第二次婚姻。新婚妻子陪嫁的资财中有一名 5 岁的私生子阿洛伊斯，他就是未来帝国元首阿道夫·希特勒的父亲。阿洛伊斯 10 岁那年母亲去世，此后 30 年老约翰浪迹天涯,销声匿迹,阿洛伊斯由叔父抚养。30 年之后,84 岁的老约翰云游归来才正式认子归宗,阿洛伊斯第一次有了自己的姓氏:希特勒。

阿洛伊斯秉承了老约翰的习性:喜好游荡、缺乏固性。18 岁时在奥地利萨尔斯堡附近做了一名海关的边境警察,九年之后提升为海关小职员。他生性浪漫、我行我素。第一位妻子安娜是一位海关官员之女,虽然年长 14 岁,但给阿洛伊斯带来了财富和地位。1883 年安娜病逝。而在此前一年阿洛伊斯已经与一位年轻的厨娘同居,并生下了希特勒同父异母的哥哥小阿洛伊斯,安娜去世后他名正言顺地娶了第二房,三个月之后希特勒便又有了一位同父异母的姐姐安吉拉。

希特勒的生母克拉拉是父亲阿洛伊斯的第三位妻子,年轻的克拉拉不仅比丈夫小 23 岁,而且是阿洛伊斯的外甥女。1889 年 4 月 20 日希特勒出生在勃劳瑙镇的一家小客栈里。年幼的希特勒跟着不安分的父亲在奥地利林嗣附近的村庄里搬来搬去,不停地更换着学校。然而不安分的父亲却希望儿子子承父业,有一份安定的工作。一天,年老的父亲把年幼的儿子叫来:

"我希望你以后做一名公务员。"

"什么,公务员? 不! 不! 我决不做公务员! 我一想到坐在办公室里,毫无自由,不能自由支配我的时间,把我一生的时光花在填写各式各样的表格上面,我就要作呕! 我要做个画家,当一名艺术家!"

"什么画家? 艺术家? 你发疯了!"

"我没发疯,我不是开玩笑!"

"艺术家? 不行! 只要我剩一口气,我决不答应!"父亲怒不可遏。

"我也决不改变我的决心!"希特勒声嘶力竭。

为迫使父亲改变初衷,希特勒不惜代价,从此荒废学业。本来在小学里成绩一贯良好的他在中学里却坏得异乎寻常,终于没有拿到毕业证便不得不辍学在家。父亲指望儿子成为一名公务员的梦想破灭了,1903 年父亲离世,希特勒打赢了人生的第一次战斗。

1907 年维也纳的博物馆、艺术画廊人流如潮,人们都在为一位艺术家的作品而赞叹、而流连,大家都在传颂着一个神奇的故事:一位新的世界著名画家崛起在维也纳! 他就是阿道夫·希特勒! ——这当然只是一个梦想,是坐在维也纳美术学院考场的希特勒的梦想。当时的希特勒年方 18,像一匹野马,两眼闪烁着幻想的光芒,对自己成为一名艺术家的辉煌前程充满了自信。

然而他落第了!

希特勒不灰心,第二年卷土重来,但再次落选!

希特勒不能忘情于艺术,他稍稍改变了志向,决定学建筑,然而他又一次失败!

或许是命由天定,或许是这个世界在劫难逃,当年那些和希特勒一同投考美术学院的幸运者中并没有诞生出世界一流画家。善良的人们总是在想假如当年的考官稍徇私情录用了希特勒,也许这个世界只不过多了一名第三流、第四流的画家。而当年考官手中那支红笔轻轻地一勾,也许就能拯救 6000 万生灵!

祸不单行,在一连串的失败之后,1908 年 12 月希特勒的母亲患乳腺癌去世了! 希特勒深爱自己的母亲,母亲的离世对希特勒是一次可怕的打击,"她的去世使我的宏愿突然不能实现,贫困和残酷的现实迫使我做出一个迅速的决定:我面临着想办法谋生的问题。"1909 年希特勒只身来到维也纳,开始了他一生中最悲哀的时期。

维也纳街头,希特勒身穿一件匈牙利籍犹太旧衣商送给他的黑大衣,长至足踝。头戴一顶油腻发光的黑呢帽,四季不换。前额头发斜梳,一头乱发。两颊和下颌胡髭丛生,身后背着一个破旧的画架,他从一个街头流落到另一个街头,绘制一些拙劣的维也纳画片,画着圣斯蒂芬大教堂、歌剧院、伯格剧场、舒恩布伦王宫等等景物,卖给小贩装饰墙头、卖给商人嵌在陈列出售的画框里,或者被家具商买来钉在廉价的沙发和椅子靠背上。白天以卖画得来的钱在小酒店或候车室里买些廉价食品充饥,夜晚或在公园的长椅上或随便哪家的门洞里过夜。生计无着落时便典当衣物,直至身无旁物,饥饿难耐时便加入施粥所流浪者的队伍里去接受一份施舍。从 1909 年到 1913 年维也纳街头的希特勒没有朋友,没有亲人,没有家庭,没有工作,没有居处。"对许多人来说,维也纳是个尽情享乐的天堂,寻欢作乐的场所,但是对我说来,它却是我一生中最悲哀的时期。即使到今天,这个城市在我心中也只能引起我不愉快的想法。对我来说,这个逍遥自在的城市的名字,所代表的就是五年艰苦贫困的生活。在这五年中我被迫求职糊口,开始当小工,后来当小画家。收入之微薄,不足以填充我每日辘辘的饥肠。"后来的帝国元首如此回忆着当年的维也纳。

然而尽管当时的希特勒一贫如洗,穷困潦倒,但他并没有自暴自弃。在与贫困、饥饿每日斗争的同时,这位未来的纳粹领袖深信自己不是凡夫俗子,对自己的前途有着奇特的不可抑止的信心,对于未来的世界,希特勒怀着一种魔鬼般的使命感,正是这一使命感促使他忍饥挨饿,等待天机。

囚犯的宣言书

1913 年春光明媚的季节里希特勒带着阴郁的心情告别维也纳,来到他向往已久的德国。在德国南部城市巴伐利亚州的慕尼黑游荡一年之久后,希特勒梦寐以求的天赐良机降临了!1914 年夏第一次世界大战爆发了,在战争阴云密布、几百万人对前途茫然无措之时,25 岁的希特勒却欣喜若狂,8 月 3 日他上书巴伐利亚国王路德维希三世,国王批准他以志愿者的身份参加巴伐利亚步兵团。"平生最伟大而最难忘的时期,就这样开始了!"战争不仅使希特勒摆脱了贫困,而且在希特勒看来,战争给他提供了一个参与改变世界的良机,"在热情冲动之下,我跪下来,衷心感谢上苍有眼,赐给我这个能够活在这样一个时代的幸福机会。"

希特勒并不是德国人,但他渴望德国取胜,他深信日耳曼民族是优秀民族,只有振兴日耳曼民族,才能拯救这个腐败的世界。因此希特勒全身心地投入了这场战争。作为一个下士通信兵,希特勒在硝烟弥漫的战壕里来回奔波。他从不要求休假。对于前线的肮脏、虱子、泥泞、恶臭从无抱怨,战斗间歇中他双手抱头,默默沉思,有时突然跳起来诅咒无形的敌人——那些反战派。在战争中他两次受伤,两次受奖。1916 年 10 月在松姆战役中,希特勒腿部受伤被迫离开前线,然而腿伤恢复之后他坚决重返战壕。1914 年 12 月他获得一枚二级铁十字奖章,1918 年 8 月他只身俘获了 15 名英军(一说为法军),帝国军队授予他一枚一级铁十字奖章,这种奖章在帝国军队里是极少授予普通士兵的。10 月,希特勒在前线中毒,眼睛暂时失明,被迫离开前线来到柏林附近一家陆军医院疗养。

在希特勒养伤的日子里,德意志帝国正发生着剧烈的动荡。前线德国军队兵败如山倒,陆军元帅兴登堡对德皇威廉二世力陈要害:立即停火,军队不能再等待48个小时! 后方德国工人运动风起云涌,反战情绪急剧升温,然而德国海军司令部拒不投降,下令基尔港拥有近 8 万水兵的远洋舰队出海,与强大而稳操胜券的英国海军决一死战,以卵击石也在所不惜,海军部宁愿拥有 8 万水兵的德国舰队"光荣沉没",也不愿看到帝国不惜血本建造起来的远洋舰队完好无损地拱手让给死敌英国。然而基尔港水兵的革命情绪与反战运动如地火运行,浪潮汹涌而暂无缺口,海军部的冒险命令终于掘开了大口,德国十一月革命爆发! 11 月 3 日基尔港水兵起义并迅速建立了苏维埃政府。11 月 8 日,革命除柏林之外席卷全国。9 日,柏林起义爆发,德国共产党的创建者李卜克内西率领起义者夺取了皇宫,德皇宣布退位,逃往荷兰,德意志第二帝国土崩瓦解! 11 月 10 日,德国资产阶级组建了临时政府,11 月 11 日以艾伯特为首的临时政府代表德国在巴黎附近的贡比涅森林与对手签订了停战协定,德意志战败投降了!

希特勒第一警卫队

希特勒得知德国战败投降时正忍受着眼痛的折磨,然而战败的消息仿若晴天霹雳,希特勒失声痛哭! 这是他自母亲去世以来第一次放声悲哭! 希特勒和德国右翼资产阶级一样决不相信德意志会战败,如此优秀的民族竟打不过那些"杂种"、那些劣等人群! 我们一定是被出卖了! 被那些可恶的马克思主义者、那些犹太人、那些所有的"十一月罪人"! 在那些痛苦的夜晚,希特勒的心中充满了仇恨。

军队只不过是那些可悲的政客手中的卒子。"政治""政治",希特勒在不停地反思,全然忘掉了他的眼痛。痛定思痛,希特勒抑制住满腔仇恨。"我终于看清了我自己的前途。我决定投身政治。"

1918 年 11 月初希特勒伤愈回到巴伐利亚州,在慕尼黑陆军司令部供职,主要负责同"危险思想"——和平主义、社会主义、民主主义做斗争。战败后的德国政局动荡,各种思潮沉渣泛起,魏玛共和国的民主氛围又为这些无名党派、各类思潮提供了温床。希特勒年届三十,无产无业,无一技之长,又无强硬靠山,但他不忘从政的宏愿,等待着时机。

1919 年 9 月,希特勒参加了一个无名小党——德国工人党的聚会,会后希特勒决定参加这个党派,并利用它来实现自己的抱负。希特勒加入之后,德国工人党很快在众多的党派中脱颖而出。1920 年 4 月希特勒把德国工人党更名为国家社会主义德国工人党(即 Nazi,简称纳粹党)。1920 年 12 月,纳粹党以 6 万马克买下负债累累的亏本报纸《人民观察家报》,作为纳粹的喉舌,为纳粹大造舆论。希特勒亲自为纳粹党制定党纲,1921 年希特勒升为纳粹党的领袖,并确立了领袖原则。这期间希特勒还亲自制定了纳粹党旗:红底白圆心,中间嵌黑色卐字,红色象征纳粹的社会意义,白色象征民族主义,卐字象征亚利安人胜利的斗争使命。1921 年纳粹组建了冲锋队,成员身着褐衫,后来冲锋队发展成为足以和德国国防军抗衡的军事力量,1934 年希特勒为争取国防军的支持下令解散了冲锋队。此时,希特勒一面营造纳粹党,一面注意网罗"人才"。不久,日后影响德国历史的几个重要的纳粹元凶便裘集到希特勒身边:1920 年鲁道夫·赫斯加入,1919 年罗森堡加入,1923 年成为《人民观察家报》的主编、纳粹党的思想领袖。1921 年戈林参加,1922 年担任冲锋队队长。纳粹势力日渐壮大。

1922 年德国爆发了经济危机,全国经济萧条,民不聊生。1923 年 1 月法国为催逼德国交纳战争赔款,和比利时一同制造了鲁尔危机,法比军队占领了德国重工业区鲁尔,德国政局动荡不安。希特勒认为革命时机已经成熟,11 月 8 日纳粹党在慕尼黑发动政变,逮捕了巴伐利亚州的军政首脑,希特勒在慕尼黑的一家啤酒馆宣布他们已推翻了柏林政府,但第二天柏林政府下令镇压政变,希特勒的冲锋队几乎没做什么抵抗便宣布投降,法西斯党徒作鸟兽散,戈林受伤逃往奥地利,希特勒、赫斯、罗姆等锒铛入狱,未来的帝国元首成了囚犯。

对许多人来说监狱意味着失败、甚至是生命的终结,然而对纳粹党的领袖希特勒来说,监狱反而成为他人生的新的起点,而且在做囚犯的日子里希特勒赢得了前所未有的声望。

1924 年从 2 月 26 日开始巴伐利亚州对纳粹政变犯进行了长达 24 天的公审。希特勒敏锐地抓住时机,把审判台变成宣传纳粹思想的讲坛。他口若悬河,面对众多的法官、德国各大报纸、世界各国报纸的新闻记者,面对成百上千的听众,全然忘记了自己囚犯的身份:

"我一个人负全部责任,但是我并不因此而成了罪犯。如果我今天以一个革命者的身份站在这里,我是一个反对革命的革命者,反对 1918 年的卖国贼,是根本谈不上叛国罪的。"

"天生要做独裁者的人不是被迫的。他的愿望就是如此。这并没有什么骄傲自大的地方。难道一个努力从事繁重劳动的工人是骄傲的吗? 难道一个有思想家的大脑、日夜思考、为世界发明创造的人是自大的吗？凡是觉得自己有天赋义务治理一国人民的人没有权利这么说,'如蒙召唤,我愿从命。'不！应该责无旁贷地站出来!"……希特勒的诡辩与演讲第一次产生了魔力,听众们鼓掌欢呼,法官们的同情溢于言词。按德国刑法规定希特勒法西斯党徒应判无期徒刑,但法官违心地只判了5年。即使这样法官还一再向激动不已的群众解释:保证希特勒在狱中会得到最好的照顾,保证6个月之后可以假释……

希特勒出名了！德国各大报纸头版头条宣传慕尼黑的纳粹党如何有组织性,其领导人希特勒如何善于雄辩。人们争相传颂着、议论着,世界各地的传媒也纷纷予以报道。鲜花、礼物、同情的信札川流不息地送到了希特勒的囚房。然而表面嚣张的希特勒下了审判台却在冷静地思考,"平心静气地说,这是我一生中最轻率鲁莽的决定。"啤酒馆暴动失败了,但10年之后希特勒成为德国总理。这次滑稽的政变摇身一变成为德国历史上"永垂不朽"的史诗,希特勒下令在此修建了纪念碑,每年11月8日都在此隆重集会,以志纪念。

鲜花与仰慕并没有使希特勒陶醉,相反在难友赫斯的帮助下,他每天伏案沉思,一章接一章地撰写他改造德国、征服欧洲的宏伟蓝图——《我的奋斗》,一本臭名昭著的自传,一个囚犯对整个世界的宣言书。

"要使战败而混乱不堪的德国在太阳底下占有比以前更伟大的地位。""大自然并没有为任何民族或种族保留这片土地(欧洲)的未来占有权,相反,这片土地是为有力量占有它的人民而存在的。""不能用和平的方法取得的东西,就用拳头来取。""法国将要灭亡,奥地利、捷克斯洛伐克、波兰要并入德国版图。然后要征服俄国。""凡是想生存的必须奋斗,不想奋斗的就不配生存在这个永恒斗争的世界里!"

"我们今天所看到的一切人类文化,一切艺术、科学和技术的果实,几乎完全是雅利安人创造性的产物。这一事实证明:只有雅利安人才是一切高级人类的创始者,是我们所谓'人'这个名称的典型代表。"希特勒认为,世界上凡是不属于优良种族的人都是糟粕、是垃圾,他们就是犹太人、斯拉夫人,既然是糟粕、是垃圾就应该被奴役、被毫不犹豫地清理掉。希特勒本人与纳粹党的神圣使命便是在政治上把过去从未统一过的优秀民族统一起来,纯洁他们的种族与生存环境,使他们强大,使他们成为地球的主宰。这个未来的帝国要由元首来实行独裁统治,独裁只可能使强者更强,绝不允许民主那种"无聊的东西"在帝国存在!

假如人们稍稍回顾一下二战初期欧洲的惨况,谁都会震惊《我的奋斗》并非病者的狂吃,并非儿语！希特勒早就对这个世界发出挑战,然而欧洲那些一流的政治家,那些古老而文明的国家太骄傲了,他们怎么能对一个囚犯的几句厥词予以重视呢?!那些为世界创造了无穷财富的犹太巨贾,那些为人类文明贡献了辉煌才智的斯拉夫人怎么能相信他们是"糟粕"而予以警惕呢?!人们已经习惯了国际法则,习惯了自己家园的概念,谁又能去在意一个囚犯的承认与不承认呢?!于是张伯伦相信希特勒对捷克斯洛伐克真的只有对"苏台德地区那么一点点要求";犹太人在毒气室门前相信希特勒让他们排队等候分配工作;波兰相信希特勒不会进攻他们;苏联相信德国不会背信弃义！殊不知因犯是认真的,《我的奋斗》1933年卖了100万册,1940年卖了600万册,德国人几乎人手一册,德国的少年、青年都被灌输了第三帝国的思想、法西斯的蓝图,《我的奋斗》已深入脑海,化成血液,流淌在几乎每一个德国人的血脉里。

唇舌征服德国

中国历史上有许多纵横家、清谈名士,世界历史上也有无数雄辩家、演说家,这些靠唇舌影响国家政策、左右人心的专家们毫无疑问没有一个能超过纳粹党魁希特勒的。至今人们还能从一些历史镜头中目睹希特勒演说的情景:纳粹头子声嘶力竭、振臂一呼,观者如醉如痴。1918 年那次中毒差点毁掉了希特勒的嗓子,命运真是捉弄人,嘶哑的噪音反而成了希特勒的独特魅力。有人说演说是希特勒的天赋。有人说这一天才是在维也纳街头练就的。不管怎样,希特勒靠他的唇舌、他的四处演说赢得了支持,赢得了 1930 年的 600 多万张选票。

5 年的徒刑不到 9 个月就结束了,1924 年 12 月 20 日希特勒出狱。从 1925 年至 1929 年魏玛共和国经过共和国初期的混乱后终于稳固下来,美国等国资本家通过道威斯计划将贷款源源不断地投到德国市场,德国经济如同被输过血的病者、充了气的皮球迅速恢复起来。1927 年德国经济恢复到战前水平,1929 年超过英法,再次成为仅次于美国的世界经济强国。德国政治经济的稳定对于希特勒来说并非好事,希特勒再也无法在街头兴风作浪了。百姓生活安定,再也无心去街头听纳粹分子摇唇鼓舌了。因此 1925 年到 1929 年是纳粹时运不佳的几年,然而从囚房出来的希特勒已今非昔比,经过冷静思考,他决定放弃政变方式,而利用现有的、被他一再唾骂的民主制度,通过争取选民的方式夺取政权。虽然 1925 年到 1929 年的稳定使纳粹时运不佳,但希特勒用顽强的毅力发展了纳粹党的组织。

希特勒周密筹划,建立起纳粹的各类基层组织,从大区到小区、从小区到街道办事处建立遍布全国的纳粹网络。1925 年纳粹党徒只不过 2 万,1927 年就有 7万,1929 年则达到近 18 万之众。冲锋队改编成武装组织,1926 至 1929 年希特勒又亲手培植忠于他个人的卫队——党卫队,由海因里希·希姆莱负责,党卫队后来发展成为德国乃至欧洲整个德占区人人谈虎色变的可怕组织。到 1929 年纳粹党已成为全国的重要党派之一,而这一巨大成绩的取得除了希特勒的毅力,便是他的魔鬼般的演说才能。

还在啤酒馆暴动之前,一些阔佬阔少即被希特勒的言辞吸引,当场解囊相助。富有的钢琴制造商的妻子海伦·贝希施坦因太太第一次见到希特勒便为之折服,不仅赞助当时起步维艰的纳粹党,而且帮助希特勒在富人之间广为宣传和募捐。一位名叫恩斯特的阔少听了希特勒的一番"宏论",当场借给纳粹党 1000 美金,这在当时马克急剧贬值之际对纳粹党是一笔惊人巨款。

希特勒的演讲不仅争取来了经费,而且使许多猜疑的、不相信的、高傲的人都最终心悦诚服地归到门下。许多人听说了希特勒的名字,根本不相信他的神话,某一次聚会偶尔去了,开始时鄙视,继而好奇,然后相信、激动、狂呼,最后成了希特勒分子。戈培尔的归服便是一个杰出的例证。

小希特勒八岁的戈培尔在 24 岁之前读了八个大学。先后在波恩大学、弗雷堡大学、伍兹堡大学、科隆大学、法兰克福大学、慕尼黑大学、柏林大学求学,1921 年24 岁在海德堡大学获哲学博士学位。戈培尔懂德文、拉丁文、希腊文,对哲学、历史、文学、艺术有着深厚的修养。言辞激烈、文笔犀利。然而这位博士听了中学尚

未毕业的希特勒一次演讲之后激动难眠,连夜给希特勒写了一封这样的信:

"你像一颗初升的明星,出现在我们惊异的眼前,你所表现的奇迹廓清了我们的思想,而且在一个充满怀疑和绝望情绪的世界里,给了我们信仰。你高高在群众之上,充满信心、掌握未来、有着坚强的意志……你在我们面前表现了元首的伟大。你所说的话是俾斯麦以来德国境内最伟大的话。……你所说的话是新的政治信仰的大纲,这种政治信仰是在一个崩溃的、无神的世界的绝望中产生的,我们都要感谢你。有一天,德国也要感谢你……"

戈培尔投降了,不久他就成为大柏林区纳粹党的主席,一辈子为希特勒的纳粹主义摇旗呐喊,是第三帝国的喉舌。戈培尔的归服至死不渝,1945年4月29日纳粹末日已经降临,4月30日希特勒自杀身亡,戈培尔让妻子以及六个儿女随他一起服毒自杀为元首殉葬,他的遗言再一次向世人表达了其对希特勒的忠心:"如果我不能生活在元首身边、并为他服务,生命对我个人来说没有任何价值。"

纳粹党终于羽翼丰满起来,然而离夺权的道路却仍很漫长。当时德国第一大党派社会民主党在全国拥有深厚根基,并控制着局势。希特勒费尽了心思,但1929年之前纳粹党在德国议会里仍不过排名第九。然而希特勒政治生涯中最重要的一次机遇来到了:1929年10月从美国华尔街开始,在全世界刮起了一场黑色风暴。仿佛命运再一次证明人类在劫难逃,刚刚从一战的废墟中稍复元气的世界各国无一例外地被卷入到这场风暴中去,它就是改变了世界历史进程的1929年世界经济大危机。

20年代繁荣异常的美国哀鸿遍野;一战中大发战争财的日本经济崩溃;拿到不少战争赔款的法国经济也一片萧条;日不落帝国在危机冲击下几乎撑不住门面;外国资本家纷纷撤走投放在德国的资金,德国经济一泻千里。失业、饥饿、失望、恐惧、怨恨、仇视笼罩着德国。德国政府坐不住江山了,总理像走马灯似的换过一轮又一轮,谁也没有回天之力,群众不满了,人们又走上了街头。垄断资本家不满了,四处寻找自己的代理人。这个时候希特勒又站到演讲台上去了,他抨击政府,他向垄断资本家许愿保证给予他们足够的市场,他向工人保证不会失业,向农民保证会有土地,向商人允诺不征重税,仿佛他的帝国比社会主义、共产主义更激进,他也不在乎了,只要有人支持他,只要人们去选票站投他的票。冲锋队、党卫队身穿制服,雄赳赳、气昂昂地走过颓丧的人群,吸引无数人羡慕的眼光,青年人反正无事可做,不如去参加冲锋队,又有饭吃,又神气。冲锋队壮大了。垄断资产阶级慷慨解囊,给纳粹党提供巨额资金,给源源不断的冲锋队新队员发放装备,组织大型、巨型的演讲会,让更多人加入纳粹党的阵营中来。冲锋队员在街头搭起施粥站,饥荒的人们如同当年维也纳街头的帝国元首感激涕零:纳粹党真是太好了!1930年纳粹党徒由1929年的17万猛增到35万,这一年纳粹获600多万张选票,一跃而为全国第二大党,第三帝国的美梦只是一步之遥。

而跨过这一步之遥竟然也有希特勒唇舌之功劳。1932年1月27日,德国300多名垄断巨子在德国杜塞尔多夫秘密开会,希特勒被邀请。当时垄断巨子们对希特勒尚存犹豫,希特勒那些在演讲台上比布尔什维克更布尔什维克的言辞令巨子们不安。希特勒深知没有这些人的支持第三帝国将成为空中楼阁,第三帝国的楼阁将靠这些垄断巨头们来支撑。于是,希特勒当场表明心迹,发表了长达数小时的演说:"民主将摧毁一个民族的真正价值","经济生活中应树立个人权威,政治领域同样如此"，"布尔什维克的世界观如不被阻止，势必把整个世界化为废墟"，"德国应该大张旗鼓地扩军"，"德国军队由 10 万、20 万或 30 万人组成，这并不重要，重要的是我们是否拥有 800 万后备军"，这些军队将要为德国去争取"生存空间"，去世界各地争取市场！当希特勒演讲结束时，全体资本家起立向他狂热欢呼！垄断巨子们的心放到了肚子里，他们联名致信总统兴登堡，一致要求希特勒组阁。兴登堡这位前陆军元帅尽管怎么也看不起这个奥地利下士，也不得不将国家重任交给希特勒。1933 年 1 月 30 日，希特勒被兴登堡任命为德国总理，维也纳的流浪者如今已是一人之下、万人之上的显赫了。

虎狼也有情

　　希特勒已是人所共知的恶魔，但并非不食人间烟火。在登上权力之峰以前，希特勒和普通人一样也很重亲情和友情。上中学以前他是村里的孩子王，上中学以后，希特勒日益孤僻，加之从小体质较弱，常给人神经质的感觉。年长以后，希特勒不再与儿时的伙伴玩街头的游戏，而是整天将自己关在房子里作画和阅读。他酷爱自己的母亲，在母亲病重之际，他从维也纳赶回，主动承担一切家务，全力侍奉病重的母亲，而且不惜以破产的代价来换回母亲的生命。母亲去世后，希特勒悲痛欲绝，连那位替希特勒母亲治病的犹太医生也感叹：我从未见过母亲去世如此悲痛的人。希特勒对这位医生非常感激，表示有生之年一定报答其对母亲的照顾之恩，后来这位犹太医生终因这份报答之心而幸免于难。母亲离世后不久，希特勒的姐姐安吉拉带着两个女儿守寡在家，还要抚养希特勒的妹妹保拉，尽管希特勒当时在维也纳流浪街头、衣食无凭，但希特勒仍主动让出父亲去世后政府每月给他的抚养费，让给妹妹保拉，以贴补安吉拉姐姐的家务开支。维也纳的房东太太也曾说过：希特勒先生经常阴沉着脸，不同任何人打招呼，好像对谁都视而不见，但他是个好心人，也从不拖欠房租。同房租住的朋友们在希特勒离开维也纳前往德国谋生时，也真心挽留他，认为他虽然一无所有，但能帮忙时总是尽力帮忙。

　　18 岁时希特勒第一次坠入情网，那天他与 18 岁的斯坦芬妮·詹斯坦在林嗣的街头相遇，斯坦芬妮身材苗条，性格文静，一头秀发，美丽动人。希特勒激动不已，背地里为她写了许多情诗，但只是悄悄地朗读给当时他唯一的一位好友库比席克听。库比席克怂恿希特勒去跟斯坦芬妮交谈，但希特勒说：用不着说一句话，一切都会清楚的。我们是美妙的一对，彼此靠眉目传情便足够了。所以希特勒从未与他热恋的女子说过话，斯坦芬妮当时根本就不知道这位未来的帝国元首曾经如此迷恋过她，不久斯坦芬妮与一位中尉订婚，希特勒的初恋便如此结束了。

　　第一次世界大战结束后决定投身政治的希特勒把有限的精力都投身于政治，个人的情感世界几乎一直是孤寂的，然而他却不断有关于女人的"精辟"之语："对我来说，群众、人民就是一个女人"；"谁若不懂得群众之内在女性，他就不能有效地演讲。你问问自己，女人希望男人之身上有什么？干脆利落、决心、权力、行动，假如你能妥善地与她交谈，她就会骄傲地为你做出牺牲"；"政治是个女人，你要是不高高兴兴地爱她，她就会把你的头都咬掉"；"我永不结婚，我的父国（德国）是我唯一的新娘"；"在这个世界上判断一个男子汉有两种方法：一是看他娶什么样的女人，二是看他怎么个死法"。

1925 年希特勒在慕尼黑已名气不小,在贝希特斯加登他终于有能力租下一套房子,这时他遇到了 16 岁的米茨。米茨年轻活泼,清纯可人,长得和希特勒的母亲极像,对母亲刻骨铭心的留恋使希特勒对米茨一见倾心,尽管希特勒大米茨 20 岁,但不久米茨便成了希特勒的情侣。希特勒不再谈什么政治影响,经常带着米茨参加党的聚会,米茨要求结婚,但希特勒只答应在慕尼黑租一间房子和她同居,米茨成为希特勒第一位公开的情妇。

1927 年大选结束后,纳粹党在全国影响进一步扩大,希特勒买下了贝希特斯加登的房子,房子是一所简朴的乡舍。屋子四周有一木制走廊,天然雅趣,屋顶是用大石压住木瓦。第一次有了自己的家,但希特勒并不打算让米茨成为女主人,他激动地打电话给正在维也纳的姐姐,恳求姐姐前来当房子的女主人。不久安吉拉带着两个女儿费莱德尔和吉莉来到了慕尼黑,吉莉的到来差点改变了希特勒的一生。

吉莉和米茨年龄相仿,但吉莉生性活泼,满头浅棕色的头发非常迷人。赫斯太太说她具有维也纳姑娘那种迷人的魅力。希特勒的好友、摄影师霍夫曼说吉莉天真烂漫,令所有的人倾倒。希特勒本性内向,活泼美丽而十分可爱的吉莉令他神魂颠倒,希特勒有生以来真正地对一位女子倾心。吉莉要去游泳,希特勒不惜推迟重要会议,亲自拎着野餐篮,开车到湖边去,看吉莉游泳,然后给她准备食物。米茨被冷落了,她将晒衣绳一头系在门上,另一头绕着脖子,试图自杀。虽然米茨侥幸被救活,但希特勒的心毕竟已随吉莉而去。

1929 年纳粹党在全国已炙手可热,正逼近权力之巅。工业巨头们纷纷对希特勒“投之以木瓜”,希特勒的钱库财源滚滚,他在慕尼黑最繁华的街道上购置了一座 3 层楼房,作为党的全国总部。整个二层 9 间房子成为希特勒的寓所,吉莉随希特勒来到慕尼黑,一边学医,一边与舅舅同住。希特勒一面扮演着看护人的角色,禁止吉莉与他人来往,一面小心谨慎地、公开地追求吉莉。希特勒经常眼含痴情,陪着吉莉上街购物。吉莉十分任性,经常又试帽子又试鞋,一捆一捆挑选面料,还长时间地与售货员聊天,然后一样都不中意,空手走出店门。希特勒对此非常讨厌,但每次都像温驯的羔羊跟着她。希特勒的司机莫里斯说,“他爱她,但这是一种奇怪的爱,一种不敢表露出来的爱,因为他自尊心极强,不敢承认迷恋女色,害怕毁灭他的政治生涯”。“他爱吉莉,爱得至深”。

此时的希特勒已成为女人追逐的对象,在这种氛围中,一个偶然的机会,在霍夫曼的照相馆里,希特勒初遇 17 岁的爱娃·布劳恩。爱娃说当时希特勒“一直目不转睛地注视我,好像要用眼睛把我吞下去”,此后希特勒经常去会爱娃,送爱娃鲜花和糖果,但一直非常秘密。

希特勒痴爱着自己的外甥女,但既不敢公开与她结婚,又小心谨慎地扮演着舅舅的角色。他禁止吉莉与其他男人来往,生性活泼的吉莉极度压抑。1931 年 9 月 18 日,吉莉又与希特勒发生激烈争执。希特勒走后,本已十分生气的吉莉又从他的外衣口袋里发现了爱娃的情书,晚上希特勒的女佣在楼下就听到了一声沉闷的响声,由于吉莉任性惯了,佣人并未在意,第二天早晨发现吉莉已中弹身亡。

希特勒当时正奔驰在去汉堡的路上,那里的群众集会正等着他去演讲,一辆出租车拦住了他,说赫斯打来电话有要事转告,希特勒回到旅馆接电话,外面的人只听见希特勒发疯似的在喊:“赫斯,回答我! 是真还是假? 她还活着吗?!”希特勒的狂乱感染了旁人,司机将油门踩到底,一路呼啸着赶回慕尼黑,然而吉莉真的离开了人世。死时年仅 23 岁。

希特勒几乎崩溃了! 他一个人在房子里不停地踱步,走来走去,不吃不喝,拒绝进食,拒绝讲话,整整三天三夜! 周围的人偷偷拿走了希特勒的手枪以防他自杀! 几年过去了,爱娃成了希特勒的情人,但希特勒仍对秘书说到吉莉,"爱娃非常好,但在我生命中,只有吉莉才能真正激起我的情欲,我永远不想与爱娃结婚,唯一能使我将我的生命与她联结在一起的女人是吉莉!"

然而爱娃却用痴情和极度忍耐打动了希特勒。此时希特勒已贵为"元首"了,许多女人都渴望与他交往。爱娃脾气温顺,不去计较,同时又用加倍的痴情等候。爱娃的父亲是位教员,母亲是一个修女,行为严谨的父母竭力反对女儿与希特勒的关系。为不使父母得知自己与元首关系亲密到何种程度,爱娃找借口请求在她的卧房单独安置一台电话。然而远在柏林的希特勒很少有电话来。希特勒的起居本来没有什么规律,繁忙的政务更使希特勒无暇顾及远在慕尼黑的爱娃了,偶有电话,希特勒总是匆匆从公用电话亭里打来,稍稍安抚几句便又杳无音信。只有希特勒偶尔有政务回到慕尼黑,爱娃才有幸被召去,每次希特勒让两位女秘书陪同,轻易不让爱娃单独去找他。爱娃去希特勒的寓所也总是从旁门进出,虽然希特勒身边的人都知道他们的关系,但爱娃不被允许出入大厅。然而爱娃对偶尔一次的"宠幸"非常珍惜,爱娃在日记里写道:"他如此爱我,真令我幸福无穷,希望永远如此"。之后爱娃又陷入漫长的等待,"三个月不给我写一句安慰的话,难道这就是他常向我表白的伟大的爱情吗?""八天没听到他的消息了,我真希望生病才好,现在我要买安眠药了……"希特勒的爱已变成爱娃的整个生命,而希特勒却拒绝与她成婚:"我会享受不到婚后的快乐,只能看到被忽视的妻子的怒容,否则我就得对工作马马虎虎——婚姻之坏处在于它创造出权利,这样,找个情妇比娶妻要好得多,这可减轻负担,可将一切都建立在赠予的权利水平上"。爱娃终于忍受不了长时间的冷落、寂寞和情感的煎熬,她两次试图自杀。第二次是在 1935 年 5 月 29 日,"今晚 10 时还得不到答复,我就吞服 25 粒药丸,轻轻地睡到另一个世界去。"但爱娃没有死成,此事却震动了希特勒,爱娃的痴情、吉莉自杀的教训使希特勒对爱娃多了一份关怀和体贴,希特勒指令手下的人在慕尼黑寓所附近为爱娃专门租了房子,添置了家具,爱娃和妹妹一起搬了进去。

1936 年,替希特勒看管贝希特斯加登那处房子的姐姐安吉拉决定再婚,姐弟俩有些不愉快,希特勒不大愿意姐姐再嫁,安吉拉不喜欢希特勒带回的爱娃·布劳恩,反对他们的暧昧关系,对爱娃十分冷淡。安吉拉出嫁后,爱娃便成为贝希特斯加登这所房子的主人。从此爱娃像一只无可奈何的候鸟苦守在这所夏宫里。

成为元首后的日子里希特勒十分注意自己的言行。吉莉自杀后,希特勒开始吃素食,说吃火腿就像"吃尸体一样"。每周希特勒一有时间就邀请私交圈子里的人与他共进晚餐,但晚餐食谱简单,常令那些奢华惯了的显赫们无以下咽。对于女人,希特勒也更加言行谨慎,爱娃逐渐成为他唯一的情感依托。

爱娃身材苗条,最迷人的是一头美发。与吉莉充满诱惑力、十分任性截然不同,爱娃显得质朴、脾气温驯。爱娃头脑简单,也不好过问政治,希特勒也反对女人干政。爱娃唯一一次是替赫斯太太求情,当时赫斯只身驾机逃往英国,家室受牵连。但希特勒毫不留情地拒绝了。爱娃只好背着希特勒偷偷地送点津贴给赫斯太太。在上萨茨尔山漫长的等候中,滑雪、听音乐、购物成为爱娃的主要生活日程。

1944 年 7 月,希特勒在大本营被密谋分子的炸弹炸伤,当时他头发烧焦、两腿灼伤、耳膜震坏,脊背被落下来的一根椽子划破了,特别是右臂拧伤后暂时不能动作,在医生给他把右手用绷带包扎好后,希特勒赶紧用左手在打字机上像小鸡啄米般地给远在慕尼黑的爱娃写信,希特勒称爱娃为"小丫头",他告诉他的小丫头,他很好,只是有点累,"我希望能早日回来,把我交给你,好让我休息休息,我非常需要安静"。爱娃收到信后,立刻复信,"得悉你险遭暗算,我痛不欲生",爱娃表示倘若希特勒身遭不测,她也不准备活下去。"从我们初遇时起,我就立誓跟你走遍天涯海角,即使死后也是如此,你知道,我的整个生命的意义就在于爱你。"

爱娃极少抛头露面,就是在最亲密的朋友面前,希特勒与爱娃也装得彬彬有礼,从不在外人跟前显示亲热。希特勒甚至极少允许爱娃到柏林去。然而 1945 年 4 月 15 日,爱娃飞到了柏林,决定在她的"阿道夫"最艰难的时刻陪伴他。4 月 28 日,红军已逼近总理府,这天在一连串噩耗冲击之下的希特勒又从广播里得知他钦定的接班人希姆莱继戈林之后又擅自与盟军洽谈投降事宜,希特勒在破口大骂一番之后气昏了过去。爱娃非常难过:"可怜的阿道夫,所有的人都抛弃了他,出卖了他。宁肯死一万人也不能让德国失掉他"。

希特勒决定留在柏林自裁以后,让空军找来一架飞机,准备让爱娃等贴身人员逃出柏林。爱娃走到希特勒跟前,抓起希特勒那双已经苍老的双手,微微一笑,好像对孩子说话似的:"你是知道的,我要与你在一起,我不许你叫我走"。已是众叛亲离的希特勒感动至深,破天荒地当众吻了爱娃。

爱娃曾多少次哀求希特勒与她结婚,这种为人情妇的感觉使得爱娃即使在希特勒很亲密的朋友圈子里都深感自卑,然而希特勒咬定了一个原则:"只要我还是帝国元首,我就不能与你结婚"。如今第三帝国已经坍塌,元首的末日就在跟前,4 月 29 日,希特勒正式同爱娃结婚,以感谢十多年来爱娃对他的一片真情。在苏联红军的炮声中希特勒与爱娃举行了婚礼,爱娃在做了希特勒 15 个小时的合法妻子之后,和希特勒一起自杀身亡,几分钟之后又与她的"阿道夫"一起化成灰烬。

绝灭犹太人

自公元 8 世纪犹太人便陆续来到欧洲大陆。虽然历史上欧洲大陆的反犹运动屡有发生,但是自 18 世纪以来启蒙运动、科学理性主义和宗教宽容在欧洲广泛传播,法律面前人人平等的思想也随着资产阶级政权在欧洲的普遍建立而深入人心。尽管这一切尚不足以剔除许多世纪以来欧洲的反犹主义沉渣,但已经名正言顺的获得公民权利的欧洲 800 万(苏联除外)犹太人有足够的理由相信:前途是光明的。

在纳粹反犹运动开始前,欧洲犹太人在经济领域已经拥有了强大的基础,在欧洲的科学和文艺领域里,人们也可以看到许多犹太人光辉的名字。然而希特勒不承认,"我们今天看到的文化,几乎全是雅利安人创造的",非雅利安人与其说属于人类,不如说是野兽,镇压这些"像臭虫一样繁殖"的东西是十分必要的。欧洲犹太人,甚至德国本土的犹太人对于这些反犹主义的叫嚣并未重视,相信它正如历史上司空见惯的反犹思想一样总会烟消云散。然而随着纳粹的上台,这种非人的理论便成了德国人的正式信仰。甚至德国的一些著名教授和科学家也支持这种癫狂。一位著名的物理学家郑重其事地承担起把"犹太人爱因斯坦的腐败学说"从科学中清除出去的任务,核物理学在德国简直成了犹太人的学说而无人敢问。海德堡大学的教授莱纳特居然也声称:实际上,人们创造的一切都是由种族和血统决定的!

1933年法西斯乌云腾空而起,海涅、托马斯·曼、爱因斯坦、左拉、弗洛伊德的著作化成了烟云,纳粹宣传部长戈培尔声称:"新智慧的长生鸟将从这些废墟上展翅而起,旧的已化为灰烬,新的东西将从我们内心的火焰中升腾起来。"之后,门德尔松的音乐成为"罪恶","堕落"的艺术家毕加索、马蒂斯、塞尚、科柯施卡等的画幅从博物馆清除了,爱因斯坦、弗洛伊德加入了流亡者的行列。

1935年9月希特勒和法西斯党徒在纽伦堡聚会,从此犹太人被宣布为德国的非法公民,禁止犹太人与高贵的日耳曼发生任何接触。希特勒亲自给犹太人重新定义,根据祖父母中犹太血统的多寡,德国出现了一大批四分之三犹太人、二分之一、四分之一犹太人,根据血统比例予以不同处理。纽伦堡法颁布不久德国就有八千犹太人自杀,七万五千人流亡国外。

1938年希特勒下令戈林负责清理犹太人的财产,以此为纳粹重整军备而搜刮金钱。戈林则以最低廉的价格强行购买犹太企业,甚至全部没收。许多犹太人为使自己辛苦经营的企业免遭厄运,请真正的"日耳曼人"作为公司的名义经营者,即使如此,戈林仍穷追猛打,使更多的挂名日耳曼人的犹太企业被没收。希特勒十分高兴,敦促戈林:"你要将这些猪猡身上的每一个硬币统统都搜出来!"

戈培尔也不甘落后,1938年11月9日夜晚,在戈培尔的煽动下法西斯党徒在柏林街头四处乱窜,见到犹太人商店与教堂就乱砸乱抢,柏林街头火光冲天,凄厉的叫声和玻璃的破碎声不绝于耳,柏林市7000家犹太商店被捣毁。200座犹太教会遭焚烧,柏林街头到处是玻璃碎片,城市的上空青烟弥漫。

进入1939年犹太人的命运更加恶化,对波兰的征服使波兰西部200万犹太人处于德国统治之下,一开始希特勒只是下令剥夺犹太人公民权利和财产,然后将其驱逐出去,但到1941年苏德战争爆发前,在不到两年的时间里纳粹德国占领了丹麦、挪威、尼德兰、比利时、卢森堡、法国、南斯拉夫、希腊,德占区犹太人剧增到400万,世界已分裂成两大对立阵营,驱逐出境、移居国外已经不可能,希特勒一面下令将各国犹太人就地关押,一面指示德国有关部门尽快制定出处理这批犹太人的方案来。

从1939年到1941年欧洲各国的犹太人几乎都被关进集中营。由于车辆短缺,纳粹分子强迫犹太人步行,饥饿与折磨使大批犹太人死在路上。1940年德国外交部计划将欧洲400万犹太人移居马达加斯加,但不久最后解决犹太人的计划获准,马达加斯加计划被否决。

最后解决犹太人计划由海德里希、希姆莱直接领导,盖世太保负责执行,阿道夫·艾希曼担任总监。从1940年开始纳粹分子便在欧洲东部建立屠杀犹太人的死亡营,臭名昭著的奥斯威辛集中营、达豪集中营、布痕瓦尔德集中营等纷纷建起,同时纳粹不惜人力、物力、财力,从西欧、斯大林格勒战役之后又从波兰、苏联占领区大量运送犹太人前往集中营集体处死。这一大规模运送犹太人的计划一直未停,1944年法西斯在战略物资、交通设备极其困难,1945年法西斯在败局已定的情况下,希特勒仍拒绝减少提供运送犹太人的车辆!

由于战争的延长,希特勒批准改变立即将犹太人处死的办法,在犹太人送入集中营之前将身强力壮者拉去做苦力。许多工厂甚至直接开在集中营附近,这些"有劳动能力"的犹太人其平均寿命也不过三个月。其余老弱病残妇女儿童则被牲口般地赶入集中营。这种集中营在德占区有30多个,其中以奥斯威辛为甚。

奥斯威辛集中营有五个毒气室,装修成浴室模样,使用一种名叫"齐克隆—B晶体"的药物。集中营的法西斯分子骗犹太人说要给他们重新安置、或分配工作,要他们淋浴。当犹太难民挈妇将雏地进了浴室,毒气便从顶部放入,3~10分钟室内人全部被毒死,半小时之后尸体便被火化。奥斯威辛五个毒气室每24小时可以杀死6千人。犹太人的头发、金牙、人造假肢被统统抢光,骨头用来造磷肥,油用来做肥皂。1940~1944年党卫军头子鲁道夫·赫斯担任奥斯威辛集中营总司令,1945年在纽伦堡的法庭上赫斯承认至少有250万人(包括非犹太人战俘)在奥斯威辛被处死!有人认为奥斯威辛的死难者高达400万,其中犹太人200万!而1945年1月苏联红军解放奥斯威辛时,那里只有5千名幸存者!

由于苏联红军反攻速度太快,许多犹太人来不及被运往德国人的集中营,于是波兰、乌克兰、白俄罗斯、拉脱维亚和立陶宛等地残存的犹太人几乎全部就地被仓促消灭,为节约子弹,纳粹分子还惨无人道地消灭犹太人:如集体淹死、烧死、活埋、用毒气车毒死等。希腊罗德岛上的数百名犹太人被塞进几条破船,而后将船沉入爱琴海。意大利法西斯头子墨索里尼虽然也是二战的元凶,但他强烈反对德国对犹太人的态度,拒绝与德国一起迫害犹太人,在北部阿尔卑斯山区的犹太人受到墨索里尼的保护,那里也是欧洲被追杀的犹太人冒死前往的圣地。然而随着盟军在西西里岛的登陆,罗马政权岌岌可危时,德国法西斯军队开入了意大利,意大利犹太人的末日降临了。1944年匈牙利被德军占领,80万匈牙利犹太人随之遭到迫害和屠杀,这年夏天仅奥斯威辛一地就处死了近40万匈牙利犹太人。整个欧洲成了屠宰场!1945年德国人已经感到败局将至,然而法西斯并不因此而放松对犹太人的屠杀。希姆莱下令,位于前线附近的集中营囚徒全部步行撤退!数十万名关押者步行进行了"死亡进军",行军在寒风苦雨中,没有任何必需品和食物,押解的党卫军随意射杀弱病者,更不用说企图逃跑者。饥饿、极度口渴、射杀以及到达指定集中营后的拥挤,约25万犹太人毙命。如果希特勒的反犹思想没有变成德国人的信仰,这样规模浩大、历时经久的屠杀怎能做得如此彻底、如此丧心病狂?!

战争结束时,纽伦堡国际法庭的判决书指出,按照德国保安总局犹太事务处头目埃希曼的统计,纳粹分子总共屠杀了约600万犹太人,基中400万是在专门的屠宰场被杀的!这600万犹太人中有100万犹太儿童!被杀的苏联和波兰犹太人达456.5万,德国为12.5万、奥地利6.5万、捷克斯洛伐克为22.7万、匈牙利40.2万、法国8.3万、荷兰10.6万、罗马尼亚26.5万、南斯拉夫6万……受害犹太人占当时世界犹太总人口的1/3以上。1945年日耳曼征服世界的美梦化为乌有,而希特勒绝灭欧洲犹太人的目的却几乎全部实现!

纳粹分子为此而受到了正义的惩罚,除战后国际法庭在纽伦堡的正义审判外,幸存的犹太人把追捕纳粹逃犯作为一项神圣的事业,至今未止。犹太人发誓,即使掘地三尺,也要将这些沾满犹太人鲜血的纳粹分子挖出来。1961年杀害犹太人的头目埃希曼在南美阿根廷隐藏多年之后,终于被犹太国以色列的摩萨德发现,以色列特工人员在麻醉了埃希曼之后,成功地骗过阿根廷海关,由参加该国国庆的以色列领导人专机带回。埃希曼在被捕之后没做任何抵抗,因为他深知逮捕他的人绝不会是旁人。当埃希曼被押至以色列时,以色列全国沸腾了!当时的以色列几乎每个家庭都有亲友在集中营被处死,有的甚至本人便是集中营的幸存者。以色列本没有死刑判决,可为了表达对法西斯的痛恨,对死难者的追悼,以色列总统、以色列议会破例批准对埃希曼处以绞刑!

不战屈人国

中国伟大的军事理论家孙武有句名言:"不战而屈人之兵、善之善者也"。这一理论的精髓反映在风云变幻的国际政治舞台便是"不战而屈人之国",而这一点对于 30 年代的希特勒来说,他已将之发挥到极限。可以毫不夸张地说,30 年代的欧洲外交被希特勒玩于股掌之中,在战争爆发前,英法苏三个欧洲大国已屡次败在德国门下。

希特勒出身下层,又没有受过高等教育,用人的原则便是使用非专业人员,于是建筑师管理军工生产、飞行员治理全国经济、酒商里宾特洛甫升为德国外交部长。里宾特洛甫虽然在 30 年代往返奔驰在各国外交大楼之间,但只是希特勒的奴仆和传声筒。希特勒不用常规办法思考,喜爱别出心裁,往往产生意外效果,然后在别人目瞪口呆之际沾沾自喜。他毫不尊重资产阶级道德观,在国际外交场合谎言连篇,其诚恳的态度令人泪下,而其对手在连连受骗之后,他又指天发誓,保证信守诺言,并拍着胸脯,嘴里毫不迟疑地说着:"我希特勒从不撒谎"。希特勒的对手们:张伯伦、达拉第、艾登,包括并不仁慈的斯大林,捷克斯洛伐克的君子们,奥地利的许士尼格总理等等,他们吃惊地看着希特勒出乎常理的、根本不同的方法,在未能明白、或正确评价希特勒的意图时,希特勒已基本实现了自己的目标。希特勒的模式是:欺骗人的准备阶段,这时他设法转移别人对他的既定目标的注意力,并一再向潜在对手保证,他不会去做他们害怕他可能做出来的事情。对手放心了,但突然出现了既成事实,当对手愤怒而未采取行动之际,他又天花乱坠地再作大量保证,说什么既然德国渴望和平,类似这种行动,这是最后一次。当对方的恐惧减弱时,他又定下采取下一行动的计划。通过这种办法的一次次操练,希特勒否定了凡尔赛和约和洛迦诺公约而未招致报复,却增强了德国的军事力量;他吞并了奥地利,英法只是发了一通脾气;他割走捷克斯洛伐克的领土,而让张伯伦兴高采烈地回家;他放心地去夺取欧洲,在东方不留一兵一卒,而让俄罗斯的狮子们在家信守君子诺言。

希特勒首次重要的欺骗行为是 1933 年 5 月的一场和平攻势:"我不得不代表德国人民和德国政府发表如下声明:德国已经废除了军备,它已经遵守和平条约所强加给它的一切义务,其程度远远超过公正和合理的程度……德国十分乐意遣散它的全部武装部队,销毁保留给它的为数极少的武器,如果邻国也以同样彻底的手段并采取同样的做法。……德国准备赞同任何庄严的互不侵犯条约,因为德国并不想攻击人家,德国仅想获得安全……"和平演说感动了国联的代表,全世界报以热烈的欢迎。英国人表示同情,但是英国需要保持海军以维持日不落帝国;法国人相信德国的诚意,但法国需要较大规模的陆军……希特勒有了借口,既然普遍裁军做不到,为公正合理计,必须允许德国扩充军备,否则德国没有必要参加裁军会议;

既然德国在国联只是一个受制裁、受诽谤的对象,参加国联就毫无意义。于是当年10月希特勒就给日内瓦扔了一颗炸弹:德国宣布退出国联和裁军会议。希特勒不仅为重新武装德国赢得了道义上的借口,而且从此可以放手重整军备而不用再听国联指手画脚。

德国虽然摆脱了国联,但凡尔赛条约仍罩在头上,而此时德国军队实力是不堪一击的。尽管凡尔赛和约将德国国防军限制在十万之众,但德国人从未放弃扩充军队。希特勒上台之后敦促国防军继续把每一名士兵训练成军官,在航空公司和体育俱乐部的名义下培训空军。然而这种秘密发展并不是长久之计,考虑既不要引起英法的制裁,又发展了军队,希特勒又开始冒险。1935年3月9日星期六,希特勒试探性宣布德国空军正式建立,英法几乎没做什么反应,一个星期之后,又是星期六,希特勒突然宣布德国实行全面义务兵役制,规定和平时期陆军为12个军(36个师)、接近50万兵员,两倍于法国驻欧洲陆军! 希特勒规定的时间与规模令德国自己的将军们都大吃一惊! 德国在几年内根本不可能给新增的军队提供足够给养。英法紧急呼吁国际联盟,但语气是温和的。为缓和西方焦虑,5月希特勒又发表了和平演说:"战争仅仅意味着负担和灾难,在过去300年中,欧洲大陆上横流的鲜血同这些流血事件带给各国的后果相比,是很不相称的……德国需要和平、渴望和平!"

1936年3月7日,又是一个星期六,希特勒喜欢在星期六下赌注,因为他知道英国内阁的先生们以及其他高级官员此时都离开伦敦,到乡间去度周末了。这一天希特勒采取了他平生最大的冒险之一:派兵开入莱茵非武装区,公开向英法挑战。根据洛迦诺公约的规定,法国有权对德国进入这一非军事区采取军事行动,而根据同一个条约,英国有义务支持法国。但希特勒相信法国不会出兵。而希特勒的将军们却几乎吓破了胆,陆军首脑勃洛姆堡在约德尔和大多数高级军官支持下,要求立即撤回已经越过莱茵河的三营军队,否则会引起一场大战,而此时一旦爆发战争,德国将毫无抵抗能力。然而希特勒成功了! 希特勒此举不仅征服了英法,而且制服了国内那些桀骜不驯的将军们,将军们做梦也没有想到在他们看来需要周密筹备、调兵遣将、牺牲无数生命才能夺取的莱茵非武装区,希特勒游戏式地就完成了! 在目瞪口呆之后,许多人成了希特勒的崇拜者。战后许多评论家说,如果此时英法能高瞻远瞩、正确估计到德国的威胁,那么英法只要稍做抵抗,希特勒很可能就被制服了。

而到1938年德国已经强大到足够与英法抗衡,为了避免战争,英法只剩下对德国妥协了。而希特勒又及时抓住了英法的心理,一面准备战争,一面又利用战争威胁英法,迫使英法不停地满足德国越来越大的胃口,而希特勒却从容地获得了一个个有利的军事要地,完成了战略部署。

1938年2月12日,奥地利总理许士尼格被骗到阿尔卑斯山伯希特斯加登希特勒的别墅,在去之前许士尼格得到希特勒尊重奥地利独立的一再保证,文雅的许士尼格在见到希特勒时不免赞美赞美伯希特斯加登的美景,然而希特勒却粗暴地打断了他:"我们不是请你到这里来谈风景和天气的"! 接着希特勒便开始怒斥奥地利政府,许士尼格毫无插话的余地,"现在我再一次,也是最后一次,给你谈成条件的机会",希特勒要许士尼格在一星期内把奥地利政府让给纳粹分子,不然就下令向奥地利进军。在武力威胁面前,许士尼格被迫屈服。回国后,许士尼格不甘心让奥地利的独立葬送在自己的手里,决定让全民公决是否愿意维持奥地利的主权与独立。希特勒闻讯后,勃然大怒,立即派兵开入了奥地利,奥地利在中欧版图上消失了,成为纳粹帝国的一个行省。英国首相张伯伦在下院发表演说,说什么这只是两国政府的某些内部变动,并不意味着奥地利丧失了独立。法国在奥地利事件发生时连政府都没有,夏当总理及其几位部长已经辞职,新政府直到德奥宣布合并之后才匆忙组成。

奥地利是希特勒的祖国,可纳粹元首对于德意志的爱情远远超过了对其祖国的忠诚。奥地利灭亡之后,希特勒组织了一场盛大规模的衣锦还乡仪式,在林嗣这个使希特勒连中学都不能毕业的地方发表了激动人心的演说:

"在多年前离开这个市镇时,我怀着完全和今天同样的信仰。在那么多年后,我能够使这种信仰得以实现,我现在感动至深。如果上帝曾经叫我离开这个市镇去当德国领袖,他这样做一定是赋予我一个使命,而这个使命只能是使我亲爱的祖国重归德国。"

希特勒不费一枪一弹,没有遇到英法的干涉,轻而易举地撕毁了凡尔赛和约中禁止德奥合并的条款,德国一夜之间增加了700万子民,拥有了维也纳这个通向东南欧的大门,而且使德国军队三面包围了捷克斯洛伐克。夺取捷克斯洛伐克的机会又降临了。

不像奥地利那样直截了当地去夺取,希特勒对捷克斯洛伐克采取了国际上惯常所用的计谋:除了一面做好充分军事准备,另一面希特勒让纳粹的特洛伊木马们埋伏在捷克斯洛伐克的苏台德日耳曼人地区,鼓励他们要求独立,要求加入德国,不停地提出种种让捷克斯洛伐克政府无法接受的要求,并制造骚乱。希特勒的军队陈兵捷克边境。捷克斯洛伐克也一度宣布局部动员。当捷克政府不得已答应全部满足苏台德日耳曼分子的要求时,希特勒又指使他们中断谈判,战争的恐怖气氛已经形成。

此时英法大肆渲染不能只是因为捷克斯洛伐克这样的小国的边界问题而冒战争的危险。英国首相张伯伦决定亲自拜访希特勒"寻求和平解决的办法"。张伯伦的决定使希特勒大喜过望,纳粹元首深知捷克斯洛伐克已经指日可待,而且无须动枪弹了。

49岁的希特勒坐镇伯希特斯加登,而69岁并且从未坐过飞机的张伯伦在经过7个小时的飞行,3个小时的火车爬行之后终于见到了架子十足的元首。张伯伦表示愿意就苏台德地区的自治问题与希特勒谈判,希特勒说不是自治,而是割让苏台德。张伯伦惊讶,但表示原则同意,答应回去与捷克斯洛伐克政府以及同法国商量。1938年9月22日,张伯伦得到法国谅解,并一再许愿保证捷克在割让苏台德后的新边界的安全,在得到捷克承认之后,又一次飞到德国,然而希特勒轻描淡写地说:只割让苏台德地区已经过时了,还应该扩大到日耳曼人占半数的地区,并把捷克斯洛伐克国内波兰人与匈牙利人居住区分别割还给波兰和匈牙利。希特勒像一个成竹在胸的投机商看穿了英法害怕战争的本质,张伯伦气愤不已,明知这意味着瓜分捷克斯洛伐克,但害怕希特勒挑起世界大战而又一次妥协了。9月29日,在张伯伦提议下,英法德意就希特勒的新要求在慕尼黑召开国际会议,四大国为满足德国的野心而达成一致,而主权国捷克被关在门外,捷克只允许派了两名代表在隔壁房间等待判决。慕尼黑协定达成后,捷克丧失了1/5的国土和1/4的人口。

英法以为从此万事大吉,张伯伦满面春风地回到唐宁街,伦敦市民举行了盛大的游行,激动不已的张伯伦对集会的群众高呼:"在我国历史上,这是第二次把光荣的和平从德国带回到唐宁街来……我相信这是我们时代的和平……我建议你们安然睡觉去吧。"

在英法安然睡觉的时候,希特勒又进一步策划了斯洛伐克的"自治",并在自治政府要求保护的借口下德军顺利开入斯洛伐克。1939年3月14日,希特勒把捷克总统哈查叫到德国,强迫哈查在德捷合并的文件上签字,捷克斯洛伐克并入了德国;捷克斯洛伐克40个装备精良、训练有素的师加入了德国;闻名欧洲的斯科达兵工厂在1938到1939年产量几乎是全英兵工厂产量之和,如今已沦为德国的资产,德国占领捷克斯洛伐克进攻法国便无后顾之忧(法捷是盟国),进攻苏联有了桥头堡,进攻巴尔干有了前沿阵地,而且随着捷克的加入,德国已三面包围了德国的下一个目标:波兰。

在准备波兰战争前夕,为使德国免遭东西夹击,希特勒又出奇招,和他一贯鄙视的共产主义国家苏联签订了互不侵犯条约。在德国控制了几乎整个欧洲之后,希特勒仍使苏联人相信他是如此信守诺言,以至于10年的互不侵犯条约期限紧紧地束住了俄罗斯巨狮的每个蹄子。苏联人谨小慎微,生怕加强防卫、或多生产些大炮会被希特勒当作破坏条约的借口。然而10年只过了不到两年,希特勒的军队便风卷残云般地袭击了毫无防范的苏联,纳粹的车轮滚到离克里姆林宫只有20多公里才被止住。

下士指挥将军

1939年8月31日,希特勒在柏林的办公室里签发了入侵波兰的"白色方案",数百名将军和150万德国法西斯军队开入波兰边境的前沿阵地,9月1日破晓,德军分北、南、西三路大举进攻波兰,德国的飞机吼叫着扑向波兰毫无准备的军队、飞机场、军火库、桥梁、铁路、居民区,坦克轰鸣着横冲直撞,德国摩托化部队直逼华沙。第二次世界大战爆发。在长达6年的时间里欧洲大陆到处是厮杀和死亡,希特勒这个奥地利的下士指挥着数千名德国将军和上千万的德国士兵从欧洲的东部打到西部,又从西部打到东部;从欧洲打到非洲,从天空打到海洋。战争初期的巨大胜利,周围文武官员的阿谀奉承,希特勒十分相信自己的军事天才,他取消了国防部长的职务,在战争期间又罢免了陆军总司令的职务,当人们猜疑将由哪位资深的将军荣升此职时,希特勒任命自己为陆军总司令。为贯彻他的军事天才,他痛斥那些受过正规教育的将军们,随意地罢免他们。然而正是这种狂妄的自负,在战争的几次重要关头断送了德军获胜的重要机遇,希特勒的军事天才"造就"了德军的失败。

然而希特勒毕竟也有许多过人之处,他习惯于不按常规行事,往往产生意外效果。大胆、欺诈和突袭在战争初期为希特勒的惯技,他的这些战略确实也征服了那些循规蹈矩的将军,并产生了巨大影响。

1939年10月10日,希特勒召集高级将领举行会议,会上根本没有征询将领们的意见,就发布了西进的作战指令。西进意味着入侵中立的比利时与荷兰,而对于比利时的中立,希特勒多次在公开场合诚恳地保证过的。不少将军们犹豫,有的从道义上反对这次进攻。希特勒却对他的将军们说："胜利者在事后是没有人问他当初说的是不是实话，在发动战争和进行战争时，是非问题是无关紧要的，紧要的就是胜利。"这就是希特勒战略思想的理论基础。唯有大胆，才能去欺骗；唯有欺骗，才能有突袭，而突袭自然会产生意外之效果。

1940年3月1日，希特勒同意海军将领的请求，暂时推迟了西进计划，而北上进攻挪威、丹麦，此举的目的之一是为了保证德国从瑞典进口铁矿砂的道路畅通无阻；二是冲破英国海军的封锁，为德国海军夺取在北海的挪威港口。希特勒亲自制定了进攻北欧的"威塞演习"计划。3月1日进攻开始，希特勒指示：使用于威塞演习的兵力越少越好，数量上的弱点，应以大胆行动和出奇制胜来弥补。在原则上使这一行动像是一次和平占领……必要时举行海空军示威，以便为行动提供必要的压力，如果示威不行，就用一切军事手段加以击溃。而且进攻丹麦与挪威的行动必须同时进行。希特勒甚至指示入侵挪威的海军舰只在必要时可以悬挂英国国旗。希特勒的计划实现了，丹麦不战而降，挪威的抵抗也很快被制服。德国海军轻而易举地获得了进入北大西洋的缺口，而不再像第一次世界大战那样被英国海军封死在内港，希特勒的空军获得了进攻英国的更近的基地。德国的军事威望又一次膨胀，希特勒更加得意忘形。

北欧的战役尚在进行，希特勒就敦促进攻西欧的战略部署。早在波兰战役后将军们制定了代号为"黄色方案"的入侵西欧计划，黄色方案与第一次世界大战时德国进攻法国的"施里芬计划"相似，主攻方向也在右翼，希特勒认为旧调重弹、易为对方料及，达不到突袭性。将军们又重新制定计划，将黄色方案中的主攻方向改为引诱英法联军主力出击的助攻，而把真正的主攻方向放在中段的阿登山区。这里林密路窄，地形复杂，缺乏铁路和公路网，又与宽阔的马斯河相接，被公认为机械化大部队难以通过的天险。然而，难以通过不等于不能通过，何况这里正是法军设防的薄弱环节。如能隐蔽地集中兵力、并掌握制空权，就可以出其不意，抢先通过险区，强渡马斯河，突入法国平原地区，拦腰切断联军南北两个重兵集团之间的联系，直趋英吉利海峡，兜底包抄，截断联军退路，取得决定性胜利。这一修正计划正合希特勒超出常规、大胆用兵的胃口，希特勒采纳了修正后的黄色方案。1940年5月10日希特勒亲自指挥136个德军师猖狂进攻西欧，法军果然重兵驻守左、右两翼，中路阿登山脉一段防守十分薄弱，德国中路军长驱直入。大胆设想、突然袭击、空中与地面相配合的大规模机械化用兵战术使英法军兵败如山倒。

希特勒的欺骗与空袭战术屡见奇效，如果说波兰、北欧国家的被骗尚可理喻，那英法再次遭到希特勒的突袭从战术上说就咎由自取了。英法对于希特勒已多次采纳的战术麻痹到熟视无睹的境地，更不用说1941年的苏联了。希特勒在入侵英国的"海狮计划"搁浅后，决定东进苏联。战争初期的巨大胜利使希特勒忘记了拿破仑兵败俄国的惨痛历史，也忘记了俾斯麦严防法俄联手而使德国两面夹击的国训。然而纵使如此，希特勒的惯技：大胆、欺骗、突袭又一次取得了辉煌战绩。希特勒一面指示西线将领们在英吉利海峡大造声势，准备渡海作战；一面利用往巴尔干前线运送部队为借口调动千军万马，在1941年6月前在苏德前沿阵地集结了190多个师，而苏联人仍然相信德国人不会突袭苏联的。希特勒为欺骗苏联，不惜转让德国研制的最新军事技术。希特勒是如此狂妄，相信当这些新技术被苏联人用到军事上来时，德国已经击败了苏联。当苏联的将军们遵照斯大林的指示信守互不侵犯有效期为 10 年的诺言时,希特勒的军队已经兵临城下。1941 年 6 月 22 日一天内苏军就损失了 1200 架飞机,其中 800 多架是在地面上被击毁的,苏军官兵伤亡惨重。希特勒的攻势直逼苏联首都莫斯科。希特勒高兴得手舞足蹈:"俄国熊彻底完蛋了!"戈林也叫嚷,"俄国现在就是一座纸房子,轻轻踢一脚,房子就会坍塌!"

然而战争的最后胜利毕竟是靠实力来决定的,德国资源匮乏,经不起长期战争,所以只有靠突袭击溃对手。然而战争初期德国的巨大胜利使德国人自己相信了自己吹起来的神话,希特勒对自己的军事天才更是深信不疑,他四面树敌,而又武断行事,越来越听不进将军们的合理建议,他狂热地指挥着战争,将军们稍不如意就被罢免。希特勒的武断导致了德军的必然失败。

第一次是在敦刻尔克。1940 年 5 月 10 日,德军分左、中、右三路大军进攻西欧,中路大军以古德里安的坦克部队为先导首先攻入法国,很快攻下色当,英法联军被赶至法国北部。同时右路德军在 5 天之内迅速击败荷兰,也突入法国北部,离英吉利海峡只有 50 英里。右路军与中路军将约 40 万英法联军追至海峡边上的敦刻尔克一块很小的三角地带,前面是波涛汹涌的大海,后面是如狼似虎的追兵,盟军丢盔弃甲、溃不成军。此时古德里安的坦克部队已经能望见敦刻尔克了,而且中路军与右路军摆好阵势准备最后一击,全歼英法主力。然而此时德军接到一个奇怪的命令:停止前进! 这是希特勒自开战以来下达的一个最大的错误指示。将军们抗议但无济于事。而英法联军在一连串的被动挨打、狼狈逃跑之后终于抓住时机、趁德军喘息之机,加强了防御力量,巩固了阵线,同时英国海军部及时发出通知,开始执行"发电机计划"。860 多艘各种类型、各种动力的大小船只编成的舰队,从巡洋舰、驱逐舰到英国渔民自愿驾驶的、哪怕只能载 3 到 4 人的小帆船全部开到敦刻尔克抢运被围的盟军。希特勒发现了自己的错误,但挽回不了局势。4 万名法军固守着阵线,英国皇家空军控制着海峡的制空权,戈林的飞机不能扭转局势,海军强国的海上力量再显神威,希特勒无可奈何地看着几乎已成瓮中之鳖的英法联军约 33.8 万之众安然出逃,这些人无疑将是日后反攻的生力军。

在苏德战场上,希特勒的自大狂则是灾难性的。在突袭的巨大成功的鼓舞下,希特勒狮子大开口,决定把进攻莫斯科的主力分出一部分北上和南下,同时吞下列宁格勒和南部乌克兰、高加索地区。将军们坚决反对,主张全力进攻莫斯科,希特勒对这些不能赞赏他战略天才的陆军元帅和将军们进行了严厉的批评,骂他们是一批"脑袋已被过时理论弄得陈腐不堪"的人。陆军总参谋长哈尔德在日记中写道:"不能忍受! 闻所未闻! 莫此为甚!"他建议陆军总司令勃劳希契和他一起辞职,以抗议希特勒对陆军总司令部与总参谋部的"不能允许"的干涉,但胆小怕事的陆军元帅和从前一样向那位以前的下士屈服了。莫斯科战役失败后,希特勒恼羞成怒,下令解除南路司令官伦斯德元帅的职务,冯·仓克元帅被免职,曾立下赫赫战功的古德里安被解除职务,陆军总司令勃劳希契被希特勒斥骂为"稻草人"。勃劳希契免职之后,希特勒自己接管了陆军总司令之职。

1942 年 11 月希特勒又一次兵分两路,一路进攻斯大林格勒,一路南下高加索,夺取苏联油田,希特勒甚至计划南路德军直逼伊朗,在印度洋与日本会师。由于战线太长,德国兵力不够,希特勒只好起用仆从国的军队。在俄国雨季来临前,战地的将军们一再提醒希特勒:主攻斯大林格勒的保罗斯第 6 军团的顿河侧翼防卫太弱,在长达 350 英里的顿河至沃罗涅什的战线上毫无掩护。希特勒在这里用匈牙利、罗马尼亚、意大利的乌合之众守着这条生命攸关的战线。将军们指出如果顿河侧翼垮下来,不仅斯大林格勒方面的德军要受到被包围的危险,而且高加索方面的德军也将被切断。但希特勒对其将军们大手一挥:放心吧,俄国人已经完了!

纳粹元首到战争后期越来越凭主观臆测指挥三军。而且随着战争的长期化、僵持化,希特勒脾气越来越暴躁,根本听不进将军们的客观分析。一天,参谋部派人送给希特勒一份非常客观的报告,报告上说,斯大林于 1942 年在斯大林格勒以北、伏尔加河以西地区仍能集结 120 万生力军,在高加索的 55 万还不包括在内。报告还指出苏联为前线生产的坦克,每月至少达 1200 辆。希特勒未等听完,便挥着拳头、嘴角挂着白沫,把念报告的人大骂了一顿,不许他今后再提这种"愚蠢的废话"!陆军总参谋长哈尔德再次提醒希特勒:斯大林可能将 150 万大军用于斯大林格勒和顿河侧翼。希特勒恼羞成怒,罢免了哈尔德的总参谋长职务:"我现在需要的是国家社会主义的热情,而不是专业的能力。在你这样的旧军官身上,我是得不到这种热情的"!希特勒从此便靠这种无限膨胀的热情来指挥作战。然而没有多久,正如哈尔德所料,150 万苏联红军以顿河侧翼为突破口,一举围歼了(包括生擒保罗斯本人)德军第 6 兵团。苏德战场出现逆转。

1944 年 6 月英美盟军在诺曼底登陆,攻势十分凌厉,西线德军伤亡惨重。此时希特勒计划再创一次阿登奇迹,而在阿登组织大规模反击则意味着取消对东线的增援。当时东线德军正在为对付苏联红军将于次年一月发动的冬季攻势做准备,急需兵员与物资补充。希特勒拆东墙补西墙的做法引起负责东线战场参谋总长古德里安的抗议,希特勒是这样痛斥古德里安的:

"用不着你来教训我!我已经在战场上指挥了五年德国陆军,在这一时期我所获得的实际经验,参谋总部无论谁也比不了。我曾研究过克劳塞维茨(普鲁士将军、著有著名的《战争论》)和毛奇(第一次世界大战德军总参谋长),而且把他们所有的军事论文都读过。我比你清楚得多!"

阿登战役虽然延阻了盟军在西线的攻势,但正如古德里安所担忧的,苏军很快突破德军的东部防线,以惊人的速度攻入德国本土,不久柏林就被苏军坦克包围,将军们纷纷投降,下士的末日也降临了。

万世留骂名

"希特勒正将德国人民推向万劫不复的深渊,希特勒无法在战争中取胜……德国人呵,你们愿意让人们用同样的标准来衡量你们和纳粹骗子手吗?你们愿意让自己的子女后代遭受犹太人的同样厄运吗?我们要做举世痛恨和唾弃的人民吗?不!那么,请和那些纳粹贱胚们一刀两断!请以行动来证明,你们与纳粹的思想不同!……不要相信,德意志的幸福在于国家社会主义的胜利!一伙罪犯不可能为德国赢得胜利!……请给抵抗运动以大力支持!请将传单广泛传播!"这就是二战期间德国人民反纳粹的白玫瑰传单。纳粹的罪恶已经激起德国人民自发的抵抗,在人们的心中,希特勒已经从元首变成了罪犯。

1944 年 7 月 20 日上午 12 时,希特勒在大本营召开每周三次的国内驻防军司令的例行会议,讨论给在苏德战场上伤亡惨重的师团补充兵员。12 点刚过陆军元帅凯特尔和国内驻防军总司令弗洛姆将军的参谋长施道芬堡走进了会议室。希特勒坐在桌子一边的中央、背对着门,他的右首是陆军副参谋总长兼作战处长豪辛格将军、空军参谋总长科尔登将军和豪辛格的助手海因兹·勃兰特上校。凯特尔元帅进来后站到希特勒左边,他的旁边是约德尔将军。施道芬堡站在豪辛格和勃兰特中间,离希特勒右手约几英尺远,他把手中的皮包放到桌子底子,离希特勒的腿约6英尺。在无人注意的情况下,施道芬堡离开了会议室。豪辛格正在做报告,勃兰特正全神贯注地听他的将军讲话,他俯身到桌子上去,想更清楚地看一看地图,发现施道芬堡那只鼓鼓囊囊的皮包碍事,用手把它拎起来放到桌子底座的靠外一边。当豪辛格谈到"如果我们在贝帕斯湖周围的集团军不立刻撤退,一场灾祸……"这句话还没有说完,"轰"的一声,施道芬堡的那只皮包爆炸了!然而,由于勃兰特的"举手之劳",使得那个厚实的橡木底座救了希特勒一命,勃兰特当即身亡,希特勒只受了轻伤!这一次炸弹事件是自开战以来密谋分子刺杀希特勒最成功的一次,然而希特勒依然躲过了惩罚。

但是希特勒的日子已经所剩无几了,苏联红军的隆隆炮声彻底击碎了纳粹元首第三帝国的美梦。而在德国人民为希特勒的种族主义、霸权主义付出极大代价之后,末日降临的希特勒竟然要求德意志民族同他一起毁灭!1945年3月20日,希特勒下达命令:所有工厂,所有重要的电力设备、自来水厂、煤气厂、食品店、服装店,所有的桥梁、铁路和交通设备,所有的河道、船只,所有的机车和货车,必须摧毁!对于这一命令,希特勒是这样解释的:

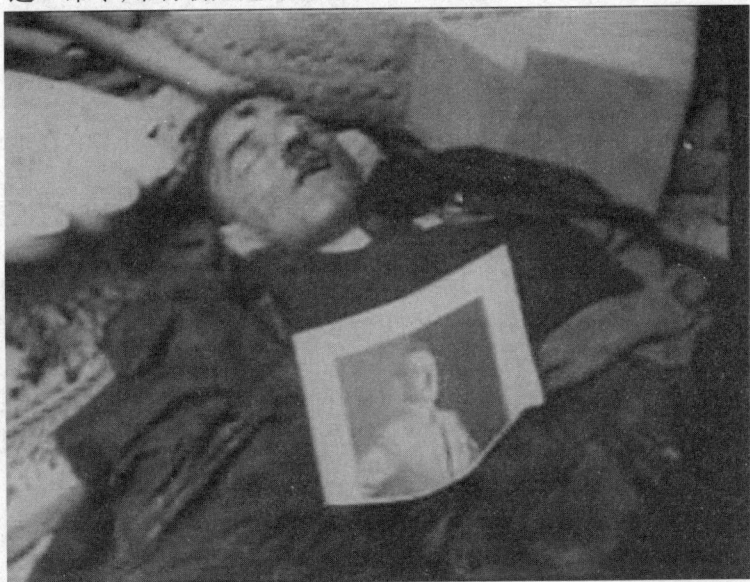

希特勒之死

"如果战争失败,这个民族也将灭亡。这种命运是不可避免的。没有必要考虑这个民族维持一个最原始的生存基础的问题。恰恰相反,最好由我们自己动手把这些基础破坏掉,因为这个民族将被证明是软弱的民族,而未来只属于强大的东方民族。而且,在战争以后留下来的人不过都是劣等货,因为优秀的人已经战死了。"

倘若不是盟军与苏联红军的攻势神速,倘若不是纳粹阵营里一些良知尚存的官员联合起来、四处奔走阻止希特勒的焦土政策,战后德国人民赖以生存的基本设施早已被那些死心塌地服从命令的军官和纳粹党棍们炸毁。面对一片废墟,这个曾被希特勒无限热爱和崇拜、如今又被如此唾弃和鄙视的德意志民族如何生存不堪设想!

1945年4月28日,苏联红军的先头部队距总理府只有几条街,红军战士们正从东面、北面和西面逐步向总理府推进。希特勒放弃了离开柏林的计划,决定在德国首都结束他的一生。4月29日,戈培尔找来一位议员主持了希特勒与爱娃的婚礼,之后希特勒下令将戈林、希姆莱开除出党,任命邓尼茨海军元帅为德国总统和武装部队最高统帅。4月30日午餐之后,希特勒与爱娃·布劳恩同地下室里的伙伴们一一告别之后,回到自己的寝室。戈培尔等人在外面走廊等候。过了一会儿,他们听到一声枪响,他们等待着第二次枪声,但是却没有声音了。他们再等了一会,轻轻走进"元首"的房间。希特勒的尸体趴在沙发上,还在滴血。他是对着自己的头部放了枪的。爱娃躺在他的身边,她没有用枪,而是服毒死去的。死前希特勒下令将尸体火化,"我不愿给敌人以任何机会将我碎尸万段"。4月30日下午3时,党卫军将希特勒及爱娃的尸体浇上汽油烧成灰烬。是年,希特勒56岁。

欧洲的一场噩梦终于结束了,噩梦醒时,欧洲已是物是人非,一片荒漠。苏联在二战中仅军队伤亡达1620万。英国130万,德国1170万。在空战中仅德国就扔下了200万吨炸弹。德国有250万所房屋成为废墟,英国有50万所房屋毁于战火。二战主要参战国经济损失总计达16000亿美元,其中德国3000亿美元,美国3500亿美元。此外,还有占欧洲犹太人三分之二、人数近600万的犹太人死于非命。

当代一位历史学家曾这样写道:

纳粹政权一共存在了十二年零四个月,但在这历史的一瞬间,它在地球上却造成了震撼一切的火山爆发,其强烈和破坏程度是空前的。它把德国人送到了一千多年以来从未达到过的权力顶峰,使德国人一度成为从大西洋到伏尔加河,从北角(曾被认为欧洲极北点)到地中海的欧洲主人,而在世界大战结束后,它却把德国人投入到毁灭和痛苦的深渊。这场世界大战是他们的国家残酷无情地挑起来的,并且在大战期间对被征服的各国人民实行恐怖统治,蓄意屠杀生命和摧残心灵。这种恐怖统治超过了历代所有的压迫和暴行。

希特勒的一生在历史的长河中也不过瞬间而已,然而他对世界人民的摧残,对世界文明的破坏无与伦比、贻害无穷。他的思想和他本人将永远受到人们的谴责和唾弃!他已被牢牢钉在历史的耻辱柱上。

指挥魔鬼之师的"沙漠之狐"
——隆美尔

人物档案

简 历：1914年，第一次世界大战爆发后作为野战炮团的一名排长奔赴法国战场；第二次世界大战期间，入侵波兰、攻破马其诺防线、攻克了圣瓦勒雷城；在北非他指挥德国非洲军团的兵力，在环境极为恶劣的情况下多次击败英军，因此被称为"沙漠之狐"；指挥了诺曼底抗登陆战役。

生卒年月：1891年11月15日~1944年10月14日。

安葬之地：不详。

性格特征：坚忍不拔，富于感情，有想法。

历史功过：第二次世界大战这场人类历史上空前规模的大悲剧在希特勒的策划下，由隆尔美亲手拉开了帷幕。

名家评点：有"沙漠之狐"之誉。

早年岁月

1911年11月，一位德国军校校长对一位毕业生评价道：

"他身材中等，瘦弱，体格相当虚弱，但这个诚挚的年轻人性格倔强，有极大的意志力和满腔的热情……依我之见，他将会是一个能干的军人。"

这个毕业生便是后来法西斯德国的陆军元帅，著名的"沙漠之狐"隆美尔。

1891年11月15日，隆美尔出生在德国瓦登堡邦首府乌尔门附近的海登海姆。他父亲是当地的一位中学校长。他母亲是当地职位显赫的政府官员冯·鲁斯的女儿。

隆美尔从小偏爱机械学，想长大做一名飞艇师。14岁时，他和朋友制作了一架盒式滑翔机，并使它飞上了天。可是，在父亲的鼓动下，他却走上了戎马生涯。

18岁时，他参加军队，很快被选入但泽皇家军官候补生学校学习。

但泽是一个漂亮的港口城市，四处林立着宏伟的建筑。在当地的一次舞会上，一个清纯美丽的女孩闯入了隆美尔的眼帘,隆美尔严肃古板的样子也引起了女孩的好奇。女孩名叫露西,她与隆美尔很快相识并热烈地相爱。隆美尔常常按照当时普鲁士流行方式戴上单片眼镜逗得露西哈哈大笑。

军校毕业后,隆美尔被授予中尉军衔。1914 年,第一次世界大战爆发,他匆匆告别心爱的露西,作为第 49 野战炮团的一名排长奔赴法国战场。

在战场上,他作战勇猛,带领士兵爬过一百码带刺的铁丝网,闯进法军的主要阵地,占领了四个地堡,并凭借这些地堡打退了法军一个营的反攻。这使他获得了一枚铁十字勋章——这在全国还是第一次授予一个中尉如此的殊荣。

1915 年 10 月,隆美尔被调任伍尔登堡山营连指挥官,整训一年后奔赴德俄激战的罗马尼亚前线。

在这里,他出类拔萃:身材纤弱的他似乎总是被一种神圣的热情所鼓舞,不知疲倦;他仿佛总能洞察敌方,知道他们可能做出什么样的反应;他的计划往往是惊人的,出于本能而又自然,很少含混不清;他有一种罕见的想象力,总能在最棘手时找出意想不到的解决方法;在危急关头,他总是身先士卒地召唤士兵跟随他冲锋陷阵,仿佛根本无所畏惧。士兵们都被他那富于魅力的个性所吸引,把他当作偶像来崇拜,并无限地忠诚于他。

1916 年底,在战争的间歇,隆美尔请假回到但泽,和露西结婚。婚后不几天,他便重返前线,夫妻俩只能靠书信倾诉彼此思念之苦。

1917 年 9 月,隆美尔又被调往一个更为紧迫的战场——意大利北部。在这个地形十分险恶的战场上,隆美尔学会了如何应付突变的局势——甚至不怕违抗上司的命令。为了出其不意地进攻敌人,他率领自己的部下,经历了人类所能经受的一切艰难困苦。他们爬越新雪初落的山梁,负载稍重一点的人很容易在那一地带陷落;他们攀登陡峭的悬崖,即便是熟练的山民也会裹足不前;他们冒着种种危险,让少数勇敢的步兵和机枪手绕到丝毫没有察觉的意大利士兵的防御工事背后,用机枪猛烈地扫射。结果,数量上占优势的意大利军队常常被打得溃不成军。

1917 年 12 月,为了表彰隆美尔的杰出表现,德皇特授予他一枚至高无上的功勋奖章。隆美尔非常珍视这份荣耀,他总是用一根绶带把这枚与众不同的十字勋章挂在自己的脖子上,并对朋友得意地说:"你简直无法想象军官们对我的功勋奖章多么嫉妒! 在这一点上根本谈不上什么战友之情。"

第一次世界大战结束后,隆美尔回到妻子身边。这时的露西已是一个仪态大方、相貌端庄、性格刚毅的成年女子了,但泽舞会上那迷人的青春时代已一去不复返。她依旧爱笑,笑声依旧又响又长,却已丝毫没有了放荡不羁的意味了。隆美尔也不再是一个体弱的年轻人,而是一个壮实的成年汉子。严峻的战争生活已把他造就成为一个刚强、坚毅的人。他用阅兵场上那刺耳的咆哮和粗鲁的举止,以弥补自己性格上的不足,夫妻俩相得益彰,生活美满。

1928 年,露西生下一个男孩子。隆美尔欣喜万分,给儿子取名为曼弗雷德。

1929 年 10 月 1 日,隆美尔被派往德累斯顿步兵学校任教官。"我们在战场上应该流汗,而不是流血。"隆美尔对学员们强调道。他以自己的战斗经历为示范讲解战略战术,并鼓励学员们有自己的见解,受到了学员们的热烈欢迎。

1933 年春天,希特勒上台。作为一个爱国者,纳粹的爱国口号对隆美尔产生了强烈的吸引力。但是,作为一个军人,隆美尔又对冲锋队(纳粹组织)的飞扬跋扈十分反感,故而与纳粹保持着一定的距离。

1934年6月,希特勒对冲锋队进行了残酷的清洗,同时,他又向军队表示,德意志显赫的武功一定要得到恢复和发扬。此举赢得了军人们的真心拥戴,隆美尔也不例外。

1935年,隆美尔被派往波茨坦——普鲁士军国主义的摇篮。"这标志着我已经成了新的波茨坦陆军学校一名成熟的教官。"他兴奋地在给妻子写信道,"这是绝密!到波茨坦来吧!不要告诉别人。"

在教学中,隆美尔特别强调身体素质的重要性。当他向学员咨询对教学训练有什么意见时,有个学员说:"清晨两个小时的体育训练太多了,我们太累,不能很好地听课。"隆美尔咆哮着把他骂走。同时,隆美尔也注重培养学生们在军事理论方面的独立思考能力。当学员在他面前引证克劳塞维茨(著名军事理论家)的讲话时,他指出:"别理会克劳塞维茨怎么说,关键是你自己怎么想!"

闲暇时,隆美尔锻炼身体、骑马,沉醉在自己的爱好中。他熟记对数表,几乎和著名的数学家不相上下,并且能够惊人地心算出任何随意抽出的17位根数。而且,他还努力按照自己的理想塑造年幼的儿子。

一次,他让儿子爬上游泳池边高高的跳台。

"要勇敢并不难,"他对儿子喊道,"你只要克服第一次的恐惧就行了。现在你往下跳吧,一、二……"

可是儿子并未听从命令。

"快跳啊!"

"我害怕,你知道我不会游泳。"

"不要紧,我会来救你的。"隆美尔安慰儿子道。

"可是,你穿着马靴。"儿子指着他的靴子道。

"这有什么关系。如果有必要,我会脱掉它的。"

"那你现在就把它脱掉。"儿子悻悻地说。

环视了一下四周围着的学员们,隆美尔拒绝了这个要求。于是,他的试验宣告失败。

儿子7岁时,隆美尔把他带去骑马。这事是悄悄干的,因为露西认为孩子太小,不能骑马。孩子的双脚被塞进马镫皮带里,因为他的腿太短,还够不着马镫。结果,那马挣脱了缰绳,拖着一条腿挂在马镫皮带里的孩子跑了很远。孩子的头划破了一个口子,隆美尔吓得面如土色,他在孩子手里放了一枚硬币说:"回家时,如果你告诉母亲这是从楼上摔下来的,你就能得到这枚硬币!"

回到家里,隆美尔用碘酒给儿子洗了伤口,儿子疼得放声大哭。隆美尔大发雷霆,叫他把钱还回来。然而狡黠的儿子早就把钱藏了起来。从那以后,隆美尔再也不让儿子骑马了。

"我父亲,"隆美尔之子曼弗雷德回忆道,"对我有三点希望:他要求我做一名优秀的运动员,一个伟大的英雄和一名出色的数学家。可他的三个希望都落空了。"

平步青云

1936 年 9 月,隆美尔被任命为希特勒的警卫部队指挥。当时,纳粹党在纽伦堡集会。这种正常的例行公事,使隆美尔担负着比一般安全警卫更大的责任。

一天,希特勒决定外出兜风,指示隆美尔,他的车后最多只许跟六辆车。

到了指定时间,部长、省长、将军们的汽车将希特勒公寓的马路挤得水泄不通,他们争相随驾出游。然而,隆美尔让前面六辆车通过后,便威风凛凛地站在路中间,命令其他车子停止前进。纳粹党要员们大声诅咒道:"真是无法无天,我们要将此事报告给元首!"

当天晚上,希特勒召见隆美尔,赞赏他执行命令果断。这次召见为隆美尔的晋升奠定了基础。

不久以后,另一件事又使希特勒留意到隆美尔。在波茨坦任教期间,隆美尔整理了自己的讲课稿,然后又把它们写成了一部井井有条而又激动人心的书,并把它交给当地的一个出版商。1937 年初,这本书以《步兵攻击》为名公开出版。它是当时有关步兵教程的最佳读本,受到广泛赞扬,并多次再版。

这两件事使隆美尔在希特勒眼里身价倍增,很快得到了希特勒新的任命。1938 年,他突然被晋升为元首大本营的临时司令官。元首的赏识重用,加上 9 月份希特勒在苏台德不流血的胜利,到 1938 年底,希特勒已经成了隆美尔心目中最完美的领袖了。当许多他的同行军官还在对纳粹哲学感到无所适从的时候,隆美尔的转变无疑是十分彻底的,他甚至在写给朋友的私人明信片上也要签上"嗨!希特勒!你诚挚的隆美尔"的字样。从此,他成为希特勒的忠实信徒,为希特勒的战争政策效尽犬马之劳。

现在,一个新的职务正等待着隆美尔。因为希特勒要吞并奥地利,于是决定让隆美尔到维也纳附近的一所军官候补生学校任司令官。到任后,隆美尔一家住在一所迷人的平房里,四周是一个大花园,巨大的城堡式建筑便是学校的校舍。隆美尔雄心勃勃地要把这所学校办成全德国最先进的军事学院。

尽管远离首都柏林,隆美尔依旧摆脱不了来自希特勒总理府的吸引力。1939 年,希特勒两次派隆美尔去指挥他的流动司令部——一次是在 3 月 15 日占领布拉格;另一次是 3 月 23 日,希特勒乘船到默默尔的波罗的海口岸监督立陶宛"自愿归属"德国。希特勒在侵占捷克斯洛伐克一事上所表现出的超人胆识给隆美尔留下了深刻的印象,他给妻子写信道:"结果好就证明一切都好,我们的这些大邻国只是对事态摆出一副恼怒的面孔而已。"

不久,希特勒又准备对波兰下手。

1939 年 8 月 25 日,隆美尔就任元首司令部的指挥官。这时的德国首都柏林沉浸在酷暑的热浪之中,希特勒和外交部长里宾特洛甫一起宣布:将在次日拂晓时分进攻波兰。

然而,英国立即宣布与波兰结盟,意大利则拒绝站在德国一边宣战。最新的国际动态迫使希特勒推迟了进攻。

8 月 27 日,隆美尔飞往柏林探问究竟发生了什么事情。

"除去有和元首同桌进餐的特权外,没有别的新消息,"他向妻子透露说,"部队在焦急地等待前进的命令,然而我们军人需要的就是忍耐。意外的障碍是不可避免的,得花费一定的时间去加以清理。毫无疑问,无论元首做出什么样的决定都是恰当的。"

几天以后,隆美尔谈得更加具体了:"我倾向于认为,这次进攻可能告吹,我们会像去年收复苏台德地区那样从波兰得到一小块土地,英、法和波兰的勇气实在不可小瞧。"

8月31日,隆美尔又说:"等待令人心烦,但又不能不这样。我深信元首知道怎样做对我们更有利。"

几乎在同一时刻,电话来了,命令他准备行动。当天晚上,在隆美尔召集军官的火车站候车室里,电话里又传来了希特勒的命令:"明天凌晨4点45分开始进攻。"

没有任何人,至少可以说隆美尔本人当时也没有意识到,9月1日德国入侵波兰的军事行动,竟然会无情地把一个又一个国家卷入了战争的漩涡,延续达六年之久,使四千万人死于非命,整个欧洲和大半个亚洲惨遭战火的蹂躏。就这样,第二次世界大战这场人类历史上空前规模的大悲剧便在希特勒的精心策划下,由隆美尔亲手拉开了帷幕。

德军势如破竹,不到一个月便几乎完全使波兰覆灭。10月5日,希特勒在隆美尔陪同下在华沙举行胜利大阅兵。隆美尔的赫赫战功得到了希特勒的高度赞扬。

魔鬼之剑

东线获胜以后,希特勒决定在西线对英法展开决战。

1940年2月,隆美尔受命前往莱茵河的巴特戈德斯贝格指挥第七装甲师。

隆美尔的到来震动了全师。他的第一个行动便是让师里的指挥官们休假,并宣布:"在我自己掌握情况之前不需要你们。"随即他又解除了一位无视军规的营指挥官的职务,并勒令他在90分钟内离开军营。这一切都使全师为之肃然。

在这里,隆美尔认真地观察坦克演习,并对此进行了深入的分析。不久,他便创造出许多新颖独特的坦克战术。他命令部下编成各种大小不一的队形组织,用快速的、熟练的无线电指挥和重炮轰击的形式进行越野训练。每天晚上,他都要向所有军官做一些简要的指示,然后再处理文件,直到11点钟休息。早上6点钟他便起床,沿着莱茵河边的林荫小道慢跑,保持良好的精力和身体状态以准备投入即将来临的大战中去。

1940年5月10日清晨,德军在西线发动了进攻。

隆美尔率装甲师一马当先,冲锋在前。他们冒着暴露侧翼和后方的危险,大胆地向前推进。有时由于前进得过快,他们远远脱离了大部队,仅仅与后面的后勤补给保持着单线联系。这时,若对方采取迅速而坚决的行动便可折断这个咄咄逼人的指头。然而,正如隆美尔估计的那样,敌军过于恐慌,陷入混乱状态,根本无力采取果断行动。

为了达到军事目的,隆美尔发明了残忍而野蛮的火海战术。进军时,他往往命令士兵把沿途所有房屋迅速点燃,使得装甲师得以在烟幕的掩护下迅速前进。为了找到哪些村庄有敌军驻守,他发明了著名的烟火开屏——整个装甲师一齐开火,以引诱对方暴露自己的位置。

在迅速占领比利时之后,隆美尔率军直扑法国。

漫长的马其诺防线横亘在他们眼前。

这个坚固的地堡防线前沿是一片森林,法国人在森林里构筑了前沿工事。隆美尔命令坦克的全体成员一枪不发,一律坐在坦克外面手摇白旗迅速通过森林。法军对此不知所措,眼看着他们通过森林。

穿越森林后,隆美尔命令一个营掉转车头,迅速歼灭森林里的法军。其余的坦克则向前边的地堡群发射烟幕弹,担任突击任务的工兵则迅速上前,用喷火器烧毁一个个地堡。

很快,第七装甲师开始隆隆滚过地堡线上被炸开的缺口。前导坦克向前面的黑夜开火猛轰,其余的坦克用舰炮射击不停,把法军打得不敢抬头。

这样,法国人经营多年、自吹为"坚不可摧"的马其诺防线被奇迹般地摧毁了。

在阿拉斯,飞速前进的隆美尔部队遇到顽强的抵抗。"当敌人的坦克一次一次冲了过来的时候,"隆美尔在手稿中写道,"每一门炮都必须迅速开火以打退敌人的进攻。我把炮兵指挥官们提出的反对意见抛在一旁,坚决地命令炮手们一

隆美尔和部属在一起

炮接一炮地射向敌人。"就在这里,副官在身旁阵亡,隆美尔依旧镇定自若地指挥战斗。部下大受鼓舞,经过一天的浴血奋战,取得了胜利。

6月12日,隆美尔攻克圣瓦勒雷城,法国第九军指挥官在市政广场向隆美尔投降,他身后跟着11名英国和法国的将军。

局势到了如此不可收拾的地步,英国人感到十分恼火。法国人抽着香烟,默认了自己的失败。

一位足可以做隆美尔父亲的法国将军拍拍隆美尔的肩膀赞赏地说:"你的行动可谓飞速,年轻人。"另一个法国人则怀着病态的好奇问隆美尔指挥的是哪一个师。隆美尔告诉了他。"天哪!"这位法国人叫道,"又是魔鬼之师!最先在比利时,接着是阿拉斯,现在又到这里。它一再地切断我们的进军路线。我们可是真正领教了你们的厉害!"

6月17日,法国提出停战呼吁。希特勒命令德军迅速占领法国濒临大西洋的海岸线,直抵西班牙边境。隆美尔挥师向南疾驰。

6月18日,隆美尔在高速行进中攻克了瑟堡——那天的行程超过了220英里。这样,隆美尔在法国的闪电战到此宣告结束。在法国战场上仅仅六周的时间里,隆美尔率军共推进了350英里。他的魔鬼之师俘获97000名敌军官兵,而自己仅损失了

42辆坦克。

纳粹宣传家们大肆宣扬隆美尔的战功。"他的装甲师就像一支魔鬼的舰队,"一位宣传家这样写道,"他的魔语是速度;英勇无畏是他的资本。他的故事就如一幕电影一样,正在上映之中,孤胆英雄式的作为正闪耀着迷人的光辉。他眼神中流露出的坚定和无畏深深打动了我。"

纳粹宣传部长戈培尔则拍摄了一部《西线的胜利》来夸耀隆美尔的战功。各大纳粹报刊连篇累牍地登载隆美尔的消息,他成了人们注目的中心,英雄的美誉环绕四周。

法国投降后,隆美尔驻留法国西海岸,为入侵英国做准备。

1941年,希特勒决定放弃入侵英国的计划,转向别的目标。

一项新的重大任务正在等待着隆美尔。

驰骋沙漠

在德国西线大捷的同时,墨索里尼统治下的意大利企图趁火打劫,在北非的意属殖民地利比亚聚集大军,对驻埃及的英军发起攻击。但是,狂妄的意军很快被挫败。英军稳住阵脚后,发起反攻。意军不堪一击,节节败退。墨索里尼慌忙向老朋友希特勒求援。

1941年2月,隆美尔被希特勒委任为德军驻利比亚总司令,挥师直指北非,援救意军。

世界上最大的沙漠——撒哈拉沙漠便位于北非。这里沙漠广布,气候异常炎热干燥,故而步兵作战大受限制,以坦克为主力的装甲部队才能充分发挥作用。隆美尔在北非指挥的部队主力便是第五装甲团,这是一支富于献身精神的专业化精锐部队。

他们很快便在利比亚的黎波里登陆完毕。为了欺骗英军的空中侦察,隆美尔命令部下用

北非战场上的隆美尔

木头和纸板做了几百辆可以乱真的假坦克,并让卡车和摩托在这些"坦克"之间绕来绕去,而真正的坦克却悄悄地转动着履带开过了沙漠对英军发动了进攻。

英军大吃一惊,急忙后退。到1941年3月4日,隆美尔军队已将战线推进到离的黎波里480英里的地方。

3月19日,隆美尔飞往柏林。第二天,希特勒召见了他,给他胸前佩戴了一枚橡树叶勋章,同时命令他守住现有的战线,不要轻举妄动。希特勒这样做是因为纳粹准备入侵苏联,无力在北非投入更多的兵力。不明内情的隆美尔大为不满,失望地飞回北非,并决心违背这项命令。

这时的英军正在迅速后退，德军迅速占领了利比亚重镇阿杰达比亚。

隆尔美命令部下稍事休整后，分北、中、南三路向昔兰尼加（利比亚东部的一个鳞茎状半岛）挺进，截断英军退路。

英军惊惶失措，对班加西（利比亚东北部的重要港口）大肆破坏一番后，仓皇后撤。

德国最高统帅部闻讯后大为气恼，勒令隆美尔停止推进。但这位善使诡计、刚愎自用的冒险家一意孤行，继续挥师东进。这时，意大利指挥官也接到停止冒进的指令，他要求隆美尔解释。而隆美尔只是咧嘴笑着说："不论如何，没有必要在我们势头正旺之时打击战士们的士气。"意大利指挥官固执倔强，坚持服从命令，二人僵持不下。这时，德国统帅部又电示隆美尔执行命令，他看完电报后竟对意大利指挥官说，元首已给了他绝对的行动自由。意大利指挥官无可奈何，只好作罢。

隆美尔挥师展开跨越昔兰尼加的战斗，4月9日，德军攻陷梅奇尼要塞，很快包围了重镇托布鲁克。英国首相丘吉尔从伦敦发来命令，要求英军"死守托布鲁克，决不允许产生撤退之念"。隆美尔军在托布鲁克久攻不克，只好留一部继续围攻托布鲁克，另一部向南绕过托布鲁克，一直推进到埃及边境，并占领了埃及城市萨卢姆。

这一时期中，隆美尔取得胜利的原因有一点是他做梦也想不到的。在战争中他与德国最高统帅部的全部秘密通讯全都是由艾尼格马密码机传送出去的。纳粹密码专家宣称这种密码绝对安全，无法破译。然而，英国人已成功地破译了它。他们对德军统帅部的命令了如指掌，殊不料，隆美尔不止一次地违背艾尼格马电码发给他的命令。这使得不知就里的英国人如陷迷雾，处处被动。

托布鲁克是个极具战略意义的港口，供给充分的英军在此扼守，成为隆美尔的心腹之患。因为他们随时可以冲下来切断隆美尔的补给线，使他不敢轻易发动对埃及和尼罗河流域的远征。

隆美尔清楚地认识到这一点，指挥部下连连发起猛攻。然而，英军又宽又深的反坦克壕使德军坦克派不上用场；严密的防守使得德军寸步难行；猛烈的炮火使得德军伤亡惨重。隆美尔只好承认遇到了真正的对手。"英军士兵打起仗来十分惊人，他们远比我们的士兵训练有素，"他私下给妻子写信道，"就我们的现状而言，迅速用武力征服托布鲁克是不太现实的。"于是，他下令停止进攻，让部下挖壕固守，避免不必要的流血牺牲。

在阵地战方面，隆美尔颇具天才。"他是个搞蒙蔽和伪装的老手，"他的一位部将后来回忆道，"他总是干那种很少有人意料得到的事。倘若敌人认为我们在某地的兵力最强，那么你可以肯定那里恰好是我们力量最薄弱的地带。而当敌人认为某处是我们的弱点并冒险接近的时候，我们又会变得确实十分强大。'和你们这位将军打交道，我们简直不知道自己在什么地方。'——这是一位英军俘虏所发的牢骚。如果他发动进攻的同时又有佯攻伴随，敌人就总是把假的当成了真的，并把他们的炮弹全部倾泻到佯攻的地方。如果敌人根据判断，认为是典型的佯攻而采取行动的话，那么下一次的情况就很快会发生变化，他们接着又得上当。如果他们把这些进攻看成是摆样子而加以忽视，而实际上这却是真正的进攻。"

"有一次，"另一位部将回忆道，"我们把托布鲁克的敌人惹恼了，他们用炮火轰击了我们的观察哨。于是隆美尔命令迅速重架观测塔。所有的电线杆都被锯倒,一夜之间在托布鲁克周围竟出现了30余个这样的塔楼,而且都有全副武装的假人在不停地活动,不时顺着楼梯上上下下——这些假人由躲在防空洞里的士兵用绳子操纵。敌人十分疑惧,向这些观测塔发射出一连串猛烈的炮火。在以后的几天中,他们将无以计数的炮弹都倾泻向这些观测塔,有些塔楼被炮火打塌了,但许多仍伫立在那里。过了不久,英军发现了真相,放弃了原先的做法——而就在这时,我们把假人换成了有血有肉的真正的观察兵。"

在这个新的环境里,隆美尔还创造了一种新的战斗指挥风格。他喜欢把混合作战部队放在后方,让意大利高级军官及下级指挥员之间保持着一种永久的联系,然后率领指挥部的一小部分成员乘坐几辆敞篷车离开部队,后面跟着无线电流动卡车,以便和作战部和部队之间保持联系。这种做法自然会带来许多问题,因为电台在异常的气候条件下经常会失灵,电池消耗也很快。同时,由于在汽车的拦泥板上插有黑、白、红三色指挥旗,敌人很容易辨认出隆美尔的位置,他的安全也经常受到威胁。但是,隆美尔认为,这些都是次要的问题,关键是,这样他便可以在任何一个战斗最激烈的地方出现,并亲临现场指挥作战。

一旦战斗打响,隆美尔常常废寝忘食,几片面包或一份冷餐便一连维持好几天。他坚定顽强,同时他也如此要求自己的部下。一次,他发现一位部将在清晨6点半时还在慢条斯理地用早餐,于是便怒气冲冲地对那人呵斥道:"滚回老家去!"起初,达不到他的要求的指挥官人数很多,随后便发生了很大的转变。由他指挥的意大利部队也逐渐崇拜起他来了,这些士兵和军官很少看到哪一位意大利将军会出现在战场上,因而乐意看到隆美尔对那些顶撞他的脑满肠肥、无所用心的意大利将军的粗暴态度。1941年10月,德国情报局甚至得到一个对这些士兵们的调查报告。他们认为:意大利应该由像隆美尔这样有才干的德国人来领导。

1941年6月,英军实施"战斧"行动计划,对德军发起反攻。两军在沙漠灼热的高温和令人窒息的尘雾中展开厮杀。德军英勇顽强,在隆美尔指挥下挫败英军。到6月18日,英军退回原先阵地。在整个战斗中,德军损失20辆坦克,却摧毁了英军200余辆坦克。隆美尔激励士兵道:"让英国人再来进攻吧,他们将被杀得片甲不留。"

这时,隆美尔在德国国内的声誉达到了顶点。当宣告隆美尔胜利的嘹亮的喇叭声仍在帝国广播电台里回荡时,许多人认为,现在可以给隆美尔写一部完整的传记了。"我想着手写一部有长远价值的作品,"一位上校给隆美尔写信道,"它将表现我们时代一位典型的年轻将军,要把他作为后代子孙的榜样,为激励尚武精神高潮的到来提供一个起点。"

信件像雪片似的飞向隆美尔。纳粹妇女组织寄给他许多巧克力——尽管在沙漠的酷热中吃这样的食物是难以想象的。一个十岁的小女孩在新闻纪录片中看到她的这位偶像后,从奥格斯堡写信给他:"……我并不害怕像别人一样,从您那里得到冷淡的回答。对于您——隆美尔将军,我可以从心底倾吐自己的语言,我非常崇拜您和您的军队,并热切地希望您赢得最后的胜利。"

纳粹陆军统帅部则决定晋升隆美尔为上将,同时设立"隆美尔装甲兵团"。"这么年轻我就被提拔到了如此高的地位,这太令人高兴了,"隆美尔志得意满地说,"然而如果可能的话,我将在自己的肩章上添上更多的星。"

与此同时,隆美尔吃惊地获悉希特勒已入侵苏联。德军在苏联战场初期的胜利使得希特勒大喜过望。他得陇望蜀,设想消灭苏联后,南下攻占伊拉克与叙利亚,然后从东面侵入埃及,和隆美尔师在北非胜利会师。这样,隆美尔在利比亚的任务便被正式纳入了希特勒的远景规划。

6月28日,德军统帅部指示隆美尔为此拟定一个草案。"我们在俄国取得巨大的胜利。"隆美尔写信告诉露西,"或许比我们料想的还要快得多。对我们来说,最重要的是,我们必须一直坚守到俄国的战役结束。"现在他终于明白,在前一段时期内他迅速取胜的设想是多么不着边际,因为他没有考虑到进攻苏联的战役。

7月31日,隆美尔飞往东普鲁士狼穴——希特勒的大本营。希特勒高兴地接见了他,并批准了他大规模进攻托布鲁克的计划。

返回前线后,医生们诊断隆美尔患了严重的黄疸病。但他仍坚持巡视前线,加紧周密部署进攻。

这时,英军获得增援,发动了"十字军远征",企图一举消灭隆美尔军。双方力量对比悬殊,英军在战役中投入724辆坦克,此外还有200多辆坦克作后备,而隆美尔军只有414辆坦克(包括意大利军队的154辆坦克)。战斗时断时续地打了三个星期后,至12月8日,隆美尔只好下令德军收缩战线。

"十字军远征"行动严重搅乱了隆美尔的计划,但丝毫没有影响他进攻托布鲁克的决心。他决定迅速实施"仲夏夜之梦"行动计划,猛攻托布鲁克。

在德军潮水般的攻击下,英军的抵抗眼看就要崩溃。不料埃及的英军在获得大量增援后,迅速东进,对隆美尔军形成了合围之势。

这时的德军伤亡惨重,给养严重不继,尤其是汽油严重匮乏,装甲部队难以维持。为了避免被围歼,隆美尔指挥德军虚晃几招以后,向西撤去。

英军尾随而至,德军只好且战且退。在紧靠阿米达比亚的地方,隆美尔发现两个英军旅之间有一个诱人的突破口,于是马上派军冲击。在两次熟练和胜利实施的进攻中,大量英军被歼灭。英军一蹶不振,德军获得了喘息之机,到1942年1月,在的黎波里附近的布雷加港一线,德军站稳了脚跟。"暴风雨已经过去,我们重又看到了蔚蓝色的天空。"隆美尔兴奋地宣布道。

不久,希特勒给隆美尔运来50多辆坦克和2千吨航空汽油。这使德军的给养得到充分的补充。

并且,意大利间谍盗窃了美国驻罗马大使馆,并且拍摄了"黑色密码"的附件。这样,意大利和德国的密码侦破人员便可以偷听美国绝密的通讯联系了。它的宝贵价值在于:美国驻开罗的武官波尼尔·费勒斯上校拍回华盛顿国防部的报告便采用的是此密码。而费勒斯上校是一个极有洞察力的战地观察家,并始终注意着英军进攻隆美尔的计划和它对德国装甲兵团下一步行动的估计。这使得隆美尔获得了大量有重要价值的军事情报,对英军活动了如指掌。

经过一小段时间的休整后,隆美尔认为大规模反攻的时机已经成熟。他决定对英军发动突然袭击,使其猝不及防。

为了保守机密,他禁止炮兵用胡乱发射的炮火对英军进行轰击,禁止所有的卡车在白天向敌方运行。与此相反,他故意让卡车运输队直到黄昏还在向西方运行,然后,在黑夜的掩护下再把车辆掉转头驶向敌军。坦克和大炮也都做了巧妙的伪装。他甚至把这一秘密瞒着柏林的最高统帅部,无线电没有发出任何讯号。对于士兵,他也只是通过那些通往前线的所有客栈的通告牌告诉他们:发起进攻的时间是1月21日上午8点30分。当这一时刻接近时,天空被建筑物的火焰映得通红,沿海岸的船只也被隆美尔有意点燃,借以迷惑英军。

发起进攻的时刻终于到了。隆美尔身先士卒,指挥在海岸公路上的战斗部队穿越布雷区。与此同时,他的部将在右翼也发起攻击,两军配合得天衣无缝。第二天早上,德军攻占阿米达比亚,英军狼狈逃窜。德军以3名军官和11名士兵阵亡及三辆坦克被毁的微小代价,击毁了299辆英军坦克和装甲战斗车、147门大炮并俘获了935名俘虏。

1月26日,隆美尔决定不顾一切地继续进攻,直指梅奇里。英军火力被一支佯攻梅奇里的德军所吸引,对于经过长途跋涉突然出现在身后的德军主力猝不及防,束手就擒。

在伦敦,丘吉尔在议会中被有关北非危机的愤怒质问所包围。他自己早先炫耀的不久英军将进入的黎波里的大话现在听起来显得十分空洞可笑。现在,全世界报刊上的英雄不是丘吉尔,而是一个戴着有机玻璃眼镜,佩着功勋奖章的德国坦克将军。"我只能告诉你们,"丘吉尔对议员们说,"眼下昔兰尼加西部前线的形势很糟。因为我们的对手是一个十分大胆而又精通战术的人,若撇开战争的浩劫而论,他是一位了不起的将军……"

1月29日,德军攻占班加西。第二天,希特勒在自己的演说中高度赞扬隆美尔,提升他为标准上将,并托人带话给隆美尔,"告诉隆美尔,我钦佩他"。隆美尔则兴高采烈地回信道:"为元首,为民族,为新的思想贡献微薄之力使我感到十分荣幸。"他再接再厉,直指埃及边境。

"在我们向埃及边境猛插期间,无论在哪里都能找到隆美尔。这位军人总是把他那奇怪而又不可思议的力量传播到官兵身上,甚至直接倾注到每一名士兵身上。人们私下里对他直呼其名,他和士兵谈话时也直言不讳;他不和他们一道唉声叹气,然而却以诚相待;他常常言辞严厉,但也同样知道如何称赞他们,鼓励他们,知道怎样提出自己的建议,怎样把复杂的问题深入浅出地使他们容易理解。大家彼此了解,并有着沙漠特有的忠诚和友谊。士兵们了解自己的将军,并且知道将军和他们一样吃着沙丁鱼罐头。"一位随军记者这样写道。

这时,德军面临着英军的卡扎拉防线,它顺海岸而下,进入沙漠,延伸到托布鲁克以西四十英里的地方。沿着这条防线,英军埋下了一百万枚地雷,并切断了所有的理想的沙漠小道。隆美尔决定让军团迂回到南面,对英军进行侧翼包抄。他下令士兵在卡车上安装上巨大的螺旋桨,放在战线正面,让螺旋桨高速转动卷起的风沙吸引英军的火力。

进攻开始时,德军取得了胜利,但随后,隆美尔和他的士兵们便陷入了重围。因为情报部门的情报有误,在他们为隆美尔准备的地图上,漏掉了一个敌军装甲旅和四个旅群,英军仅仅上了一半圈套。隆美尔似乎也失去了对战斗的控制力,情况十分危急。幸亏他与德国空军指挥官瓦尔道取得了联系,瓦尔道派出326架飞机扫荡战场,局势才开始变得对隆美尔有利。

到 6 月 18 日,经过残酷厮杀的德军包围托布鲁克。

这时的托布鲁克已远不及 1941 年被围时牢固,沙暴填平了又宽又深的反坦克壕,英军士气低落,给养匮乏。

在空军火力的配合下,隆美尔军经过两昼夜苦战,终于攻克了托布鲁克。

消息传出,整个纳粹帝国欣喜若狂。一座新落成的桥以隆美尔之名命名;鲜花和贺电淹没了隆美尔家;希特勒则宣布晋升隆美尔为陆军元帅。

隆美尔踌躇满志,挥师东下。英军节节败退,直到一个污秽的小火车站阿拉曼附近才稳住了阵脚。尼罗河湿润的河风轻轻吹拂着士兵们被沙漠烈日烤得焦黑的脸庞,开罗便矗立在不远处。这是英军在尼罗河前的最后一道防线了。

墨索里尼和一批法西斯要员已经飞抵利比亚,焦急地等待着进入开罗的庄严时刻。领袖们的白马嘶鸣不已,准备美餐尼罗河畔青青的牧草。

一场惊心动魄的大战即将在阿拉曼展开。

棋逢对手

面对着德军的威胁,指挥英军的奥钦莱克将军几乎失去了信心,他开列出一张在德军占领埃及前必须破坏的项目表:电台、电报和电话系统,石油和汽油装置,交通以及动力供给系统。防御工事正在金字塔附近修建,埃及首都已宣布进入紧急状态。德国特工人员通知隆美尔,英国军队已经接管了开罗。隆美尔的威名在他本人之前启程了。他知道,厌恶英国人统治的埃及人正怀着难以抑制的兴奋心情等待着他的到来。他希望随之而来的反英骚乱扰乱英国人的后方。在他与外交部保持永久联络的特别通讯车里,一份电报发往柏林:"陆军元帅隆美尔要求在埃及尽快展开积极的策反宣传活动。"

在伦敦,英国首相丘吉尔则陷入了议员们的猛烈攻击之中。为解燃眉之急,他决定起用自敦刻尔克(1940 年)战役后一直赋闲的蒙哥马利将军取代奥钦莱克将军,任北非英军总司令。

矮小结实的蒙哥马利长着一副鸟一般的相貌,他那高昂并带鼻音的嗓音听起来刺耳而又不友善。蒙哥马利有许多方面都和隆美尔相似,两人都很孤僻,在自己同行将军中,敌人多于朋友;两人都很专横、傲慢,是缺乏文化素养的职业军人;在受到约束时,两人都是难以对付而又抗上的军官,然而在一切由他们支配时,却又是最优秀的和有独到见解的战地指挥官;两人都不吸烟,也不喝烈性酒,而且都喜爱冬天的运动和注意保持身体健康。

蒙哥马利注重与领袖保持良好的关系。他用靠近海滨浴场的舒适住所招待丘吉尔,并给他提供白兰地和美味的食物。同样,隆美尔也重视他对希特勒的忠诚以及和戈培尔的友谊。两人都挑选出类拔萃、年轻有为的军官组成自己的"军事家庭",并且都很注重自己的名誉。正像隆美尔戴着他那著名的帽子和有机玻璃风镜一样,蒙哥马利则是用带有团队徽章的不协调的澳大利亚丛林帽子来装饰自己。孩提时代的隆美尔对鸟类和动物曾有过短时间的残忍行为,他用放了辣椒的食物喂天鹅,并对它们的痛苦哈哈大笑。蒙哥马利在学校上学时,便是一个调皮鬼,还有着恶霸的名声。

然而在战场上，他们却截然不同。隆美尔是个勇武的军人，与他对垒的英军也不否认这一点。蒙哥马利则命令士兵们："无论在哪里，发现德国人就打死他们。"这赋予了这场沙漠战争以新的特点，而隆美尔却谨慎地避免这种残忍；蒙哥马利是个行为古怪的人，而他的纳粹对手隆美尔却是一个正统的军事指挥官，并主要以随机应变的能力和深邃的战术洞察力而著称；隆美尔总是在战场上冲杀在前，身先士卒，蒙哥马利则决不会冒着生命危险走上前线；隆美尔完全依靠自己的才智，蒙哥马利则更懂得运用别人的智慧。

还有一点必须强调：在情报方面，蒙哥马利也远比隆美尔占优势。隆美尔与德军统帅部之间的许多绝密电报，几小时后便会被英国情报机关破译后送呈蒙哥马利。而此时，美驻开罗武官费尔斯已奉召回国。德情报机关通过破译他和华盛顿之间电报以获取情报的渠道便不复存在。

抵达阿拉曼的德军可以说已是强弩之末，疾病大为流行，许多士兵染病丧失战斗能力。并且可投入战斗的德军坦克仅 203 辆，英军则是 767 辆。更为致命的是，德军的燃料供应严重不足，整个装甲兵团的汽油仅够行驶 100 多英里。

面对这种情况，隆美尔决定速战速决。

1942 年 8 月 30 日晚，一轮苍白的明月挂在波浪起伏的沙漠的上空，隆美尔选择了克拉克山作为突破口，发起总攻。

殊不料，这一情报被英军获得。英军在这里密布地雷，设下圈套。德军闯入布雷区后，整个阵地被英军伞兵的照明弹照得通明透亮，英空军对德军实施了凶猛的空袭。德军死伤惨重，俾斯麦将军等重要战将相继阵亡。拜尔莱因上校挺身而出，临时担任前线指挥，带领德军拼命向前冲杀。

第二天清晨，德军终于突破到布雷区尽头。拜尔莱因上校余勇可贾，向隆美尔请命继续进攻。隆美尔鉴于德军损失惨重，犹豫不决。上午 8 点 35 分，他电告装甲师："原地待命。"拜尔莱因争辩说，眼下放弃进攻，对那些为突破布雷区做出牺牲的士兵是一种嘲弄。隆美尔只好同意了他的看法，但却对作战计划做出了灾难性的修改。不是按原计划向东推进二十英里到达左侧那座令人生畏的阿拉姆·哈勒法山脊，再迂回过山脊从后方进攻敌人的主力，而是让全部主力此时尽快地横跨山脊。

这种进攻路线正是蒙哥马利求之不得的，他正打算在阿拉姆·哈勒法山脊彻底打破沙漠之狐不可战胜的神话。

趁着沙漠风暴，隆美尔军顺利推进到山脊下。这时天放晴了，集结在山脊上的英军坦克和大炮立即开火，轰炸机也铺天盖地而来。前线指挥向隆美尔报告，装甲兵团已经受困，并且所剩燃料只够行驶二十英里了。

9 月 1 日拂晓，隆美尔驱车前往战场时看到在这片狭窄的地段上，铺满了德军坦克残骸，许多坦克还燃着熊熊的大火。英军发起了六次轰炸。空气几乎令人窒息——硝烟灼热呛人的气味夹杂着细沙，使人无法呼吸。冰雹一般打来的岩石碎片加大了爆炸和子母弹的威力。德军被压得抬不起头来，伤亡惨重。面对这种情况，隆美尔下令装甲兵团迅速回撤。

这一决定在很大程度上延误了战机。因为德军虽伤亡惨重，但士兵们仍勇猛拼杀，已从侧翼包围了英军所谓的最后希望的防线。

蒙哥马利获悉后,兴奋地宣告:"埃及已经没有了危险,我将最终消灭隆美尔是确定无疑的。"

事实上,这次战役英军的胜利,与其说是物质上的,倒不如说是心理上的。隆美尔利用保留被占领的英军布雷区和重要的卡伦特·希梅麦特高地进一步加强了自己的防御线,使蒙哥马利的南翼受到了严重威胁。同时,英军虽牢牢站住了脚跟,但却比德军付出了更大的代价,他们损失了68架飞机、27辆坦克和比德军更多的伤亡人数。然而,英军能够迅速弥补这些损失。隆美尔却无能为力,特别是此次战斗使德军消耗了400余辆卡车,使德军的运输工具严重不足。

这时,隆美尔的健康状况严重恶化。希特勒召他回国治疗休养,命施登姆将军暂时接替他的职务。

9月23日,隆美尔动身回国之前,把有关在阿拉曼战线上必须继续加紧工作的最强硬命令交给了施登姆。他认为,由于无法对战线进行侧翼包围,蒙哥马利很可能会从正面插入。为了减少英军炮火和空中轰炸的影响,隆美尔设计了十分全面的防御系统。英军的主要攻击目标将是连绵的德军布雷区战线,所有的布雷区均无人驻守,但却布下了成千上万的地雷和陷阱。这条防线的前沿将由德军战斗前哨部队守卫,每一个步兵营抽出一个连的兵力。在布雷区后面大约2千码处是主要的步兵防御阵地,后面有布局巧妙的更大型的反坦克炮,防御阵地后方作为机动后备力量的是装甲和摩托化师。

这些主要的防御地带便是隆美尔著名的"魔鬼的乐园"。大多数地雷的威力都足以炸断坦克的履带或摧毁一辆卡车。而其中百分之三的地雷具有多种毁灭性的杀伤力,或通过电线引爆,或是一触即响,接着这些地雷就像玩偶匣似的飞向空中爆炸开来,无数的钢球将飞溅到四面八方。在蒙哥马利发起进攻之前,德装甲军团埋设了249849颗反坦克地雷和14509颗杀伤地雷,加上南线上占领的英军布雷区,隆美尔的防御线上一共有445000多颗地雷。

隆美尔的基本战术计划是让敌军的进攻陷入他的布雷区,然后德军再从战线的北端和南端发起反攻,使蒙哥马利的精锐部队落入他的圈套。

"一旦战斗打响,"他向施登姆保证说,"我将立刻放弃治疗,返回非洲。"

隆美尔回国后,形势进一步恶化。英国的情报机关接连截获德军运输船即将到来的消息,于是派出飞机和潜艇在海上等候,并将它们摧毁。德军燃料供应严重不足,士气低落。

英军司令蒙哥马利获悉这些情况,并知道隆美尔的部队无论在哪一方面都不能与他的大军匹敌。他告诉军官们,隆美尔已"告假养病",德军战斗力衰竭,军粮不足,汽油弹药短缺,英军发起总攻的时机已经到来。

"你们训练有素,眼下正是杀敌之时,"蒙哥马利动员士兵道,"向坦克开火,向德军开火吧!"

1942年10月23日,英军发起凌厉攻势。施登姆将军亲临前线指挥德军作战,不幸阵亡。10月25日,隆美尔急忙赶回前线。当他跨进司令部的汽车时,阿拉曼战役的大厮杀已进行了48小时。英军的炮声震耳欲聋。隆美尔询问为什么英军集结进攻时他们不用炮火轰击。托马将军和威斯特法尔两人解释说,施登姆将军严禁进行炮击,以免浪费炮弹。在隆美尔看来,这简直铸成了致命的大错。正因为如此,英军才能以排山倒海之势轻而易举地压过前沿阵地,占领了德军的布雷区。

英军进攻的重点在北部,他们以步兵为突击队,在浓郁的烟幕掩护下从布雷区杀开一条通路,以便坦克突破防线。在这些通道之间兀立着可作为炮兵观察所的光秃秃的28号高地。但此高地已落入英军之手。

隆美尔率军向这块高地发起了殊死的反攻,但是,数次冲击均告失败,德军反而在这块无法隐蔽的地段上,遭到英空军的无情轰炸。

此时还有一项战术措施可以运用,那便是后撤几英里,退出英军炮火射程之外,再诱英深入,使对方坦克卷入激战,以优势兵力全歼之。然而,隆美尔已无足够汽油支持实施此计划,并且德国空军此时也无力支援。

隆美尔感到心灰意冷,但他仍向指挥官们发布命令,指出此乃生死攸关时刻,任何人都必须绝对服从命令,都必须战斗到底。

很快,蒙哥马利又发动了一次大规模的攻击。德军勇猛拼杀一夜,终于击退了对方的攻势。蒙哥马利被迫重新考虑战略部署。

这时德军燃料已所剩无几,并且,英空军的狂轰滥炸也使德军招架不住。隆美尔清楚地认识到:要是他的部队固守在原地,一旦英军突破防线,就会形成包抄之势,德军那时插翅也难飞了。

于是,他命令所有的非战斗部队撤到富卡防线更远的西部——梅尔沙马特鲁地区。就这样,隆美尔神不知鬼不觉地开始了撤退。

他向希特勒汇报了这一打算,然而希特勒拒不批准,并电令他:"你可向你的部下指明,不胜利,毋宁死,别无他路!"

隆美尔只好命令前线部队继续坚守阵地。这使得很大一部分部队错失撤退良机,惨遭覆灭。到11月4日,德军南线总指挥凯塞林元帅赶来给部队打气时,前线德军只剩下22辆坦克了。

"我觉得应把元首的电报看作是呼吁,而不是一成不变的命令。"凯塞林指出。

"我认为元首的指令是绝对不能更改的。"隆美尔诚惶诚恐地说。

"但必须随机应变,"凯塞林反驳说,"元首并不愿意你和你的士兵葬身此地。"

凯塞林劝他立即电告希特勒:"就说部队损失惨重,人员剧减,不可能再守住防线。要在非洲立足的唯一机会完全取决于此次撤退的成功与否。"凯塞林同时答应亲自向希特勒电告此事。

不久,希特勒回电隆美尔,悻悻道:"既然事已至此,我同意你的要求。"

就这样,隆美尔七万人的残部开始了艰难的大撤退。

很少有这样残酷的环境,竟然在一支军队撤退时如此恶毒地消耗着它的精髓。然而,隆美尔依旧表现了身处逆境时那种惊人的狡诈。好多次,蒙哥马利的炮火还在向德军轰炸不止,可是德军早已悄然后撤,只留下数以百计的地雷阵在恭候前来探头探脑张望的英军。

虽然疾病缠身,头晕目眩,但隆美尔仍率七万德意联军,穿越了北非海岸线数百英里荒无人烟的沙漠。一路上,他们忍受着热带白昼酷热的煎熬,经受了疾风暴雨的吹打,硬挺着寒冷彻骨的黑夜。这支首尾长达60英里,由坦克、大炮以及各种载人车辆拼凑起来的队伍,一路上经常遭到无情的空袭。有好些日子,由于缺乏燃料,整个撤退行动不得不瘫痪下来,与此同时,隆美尔那些身经百战、忠诚不渝的士兵在缺水少粮的情况，仍然在为掩护撤退做着殊死的抵抗。几星期、几个月过去了，终于，突尼斯的青山丛林映入了眼帘，隆美尔才长长松了一口气。

在突尼斯，隆美尔受到了凯塞林、突尼斯德军总指挥阿尔尼姆以及意大利最高统帅部的合力排挤，只好于1943年3月称病告别了非洲。

在他离开两个多月后，北非的德军接连溃败，只好举手投降。

火中取栗

德意联军在北非彻底失败后，意大利便直接暴露在英美盟军面前。这时的意大利国内局势也日益不稳，墨索里尼的地位岌岌可危。

希特勒急忙任命隆美尔组建一个新的集团军司令部的参谋班子，并指示他：一有紧急情况，便进占意大利。

1943年7月9日，英美盟军用伞兵和登陆艇对意大利的西西里岛实施进攻。

7月25日，意大利发生政变，墨索里尼被囚。虽然新政府宣布不背弃德国，但希特勒根本不相信这一点。他强烈主张立即进军意大利，扶植墨索里尼重新上台。隆美尔却力主采取谨慎的行动，逐步渗入意大利。经过一番争论，希特勒冷静下来，同意了隆美尔的意见。

于是，隆美尔开始不慌不忙地把部队直接渗入意大利北部。他计划：横跨从热那亚到里米尼（意大利中部靠近亚得里亚海的重要港口城市）的意大利北部，占领一条战线，然后再把忠实可靠的德军遍布意大利。他认为，德军先应在西西里打一场旷日持久的战役，然后沿意大利的"靴形"地势（意大利在地图上很像一只斜放着的靴子）撤退北上，在横跨意大利的科森察（意大利西南部的重要城市）至塔兰托（意大利东南部的重要港口城市）之间的一系列防线上进行防御，最后再沿亚平宁山脉进行抵抗。总之，他认为："与其在自己的国土上打仗，不如在意大利进行战斗。一定要拒战争于德国本土之外。"

7月29日，希特勒获得情报——意大利的新政权正秘密与敌人接触，停战指日可待。他急忙下令隆美尔执行秘密入侵意大利的阿拉里奇行动计划。

隆美尔对突击营的指挥官扼要交代说："你们要对意大利人保持友好和睦，避免摩擦。"

"他们要是抵抗呢？"

"那就谈判，"隆美尔说，"如果他们向你们进攻，你们就还击。切勿使用意大利人的电话线。与后续部队一定要保持紧密的联系，使意大利人无法将部队插进来。"

德军迅速占领了意大利北部边界地区的关隘。等意军反应过来，大批德军已滚滚而来，占据了意大利北部的各战略要地。意大利最高统帅部对此非常恼怒，他们将大批军队调往北部抵挡德军，同时加紧同英美盟军接洽投降事宜。

为协调德军在意大利的行动，希特勒调凯塞林元帅指挥南部军队作战，让隆美尔专门负责指挥北部德军行动。

9月8日，意大利宣布向英美盟军投降，德国最高统帅部用电话向隆美尔和凯塞林下达代号为"轴心"的命令，让他们立即快刀斩乱麻地收拾意大利军队。

德军行动迅速,很快占领罗马和各大城市。意大利新政府要员和王室逃跑到英美盟军那里,乞求援助。

第二天,美军第五军团在那不勒斯(意大利南部的重要港口城市)南部的萨莱诺从海上进攻。从破译的美军无线电通讯密码中得知,意大利人已将战略部署泄露给敌人。凯塞林接到希特勒的直接命令:"如果有必要",边打边向北撤,向罗马方向运动。但是美军和德军防守部队一交锋便被打垮。这未免令人手痒,凯塞林决定就在当地及时吃掉敌人。

与此同时,隆美尔在北部将一切力量都投入到了海岸防线,并不再保留后备部队,准备拒敌于海面。

9月10日,隆美尔因阑尾炎住进了医院。躺在医院时,他不止一次听到了空袭警报。这使他意识到在奥地利的家也已不安全,急忙写信给妻子要她迁居外地。

凯塞林极想遏制住盟军的攻势,甚至把他们赶下海去,但这几乎是梦想。9月12日,他得到反攻的许可,但是英美盟军已经有八个师登陆,正以优势兵力压向德军的四个师。于是德军开始边撤边退。希特勒授权凯塞林一路上破坏桥梁、公路、隧道和铁路等设施,阻止敌人的推进。

这便是27日隆美尔出院时的局势。那天下午,陆军元帅凯特尔从最高统帅部打来电话,要隆美尔飞回"狼穴"(希特勒设在东普鲁士的大本营)参加会议,与希特勒讨论秋季战略。这一回凯塞林也出席了会议。

隆美尔和凯塞林向希特勒汇报了在意大利的战果:他们解除了80万意大利士兵的武装,取道北部押送了26万8千人到德国服苦役,缴获了448辆坦克、2000门大炮和50万支步枪。然而这并不是最令人叹服的战果。在拉斯佩齐亚的三条隧洞里,隆美尔的部队发现了为意大利潜艇和军舰贮藏的燃料油,共有38000桶,相当于165万加仑。正是这个意大利最高统帅部,一边窝藏着这么多的燃料油,一边说海军没有燃料,不能为船只护航,无法把给养物资运给在北非的隆美尔。在随后的几个星期里,别处也找到了更多的意军秘密贮藏的燃料油。

出席会议的戈林插话道:"我们还缴获了数百架第一流的意大利战斗机。"

"这些家伙怎么竟干得这样神不知鬼不觉呢?"希特勒吃惊道。

戈林冲动地说:"意大利和墨索里尼多年来一直在有意捉弄我们。意大利人把飞机和原料藏起来,墨索里尼怎会一无所知? 真该一枪把他崩掉。"

这些话并不对希特勒的心思。他依然费尽心机,把墨索里尼从被关押的山庄里搭救出来,并帮他重新建立起政权。"真正的过失全在国王和他的将军们身上,"希特勒强调道,"他们策划这次叛变是蓄谋已久了。墨索里尼和他们不同,他是我们的朋友。"接着,他转向凯塞林和隆美尔说:"我们在意大利坚守的每一天、每一周、每一个月,对我们都是生死攸关的大事。我们必须赢得时间,因为只要把战争拖延下去,就能使对方屈服。"

然而,隆美尔不能保证的也正是时间。他建议最好的办法就是依次安全迅速地沿意大利半岛撤至罗马以北90英里的地方。

可是,凯塞林却要求在罗马以南90英里只有先前一半长的战线上进行最后的防御战。他相信至少能在即将到来的冬季守住这条防线。这一建议比隆美尔的建议显得更为乐观,并且更合希特勒的意。

然而，隆美尔指出，凯塞林的计划中有一个明显的漏洞，因为对方若在罗马的任意一边，海上或更远的北部绕过这条防线，德军就会腹背受敌。

凯塞林为自己辩护说，若北部德军严阵以待，密切配合的话，此防线必然固若金汤。故而他要求由一人通盘指挥意大利战事。

10月17日，希特勒派人请来隆美尔，让他独自指挥意大利战场的德军，但同时要求他依凯塞林计划行事，至少要在整个冬季守住凯塞林现在控制着的从加埃塔到厄托纳的防线。隆美尔则提出了强硬的保留意见。他要求在接受"意大利最高司令官"一职前，必须亲自视察凯塞林的战区，再根据实际情况制定作战计划，不同意盲目执行别人的计划。希特勒对此大为恼怒。

10月19日，希特勒决定将意大利的最高指挥权授予乐观的凯塞林。

那么隆美尔该做什么呢？他那齐心协力的参谋部又该怎么办呢？难道隆美尔该靠边站了，这对德国来说是无法理解的。希特勒此时陷入了进退两难的窘境，该给这位他自己的宣传机器鼓吹出来的神秘元帅分配什么工作呢？希特勒做出了第一个十分不当的决定，让隆美尔集团军的参谋班子原封不动，在必要时可以给他出谋划策。这虽然迎合了隆美尔的数学头脑，因为数学是一门充满了"寻求问题答案"的科学，但是对隆美尔本人而言，这不过是让他蒙受耻辱，丢尽脸面罢了。他感到自己终于被抛在了一边。

负隅顽抗

希特勒的战略顾问约德尔将军提出了解决隆美尔问题的方法。10月30日，他把德国军界年事最高、资格最老的陆军元帅，西线总司令伦斯德的连篇累牍的报告呈交给希特勒。该报告指出，自1942年8月以来，在欧洲与英国隔海相望的海岸线上，希特勒曾大肆鼓吹的"大西洋壁垒"事实上已经不堪一击。以英美盟军在西西里和萨莱诺成功登陆的实力来看，"大西洋壁垒"根本无法阻挡对方决意进行的入侵，必须尽快地彻底检查和加固海岸防御工事。约德尔的建议认为：这对隆美尔及其参谋班子来说是一项很合适的工作，无论对方从什么地方发动攻势，从战术上来说，隆美尔都可以胜任反入侵的指挥任务。但是希特勒并不想做得太过火，他要约德尔起草一份适合于隆美尔的命令，只说是"研究任务"，而不指明"战术指挥"这样的概念，因为那样做未免过分了点。

11月5日晚些时候，希特勒在"狼穴"把这项命令下达给隆美尔。他着重指出，这项工作对德国具有重要意义。"敌人要是从西线进攻的话，那就将是这场战争的决定性时刻。"希特勒说，"那么，我们必须举国上下全力以赴。"遵照希特勒的直接命令，隆美尔开始着手研究在盟军获得立足点之后必须采取的防御计划和可能的反攻措施。

希特勒暗示隆美尔，如果战斗打响，他可能要担任战术指挥。可是，希特勒并未把这个意思告知西线总司令伦斯德。相反，希特勒却事先派最高统帅部司令凯特尔秘密前往巴黎，向伦斯德担保他可以稳坐总司令的宝座。

与希特勒短暂愉快的会面，使隆美尔倍受鼓舞。他兴致勃勃地写道："元首的精力多么充沛！他给他的人民以巨大的鼓舞和坚强的信心！"

希特勒之所以选派隆美尔的原因是：在纳粹指挥官里唯有隆美尔具有数年与英美军队作战的经验，盟军非常畏惧他；此外，希特勒也想给隆美尔一个挽回声望的机会。

在视察过与英国隔海相望的全部海岸防御工事后，隆美尔认为：若发动进攻，盟军首先会以猛烈的空袭开路，然后在海上军舰和空中战斗轰炸机的火力掩护下，用数以百计的突击艇和装甲登陆艇在广阔的战线上从海上登陆，与此同时，在离海岸不远的内陆投下空降部队，从后面打开"大西洋壁垒"，从而迅速地建立桥头堡。故而，唯一有效的防御手段便是在滩头就歼灭入侵之敌。

隆美尔拜见希特勒

为了实施这一计划，隆美尔决定在整个大西洋壁垒地带构筑一道六英里宽的坚不可摧的由地雷阵地和钢筋水泥掩体构成的防线。

他四处巡视，监督士兵们加紧修建防线，并且独出心裁地发明了各种新的防御技术。他建议用救火胶管的射流把笨重的木桩打入海滩下面。结果这个主意很奏效，木桩在 3 分钟内就能整根地打到沙地下面，而用常规的打桩机则要花费 45 分钟。接着，隆美尔命令士兵把地雷紧紧地捆在障碍物上，并给障碍物插上锋利的铁刺和参差不齐的钢板，这样它们就可以保证把登陆艇炸得粉碎。为了克服地雷的短缺，隆美尔创造了利用 120 万颗废炮弹的方法。这种致命的"坚果"地雷是一颗嵌在水泥障碍物上的炮弹，其中安有一块木板，作为临时触发器，一旦船只从旁经过，就会引起爆炸。为了把笨重的障碍物运到较远的海滩，他还绘制了有关使用浮漂起重机、船只和马拉队，以及滑车等技术的草图。设计图和使用方法印制出来后便分发给整个防区的指挥官们。为了克服物资的不足，他开办了生产水泥和四方体障碍物的工厂，修建发电站，重新开采矿山等。尤其值得一提的是，隆美尔的创业精神在西线激发了士气，士兵们的情绪日益高涨。

1944 年初，英美盟军在欧洲开辟第二战场的意图日趋明显。

3 月 19 日，希特勒在伯格霍夫召见隆美尔，对他说："显然，英美即将联合对西线发起进攻。在任何情况下，都不允许敌人的进攻持续几个小时。要坚决歼灭他们，这将使罗斯福不能蝉联美国下一届总统之职，英国人则会产生厌战情绪。而且一旦西线胜利，我们就能全力对付东线。因此，这场战斗关系到我们国家的命运！"

同时,希特勒还指出:英美的联合进攻一旦开始,诺曼底海岸将是他们的进攻目标,而战略目标则是夺取瑟堡港。

隆美尔却不同意这一判断,他认为敌人可能进攻的海岸线必定是自比利时延伸至法国索姆河的第十五军团驻守的地段。

果然英军侦察机频繁骚扰第十五军团防区,他们的空袭也集中在这一地区。

5月20日,德军在索姆海湾抓到两名英军突击队员,他们正在从事侦察活动。

接着,隆美尔在北非时的部将克拉默因患严重的哮喘病被英国人释放回国。他跑来找隆美尔告诫说,敌人进攻选在索姆河附近地区。

所有的迹象都表明,英美盟军进攻的目标是靠近英吉利海岸的第十五军团的防区。

隆美尔对自己的判断更是深信不疑,他将这一地区视为防御重点,加固工事,投注重兵。1944年6月6日,自认为万无一失的隆美尔回到家中,愉快地去给妻子露西过生日去了。

殊不料,他中了老对手蒙哥马利的圈套。正是6月6日这一天,盟军在隆美尔防御最薄弱的诺曼底登陆。

闻讯赶回的隆美尔立即组织抵抗,但终未能阻止住盟军排山倒海的攻势。

十天后,隆美尔对德国的败局确信无疑,他上书希特勒阐明德军处境,请求希特勒考虑和英美盟军谈判议和。他对希特勒说:"现在,政治应该起到它应起的作用了,否则,西线的局势很快将恶化到难以收拾的地步。"

"这不是你应该关心的事。让我来决定吧。"希特勒冷冷地答道。

6月末,德军在诺曼底作了最后一次反攻,但很快失利。

7月中旬,隆美尔和另一位陆军元帅克鲁格联名敦促希特勒从政治上考虑,做出最后的决定。并且,他还在手下的将领中竭力宣传自己的主张。

"要是元首拒绝我的建议,那我就敞开西线,让英国人和美国人先于俄国人到达柏林。"他对第17空军野战师作战部长瓦宁说。

不久,他与装甲群指挥官埃伯巴赫将军秘密会晤。

"我们不能再这样继续下去了。"隆美尔指出。

埃伯巴赫模棱两可地问道:"只要元首在台上一天,你能想象情况会有什么变化吗?"

隆美尔摇摇头说道:"我希望得到你的支持。为了德国人民的利益,我们必须合作。在以往的类似行动中,人民总是慷慨激昂的。"

"那将会在德国引起一场内战。"埃伯巴赫忧虑地说。

"是啊!唯愿元首同意我的计划。"隆美尔答道。

7月17日,隆美尔视察第一党卫装甲军。他问军长迪特里希:"你愿永远执行我的命令吗,甚至这些命令和元首的命令相抵触的时候?"

这位党卫军将军伸出那瘦骨嶙峋的手对隆美尔说:"你是头儿,陆军元帅阁下。我只听从你的,不管你打算干什么。"

殊不料,在返回途中,隆美尔的汽车遭盟军飞机轰炸,摔进一条沟渠里。他头部受了重伤,被送到巴黎郊外一家医院进行治疗。

祸起萧墙

1944年7月20日,德国国内发生了谋杀希特勒事件。密谋分子施道芬堡把一只装有炸弹的皮包放在东普鲁士希特勒的作战会议室里,结果炸弹仅使希特勒受到轻度烧伤和撞伤,暗杀宣告失败。

隆美尔被深深地牵连进这次谋杀案之中。密谋分子供出了与隆美尔关系亲密的克鲁格元帅和隆美尔的参谋长斯派达尔中将。希特勒解除克鲁格的职务并召其回国。克鲁格知道在劫难逃,就吞下了氰化毒剂自尽身亡。斯派达尔在审讯中,宣称一位密谋分子曾将暗杀阴谋告知了他,而他则及时地向隆美尔报告了此事,若隆美尔没有上报这个警告,那就不是他本人的过错了。

秘密警察相信了这一供词,并写成报告交给了希特勒。本来就对日益悲观、持失败主义论调的隆美尔大为不满的希特勒怒气冲天,指出斯派达尔尚可饶恕,隆美尔则罪不可赦。

8月8日,隆美尔被送回德国家中养伤之时,已被秘密警察监视起来。

10月,希特勒决定处死隆美尔,但仍对他的爱将施舍了最后的恩惠。希特勒为其指出两种选择:一是如果隆美尔否认他人的指控,就向元首当面交代,否则理应受到处决。对于隆美尔之死,希特勒也为其指出两条路:一是作为人民公敌被公开处死;二是自杀,对外宣布自然死亡,死后享有一个陆军元帅应有的一切荣誉,家属不受任何牵连。

就这样,希特勒给他宠爱的陆军元帅出了最后一把力。对于那些被吊死在钢琴弦上的密谋分子,他从来没有过这样的恩惠。人民永远不会知道隆美尔和叛变分子沆瀣一气,甚至隆美尔的妻子露西也被蒙在鼓里。希特勒同样不让戈林和邓尼茨这些纳粹高级将领得知事实的真相,隆美尔的人事档案中也没有任何蛛丝马迹表明他参与过密谋,他的一生"清白而无瑕"。

1944年10月14日,陆军人事部部长布格道夫、陆军人事部法律处长官迈赛尔少将亲自来到隆美尔家里处理此事。

书房里,布格道夫宣布:"元帅阁下,你被指控为谋害元首的同案犯。"接着他将斯派达尔等人的书面证词递给了隆美尔。

这些证词构成了毁灭一个人的起诉书,隆美尔看完后,一种极度痛苦的表情浮现在脸上。他现在是有口难辩,他怎么说得清楚自己没有参与暗杀阴谋,甚至时至今日都一无所知呢。

他所盘算的"一切",难道不就是无论元首同意与否都要与蒙哥马利达成单独停战的尝试吗?即便如此,他也必须承认,这也足够引起元首的忌恨,把自己送上绞刑架了。

"元首知道此事吗?"隆美尔怀有一线希望地问。

布格道夫点点头。

"那么,我承担一切后果。"隆美尔两眼闪出绝望的泪花道。

布格道夫告诉隆美尔,元首允诺:如果他自尽,将对他的叛国罪严加保密,不使德国人民知道原因。为了纪念他,还将树立一座纪念碑,并为他举行国葬,而且保证不对他的家属采取非常手段。此外，其妻露西还将领取陆军元帅的全部抚恤金。"这是对你从前为帝国建树的功勋的肯定。"布格道夫强调道。

隆美尔被这突如其来的晴天霹雳搞得目瞪口呆。他请求给他几分钟的时间收拾一下东西。他心力交瘁，步履蹒跚。这该是多么具有讽刺意味的一幕。他，隆美尔，在两次世界大战中经历了多少枪林弹雨，多少次出生入死，而现在却要为他从未参与过的一次失败的阴谋去死，而不是马革裹尸，为国捐躯！

"我可以借用你的小车安静地开到别处去吗？"他问布格道夫，"恐怕我不能很好地使用手枪。"

"我们带来了一种制剂，"布格道夫温和地答道，"它在三分钟内就能奏效。"

布格道夫说完便退出了房间。隆美尔则上楼去和妻子诀别。"15分钟之内我将死去，"他木然地对露西说，"我被牵连进了7月20日的阴谋之中，在劫难逃了。"露西没有哭，泪水只是以后当她孑然一身时才潸然而下。他和她谁也没有意料到这场离别。露西顿时感到头晕目眩，天昏地暗，然而她却勇敢地迎接了他最后的拥抱。

接着，隆美尔叫来儿子，从衣兜里掏出家里的钥匙，把它连同钱袋一并交给了他，并告诉他："斯派达尔对他们讲，我是7月20日阴谋的主犯之一。我不能再和你们生活在一起了，你要照料好妈妈。"

最后，他走出门，安静地和布格道夫一起钻进了车子的后座。那位司机，党卫队的一名军士长，松了一下离合器，车子随即消失在路上，朝着前面的村庄驶去。

这位司机当时32岁，叫海因里希·多斯。他后来讲述了接下去的一幕。车子行驶了两百码以后，布格道夫命令他停车。"我下了车，"这位司机说，"迈赛尔将军和我一道，沿着公路往回走了一段路。过了一会儿，大约四、五分钟，布格道夫叫我们回到车子那里。只见隆美尔坐在后座上，正处于弥留之际。他已神志不清，颓然倒下，啜泣着——并非是死前的那种挣扎或呻吟，而是在啜泣。他的帽子落下来，我把他的身子扶正，给他戴上帽子。"

第二天，德国报刊上登出了隆美尔因病去世的讣告，他终年53岁。

悲剧英雄

战争刚一结束，隆美尔的名字便和刺客施道芬堡周围的密谋分子联系起来，也许这是不可避免的。1945年4月，在布格道夫与迈赛尔将军登门拜访后，隆美尔便因病去世。这足以让人们去猜测他的死因。当时，还有许多别的高级军官被这个阴谋牵连而自杀身亡，人们在揣度隆美尔的死因时也就会自然而然地作如是之想。但是，隆美尔的家人依然认为反希特勒的阴谋是卑怯的，效忠希特勒是一个陆军元帅唯一本分的职责，把隆美尔的名字与密谋分子施道芬堡混为一谈是玷污了这位陆军元帅的荣誉。1945年9月9日，隆美尔的遗孀露西声明道："为了使隆美尔的名字洁白无瑕，为了维护他的荣誉，我要把此事的真相公之于世。我丈夫并没有参与7月20日的阴谋。我丈夫一向直言不讳，他曾开诚布公地把自己的见解、意愿和计划向最高当局陈述过，虽然他们并不喜欢他这样的做法。"

这是千真万确的事实。但是，密谋分子的标签已经贴到了隆美尔的身上。

英国人和美国人喜欢抓住隆美尔的神话不放。他们把隆美尔视为抵抗运动的英雄,认定他们所敬畏的纳粹分子隆美尔一定参与过反对他们的头号敌人希特勒的密谋。

当然,密谋分子隆美尔的神话还要归功于斯派达尔。1946年,即使是个白痴也清楚,当时,在战后的德国,只有被证明与施道芬堡密谋分子有联系的人才被认为是可信赖的反纳粹分子,才能得到权力。斯派达尔曾经是隆美尔的参谋长,若隆美尔被塑造为一个令人肃然起敬的密谋分子并能长期保持这一角色的光彩,那么斯派达尔作为一名密谋分子的凭证显然将变得更为合情合理;如果隆美尔被树为战后德国身价极高而又恰如其分的人物,那么,与之有联系的斯派达尔也必然得到高升。他于1946年在美军集中营里曾很坦率地对另一位德国将军说:"我想使隆美尔成为全体德国人民的英雄。"

斯派达尔在获释后发表的一本书中继续编造这个神话。他提出的论据认为:从1944年4月开始——此时他作为隆美尔的新任参谋长刚刚到任——一批排成四路纵队的密谋分子齐步走进了城堡司令部的大门,隆美尔在那里热烈地欢迎他们,并许诺支持他们的计划和手段,表示愿意在希特勒被推翻后上台执政。

显然,斯派达尔的这招深思熟虑的棋很快就奏效了,隆美尔成了永垂不朽的神话元帅,而斯派达尔本人则在其光荣的回光返照之下,从一名战俘一跃而成了德意志联邦共和国陆军的新任司令官,继之又步步高升,当上了北大西洋公约组织的高级将领。

那么,历史的真相到底是什么呢?

毋庸置疑,到1944年6月中旬,隆美尔已多次耳闻纳粹集中营大屠杀等残暴事件,逐步认识到希特勒政权的滔天罪行。当诺曼底战役对他形成不利局面时,隆美尔便沉溺于白日梦中。他开始左右摇摆地产生了与希特勒背道而驰的念头,想直接和敌人打交道。然而他自己可能也明白,他绝不会这样做。

隆美尔死后希特勒送的花圈

有一段插曲是隆美尔这种个性气质的最好写照。它发生在1944年诺曼底登陆前那令人疲惫不堪的最后几周里。隆美尔在短途巡视中,常常在德国娘子军为他的士兵开办的旅店里停下来吃午饭或喝午茶。漂亮的空军姑娘和护士们时常围住他,要他签名留念。有的少女被这位大名鼎鼎、气宇轩昂的军人迷得神魂颠倒,她们送给他礼物、纪念品,并温情脉脉地向他暗示,这一切弄得隆美尔十分尴尬。

然而有一天,姑娘们的热情和浓烈的法国香水味甚至也挑逗得这位严肃固执的陆军元帅动了心。当他出了房间朝等待着他的车子走去时,对陪同的工兵指挥官梅斯将军说:"你知道,梅斯,"他狡黠地一笑,"有些姑娘真是迷人,我差不多要为之倾倒了。"然而,隆美尔明白自己绝不会陷进去,因为他对爱情是忠贞不渝的。

在政治方面,他动过反对希特勒的念头,但他就像一个在感情方面非常忠诚的丈夫偶尔在不规矩的奇思怪想中得到满足一般;但绝不会真的去寻花问柳。"我差不多要为之倾倒了!"他对梅斯这样说。但无论如何也只是"差不多要",事实上却并没有。

再者,比起其他的将军来,他更为有胆识,敢于向希特勒陈述自己的观点。1944 年 6 月,他就曾口头对希特勒建议与英美盟军议和。7 月,他更是与克鲁格元帅一起向希特勒上书建议此事。并且他还想写一封给蒙哥马利的信,自愿把诺曼底战线开放给盟军,天真地希望德、英、美三国联合对抗苏联红军等等。

然而,我们看到,这些与希特勒政策相背离的想法和计划,虽时时出现在隆美尔的头脑中,并常在他与朋友的谈话中流露出来,但这并不意味着隆美尔会在行动上背叛希特勒。如同当年在但泽的婚礼仪式上他向妻子发的誓一样,1934 年他和每一个军官对元首的宣誓足以使具有隆美尔这种信念的军人不会去干那种背叛元首的违背神圣誓言的勾当。此外,隆美尔和一些积极的陆军元帅还在 1944 年 3 月在给希特勒的第二份效忠书上也亲自签名发誓。双重的誓言更使得隆美尔不敢越雷池一步。非日耳曼民族的人一定很难接受这样的事实:一位刚直不阿的将军竟然会由于自己的效忠宣誓而被这种极权统治捆住手脚。但他们确实就是这样,他们的整个军事生涯都被这种形式所支配。一种绝对服从上级命令的民族气质牢牢控制了他们。接连不断的胜利由此产生,而失败往往也起源于此。一位德国将军的观点可以说是代表了包括隆美尔在内的许多德国将军的普遍观念,他说:"我深信,誓言永远是誓言,它永远也不可违背,尤其是在危急关头,就更要恪守誓言,用鲜血和生命去捍卫它。"

最后,对于隆美尔其人我们又能说些什么呢?

跟别的婴儿一样,他呱呱落地时并没有什么特别的形容词可以用来修饰他;他在襁褓和孩提时代得到的不寻常的形容词也几乎寥寥无几;作为学生,他纤弱但勤奋上进;作为青年,他守纪律、坚忍不拔而且喜欢发明创造;作为丈夫和父亲,他不但富于感情,有想象力,而且忠诚不渝。

他在军队中出人头地,勇猛无畏,足智多谋,但有时也轻率莽撞,自以为是;他虽然也意识到自己出身寒微,只是一个教员的儿子,但具有非凡的抱负;他憧憬远大的目标,时刻渴望着权力和高官厚禄。在生命的最后几周,他对儿子说:"你知道,还只是一名陆军上尉的时候,我就已经懂得怎样指挥一个军团了!"在整个一生中,他从未表露过个人的畏惧,甚至明知是去赴死,他也一如既往,迈着坚定的步伐毅然前往。

但是,实事求是地说,由于年龄的增长、思想的成熟和官爵的升迁,他变得固执武断,对同僚和上司的劝告置若罔闻,他鲁莽草率,傲慢无礼,对别人的指责和非议常常神经过敏。

正如希特勒在 1944 年 8 月评论他的那样:"他不是一个真正持之以恒的军

人。"隆美尔只是一个有其不足之处的普通的军官,在取得接二连三的胜利之后,他对士兵来说确实是个鼓舞人心的源泉;但一经失败,他顷刻之间就丧失了勇气。

作为一个战略家,隆美尔目光短浅。他只重视军队眼前的战斗,却看不到战争全局的势态发展。譬如 1941 年,他对希特勒即将进攻俄国的野心勃勃的战略竟一无所知,从而导致了在利比亚战线拉得太长的灾难性事件。1943 年,隆美尔也居然看不到为争取时间而拖延战争的好处,从而被希特勒调离意大利战场。事实证明,凯塞林秉承希特勒意旨在意大利的抵抗曾使罗斯福和丘吉尔一时被缚住手脚,动弹不得。事实上,有时隆美尔似乎只有一个主导思想——在力所能及的范围内将部队尽快地撤回德国本土。他先从利比亚撤到突尼斯,以后又力主从意大利南部加速撤退到阿尔卑斯山。这样便首先把巴尔干暴露在敌人的进攻面前,然后又使德国南部遭到英美盟军的战略轰炸。

不过话又说回来,尽管隆美尔有这些缺陷,他的能力和才智还是不可否认的。有人曾这样评价他:"他不仅对别人,而且对自己都极为严格。他精力充沛,从不姑息自己。由于有能力创造丰功伟绩,所以对自己的下属也要求甚高,意识不到一般人的体力和智力毕竟有限。"他具有不凡但又显得呆板的军事天赋,因此我们不大容易忘记隆美尔这位天才的军事家。战斗过程中的士兵们可不是一群傻瓜和白痴,他们能辨认指挥官的伟大与否。不容否认的是,隆美尔的士兵们,不论他们是由什么民族组成,都毫无例外地钦佩和崇拜他们的指挥官——隆美尔。

历史永远不会忘记,在两年的时间里,隆美尔曾在硝烟弥漫的北非沙漠中指挥着仅仅两个装甲师和为数不多、装备较差、后勤供应不足的步兵,与整个英帝国对垒,并且还能屡出奇兵,轰动一时。

今天,在隆美尔的坟墓上竖立着一具孤零零的十字架。千里之外的利比亚沙漠中也矗立着一块石碑,它俯瞰着长眠在此的德军士兵们。当年幸存下来的德军士兵一年一度来到这里,以隆美尔的名字向牺牲的战友们志哀。这就是隆美尔的另一种纪念碑:他永远活在他们心中。当狂风呼啸,天空弥漫着炙热的飞沙走石,沙漠风暴又开始怒号时,或许人们能够听到隆美尔那渐渐远去的呼喊:"冲啊!"于是,装甲纵队的发动机响起了雷鸣般的吼声,朝着东方,滚滚而去。然而,命运注定了隆美尔只能是一个悲剧英雄,因为他所从事的事业是反动的、非正义的,这一切也决定了他所从事的战争只能以失败而告终。

"盖世太保" 纳粹帮凶

——戈林

人物档案

简　　历:德国纳粹空军元帅,二战时期仅次于希特勒的纳粹二号人物。

生卒年月:1893 年 1 月 12 日~1946 年 10 月 15 日。

安葬之地:不详。

性格特征:骄傲自大、自命不凡、鼠目寸光。

历史功过:挑起发动第二次世界大战者之一,策划"国会纵火案",建立秘密警察组织"盖世太保",设立集中营。

入空军屡获勋章

1893 年 1 月 12 日,在德国巴伐利亚罗森海姆的一座温泉别墅里,赫尔曼·戈林呱呱坠地了。父亲海因里希·厄恩特·戈林博士是位海外殖民地总督,时年 64 岁。母亲范妮·蒂芬布鲁恩是老戈林的第二任妻子,比丈夫小 20 岁。老戈林的前妻留下几个孩子,而范妮也已生了两女一男。如今又添丁进口,老两口喜不自禁,整个别墅里荡漾着欢庆的气氛。然而,他们又怎么能想象得到,就是这个小戈林,后来成为举世皆知的混世魔王,会同盗世奸雄希特勒一起,发动了震惊全球的第二次世界大战,将德国和世界人民拖入战争的深渊。

戈林小时虽然调皮捣蛋,但是学业成绩一直优异。在学校里,他如鱼得水。

1910 年,他以优良的成绩升入号称"德国的西点军校"的利希菲尔德军事学院。在这里,他心甘情愿地接受着极其严格的普鲁士军训。第二年通过了系列考试,并取得军训课目的最高分。1912 年 3 月,戈林应征入伍,继续在利希菲尔德军事学院进修,并在第二年 12 月通过了军官考核。

1914 年 8 月,第一次世界大战爆发,戈林作为排长被派往前线。在纳尼—埃普诺尔和弗里雷的战斗中,他获得二级铁十字勋章。不久因染病退出战场,疗养于弗赖堡。在这里,他结识了正在接受飞行训练的陆军中尉布鲁诺·勒歇泽,并对飞机这种新式装备产生了兴趣。在他的强烈要求下,病愈后被派到达姆施塔特接受侦察飞行训练。从1915年2月起,戈林和勒歇泽一直同飞一架飞机。3月,在法国装甲炮群威胁的科特德塔上空,两人成功地进行了一次侦察飞行,为德军的进攻提供了重要情报。为此,德皇亲自召见了他们,王储授予他们一级铁十字勋章。当年6月,他们驾驶着没有任何武装的阿尔巴特罗斯侦察机,设法追降了一架法国轰炸机,这一壮举使他们两人声名鹊起。

1915年10月,戈林首次完成了作战飞行,并第一次击落了一架法尔芒飞机。1916年3月,戈林驾驶着一架300马力的G499号大型战斗机,同法国的3架大型飞机展开激战,击落了其中一架。1916年11月,戈林在空战中挨了英机的一颗机关枪子弹,在疼痛难忍的情况下,仍千方百计地把负伤的飞机开回自己的防区。伤愈归队后,戈林已成为德国空军的王牌飞行员之一。他在空战中勇猛果敢,胆大心细,经常孤军奋战,每次都能奇迹般地胜利返回。有一次英机打掉了戈林飞机的方向舵,他却安然地返回了防区。事后,戈林得意扬扬地说:"我不知怎么回事,没有方向舵,我照样飞得很好。"

到1918年6月,戈林击落的敌机累计已达21架。与此同时,战绩辉煌的戈林又极为走运,获得了被视为德国空军军魂和象征的里希特霍芬中队的指挥权。然而还没有等他充分品尝权力的滋味,德国军队便节节败退。11月,基尔港水兵起义,国内陷入了一片混乱。作为战败国的年轻人,即使被誉为天之骄子的空中英雄又有什么用武之地呢?这时的戈林不由得心潮起伏,黯然神伤。

献大礼国会纵火

1929年,随着世界经济危机的爆发,戈林的机遇终于来了。纳粹党利用国民心中普遍存在的不满、绝望和彷徨,以及资产阶级对共产主义的畏惧心理,在全国得到了迅速的发展。在1932年7月的大选中,纳粹党大获全胜,一举成为国会第一大党。戈林被元首指定为纳粹议会党团领袖,当然也就成了议会议长,这是纳粹党迄今在国家公职中取得的最高职位。当时纳粹党对总理府早已垂涎三尺,戈林就利用这一职位为纳粹党入主总理府潜心竭力,矢志以图。

1933年3月5日,德国又要进行新的大选了。从1932年最后一次选举看,纳粹党失去了200万张选票,而共产党则增加了75万张选票。这使纳粹党极为紧张,他们要寻找一个办法遏止共产党的影响,并且一劳永逸地解决这个问题。2月24日,戈林派秘密警察搜查了共产党在柏林的办事处。然而,这是一个被共产党放弃了的办事处,戈林没有得到什么有价值的东西。但是戈林仍然宣布他找到了确凿的证据,证明共产党要发动一场革命。但是,公众对这件事的反应并不理想,甚至保守分子也对此持怀疑态度。很明显,戈林必须在3月5日大选前,找到一个更加耸人听闻的事件作为彻底打击共产党的借口。

2月27日,戈林利用了一个神经不正常的荷兰共产党员点燃了国会大厦,不一会儿,熊熊烈火在国会大厦燃起。在火光中,戈林露出了无比狰狞的面目。作为希特勒的帮凶,戈林为主子献上了一份丰厚的礼物。不用说,戈林很快就达到了自己的目的。纳粹党就这样为大选排除了一个最大的障碍。后来,在1942年的一次宴会上,戈林酒后露真情。他得意地吹嘘说:"真正了解国会大厦事件的只有我一个人,因为我放火把它烧了。"说完还拍着大腿狂笑不止。

这样,戈林不仅在清除共产党方面为希特勒立下首功,还帮助希特勒获得了合法实行纳粹恐怖统治的尚方宝剑。

做帮凶罪行累累

1933年3月23日,国会通过《授权法》,将立法权交给希特勒内阁。德国从此进入法西斯专政时期。希特勒迫使普鲁士总理巴本辞职,由戈林接班,并给予其代理外交部长职务。此后,戈林就像一只巨大的蜘蛛,不断喷溅着毒汁,在一个个角落里编织着权力的网络。

首先,他建立了国家的秘密警察组织——盖世太保。盖世太保本是柏林市警察局长冯·勒韦楚组建的,其中一个重要目的是制止纳粹冲锋队的无法无天行为。希特勒发现勒韦楚的企图后,立即让戈林解除他的职务。戈林发现这个秘密特务组织非常合乎他的要求,因此,他将勒韦楚的组织划归他直接掌管的普鲁士内政部。从此,盖世太保逐渐发展成一个无孔不入的恐怖组织,成为纳粹暴政的象征。

其次,戈林创建了情报研究所。这个以电子研究为幌子的情报机构,实际上是一个当时世界上装备最精良、技术最先进的特务组织。戈林将研究所分为若干个语言区,监听通过德国陆地的通讯线路和附近的海底电缆,获得的情报可以使纳粹对国外的动态迅速做出反应,占取主动权。在通话的高峰时间,戈林手下有多达3000多名工作人员在监听国务总理办公厅、各部委、党务办公室和大使馆的电话线。监听专家们昼夜不停地破译着密码文章并作着记录,用以满足他们上司对来自政治和私人方面的消息的饥饿感。不论是约瑟夫·戈培尔和莉达·巴罗瓦之间个人的窃窃私语,还是外国通讯记者之间进行的政治讨论,戈林手下的监听人员都勤奋地逐字逐句地做着记录,尽管这种工作是如此的乏味。

1934年8月2日,兴登堡去世。希特勒接任国家元首和武装部队总司令职务,总理和总统的职位合二为一。为酬报戈林,12月7日希特勒签署两个命令,一是他不能视事时,戈林可全权处理一切事务;二是明确戈林为他的接班人。这样,戈林在纳粹党中的权威地位已不可动摇。

然而戈林的胃口却永远不会满足。从1935年开始,他突然关心起了经济问题。为此,他排挤了纳粹的经济理论专家沙赫特,将德国经济纳入战时轨道,剥夺犹太人的财产,其本人也很快成为德国经济领域的无冕之王。与此同时,他把空军作为自己的私有领地,不许任何人染指,并毫不隐讳地表明,他希望晋升为空军元帅。为了安抚他的情绪,希特勒于1936年夏天擢升他为四星上将。戈林还觊觎着陆军总司令的位置。为此,他向希特勒告密,说陆军元帅布洛姆贝格的新婚夫人有过卖笑生涯,另一位合适的接班人弗里奇上将存在同性恋问题。希特勒一怒之下罢免了两人,亲自掌管了国防军的指挥权,并授予戈林以陆军元帅的职衔。这样一来,戈林运用各种诡计,不仅掌握了德国的经济大权,而且成为德国军队中拥有最高军衔的人了,处于一人之下、万人之上的显赫地位。

遭遗弃罪臣伏法

1944 年,英美盟军在诺曼底登陆,开辟欧洲第二战场,使法西斯德国陷入东西夹攻之中。希特勒狂吼乱跳依旧难解决任何问题。苏联在取得斯大林格勒保卫战的胜利之后,对德军连续发动 10 次快速纵深的攻击,使德军节节败退。第三帝国岌岌可危。

这时,关于希特勒所谓的神经崩溃的消息再一次使戈林他发疯似的忙碌起来。希特勒真的死了吗? 他依然怀着有朝一日实现人生最大同标的希望:从希特勒的阴影中走出来并继承他的职位,最终成为唯一的统治者! 1945 年 4 月 22 日,戈林在晚上 10 点钟通过海底电缆向希特勒在柏林的掩体发去一封后果严重的无线电报。电文前几行的内容就把希特勒的脸都气红了。原文是这样的:"我的元首,您同意我按照您 1941 年 6 月 29 日发布的公告作为您的代理人立即接任帝国的全部领导权,并对内对外享有完全的行动自由吗?"仅仅是这个问题就已经使希特勒感到受了侮辱,接下来的文字更注定了他和戈林之间的关系的最终破裂。"如果直到晚上 10 点 30 分还没有答复,那么我就认为您被剥夺了行动自由。然后我将视您公告的前提条件已经成立,并开始为民族和祖国的幸福而行动。"这些文字让希特勒不得已对他采取了行动。

不多久,党卫队在贝希特斯加登的行刑大队长贝恩哈德·弗兰克就接到了逮捕戈林的命令。1945 年 4 月 23 日晚将近 10 点时,弗兰克在戈林位于上萨尔茨山宫殿般的乡村别墅将其逮捕。6 天之后,希特勒在他的"政治遗嘱"中命令:"我在死前开除前帝国元帅赫尔曼·戈林出党。"

这位得力干将,纳粹元凶,为第三帝国的建立立下汗马功劳。他也许从来就没有想到,他亲爱的朋友希特勒在最后的时刻抛弃了他,他成了第三帝国的囚徒。这是多么富有讽刺意味。

1945 年 5 月,苏军攻克柏林,希特勒在绝望中自杀。而这时已沦为阶下囚的戈林仍然坚持自己是唯一有合法权利决定德国命运的人。他要和盟军总司令艾森豪威尔进行对等的谈判。

1945 年 5 月 7 日,这位帝国元帅带着妻子埃米和女儿埃达在前往和美军会面地点的途中被美军俘虏,并送进了国际军事法庭。

对丁国际军事法庭来说,戈林做下的那些令人发指的罪行是毫无疑问的。判决中称:"没有可使罪行减轻的证据。因为戈林经常,几乎总是推动力量,而且他只站在他的元首后面。在一系列进攻战争中,他都是领导人物,既是政治上的,又是军事上的领导;他是奴役工人的领导人和针对国内外犹太人以及别的种族的压迫方案的制定者。所有这些罪行他都公开承认了。他罪行昭昭,原本就该处以死刑。没想到在 1946 年 10 月 15 日晚 10 点 45 分,他居然服毒自杀,提前结束了罪恶的一生。"

身着血衫的刽子手

——希姆莱

人物档案

简　　历：德国纳粹政客，行政官吏，陆军司令，希特勒的狂热崇拜者、追随者和帮凶。

生卒年月：1900 年 10 月 7 日～1945 年 5 月 23 日。

安葬之地：不详。

性格特征：残忍、冷漠、贪婪。

历史功过：组建党卫队，扩张纳粹势力，占领大半个欧洲，进行疯狂的大屠杀。

因国势梦想落空

1914 年，第一次世界大战爆发。弥漫全球的烽火硝烟，撩动了少年希姆莱的心。

1917 年，当战争进行到第三个年头时，17 岁的希姆莱再也无法坐在教室里当一名战争的旁观者了。可是，他离法定的服役年龄还差一岁。这使希姆莱烦恼已极，他把自己的想法告诉了父亲。知子莫若父，老希姆莱很了解儿子的苦恼。于是，他向皇室里的朋友寻求帮助，问题很轻易地解决了。

1917 年底，希姆莱加入了巴伐利亚第 11 步兵团"森林团"。希姆莱一入伍便被安排去累根斯堡接受候补军官训练，同时还进了拜罗伊特的机枪训练班。结业后，他被编入第 11 步兵团补充营 4 连。正当希姆莱准备大干一场的时候，第一次世界大战的硝烟却已散尽了。曾经不可一世的德国宣布战败投降。希姆莱奉命退出了现役。

1919 年 10 月 18 日，他考入慕尼黑大学技术中专，成为一名农业技术专业的学生。

初入慕尼黑大学时，希姆莱无疑是个好学生。他整日埋头苦读他的植物学、土壤学和化学方面的书籍,但很快他便被一些宣扬种族主义的书籍所吸引。这其中,对他影响最大的是理查德·瓦尔特·戴尔的《血和大地》。

几周转混入政坛

希姆莱不再安心于学业了。从 1919 年 11 月起,他开始参加各种右翼政治活动。就在这个时候,希姆莱生命中的第一个关键人物出现了。这就是恩斯特·罗姆上尉。

罗姆是希特勒的密友,纳粹党的早期领导人之一。1920 年,他同戈林一起创建了纳粹党的准军事组织——冲锋队(又称褐衫队),该组织网罗了一大批为非作歹、无恶不作的凶悍之徒。

1922 年 1 月 26 日,在慕尼黑阿尔贝尔克啤酒馆举行的一次右翼团体集会上,希姆莱同恩斯特·罗姆相遇。罗姆此时是冲锋队的参谋长,正四处招揽"人才"以扩大冲锋队。罗姆与希姆莱一结识,便戏剧性地结合在了一起。

1923 年 8 月,在罗姆的影响下,希姆莱先是加入了由海斯上尉领导的"德国国旗"组织,该组织同罗姆有着密切的联系。但是,1923 年 10 月初,这个组织分裂了。希姆莱索性辞去了在兰德氮素有限公司的工作,返回慕尼黑,同该组织的另外 300 名极端分子在罗姆和赛德尔卜尉领导下,又组成了"德国战旗"组织。这个组织刚一成立,便参加了慕尼黑啤酒馆暴动。

1923 年,德国国内外形势急剧恶化。德国笼罩着严重的政治、经济危机,社会动荡不安。就住此时,希特勒发动了著名的慕尼黑啤酒馆暴动,这次幼稚的政变虽然失败了,希特勒的大名却传遍了整个德国,而使得希姆莱进一步投入剑极右翼运动中。他加入了民族社会主义自由运动组织。希姆莱在自由运动组织中遇见了过去的朋友戈利格尔·施特拉塞,他是自由运动组织的头目。他看出希姆莱有组织能力,便很快起用了他,让他担任了自己的秘书。

1924 年 5 月,德国国会大选在即。施特拉塞企图利用希特勒政变在德国引起的轰动,将自己手下的纳粹分子塞进国会。

为帮助施特拉塞竞选,希姆莱驾驶着一辆摩托,在巴伐利亚各村镇之间往返奔驰,传达施特拉塞的通知义告,并向农民声嘶力竭地进行民族社会主义的宣传,煽动农民反对金融资本,诅咒犹太人和共济会成员,攻击布尔什维克,诋毁民主政治和一切合理的政策。

希姆莱的力气没有白费,施特拉塞的竞选活动捞到了近 200 万张选票,赢得了 32 个国会议员席位。

作为对希姆莱的奖赏,施特拉塞设法满足了希姆莱的权力欲望。在他赴柏林上任前,提升希姆莱担任了巴伐利亚-上普法尔茨省党部副书记。

党卫队猎狗得势

希姆莱虽然投靠了施特拉塞的门下,但他始终认为自己只是党的领导机关的一名工作人员,不是施特拉塞的侍从。因为,施特拉塞并不具备能令希姆莱所折服的领袖魅力。

就在这时,希姆莱生命中的又一个关键人物——也是最关键的人物出场了。这就是阿道夫·希特勒。希姆莱时来运转的时候很快就要到了。然而随之而来的,却是德国历史上最血腥黑暗的一幕。

1924 年 12 月,希特勒离开了兰茨贝格监狱,并着手重建因啤酒馆暴动失败而四分五裂的纳粹党。此前,希姆莱已不止一次地拜读过希特勒在兰茨贝格监狱里所炮制的那本臭名昭著的《我的奋斗》。希特勒的种族主义理论和他狂妄的叫嚣已深深地将希姆莱折服。

凭着择主而事的本能,希姆莱认定希特勒就是自己的新偶像。于是,当施特拉塞调往柏林并成为希特勒在德国北部的竞争对手时,希姆莱则开始向希特勒靠拢。

1925 年 2 月,希姆莱给希特勒写了一封信。在这封信中,他毫不知耻地吹捧希特勒,说稍有祖国观念的德国人都信任他,把他视为能帮助德国重新占据它应有地位的那样一个人。希特勒被这位新崇拜者的信感动了,他决定要见一见这封信的作者。1925 年 3 月 12 日,希姆莱敲开了希特勒的房门。同年 8 月,他加入了纳粹党,党证编号 1345。

希特勒很喜欢希姆莱那种恭敬的态度和严守纪律的作风。对这位忠诚的新"仆人",他果然没有亏待他,不断地给他一点甜头尝尝,让他在特权阶层中的地位直线上升。

1925 年 4 月,根据希特勒的授意,希特勒的司机尤利乌斯·施雷克为希特勒组建了一支本部卫队,首批党卫队员只有 8 人。几个星期后,这支新的卫队改名为党卫队(简称为"S.S")。这个新词后来成为德国人最大的梦魇。

1929 年 1 月 6 日,希姆莱成为党卫队全国领袖,在希姆莱不遗余力的努力下,党卫队得到了迅速的扩张。

大屠杀罪孽难消

二战爆发之后,随着纳粹占领了大半个欧洲,希姆莱魔王的狰狞面目开始显现,党卫队成为纳粹种族屠杀的工具,而"盖世太保"则变成恐怖的代名词,他们的罪行罄竹难书,惨绝人寰。

希特勒命令希姆莱:"绝对不可以让波兰复活。为此必须消灭波兰的贵族,消灭波兰的知识分子。这样,波兰人就会沦为奴隶,沦为社会最底层的人。"希姆莱表示:"我不会做任何领袖所不知道的事情。"在希姆莱眼里,犹太人的一切努力,不过是在苟延残喘地做着无望的求生挣扎。希姆莱说:"当我们听到被枪决人数有17000 名时,我们切切不可书生气十足。"波兰人在希姆莱的鼻息下过着朝不保夕的日子。

1941 年 12 月 7 日,希特勒亲自下令颁布了一项名称奇怪的命令——"夜雾命令"。这项命令的目的在于逮捕一切"危及德国人安全"的人,逮捕以后并不立即杀害,而是要让他们丝毫不露痕迹地消失在第三帝国的茫茫夜雾之中。

1941 底,"夜雾命令"的出台,使德占区的盖世太保和保安处取得了一把尚方宝剑,恐怖势力因有了这把尚方宝剑而得到空前加强。1942 年 5 月,盖世太保取代了占领军成为法国真正的统治者。

在希姆莱领导的党卫队和盖世太保的统治下，法国人民完全丧失了自由，他们的一言一行、一举一动都在那密如蛛网的特务系统的掌握之下。

盖世太保在法国罪行罄竹难书。除了对犹太人的疯狂迫害外，盖世人保还对地下抵抗运动进行了残酷的镇压。

所有的人，从他成为盖世太保的"客人"那一天起，便意味着人间地狱的到来，等待他们的是非死即残的命运。

被捕者交由盖世太保来审讯。毫无疑问，他们将在肉体上遭受折磨。让被捕者开口说话的方式是千篇一律的：跪尖桩、反吊、拳打脚踢、鞭笞，此外还有锉牙齿、拔指甲、火烫，甚至用通电电线接身体的敏感部位……

妇女也无法逃脱这样的刑讯。盖世太保的变态狂们，甚至更感兴趣对妇女采取卑劣的行径……

在西欧，经过这些杀人魔王的手，到底有多少人无声无息地在第三帝国的"夜雾"中消失，已经无法得出一个准确的数字，我们只能说："千年易过，纳粹的罪孽难消！"

随着纳粹德国在军事上优势的日渐丧失，许多对帝国命运稍有清醒认识的人，都已经在考虑保全自己及家人的逃命方法，或者是保住他们此时的权势与地位。失去了权势而心怀不满的希姆莱开始盘算怎样挽救他认为还可以挽救的东西：他自己的生命、他的党卫队以及一种阴暗的、飞黄腾达的幻想。异想天开的希姆莱认为自己可以成为促成和平、领导摆脱希特勒的战后德国的合适人选。希姆莱做出了一项惊人的决定，他决定向他毕生崇拜的偶像和主子、第三帝国的神话希特勒告别。

刽子手终遭报应

1945 年 4 月，法西斯德国在军事上节节败退，第三帝国的末日已经迫近。纳粹分子有的畏罪自杀，有的秘密逃走。1945 年 4 月 23 日，苏军开始了对柏林城的最后攻坚战。而此时的希姆莱也没有闲着，他已经看到希特勒的"气数已尽"，该是自己成为继承人的时候了。不过他没有像二号人物戈林那样"委婉"地和元首要求继承权力，而是直截了当"忠实"地开始行使权力了。

希特勒于 4 月 30 日"以身殉国"了。元首已死，戈林又在此之前被元首革职关押，现在只有自己是第三帝国的最高统帅了。希姆莱早就已经做好了接班的准备，在心里建立了一个新的纳粹党，名字都想好了，叫"民族集中党"，比希特勒的"民族社会党"听起来更响亮。就连新政府班子和执政纲领他都打好了腹稿。可惜的是，就在他一厢情愿地做着"接班"美梦的时候，广播里传来了海军元帅邓尼茨苍老的声音，这个不起眼的海军军官接替了元首的职位。希姆莱闻听怒不可遏。罢了，头号人物做不成，跟在邓尼茨身后做个二号人物总还可以吧！抱着这个想法，他从瑞典飞回德国吕贝克附近的邓尼茨司令部，同新任总统"商量"自己和国家的前途。没想到新任总统却不买他这个前国家三号人物的账，还拿出希特勒的遗嘱威胁他。希姆莱降低了要求，只要仍然担任秘密警察和党卫队领袖就行了。可是邓尼茨还是铁石心肠，不予理睬。末了,希姆莱说,只担任石勒苏益格—荷尔斯泰因邦的总理也行。邓尼茨冷冰冰地要这位已脸面丢尽的先生不要捣乱,回去静候安排。

希姆莱真是威风扫地,就在周围人对他这个不受欢迎的人嗤之以鼻的时候,他发现盟军已经开始四处抓捕纳粹分子。他自知罪孽深重,肯定难逃法网,忙带上几个忠实亲信,急急忙忙地逃遁了。

希姆莱是纳粹政府的最大头目之一,同盟国岂能放弃对他的搜捕。在通往不来梅的福尔德公路上,希姆莱终于落入了法网。1945年5月23日下午4时左右,这个曾经不可一世的杀人魔王服毒自杀,得到了应有的报应。

第三帝国的战神

——曼施泰因

人物档案

简　　历：参加过两次世界大战的德军将军，被称为希特勒的三大名将之一。

生卒年月：1887 年 11 月 24 日~1973 年 6 月 10 日。

安葬之地：不详。

性格特征：大胆、果断。

历史功过：指挥参加侵略波兰等国，策划西线战役，掌握南面集团军的指挥权。

入侵波兰的悍将

1887 年 11 月 24 日，曼施泰因出生在德闻柏林的一个军人贵族家庭。他的父亲是个炮兵军官，曾担任过军长。曼施泰因在 1900 年进入入伍生团学习，前后有 6 年时间，其间曾担任过德皇侍卫。1906 年起做了几年见习军官，1913 年又进入德国陆军大学学习。

第一次世界大战爆发后，曼施泰因作为正式军人参加了战争。他先后担任过近卫团副官、师作战科长、军团部参谋人员，参加了一战中的一些著名战役。

1933 年 1 月，希特勒当上德国总理。这个战争狂人为了侵略别国、称霸世界而大肆扩军。曼施泰因也与许多德国军官一样，由此获得了迅速晋升的机会。1934 年，他担任了柏林第三军区司令部参谋长，第二年又升任陆军总参谋部作战处长。1936 年 10 月，曼施泰因又晋升为少将，并担任了德军参谋次长。在担任这一个重要职务期间，他为法西斯德国恢复征兵制、扩大军工生产出了不少力。

1938 年 10 月，当德国占领捷克的苏台德区时，曼施泰因又调到李布上将指挥的军团担任参谋长。

1939 年夏天，希特勒紧锣密鼓地准备入侵波兰。这时已晋升为中将的曼施泰因接到命令，调任入侵波兰的南面集团军参谋长。这个集团军配备有强大的兵力，主要任务是在波兰维斯瓦河前方与波军交战，最大限度地消灭其主力。曼施泰因丰富的作战参谋经验在入侵中发挥了作用，他协助集团军司令龙德施泰特，指挥三个军团从不同方向对波兰发起了大举进攻。

在初战告捷以后,曼施泰因又制定了合围波军的计划。按照这个计划,南面集团军的两个军团与北面集团军的一个军对波兰军队实行了大包围,经过布楚拉河的会战,在9月18日击溃波军,消灭了十几个师的波兰军队,俘虏波军9万人。

9月27日,南面集团军攻陷华沙。在整个波兰战役中,南面集团军俘虏波军52万多人,而自己仅损失了1万多人。曼施泰因为法西斯德国侵略弱小国家可谓立下了"汗马功劳"。

西线战役策划者

波兰灭亡后的第二个月,希特勒又加紧策划向西欧的进犯。根据希特勒的指令,德军总参谋部拟定了进攻西欧的作战计划,代号为"黄色方案"。

曼施泰因认为,这个计划有些模仿一战中的希里芬计划,很难达到出奇制胜的目的。为此,他以彻底击败法国为最终目标,自己重新拟订了一个西线作战计划。曼施泰因的计划主张,把西线攻击的重点从原定的北路移到中路,由A集团军来完成。突破地点应选在卢森堡和比利时南部的安德内斯山区,这里地形虽然复杂,但它是法国自诩坚固的马其诺防线的延长部分(也称小马其诺防线),法军认为德军不会选择此地作为突破口,因此防守比较薄弱。德军若用强大的兵力,以闪电般的奇袭从这里突破后,可很快攻克法国著名的军事要塞色当,然后除分出一个军团向西南进军以防止法军的集中和反攻外,主力一直向西,迅速插向大西洋沿岸的索姆河出海口阿布维尔,切断比利时境内的英法联军通往英吉利海峡的退路。B集团军从北路向比利时北部发动进攻,与比利时的英法联军交战,待A集团军插到大西洋海岸后,两个集团军将英法联军主力合围,最后加以全歼。C集团军则从正面佯攻马其诺防线,以吸引法国境内的法军主力。A、B两个集团军消灭了英法联军后,再迅速南下,三个集团军一起全歼法国军队,彻底征服法国。

曼施泰因提出的这个作战计划,希特勒看后表示完全赞同,命令陆军总部下达执行。这样,德军以后在西欧的作战就基本是按这个计划进行的。

1940年5月10日,法西斯德国向荷、卢、比、法等国发起了强大的攻势,曼施泰因计划开始执行。德军以第十九装甲军(有3000多辆坦克和装甲车)为先锋,很快突破小马其诺防线,占领了法国军事要塞色当,然后渡过马斯河,于5月20日攻克法国北部城市亚眠,当晚占领了索姆河出海口阿布维尔。23日又攻占了英吉利海峡旁的布伦港,控制了离英国最近的加来港。随即,两个集团军以强大的兵力,把36万英法军队围压在了敦刻尔克的弹丸之地。

后来,由于希特勒战略指挥失误,曼施泰因的计划未能完全实施,英法联军得以撤出了包围,西线战役第一阶段到此结束。

西线战役第二阶段开始后,曼施泰因得到了施展指挥才能的机会。这次,他率领第三十八军于6月5日向法军发起进攻,采用奇袭的方式迅速渡过了索姆河。

存其后的几天哩,曼施泰因又指挥第三十八军快速推进,在6月10日超过其他部队,第一个渡过了塞纳河。在与其他部队一起攻下巴黎后,曼施泰闪又马不停蹄,指挥全军继续进行了一个强行军,在没有任何装甲部队的保护下,火速完成了500公里的追击,不仅攻占了法军重要防守城市勒芒,而且于6月22日很快渡过卢瓦尔河,俘虏了大批来不及撤退的法军。其推进速度之快,令许多装甲部队瞠目结舌! 曼施泰因这种快速推进的"闪电战",使他多次击败在远处的法军,为希特勒立下了大功。就在 6 月 22 日曼施泰因渡过卢瓦尔河的这一天,法国正式向德国投降。

德苏战争急先锋

结束了西欧大陆的战役后,曼施泰因被调任为第五十六装甲军军长,并晋升为二级上将。

1941 年 6 月 22 日凌晨,希特勒撕毁《德苏互不侵犯条约》,突然对苏联发动了闪电般的大规模进攻。德苏之间的战争爆发,第二次世界大战进入了一个新的阶段。德军分为北、中、南三路侵入苏联境内,曼施泰因的第五十六装甲军隶属于北路集团军第四装甲兵团。第四装甲兵团奉命开进到芬斯克对岸及以下的德维那河一带,占领德维那河的所有渡口,然后继续向阿波卡方向推进。为此,第四装甲兵团下属的几个军展开了进军赛跑,比哪一个军先到德维那河。结果,曼施泰因的第五十六装甲军最先逼近德维那河,并突破了苏军的边界阵地,压住了苏军的最初抵抗。然后,曼施泰因派搜索部队占领了艾罗果拉渡口。至此,德军北面集团军的第一步行动获得了成功。9 月 12 日夜,曼施泰因被调往南路集团军,担任第十一军团司令,同时兼管罗马尼亚协同参战的第三军团,并被晋升为一级上将。德军最高统帅部给曼施泰因下达的任务是,在苏联西南部向两个不同的方向展开进攻:一方面在南路集团军的右翼前进,沿着亚速海北岸,追击向东撤退的苏军;另一方面要尽快攻占亚速海以南的克里米亚半岛,以避免以此为基地的苏联空军对罗马尼亚油田构成巨大威胁。

要攻占克里米亚是异常困难的,苏军在这个半岛上不仅驻扎有重兵,而且控制了制海权和制空权。9 月 24 日,在做了充分准备后,曼施泰因指挥第十一军团开始进攻克里米亚。他调集了尽可能多的炮兵来支援从陆路进攻的部队,经过两天激烈的战斗,击退了苏军的殊死抵抗,德军突破了皮里科朴地峡,越过深达 15 米的"鞑靼壕沟",冲进了克里米亚。双方损失都极为惨重,德军俘虏了 1 万多名苏军,取得了初步胜利。

但这时苏军为了守住克里米亚,已于 10 月 6 日撤出了德军久攻不下的敖德萨,从海上将援军运到克里米亚,使战场的苏军兵力达到 12 个师。10 月下旬,双方展开了激烈的交锋,曼施泰因驱使德军向苏军发起一次又一次猛烈攻击,直到部队精疲力竭。"战斗的胜负好像是摆在剃刀边缘上一样",稍微一坚持不住胜利就会倒向敌方一边。到 10 月 28 日,苏军的防线开始崩溃,曼施泰因指挥疲惫不堪的部队,向苏军发起不间断的追击。到 11 月 16 日,除了半岛南端的塞瓦斯托波尔外,整个克里米亚都落入德军之手,20 万苏军有 10 万被俘,其余的都撤到防守坚固的塞瓦斯托波尔城内。

6 月 29 日,曼施泰因又指挥南面的德军主力向苏军这个最后的据点发动猛攻。到 7 月 4 日,德军终于夺取了塞瓦斯托波尔要塞,俘虏苏军 9 万多人。曼施泰因此受到希特勒的褒奖,被晋升为德国陆军元帅。

凶狂终遭灭顶灾

1942 年 11 月 19 日,苏联红军在斯大林格勒发动了大反攻,两天后将攻入斯大林格勒的德军南路集团军的精锐、包鲁斯上将指挥的第六军团 33 万人团团包围。惊恐万状的希特勒急忙调遣自己的悍将曼施泰因,让他指挥新成立的顿河集团军三个军团前去救援,力图扭转南方战场的不利局势。但是,由于第六军团没有采取有效的突围配合行动,希特勒允诺的援军也一直未到,而苏军又对顿河集团军采取了合围行动。曼施泰因后来回天无术,最后只得被迫放弃了援救第六军团的行动。1943 年 2 月 1 日,苏军在斯大林格勒全歼德军第六军团,生擒以司令包鲁斯为首的 24 名德军高级将领和 9 万多名德军官兵。这场战役使苏军掌握了战场主动权,德军被迫转入防御,第二次世界大战开始发生根本性转折。

斯大林格勒战役结束后,曼施泰因的顿河集团军改称南面集团军。为了重新取得战场的主动权,希特勒决定,消灭在库尔斯克西边突出部的苏军,于是策划了在东线战场的最后一次攻势"卫城作战行动",即集中 A 集团军和曼施泰因的南面集团军在库尔斯克与苏军会战。这时苏军已做好了充分准备,集中了 130 万人(占苏联对德作战陆军总兵力的 40%)和全部坦克集团军(约有 3300 辆坦克),在库尔斯克严阵以待。

1943 年 7 月 5 日,德军两个集团军 30 个师从奥廖尔和别尔哥罗德向苏军发动猛烈进攻,军事史上著名的库尔斯克大会战开始。曼施泰因指挥南面集团军在大批飞机的掩护下,向前推进了 35 公里,但受到苏军的强烈抵抗。虽然南面集团军俘虏了苏军 24 万人,但自身也损失惨重。7 月 12 日,苏军转入反攻,双方的数千辆坦克进行了犬牙交错的激烈搏杀,坦克互相碰撞,炮声震耳欲聋,硝烟遮天蔽日,双方都付出了沉重的伤亡代价。孤注一掷的德军精疲力竭而后援不足,苏军虽牺牲众多但有源源不断的生力军投入战斗。到 7 月 13 日,苏军开始了大规模反攻,10 天以后把德军赶到 7 月 5 日进攻前的阵地。这时曼施泰因虽然也极力组织对苏军的防御,但他自己也承认"所做的防御战斗只不过是一套七拼八凑的应付手段而已"。苏军于 8 月 5 日攻克了奥廖尔和别尔哥罗德,23 日占领哈尔科夫。这次战役最后以德军的惨败而告终。

对南面集团军这种败溃的战况,希特勒十分不满。于是 1944 年 3 月 30 日,希特勒召见了曼施泰因,将一把宝剑加在他的武士级十字勋章上,表示对这位元帅的"赫赫战功"以最高嘉奖。然后就很客气地要曼施泰因交出了南面集冈军的指挥权。

曼施泰因就这样结束了自己的军人生涯。他被西方军事史家称为德国最伟大的指挥官。但他的军事指挥才能却用在了法西斯侵略别国、屠杀别国人民的战争中,因此他也就成为历史的罪人。第二次世界大战结束后,曼施泰因由于自己所犯的战争罪行而被判处 18 年监禁。他于 1953 年因病被提前释放,1958 年出版了自己的战争回忆录《失去的胜利》,1973 年 6 月 10 日病逝。

意大利的法西斯独裁者

——墨索里尼

人物档案

简　　历：意大利政治家、首相、独裁者,是意大利法西斯主义的元凶,第二次世界大战的主要战犯。

生卒年月：1883 年 7 月 29 日~1945 年 4 月 28 日。

安葬之地：米兰玛基欧尔公墓地。

性格特征：懦弱、犹豫不决、骄野、残忍、冷漠。

历史功过：对内取消一切政党,对外扩军备战;侵战阿比西尼亚,与希特勒签订协定,成立柏林-罗马轴心。

寸笔挫群雄

　　意大利北部的波伦亚城山色迷人,自中世纪以来,这个城市有一个非常显赫的家族——墨索里尼家族。公元 1270 年前后,一位名叫乔瓦尼·墨索里尼的英雄成了这个城市的领袖,在省城的历史记录中还记载着墨索里尼家族的徽章:黄制服上缀着六个黑色标志,象征着勇敢、胆略和力量。后来家族衰微,逐渐变成了一个自食其力的中下等家庭。在辛苦度日之中,1883 年 7 月 29 日,家族又一名男性成员诞生了。家庭的男主人是一名五金匠,身强力壮,人称亚历山德罗大力士。男主人同情穷人,厌恶豪富,愤恨人世间的尔虞我诈和人剥削人的丑恶现象,满脑子社会主义的思想,又十分崇拜墨西哥的民族英雄、平民总统本尼托·胡亚雷斯,五金匠望子成龙心切,给儿子取名为本尼托·墨索里尼——希望儿子长大之后,为平民谋福,受人尊敬。

　　然而墨索里尼从小骄野任性、顽皮打闹、爬墙上树、偷鸡摸狗,无所不为。母亲本来是一位小学教员,勤恳本分,怎么也管束不住骄野的儿子。1890 年夫妇俩决定把儿子送到邻村去启蒙,但不到两年,蛮性不改的墨索里尼由于经常打架被学校开除了。母亲只好求人将儿子转学。在老师们的帮助下,墨索里尼渐渐知道用功

245

了，很快他的聪明在全校出名，教师们都夸他是"栋梁之材"。然而狂野的本性依然难改，有一天市政府召开音乐会，墨索里尼没有购票，门卫凶狠狠地挡住了他。他灵机一动，翻窗而入，抢占了一个座位。少年时期墨索里尼就口才夺人。有一次口试，他一口气讲了半小时，尽管答非所问，老师给了个零分，但后来那位老师仍忍不住夸赞墨索里尼的口才。放假时，墨索里尼经常站在桌子上手舞足蹈地练习演说，母亲问他干什么，他说，"长大以后，我一定要让意大利听我的指挥。"

十三、四岁时，墨索里尼前往福林波波利的师范学校学习，虽然常常违犯纪律，但终于熬过了长达六年的学生生涯。毕业后墨索里尼在哥尔替瑞获得一个乡村小学校长之职。然而天性好动的墨索里尼怎能耐得住乡村教书匠的寂寞，校长当了一年，再也忍受不了。1902年墨索里尼卷起行李，一挥手离开了哥尔替瑞的小乡村。他要去考察世界，周游四海，非干出一番轰轰烈烈的大事业不可！

他衣着整洁，漫无目的地游荡着，不知道这一番伟大事业该从何下手。走到基亚索后，正好有开往瑞士的火车，他于是决定先到瑞士去。在候车室，墨索里尼顺手买了一份《米兰报》来阅读，报纸上赫然印着社会党勃烈达标暴动失败，社会党领袖锒铛入狱。墨索里尼惊讶地发现被捕者之一竟是自己的父亲亚历山德罗·墨索里尼！怎么办？是留下来去救父亲、去安慰母亲？还是继续前行？墨索里尼茫然无措，捏了捏口袋里仅剩的两个里拉，他决定继续前行。

在瑞士的生活令墨索里尼终生难忘。他做过泥瓦匠、脚夫、缝工、帮厨。第一次干泥瓦匠的活，老板指责他衣服穿得太好，干下等的活，还要穿着体面的衣服，没几天就辞退了他。不久墨索里尼来到瑞士洛桑，在这里他一边找活干，不管干什么活，墨索里尼坚持一条原则：不借债、不乞求他人，靠自己的劳动维持最低标准的生活；同时他又一边在洛桑大学旁听政治经济学和哲学课，年幼时的顽劣不好学仿佛与他无缘了。墨索里尼刻苦自学，1904年又辗转来到日内瓦，继续半工半读。这一时期，他不仅研究政治经济学和哲学，翻阅了大量书籍，而且还刻苦自学了法语、德语和英语。墨索里尼的才干和文采也开始显露，他为意大利和瑞士报纸撰写文章，并经常在街头演讲。他言辞犀利、态度鲜明，演讲也极富煽动力。

有一次墨索里尼前去听法国社会主义者绍雷斯的演讲，绍雷斯大谈基督的正义，墨索里尼此时已无法维持乡村小学校长的整洁了，他衣衫不整地站在听众中间，旁人以为他是无政府党人。绍雷斯刚演说不久，墨索里尼便举手表示反对，并且口出狂言，激起群众公愤，听众愤怒地轰他，墨索里尼却大不以为然，他大声喊道，"我有发表意见的权利"！大家正要动手打他，绍雷斯表示等他演说完毕，允许这位反对者申说一番。

墨索里尼跳上讲坛，面对众多听众大谈教会对于罗马帝国之罪恶，他口若悬河、引经据典、条理分明、极富思想性、又简单明了，引起听众们一阵阵喝彩。但瑞士的警察早已盯上了这个言辞激烈、蛊惑人心的演讲者，第二天墨索里尼被驱逐出境。

1908年墨索里尼移居奥地利，并正式开始了记者生涯。他一开始编辑《特伦托新闻报》，后来又在《人民报》做助理编辑。桀骜不驯的天性和社会主义的思想决定了墨索里尼一做记者便不是一个温和的操刀者，他利用报纸猛烈攻击奥地利的宗教势力，力主恢复意大利北部已失去的土地，鼓动特伦托地区的人民脱离奥地利的管辖,不久墨索里尼继瑞士之后,再次被捕入狱,最后被奥地利当局驱逐出境。

在浪迹一圈之后,墨索里尼又回到了他生命的起点——他的家乡,他父亲的铁匠铺。在老社会党的父亲引荐之下,墨索里尼成为意大利社会党的一员。然而今非昔比,在经过种种磨难和斗争实践之后,墨索里尼已成熟多了。他决定自己办报,为自己的伟大事业呼风唤雨打天下,这张报纸名为《阶级斗争报》,墨索里尼办报十分认真,他表示"报纸不是堆积文字,而是党的灵魂",报纸很快带有墨索里尼浓厚的个性色彩。他到处树敌,既攻击共和党,又抨击社会党右翼。在一片争议与反击之中,墨索里尼越战越勇,文思如涌,很快声名鹊起。1912 年能言善辩、能写能骂的墨索里尼被推举为意大利社会党的机关报——《前进报》的主编。

墨索里尼成为主编后,《前进报》的文风为之一变,墨索里尼大手一挥,对手下的编辑人员说道:"我不喜欢不痛不痒的文字,文章要尖锐泼辣、要像闪电、象炸药,一定要富于煽动性"! 文风大变的《前进报》发行量骤然增至十多万份,党员人数也由五万人发展到十五万人,舆论工具的摇旗呐喊不仅壮大了社会党的队伍,而且大大改善了党的经济状况,许多人把墨索里尼视为全国的英雄。不久第一次世界大战爆发,意大利是德奥为核心的三国同盟之一,墨索里尼手操笔杆、大肆呼吁意大利保持中立,不做德奥的走狗。1914 年 11 月,他又发表文章,在审时度势之后又呼吁意大利加入协约国一方对德作战,他抨击德国是所有叛逆、耻辱、奸诈的来源。当时意大利在欧战爆发后第三天即宣布中立,气得德国威廉二世暴跳如雷,连声咒骂意大利国王无耻下流! 然而意大利并非不愿打仗,而是在等待协约国与同盟国预付的筹码。当时意大利国内动荡不安,社会党反对参战,而墨索里尼等力举参战。"我说'战'这个字声音很大,我信仰心很重,我豪气很盛! 因为我是对诸位青年人说的,对诸位在历史上有责任的人说的!""非战不足以奋发有为,非战不足以改变平民政治所养成的人民的惰性,非战无以收复我河山!"墨索里尼抨击散漫自由惯了的意大利人只图苟安、不肯前进,人人装聋作哑,希望他人吃苦冒险。墨索里尼此文一出引起一片抗议,但他全然不顾,依然威风凛凛。1914 年 11 月,意大利社会党在米兰开会,墨索里尼跳上讲台:"从今以后,我与畏首畏尾不敢说话的人、不主张参战的人,势不两立!"台下群情愤怒,高喊"打死他! 打死他!"墨索里尼拼命解释参战之好处,但无人理睬,盛怒之下,墨索里尼抓起桌上的水瓶,在"轰"的一声暴响之后,墨索里尼与社会党决裂了。几天之后,社会党登文宣布开除墨索里尼的党籍,并撤销了他总编职务。

许多人相信墨索里尼的政治生涯走到了尽头,离开社会党时,囊中又只剩下五个里拉了。墨索里尼生性豪放随意,从不在乎私有财产。然而墨索里尼并没有饿死,也没有从此一蹶不振。几天之后,在一些主战的垄断资本家的支持下,墨索里尼又办起了另一份报纸——《意大利人民报》。报纸的创刊号上十分醒目的印着两句名言,一句是布朗基说的:"谁有铁,谁就有面包",另一句是拿破仑的:"革命是一种理想,须要有刀枪维持"。报社设在米兰保罗街一座古老的房子里,墙壁因年久失修,多半已经脱落,屋里桌椅也残缺不全,但墨索里尼纠集了一伙臭味相投的人在这里与所有的反对派"文斗"。房内充满了火药味,墨索里尼的写字台上堆满了各种报纸、资料、书籍和文稿,写字台后面挂着意大利战时敢死队的黑旗,旗旁放着白骷髅和刀子。墨索里尼写作时,桌子上放着一支手枪,枪口向着自己。写作时全神贯注,不容他人打扰,甚至威胁谁要敢打扰他,他就要开枪。1915 年 1 月他创建了他自己的政党"革命同志会",很快党员发展到五千余人。4 月 11 日,墨索里尼第一次被罗马当局送进了监狱,罪名是煽动战争。但出狱后墨索里尼继续著文,与人相争,"我想要意大利国基巩固,必须要改造国会,至少要把十几个卖国议员枪毙!"1915 年 5 月,在一番讨价还价之后,英国首先答应了意大利扩张领土、瓜分殖民地的要求,意大利遂宣布加入协约国一方作战。墨索里尼成功了,他激动不已,"刀枪相接的时候,我们只有一句话要说:就是'意大利万岁!'"9 月 3 日,墨索里尼对《意大利人民报》的同仁说:"我去前线作战了,希望后面要有保障,要睁开眼睛,尽力奋斗。谨祝诸君努力!"为了这场战争,墨索里尼曾经挥动了数千次笔杆,如今战争降临,他却投笔从戎了!

不战降罗马

前线,交战双方争夺激烈,硝烟迷漫,意大利军队伤亡惨重。墨索里尼已由一名士兵升为排长,此时他正率领全排发起进攻。他身先士卒,英勇顽强。本来在入伍之初,团长就知道他的团有个墨索里尼,很会写文章,执意让墨索里尼留下来,替团里写战史,但墨索里尼拒绝了,"我是来打仗的,不是来写文章的"。此时已是1917 年 2 月 22 日,墨索里尼所在的部队正在法国边界作战,突然一声巨响,地雷爆炸,墨索里尼失去知觉。送入后方医院后,墨索里尼死里逃生,前后动了 27 次手术,从身上取出大小 44 个弹片,总算捡回了一条命,但前线已不能再上了,他又回到了米兰他的报社。

1918 年 11 月 4 日,意军占领特兰托与的里雅斯特,奥地利战败,要求休战。意大利在近 4 年的时间内,败仗不少,然而这一胜利是以意大利经济崩溃和 70 万生命的代价获来的。墨索里尼在他的报纸上慨叹:"吾人回想战争之苦,能不战栗吗?我们只有拭泪说:'意大利万岁'。"

1919 年 1 月 18 日,意大利首相奥兰多以战胜国的身份来到法国巴黎的凡尔赛宫,第一次世界大战战胜者对战败者的宰割、对海外殖民地的瓜分将在此举行。意大利是四强之一,更何况 1915 年参战时英国绅士们是拍着胸脯信誓旦旦许了愿的。全意大利都眼巴巴地注视着巴黎和会,期待着一个奇迹从巴黎带回,意大利从此百病消除。

然而结果差强人意,意大利在开战之初脚踏两只船,参战之后的行动对欧战大局没有多少改观,加之国家贫弱,经济上又仰赖英、法、美,因而奥兰多只不过是一个跑龙套的配角。美国主张"民族自决",反对英法过分控制欧洲,对于意大利梦寐以求的巴尔干土地竭力阻挠。奥兰多几次申辩独霸亚得里亚海、占领阜姆港的要求,并以没有阜姆他不能回国以及意大利将发生暴动来要挟,但英法美置之不理,装着没听见,奥兰多气得一甩手回到国内,英法美仍不予理睬,奥兰多只好忍气吞声自己悄悄又重返巴黎。6 月,条约终于签订,意大利在北部获得了一部分奥地利的土地,和英法美一起获得了对爱琴海沿岸的色雷斯地区的控制权。而对色雷斯的控制权也在三年之后随着土耳其革命的爆发和土耳其共和国的建立而化为乌有。德国的海外殖民地坦噶尼喀、卢旺达——布隆迪、喀麦隆、多哥、西南非洲、加罗林群岛、马绍尔群岛、萨摩亚和新几内亚等地,被英、法、日、比和南非联邦瓜分一空,意大利在非洲只获得几块没有出海口的不毛之地。环地中海帝国的美梦在付出惨重的代价之后,竟是竹篮打水一场空!

奥兰多回国之后,意大利民怨沸腾。战争的创伤无从医治,工厂罢工,农民暴动,到处都是反饥饿的人群,垄断资产阶级更是愤怒不已。奥兰多下台了!尼蒂政府组阁,在群众运动的冲击之下很快也宣布倒台,饶里蒂又摇旗上台,但局势仍然动荡不安,250万军人复员,失业与不满犹如地火。此时墨索里尼已于1919年3月份组建了法西斯政党。

墨索里尼喜好语不惊人不罢休,他创建法西斯党也要别出心裁。他的党全称"战斗的意大利法西斯",党名就充满浓厚的挑战性与火药味。他亲手设计的党徽是一束棒子捆在一起,中间捆着一柄斧头。棒子象征人民,斧头象征领袖。拉丁文"棒束"为 fasces,音译为法西斯,此即法西斯的由来。棒子又是古罗马高级执法官的标志,因此法西斯的党徽不仅寓意着人民绝对服从领袖,而且象征着意大利的光荣。所有党员身着褐衫,行罗马式敬礼,唱青年进行曲,以"信仰、服从、战斗"为口号,要服从命令,不准空口说白话,目的明确,不顾一切为法西斯而战。

法西斯党建立之际,墨索里尼脑海里或多或少还残留着一些社会主义的思想,为吸引中下阶层加入政党,他宣布"实行八小时工作制""确定最低工资标准""把工厂或公共事业机构的管理权交给无产阶级的组织""对资本课以累进性特别重税""没收宗教团体的全部财产""实行普选"等。然而意大利当时中下阶层主要受社会党影响,对新建的法西斯不够了解,反资本、反教会的措施又引起垄断资本、封建势力的反感,尽管巴黎和会之后,意大利民怨沸腾,墨索里尼乘风破浪,但11月的选举法西斯党一败涂地,无一人选入国会,许多法西斯分子失去信心,年底9000多人的法西斯队伍只剩下870人。

墨索里尼决定改变党的方向,投靠垄断资产阶级。1920年5月墨索里尼重整旗鼓,再次颁布法西斯党纲。法西斯由过去同情和支持工农运动转而采用残酷的手段疯狂破坏工农革命组织,公开参与军警对群众的镇压,与之合谋白色恐怖。更有甚者,法西斯专门组建了行动队,殴打社会党人,冲击社会党的聚会,焚烧社会党的《前进报》馆。1921年法西斯党第二次参加选举,法西斯匪徒在墨索里尼的授意下四处出击,谁不投黑衫党的票,重者将招致毒打,轻者被灌喝蓖麻油,墨索里尼自己也身先士卒,与政敌进行武斗,"决战决胜,视死如归"。1921年法西斯党选票剧增,在国会获35席,虽然人数不多,但成为国会的主要威慑力量。垄断资产阶级与封建势力余虑全消,转而全力支持法西斯党。

1922年7月,意大利走马灯似的政府已换上了法克达内阁。19日,墨索里尼致信法克达:"法克达总理先生,我告诉你,你的内阁不能再维持下去了。从各方面看来都是不相宜的。虽然你的朋友以慈悲为怀而捧你,但是你的内阁还是不能生存,我警告它不能再得过且过地维持寿命了,而且你所依靠的人,都是和你一样的无用之徒"。

10月20日法西斯总部下令全国总动员,并发表对全国国民的檄文,宣布进军罗马。法西斯劝告军警不要和他们作战,劝慰有产者不要害怕,声明保护工农的正当权益,扬言对皇室尽忠,只是要推翻腐朽的统治阶级。法西斯大军一路攻克克雷莫纳、亚历山大里亚和波伦亚,沿路政府军队和警察严守中立,不敢出击。各资产阶级政党也纷纷屈膝投降。法克达总理请求宣布戒严,国王拒绝签字。法西斯军队很快兵临罗马城下,垄断资产阶级乘机施压,10月29日,国王下令召唤墨索里尼前来罗马负责组阁。11月1日,墨索里尼将《意大利人民报》交给其弟阿纳尔杜负责,自己驱车前往罗马组建法西斯政权。罗马政权不战而降。

罗马新恺撒

公元前一世纪,古罗马帝国,裘力斯·恺撒与庞培、克拉苏结成三头同盟。公元前59年恺撒当选为罗马大法官,第二年他亲率罗马大军远征山北高卢(法国、比利时),8年间几乎征服高卢全境,前55和前53年越莱茵河攻袭日耳曼,前55至前54年渡海入侵不列颠!前48年大军攻入古埃及,杀庞培、拥立克类巴特拉为埃及之皇,之后又挥师小亚细亚,平息叛乱,继而经北非、西班牙、凯旋罗马!在古罗马帝国历史上裘力斯·恺撒被破例选为五年执政官、终身保民官、兼领大将军、大教长荣衔,拥有"祖国之父"之尊号。恺撒文韬武略,修罗马大图书馆、筑广场、神庙、剧场,制订第一部太阳历。他亲自撰写的《高卢战记》《内战记》,文体简洁、脍炙人口。由于他的独裁统治与武力扩张,罗马极度辉煌。

墨索里尼十分崇拜恺撒,因而一上台就竭力模仿,试图建立起恺撒式的独裁,并创下恺撒式的伟业。他一面大赦犯人造成虚假和平的空气,另一方面强化专政力量。他将法西斯黑衫军改编为国民保安志愿民团,这些人多为旧军人和惯于寻衅斗殴的流氓打手,以维护"治安"。墨索里尼将过去由皇家、政府以及普通警察组成的三支警察力量收编成一支,取缔一切秘密社团。不久墨索里尼又组织了一个法西斯大议会,并逐渐使之发展成为法西斯意大利的立法机关,法西斯大议会组建之后,意大利国会形同虚设。1925年政府颁布法令,取缔一切反法西斯团体与活动,法西斯借此机会排斥异己,建立一党专政。不久墨索里尼又颁布一系列法令:取消集会和结社自由,取消言论自由,授予墨索里尼独裁权,要求内阁大臣像士兵一样,一切行动听从"领袖",墨索里尼担任政府首脑和法西斯大委员会主席。到1929年,墨索里尼身兼党、政、军数职、集国家大权于一身。2月,他与教皇庇护十一世签订了拉特兰协议,意大利政府承认梵蒂冈为罗马教廷绝对所有,天主教为意大利国教,从此天主教会成为墨索里尼法西斯制度的主要支柱之一。

独裁统治终于建立起来了,墨索里尼出语不凡:大凡独裁者,才是真正的民族英雄。然而正当独裁的恺撒在表面极度显赫的同时,反对、诅咒、甚至刺杀独裁者的密谋始终不息。墨索里尼敢于在信仰自由、民主的意大利大张旗鼓地独裁专政,反对独裁者、刺杀墨索里尼的密谋也随之前仆后继。

1925年2月。墨索里尼突然从演讲台上消失了,法西斯广播里数日听不到"领袖"的训导,正当人们疑惑之际,法西斯政府不得不宣布:墨索里尼病重!墨索里尼被一场突如其来的大病击倒了。因为种种原因,他的病由、病情一直未予宣布,反独裁的人民群众、反对党以及密谋分子们十分高兴。墨索里尼卧床40天,未出房门一步,但正当人们欢庆独裁者的末日时,墨索里尼奇迹般起死回生了!密谋分子在失望之余,开始了行动。

1925 年 11 月 3 日，意大利举行盛大的阅兵式以纪念一战的胜利。墨索里尼将在罗马的巴拉若琪日临街阳台上亲自检阅。刺客日尼邦尼得到法西斯将领卡佩洛暗中支持，他身着少将制服，在巴拉若琪日对面旅馆包定了房间，计划等墨索里尼一出现，便狙击独裁者。时间一分一秒地在过去，离检阅只有一小时了，日尼邦尼再一次检查了伪装得十分巧妙的来复枪。这时有人敲门，日尼邦尼装着没事打开了门，不到几秒钟，日尼邦尼束手被擒，法西斯秘密警察制止了第一次谋杀。

1926 年 4 月，墨索里尼正在日内瓦参加国际医药大会。一天，墨索里尼看见一名英国妇女微笑着款款向他走来，墨索里尼正准备上车，看着款款而至的英国妇女，墨索里尼站在车旁迟疑着，仿佛等待着什么。突然那位妇女拔出手枪，没等墨索里尼做出反应，子弹已呼啸着射来，然而天不长眼，子弹从墨索里尼鼻孔处穿过，居然只伤了一层皮！倘若再往前一丁点，法西斯领袖便一命呜呼了！

不久第三次谋杀接踵而至。意大利青年卢切蒂对法西斯专政、对墨索里尼刻骨仇恨，他从法国回国，身负炸弹，在波达皮亚潜伏了 8 天 8 夜。这一天终于等到了墨索里尼的专车，车子倏忽而过，卢切蒂扔出了愤怒的炸弹，一声巨响，墨索里尼的车被炸翻了，但墨索里尼竟安然无恙！

1926 年 10 月 31 日，墨索里尼到达波伦亚，当地法西斯分子组织群众欢迎法西斯领袖，在领袖与群众"同乐"的氛围中，人群中一名青年手持冲锋枪冲了上去，对着墨索里尼一阵狂射，但墨索里尼再次幸免一死，枪弹只烧破了他的衣服，并未击中皮肉。

墨索里尼十分欣赏恺撒的名言："懦夫在未死以前，就已经死过好多次；勇士一生只死一次"。法西斯领袖故意装着大义凛然，置生死于度外，依然我行我素，照常出席各种集会，照常在大庭广众之下口若悬河。有时工作疲惫了，狂野的性情又浮上来了，突然跨上摩托车，带着他的孩子们去风驰电掣一番，害得警察们猝不及防、连忙组织车队追赶、沿途加以保护。几次遇刺奇迹脱险，更使墨索里尼张狂不已，他相信苍天必将委大任于他，他必将成就一番伟业。

与恶狼为奸

19 世纪末，非洲大陆爆发了一件惊天动地的大事：贫穷落后、社会经济发展几近原始的阿比西尼亚（今埃塞俄比亚）黑人打败了欧洲白人——意大利入侵者。这一场在阿比西尼亚阿杜瓦城进行的较量是整个非洲在殖民主义时代唯一取胜的战争！有着洋枪洋炮的意大利军队死伤 6500 人、被俘 2500 人，而只有长矛大刀的阿比西尼亚军队只损失 3000 人。这是非洲人民的骄傲，自然意大利的法西斯分子们则把它视为奇耻大辱。

墨索里尼夺取政权后，一再煽动民族情绪，扬言要"一雪阿杜瓦之耻"，"要严惩这个野蛮的国家"。墨索里尼疯狂扩军备战，一上台就筹划入侵阿比西尼亚的详细计划，试图一显罗马帝国之威风。不久，意军向驻扎在奥加登省瓦尔绿洲的埃塞俄比亚部队发动突然袭击，事后反诬埃塞俄比亚人挑起争端。面对意大利的挑衅与战争威胁，埃塞俄比亚皇帝海尔·塞拉西一世一面下令军事动员，一面向国际联盟呼吁调停。而国联的主宰英法两国各怀鬼胎。法国在 1933 年希特勒上台后，面

251

对德国日益严重的威胁,竭力想与墨索里尼结盟、共同对德。瓦尔事件爆发后,法国外长赖伐尔急赴罗马,与墨索里尼达成协议:法国默许墨索里尼在埃塞俄比亚"自由行动";在奥地利独立和完整受威胁时,法意互相协商;意大利逐步放弃在法属突尼斯的特权地位;法国将法属突尼斯和法属索马里的一些地区划给意大利,并将吉布提亚的斯亚贝巴铁路公司 2500 股份让给意大利。英国不如法国那么露骨地讨好墨索里尼,英国表面上要竭力维护国联的地位,对海尔·塞拉西的正当请求不能置之不理,另一方面英国又不敢惹怒墨索里尼,以免把意大利推入德国的怀抱。在英法的袒护下,国际联盟直到 9 月才开始讨论埃塞俄比亚的争端。而在此期间,墨索里尼已做好全面战争准备。

1935 年 10 月 3 日凌晨,意大利军队从北、东、南三路入侵埃塞俄比亚,意大利飞机、坦克长驱直入。海尔·塞拉西一世下令迎战,但埃塞俄比亚全国仅有 200 门野战炮,500 挺机枪和不能用于作战的 13 架老式飞机,意大利北部阿杜瓦等重镇很快失守。1936 年 1 月,侵埃意军已达到 40 万人。

意大利公然入侵埃塞俄比亚,在全世界引起一片抗议,英法操纵的国联迫不得已宣布制裁,制裁包括武器禁运、财政制裁、禁止进口意大利货物和禁止向意大利输出某些货物。然而此时英法仍不敢过于得罪墨索里尼,在禁运物资中将重要战略物资,意大利严重短缺的石油、煤、铁等不列入禁运范围。英国控制的苏伊士运河也畅通无阻。美国在战前即颁布了中立法,以免卷入埃塞俄比亚纠纷,战争一爆发,美国即表示对交战双方实行"道义禁运",但美国商人对此置之不理,反而加大对意大利石油输出。德国法西斯在埃塞俄比亚事件爆发后兴奋不已,希特勒一面冷眼旁观制裁者的软弱制裁,一方面利用墨索里尼对英法国联的愤怒,极力拉拢墨索里尼,支持并提供包括所有武器在内的战略物资,墨索里尼逐渐依赖德国法西斯。1936 年 5 月,埃塞俄比亚在孤立无援的情况下,首都沦陷,海尔·塞拉西流亡英国,意大利国王自封为埃塞俄比亚国王。

埃塞俄比亚沦陷之后,英法又竭力与墨索里尼修好,国联制裁很快取消了。但不久,希特勒的机会又来了。1934 年,地中海重要国家西班牙的反动势力前往意大利求援,以推翻人民阵线执政的西班牙共和国,建立法西斯政权。墨索里尼早想控制西班牙,并壮大法西斯力量,他亲自保证在西班牙法西斯分子发难之日即提供一万支步枪、二万颗手榴弹、二百挺机关枪和足够资金。1937 年 7 月,法西斯分子在西属摩洛哥首先叛乱,首领为佛朗哥。

西班牙叛乱爆发时,希特勒正在参加德国盛大的瓦格纳音乐会,在轻歌曼舞中,侍者进来报告:西班牙佛朗哥的使者紧急求见。希特勒一听连忙指示安排接见。希特勒深知自他上台之后,几次派使者与墨索里尼修好,都受到冷遇。特别是德国长期觊觎的奥地利,意大利一直严加防范。希特勒心想,如果西班牙内战的时间越长,意大利与英法的矛盾将更深,德国拉拢意大利的机会就不请自来了!希特勒同时下令空军元帅戈林与陆军元帅勃劳希切立即赶来会见,希特勒一面满口答应佛朗哥的使者,一面下令马上制定支持佛朗哥的计划。戈林将空军最精锐的"秃鹰军团"飞行大队派往西班牙,陆军也携带上最新式的武器越过比列牛斯山。从此德意法西斯在镇压西班牙人民的战场上携起手来。整个西班牙内战期间,希特勒共派出 16000 人的支援部队、600 多架飞机、200 辆轻型坦克,援助总值约 5 亿帝国马克。而墨索里尼付出了更多的筹码:意大利共派出官兵 73000 人,飞机 700 多架,坦克 700 多辆,军援总值约 140 亿里拉。

意大利在经过埃塞俄比亚与西班牙事件之后,元气大伤,无力再与德国争夺奥地利,而且两场战争使意大利更加依赖德国。因此在德意共同干涉西班牙的战争中,"柏林—罗马"轴心形成了。1936 年 10 月 25 日,德国外长里宾特洛甫和意大利外长齐亚诺签署了正式协定。一个月之后,德国法西斯又与亚洲军国主义国家——日本法西斯签订了《反共产国际协定》,1937 年 11 月 6 日,墨索里尼宣布意大利也加入此协定。三个法西斯国家结成了"柏林—罗马—东京"的侵略轴心,从此狼狈为奸。

1938 年 2 月 20 日,希特勒将奥地利总理许士尼格传至伯希特斯加登希特勒的别墅,迫令奥地利政府将政权交给奥地利纳粹党人,并停止任何抵抗。1934 年奥地利纳粹党人发起政变时,墨索里尼立即派出四个师的兵力奔赴意奥边境,希特勒只好作罢。此后,墨索里尼一再表示将保证奥地利独立。然而在西班牙内战中,墨索里尼与希特勒结盟,并表示"意大利对给奥地利单独站岗早已厌倦了"。许士尼格被迫接受希特勒的条件后,立即让驻罗马的奥地利武官转交一封密函,通知意大利领袖,说他打算举行公民投票,希望得到墨索里尼支持。墨索里尼在二十四小时之后致电警告许士尼格不要进行公民投票。"如果投票有满意的结果,人们会说是伪造的,如果结果不好,政府的地位就受不了;如果结果是没有决定性的,则投票毫无用处。投票是一个错误!"但许士尼格仍决定做最后努力。

3 月 11 日,奥地利决定全民公决国家独立问题的消息传至德国,希特勒勃然大怒,立即下令实施三军入侵奥地利的"奥托"计划。清晨 5 时,许士尼格被奥地利警察局长的电话惊醒,警察局长报告:德奥两国铁路交通已被中断,德国军队正向奥地利边界聚集!许士尼格立即向墨索里尼求援,墨索里尼慢悠悠地说:"我想德国人不会这样做,因为戈林曾经亲口向我保证这一点"。而此时戈林正在给奥地利纳粹头子赛斯英夸特打电话,让奥地利统治者立即交出权力,"如果在 4 个小时之内他还不明白,那我们就在 4 分钟之内让他明白"!

然而如此公然入侵一个主权国家,毕竟理屈词穷,德国还想寻找什么借口。而且公然入侵意味着欧洲战争将提前爆发,希特勒色厉内荏,德国将领们更加紧张,战备不足,德国在中欧立足未稳,此时参战胜负难料。当晚戈林在空军大楼举行一年一度的冬季晚会,参加晚会的有 1000 多人,驻柏林的各个公使也应邀出席了这一盛大晚会。然而德国即将入侵奥地利,很可能意味着欧洲战争的爆发,谁都无心跳舞。柏林芭蕾舞团开始演出歌舞时,在大楼的休息室里戈林紧急约见了英国驻德大使亨德森,亨德森表示"即使许士尼格的做法过分,德国也没有理由对一个主权国家这样大动干戈,"戈林扫兴之余,仍试探着问如果此事发生,英国将作何打算,亨德森表示,英国政府对此将会十分遗憾。戈林放心了,希特勒也放心了,英法对于奥地利决不会采取什么实质行动。然而阿尔卑斯山那边的墨索里尼的态度令德国法西斯焦虑不安。舞厅里的意大利外交官们个个面色凝重、眉头紧锁,连他们自己也无法判断墨索里尼对德国入侵奥地利会做何反应。希特勒早已派特使菲利普亲王飞往罗马,德军坦克、飞机马达隆隆,正等待最后的指令。而此时希特勒还在等待菲利普的回话才能最后定夺。

电话铃响了,接线员报告:罗马菲利普电话! 希特勒奔过去一把抓过电话。菲利普告诉希特勒:"我才从威尼斯宫回来,意大利领袖以非常友好的态度对待整个事情。他向你问候。他说许士尼格已经告诉了他德国将要入侵的消息……墨索里尼说奥地利对他是无关紧要的……意大利出兵干涉是完全不可能的事……"希特勒大喜过望,"请你转告墨索里尼,在这件事情上,我决不会忘记他……一俟奥地利问题解决,我甘愿与他同甘共苦共患难,不论发生任何情况……我永远也不会忘记。如果有一天他需要什么帮助,或发生什么危险,他可以确信,不论发生什么情况,即使全世界和他为敌,我将坚决同他站在一起。"奥地利孤立了,奥国政府被迫投降! 德国军队长驱直入,奥地利灭亡。曾经信誓旦旦保证奥地利独立的墨索里尼帮助希特勒消灭了一个主权国。

1938年9月,墨索里尼再次助纣为虐,在捷克斯洛伐克事件中大显身手。墨索里尼在德国授意下提出了解决捷克危机的所谓意大利建议,9月29日,墨索里尼亲往德国慕尼黑,与希特勒、张伯伦、达拉第一起制造了慕尼黑阴谋。在墨索里尼的强大支持下,希特勒再次兵不血刃吞并了中欧另一个主权国家。

1939年欧洲局势空前紧张,墨索里尼的女婿、意大利外长齐亚诺在得知德国将在波兰采取行动时,连忙会见德国外长里宾特洛甫,希望在三年之内避免让意大利卷入战争。而此时一贯冷静的墨索里尼却突然心血来潮,指示齐亚诺向新闻界发表声明:意大利将与德国签订军事同盟! 1939年5月22日,这一被称之为"钢铁同盟"的军事条约签订。在经过一年多的犹豫徘徊之后,就在这一时冲动之下,墨索里尼将自己的命运与希特勒无可变改地拴在一起了。齐亚诺在震惊之余,不得不服从领袖的冲动。法西斯钢铁盟约规定,两国由于它们主义的内在血缘关系而团结在一起,决心并肩协力行动。如一方陷入与另一个国家或几个国家的军事纠纷中,另一个缔约国将立即以盟国身份,以其全部军事力量在地面、海上和空中予以援助和支持。一旦发生战争,两国中的任何一国都不得单独停战或媾和。之后,希特勒表示,地中海的政策将由意大利主持。狐假虎威,墨索里尼开始实施他称霸地中海的计划。

打劫地中海

1939年4月7日,黎明,一支意大利军队不宣而战,在阿尔巴尼亚登陆。阿尔巴尼亚国小兵弱,毫无防范,短暂相接之后,意大利军队很快占领了这个山国。阿尔巴尼亚本身对于意大利没有更多的诱惑力,关键是它是墨索里尼鲸吞希腊、征服巴尔干、称霸地中海的跳板。

正当墨索里尼为入侵希腊而筹划时,德国入侵波兰,在欧洲大陆率先挑起了大战! 意大利与德国有钢铁盟约,意大利必须马上做出参战的决定。对于德国来说,希特勒根本没有把意大利放在眼里,苏德签订互不侵犯条约,墨索里尼被蒙在鼓里。德国挑起世界大战,对墨索里尼一再坚持的和平解决方案置之不理。墨索里尼并非有着和平主义的天性,而是意大利力不从心。资源本来匮乏,又要维持在埃塞俄比亚与阿尔巴尼亚的巨额开发和消耗,根本无力卷入一场欧洲大战。希特勒极力拉拢墨索里尼,表示将提供意大利参加一场大规模欧洲冲突的所需物资。墨索里尼得信后,迅速召来三军会议,拟定一份作战 12 个月所需最低军备清单,齐亚诺说,这份清单"足以气死一头牛,如果牛认得字的话"。清单包括 700 万吨石油、600 万吨煤、200 万吨钢、100 万吨木材、600 吨辉钼矿、400 吨钛、20 吨锆、150 门高射炮等等。希特勒收到清单之后,知道墨索里尼无力参战,但坚持"意大利不应使外人知道它所打算采取的态度,至少在战争开始以前应当如此,因此,我诚恳地请求您,用您的报纸和其他手段在心理上支持我们的斗争,我还要请求您……在军事上采取示威性措施,至少要牵制住一部分英法军队,即使不能如此,无论如何也要使他们狐疑不定"。希特勒对意大利已不抱多少希望了。墨索里尼非常难过,难得的理智暂时控制住了他的好战与狂野的本性,极度的虚荣感也不得不服从国贫兵弱的现实。半年多过去了,墨索里尼这头困在罗马威尼斯宫的狮子眼睁睁地看着德国横扫欧洲:波兰灭亡了,北欧屈服了。强烈的嫉妒心使墨索里尼坐卧不宁。1940 年 5 月,希特勒百万大军又猖狂进攻西欧,英法联军节节败退,5 月 26 日英法联军主力约 40 万之众被围困敦刻尔克。英法马上要战败了! 整个世界将会被德国人控制! 意大利的狮子再也坐不住了! 再不参战,战争就要结束了,意大利将什么都得不到! 墨索里尼召来了陆军总参谋长巴多格里奥元帅,表示意大利将于 6 月初向英法宣战。元帅马上抗议:如此草草宣告参战,不啻是自杀行为! 意大利独裁者瞪起两只眼睛,厉声说道:"元帅,阁下实在缺乏判断事态的冷静头脑。战争将在 9 月告终! 我为了以战胜国的一员坐镇在和平谈判的席位上,不惜牺牲数千名战斗员,阁下懂得我的意思吗?"6 月 10 日,墨索里尼向英法宣战。6 月 16 日贝当接任法国总理,6 月 17 日法国请求停战。此时意大利约 32 个师才进行了一周的"战斗",他们在阿尔卑斯山前线和南方的海岸一带,丝毫没有迫使背后还遭到德国威胁的 6 师法国军队后退一步! 6 月 21 日,法国投降协议即将签订,意大利军队在仍进行抵抗的法国第一道防御工事的阵地前,没有前进一步。墨索里尼十分丢脸,希特勒也毫不客气不准墨索里尼参加德国胜利者操纵的法国投降仪式。希特勒还断然拒绝了墨索里尼分一杯羹的要求:由意大利占领土伦和马赛在内的罗讷河流域,并使科西嘉、突尼斯和吉布提解除武装。墨索里尼想趁火打劫,巩固地中海霸权的算盘落了空。

墨索里尼气恨难平,准备自己干一番事业,于是把目标对准地中海南岸的埃及。正当意大利大张旗鼓准备攻打时,墨索里尼忽然得知希特勒要进军罗马尼亚! 罗马尼亚、南斯拉夫、希腊这些巴尔干小国早已是意大利自认为的"盘中之物",失去巴尔干,意大利地中海帝国从何谈起? 更何况希特勒曾保证地中海事务由墨索里尼主持。墨索里尼暴跳如雷,希特勒又不打招呼,擅自行动,"这只鬼狐狸,老是强迫别人接受既成事实,这一回我要给他一点颜色瞧瞧,不久,他就可以从报纸上看到我占领希腊的大标题了。"

1940 年 10 月 28 日驻扎在阿尔巴尼亚的意大利军队大举入侵希腊,然而希腊不是阿尔巴尼亚,希腊军队早已严阵以待。面对法西斯意大利的入侵,希腊军民顽强抵抗。29 日,应希腊政府的请求,英军占领了克里特岛。几天之后英国首相丘吉尔电告英国空军参谋长,速派四个轰炸机中队取道马耳他岛飞往克里特岛或希腊,丘吉尔表示:"如果我们坐视希腊崩溃,不助一臂之力,这将对土耳其和战争的未来产生致命的影响!"英国海军地中海舰队在海军上将坎宁安的指挥下,很快突袭了意大利舰队。仅此一战,墨索里尼的战舰至少有一半在 6 个月内不能恢复战斗力。意大利陆军对希腊的第一次进攻也被击退,损失重大。不久,希腊军队即转入反攻,意大利一个山地师全军覆没,墨索里尼精锐的阿尔卑斯"朱利亚"师团被包围,2 万名死伤,5 千名被俘。到年底意军沿整个战线从阿尔巴尼亚边境后撤了三十英里,意军统帅部被迫下令停止进攻。

12 月 4 日,墨索里尼只得又一次忍气吞声请求希特勒出面收拾残局。希特勒在意军入侵希腊后气得七窍生烟:墨索里尼不自量力,捅下了马蜂窝!"由于阁下的此举,南斯拉夫、保加利亚、法国的贝当政府,越不想加入轴心国的阵营作战了。然而却引起了苏联对巴尔干的关心。如此,势必在东方产生一种新的威胁!……由于贵国进攻希腊……英国也得以在希腊设置了海、空军基地,对罗马尼亚及意大利南部实施破坏轰炸。……这次行动对在埃及即将进行的沙漠作战也产生了严重的影响……虽然我们老不愿意,但到了来年,势必得派遣军队到希腊帮你收拾残局"。墨索里尼忍受着希特勒的指责,慨叹道:"我的时运多么不济啊,使唤的人尽是一些没有价值的窝囊废!"前法西斯党书记斯达拉杰将军也叹道:"意大利军队只要稍动一下干戈就一败涂地了。"

1941 年 1 月 18 日,墨索里尼硬着头皮前往德国与希特勒会面,希特勒表示将派 10 个师的兵力通过保加利亚入侵希腊。然而希特勒此举在某种程度上不过一顺水人情而已。1941 年春,法西斯德国正筹划入侵苏联的"巴巴罗萨"计划,要保障顺利入侵苏联,德国首先必须将巴尔干的南翼掌握在手中。2 月 28 日,保加利亚在得到希特勒已经打赢战争的保证之后,同意德军入境。当晚 30 万德军渡过多瑙河,从罗马尼亚进入保加利亚。3 月德国又迫使南斯拉夫加入轴心国集团。但南斯拉夫部分军官发起政变推翻了现政府,希特勒勃然大怒,下令德军全面进攻南斯拉夫,4 月 17 日南斯拉夫战败投降。之后德军 15 个师(其中 4 个为装甲师)疯狂进攻希腊,英国急忙从利比亚派遣约 4 个师前往支援,但他们和希腊人一样被德国装甲部队和空军的猛烈进攻打得一败涂地。很快,北部的希腊军队向德军投降。同时也硬着头皮向手下败将意大利投降。之后仅仅 4 天,德军坦克开入雅典,在三周内德军征服了除克里特岛的全部希腊国土。墨索里尼在整个冬天连遭惨败的地方,希特勒只有几天功夫便收拾了残局。墨索里尼摆脱了困境,但他实在高兴不起来。

有了德国法西斯做靠山和主力,在攻占克里特岛的战役中,意大利军队总算能直一直腰板了。4 月 24 日德意军队将英国远征军、希腊军等追至希腊海岸,英国又一次面临敦刻尔克式战役。然而此一时,彼一时。在敦刻尔克战役中,制空权总的来说,是操在英国人手里的,而此时德国人完全地、绝对地控制着天空。但英国海军凭着卓越的能力连续五夜,从希腊本土救出了 50662 人,相当于派往希腊部队的 80%。希腊战役的重心移至克里特岛。5 月初,德国和意大利空军从希腊和爱琴海的基地起飞,对克里特岛有效地实行日间封锁,使得盟军对克里特岛的人员与物资援助无法靠岸。在 5 月的头 3 个星期,运往克里特岛的重要武器有 27000 吨,到达该岛的还不足 3000 吨,其余物资不是被迫转回,就是损失在途中。克里特岛的守军总共不过 28600 人。5 月 20 日,德军作为主力开始进攻该岛。德军第一次使用了空降部队,但第一批 5000 余名亡命之徒降落到克里特岛后不久立即被击毙。但德军不顾一切,在战斗机的护航、轰炸机的强烈空袭下,又将大批德军空降至克里特岛,德军开始巩固阵地。海上的战斗也十分激烈。意大利海军早在3月份被坎宁安指挥的海军编队击毁了两艘巡洋舰而势力大损。此时,英国海军少将罗林斯指挥的强大舰队击沉了满载德军的轻帆船不下12只和轮船3艘,德军当夜溺毙者达4000之众。英军在克里特岛附近海域损失2艘巡洋舰和3艘驱逐舰,尽管如此,英国海军死守克里特岛的海防,直至克里特岛沦陷,没有一个德国人从海上登上该岛。但岛上的守军已经弹尽粮绝,德军空降部队已经控制了该岛,英国海军在有限的空中保护下,不得不再次面临惨痛的撤退守军的任务。希特勒与墨索里尼的空军和海军严密封锁,力图消灭克里特岛的22000名守军。丘吉尔下令在埃及的英国中东军总司令韦维尔将军要不惜一切代价撤走该岛守军。从5月28日到6月1日,共抢运出17500人。希腊国王与英国公使脱险,指挥守军作战的弗赖伯格将军也安全撤出。未能救出的守岛军人约5000人除绝少数人投降外,其余全部被希特勒与墨索里尼的党徒杀害。墨索里尼终于在希特勒的支持下打赢了希腊战役。然而地中海那边,非洲沙漠里的几场鏖战将把法西斯领袖再次拖向深渊。

难圆非洲梦

波兰战争爆发后,意大利迟迟不肯参战,并非墨索里尼不好战,而是另有谋算。法西斯领袖的眼光盯住了北非的地盘。在意大利宣战前,意军不仅在埃塞俄比亚、厄立特里亚和索马里有大量驻军,而且另有115000人驻扎北非各地,共计15个师。1940年6月,法国战败投降,意大利在北非的军队再也不用提防来自法属殖民地突尼斯的威胁,而且英国人正在本土进行着生死存亡的搏斗,德国最高统帅部作战局局长约德尔将军在6月30日就谈道:"德国对英国的最后胜利,现在只是一个时间问题,敌人再也不可能进行大规模的进攻作战了。"于是英国在非洲的殖民地简直成了无人看管的肥肉了。墨索里尼指示北非的意军将领格拉齐亚尼元帅立即行动,做好充分准备,一举夺取埃及。墨索里尼甚至开始设想,一旦埃及被征服,意大利在埃塞俄比亚、厄立特里亚、昔兰尼加的广大殖民地将连成一整片,到那时整个北非都将是意大利的国土了,就是裘力斯·恺撒复活也不过如此!墨索里尼不停地督促北非意军加快从的黎波里塔尼亚、昔兰尼加到埃及的公路铺设,并在公路沿线的班加西、德尔纳、托卜鲁克、巴迪亚和苏卢姆逐渐建起军火库、兵站和供应站。到了秋季,野战军和沿海岸一系列庞大供应站中的意大利人,至少有30万。墨索里尼电令格拉齐亚尼元帅以最快的速度攻下埃及,把埃及驻防的英军有限力量消灭在沙漠中。

8月意军全线进攻,8月3日意大利3个步兵营、14个殖民地步兵营、2个山炮大队和配备中型坦克、轻坦克和装甲车辆的几个支队攻进了英属索马里,索马里英军指挥官下令撤退,意军攻入埃及本土。9月13日,格拉齐亚尼率领意军主力也越过埃及边境,向埃及要地尼罗河三角洲挺进。埃及局势危在旦夕。

英军当时正处于战争最低潮,一面是希特勒对本土的狂轰滥炸,一面是墨索里尼对英帝国致命的挑战。然而到1940年10月,希特勒进攻英国的"海狮计划"基本上面临破产,丘吉尔在严加防范的同时,加大了埃及的防务力量。7月间,坎宁安海军上将的地中海舰队不仅重创了墨索里尼的舰队,而且将大量人员、物资与军备运抵亚历山大城,埃及局势正在向不利意大利一方转化。

正当墨索里尼磨刀霍霍,埃及局势发生微妙变化时,得知希特勒入侵罗马尼亚,墨索里尼气恨之余下令意军全面进攻希腊。希腊战争拖住了意大利大量兵力,而墨索里尼又不自量力,同时下令格拉齐亚尼元帅对埃及做"最后一击"。而在格拉齐亚尼犹豫之际,英国中东军司令韦维尔早已完成了反攻部署,英联邦军队昼伏夜行到达西迪巴拉尼,12月9日主动出击,几天后,三个墨索里尼的精锐师不是被歼灭,就是被俘获。被俘的意军士兵和军官占了约200多英亩大的一片地方!到12月15日,英联邦军队扫清了埃及境内的所有意军,韦维尔还下令英军出击埃塞俄比亚,为埃塞俄比亚的收复奠定了坚实基础。1941年1月,在稍做休整后,韦维尔将军下令乘胜追击。5日,英军攻克巴迪亚。21日,英军再克重镇托卜鲁克。2月6日,英军又攻占班加西,7日,整个昔兰尼加被英军占领。至此英联邦军队前进了500英里,歼灭意军9个师,俘虏13万人。与此同时,另一支英军在韦维尔命令下进攻苏丹,肃清苏丹境内的意军,与北非沿岸的反攻形成呼应。2月,他们乘胜攻入意属索马里,3月17日,意属索马里被英军收复。在英军的配合下,海尔·塞拉西一世率领游击队打回了埃塞俄比亚。5月5日,亚的斯亚贝巴首府一片欢乐,塞拉西在流亡5年之后复位,埃塞俄比亚光复。墨索里尼功败垂成,他无限憧憬的非洲帝国化成了泡影。

1941年6月22日,德国法西斯悍然发动了入侵苏联的战争,法西斯军队190多个师从空中到地面全线出动,越过苏联边境足足半个小时之后,正在熟睡中的墨索里尼被一阵急促的电话铃吵醒,外长齐亚诺告诉他:德国大使转达了德军进攻苏联的消息。在北非一连串打击之下的墨索里尼揉了揉疲惫的眼睛,强压住心头的不满,马上下令立即对苏宣战!齐亚诺劝诫墨索里尼:既然希特勒事先不打招呼,说明希特勒根本不在乎意大利是否参战,也不欢迎意大利部队开上俄国前线。将军们也力劝把准备投放俄国前线的兵力放在非洲,也许能挽救非洲危局。但墨索里尼不听,仍主张将20万意军投入东方战线。一年之后,德军在苏联战场严重遇挫,戈林作为希特勒特使前来意大利请求援兵,墨索里尼不顾许多人反对再次决定向苏联战场提供9个师的意大利炮灰。希特勒也表示增派更多的德军前往非洲,再次帮助墨索里尼收拾残局。

早在2月,苏德战争尚未打响,墨索里尼的军队在利比亚沙漠狼狈逃跑时,德国将领隆美尔受希特勒指派前往非洲。隆美尔在波兰战争中就崭露头角,后来他又率领他的装甲师率先打过马斯河,第一个进抵英吉利海峡,从此为希特勒看中。2月14日,一艘运兵船在意大利利比亚殖民地的的黎波里港口登陆,隆美尔的士兵第一次踏上了非洲。墨索里尼对这位希特勒赏识的将军起初并没有太高的奢望,只求守住的黎波里塔尼亚(利比亚的一部分)就行。而隆美尔座机在北非战场巡视一圈后,发现英军疏于防备,后勤补给线太长,而且英国人把利比亚最精锐的师已派出去挽救希腊了,隆美尔表示他将征服开罗、占领苏伊士运河。3月19日,隆美尔带着他的进攻计划飞抵柏林,总参谋长哈尔德不以为然。时值德国紧锣密鼓为侵苏准备,哈尔德不便挑明。当哈尔德听到隆美尔将征服埃及和苏伊士运河,并有可能夺取东非时,竟不由自主发出了不礼貌的笑声。哈尔德问:为达到这一目的,你还有什么要求?隆美尔答:我还需要两个装甲军。哈尔德说:即使我们能派出两个装甲军,你如何养活他们?隆美尔竟答到:这对我无所谓,那是你的事情。

3月31日，隆美尔的攻势开始了，这一次意大利在德国人的影响下精神大振，有了德国军队作主力，意大利的进攻居然也卓有成效，敢打敢拼了。英国很快败退，不仅班加西失守，而且英军司令部痛失沙漠作战经验丰富的两位将军尼姆和奥康纳，总司令韦维尔也差点遇难。2月份意大利人的灾难现在落到英国人的头上，英国军队在北非沿海铺设的公路上丢盔弃甲、拥挤不堪。4月希特勒又为隆美尔增派了强大的装甲师，配备了400多辆坦克，墨索里尼的舰队在德意空军护航下向北非运送了大量军火与物资。隆美尔又连续发起进攻，6月英军镇守的重镇卡普措堡失守。丘吉尔下令印度总司令奥金莱克前往北非取代韦维尔，同时命令海空军加强马耳他岛上的防御与打击力量，以加大对墨索里尼运输船只的袭击，试图缓解北非危机。12月英军发起"十字军行动"，解救了托卜鲁克之围，隆美尔被赶回3月发起进攻的地点。英军在地中海海、空军力量加强后，墨索里尼对北非前线的补给约60%被击沉在地中海。12月7日，墨索里尼的东方盟友日本偷袭了美国的太平洋舰队，意大利又得与庞然大物美国宣战，非洲局势足令墨索里尼寝食难安，美国参战更是火上加油，墨索里尼忧郁不已，法西斯的前途不容乐观。

　　1942年1月隆美尔又大胆出击，希特勒在海军将领雷德尔的怂恿下加大了在地中海的争夺，马耳他岛盟国军队自身难保。英军新司令奥金莱克不敢主动出击，重要阵地不做拼死抵抗便轻易放弃，而且将好不容易征集的战备物资几乎完整地留给隆美尔。1942年6月20日，北非战场出现了墨索里尼最乐意看到的奇迹：德意军队攻克了托卜鲁克，埃及大门洞开，英军33000人未做有效抵抗便向人数只有他们一半的德意军队投降了，德军获得了足供3万人3个月消耗的物资和1万余立方米的汽油。而当时墨索里尼千辛万苦运抵北非的物资不够德意军队一月之需。从托卜鲁克前往埃及有铁路相通。墨索里尼颓丧了一年多的心情终于阳光灿烂。非洲帝国的美梦似乎又在向他招手了。

　　而在英吉利海峡的那边，丘吉尔像受伤的狮子一样在房子里走来走去。隆美尔的军队最多时不过十万之众，而且其中一半是勇敢精神与战斗能力都欠佳的意大利人。而隆美尔却靠他的胆略和勇气让北非战场上75万英国军人谈虎色变，败绩连篇！"隆美尔、隆美尔！只要打败他，其他都好办！"丘吉尔下令加大地中海的打击力量，同时改组中东军司令部，两名爱将亚历山大与蒙哥马利被派往中东。蒙哥马利到达北非时，英军士兵说他们过去常常在利比亚的班加西过圣诞节，然后回开罗过新年。蒙哥马利斩钉截铁地回答：以后再也不会发生这种事了。他几次动员、鼓舞士气，号召大家为大英帝国的声誉而战！

　　当时盟国在开战后一连串打击之下，终于有了回击的能力。希特勒在斯大林格勒倾注了巨大赌本，苏联红军正在逐日聚集大反攻的力量。美国参战，英美正秘密筹备北非反攻的"火炬"计划。而此时上千辆的坦克正在美国、英国的舰队上从海路运往中东。隆美尔在开战之初不以为然的后勤补给已严重束缚了他的手脚。8月，隆美尔30%的军需品被击沉于海底，9月又是30%，10月达到40%。本来希特勒陷在斯大林格勒，给予隆美尔的援助极其有限，墨索里尼的家底也已近枯竭。部队、坦克、大炮、军械、卡车、食品、医疗用品，尤其是石油不断地被击沉在地中海，连墨索里尼都惊恐不已：如果船只按照这个速度被击沉的话，不到6个月的时间，意大利就只剩下渔船充当运输队了。

北非战役主要在沙漠展开,沙漠是一片辽阔的、几乎寸草不生的旷野,地面上的任何行动都无法逃过飞行员的双眼。当时因地制宜、隐蔽军队的唯一办法,是把军队伪装起来,以敌人觉察不出来的速度徐徐向前移动。蒙哥马利准备反攻的阿拉曼周围一片空旷,沙石坚硬,灌木矮小,但英军成功地将15万人,包括一千辆坦克,一千门大炮,还有几千辆军车和数万吨物资安置完毕。

1942年10月23日晚,阿拉曼前线,皓月当空,埃及西部沙漠一片寂静。隆美尔因日益严重的心脏病和北非十分危急的后勤补给问题,已经飞往德国了。英国的战略隐蔽瞒过了号称"沙漠之狐"的隆美尔,他相信英军近期不会有大规模行动而动身回国了。当时隆美尔的汽油只剩下一个星期的供应,弹药只够9天激战使用。

10月23日晚21点,英军千百门大炮齐鸣,整个沙漠被染得通红,阿拉曼战役打响了!此时隆美尔正在奥地利阿尔卑斯山养病,急促的电话惊动了病中的隆美尔,德国陆军元帅凯特尔告诉他阿拉曼的盟军开始了反攻,隆美尔的副手为摸清英军意图奔赴前线,已摔死在中途。隆美尔决定立即返回。飞机在飞抵北非前,隆美尔再次拜会了墨索里尼,请求无论如何向北非运送军火和汽油。

然而阿拉曼的德意军队已经溃败。有限的坦克、装甲车、卡车、大炮都在熊熊燃烧,德意军队又在重演北非沙漠之战以来经常出现的一幕:狼狈逃跑、拥挤不堪。许多德国士兵抢到了车,驾车逃跑。意大利士兵要么投降,要么步行逃出那火烟滚滚、风沙炙热的荒原漠野。

阿拉曼的崩溃使墨索里尼气急败坏,他一面大骂隆美尔,一面又不得不再次组建运输队,以挽救溃败的意大利军队。然而这支装满汽油和弹药的运输队,原本可望在72小时运抵北非,但电报被英军破译,丘吉尔马上派出了20多架战斗机,半个小时便把隆美尔翘首以待的全部军需品报销了。隆美尔再也无力组织反攻,他只有尽全力收罗残兵败将,有秩序地撤退。在经过长达两千多公里的逃跑之后,隆美尔率领他的剩余兵力,在英军没能围歼之前成功地退入突尼斯。但这并不能挽救德意法西斯的命运,英美盟军的"火炬"计划即将实施,北非东西两路大军不久将彻底清除北非轴心国的军队。

阿拉曼战役虽然使德意军队损失不过5万余人,和二战史上其他著名战役相比,其消耗与惨烈程度并不突出,但它在二战史上产生了十分重要的战略意义。英帝国得以保住它的生命线,盟国对苏联人民卫国战争的大量后勤补给得以畅通,希特勒在中东、南亚与日本会师的美梦、墨索里尼非洲帝国的设想彻底破产了!墨索里尼被击倒了,他脸色苍白、面部不停地神经质抽搐,胃溃疡的老毛病又犯了,胃部剧烈疼痛。他清楚地意识到:阿拉曼不仅埋葬了他的非洲帝国,而且透过阿拉曼的烟雾,他看到了他的末日。

为伊人憔悴

墨索里尼年轻时颇为英俊,身材魁梧。他言辞激烈、好战、喜欢刺激,经常在大庭广众之下侃侃而谈,周围总有一帮乌合之众追随左右,着实引来许多姑娘的爱慕。成为法西斯领袖之后,墨索里尼几乎平步青云,很快掌握了全意大利的生杀予夺的权力,墨索里尼也变得肥头大耳了,但这并不影响他继续成为女人们追逐的对象。墨索里尼不像他的法西斯朋友希特勒,希特勒除了在演讲台上喋喋不休外,个人性格比较内向,对待女人相对拘谨得多。希特勒对戈林、戈培尔、希姆莱之流玩弄女人、追风引蝶总是睁一只眼、闭一只眼,但他自己非常注意。和爱娃·布劳恩的关系虽然人人都清楚,但爱娃·布劳恩从不抛头露面,希特勒也从不在旁人面前显示与爱娃关系不一般。而墨索里尼天性狂野,从不在乎追逐女人会引起别人的议论。他的女友和情妇随其情绪变化而变换。但终其一生,有三个女人对墨索里尼产生了重大影响,她们是妻子拉凯莱、女儿爱达、情妇克拉拉·佩塔奇。

认识拉凯莱时,墨索里尼几乎一文不名。但墨索里尼的如簧巧舌终于打动了姑娘的心。拉凯莱聪明贤惠、楚楚动人。然而结婚不久,拉凯莱便发现丈夫每天冲冲杀杀,令人揪心不已。有一天,他在米兰办《前进报》,听说日内瓦某咖啡店主毁坏他的名誉,尽管瑞士当局早已驱逐墨索里尼,不准他去瑞士,他仍带了一个朋友,冒着被警方逮捕的危险,跑到那个咖啡店,对店主一阵拳打脚踢,然后在瑞士警察的一路追赶下,跑回米兰。拉凯莱心惊肉跳地在家等候着,直到丈夫平安归来。那个时候墨索里尼正鼓动意大利加入协约国一方作战,每天在大会小会上与政敌们斗得精疲力竭,回到家后,拉凯莱总是柔声细语地宽慰他,墨索里尼当时唯一满足的是拉凯莱为他营造的家,一个温馨的港湾。斗闹了一天回来后,墨索里尼握着拉凯莱的手居然感慨道:"我不需要什么,我的一生只是一个可怕的挣扎,我的家是我唯一的甜蜜宁静的安慰者,好像沙漠中的一块绿洲"。

1915 年 5 月,意大利终于参战了。墨索里尼竟放下了手中的笔杆,上前线打仗去了。拉凯莱争辩了一番,但也只能默默忍受。两年提心吊胆的日子过去了,但坏消息还是降临了:墨索里尼身负重伤。拉凯莱守护在丈夫身边,直到前后二十七次手术、墨索里尼身上大大小小四十四块弹片全部取出。

1922 年法西斯进军罗马,墨索里尼一跃而为意大利总理,拉凯莱此时已贵为总理夫人,但拉凯莱的日子并不好过。墨索里尼在瑞士流亡时期半工半读,留下了严重的胃溃疡,做妻子的总是牵肠挂肚。然而墨索里尼在私生活上的放纵令拉凯莱气愤不已。高居威尼斯宫的墨索里尼自战争爆发以来诸事不顺,身边的情妇们也争风吃醋,因此墨索里尼逐渐疏远了妻子,拉凯莱偶尔才能接到丈夫一次礼节性的问候。克拉拉·佩塔奇走进墨索里尼的生活后,墨索里尼更是乐此不疲,拉凯莱几乎被气疯了。

1945 年 4 月,墨索里尼眼看末日即临,决定带上情妇克拉拉一同逃往瑞士,临走之前,还算记得自己有妻子,他给拉凯莱发了一封电报,说他正处于生命的最后阶段,历史的最后一页,并破天荒地请求妻子原谅他一生中对她做下的"一切错事"。

爱达是墨索里尼的爱女、掌上明珠。爱达从小聪明活泼,非常可爱。墨索里尼回家后,不管多么不顺心,女儿的歌声笑声总能给他许多宽慰。可爱的爱达与温柔的妻子曾是墨索里尼的"绿洲",尽管以后墨索里尼几乎抛弃了这块绿洲,但对女儿的爱心并没有受多大的影响。爱达并未能左右父亲,但爱达的爱情生活却给墨索里尼带来了非凡的影响。

有了有权势的父亲做靠山,爱达得以在全世界游玩。1929 年春,爱达来到中国,游山玩水时偶遇一意大利青年,这位青年当时仅是意大利驻中国使馆的普通外交人员,名叫齐亚诺。年轻人很快相知相恋,1930 年正式结为夫妻。齐亚诺当时虽功未成名未就,但其家族在意大利也是妇孺皆知。齐亚诺的父亲科斯坦佐·齐亚诺是海军上将,很早就成为法西斯运动的成员,是墨索里尼的密友,出任过部长和议长,齐亚诺家族还有着贵族头衔。1926 年科斯坦佐甚至被正式委任为墨索里尼的继任人,1939 年病逝。齐亚诺 1925 年毕业于罗马大学法律系,不久进入外交界。成为墨索里尼的乘龙快婿之后,更是平步青云。

30 年代国际风云变化莫测,意大利奉行着"两面外交",在希特勒德国与英美集团之间周旋。在德国日益强大时,墨索里尼有意追随希特勒,齐亚诺利用自己的特殊地位,迅速领悟了墨索里尼的意图,避开外交部,为"柏林—罗马轴心"做准备。1936 年齐亚诺看时机成熟,力主意大利与德国结盟,在外交部发起一场攻势,墨索里尼全力支持,6 月齐亚诺正式成为意大利外交部长。1937 年柏林—罗马轴心正式形成,齐亚诺多次陪伴墨索里尼出访德国,有时代表墨索里尼单独前往,替墨索里尼出谋划策。墨索里尼的所有重大决定几乎都有齐亚诺的痕迹。1940 年 6 月,意大利参战。由于军事上的软弱,连遭惨败,意大利成为德国奴仆,柏林—罗马轴心使意大利失去了独立。齐亚诺感到前途黯淡,主张脱离德国,与英美盟国单独媾和,因而对墨索里尼越来越不满。1943 年 2 月,墨索里尼先发制人,对政府机构进行"大清洗",几乎所有部长都被解除了职务。齐亚诺被免去外长职务,改任意大利驻梵蒂冈大使。爱达对于丈夫的改变非常担忧,一面听着父亲的警告,一边又认为丈夫对德国人的判断没有错。爱达也提醒齐亚诺不要卷入对父亲墨索里尼的反对派阵营,有时甚至大发脾气,但齐亚诺仍然参与了 1943 年 7 月的政变,并投了墨索里尼的反对票,墨索里尼被赶下台,随即被逮捕。

墨索里尼被赶下台后,国王埃曼努埃尔决定不让法西斯政权的显赫人物加入新的内阁,齐亚诺与爱达决定流亡西班牙,但政府却迟迟不发给他们出国护照。与此同时,意大利法院开始调查墨索里尼政府的贪污案。第一批受审的人员中就有齐亚诺,齐亚诺被软禁在家,不得外出。爱达的命运已与齐亚诺息息相连。在齐亚诺的策划下,爱达与德国驻意大使馆取得联系,1943 年 8 月 27 日,爱达与齐亚诺乘德国军用卡车逃到罗马的一个机场,接着改乘飞机逃到慕尼黑。齐亚诺夫妇离开了动荡的意大利,但前途未卜,希特勒痛恨齐亚诺,很快将夫妇俩软禁。9 月,意大利局势突变,意政府向盟国投降,退出了战争。希特勒立即命令纳粹军队抢占了意大利的北部山区,9 月 13 日党卫队救出了墨索里尼。在慕尼黑爱达立即去探望了被救出的父亲。爱达痛哭不已,请求父亲原谅他们。齐亚诺也希望与墨索里尼言归于好。虎毒不食子,墨索里尼竟动了恻隐之心。希特勒闻讯大怒,指示必须处死齐亚诺,至于爱达,用戈林的话说:"狠狠抽她一顿鞭子"。墨索里尼屈服了,这时墨索里尼在纳粹扶植下已在意大利北部建立了"社会共和国",爱达回到意大利,请求父亲同意齐亚诺在新的共和国里任职,但墨索里尼用不祥的沉默代替了对女儿的回答。

10 月,齐亚诺从德国押回了意大利,关进了维罗纳监狱。12 月,爱达终于绝望:父亲宣判了丈夫的死刑!任凭爱达哀告、请母亲出面说情都已无能为力。爱达对墨索里尼的怨恨、对丈夫的爱情迫使她铤而走险。原来,齐亚诺在任职期间,掌握了德意关系内幕的大量秘密资料，并把它们运用到自己的日记中。墨索里尼当局与德国情报部门十分清楚，齐亚诺的日记和文件一旦落入英美等国手中，对他们将是十分不利的。爱达把搭救丈夫的最后一线希望寄托在日记上。德国情报部门甚至同意了爱达的条件，但当德国党卫队换上法西斯黑衫党的衣服，准备冲击监狱时，突然接到希特勒的命令："停止行动"。原来德国情报部门受希姆莱唆使，里宾特洛甫得知后担心齐亚诺日记会危及自己的地位，给政敌希姆莱以某种借口，立即报知了希特勒。

爱达最后的一线希望是公开发表齐亚诺日记，迫使父亲改变主意。墨索里尼至此之前仍对自己的女儿多少有一份爱心，收到女儿带有条件的信后，墨索里尼痛苦不已，"爱达逃跑了，扬言如果三天之内不释放齐亚诺，她威胁要公布我们与德国关系的全部文件。……公布齐亚诺的日记，证明德国在完全结盟时对我们的背叛，将有可能招致无法挽回的后果！所有的人，甚至包括我的女儿，都背叛了我！"但爱达的希望又一次落空了。1月11日曾经助纣为虐的意大利外长齐亚诺被枪毙。爱达为表示对丈夫的爱，仍然冒着生命危险，把自己打扮成有身孕的农妇，把日记藏在裙子里，带出了国境，交给了美国芝加哥《每日新闻》报的记者，齐亚诺的日记终于留传下来，向所有的人展示着德意法西斯相互勾结的种种内幕。

克拉拉·佩塔奇是一位摩登女郎，年轻美丽，风流娇艳。1926年在一次舞会上偶尔结识了当时年届43岁的墨索里尼，克拉拉只有20岁，却对墨索里尼倾慕不已。墨索里尼虽然周围簇拥着的女友、情妇众多，但对克拉拉特别垂青。游山玩水、周末消遣都非常精密地带着她。克拉拉也毫不隐讳，"我非常爱他，我们俩心心相印。我不能没有他，只有在他身边，我才觉得自己活着"。克拉拉认识墨索里尼所有的情妇，好在她没权嫉妒，但克拉拉总是逢人便说：只有她才能支配墨索里尼的心和他的情感。

墨索里尼对克拉拉的垂青引来了许多麻烦。拉凯莱夫人气得神不守舍，经常想方设法去追踪。齐亚诺在日记里都这样写道：拉凯莱夫人几个月来不安而多疑，忙于与她无关的许许多多事情，像个侦探一样。她甚至打扮成砌砖匠、平民妇女，到处打听。天知道她还打扮过什么。情妇们、女友们也争风吃醋。有一次忙了一整天的齐亚诺回到家里，墨索里尼曾经很亲密的一位女友海阔天空地谈了一番闲话后，见爱达上楼去了，突然神秘地对齐亚诺说：领袖刚对我说，他对克拉拉已经没有爱情，甚至有点讨厌她了。她还抨击克拉拉家族搞坏了意大利和领袖的身体。齐亚诺只好不置可否地笑了笑。

墨索里尼与克拉拉的亲密往来，不仅在朝野闹得沸沸扬扬，而且克拉拉自己也日益骄奢淫逸，经常招摇过市，令墨索里尼十分狼狈。更招人侧目的是，佩塔奇家族兴风作浪，敲诈勒索。克拉拉的兄长佩塔奇尽管人人都知道他不学无术，但被作为外交官派驻西班牙。父亲佩塔奇博士尽管并没有什么战功，却致信墨索里尼要求授予他特等功勋——"法西斯和国家功勋。"1942年正当北非战役吃紧、意大利国库空虚、民不聊生之际，佩塔奇家族参与巨额倒卖黄金案，案发后警方仅一次就没收黄金18公斤。墨索里尼既难堪又愤怒，下令严厉查办。克拉拉跑去大吵大闹，最后与佩塔奇家族无关的人受到处罚。

1945年4月，法西斯轴心国败局已定，墨索里尼决定逃往国外，试图摆脱即将面临的末日审判,他带上了克拉拉,指望余生仍和这个使他声名狼藉的女人在一起,但终究未能逃过历史的公正判决,克拉拉与墨索里尼一同被处死。

米兰魂西归

　　1942 年 11 月 8 日,英美盟军 11 万在北非的卡萨布兰卡、奥兰和阿尔及尔登陆。墨索里尼被这意外的消息惊呆了,他面色苍白,很长时间说不出话来。法国维希政府在当地的 20 万驻军纷纷倒戈。英美联军由西向东,直指突尼斯,与自东向西的英军遥相呼应。1943 年初蒙哥马利指挥的英军也逼近突尼斯,被压缩在突尼斯北部的德意军队处在东西夹击之下。3 月下旬,总数约 60 万的两路盟军会师,被围在比塞达的 25 万德意军队(德军占半数以上)前临大海,后有追兵,弹尽粮绝,5 月 13 日全部自降。7 月 10 日,盟军乘胜追击,在与意大利本土隔海仅 3 公里的战略要冲西西里岛登陆,十多万意军被杀被俘。意大利本土面临被征服的危险。国内反墨索里尼、主张向英美投降的反对派加紧了活动,这个圈子以国王埃曼努尔为核心,包括墨索里尼的女婿、爱达的丈夫齐亚诺。

　　1943 年 7 月 23 日深夜,罗马威尼斯宫的鹦鹉厅里,墨索里尼一手扶植的大枢密院正在开会。格兰迪将军建议就墨索里尼是否应该下台进行表决。投票结果很快出来了:19 票赞成,8 票反对,1 票弃权。其中 19 票赞成票中就有齐亚诺一票。墨索里尼艰难地站起来,没有说一句话,迈着沉重的步子,跟跟跄跄地离开了会场。大厅里鸦雀无声,大家默默地目视着那位独裁者走出去。

　　第二天上午,墨索里尼正强打精神接见日本大使,突然接到下午 5 点埃曼努尔国王将在萨伏依别墅接见他的通知。拉凯莱夫人劝他别去,但他坚持必须向国王表明:意大利与德国订有条约,还得提醒国王他本人也签了字的。不能罢手背约,一定要打下去,而且要惩办那些叛徒。

　　下午,墨索里尼如约来到国王别墅,国王神经紧张。墨索里尼向国王报告了大枢密院里发生的事情,并不以为然地说这事无关紧要,也没有法律效力。墨索里尼还请求国王同意他更换几位不听话的大臣。国王严肃地说:"大枢密院是国家机构,是你亲手创建的,它的构成经过议会两院批准,所以大枢密院最微小的决定都具有最重要的意义。"墨索里尼一言不发。国王接着说:"我亲爱的领袖,不行了,形势万分严重,意大利已在毁灭之中,军队完全失去了斗志。……对意大利的事情你不要再抱什么幻想,目前你是全国最不受欢迎的人。我是你剩下的唯一朋友,不过,你不必为你的人身安全担心,我会保护你的。"国王直截了当地告诉墨索里尼,他的职务已由巴多格里奥接替,巴多格里奥已经得到军队和警察的支持。墨索里尼这才明白,这场起自后院的烈火是早有预谋的。他感到一阵晕眩,嘴里勉强说着:"如果陛下说得对,我就该提出辞职。"国王说:"很好,我无条件地接受你辞去政府首脑的职务。"

　　墨索里尼走出国王别墅,向自己的汽车走去,脑子里好像一片空白。一个宪兵队长走到他面前,敬了一个礼,说:

　　"领袖,听说您遇到危险,我们特来保护您!"

　　"我有自己的卫队。"

"不，我是奉命来保护您的。"

"那好吧，既然是奉命，就到我车上来吧！"

"不，领袖，请跟我来。"队长指着一辆救护车说。

"荒唐透顶！我从没有乘过这种车。"

"我在执行命令！"

墨索里尼这才无可奈何，登上救护车。一开始，他还真的以为是为了保护他的安全，但后来发现自己上厕所、睡觉都有人把守，这才明白自己已沦为阶下囚了。过了两天，墨索里尼在宪兵和警察的押送下，几经周折，到达了一个荒凉的小岛。岛上只有100多个宪兵驻守，一片凄凉，上面有一个过去英国人修的别墅，如今成了墨索里尼的牢房。8月26日，墨索里尼在别墅前的平台上乘凉，见一架德国飞机正在低飞盘旋，飞行员的脸都可以看得清清楚楚。29日，墨索里尼被送回国内，安置在海拔2000多公尺的格兰萨索皇帝营，这里是墨索里尼自称的"世界最高监狱"，他被关在一个小房间，房间小得往前两步是墙壁、往后两步也是墙壁。9月8日，大山顶上的墨索里尼得知意大利已经停战，他预感到他不仅是巴多格里奥的囚徒，而且从此也是盟国的战犯。9月10日和11日，他分别从阿尔及尔电台和柏林电台得知，盟国根据条约，要求意大利交出墨索里尼。墨索里尼绝望了，要求发还他的手枪，然而不仅手枪不发还，他的刮脸刀和小刀也被收走了。

柏林，7月25日晨，希特勒得知他的意大利盟友墨索里尼被赶下台、并被秘密关押。意大利决不能没有墨索里尼，再说早在奥地利事件中，希特勒曾发誓要不忘墨索里尼的。于是希特勒下令：必须想方设法救出墨索里尼。只许成功，不许失败！

希特勒的伞兵司令选中了党卫军成员斯科尔策尼，斯科尔策尼受令后先拜见了"元首"，然后直飞罗马。他从高价收买来的奸细口中获悉，墨索里尼已转移到一个小岛，正当斯科尔策尼的飞机在马达莱纳岛发现墨索里尼，准备营救时，墨索里尼又被转移了。几天以后，德国特务组织截获一份电报，其中一句是"格兰萨索周围的保安措施已严密布置"。斯科尔策尼小组迅速做出判断：墨索里尼关押在格兰萨索！

9月12日星期日，皇帝营三楼窗口，有一个秃子双手交叠在胸前惊奇地望着12架滑翔机准备着落，他看着穿制服的德国兵从机上跳下来，还有一个意大利军官——他是被斯科尔策尼抓来做人质的，墨索里尼赶紧向看守他的宪兵高喊："不要开枪！不要开枪！有一个意大利将军，不要紧的！"斯科尔策尼迅速冲到三楼，走到墨索里尼跟前，立正报告说："领袖，是元首派我来的，您自由了。"墨索里尼张开双臂拥抱斯科尔策尼："我知道我的朋友阿道夫·希特勒是不会抛弃我的。"意大利投降后，希特勒立即派兵占领了意大利北部，墨索里尼被救出后不久，希特勒不顾墨索里尼想从政界引退的申请，强令他在意大利北部重新掌权，墨索里尼只得再次粉墨登场，在意大利北部草草组建了"意大利社会共和国"。

墨索里尼又苟延残喘了一年多，由于盟国将重点从地中海转向西欧，意大利战场直到1945年1月才开始大反攻。此时希特勒的阿登反击也失败了。墨索里尼彻底绝望，而且几乎精神失常了。1945年4月25日傍晚，墨索里尼仓皇带领少数死党从米兰逃往科摩湖，企图从这里去瑞士过流亡生活。26日墨索里尼的车队到在一个村口,游击队员发现了一支有德意军人在内的车队,于是鸣枪命令车队停住、接受检查。随即一支由 8 人组成的游击队巡逻队走了过去,为首的青年名叫贝利尼。贝利尼命令车队停止前进、立即投降。车队为首的一名德国军官用流利的意大利语自我介绍,并解释他们奉命回德国本土作战,他们无意与意大利人作战。贝利尼和他的同伴们商量后,在敌我力量极为悬殊的情况下,当即决定:德国人可以放行,但必须接受下一站的检查,意大利人必须留下归游击队处理。

这时墨索里尼正躲在一辆卡车的驾驶室里,用毛毯裹着肩膀,一听说要交游击队处理,急忙竖起军大衣的领子并压低头上的钢盔,故意使人看不见他的脸。一名叫拉扎罗的游击队员走过来,看见此人形迹可疑,很像墨索里尼。他走上卡车,拍拍蜷缩在一起的人的肩膀,"同志",没反应。拉扎罗第二次拍拍他的肩膀讽刺地说:"阁下!",还是没反应。拉扎罗火了,他大声叫道:"本尼托·墨索里尼骑士!"那人这时身子不安地动了一下,拉扎罗确信他就是墨索里尼。人们听到叫嚷声也围拢过来,拉扎罗摘掉那人的头盔,取下他的墨镜,翻下他的衣领,人们很快都认出来了:这就是那位曾经令人无限崇拜、后又被严厉诅咒的法西斯领袖、秃头墨索里尼。墨索里尼又一次被监禁了。

这时,一位游击队员前来报告:"有一位西班牙领事要马上动身,他要立即去瑞士,因为他有一个约会,能放他走吗?"拉扎罗说:"等一等,我去检查一下","西班牙领事"操着流利的意大利语向拉扎罗居高临下地发起了牢骚。拉扎罗坚持看一下他的证件,发现证件上有一个图章是印上去的。原来车上的"西班牙领事"不是别人,正是克拉拉·佩塔奇的哥哥。克拉拉·佩塔奇也在车上,他是墨索里尼逃跑时特意带上的,车上还有克拉拉的嫂子和两个侄儿。游击队很快扣留了佩塔奇一家,不久贝利尼就弄清了那个穿着华丽皮衣的女人便是墨索里尼臭名昭著的情妇。

墨索里尼被捕的消息迅速传开,不时有人前来审讯他,游击队总部为防止法西斯分子再次"营救",决定就地正法。墨索里尼请求给予克拉拉特别照顾,但人们早已恨透法西斯和臭名远扬的佩塔奇家族,而克拉拉就是万恶之源,游击队决定将她与墨索里尼一同处死。4 月 28 日墨索里尼与克拉拉被带到一所别墅的篱笆旁边,叭叭两声枪响,两人同时倒地。晚上,俩人的尸体和其他同时被处决的 15 名死党像死猪一样被装上卡车,运到米兰。

4 月 29 日,米兰洛雷托广场,早起的人们发现广场的路灯杆上吊着一排尸体,消息迅速传开,许多人蜂拥着去观看墨索里尼及其情妇的末日形象,人们边看边骂。

墨索里尼在米兰曝尸数日。米兰是他发家的起点,洛雷托广场曾经无数次成为墨索里尼威风凛凛的演讲台,意大利人民曾经给予他无限希望,但他丧心病狂、不自量力、疯狂扩张,把意大利人民紧紧绑在德国纳粹的战车上,意大利被推到万劫不复的深渊。上百万的意大利儿女徒劳地变成了炮灰。如今正义终于战胜了邪恶,墨索里尼受到了人民的审判!墨索里尼被人民处决并曝尸米兰的消息震惊了柏林地下室的另一名法西斯头子,希特勒决定与情妇一起自杀,并下令焚尸灭迹。

5 月 1 日,墨索里尼与情妇克拉拉被合葬在米兰玛基欧尔公墓的贫民墓地。

侵华的祸首

——近卫文麿

人物档案

简　历: 日本首相,日本侵华祸首之一,法西斯主义的首要推行者,曾三次组阁,最后日本投降后被逼自杀。

生卒年月: 1891 年 10 月 12 日~1945 年 12 月 16 日。

安葬之地: 不详。

性格特征: 虚伪、好战。

历史功过: 他曾三次组阁,为太平洋战争铺平了道路,同时开展"新体制"。

名家点评: 《朝日新闻》评论道:"近卫公爵缺乏战争责任感"。

名门之后

1891 年 10 月 12 日,近卫文麿出生于东京。近卫家族是日本古老而显赫的大贵族。近卫远祖中臣镰足是大化革新时期的功臣,645 年曾协助中大兄皇子发动政变,一举诛灭跋扈于朝廷的豪族苏我氏;同时,引进唐朝律令制度,推行改革。中臣镰足因功勋卓著官拜内大臣,中大兄皇子当上天智天皇后,赐姓藤原氏。从 7 世纪中后期至 12 世纪中期,藤原氏作为律令制度下最大的官僚贵族,通过嫁女当皇后,垄断摄政、关白(相当于宰相)、内大臣等重要官职,专擅朝政。其间,藤原氏子子孙孙繁衍不断,形成南、北、广、京家等四大家族,以北家最盛。12 世纪后期,武士阶级问鼎中央,藤原家族也由盛而衰。北家逐渐分成五个家族,即近卫、九条、鹰司、二条、一条等五家。五个家族惨淡经营于大权衰落的朝廷,轮流出任摄政、关白之职,称"五摄家"。"五摄家"中又以近卫家族地位最高,垄断族长位置。关白近卫基实是近卫家的始祖。传至第十六代近卫信尹,因无子,后阳成天皇将四皇子应山入继近卫家,取名近卫信寻。再传 11 代就是近卫文麿了。近卫的曾祖父近卫忠熙是明治天皇之父孝明天皇的心腹重臣。1884 年明治政府颁布《华族令》,设公、侯、伯、子、男五等爵位,近卫家族为世袭公爵之家。其:父近卫笃麿(1863—1904)在明治时期历任学习院院长、贵族院议长、枢密顾问官等要职。生母衍子是旧加贺藩主前田庆宁的女儿,在近卫文麿出生八天后,因患产褥热去世。继母贞子是衍子的妹妹。近卫文麿是笃麿的长子,另有同父异母弟妹四人,即秀麿、直麿、忠麿和武子。近卫文麿是近卫家250年来第一个由正妻所生的长子,作为藤原家族的嫡流,自出世之日起即被视作掌上明珠,爱宠无度。

由于近卫家族与天皇家族渊源密切,近卫从小便受到效忠皇室、做"天皇藩屏之臣"的严格家教与训练。其父近卫笃麿号霞山,是一个狂热的大亚细亚主义者和国家主义者。他认为华族尤其应为天皇尽力,扩展帝国的基业。1891年笃麿任东邦协会的副会长,1896年任贵族院议长,1898年创立东亚同文会。其政治主张历来认为日本与韩、中两国命运相连,故"保全支那"和"扶植朝鲜"是日本当务之急。他热衷于宣扬"东洋乃东洋之东洋论",实质是鼓吹日本独霸东亚。1900年八国联军侵华,沙俄乘机兵站中国东北。近卫笃麿立即成立国民同盟会,攻击沙俄染指日本的势力范围,以至病倒在床。1903年成立对俄同志会,主张对俄强硬,叫嚷武力解决"满洲"问题,呼唤着即将到来的日俄战争。1904年1月日俄战争爆发之前,41岁的笃麿病亡。

同年11月近卫文麿继承公爵爵位并成为近卫家族的族长。父亲的去世,令近卫悲伤不已。除了亲情的因素外,最让他铭刻在心的是昔日门庭若市的近卫家如今变得冷冷清清。那些以前受笃麿关照过的人全都换了一副面孔,常常到近卫家索要债款,甚至搬走近卫家的物品作抵押。因家庭开支拮据,近卫家族内部摩擦和纠纷不断。家道中落使年少的文麿备感世态炎凉的苦楚。走上社会以后近卫文麿总是对富豪们抱有不信任感,对于金钱不以为意,都与少年时的痛苦记忆有关。

1909年4月,近卫从贵族院学习院中等科毕业,转入东京第一高等学校英文科学习。一高时期的近卫常因父亲死后的金钱纠纷所困扰,心中"不知不觉产生了对社会的反抗心。从中学到高中时期,我沉溺于阅读西欧传奇文学之中,是个有很多偏见而忧郁的青年"。一高德语教师岩元祯教授对近卫影响很大,近卫视其为希腊式的哲学家,认为他"人格高尚"。近卫还曾对帮他补习德语的风见谦次郎说,将来要辞去爵位,专攻哲学,当一名大学教师。就读一高期间,近卫最苦恼的事情是:"同学们表面上保持交往,但又因我是公爵而存在隔阂,教授们也是这样。回到家也是同样,和母亲一个月才见一次面。"出身名门的近卫从青年时期起,就摆脱不了其一生具在的孤独感,体会"高处不胜寒"的贵族的悲哀。

进入一高三年级后,近卫对社会科学产生兴趣。1912年一高毕业后,近卫进入东京帝国大学哲学科,同年10月又转入京都帝国大学法学科。第二年,近卫与毛利高范的二女儿千代子恋爱结婚。在京都帝大时近卫师事于西田几多郎、户田海市、米田庄次郎等哲学家,并同河上肇教授有过一些接触。当时,河上肇正在从事有关马克思主义的研究,时常建议学生读一读马克思的著作。近卫一度对社会主义理论颇有热情,还曾经买糕点送给贫穷邻居。近卫谈论社会主义,不只是心血来潮,还与其父死后家境的变迁使他产生的社会反抗心理有关。近卫步入政坛后,表面看上去礼贤下士、平易近人的态度,及其"叫花子也是宾客"的口头禅,为他博取了不少好名声。

在京都帝大时,近卫还了解并认识了当时被称为"最后元老"的自由派贵族政治家西园寺公望。西园寺公望(1849—1940)出身名门,早年留学法国,深受自由主义影响。1881年西园寺曾创办《东洋自由新闻》,出任过伊藤内阁的文相、枢密院议长。1903 年西园寺任政友会总裁,1906 年、1911 年两度组阁。1912 年第二届西园寺内阁因与要求增设两个师团的陆军对立而解体。军阀的横暴引起社会的普遍不满,以护宪为中心的大正民主运动蓬勃展开。每天报纸上新闻连篇,这使得以前视政治为庸俗之物的近卫开始关注政局动向,也对西园寺产生好感。西园寺曾向近卫的曾祖父学过书法,并同其父是朋友;所以,当某日身穿学生服的近卫前去拜访他时,西园寺感到很亲热。虽然两人辈分为叔侄,但西园寺对名门之后的近卫常以"阁下"相称,表示尊敬。从此,近卫与西园寺结下了恩恩怨怨的政治联系。

1917 年近卫文麿从京都帝国大学毕业,一度进入内务省地方局工作,步入政坛。1918 年近卫在《日本及日本人》杂志上发表了一篇题为《排斥以英美为本位的和平主义》的文章,公开了其政见。近卫认为,当今世界流行着以人类平等观念为基础的民主主义和人道主义思想。但英美的所谓和平,是要维持对其有利的现状,而且冠以人道之名,加以美化。第一次世界大战是"维持现状国"和"打破现状国"的战争,英美对殖民地垄断的现状"有悖于人类机会均等的原则,威胁各国民平等的生存权","德国想打破此种现状,诚为正当之要求","日本不能不给予深切的同情","日本为了自己的需求,不能不像战前德国那样,采取打破现状之举"。近卫还认为,在即将召开的议和会议上,日本加入联盟的先决条件,应当是主张"排斥经济帝国主义,使英美垄断的殖民地开放,作为商品倾销市场或原料供给地,供各国平等利用";强调日本不能盲听盲信"以英美为本位的和平主义",而应以真正的人道主义为原则,为贯彻本国的主张而努力。近卫这篇文章的基本思想,反映了后起的帝国主义国家重新瓜分殖民地的要求。不难看出,从青年时代起,近卫就树立了日本优先、侵略有理的思想基础。近卫的上述思想在以后屡有发挥,并贯穿在他一生的活动中。

1919 年 1 月 18 日,巴黎和会召开。日本派遣以西园寺公望为首的全权代表团出席会议,近卫作为随员同行。会议期间,帝国主义列强的激烈争夺,给近卫留下深刻印象。在他所写的《议和会议所感》一文中,近卫认为巴黎和会显示了"大国的横暴""实力支配"的铁的原则。从基于正义、维持和平的国联精神来说,"人种平等"的提案,理应被采纳,但由于它是"力量不足的日本"提出的而未被采纳;与此相反,"不合道理的门罗主义"却由于是"力量强大的美国"所提出的而被纳入国联规则之中,大行其道。近卫颇为日本在大国俱乐部中受冷遇而愤愤不平。其实,日本的所谓"人种平等"只是为日本争平等,企图与美英法"平等"地分割势力范围而已。因此近卫的一番言论不过是对帝国主义列强分赃不均的抱怨。正是在这次会议上,日本强夺了德国在中国山东的殖民权益。

1919 年 6 月 28 日《凡尔赛和约》签署后,西园寺等回国,近卫则获准前往德法等国旅行。战后的欧洲民主风潮涌动,与德法人士的接触,给年轻的近卫以很大的冲击。他感到华族社会的习惯、风气、礼仪等很不合理、没有意义。回国后,近卫在《妇人公论》上发表文章,谈论其感想:日本虽不是"生活舒适的国家",但必然会成为"值得生活的国家"。他所以对本国的种种事物不满,是出于忧国热情。另外近卫在《战后欧美见闻录》一文中,进一步阐述了他在《排斥以英美为本位的和平主义》一文中的观点。他认为"国土面积狭小、人口过多"的日本,对外扩张诚为"自然之势",日本国民"应堂堂正正地为自己的生存而要求发展之地"。《见闻录》是对其"忧国热情"的诠释,说明帝国主义强权政治的观念已支配了近卫的思想。

高贵的门第,不断见诸杂志、报端的政论文章,使从国外归来的近卫逐渐被人们熟知。1921 年 12 月年方 30 岁的近卫被推选为临时议长。1924 年 6 月宪政会总裁加藤高明组成护宪三派联合内阁后,近卫就任贵族院研究会的常务委员。在第五十届国会讨论普通选举法案时,贵族院许多议员百般反对,法案难产,近卫上下活动,居中斡旋,9 月法案最终通过。近卫在政坛上的活跃,引起社会的关注。

除国会活动外,近卫为贯彻自己的政治主张,还积极从事各种带有民间色彩的政治活动。1922 年近卫担任"东亚同文会"的副会长。同年又同华族织田恒信、马赖宁等人组织了"十一会"。1926 年近卫出任"东亚同文书院"院长,并访问了中国。在 20 年代他还参与组建"火曜会""日本青年会""新日本同盟""二五会"等名目繁多的团体,培植势力,扩大政治影响,俨然政界新星。到了 30 年代初,近卫文麿便逐渐接近权利中枢。1931 年出任贵族院副议长。

1929 年纽约股市大暴跌,世界经济恐慌骤发。这给严重依赖国外市场的日本经济以致命的打击,股票行情纷纷下跌,大批企业倒闭。农村中农民的破产人数猛增,卖儿卖女,十分凄惨。经济危机激化了社会矛盾,工农运动高涨,中间势力躁动不安,国内局势动荡。在国外,美英对日继续采取排斥政策,迫使日本政府推行不情愿的"协调外交"。在帝国主义争霸远东,包括中国东北的过程中,日本一时处于下风。1928 年张作霖被关东军炸死后,张学良在果断实行"东北易帜",接受南京政府领导的同时,引进英美资本,着手建设威胁"南满铁路"垄断地位的葫芦岛港和铁路,对抗日本的侵略。日本在"满蒙"的殖民阵地不稳。1930 年 4 月滨口内阁签订了《伦敦海军裁军条约》,以此为诱因,法西斯势力活跃起来。军部把摆脱危机的筹码压在发动侵略的军事冒险上,以中国东北为首要目标,叫嚣"以武力解决满蒙问题",对内则宣扬"政治革新""改造国家"。日本面临重大选择,统治阶级虽然作为一个整体而言,还没有下定彻底实行法西斯主义的最后决心,但法西斯化的浊流日益喧嚣。

在这种情况下,对国内动向不太关心的近卫,也在改变其政治观点。1931 年 5 月,近卫在驹泽高尔夫球场与阔别十年的政友会前干事长森恪重逢,一席谈话使近卫的思想明显变化。森恪(1882—1932)早年在中国投资创办中日实业公司,谙熟劫掠对华权利的门道。后来从政,当过议员、外务省政务次官,追随军部,执行大陆政策。在近卫的记忆中,20 年代的森恪对宪法研究、外交问题、特别是贵族院改革问题颇感兴趣。但久别重逢之后,近卫才知道森恪早已不是"政党政治论者"。森恪甚至说:"世界正在发生巨大变化,若不改变诸如政党、贵族院之类的狭隘思想,将会发生意想不到的事情。"此次受到森恪谈话的刺激,近卫说:"我的注意力才转向新时代的潮流方面。"此后近卫经常与热衷法西斯化的森恪会晤,对其耸人听闻的言论越来越感兴趣。后来,在近卫家的客厅里,日益频繁地出现皇道派少壮军人和军部外围团体右翼组织的代表人物,牵线搭桥的就是森恪和治贺直方。治贺曾在近卫之父笃麿任学习院长时就读于该校,他念念不忘受过笃麿的恩惠,为报答其恩情甘心为近卫效劳。一来二往,近卫接触的范围中总有法西斯分子给他灌输所谓"革新"的言论。皇道派及右翼经常高唱的"国体观念"和"国防论"给寄生于近代天皇制下的近卫以某种安全感。

1931 年一批关东军军官制造了"九一八事变",1932 年日军又挑起侵略上海的"一·二八事变"。同年 3 月,关东军导演了宣布东北"独立",成立伪"满洲国"的把戏。这期间日本国内的法西斯日益猖獗。1931 年 10 月,发生被称为"十月事件"的陆军少壮军官策划的流产政变;1932 年 2 月和 3 月原藏相井上准之助和日本经济联盟三井总公司理事长团琢磨被法西斯团体"血盟团"暗杀;5 月叫嚣"国家改造"的法西斯青年军官和与民间法西斯联合行动袭击首相官邸、警视厅、日本银行等处,杀死犬养毅,制造了震惊日本国内外的"五一五事件",政党政治垮台。

近卫在其 1933 年所写的《改造世界的现状》一文中,为"九一八事变"作了无耻的辩护,把日本侵略中国东北的行动说成是"为了国家的生存"。至于其理由也十分荒谬,即"战争起因于国际间存在不合理状态"。如果一方面是"繁殖力"强,充满"发展能力"的民族被"强迫困处在狭隘的领土中过着拮据拥挤不堪的生活",另一方面则是拥有广阔的领土,人口稀少,资源得天独厚,就造成了"领土分布"的不合理。要改变这种不合理状态并达到真正的和平,就至少必须使"经济交往的自由"和"移民的自由"得到承认,日本需要迅速找到出路,深知以真正的和平为基础的"经济交往自由"和"移民自由"在最近的将来不可能实现,所以日本才选择了"为了今日的生存,只有向满蒙推进的唯一途径"等等。

此文一经发表,近卫立即在军部及右翼组织中获得了好感。其为侵华提供了理论依据,其名门出身以及其与皇室、元老、重臣们有亲密关系,使法西斯势力认为他在法西斯化进程中利用价值很大。

"五一五事件"后元老西园寺公望奉诏进宫推荐首相人选。近卫赶在西园寺动身前拜访了他,面陈意见。近卫认为挑选组阁首相人选有两种途径。一是从政友会中物色,以便日本能够继续实行政党政治;一是放手让军部担负责任。此举虽有危险性,但这样一来军部就不会作为"政府之外的政府"而控制政局了,即使军部对政治全面负责,而后却会搞不下去,也可因此清算"军部的政治立场"。老谋深算的西园寺主张仍由政党组阁,但判定让缺乏国民信赖的政党担当政局,势必加大与军部的摩擦,而军部当权则又难以预料会把国家引向怎样过激的方向上去。最后西园寺认为组成中间内阁最为稳妥,近卫碰了个软钉子,悻悻而归。

内心里近卫对西园寺的中间内阁论很不赞成,为此他写成《元老、重臣与我》一文,认为:日本选择的方向,"是世界形势使然"。日本军人是否采取行动,"满洲事变"是否发生均无关紧要,一切都取决于日本"必须选择的命运"。他指责西园寺等待少壮军人恢复冷静后,实行协调主义外交是迂腐之见。只要政治家缺乏对"国民的命运"的认识,那么军人的激情和狂热就绝不会冷下来。让军人来指导国家很危险,但为尽早从军人手中收回政权,必须首先让政治家认识到"日本的命运之路",让军人打头阵并进行一些必要的革新。近卫的所谓"命运之路",其路标就是少壮军人自"满洲事变所推进的方向"。显然易见,这条"命运之路"不过是不断升级的侵华战争。可以说,早在出任首相之前,近卫已确定了侵华的基本方针。

按照西园寺的意见,陆军大将斋藤实组成了标榜"举国一致"的中间内阁。中间内阁是政党政治向法西斯专政的过渡形态,其内外方针并不带折中性。1932 年 9 月斋藤内阁承认伪"满洲国",订立独霸中国东北的《日满议定书》,1933 年退出国联。在军部压力下采用首相、外相、藏相、陆相、海相等五相会议的形式,决定军国大事,扩大军人发言权,挤压政党势力。元老西园寺原有意让近卫组阁,但鉴于时机不成熟,就策划先让近卫出任贵族院议长,在将来适当的时机再让近卫出任首相。1933 年 6 月近卫文麿当上了贵族院议长。一方面,西园寺认为近卫是"人才","没有人可以替代"。另一方面,西园寺很担心日益和"革新势力"同一步调的近卫会卷入政治漩涡之中,最终成为军部的傀儡。所以西园寺叮嘱近卫要"超脱""慎重"。

随着日本加剧对华北的侵略,日美矛盾日益突出。西园寺以为近卫是协调日美关系的最合适人选,极力促成近卫访美。1934 年 5 月近卫以出席留学美国的长子文隆的毕业典礼为理由,以访美特使的身份前往美国。访美期间,近卫与罗斯福总统、赫尔国务卿举行会谈,还与各界人物接触,竭力说明日本的立场,以得到美方的理解。近卫在美滞留五十余天,其间国内海军大将冈田启介组阁。近卫出国时首相斋藤相送,回国时新首相冈田率阁僚迎接。首相换了人,但接送规格没有变化,表明近卫已俨然是政界大人物。访美归来的近卫颇使西园寺失望,而近卫也对西园寺的政党政治论日益不满。有一次借听取石川县警察头目富田健次汇报之机,近卫恣意抨击政党政治。当富田反映由于政党无能、腐败和对时局缺乏认识,国民和军官们已忍无可忍时,近卫立即评论说"政党、议会都起不了作用","军人发怒是难免的"。他甚至说:"为挽救今日的日本,必须要打倒议会主义"。

1934 年日本通告废除美英法意日五国华盛顿会议上订立的海军裁军条约,开足马力扩军备战。日本在国际上日益孤立,更加紧国内镇压。1935 年右翼议员猛烈批评美浓部达吉博士的天皇机关说,军部、在乡军人会、法西斯民间团体掀起神话天皇的"国体明征"运动,强化思想控制。右翼势力策划近卫出山。政友会也对近卫抱有幻想,试图拥戴近卫,创立新党,重振政党势力。但近卫并不急于出山,继续等待时机,直至军队内部争斗尘埃落定。

这一期间,在军队中"皇道派"和"统制派"的冲突越发激烈。"统制派"利用手中的权力,排挤"皇道派"。1935 年 7 月罢免"皇道派"大头目、军队教育总监真崎,改由"统制派"的渡边锭太郎接任。一个月后"皇道派"骨干、中佐相泽三郎,公然用军刀将陆军军务局长、"统制派"骨干永田铁山少将砍死在办公室里。"统制派"乘机大搞"军纪整顿",准备把"皇道派"控制的军队调往中国东北。"皇道派"狗急跳墙,在 1936 年 2 月,制造了血腥的"二二六"兵变事件,后迅即被镇压。"二二六"事件吓坏了元老西园寺,为了抑制军部在政治上过于飞扬跋扈,只好起用曾令其失望,但对军部、右翼势力有影响的近卫。重臣们也对近卫所能起到的作用抱有期望,统治集团上层又在酝酿近卫出山。但近卫认为自己和西园寺的政治观点颇有差异,对如何处理发动"二二六"事件的"皇道派"军人的善后颇感棘手。于是,以健康为由,婉拒出任首相。

1936 年 3 月,外务官僚广田弘毅组阁。这届内阁在军部操纵下,加快了法西斯化步伐。上台不久,就推出"庶政一新""广义国防"的两大使命,复活了军部大臣现役武官制,颁布思想镇压法令。同年 8 月的五相会议,制定"北进""南进"并举的《国策大纲》,加紧扩充空军、海军力量,11 月同纳粹德国订立"日德反共协定"。即使如此,军部仍不满意,1937 年 1 月在陆相寺内寿一的无理要求下内阁总辞职。1937 年 2 月陆军大将林铣十郎组阁。这届内阁完全听命于"统制派",排挤政党势力,强调"祭政一致",鼓吹建立临战体制。在4月举行的总选举中,政友会、民政党掀起倒阁运动,搞得内阁手忙脚乱。军部又视其无能而加以抛弃,林内阁只得于1937年5月全体辞职。

两届短命内阁之后,西园寺虽然不很信赖近卫,但考虑到在抑制军部这一点上,再没有比近卫更合适的人选了,只好勉强为之。而近卫由于拒绝组阁,反而在政界和民间赢得声誉,不明真相的世人对这位少壮贵族政治家的期望盲目增高。两届短命内阁接连倒台,为近卫执政扫清了道路,这回近卫该出山了。

全面侵华

1937年6月4日,近卫文麿接受天皇的组阁命令,组成第一届近卫内阁,时年46岁,为此前历届内阁中最年轻的首相。一帮御用文人卖力地吹捧近卫,制造近卫受人欢迎的印象。德富苏峰肉麻地说:"近卫内阁成立的消息,使我们国民有了乌云散尽见青天的感觉。"岩渊辰雄也不甘落后,说:"五摄家的首席青年华族当上总理大臣,使国民有了一种新鲜的感觉。他是首席华族,也是天皇的分身。人们觉得在聪明而温和的首相领导下,会使混乱恢复为协调。"

近卫在组阁宣言中,声称其内阁的任务对内是"缓和摩擦","实行社会主义";对外"实行国际主义"。实际上,他的所谓"缓和摩擦"就是"以天皇为轴心,把军部、官僚和人民结合起来",所谓"社会主义"就是加速法西斯化;所谓"国际主义"就是扩大对外侵略。他认为"如无世界领土的公平分配,国际主义就是不彻底的"。公然主张属于"非持有国"的日本"必须确保民族自身的生存权",为此必须彻底贯彻"大陆政策"。鼓吹新内阁负有实现"国际主义"的使命,而实现国际主义的较好方法是,所谓"三大自由",即"获得资源的自由""开拓销路的自由""为开发资源所需劳动力移动的自由"等等。在这里,近卫已为全面侵华战争准备下侵略理论。

近卫组阁令裕仁天皇十分满意。由于皇室和近卫家族关系密切,天皇对他如待亲戚,十分欣赏刚上台的近卫充满自信的"潇洒"。同样,近卫也对天皇亲近有加。近卫晋见裕仁时,经常谈笑风生、不拘礼节,有时还边说话边摇晃着二郎腿,颇为内阁得到皇权有力支持而兴奋不已。

过分得意的近卫在组阁后,提出大赦建议,以缓和国内的对立。此建议不仅引起陆军首脑们的非议,就是皇室成员以及元老重臣,甚至连天皇也摇头反对,这使近卫感到有些沮丧。不久,军部又给他制造了更大的难题,挑起"卢沟桥事变"。全面战争的火焰在近卫内阁成立一个月后点燃。尽管对于事变的肇事者,近卫在其手记中觉得"我方有点可疑",但面对日军侵略造成的事实,还是采取事后认可的立场。冲突发生后,近卫内阁最初采取"不扩大"和"就地解决"的政策。陆相杉山元、军事课长田中新一以及参谋本部第三课长武藤章为代表的强硬派叫嚷,"只要出动三四个师团,不出三个月就可以解决一切问题"。他们竭力鼓吹扩大事态,以强硬的武力手段迫使中国方面屈服。以参谋本部第一部长石原莞尔及陆军省的柴山兼四郎为代表的"慎重派"生怕陷入侵华战争泥潭不能自拔,从对苏战备防卫角度出发,主张尽可能避免事态进一步扩大。石原还建议近卫到南京与蒋介石会谈。由于近卫错误地料定中国势必屈服,倾向于"强硬派"的主张,同意向中国大量派侵略军。7月11日,内阁发表向华北派兵的声明,声称:中国军队在卢沟桥发动"不法攻击",对日方在现地进行的交涉"没有诚意",因而酿成所谓"华北事变";为"维持"华北"治安",日本必须增派军队。同一天,近卫首相在官邸邀集贵众两议院、新闻界、财界的代表,要求他们一致行动,协助政府。于是,日本的大小报纸一起大造战争舆论,颠倒事实地叫嚣"膺惩暴支",煽动侵华战争狂热。外相广田弘毅、藏相贺屋兴宣和内相马场瑛一以及财界的头面人物纷纷发表谈话,鼓吹对华强硬,气焰十分嚣张。然而,侵华日军遭到中国军队顽强抵抗。陆军头面人物所谓"日本军队一过山海关,中国军队就会崩溃"的狂言成了笑柄。另外,近卫对大言不惭、热衷抓权的陆军"强硬派"内心不满,对事变的前途充满疑惧。为使事态迅速解决,近卫打算亲赴南京会晤蒋介石,但又担心这样做可能损害日本在国际上的形象而最终作罢。近卫和军阀们一同乘坐上侵略战车,越跑越远。

8月13日,日军在上海制造"八一三"事件,淞沪抗战爆发。近卫采纳了陆相的建议,向上海增派了两个师团。8月15日,近卫内阁发表声明,宣称要进行"膺惩中国"的"圣战"。日本海军的飞机开始对南京狂轰滥炸。9月3日,近卫内阁发表通告,将"华北事变"改称为"中国事变"。这一称谓的改变,表明日本决心将侵略战争扩大到全中国。4日,近卫又在72届临时国会上鼓吹对华采取"断然一击"的措施,其调门与军部完全一致。

与此同时,为了把日本人力物力投入侵略战争,1937年9月近卫内阁发起"国民精神总动员"运动,大肆宣扬"举国一致""尽忠报国""坚韧持久"三大方针,加快法西斯化步伐。10月设立国民精神总动员中央联络会,由海军大将有马良桔担任会长。同月,近卫内阁将企画厅与资源局合并为企画院。并接连订立各种经济统制法律,将国内经济纳入战争轨道;吸收军、财、政代表人物充当内阁临时参议官;11月在宫中设立大本营等,为全面侵华费尽九牛二虎之力。由于内阁与军部密切合作,日军的侵略步步深入。7月底侵占华北地区。11月12日侵占上海。12月13日侵占南京,制造了骇人听闻的南京大屠杀,遇难的中国军民超过了30万人。尽管近卫拼命标榜"举国一致",其实连内阁都难以协同一致。随着日军在战场上取得"赫赫战果",军部势力日益嚣张,时常使近卫有被架空之感。他曾对西园寺的秘书原田熊雄抱怨"陆军大臣(杉山元)完全靠不住"。有时向天皇自嘲说:"我这样的人完全像个时装模特儿,什么都不让我知道,却被牵着鼻子走,这实在叫人为难,真是对不起。"近卫打算笼络军部、财界的头面人物,以突出内阁的"领导作用",但收效不大。

在侵占南京之前,近卫试图凭借武力压蒋投降,试图通过谈判来创造内阁的政绩。11月2日他指使外相广田向德国驻日大使戴尔克逊提出对华和平条件。11月5日德国驻华大使陶德曼又将此条件转达给蒋介石。未等蒋做出答复,陆相杉山又提高了和谈的价码。不久南京被攻陷,近卫内阁与大本营召开联络会议,对原来提出的和平条件做了大幅度的修改。主要内容有:(1)中国正式承认伪"满洲国"。(2)中国放弃容共、反"满"抗日政策,对日"满"防共政策予以协助。(3)在华北设置在"中国主权之下,实现日、满、华三国共存共荣的适当机构",并赋予其广泛的权限,尤其应保证日、"满"、华经济合作的成果;在华北及内蒙古设立非武装地带。(4)在内蒙古设立防共自治政府。(5)日中双方共同维持上海治安秩序、发展经济。(6)就日、"满"、华资源开发、关税、贸易、航空、通信等缔结"必要的协定"。(7)中国对日本给予"必要的赔偿"。(8)对内蒙古、华北以及华中的特定地区,在必要期间由日本军队实施保护占领。上述苛刻的和平条件实际上是把中国当作战败国来恣意勒索。蒋介石从陶德曼处得到日本提出的新条件后,未予答复。1938年1月蒋介石通过德国转告日本:和平条件过于抽象,要求提出具体的内容,拒绝了日本的无理要求。

得到国民政府答复后,近卫召开了大本营、政府联络会议。参谋本部出于对苏联作战考虑,主张应继续与国民政府谈判,巩固现有侵略成果。然而陆军"强硬派"却主张停止谈判,扩大对华侵略战争。近卫、广田及其他阁僚也赞成停止谈判。1月16日近卫内阁通过陶德曼转告国民政府停止和平谈判。陶德曼的"和平工作"也至此收场。同日,近卫以首相的名义发表第一次声明,宣称"今后不以国民政府为对手",而是期待着"足以同帝国真正合作的新兴中国政权的出现",即把希望寄托在汉奸政权的身上。声明发出后,立刻受到一些尚能进行正常思维的知识分子和某些自由主义国会议员的质疑,认为近卫抛出了"愚蠢的声明"。他们说:在头脑冷静这一点上,国民对近卫曾寄予信赖和期望,但这个声明则将其打破了,等等。石原也警告近卫说:"这种政策必将带来无穷的后患。"近卫听到上述言论后,气急败坏地回答道:"我的力量太弱!"实际上,发出声明后,近卫也感此举有些仓促,担心这样一来,日本必走进死胡同。近卫左右为难,疑团满腹。

1937年夏秋之间,议会通过了各种管制经济和思想的法案。但1937年12月围绕73届议会上讨论的电力国家管理法和国家总动员法时,议员意见分歧。急于通过法案的陆军态度强硬。1938年3月陆军省军务课的一个课员、中佐佐藤贤了竟对质疑的议员大吼"住嘴!"在近卫的配合下,1938年4月两法案最终通过,军阀操纵政权的力量大为增强,政友会、民政党形同虚设,议会里穿军装的人态度越来越狂傲。这期间,近卫一度考虑辞职。但由于后任首相暂时找不到合适人选,西园寺等人劝他留任,近卫只好硬着头皮干下去。

1938年5月,日军攻占徐州后不久,近卫以为出现修正"不以国民政府为对手"的声明误差的好时机。为此他着手改组内阁,试图将"强硬派"头目陆相杉山、外相广田等退出内阁,恢复内阁的"领导能力"。但入阁的外相宇垣一成、陆相板垣征四郎、文相荒木贞夫等同样是一批战争狂人。宇垣上任后,立即接受了陆军的要求,将原驻德大使馆武官大岛浩提升为驻德大使,任命外务省亲德意派官僚白鸟敏夫为驻意大使,密切与德意法西斯的关系。外相宇垣对于"和平方针之决定"与"对华外交之一元化问题",虽然"希望以坚定的决定实现之",但完全听命陆军扩大战争的安排。板垣就任陆相不久,大本营就决定进攻武汉、广东,侵华的野心愈来愈大。近卫恢复"领导能力"的想法完全落空。

于是近卫再次冒出辞职的念头。西园寺得知此事急忙劝说近卫:"待武汉攻略战结束,选好时机再堂堂正正地辞职为好。"暗地里西园寺认为近卫"终于能坚持干到今天,是因为陆军的支持",如果按近卫的想法让其转任内大臣"也就等于陆军的势力达到了宫中,那可是非常糟糕的"。

1938年10月,日军侵占广州和武汉。近卫内阁一面向蒋介石施加压力,迫其早日投降,一面扶植听命的走狗,开展了所谓的"汪兆铭工作"。中日战争转入战略相持阶段,为了避免陷入持久战的灭顶之灾,近卫内阁对国民党政府转而采用以政治诱降为主、军事打击为辅的新方针,并将军事进攻的重点转向敌后根据地。在此背景下,11月3日,近卫发表关于"东亚新秩序"的第二次声明,强调"日满华三国"共同"建设确保东亚永远安定之新秩序"。他宣称:"国民政府如能抛弃过去的方针,改变人事组织,取得更新成果,参与新秩序的建设,当然不会加以拒绝。"改变了撇开国民党政府的老调门,设法拉拢汪精卫出逃重庆。1938年12月汪精卫溜到河内,开始了建立"新兴政权"的活动。12月22日,近卫发表第三次声明,提出所谓"善邻友好""共同防共"和:"经济合作"的三原则,作为调整对华外交的新方针。12月30日汉奸汪精卫发表"对日和平"声明,与近卫遥相呼应,上演了妄图共同灭亡中国的政治丑剧。

至1938年底,大本营被迫停止速战速决的侵华作战方针,转而采用持久战略。日军的军事进攻基本上达到极限,诱蒋投降的阴谋也未见实效。近卫内阁的侵华对策一筹莫展。加之在与德国签订军事同盟上与陆军发生分歧,1939年1月4日第一届近卫内阁总辞职。1月5日平沼骐一郎内阁成立。

从1937年6月至1939年1月,第一届近卫内阁执政期间,日本发动了全面侵华战争。在这一过程中,贵族首相近卫虽与军部"强硬派"有些分歧,但说到底,双方分歧只是策略之争,在本质上别无二致。正因为如此,近卫才与军阀们基本步调相同,犯下了不可推卸的战争罪行。八年后,近卫也因此受到了应有的历史惩罚。

两次组阁

1939年1月,第一届近卫内阁总辞职,近卫转任枢密院议长。原枢密院议长平沼骐一郎接替近卫,当了下一届内阁的首相。平沼内阁热衷于形成德意日轴心国集团,以反苏排英。关东军同年5月挑起诺门坎事件,日苏军队在蒙古大草原上激烈交战。同年8月23日苏德签订"互不侵犯条约"。与日本订立《反共产国际条约》的德国竟然与假想敌国握手,使平沼内阁目瞪口呆,不知所措。8月28日平沼向记者冒出一句"欧洲形势复杂奇怪"的"名言",宣布内阁总辞职。

平沼下野后,元老、重臣们连忙选定下任首相,共提出五名人选。其中近卫名列前茅,但他表示无意接受提名,广田弘毅受到陆军反对只好作罢,池田成彬过于亲英美令重臣们不放心,林铣十郎又有短命内阁的不光彩记录,于是只得选任陆军看好的陆军大将阿部信行。8月30日阿部内阁成立。由于从属侵华战争的战时经济体制压缩民用工业,加上1939年日本大旱,米价上涨与日用品不足并发,国内民怨沸腾。政党乘机发起倒阁运动,陆军也决心抛弃阿部,陷入困境中的阿部内阁在执政不到五个月后,于1940年1月14日下台。

在阿部内阁总辞职的一周前,陆军首脑人物又在为近卫组阁奔走起来。1940年1月7日军务局长武藤章拜访近卫,当面表示欢迎他出任新内阁首相,反对政党总裁和"前皇道派"首领宇垣一成出任首相。近卫依旧表示无意组阁。13日近卫会见陆相畑俊六,希望陆军方面接受他所推荐的宇垣、池田为下届首相人选。烟烟六担心激怒陆军死硬派,婉言拒绝了近卫提出的人选。

这时,海军元老冈田启介跑出来推荐海军大将米内光政为继任首相,宫中势力表示支持。1月16日米内内阁成立。近卫对米内出任首相并不赞成,但天皇"大命"已降,也只得保持沉默。至米内内阁出台,欧洲形式巨变,纳粹德国的侵略连连得手,陆军首脑愈加起劲地鼓吹与德意法西斯结盟,决心尽快推倒倾向于协调美英的米内内阁。7月8日陆军省次厅阿南惟几告诉内大臣木户幸一:"政变即将发生","陆军一致希望近卫公爵出马"。于是近卫再次粉墨登场。

1940年7月至1941年10月,近卫两次组阁。两届内阁分别扮演不同的角色:1940年7月至1941年7月第二届近卫内阁完成了日本的法西斯化,1941年7月至1941年10月第三届近卫内阁为太平洋战争铺平了道路。

法西斯化是一个前后相续的过程。在日本,1919~1930年为提出法西斯学说、法西斯化的启动时期。1919年8月旅居上海的北一辉写成一本小册子《国家改造案原理大纲》鼓吹三年内停止实行宪法,解散国会,设立国家改造内阁、议会;宣布全国戒严,统治经济、思想、文化;北取俄国,南攻英国,占领"满洲"和东南亚,建立以日本天皇为最高君主的"亚洲联盟"并进而征服世界。北一辉的小册子被捧为"圣典""指南",影响越来越大。与此同时,北一辉和大川周明组织了第一个民间法西斯团体"犹存会"(1919),此后类似的团体"天剑党"(1926)、"一夕会"(1926)、"樱会"(1930)纷纷成立。

1930~1936年为法西斯化逐步展开时期,其特点主要是民间法西斯团体与少壮派军人法西斯团体相互配合,制造多起血腥事件。从1930年"爱国塾"刺杀民政党总裁、首相滨口雄幸到1932年法西斯军人杀死政友会总裁、首相犬养毅,推翻政党内阁,法西斯力量迈出结束"宪政常道",取消政党政治的第一步。继而围绕法西斯化途径问题,军内斗争日益激烈。到1936年2月,主张自上而下有步骤实施法西斯化的"统制派"压倒试图以武力政变尽快建立法西斯独裁的"皇道派",确立了军部主导、操纵内阁的法西斯化路线。

1937年6月至1941年10月为法西斯化的完成时期。这一时期,先后出现了三届近卫内阁和平沼、阿部、米内等三届短命内阁,六届内阁共执政52个月。其中,近卫执政时间共34个月,其他三届内阁平均执政六个月。仅从执政时间长短来看,亦可说法西斯化完成于近卫内阁执政时期。三届近卫内阁所执行的内外政策,是引出前述理论的更有力依据。当然,由于形势和日本统治阶级需求的不同,三届近卫内阁法西斯化的重点有所不同。

第一届近卫内阁时期,侧重建立"战时体制",以应付逐步升级的侵华战争。第二届近卫内阁执政时期,以"新体制运动"为法西斯化的基本内容,并借助这一运动开展,最终完成了法西斯化。

早在第二次组阁前,近卫已经对新体制运动做了许多思考。1940年6月24日,从轻井泽疗养地返回东京的近卫,向聚集在周围的记者发表了关于建立新体制的谈话。近卫说:"无论是谁,都认为必须建立强有力的政治体制,以应付国内外未曾有过的变局"。他于当天辞去了枢密院议长之职,声明"要为建立新体制而尽微薄之力"。"新体制"一语既出,记者们立即竖起耳朵,听近卫进一步说明。近卫接着说:"新体制的最大目标是使国策"浑然一体""举国一致"。为此,"所有政党、派别、经济、文化团体都必须贯彻公益优先的精神","实践翼赞大政之臣道",建立

"高度国防国家"。在某种意义上说,近卫是拿着"新体制"这个法宝,再次出场的。

近卫关于"新体制"的谈话,受到各方面的关注。官僚、军部、政党等政治势力一直期待通过某种契机,以某种形式扩大各自的地盘,打破斋藤中间内阁以来的均衡。"七七事变"以后,军部反复强调建立"强有力的内阁"是因为全面侵华战争爆发后,造成日军在国共合作全民抗战的坚壁下很快陷入被动,需要一种能实现其"制服"中国的"神化的外力"。在军部看来这种"外力"就是当时在国民中很有影响力的近卫及其"新体制"。军部中,以陆军省军务局长武藤章为代表的陆军"统制派"把推行"新体制"以建立德国纳粹式极权统治当成救命稻草,希望搞出一个能发挥国家总体力量的"国防国家",以征服中国,并同英美争夺东亚等势力范围。

1933年由近卫的亲信后藤隆之助、蜡山真道等组成的昭和研究会成了近卫的智囊团。这个团体纠集新官僚、革新学者策划"新体制"运动。他们的构想是使国民组织化,借此扩大官僚的发言权,试图对盛气凌人的军部有所牵制,竭力拥戴近卫组阁。

"五一五"事件后处于风雨飘摇中的政党,也把近卫及其"新体制"当作是打破困局,重新夺回政治主流地位的机会,因而寄希望于"新体制",急欲在"新体制"中占据一席之地。政党内部亲军队势力日益活跃,1940年3月25日,政友会中岛知久平、久原房之助,民政党永井柳太郎,社会大众党麻生久等热衷于亲军队的新党运动论者,组成"贯彻圣战议员同盟",叫嚷取消所有政党,组成一个强有力的政党。在他们的设计中,新党总裁非近卫莫属。

军部、官僚、政党三股势力不约而同地支持近卫,因此当近卫出马的声明发出后,"新体制"运动立即启动。从1940年6月到8月,社会大众党、政友会、民政党等政党相继解散,争先恐后地赶来乘坐"新体制"这部公共汽车。这样,在日本出现了宪政史上无政党状态的奇妙现象。8月23日,政界、财界、新闻界和右翼团体的代表,加上内阁成员,组成了"新体制"准备会。军部所设想的一国一党式的"新体制"遭到宫廷势力集团和右翼的强烈谴责,认为"它侵犯天皇大权"。近卫认为"万一对翼赞出现分歧时,则需仰赖圣断"。"一切臣僚必定统一于'承诏必谨'之大义"。担心"扰乱我一君万民国体之本义",也不赞成国民运动采取所谓一国一党的形式。8月28日"新体制"筹备会上发表了近卫有关"新体制"的声明道出了其打算,即是为建设"高度国防国家"需要建立"万民翼赞"天皇大政的"国民组织",以"下意上达""上意下达",在政治上集结国民的总体力量。为此"需要开展一次由政府积极指导下的国民运动"。10月12日,"大政翼赞会"宣布成立,近卫自任总裁。其口号是"万民翼赞""承诏必谨",加紧精神动员。

按照近卫内阁发布的政令,居住在不同地域的所有日本人以十来户为单位,组成邻组,在城市设町内会,在农村设部落会。1940年9月,内务省发表了《整顿加强部落会、町内会纲要》,明确规定部落会,町内会,邻组是"使国策广泛贯彻到国民中"的翼赞会基层组织。国民相互监视,受到比幕府时代的"五人组"连环保制度更为严密的控制。

另外,按职业、年龄、性别将从业人员加以组织的"报国会"也纷纷出笼。7月30日成立产业报国联盟,一切工会都被解散。11月近卫内阁颁布《确立劳动新体制纲要》,实行劳动动员。11月23日,产业报国联盟改组为"大日本产业报国会"

由厚生大臣任总裁,干部均由"特高"官僚,三井、三菱、住友、川崎等大公司财阀的代表和各种法西斯分子担任。1941年,产业报国会已达6.5万个,成员近500万人。在农村,建立了"农业报国联盟""农业实行协会"。此外,还有"京论报国会""美术报国会""大日本联合青年团""国防妇人会""复员军人会"等,形形色色,不一而足。把法西斯统治的触角伸向社会生活的不同领域,进行思想毒化和言行镇压。

在开展政治"新体制"的同时,近卫内阁也在建立经济"新体制",由经济阁僚恳谈会负责实施。12月8日,内阁会议通过《确立经济新体制纲要》,提出"官民合作","公益优先"等口号,把以往以追求利润为目标的自由主义经济体制,变成从属于战争的经济体制,强化战时经济。继而,近卫政府改革银行、储蓄、票据、保险等金融行业,成立了集中全国资金解决战争经费的全国金融协会议。又公布了《银行等资金运用令》《财政金融基本方案纲要》《重要产业团体令》等等,在各个产业和金融部门中成立统制会,全面统管原料、资料的分配,生产的分摊,劳务和利润。垄断集团为了确立支配权和获取血腥的更大利润,一度对战时经济体制颇感兴趣;但财阀很快发现"所有权与经营权分离"对其不利,转而攻击"公益优先"的原则具有"无视利润观念的社会主义思想",对"新体制"运动戒心重重。三菱、住友等银行先后停止向大政翼赞会提供金融资助。

另一方面,1941年3月,有马赖宁事务总长和后藤隆之助组织局长下台后,内务省官僚,乘机改组大政翼赞会,道府县支部长由知事兼任,连最初翼赞会所提倡的"上意下达,下意上通"也因"下意"不合"国体"原则而改为"下情上通"。这样,改组后的翼赞会完全变成了内务省官僚控制下的御用机关。当初被炒作得沸沸扬扬的"新体制"运动很快就露出破绽。近卫试图统一各种政治势力、实行政治一元化,以对军部有所抑制并未如愿。但无论怎样说,近卫的"新体制"运动,还是从政治、经济、劳动、意识形态等方面,完成了日本自上而下的法西斯化。

1940年7月,在外交方面近卫内阁也遇到了难以驾驭的挑战,随即采纳了陆军策划、制定的三国同盟方案。近卫认为"与德、意、苏联合",能"形成与英美对抗的势力均衡",对"处理中日事变有利";对"解决日美问题""稳固日本国际地位是必要的"。但鉴于时机尚不成熟,决定"首先缔结日德意三国同盟条约,将来再努力使苏联加盟其中"。为此,7月26日制定了《基本国策要纲》。这个国策要纲宣称"以皇国为核心,建设以日满华坚强团结为基础的大东亚新秩序",以及"刷新国内体制","确立强有力的新政治体制"。7月27日大本营与政府的联络会议进而通过《适应世界形势演变处理时局要纲》,宣称:迅速促进解决"中国事变",同时捕捉良机实施"南进";强调为此从速加强同德意两国的政治结盟,大力调整日苏外交,改善两国关系;举行日美谈判,尽量让美国理解日本的"公正主张";利用德国横行西欧的良机,以英国为主要对象,诉诸武力,夺取其殖民地,也要考虑到同美国开战的可能性而做好准备等等。从此文件可以看出,近卫内阁决心发动一场更大规模的侵略战争。

8月1日,外务大臣松冈洋右发表讲话,宣称"我们当前外交政策的直接目标是,根据皇道的崇高精神,建立以日满华集团为链环之一的大东亚共荣圈"。"大东亚共荣圈"口号的抛出,表明日本的欲壑已不限于侵占中国,而是要建立一个囊括东亚的庞大殖民帝国,在所谓的"经济协同"的幌子下,由日本帝国主义掠夺、剥削和主宰东亚各国。据此方针,近卫内阁对法属印度支那当局进行强硬交涉,9月23日,日军进驻印度支那北部,跨出"南进"的第一步。9月27日,德意日三国在柏林签订了三国同盟条约。对于是否缔结三国同盟,日本国内也有反对意见和慎重论观点,对此近卫不予理睬,他在手记中写道:三国同盟缔结的目标,是防止美国参战和建立日苏亲善关系。在走向太平洋战争的道路上,近卫不撞南墙不回头。1941年4月日本同苏联签订《日苏中立条约》。

日本大举"南进"和三国军事同盟的签订,使日本与在东南亚拥有殖民地的英法美荷之间的矛盾空前尖锐,日美摩擦日益加剧。为完成"南进"准备,近卫内阁命驻美大使野村吉三郎联系同美国进行谈判事宜。4月16日,美国国务卿赫尔提出日美谅解的四原则,日美交涉正式开始。近卫认为日美关系可能因此改善,但外相松冈洋右对此强烈不满,主张对美采取强硬态度。这使近卫感到十分棘手。组阁时近卫挑选松冈任外相,曾遭到天皇等周围许多人反对,但近卫还是起用了他。因而对于此时是否令松冈辞职,以便继续同美交涉,近卫举棋不定,甚至考虑采取内阁总辞职。但木户认为访欧归来并订立《日苏中立条约》的松冈过于居功自傲,言行超轨,令其辞职的理由很充分,无须内阁总辞职,近卫遂打消了这一念头。

1941年6月22日,德国进攻苏联。7月2日的御前会议再次决定"南进"政策,并"不惜与英美一战"。近卫在手记中道出其中奥秘:此举是为遏制"北进论"而确保"南进"方针的实施。日本决定不马上参与对苏作战,却在7月至9月中,令70万关东军在中国东北进行特别大演习,制造"北进"假象,加紧"南进"的准备。为此,需要继续同美国谈判,但从中作梗的松冈令近卫十分不耐烦。7月16日,近卫以阁员意见不统一为由宣布内阁总辞职。17日木户召集的重臣会议仍一致推举近卫为首相。18日近卫第三次组阁,基本起用原班人马,外相由丰田贞次郎取代松冈洋右。

新内阁成立后继续推行既定的"南进"方针。7月23日,日本与维希政府的法属印度支那当局订立占领印支南部的方案。25日罗斯福总统下令冻结日本在美资产。7月27日,日军占领印支南部。8月1日美国进一步禁止除粮食和棉花外一切物资对日出口。这样,在第三届近卫内阁成立半个月后,日美关系急剧紧张。日美一旦交战,日本前途未卜。

近卫对此有所估计,但他仍然参与了7月2日御前会议"不惜与美英一战"的决定。美对日经济制裁,特别是石油禁运,使日本的战争机器有陷入瘫痪的危险。海军原来在对美关系方面一直持慎重论,但美国掐断石油来源后,海军突然变得强硬起来,决心孤注一掷。这使近卫陷入了窘境,在日记中说"德苏战争胜败难以决定","如今不弄清苏联的向背,却要与美国发生冲突,没有比这更危险的了","本人不能不越发痛感到有必要使日美谈判弄出个结果来"。动辄甩手不干的近卫,一反常态,全力以赴地投入"首脑会议"的准备工作中。8月7日丰田外相训令驻美大使野村对美做出首脑会谈建议,8月28日,野村向罗斯福递交了近卫的信件。日美谈判从9日起重新开始。在此同时,军部愈益要求进行对美开战的准备,并限定谈判时间。近卫在提出与罗斯福首脑会谈时,也在口头上同意对美开战的准备同时进行。9月6日,又在近卫参加的御前会议通过了《帝国国策实施要领》,提出:"帝国为完成自存自卫,以10月下旬为目标,完成战备准备","通过前项外交谈判,至10月上旬仍不能贯彻我要求时,决心立即对美英荷开战",即定下了对美开战的时间表。另一方面,美国的罗斯福和赫尔对近卫的"和谈"诚意也持怀疑态度。10月2日美国要求日本承认赫尔四原则,从中国、印度支军。

10月12日是近卫的50寿辰。形势紧迫,近卫也顾不上庆贺,再次把陆、海、外三相和企划院长铃木召集到荻外庄私邸协商和战问题。陆相东条英机反对从中国撤军,叫嚷无论发生任何情况也不能让步。近卫主张继续谈判,说:"外交谈判或诉诸战争,两种办法都是危险的,问题是应选择最有确实把握的办法。我本人对外交谈判有较大的自信,所以打算选择这条路。"海军方面认为军队无法决定是否进行战争,海相及川表示"海军愿意完全由首相做主"。东条坚持陆军无意改变御前会议的决定。会议不了了之。近卫认为"战争若无百分之百的把握就必须避免"但又说服不了东条等人,苦于无计可施。在铺平了通向战争的道路后,近卫于10月16日提出内阁总辞职。10月18日东条组阁成立。

东条组阁后,日美谈判成了纯粹的战争掩护行动。1941年12月8日,日本联合舰队偷袭珍珠港,太平洋战争爆发。太平洋战争初期,日军战局处处得手,气焰嚣张。但中途岛海战、所罗门海战和瓜岛争夺战之后,战争的主动权完全落在美军手中,日军节节败退。独揽大权的东条集首相、陆相、外相和参谋总长四个要职于一身,并进一步加强"特高"警察和宪兵的监督与镇压。日本统治集团内部惶恐不安。在东久迩、高松宫、秩父等新王以及冈田、若槻、近卫等重臣看来,东条已不堪重用。在海军和议会也早就出现了反东条的动向。正在形成的危及天皇独揽大权的"国体"的战败危机,使对维护国体十分敏感的宫廷势力和重臣,开始考虑走马换将。1944年7月,近卫向木户建议:为维护国体,建立停战内阁。重臣、皇族、海军反东条的运动,得到财界广泛支持,最终迫使东条于1944年7月18日下台。

7月18日下午,重臣会议物色接替东条的人选。近卫以少有的积极态度多次发言,主要谈论对爆发革命的忧虑。近卫说:"打败仗是可怕的事,但革命却更可怕得多,打了败仗,我们经过一定时期还能恢复,但是左派革命起来了,却会破坏国体"。近卫希望对"左翼革命"予以深切关注,主张下任首相人选应以能否控制不同政见分子并少受陆军牵制为宜。最后,决定陆军大将小矶国昭继任组阁。

小矶内阁从任职起就没什么明确的章法,发挥不了影响。于是,近卫为战败时仍能维护天皇制国体而四处奔走。1945年初,近卫接连与高松宫,米内海相以及冈田启介等密谋善后事宜。近卫认为战败势所难免,鉴于裕仁在战争中的责任,留任天皇已不可想象。近卫主张依照历来传统,裕仁应在彻底失败之前,让位给皇太子明仁,由高松宫摄政,自己引咎出家当和尚。但由于动作过大,没能得到支持,天皇也因此而忌恨近卫。

1945年初,美军在菲律宾战役中节节胜利,2月初开进马尼拉。对于国家前途感到忧心忡忡的天皇,召见重臣,征询意见。2月14日近卫晋谒天皇,直率地面陈意见,认为败局已定,除非短期实现和平,否则日本将陷入政治和军事深渊。他还将前一年7月写给木户看的意见书上奏天皇,表示"在维护国体方面,最为担忧的,与其说是成败,毋宁说是随着战败而可能发生的共产主义革命","尤其值得忧虑的则是军部一伙人的革新运动,多数少壮军人似乎相信我国国体可以同共产主义并存","围绕着他们左右的一部分官僚及民间人士则怀有诱导他们进行共产革命的意图"。在谈论了一番"共产革命"的威胁后,近卫鼓动天皇针对那些造成时局恶化的军部内的那伙人采取行动,否则"属于右翼和左翼的朝野各界分子将与这一派相呼应,而在国内掀起大动乱"。在天皇看来,当务之急是维护国体。为此还要倚重梅津等主战派。对近卫的看法,天皇是"顾左右而言他",近卫不得要领而归。

1945年3月美军发动冲绳战役,战火即将烧到日本本土。小矶内阁黔驴技穷,只得于4月总辞职。在近卫等重臣的推荐及天皇的授命下,枢密院议长海军大将铃木贯太郎组阁。

5月7日纳粹德国向盟国投降,日本成为美军的空袭对象,除农村外,东京、大阪等大城市一片废墟。5月14日最高战争指导会议决定,请苏联出面进行停战斡旋,谋求对日本有利的结局。7月10日最高战争指导会议决定派遣近卫作为特使访苏,近卫奉命准备前往莫斯科。但这时,苏联已决定对日出兵,日本的所有对苏交涉均化为泡影。

7月26日,反法西斯盟国发表《波茨坦公告》,敦促日本无条件投降。8月6日和9日美国对广岛和长崎相继投掷原子弹,8月8日苏联对日出兵作战。8月9日,毛泽东发出《对日寇的最后一战》的号令,中国军民开始了大反攻。"大日本帝国"行将崩溃。8月10日御前会议决定在维护"国体"即保存天皇制的前提下,接受《波茨坦公告》。高松宫亲王,近卫和木户幸一内大臣等在促成天皇裁决的过程中发挥了作用。8月10日,日本通过瑞士通告英、美、中、苏四国,日本决定接受公告。15日中午广播天皇的"终战诏书",日本战败投降。

拒捕自杀

1945年8月15日,日本国内风声鹤唳,一片慌乱和茫然。为稳定人心,东京电台广播了"终战诏书",日本战败投降。8月17日,组成东久迩宫稔彦亲王为首的皇族内阁。近卫文麿再次被启用,入阁担任相当于副首相职务的国务大臣,重返政界。但形势已是今非昔比,社会舆论对近卫发起猛烈攻击,谴责他在"七七事变"中罪责难逃,指责他把日本引向太平洋战争,要求罢免他。在经历了所有困苦和牺牲后,以前人们对他送去的尊敬的目光和微笑变成了白眼和诅咒。近卫非常紧张,惶惶不可终日。

8月28日,美军陆续登陆,单独占领日本。8月30日盟军最高司令官麦克阿瑟抵达厚木机场,君临日本。把前途委之于麦克阿瑟的近卫,急欲去见盟军最高司令官。但外相重光葵出来挡驾,借口外交应由外相对天皇直接负责,阻止了这次会见。9月3日重光葵等签署了投降书。9月11日盟军总司令部(盟总)发布逮捕东条英机等39名战犯的命令。风声越来越紧,近卫如同热锅上的蚂蚁。9月13日下午5时,他终于越过外相,经原口初中将的旧友伊格伯格将军斡旋,跑到横滨拜见了麦克阿瑟。但谈了半天,未涉具体问题,加上日裔美国人翻译水平不高不能充分传达近卫意思。一个小时里,只是麦克阿瑟一个人在指手画脚滔滔不绝,近卫根本没有机会说出他想说的话。

近卫想说些什么呢?外相重光葵倒是快人快语,他说:东久迩和近卫都想逃避责任,想把挑起战争和虐待俘虏的责任说成与己无关,坏事都是东条大将等一帮军阀干的。近卫想通过《朝日新闻》《纽约日报》的记者之笔,发表天皇对袭击珍珠港一事完全不知的通讯,为裕仁洗刷罪责。

近卫与麦克阿瑟的前述第一次会谈短暂而带有礼节性、象征性。10月4日下午,近卫以国务大臣的身份,正式访问麦克阿瑟。毕竟是战败国的阁僚,进了"盟总"大楼,被冷落在接待室。心情烦躁、颇感不快的近卫20分钟后,才被副官带进麦克阿瑟的办公室。一番寒暄过后,近卫打开了话匣子,他说:"前次会见时未能尽所欲言,今天想充分地谈谈。军阀和极端国家主义者破坏世界和平,使日本陷入今日的惨破局面,这是没有疑问的;但我感到,美国方面对皇室和财阀界所发挥的作用及其功罪问题,似乎有相当错误的看法,以为他们与军国主义相勾结而造成了今日的事态。而事实上,他们在努力发挥抑制军阀的制动器作用,这从他们当中几位名人成为军阀的暗杀对象一事中就可明了。"近卫深知美国的反共立场,故话锋一转,用心险恶地说:"满洲事变以来军阀和国家主义者就叫嚣激进的革新运动。在他们背后活动着'左翼分子'。这些'左翼分子'利用军阀把日本驱入战争。因此造成日本陷入今日的惨破局面的,是军阀与左翼勾结的势力。今日的破败局面让军阀们灰心丧气,但对'左翼分子'来说则正中下怀。在这种情况下,如果把皇室、财界等既成势力如同军阀和国家主义者一样消灭掉,日本就极易被'赤化'。为防止日本赤化,使日本成为建设性的民主国家,必须消除军阀势力;但另一方面,也要使皇室和财界存在下去,以渐进方式,建设民主主义。"麦克阿瑟对近卫的讲话颇感兴趣,几度插话询问,表示得到许多有益的建议。近卫见状忙问:"您对政府的组织和议会的构成如有什么指示,本人虚心领教。"麦克阿瑟竖起手指说:"第一,要修改宪法,必须充分注入自由主义要素;第二,现有的议会是反动的,必须扩大选举权。"告别时,近卫频频点头致意说:"从我个人来说,过去由于种种情况,未能去做自己所想之事,但从今以后,愿在您的鼓励忠告下,为国家效力。"麦克阿瑟说:"很好。公爵虽出身于所谓的封建家庭,但也是世界知名人士,了解国际形势。公爵还不老,要勇敢地站在领导的前列。如果公爵能把自由主义者联合在自己的周围,提出有关修改宪法的草案,我想议会也会拥护您的。"

结束了与麦克阿瑟一个半小时的会见后,近卫打道回府。在归途中,近卫兴奋不已,对译员奥村说:"今天,麦克阿瑟说得很好嘛。"近卫以为此次与麦克阿瑟会面后,可避免受到战犯的追究,精神为此一振。

战争结束以来,近卫最担心被指为战犯。现在,麦克阿瑟授意其修改宪法,这使近卫十分放心和满足。

就在近卫和麦克阿瑟会谈的当天,"盟总"向日本政府下达备忘录:要求取消对政治、民事、宗教自由的限制,自由讨论天皇问题,释放政治犯,撤销思想警察,废除各种统制法。东久迩宫拒绝执行,10月5日内阁总辞职。深受麦克阿瑟授意鼓舞的近卫,一度考虑出马组阁,不过由于已内定由币原喜重郎担任后继内阁首相,近卫遂更加卖力主持修宪工作。

10月8日近卫率高木八尺,松木重治,牛场友彦等人拜访"盟总"政治顾问艾奇逊,领取删除天皇立法权等12点关于修改宪法的指示。随后,近卫又拜访了内大臣木户幸一,谈及10月4日他同麦克阿瑟的会面和同艾奇逊面谈的经过,说如果错过着手修改宪法的时间,恐怕"盟总"会突然提出修改案,而使日方难堪,改宪宜早不宜迟。10月9日币原组阁,10月11日,得到币原同意后,近卫被任命为相当内大臣顾问的"御用挂",并于13日与同样被任命为"御用挂"的宪法学者佐佐木总一开始在内大臣府研究修改帝国宪法问题。近卫等内大臣的修宪活动,引起币原内阁的警觉。币原无意让内大臣府抢夺改宪头功,就以宪法的调查研究是最重要的国务活动为理由,强调应由内阁负责。13日内阁会议决定成立以国务相松本烝治为主任的宪法问题调整委员会。于是,出现了内大臣府和内阁各搞一套宪法调查研究的局面。内大臣木户授意近卫,借助与天皇联系便利之机,与币原争夺改宪权。

但未容近卫施展拳脚,舆论再次把矛头指向近卫。日本报纸转摘了一篇美国报刊的社论,指责如果让近卫公爵在战后的日本担当什么角色,"无异于让吉斯林当挪威总统,让赖法尔当法国总统,让戈林当欧洲盟军司令",媒体一齐向近卫开火。"盟总"开始改变态度,11月1日"盟总"的声明说:人们对近卫公爵在修改帝国宪法方面所起的作用存有误解,"盟军当局并未指定他修改宪法"。"声明"说:在东久迩内阁总辞职前,近卫公爵曾以其代理首相的副首相身份接到总部要求日本政府修改宪法的通知。但次日东久迩内阁总辞职,"所以在盟军当局看来,近卫公爵与这个问题没有任何关系"。"声明"还特别解释说:盟军最高统帅已向币原新首相发出了关于修改宪法的指令。此后,近卫公爵与改宪问题的关系,仅来自他与皇室的关系,而不是来自盟军总部的授权。

"盟总"突然变卦,是为了摆脱舆论的攻击,为争取主动,"盟总"还下令今后禁止与近卫接触。这些措施,使近卫十分狼狈。木户等人迫于压力,只好让近卫赶快收场。

随着改宪调查研究突然中止,近卫长久以来深恐被指为战犯的心再次悬到了半空。11月19日美国战略轰炸调查团传讯他,更使近卫头晕目眩,倍受刺激和打击。

传讯是在一艘美国海军的鱼雷艇上进行的。讯问者虽然客气地称他为"近卫先生",但追究起在"卢沟桥事变"上的责任和参与谋划日美战争来却毫不留情。传讯前后持续三个小时,近卫神色紧张地支吾搪塞,闪烁其词,不是将罪行推诿于军部,就是谎称自己记忆不清。总之,近卫对1941年7月以后的行为没有做出任何令人信服的辩解。后来他心有余悸地对别人说:"我度过了可怕的几个小时,他们就像在审问一个战犯。美国也好像终于下了决心,我也要作为战犯被抓起来了呀!"

在度过许多心惊肉跳的不眠之夜后,11月22日,近卫向天皇裕仁递交了辞掉公爵的报告。先前近卫出任首相时,对近卫态度亲热的裕仁这时却态度冷淡,因为天皇已经知道近卫的名字已经上了盟军最高司令部的战犯名单,急于摆脱与近卫的干系。走出皇宫的大门,近卫的心情显得分外沉重。11月27日,近卫来到多年来他最喜欢的轻井泽的别墅,请《朝日新闻》的记者小坂德三郎参考近卫以前零零碎碎写下来的记录,整理成笔记,近卫称其为"政治上毫无虚构的告白",他的"政治遗书"。这部手记连同太平洋战争期间近卫所写的其他手记,在近卫死后,以"遗失的政治"为题,公开出版。

近卫前往轻井泽炮制"政治遗书"的八天前,11月19日,"盟总"指定首相小矶国昭,阁僚荒木贞夫等11人为战犯嫌疑人,下达逮捕令。12月2日,又下令逮捕梨木宫以下平沼骐一郎、广田宏毅、池田成彬、有马赖宁、后藤文夫等59名战犯。12月6日,又下达针对近卫、木户等9名战犯的逮捕令。近卫在轻井泽听到这个消息时,显得比较平静。曾做过近卫秘书的高村坂言在名古屋听到这一消息后,连夜赶来拜访近卫。高村希望近卫能在军事法庭上针对战争陈述日本的立场,说明不能只追究日本的战争责任的理由。鉴于追究战犯可能波及天皇,届时,近卫是为天皇辩护的最佳人选。近卫露出苦涩的表情,回答说:"美国根据其政治意图来进行审判。您提的两点很难实现。如为天皇效力,我什么都可以做,但在军事法庭上则不可能。战争的最高指挥责任要归结到作为大元帅的天皇。如果美国决定惩处天皇,我觉得自己无力为他辩护。"谈话间,近卫多次表示忍受不了作为战犯受审判的"耻辱"。

在轻井泽的最后日子里,近卫曾对新闻记者感慨其走过的路:"战争之前,人们因我反战而嘲笑我软弱;战争期间,人们因我主和而诋毁我是和平论者;而时至今日,我又被指控为战犯,我是命运的玩偶"。又说:"对一个人一生的评价,只能是盖棺决定。不,即便盖了棺,也可能要经过数十年,数百年,后世的史学家才能给其以公正的判断。"这些似是而非的议论,只能说明近卫死将临近,仍不悔罪,甚至期待有朝一日,有人跳出来为其喊冤叫屈,重翻历史的铁案。

不久,近卫接到要求他务必于16日前往巢鸭监狱报到的命令。11日晚,近卫由轻井泽回到东京,仍然在绞尽脑汁,设法逃避审判。近卫问来访的富田,"作为战败国,在无条件投降之后,对战败国人员进行裁决审判,这在国际法上是否可行?"近卫让富田赶快就此问题找伊藤述史先生寻找法律依据,试图以国际法为掩护,拒绝到监狱报到。很快,伊藤做出回答:"不可能"。于是,又有人为近卫出主意,以"健康状况不好"为由,推迟去监狱报到。富田去找负责收容战犯的中村丰一公使,通过中村和"盟总"交涉,结果被严词拒绝。当富田将交涉结果转告近卫时,近卫脸色阴沉,一声不响。

在逃避罪责的挣扎均告失败之后,12月16日清晨近卫在美国宪兵到来之前,在寓所内服氰化钾身亡。自杀前,近卫留下遗书,内称:"自对华战争之后,我所犯政治错误甚多,对此痛感负有不可推卸之责任。但我无法接受在美国人的法庭上作为战争嫌疑犯而接受审判。……对被美国人怀疑我为战争罪犯,深感遗憾","期待将来社会上舆论恢复'冷静'和'正常的时候'神的法庭会做出正义的判决"。在亲笔留给世人的最后文字中,近卫的立场没有变化。因此,说近卫是带着花岗岩的脑袋见上帝,也并不过分。

近卫自杀后,《朝日新闻》发表文章评论道:"近卫公爵缺乏'战争责任感'。纵容以东条英机为中心的军阀横行霸道,重臣负有重大责任,而近卫是重臣之首。何况这场战争的前提——日中事变是在近卫组阁期间发生的。可以充分判明:从性格来说,近卫是不好战的,但他的性格弱点使战争轻易爆发。对于一个政界领导人来说,个人性格的弱点就是'国家的罪恶'。在这个意义上,近卫犯了政治罪,他无疑负有战争责任"。《每日新闻》的评论说:"总之,近卫公爵的死是悲剧性的。在疾风怒涛似的时代,作为政治家,近卫暴露了他的性格缺陷。在日中战争的爆发、

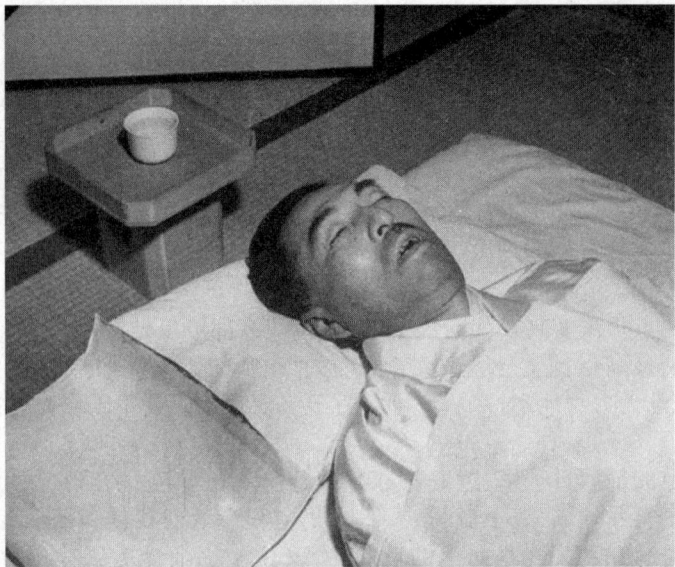

1945年12月16日：日本战犯前首相近卫文麿畏罪自杀照。

大政翼赞运动的展开、三国同盟的缔结上，近卫负有重大责任。同时也存在使近卫充任政治家的时代责任，可以说近卫扮演了并不适合其身份的角色。"

上述评论文章大体上代表了战后初期日本社会反省战争所持有的立场。尽管这些文章有些夸大了近卫性格因素的作用，称其为悲剧性的人物，但在追究其战争责任，历数其罪责方面，态度比较鲜明，立场比较一致。较之50年后那一伙鼓噪翻案，为"大日本帝国"之灵举幡招魂并肆意攻击东京国际军事法庭正义审判的无耻之徒来说，要客观得多，也清醒得多。人们对历史的认识，本来应该是距之愈远，认识愈清。在战后日本却有些人距战争结束时日越远越糊涂，甚至越来越嚣张。其中原因，发人深思。

一个门庭显赫的贵族政治家不得善终服毒自杀。表面看起来似乎是悲剧。实际上，其无缘寿终正寝，是罪有应得。正是这个名门之后，虽然对权柄不像那些政治暴发户们得志便猖狂，他时常推辞入阁之请，自视甚高，甚至有时还要和陆军的"强硬派"闹闹矛盾；但一旦入主首相官邸，同样忠实地执行既定的帝国侵略方针，成为这架侵略战争机器中疯狂转动的一个主轴。因此，在个人悲剧之后是天皇制军国主义体制的历史性错误、历史性的悲剧。何况由于近卫特殊的政治背景，使他在法西斯化、侵华战争和太平洋战争中，经常能发挥其他首相难以发挥的特殊作用，陆军"强硬派"们所以对近卫情有独钟的原因即在于此。近卫死了，死有余辜。

疯狂的战争狂魔

——东条英机

人物档案

简　历：日本陆军大将，政治家，第 40 任首相，日本法西斯统治集团的重要魁首，也是侵华的祸首之一。

生卒年月：1884 年 12 月 30 日～1948 年 12 月 23 日。

安葬之地：不详。

性格特征：忠诚、愚鲁、凶狠残暴、短于思考。

历史功过：在中国东北大肆镇压与屠杀抗日义勇军，侵占东北、华北多处地方；并挑起太平洋战争，攻击珍珠港。

军校磨砺

1884 年 12 月 30 日，新年即将来临。一个男婴在军官东条英教的家中降生。这个男婴就是东条英机。东条英教的祖先是东京人，后来被盛冈藩召去当"能乐教师"，于是举家迁至日本东北地区的岩手县，明治初年返回东京。1877 年，东条英教曾参加过平定西乡隆盛叛乱的"西南战争"；1884～1885 年又作为陆军大学的首批学生直接受到德国军官麦克尔的熏陶和培养，由下级军官逐步升迁。中日甲午战争时已任"大本营"的高级参谋，为侵华出谋划策，博得了"智将"的绰号。1904～1905 年日俄战争期间，英教任姬路旅团长，率军在中国东北与沙俄对垒，为日本殖民扩张立下"赫赫战功"并晋升为中将军衔。东条英教晚年著有《战术麓之尘》一书，被吹捧为日本"陆军之宝典"。在儿子东条英机出生之前，英教已同德永千岁生了两个孩子，但都夭折了。于是东条英机成了长子。前两个孩子的名字都是英教取的，可惜短命，而东条英机这个名字是其祖父东条英俊取的。"英机"二字的日文发音是 Hideki，据说这样起名能使孙子顺利成长、吉祥如意。

19 世纪末的日本已逐步摆脱了沦为半殖民地的险境。通过明治维新日本迅速发展起来，不但成为亚洲唯一维护了主权和领土完整的国家，而且也变成了野心勃勃对外扩张的好战国家。此时的朝鲜、中国都已遭受过日本的侵略和蹂躏。在日本国内,军国主义思潮的泛滥造就了大批东条英教式的人物。生长于这样的国度和家庭环境之中,东条英机从小就被着力培养灌输标榜"忠君爱国"的"武士道"精神,对其人生道路的选择产生了重大影响。英教特意请人教东条英机学习"神刀流剑术",培养其杀身成仁的精神。这种武士剑术似乎颇合东条英机的兴趣,他很快就掌握了技巧并时常博得喝彩。年幼的东条英机决心像他父亲那样为天皇东征西讨,誓死效忠。

1890 年,东条英机进入东京四谷小学就读。他的成绩并不太好,但也有闻名全校之处,就是常和同学打架。即使对方人多势众或者比自己年长很多,也从不服输。这个坏学生使家长和老师都伤透了脑筋。老师甚至以勒令退学相威胁,但东条依然故我。家长的管教还是十分严厉的,然而似乎东条的性格天生如此,难以改变。1899 年 9 月,15 岁的东条进入东京陆军地方幼年学校学习,成为该校第三期学生。这里的生活与军队无异,尽管东条在学习上有了些许进步,但爱打架的毛病仍然不改,还得到了"打架王东条"的绰号。一般的同学对他都"惧而远之"。可是从第二年起,东条突然开始发奋学习。据说这是因为某次他被群殴之后,认识到个人的力量毕竟有限,若要手握权力征服世界,还得靠"学问"。其实,东条突然发奋努力与日本政府对外扩张步伐加速关系甚为密切。

1900 年,中国爆发了大规模的反帝爱国的义和团运动。日本借口保护在华侨民利益,同英法等其他七国共同出兵干涉,八国联军一路烧杀抢掠攻入北京。日本强盗的行径较那些老牌的殖民主义者有过之而无不及,他们大肆抢劫中国户部的库银,罪行累累,还准备与其他帝国主义国家瓜分中国。正是在这种形势下,日本走向军国主义道路的步伐不断加速。为了尽快培养帝国的军事人才,日本政府开始在地方幼年学校也实施"战时教育方针",即从年幼的孩子开始大力灌输侵略思想并在教育中实行军国主义方针。学校实行分科教育,东条英机被分入步兵科。1902 年 9 月,他转入陆军中央幼年学校,受了一年半严格的战时教育和训练,这时的日本,举国上下都沉浸于政府所鼓吹的对俄"复仇"狂热中。尤其是军界,更加强烈地准备与沙俄一战,以雪前仇。因为中日甲午战争后,在俄德法的干涉下,日本被迫将辽东半岛退还给中国,其中沙俄出力最多。因此 1904 年日俄战争爆发后,日本政府立即将中央幼年学校的学制由两年缩短为十个月。学生们也都"异化"成"复仇机器"的零部件和"战争的渴望者"。东条就是其中颇为突出的一个,1904 年 6 月他成为陆军士官学校第十七期的学生。此时其父东条英教已出征中国东北,与沙俄血战去了。很快,1905 年 3 月东条英机就毕业了。渴望到"满洲"去"建功立业"的动力,促使他发狂般地拼命学习,在 363 名毕业生中名列第十,成绩不俗,天皇授予他少尉军衔。东条还"欣喜"地被分配到中国东北任职。只可惜这时日俄战争已近尾声,东条只是以一名守备队军官的身份短暂停留,并未直接参加战斗。日俄战争的结果日本夺占了沙俄在中国东北的大部分殖民权益,韩国沦为日本的保护国。沙俄则遭到惨败。日本国内的好战势力更加猖狂,各种对外扩张寻找发展空间的论调甚嚣尘上。战争中,以"肉弹战术"出名的乃木希典大将名声大噪,成为东条终生崇拜的偶像。

回国后,东条英机进入近卫步兵第三联队并升为中尉。1909 年,26 岁的东条同胜子结婚,胜子对东条意欲"耀皇威于海外"的"远大志向"深表钦佩,从此开始夫唱妇随的军国生涯。在步兵联队,东条做了几年下级军官。1912 年在其父朋友的推荐下,东条进入陆军大学。在这里,东条学习了作战指挥和参谋等课程。为以后的升迁和从政积累了资本。1915 年,在"陆大"毕业的东条被授予大尉军衔并任近卫步兵第三联队中队长。从 1916 年 8 月起,东条开始任陆军省副官,其办事作风渐有名声。他既自命不凡又确实极为勤奋,笃信"只要努力工作就能干出一番事业来"。其最大的特点就是很会迅速区分事情的轻重缓急,一有事,就掏出小本子记下来,立即着手处理。因此,陆军省的人都称他为"办事专家",这种干脆利落的工作作风颇得上司们的好感。1920 年,已升为少佐的东条被派往柏林任日本驻德国大使馆武官。在那里,他结识了永田铁山、小畑敏四郎、冈村宁次等人。这些人经常在莱茵河畔的巴登巴登温泉聚会,商讨日本国内外的政治军事形势,约定回国后将致力"消除派阀、刷新人事、改革军制、建立总动员态势",此即所谓的"巴登巴登密约"。这批少壮派军官日后成为日本法西斯"统制派"的骨干力量,其中包括东条英机。

1922 年 11 月,任满回国的东条英机被任命为陆军大学的军事学教官,与长于阴谋的板垣征四郎成为同事。东条讲课态度严厉、要求苛刻,标榜"快刀斩乱麻"式的办事作用。因此得了个"剃(头)刀东条"的绰号。1924 年东条被授予陆军中佐的军衔。1928 年 3 月任陆军部整备局动员课长。就在这一年的 6 月,日本关东军高级参谋河本大作等人指使日军在沈阳皇姑屯附近炸死了张作霖,制造了"皇姑屯事件"。这个事件表明一方面日本帝国主义加快了武力侵华的步伐;另一方面也反映出日本军部与政府之间的争斗。身负家仇国恨的张学良将军毅然决定东北"易帜",举起了反日的大旗。立宪民政党猛烈攻击内阁,被"皇姑屯事件"弄得焦头烂额的田中内阁于 1929 年 7 月辞职。实际上,这个事件只不过是日本军队法西斯化的一种先兆而已,内阁和军部查明了真相也不公布,直接责任者并未受到任何处罚。以巴登巴登密约为起点,永田铁山、东条英机等人回国后,于 1923 年建立了"二叶会",讨论改革陆军等问题,其成员就包括策划"皇姑屯事件"的河本大作,另外还有板垣征四郎、土肥原贤二等中央级幕僚军官。在二叶会刺激下,1928 年一批更年轻的军部佐、尉级军官又建立了"木曜会"。这两个法西斯组织很快合流,于 1929 年 5 月 19 日统一为"一夕会"。在合并会上做出决议:要求刷新陆军人事,解决"满蒙"问题,并拥立荒木贞夫、真崎甚三郎和林铣十郎三将军建设"纯正的"陆军。一夕会组织庞大,它在日本军队法西斯化的过程中起到重要作用,其活动得到大多数中上层军官的支持,逐渐成为统制陆军的实力团体。

1931 年 9 月 18 日,日本关东军制造了震惊中外的"九一八事变"。从此,日本在战争和法西斯化的道路上越走越远。12 月,政友会的犬养毅内阁成立。一夕会成员荒木贞夫任陆相。以荒木、真崎和小畑敏四郎等为首的一批人宣扬"皇道精神",提倡国体明征、天皇亲政,鼓吹精神主义而不十分重视军备现代化和总体战思想,被称为"皇道派",其主体是急于发动政变的法西斯青年军官。而以永田铁山为核心的原"一夕会"部分成员同其他一些军官则形成了与之相对的"统制派",主张不打乱现存的军内秩序,自上而下地顺序法西斯化。东条英机就是其中的得力干将。两派意见分歧,争论激烈。围绕国家改造的手段、改造顺序乃至"南进"还是"北进"等问题,双方尖锐对立。"皇道派"坚持应实行自下而上的政变,先改造国内;并主张立即对苏联开战实行"北进"战略。"统制派"则持相反意见,认为改造国家应尽量采用合法手段,并且应该先外后内;同时不应急于同苏联开战而应先解决"中国问题",扶植"满洲国";在国内,则实施总动员计划,增强国力,以图"南进"。由于"统制派"得到大多数中上层军官的支持,因此在 1934 年初荒木辞职,林铣十郎继任陆相之后,逐步取代"皇道派"确立了对陆军的支配,掌握了军部的领导权。

1932 年 3 月,伪满洲国建立,日本迅速予以承认。中国东北完全沦为日本的殖民地,成了日本帝国赖以生存的"生命线"。针对"九一八"事变等一系列事件,国民政府要求"国际联盟"予以调查,英美等老牌殖民国家担心在华利益受到日本的威胁,派团进行无关痛痒的"调查"。尽管如此,时已扛上少将金色肩章的东条以军事调查部长的身份,声称要"拒绝国际联盟的意见,退出国际联盟"。东条的狂言代表了相当一部分少壮派法西斯军人的态度。1933 年 3 月,日本退出国联。同年 1 月,欧洲的法西斯魔王希特勒上台,把德国引向战争的深渊,国际形势急剧恶化。

1929 年开始的世界性经济危机深刻地影响了国际形势及各国的经济。对资源缺乏、市场狭小的岛国日本的打击十分沉重。日本国内形势趋向不稳,这为军国主义分子趁乱上台提供了有利的客观条件。作为陆军统制派骨干的东条英机,其强硬的态度甚得军部势力的推崇。永田铁山军务局长评价说"东条是将来担负指挥日本陆军的人物"。军内的派系斗争和相互倾轧愈演愈烈,1934 年 11 月陆军士官学校的"皇道派"分子策划军事政变被揭发,有关人员受到处分。其后陆相林铣十郎进行整军,"皇道派"的真崎甚三郎被免去了教育总监的职务,两派的矛盾激化。1935 年 8 月 12 日,"皇道派"军官相泽三郎中佐持军刀闯入"统制派"首脑永田铁山的军务局长室将其刺杀。事后,"皇道派"极力为相泽三郎辩护,使其不但未受什么惩处,反而被看作是"爱国"的行动。军内的斗争更加激烈。尽管"皇道派"分子可以公然持刀杀死永田,但日本军界尤其是陆军省的实权仍然掌握在"统制派"手中。其中一个重要原因,就是"统制派"控制着最大的一支武装——关东军。关东军号称"皇军之花",1937 年就拥有五个现代化装备的精锐师团和独立的航空军事力量。其中包括一千多架先进的战斗机、轰炸机和一千多辆坦克。它控制了从朝鲜半岛到中国东北再到内蒙古东部的广阔地域,担负着维护日本"生命线"、扼制苏军的重任,因此,关东军虽远在中国东北却对日本的军政两界有着至关重要的影响。而这时的东条已于 1935 年 9 月 21 日被任命为关东军宪兵司令,从此他与关东军的关系愈发密切,在中国的东北华北犯下滔天罪行。

逞凶中国

1935 年 9 月,身材矮小、脑袋光秃的东条再次踏上中国的土地时,中国东北已几乎完全沦陷了。关东军司令部、关东厅、领事馆和"满铁"彼此协调,由关东军统揽军政、外交和经济大权。特任关东军宪兵司令并兼任驻"满"行政事务局警务部长的东条英机从上任开始就加紧镇压,果然像锋利的"剃刀"一样对东北人民进行了敲骨吸髓的统治和迫害。他将关东军宪兵队由原来的 200 人增加到 1935 年的 1000 人,以后为了镇压日益壮大的抗日武装力量,宪兵队又增加到 2000 人。伪满洲国期间,东条的宪兵队参与了无数屠杀和暴行并且都处于指挥和核心的地位。关东军的镇压机关遍布各地,整个东北都笼罩在血腥恐怖的气氛之下。1936 年 3

月 30 日关东军宪兵队在吉林柳河县大荒沟一带抓走百余人全部砍杀,制造了"大荒沟惨案"。10 月 23 日,又破坏了中共柳河县委,逮捕一百六十余人并集体屠杀六十余人。东条在中国东北还迫使各地人民迁出世代居住的村落,建立所谓的"集团部落"和"无人区",强迫东北人民做天皇的"忠顺臣民"。关东大地出现一片片所谓"无人区"的荒凉地带和由其隔开的"集团部落","部落"里没有人身自由,人民生活极端困苦,遭受残酷的剥削和压迫。日军的残酷镇压和封锁使在东北的抗日武装遭受重大损失,东北抗日联军的给养成了问题。由于游击区遭到破坏,不少战士在严寒和风雪中,几天都吃不到一粒米,著名的抗日民族女英雄赵一曼就是在这时负伤被捕,英勇就义的。但是,抗日的怒火不会被扑灭,人民的反抗斗争更加高涨。

正当东条在中国东北大发淫威、疯狂屠杀之际,日本国内出现了令东条始料不及的局面。1936 年 2 月 26 日清晨,雪后的东京还是一片静谧。突然,枪声大作,由"皇道派"控制、负责警卫首都的第一师团和京畿近卫师团近 1500 名少壮派军人发动了军事政变。哗变官兵很快占领了首相府、警视厅、陆军省、内务省和参谋本部等中枢机构,还控制了《朝日新闻》社等宣传喉舌。内大臣斋藤实、陆军教育总监渡边锭太郎、大藏相高桥是清等人被当场杀死,侍从长铃木贯太郎也被刺成重伤。政变军队叫嚣,"尊皇讨奸""昭和维新",要求建立"皇道派"掌权的法西斯体制,威压苏联。顿时整个东京陷入一片混

时任关东军宪兵司令官、中央警务统治委员长的东条英机。

乱,天皇虽然主张镇压叛军,但陆相川岛义之行动不力,局面僵持不下。

政变的消息传到"满洲",东条不禁暗暗吃惊,因为身为"统制派"骨干的东条也是政变的"皇道派"分子刺杀的目标,尤其是关东军内部也有不少"皇道派"的同情者。一回想起当年相泽三郎持刀杀死好友永田铁山的情形,东条就坐立不安。正当东条心神不宁之时,情报处长又向他报告了更加"不幸"的消息:驻哈尔滨的第十一特混旅团的真川少将已发出通电声称支持国内的兵谏;驻"东满"的 116 师团也已自行开拔,正赶往"新京"即长春;佳木斯守备营发生暴动,且已占领东站、拦截火车……紧要关头,东条又显示出其"剃刀"的锋利:为了保住自己的性命和实力,必须先下手为强!在两个小时内,东条分别向各师、旅团及分散于各地的宪警长官发出了密电和密令,要求立即处决叛国乱军者。于是宪兵队迅速逮捕毙杀了驻长春的全部"皇道派"高级军官。同时,东条也向天皇和军部发出通电,声称关东军反对兵谏,坚决支持天皇。通电称:"皇道派逆徒戕帝国重臣,以武力逼宫,辱我皇威乱我政纲,致举世骇怒。今全体关东军声明矢忠于万世一系之皇统,不惜以武力歼灭任何反叛,以靖神国。今已誓师讨逆勤王。敦请军部立即通令拘捕败类并整肃全国。"皇道派"叛军如

尽早举械以降,可免重刑。如顽抗不冥,关东军必振武奋击,代行天惩!"以东条为代表的关东军的强硬态度支持了东京的平叛行动。28日,东京戒严司令部发布"奉敕命令",陆海军一齐出动,将叛军团团包围。29日,叛军纷纷投降,不久,17名带头闹事的军官和法西斯主义理论家北一辉等人均被处决。"二二六兵变"最终以失败告终。"统制派"压倒"皇道派"。

东条英机在"二二六兵变"中的突出表现及其对天皇的忠心不二,令天皇大为赞赏,认为他杀伐决断,不同凡响。1936年12月1日授予东条中将军衔,1937年3月1日又任命其为关东军参谋长,让他实际上成了关东军和"满洲"的主宰者。爬上高位的东条个人野心急剧膨胀,6月9日,他以关东军参谋长的身份向陆军省次官梅津美治郎和参谋总长今井清提交《关东军关于对苏对华战略意见书》,鼓吹大举侵华,叫嚣:"从准备对苏作战的观点来观察目前中国的形势,我们相信:如为武力所允许,首先对南京政权加以一击,除去我背后之威胁,此最为上策。"7月7日,震惊中外的"卢沟桥事变"爆发,从此日本开始了全面侵华战争。东条英机迫切希望为天皇征战,"建功立业"。他亲自指挥由关东军组成的"察哈尔兵团"于1937年7月31日从多伦和沽源等地南下长城一带,直扑察哈尔、绥远地区。此前的7月16日,日本的近卫内阁已经派兵10万侵华,17日又下令向中国华北增兵40万。东条欣喜若狂,8月17日即离开长春到张北设立了司令部,亲临战场指挥。"察哈尔兵团"采用"闪电战术",沿平绥线会攻南口、居庸关、怀来和张家口。8月22日在张北击溃国民党军刘汝明部,突破长城占领万全县;8月29日又占领了张家口,然后迅速由察南转向晋北进攻,大同的国民党守军望风而逃。9月13日大同沦陷。日军所到之处,烧杀掠夺奸淫,无恶不作,几乎是在预演不久之后的"南京大屠杀"。在华北大逞淫威之后,双手沾满鲜血的东条乘飞机回到"满洲",又开始策划"北进",准备对苏联作战。

1937年9月1日,日本政府在国内实行所谓的"国民精神总动员",向国民大力灌输称霸亚洲乃至世界的"八纮一宇"侵略思想,同时加紧国内思想控制。在欧亚大陆的另一边,怀着同样野心的战争狂魔希特勒也正准备发动大规模的侵略战争。而意大利法西斯头子墨索里尼则已兵占埃塞俄比亚。1936年11月25日,德日两国在柏林签订了《反共产国际协定》,到1937年11月6日,意大利也加入进来。形成了以苏联为假想敌的集团势力。为了实现反共反苏的"北进"方针,东条英机又参与了军部策划的"张鼓峰事件"。

张鼓峰是中苏边境附近,位于图们江口上游二十多公里处东岸,海拔仅有150米的小块高地。1938年7月13日,关东军谍报机关截获了远东苏军欲在香山洞以西配置兵力的一份电报。香山洞位于张鼓峰东北约12公里,苏军在这里布防,无疑是要防备日军的偷袭。日本军部经过密谋策划后,驻朝鲜的日军司令官中村孝太郎密令第十九师团长尾高龟藏中将将军队集结于边境地带准备进攻。7月29日日苏军队在张鼓峰发生武装冲突。7月31日尾高命日军发动夜袭,占领了张鼓峰高地和沙草峰。日军深入到苏联境内4公里后,受到苏军航空和装甲兵的猛烈攻击。日军104师团向战区移动,侧援前线日军。8月6日苏军开始全线反击。激战到10日,双方互有伤亡,停止战斗。8月11日,苏联外长莫洛托夫和日本驻苏联大使重光葵签署停战协定,日军撤回。在这次武装冲突中,526名日军被击毙,914名被击伤。东条等策划和支持的对苏军冒险行动以失败而告终。

1938年初,为了加强所谓的"军政一体化"和对陆军的统制,陆相、教育总监和参谋总长三长官协商后,决定杉山元陆相辞职,而起用年轻的板垣征四郎中将。东条英机随之开始"鸿运高照"。1938 年 5 月 30 日,他奉命调回东京任陆军次官,负责陆军省的日常工作。11 月 3 日,首相近卫提出了"建设东亚新秩序"的口号,为了表示对天皇的无限忠诚,东条"废寝忘食殚精竭虑"地为对外侵略出谋划策,甚至连周日和假日都不肯休息。随着职务的进一步升迁,东条的扩张野心也更加膨胀起来。1938 年 11 月 28 日,他在军人会馆召集军需产业界代表的恳谈会。传达新的侵略方针,即日本要"对苏中两国同时作战,同时也准备同英、美、法开战"。公开将"五相会议"上的分歧公开化。因为在 7 月间召开的由首相、外相、陆相、海相和藏相参加的"五相会议"上,陆相主张与德国同步调,将英法作为假想敌国;海相和外相主张继续以苏联为敌,认为德国的海军力量难以同英国匹敌,并无必胜把握。双方意见对立,会议未能取得一致意见。而以东条为代表的陆军将领们强烈主张与德国签署一个同时针对苏美英法四国的军事同盟条约。尽管这种主张遭到外务省和海军方面的反对,但东条还是肆无忌惮地发表了上述看法。东条的狂妄言论一在报纸上发表,立即在日本国内引起巨大震荡。人们预感要大难临头,有价证券的持有者们纷纷抛售股票,一时间日本股市大幅下跌。政府官员也觉得与苏美英法同时开战的计划太过冒险,为此惶惶不可终日。身为陆相的板垣慌忙为东条打圆场,声称其目标只是想鼓励军需生产,以防备一旦苏军进攻日本能进行有效的抵抗。东条的演说是一种宣传,不要误解等等,但东条作为军国主义的"新宠",他只不过是以"发言人"的方式把陆军的计划和目标公之于众而已。为平息事态欺骗舆论,陆军省将东条由次长降为航空总监兼航空本部长。

实际上,仅仅是侵华战争已令资源奇缺的岛国日本深感力不从心了。战争需要庞大的兵员和财力。1938 年 4 月,近卫内阁颁布了"国家总动员法"。狂言"三个月灭亡中国"的计划已成为泡影,尽管以 24 个师团即占日军总数 70%的兵力占领了广州和武汉,但已是"强弩之末",再也无力完成原定计划了。军部与政府的矛盾更趋尖锐。

1939 年 1 月 4 日近卫内阁总辞职,使日本政界更加混乱。此后内阁有如走马灯似的更迭:同年 1 月 5 日,枢密院议长平沼骐一郎组阁,但七个月后就因苏德签订互不侵犯条约,痛感"欧洲形势复杂奇怪"而总辞职。同年 8 月 30 日,阿部信行内阁上台。两天后德国入侵波兰,欧洲形势急转直下。到 1940 年 1 月 14 日,执政不到半年的阿部也被迫下台。1 月 16 日,由米内光政取而代之;7 月 16 日,米内又倒台了。于是 7 月 17 日,重臣会议紧急协商确定新首相的人选,决定请近卫第二次组阁。近卫认为要组阁就必须先确定外交国防等方针大计及其执行者。7 月 18 日,陆相、参谋总长和教育总监又紧急协商,决定起用适应国策需要的强硬派军国主义分子东条英机任陆军大臣。但东条也未必能把握住瞬息万变的国际形势。

大约在一年前的 1939 年 5 月 11 日,野心勃勃的日军在中蒙边境挑起了"诺门坎事件"。希特勒发出日军可以在远东有一番作为的信号。然而,苏军根据《苏蒙互助友好条约》立即开始反击日军。在朱可夫将军指挥下,苏联空军、装甲兵和骑兵相互配合,以压倒优势兵力,对日军展开了大规模的战斗。结果日军参战的主力第二十三师团几乎全军覆没,重武器损失大半,惨败而归。但事情还远未结束,8 月 23 日,希特勒背着日本人与斯大林签订了《苏德互不侵犯条约》。消息传来,日本政府上下一片震惊,立即向德国政府提出严重抗议,平沼内阁被迫辞职。于是 9

月 15 日,日本也被迫与苏联签订了停战协定。东条英机只能在他的官邸里大骂希特勒是混蛋,发泄满腹的怒气,却已无力改变现实。日军在诺门坎的惨败使东条等人感受了苏军的威力,加之欧洲的那位"盟友"实际上并不可靠,"北进"的野心只好暂时收敛。

1940 年 7 月 22 日,第二届近卫内阁正式成立。此前,7 月 19 日,近卫已与东条、松冈洋右等聚会,确定了新内阁执政方针:(1)强化日德意三国轴心;(2)日苏缔结互不侵犯条约;(3)将"东亚新秩序"扩展到英法葡荷在东南亚的殖民地,准备"南进";(4)排除美国的实力干涉。7 月 27 日,大本营政府联席会议通过了军部提出的《适应世界形势演变处理时局要纲》作为在世界新形势下指导对外侵略扩张的基本纲领。其中"关于对南方的施策,应利用形势的转变,抓住良机努力推进之";"如果内外形势的发展特别有利,也可以使用武力(南进)"。据此,东条等趁英法在欧洲惨败之机,向其在东南亚的殖民地下手了。7 月 29 日,日本迫使法国维希政府驻印度支那殖民当局正式签订了《日法共同防卫印度支那协定》。同一天,25000 名日军进驻印度支那南部。8 月 1 日,外相松冈洋右发表讲话,宣称"我们当前外交政策的直接宗旨是,根据皇道的崇高精神,建设以日满华集团为链环之一的大东亚共荣圈"。这个口号的出笼,表明日本的扩张野心已不仅限于侵占中国,而且还要建立囊括东南亚、印度乃至新西兰、澳大利亚在内的殖民大帝国。在建立"大东亚共荣圈"的鼓噪声中,日本迈出了"南进"的侵略步伐。同时,为了寻求盟友、重新瓜分世界,日本加紧了与德、意两个法西斯国家的勾结。

1940 年 9 月 27 日,《德意日三国同盟条约》在柏林签订。其中规定:日本承认德意对欧洲的统治权,德意则承认日本在亚洲的统治权;三国采取政治,经济和军事等一切手段相互援助。东西方法西斯轴心国共同称霸世界的野心已昭然若揭,世界局势更加动荡不安。为了解除后顾之忧,也因为两次对苏军的冒险遭到惨败,日本与苏联于 1941 年 4 月 13 日签订了《日苏中立条约》。条约规定"如果缔约一方成为第三者的一国或几国的战争对象时,缔约另一方在整个冲突过程中将保持中立"。这样,日本进一步"南进"的时日愈加临近了。在侵华战场上,日军深陷于中国全民抗战的泥淖之中难以自拔。日军在正面战场受到国民党的正规军的抵抗;在敌后则遭到中国共产党领导的抗日武装的打击。1940 年 8 月 20 日至 12 月 5 日,八路军为打破日军在华北实行的"囚笼"政策,以 100 多个团 40 万人的兵力发动了一次大规模破袭战,即"百团大战"。激战持续三个半月之久,共毙伤了日伪军 46000 多人,其中日军 21000 多人;攻克日伪军的据点 2993 个,破坏铁路 470 余公里,公路 1500 多公里,缴获了大量的轻武器。骤受重创,日本军部恼羞成怒,撤掉了华北方面军司令多田骏的职务,改由刽子手冈村宁次接任。日军随即对华北抗日根据地发动了残酷的"扫荡战",实行野蛮的"三光"政策。根据地军民在极端困难的情况下,坚持抗战,给日伪军以有力杀伤。

侵略战争的升级,给日本带来越来越多的问题。为煽动战争狂热,转移国内视线,首相近卫在全国搞起模仿纳粹党的"大政翼赞运动",而身为陆相的东条则大肆鼓吹武士道精神。1941 年 1 月,他签发《战阵训》,并作为陆军省训令的第一号向全军和全体"皇国臣民"发布。《战阵训》鼓吹对天皇绝对服从,为了建立"东亚新秩序",每个人都要有"献身奉公"的精神,与近卫一唱一和。但是,围绕外交选择,东条与松冈意见对立。外相松冈洋右主张日本应该与德国结盟、与苏联合作以对付英美,坚决反对同美国谈判。但以东条为首的陆军则认为应暂时避免日美武装冲突,乘机充实国力,目前应通过同美国谈判达到目的。1941年5月8日松冈拜谒天皇,力陈"如果美国加入欧战,日本应该支持轴心国,进攻新加坡",他又预言同美国的谈判肯定不会成功,"如果谈判能成功,那也只能意味着要牺牲德国和意大利安抚美国"。东条对松冈告御状十分不满,策划逼迫松冈辞职。但倔强的松冈拒不辞职。实际上,东条和松冈在向外侵略扩张这一点上并没有什么本质的区别,不过是采取的策略,进攻的方向选择不同罢了。但美日之间的谈判并不顺利,日本要求美国承认"满洲国"并且同意日本可以和平手段获取南方资源;而美国则要求日本从中国撤军。双方各不相让,而松冈外相对美谈判的消极态度使美国人更加恼怒。1941年6月21日,美国国务卿赫尔要求日本取消三国同盟条约中相互援助的义务,并要求日本放弃在中国和太平洋的领土野心,还特别说:只要日本还有支持纳粹德国征服政策的领导人,美日交涉就不会有实质性成果。美国的强硬态度使松冈大为恼怒,也使近卫和东条等人颇为震惊。然而第二天发生的事件则更具震撼力,它进一步打乱了美日关系,东条等人又面临着新的抉择。

6月22日凌晨3点,希特勒开始实施蓄谋已久的"巴巴罗萨计划"。德军一百九十多个师的海陆空精锐部队对苏联发动了偷袭。苏德战争全面爆发。战争初期,突遭重创的苏军被迫后撤。东条虽早已获悉希特勒要进攻苏联,但局势骤变仍不免有些无所适从。倒是外相松冈喜出望外,急忙晋见天皇,对天皇保证说德国一定能够击败俄国,主张日本应该推迟"南进"侧援德国,立即进攻西伯利亚。天皇对同时向南北两个方向开战感到没有把握,并命外相应同首相商量此事。天皇的表态鼓励了东条等人,他们立即对松冈发起猛烈反击,以为不能急于同美苏两国同时开战,海相及川也支持东条。纳粹德国一改先前极力唆使日本进攻新加坡的态度,不断要求日本协助德国进攻苏联。德国外长里宾特洛甫声称:"贵国向太平洋进军固然意义重大,但考虑到准备不足,不妨先解决俄国问题,参加德国对苏战争,俄国溃败后,贵国就解除了后顾之忧,可以放手南进了。"德国驻日大使奥特也称:"鉴于事态的迅速发展,日本应迅即对苏俄采取军事行动。""若日方在苏俄被击溃后采取行动,势必影响其道义的政治地位。"德国人的想法并未引起东条的多大兴趣,当他得知德国在侵苏的战斗中并未获得自称的那种"辉煌战果"时,更坚定了"南进"的决心。在东条的鼓动下,7月2日,御前会议确定《适应形势变化的帝国国策纲要》,在对苏备战同时,为"南进"不惜与英美开战。为了顺利实施"南进"的计划、排除阻碍,东条向松冈开刀,要求内阁总辞职以便另选支持"南进"的外相。7月16日,第二届近卫内阁辞职。18日第三届近卫内阁成立,丰田贞次郎取代松冈出任外相,内阁阁僚几乎是清一色的军人。留任的东条在代表陆海军发言时做了如下"自白":"关于如何应付当前局势的国策大纲,已仰承圣断。虽内阁更迭,然上述国策不得有丝毫动摇。为此,政府全部机关应一致发挥战时内阁的职能,借以促进战时体制的巩固,提高政战一体的实效,切望予以协力。""战时内阁"关于建立"战时体制"的"自白"不啻一份宣战书,杀气腾腾,气焰嚣张。

近卫第三次出任内阁首相并未给他带来多少喜悦。相反,来自以东条为首的军部要求"开战"的压力使他坐卧不宁。与此同时,国外制裁的加剧,也让近卫焦头烂额。7月25日,美国冻结日本在美资产。7月26日、27日,英国与荷兰也采取了相同的措施。8月1日,美国宣布对日实施飞机燃料和润滑油的全面禁运。对日本实行的汽油禁运将直接导致日军飞机、坦克、军舰难以动用。另外据军部情报人员侦察,美日两国实力差距巨大:钢铁比例是 20∶1,石油超过 100∶1,煤 10∶1,飞机 5∶1,海运 2∶1,劳动力 5∶1,总比例是 10∶1,而且这种差距还会随着战争的进行不断扩大。因此,近卫内阁倾向于以外交谈判解决美日之间的矛盾。8 月 7 日,外相丰田奉命训令驻美大使野村向美方提出近卫与罗斯福会谈的建议。十天后,美方要求日方必须从中国和法属印支完全撤军,双方僵持不下,外交毫无进展。以东条为首的军部势力则反对从中国和法属印支撤军,为此不惜对美一战。东条认为"在中国驻军对陆军是生死攸关的问题",绝对"不能妥协";"如果完全屈从于美国的主张,中国事变的成果就将毁于一旦,满洲也将难保朝鲜的统治也将陷于危机。"在这种情况下,9 月 3 日军部和内阁做出决定:"为保卫和维护帝国的生存,以 10月上旬为初步截止时间,在此之前,做好战争准备。到那时,如果有必要,就决心与美国、英国和荷兰开战。"在 9 月 6 日的御前会议上,东条等人的观点占了上风,《帝国国策遂行要领》,确定在 10 月下旬完成对美、英、荷三国开战的准备。10 月 5日,大本营下令联合舰队准备作战。10 月 6 日,又下达命令,组成南方军战斗序列,准备兵侵南洋。

10 月 12 日,近卫招集海、陆、外相和企划院总裁举行会议,讨论和战问题。在这次会议上,近卫与东条发生了正面冲突。近卫要求东条对重大决策应"谨慎"行事,东条则坚决反对从中国撤军并以轻蔑的口吻回敬近卫说:"有些时候,我们也要有勇气去做点非凡的事情——像从清水寺的平台上往下跳一样,两眼一闭就行了。"这个战争赌徒把日本国家命运都赌在了这闭眼一跳上。东条还狂叫:"关于撤军,我半点让步也不做!"如果撤军就"意味着美国把日本打败了——这是日本帝国历史上的耻辱!"然后,他又话锋一转,指责海军特别是及川海相说:"身为大日本帝国的海军省身为海相,不敢坦率地公开表态是否能打败美国。没有打败美国人的信心,根本不配做大日本帝国的海军,大日本帝国的海军不应该是这样。"讨论和战的协商会议变成东条大放厥词的一言堂,近卫等都紧闭嘴巴默不作声。几天后,东条的目的达到了,10 月 16 日第三届近卫内阁总辞职。而收拾局面的工作又交给了重臣会议。

军阀首相

第三届近卫内阁总辞职的第二天,即 1941 年 10 月 17 日宫内大臣木户幸一召集重臣会议,讨论新首相的人选问题。到会的有前首相清浦奎吾、若槻礼次郎、冈田启介、广田弘毅、林铣十郎、阿部信行和米内光政;还有枢密院议长原嘉道等人。刚刚下台的近卫未参加会议。会上,木户、阿部、林、广田等提名东条。重臣们都知道正是以东条为首的陆军推翻了近卫内阁,因此都乐得顺水推舟。17 日下午天皇召见东条,命其组阁。并特任其为大将,准许东条以现役将官身份出任首相兼陆相。18 日内阁正式成立。其主要成员如下:首相兼陆相、内相:东条英机;外相:东乡茂德;藏相:贺屋兴宣;海相:岛田繁太郎;法相:岩村通世;文相:桥田邦彦;商工相:岸信介;国务相:铃木贞一;厚生相:小泉亲彦;书记官长:星野直树。东条集各种大权于一身,任首相并兼陆相、内相,以后又兼任文部相、商工相、军需相以及陆军的参谋长等职,权势赫赫,这种情况几乎与明治前的幕府将军一样。因此东条内阁被人讥讽为"东条幕府"。

在就职声明中,东条叫嚷"完成支那事变,确立大东亚共荣圈"乃帝国既定之国策,宣称要在"皇威之下,举国一致,为完成圣业而迈进"。东条内阁的建立,表明日本帝国决心将战争机器更加疯狂地开动起来,直至其灭亡。

11月1日东条内阁召开了政府大本营联席会议讨论局势。东条打算"一切从头做起"提出三点解决方案:一、避免战争、卧薪尝胆;二、决心立即开战,确立各种政略战略措施;三、在决心开战的前提下,继续备战和进行外交活动,为开战创造有利条件。至11月2日深夜,多数人同意第三种方案并最后由东条拍板。于是,外交谈判成了掩盖战争行动的烟幕弹。在11月5日的御前会议上,正式通过所谓的《帝国国策遂行要领》,决定12月上旬对英美宣战。这个"要领"要求:一、帝国为打开目前困难局面,建立大东亚新秩序,现已决心对美英荷开战,并采取如下措施:(一)将发动战争的时机定为12月初,陆海军做好作战准备;(二)对美谈判按附件要领进行;(三)谋求加强同德意的合作;(四)在发动战争之前,同泰国建立紧密的军事关系。二、至12月1日午夜零时,如果对美谈判获得成功,则停止发动战争。对美谈判共有甲乙两种方案,即甲,从中国、印支撤军,无差别贸易,三国同盟消极化;乙,除印支外不向其他地区进行武力扩张,美日也不妨碍日中和平努力。作为交换条件,美国取消财产冻结,恢复石油供应,停止援蒋。但美方早在1940年12月就已提出四项原则:"尊重日美及所有国家的领土主权完整;实行不干涉他国内政原则;实行包括贸易机会均等的平等原则,维持太平洋现状。"纲要"与"四原则"充满对立和意见分歧,日美谈判的成功可能性微乎其微。东乡外相认为:"外交方面几乎没有回旋余地了,成功的希望极其渺茫。"和谈不成,战争难以避免。海军的山本五十六和陆军的畑俊六、梅津美治郎等力主避战论。但东条却顽固地相信:"到1942年德军必然击溃苏军,英国肯定会投降,美国丧失斗志。只要一年时间,日本自然获得胜利。"战争胜利在东条英机看来是唾手可得。但为了迷惑美国,御前会议还是决定派前驻德大使来栖三郎到美国去充当假和平说客,协助驻美大使野村吉三郎谈判。东条为他们定下按乙方案谈判的"调子",如果美国同意日方条件,日本就可以不"南进"。尽管美国早已破译了日本的密码电报,获悉日本"假谈判,真战争"的意图,但罗斯福总统及其幕僚们似乎认为战争不会很快爆发,因此防卫措施并不完备。11月8日,东条和联合舰队司令山本五十六规定12月8日进攻珍珠港。此前两天东条英机已下令南方军与南海支队完成编制并作攻取南方要地即"南进"的准备,并任命了各军司令官。其中,寺内寿一为南方军总司令,下辖四个军的精锐部队。冢田中将为参谋长,计划全面占领美、英、荷在东南亚的"属地"。由山下奉文率第二十五军占领马来西亚和新加坡;本间雅晴率第十四军占领菲律宾。山本五十六作为进攻珍珠港的联合舰队司令,他与东条英机一样,都是狂热的军国主义扩张分子,对1904年日俄战争中东乡平八郎海军大将奇袭旅顺军港和对马海峡之战的"英勇事迹"佩服得五体投地。这次偷袭夏威夷,山本希望重现东乡当年的"辉煌"。他将赌注压在了两个看起来又似乎不太可能的大胆假设上:第一,美国的太平洋舰队在日本偷袭时恰好正停泊于珍珠港内;第二,一支大型的日本航空母舰编队能顺利地横穿半个太平洋而不被发现。为了纪念东乡在对马海峡发出的著名的"Z"信号,山本将这次行动命名为"Z"作战计划并给旗舰"赤城号"发出当年东乡发过的电报训令:"皇国兴废,在此一战,我国将士务须全力奋战。"大战前的调兵遣将开始迅速进行。

11月16日,偷袭珍珠港的联合舰队开始集中,这意味着所有准备工作完成,已是箭在弦上。这支舰队包括了6艘航空母舰、2艘轻型巡洋舰、9艘驱逐舰、3艘油船和1艘补给船。6艘航母上载有360架飞机,包括战斗机81架,鱼雷轰炸机40架,高空轰炸机104架以及俯冲轰炸机135架。强大的日本航母"翔鹤号"与"瑞鹤号"是最新型的巨舰,可与美国最大的"企业号"航母相对抗。11月17日,南云忠一指挥的旗舰"赤城号"悄悄驶出军港,此后舰队以不同时间间隔出发,向着千岛群岛中的择捉岛附近海面驶去,攻击舰队将在那里集合、然后扑向珍珠港。进攻发动的时间定为东京时间12月8日即夏威夷时间12月7日。那天是休息日,美国太平洋舰队的大部分军舰都将停泊于港内,而气象条件也将非常适合偷袭,午夜到日出这一段时间都将是月光皎洁。当大本营的永野修身大将请天皇下诏批准12月8日为"X"日(即开战日)时,天皇立即同意并批准了偷袭珍珠港的"Z行动"。为了进一步迷惑美国、掩护偷袭行动,12月5日和6日东条还下令组织3000名军校学生身穿海军服在东京大街上招摇过市,并利用新闻媒体大肆报道,制造日本海军仍在本土的假象。

夏威夷群岛位于太平洋中部,靠近北回归线。首府檀香山距离美国西海岸的旧金山约2100海里,距日本东海岸的横滨约3400海里。这里四季常青、气候宜人,是世界旅游胜地。然而这串"珍珠"在军事家的眼里却并不那么浪漫,它是东西两半球在浩瀚的太平洋上的交汇处,具有极重要的战略意义,控制它就几乎等于控制了整个太平洋,12月7日(夏威夷时间星期日)清晨7时左右,在奥帕纳山岗上雷达站值班的两个新兵在屏幕上好奇地发现了密密麻麻的闪光斑纹,几经调试,他们坚信这是一支正向珍珠港飞近的强大机群。然而值班员泰勒中尉却对此不屑一顾:"不用担心,那是我们自己舰队的飞机,就是从美国西海岸飞来的B-17轰炸机。"7时40分,港内停泊的军舰按惯例举行升旗仪式。远处突然传来了嗡嗡的机群轰鸣声,但美国官兵只是感到有些奇怪,而未做任何防备。海岸上教堂的钟声依然悠扬地响起,余音未消,由183架舰载机组成的日本机群已如蝗虫般飞临珍珠港上空并立即向机场、防空阵地、舰船等目标扑去。炸弹自天而降,一时间,整个珍珠港浓烟四起,火光冲天,爆炸声震耳欲聋。山本五十六的第一攻击队反复轰炸了毫无戒备的美国太平洋舰队。亚利桑那号战列舰被投下的鱼雷炸成两截;其他战舰也纷纷中弹,舰内弹药被大火引爆,远远望去像火山爆发一样。许多舰上官兵葬身海底,停放在机场上的飞机多数被就地炸毁。8时55分,日军167架舰基飞机又进行第二轮狂轰滥炸。待一切恢复平静后,美国太平洋舰队已几乎全军覆没了:击沉战舰6艘,伤2艘,炸沉炸伤各1艘,炸沉油船2艘,炸伤轻巡洋舰6艘,驱逐舰和辅助舰各3艘,飞机损失近300架,官兵死伤近4000人;而日军仅损失了29架飞机,大小潜艇6艘,死亡100人。日军以极微小的代价击垮了强大的美国太平洋舰队,消息传到东京,东条英机不禁欣喜若狂。东条等人密谋策划"珍珠港事件"引发了全面的太平洋战争。

几乎与此同时,日军开始对东南亚发动进攻并在泰国、马来亚、菲律宾、关岛、威克岛、吉尔伯特群岛实施蓄谋已久的"南进"计划。12月10日,日本航空兵击沉了号称"不沉之舰"的英国"威尔士亲王号"战舰和"却敌号"战舰。新加坡、马来亚先后陷于日军之手,英国在东南亚的殖民势力遭到沉重打击,大势已去。在马尼拉,美军的远东航空大队也遭到日军毁灭性轰炸,驻菲美军总司令麦克阿瑟在坚持抵抗了三个月后,1942年3月11日撤往澳大利亚,临走时声言:"我还会回来的!"不久菲律宾全境沦陷。3月2日,日军已占领荷属东印度,控制了当地石油及其他矿藏物产。至5月中旬,美英荷等国驻守东南亚各地的军队节节败退。缅甸战役结束,英军退入印度,中国军队退入云南,滇缅公路被切断。在不到半年的时间内,日本侵占了380万平方公里的广阔土地,沦陷地区的人口达1.5亿之众,创造了可与德国相比的"奇迹"。

珍珠港事件发生的当天,日本向美英宣战,美英也对日宣战。9日,中国对日德意宣战。11日,德意对美宣战。在这一天德意日又缔结了新的协定,声称三国"在对美、英联合作战取得胜利以前,决不放下武器",在任何情况下都决不单独媾和。同时这个新协定再次"规定"了三国瓜分世界各自的势力范围,商定在战争取得胜利后,缔约国应根据三国同盟的精神,联手建立"世界新秩序"。这样,以德意日法西斯势力为一方的"轴心国"同以美法苏中等为另一方的"同盟国"展开了史无前例的惨烈大战,这场战争将决定人类的未来命运:走向光明还是坠入黑暗?

靠卑鄙的偷袭一时得到的"辉煌战果",令东条英机更加头脑发昏。1942年1月21日,东条在日本国会演说时公然叫嚣:"大东亚战争的关键,一方面在于确保大东亚的战略据点,一方面在于把重要资源地区收归我方管理和控制之下。由此扩充我方的战斗力量,同德意两国密切合作,互相呼应,更积极地展开作战,一直打到使英美两国屈服为止",并提出了"战争即建议,建议即战争"的狂妄口号,企图尽快建成所谓的"大东亚新秩序"。一个月后,在军政首脑联席会议上,由东条英机和统帅部策划,东条政府做出了所谓的以"日本、满洲、中国及西南太平洋地区为资源圈"和以"澳洲,印度等地为补给圈"的决定;制定了详细的资源掠夺计划,即在今后15年内,从东南亚各国掠夺钢铁3000万吨,铁矿6000万吨,焦炭1.2亿吨,煤2亿吨、石油2000万吨,铝60万吨,铝矾土260万吨。在各占领区,日军烧杀淫掠无恶不作,以各种残忍的方法致人死命以取乐或显示"英勇"。在日军的刺刀下,押送盟军俘虏的"死亡行军"把许多人活活累死;在宪兵队的刑讯室中,灌水、炮烙、电击、悬吊、坐钉板等酷刑成为折磨抗日军民的常用手段,日军甚至集体吃人肉,其罪恶行径令人发指。

另一方面,东条加紧了在政治上的欺骗活动。1943年11月5—6日,东条将"大东亚共荣圈"中的"各国领袖"召至东京,召开了所谓标志"东亚民族已经觉醒"的"大东亚会议"。泰国的温侬、菲律宾的劳雷尔、缅甸的巴莫、印度的鲍斯、中国的汪精卫以及伪满洲国的张景惠等都趋之若鹜。在东条的监督下,傀儡们一个个地在所谓的《大东亚共同宣言》上签了字,声称:"在正义与互相尊重独立、主权和传统的基础上,建立共存共荣新秩序;在互惠基础上,努力加速发展经济;结束任何形式的种族歧视。"正当东条陶醉于"大东亚会议"的"成功"喜悦中时,战争的天平早已向有利于正义力量的一方倾斜。

法西斯的暴行势必要遭到正义力量的有力反击。1942年4月18日下午,正当东条英机准备向庆祝"圣战胜利"的人群发表演说的时候,东京的防空警报突然尖叫起来,紧接着银座和浅草方向传来了猛烈的爆炸声,黑烟腾空而起。16架经过改装的美国B—25双引擎舰载机在东京、川崎、横须贺、名古屋、神户等市上空投弹后从容离去。这些轰炸机并未给东京造成多大的破坏,但领航指挥行动的詹姆斯·杜立德中校被东京的大多媒体描绘成魔鬼,说其轰炸机队对日本进行了"鬼鬼祟崇非人道的、嗜血的狂轰滥炸",表现出十足的"魔鬼"行径等等。尽管美国人给日本留足了面子:并未轰炸皇宫,然而这一行动对自信日本本土不会遭到攻击的日本国民的精神和心理却是一个巨大的打击,也给了正在兴头上的侵略者们一个教训:恶有恶报。这实在是东条英机之流咎由自取的结果。

由于这次"意外"被袭,东条对太平洋上的美国海空军基地——中途岛恨之入骨,恶狠狠地声言"应该把它从地图上抹掉"。中途岛位于檀香山西北约1900海里,因为它恰好处于亚洲和美洲之间,故名。它的陆地面积只有4.7平方公里,人口也不过两千多,但它的战略地位是显而易见的。二战爆发后,这里成为美国在太平洋上重要的海空军基地,同时也是美军机动部队接近日本本土的重要巡逻基地。这个小岛成了东条等人的眼中钉、肉中刺。开战以来日本不断胜利,而损失却很小,海军首脑们更加嚣张。尤其是山本五十六大将力主攻占整个中太平洋,从占领中途岛开始,进而进攻夏威夷,然后再拿下阿留申群岛;为此,应尽快在太平洋上与美舰队决战,彻底击垮美国的海上力量,而不能与英美进行消耗战。山本的意见得到了东条的支持,又一次赌徒式的冒险开始。山本和东条都充满自信地希望偷袭珍珠港的一幕重演。于是,1942年5月28日,一支数量空前庞大的舰队驰离濑户内海的柱岛锚地集结准备出击。这支由山本指挥的攻击力量包括11艘战列舰、22艘巡洋舰、8艘航空母舰,2艘水上飞机航母、65艘驱逐舰和21艘潜水艇,连同后勤舰只整个舰队共计200余艘。东条决定孤注一掷。但是这一切都被美军从破译的日军电报中获悉,美军开始夜以继日地准备对日军的决战。6月4日凌晨2时45分,南云忠一攻击舰队已聚集于距中途岛240海里的海面上。4时30分第一批准备偷袭的180架零式飞机从航母上起飞直扑中途岛。但当飞机飞临中途岛上空时遭到了猛烈的防空炮火的打击。美国战斗机也对日机采取了攻击行动。原以为稳操胜券的日机仓促间应战,因此未能完成原定的轰炸任务,还需要第二轮轰炸。始料不及的南云于是命令第二批飞机卸下鱼雷装上重磅炸弹。7时28分日本侦察机向南云报告发现了美国的十艘军舰。南云断定这后面必定还有美军的航空母舰。正当第一批日机返回降落,第二批飞机尚未起飞,大批鱼雷炸弹堆放于甲板上之际,尚未完成对美舰攻击准备的南云舰队遭到了美军舰载飞机的猛烈轰炸,数十架俯冲轰炸机直扑日舰"赤诚号"和"加贺号"航母,另一批美军飞机则对准"苍龙"号猛烈攻击。冰雹般的炸弹、鱼雷从天而下,南云的"赤城号"爆炸起火,在沉入海底之前,他沿缆绳滑下,狼狈地栽入一艘小汽艇,捡了一条命。不久,庞大的"赤诚号""加贺号"和"苍龙号"三艘航母相继沉入波涛汹涌的太平洋洋底。10点50分得知噩耗,山本五十六像输红了眼的赌徒一样,又命令第二分舰队指挥官山口多闻向美舰发动猛攻,急欲同美舰队决一死战。山口奉命率航母"飞龙号"进入战区,中午12时他击沉了美军航母"约克顿号",正自得意扬扬地向山本五十六报告,美国的轰炸机突然飞至头顶一阵猛轰,"飞龙号"不一会儿就被炸瘫在了海面上。颜面无存的山口令阿部大佐从护卫舰上发射鱼雷将"飞龙号"击沉,自己和数百名水兵也与航母共沉海底。山本接到山口炸沉美航母的消息不禁大喜,哪知片刻之间"飞龙号"和山口等人葬身海底的惨讯又到,舰队的主力舰只已几乎损失殆尽。山本知道这次行动已完全失败,大势已去,但还是向部下撒了个弥天大谎,自欺欺人地宣称:"几乎已遭到全军覆没的敌人舰队正向东败退。"6月5日凌晨山本不得不在"大和号"上下令,"取消占领中途岛的行动"。中途岛一战,日本损失了大型航母4艘,重型巡洋舰1艘,飞机400多架,兵员3500多人,尤其严重的是其中包括了几百名熟练的空中飞行员。而美军只损失航母1艘，巡洋舰1艘，飞机147架，兵员307人，可谓以微小的代价取得了重大的胜利。从此，日军再也无力在太平洋上随心所欲地主动进攻了。连东条本人都不得不承认："太平洋的主动权转入敌人之手"。东条对战况的变化显然估计不足，于是他采取了欺上瞒下的可鄙伎俩。6月6日他觐见天皇时，对中途岛一战失利的惨况只字未提；又指示大本营对陆军严密封锁消息，对海军人员也严格保密，并把参战的死里逃生的水兵隔离，连随舰记者都未能幸免。东京电台还大肆吹嘘日军在阿留申群岛的"赫赫战果"以掩盖中途岛的惨败。不但如此，6月10日东京大本营还大言不惭地宣布，日军"终于确保了在太平洋上的皇威"，"这场战争确系一战而成定局"。然而，纸终究包不住火，随着时间的推移，越来越多的人认识到中途岛海战只不过是日本无望的征服战争失败的开始罢了。东条面临的将是愈发难以收拾的局面。

幕府垮台

封锁中途岛战败消息，丝毫也不能改变日军在战争中节节败退的颓势。无论在国际还是在国内，东条内阁都已失去了主动和支援。东条政权已处于风雨飘摇之中。

虽然日本海军大败于中途岛，但占领了东南亚的陆军却仍然保存了有生力量。为了切断美国对澳大利亚和新西兰的补给线，保护日军新占领并正在修建海军基地的新不列颠岛腊包尔，日军占领了所罗门群岛的图拉吉，并在瓜达尔卡纳尔岛开始修建一个机场和陆海军基地。美国的战略恰好与此针锋相对，就是要力保澳、新反攻基地。为此则必须在澳大利亚东北方占领一系列的海空军基地，而瓜岛就是其中极其重要的目标。1942年8月7日，美军对瓜岛进行了猛烈的空袭和炮击，8月击溃了日守军的微弱抵抗占领该岛，1.9万名官兵中有1.1万人登陆。东条获悉美军反攻的消息又惊又怒。原以为美军决不会如此迅速地反攻，因此急令腊包尔三川将军的第八舰队驰援瓜岛日军。8月8日三川舰队在所罗门群岛的萨沃岛海域一举击沉了美军的重型巡洋舰"堪培拉号""芝加哥号""昆西号"和"文生斯号"以及驱逐舰"帕特森号"。美军伤亡近2000人。这次失败致使登陆瓜岛的美军处于孤立无援的境地。日军很快就发动了反攻瓜岛的行动。美军的指挥官对此却早有准备，双方在瓜岛这一战略要地展开了激烈的争夺战。国力强大的美国逐渐占据上风控制了制空和制海权。日本国内越来越多的人认识到，东条叫嚷的"大反攻"迷梦已经破灭。尤其是军队内部，围绕钢铁等重要资源的分配问题，陆军与海军又闹起了内讧，焦头烂额的东条陷入了进退维谷之境。1943年1月4日，东条等不得不下令联合舰队和第八方面军从瓜岛撤退。而此时日军已被击毙15000人，另有9000人病死，1000人被俘。4月18日，山本五十六乘坐机从腊包尔飞往布因城途中，遭到事先获悉此事有所准备的美国战斗机的伏击，座机中弹坠毁，山本也当场殒命。紧接着1944年2月份展开的所罗门群岛和新几内亚战斗中，日本海军出动大部分军舰、6000多架飞机和10万部队，而陆军更是出动了27万人，飞机2000架，但最终仍然以惨败而告终，日军投入的战斗机几乎损失殆尽。兵员、军舰、运输舰只均损失惨重。太平洋战场的惨败使东条已没有太多的回旋余地了。

几乎与瓜岛战役同时，斯大林格勒保卫战和北非战场的胜利使战局已开始向有利于反法西斯同盟军的方向发展，东条的末日近在眼前了。1942年7月19日至

1943 年 2 月 2 日,德军初以 27 万兵力,1200 架飞机的强大精锐部队向斯大林格勒猛攻,遭到了苏军的坚决反击。后来双方在市内又展开激烈的巷战。至 11 月 19 日,苏军调集 110 万兵力,近 1500 辆坦克,15000 多门火炮和 1350 架飞机,经过周密部署,对 30 万德军展开了猛烈的反攻,结果毙敌 14 万,俘房了包括德军司令鲍鲁斯元帅及其以下 24 名将军、2500 名军官在内的 9 万多残敌。斯大林格勒保卫战的胜利,使苏德战场出现了根本性的转折,同时也是整个第二次世界大战的关键性胜利。东条内心十分沮丧。盟军在北非登陆和意大利投降迫使东条再难以借"国际形势大好"来蛊惑人心。在北非,英军在蒙哥马利元帅的指挥下与"沙漠之狐"隆美尔指挥的德意军队进行了一场沙漠消耗战——阿拉曼战役。结果德意军队被迫西撤 1200 公里才免于全军覆没,北非的东线要地全部处于盟军控制之下。紧接着艾森豪威尔指挥大军在北非西部登陆,东西两线遥相呼应,将德意军压缩在突尼斯,并迫使其于 1943 年 5 月 13 日全部投降。北非战斗的胜利结束,给德意法西斯以迎头痛击。尤其是意大利,已彻底暴露于盟军的攻势之前。7 月 25 日,意大利发生政变,墨索里尼政权垮台,其本人也成为阶下囚,国王任命总参谋长组成新政府与英美谈判,并于 9 月 3 日投降。法西斯"三国轴心"实际上已垮。与此相对,盟国为了加速反法西斯战争的胜利进程召开了几次重要会议。11 月 22 日至 26 日美英中三国首脑在开罗举行会议并签署了《开罗宣言》,规定"日本必须将所占中国之领土归还中国"并"使朝鲜自由独立"。11 月 28 日至 12 月 1 日苏美英三国又在德黑兰召开会议,商定将于 1944 年 5 月在法国北部开辟欧洲第二战场,希特勒的末日也要到了。国际形势的巨大转折对日本的东条英机来说却是接踵而至的打击。

国内形势的变化更使东条坐卧不宁。刚上台时,东条就身兼首相、陆相和内相三职,为明治政府成立以来绝无仅有。为了加强钳制人民思想的力度,东条实行了恐怖的宪兵政治,他以"间谍""嫌疑犯"等莫须有的罪名指使警宪在各地大肆逮捕所谓有"危险思想"的人,许多人都遭到了迫害。就连右翼势力人物如"东方会"的中野正刚也因对东条的独裁和宪兵政治不满,被逮捕羞辱,愤而剖腹自尽。肆行镇压使东条的政治名声更加败坏。为了控制内阁,东条在 1942 年 4 月还实行了所谓的"翼赞选举",由"大政翼赞会"这个驯服于法西斯淫威的政治工具协助强拉选票,从而使东条终于"顺利当选"。5 月 20 日,前首相阿部信行为会长由国会议员组成的"翼赞政治会"又成立了。它与"大政翼赞会"成了支持东条对外侵略、对内独裁的得力工具,但遭到政党势力的抵制。不仅如此,在战局日渐吃紧的情势下,东条以"保证统帅与国务统一"为借口兼任参谋总长。此举遭到了军方许多实力派人物甚至"皇亲"秩父宫亲王的反对。但东条仍然一意孤行,大权独揽。与政治、军事上的失利相比,国内经济的萧条和破产以及由此引起的国力严重削弱是迫使"东条幕府"垮台的另一重要原因。战争使资源本来就十分贫乏的日本雪上加霜,因此除了在各殖民地国家大肆掠夺之外,东条内阁还在国内实行所谓"经济总动员"。到 1944 年时,直接用于战争的资财已占到国民生产总值的 50% 以上,大批青壮劳力被强征当兵,工农业生产受到严重影响,美英加紧封锁海上运输线,战场又接连失利,国内人民的生活极其困苦,陷入忍饥挨饿、挣扎于死亡线上的悲惨境地。东条在此时仍然用"每天吃一餐,也无损于健康"的谎言愚弄人民。人们气愤地称东条为"日本的希特勒""东方的恶人"。人民的不满和上层势力的倒阁活动使东条处于政治破产的边缘。

为了摆脱被动，东条于 1944 年 1 月参与策划了"一号作战命令"，命令在中国的日军打通纵贯大陆的平汉、粤汉和湘桂铁路交通线，以便将大陆日占区与南洋日占区联为一体。豫湘桂战役自 4 月打响历时八个月，国民党的正规部队五十多万被日军击溃，一百四十多座城市失陷。这是东条在垮台前夕所犯下的新罪行。然而东条并未摆脱被动，因为 6 月 6 日，盟军在法国的诺曼底顺利登陆，开辟了欧洲第二战场，苏联也已经反攻，正向德国挺进，希特勒虽然负隅顽抗，但败局已定。在太平洋战场，6 月 15 日美军开始攻击马里亚纳群岛。在海战中，日本舰队遭到惨败，陆基飞机损失殆尽。九艘航母被击沉了三艘，四艘受重伤；7 月 6 日，曾在中途岛一战中惨败的中太平洋舰队司令南云忠一下达自杀性反击令后自尽身亡。7 月 9 日，美军攻占塞班岛。

战场上的连续失败，加剧了国内反对势力的倒阁风潮。秩父宫亲王讥称东条英机是"东条天皇"，陆军中的一些人则称东条内阁为"上等兵内阁"。被东条倒阁赶下台的近卫更是到处活动，希望一雪前耻。包括木户内大臣在内的"重臣"对东条开始施压并提出东条留任首相的三项条件：一，参谋总长与陆军大臣两职分离，以健全统帅机制；二，任命新的海军大臣；三，邀请重臣入阁，以示举国一致。但身为重臣的米内光政和广田弘毅坚决拒绝入阁，使试图通过改组内阁而继续执政的东条陷入了绝境。7 月 18 日，东条召开最后一次内阁会议，宣布了辞职的决定。就在四年前的同一天，不可一世的关东军参谋长爬上了陆相的高位，然而四年后的他只能灰溜溜地下台。尽管如此，东条仍以"重臣"的身份对局势发挥一定的影响。

东条内阁总辞职后，小矶国昭内阁成立，继续推行战争路线。声称"决心团结大和民族，坚决把战争进行到胜利结束"。大本营也于 1945 年 1 月 20 日实行"本土作战计划"。然而，美军在元旦展开的莱特岛战役中使日军地面部队伤亡近 7 万人。因此，小矶内阁不到九个月就垮台了。继任的铃木贯太郎内阁也不能阻止日本失败的命运。6 月 21 日，美军占领了距日本仅 600 公里的冲绳岛。日军守军 10 万人除 1.1 万人被俘外尽数被歼。在欧洲，1945 年 5 月 2 日柏林守军投降。8 日德国签署了投降书，欧洲战场迎来了反法西斯战争的最终胜利。7 月 26 日，盟国发表《波茨坦宣言》，敦促日本无条件投降。8 月 6 日和 9 日，刚刚核试验成功的美国把两颗原子弹分别投在广岛和长崎。8 月 8 日，苏联对日宣战，苏军兵分三路突入中国东北，对关东军施以毁灭性打击。苏军以 175 万兵力，5200 多辆坦克，5000 余架飞机，3 万门炮，十天的时间歼灭关东军 8.4 万人，俘虏 60 万。遭到四面痛击的日本已经走投无路，不得不于 8 月 10 日接受要求其无条件投降的《波茨坦公告》。8 月 15 日中午，天皇的"终战诏书"广播，日本战败投降。

历史惩罚

1945 年 9 月 2 日，在"密苏里号"战舰上的日本投降签字仪式结束后，逮捕和审判战犯势在必行。盟军总司令部的《新闻通报》上刊登了许多日本人揭露东条英机罪行的文章，各种谴责东条罪行的信，从四面八方寄到东条家。信中责骂东条："因为你，我的儿子才战死的！""你有三个儿子却一个没战死！""趁早自杀，向国民谢罪！"东条成为众矢之的，惶惶不可终日，这个策动太平洋战争和侵华战争的头号战犯深知即将到来的惩罚将是无法逃避的。但求生的欲望又使他试图逃避历史的惩罚,曾想逃出东京躲到深山里去,或者出庭受审,总算有个交代。但是一想到是作为战犯被捕受审,又颇为不甘,脑子里不禁冒出了自杀的念头。这样,既能捞到"为天皇尽忠"的美名,又能避免被美国人处以极刑而丢尽脸面。于是,他偷偷写下遗书,开始销毁笔记、信件、文书、档案等各种罪证,只保留勋章和照片,并且大言不惭地声称,这是为了防止日后有人为他树碑立传时不知道立过何等"奇功"。9月8日晚,魂不守舍的东条找来住在自家对面的医生铃木,要他在自己的左胸上画了个标志心脏确切位置的圆圈,以备自杀之用。这个双手沾满各国人民鲜血的战争狂人如同笼中之鼠,昔日里飞扬跋扈的嚣张气焰荡然无存。

9月11日,盟军总司令部下达了逮捕东条等39名战争罪犯的命令。这天上午,坐在客厅看报纸的东条神情恍惚,想起昨天两名美国记者忽然来采访,总感到心神不宁。午饭过后,吉普车一辆接一辆地驶来,从车上跳下许多手持照相机的记者和荷枪实弹的美国宪兵,东条听到车响人声,心里一阵阵发紧,神经几近崩溃。下午4时许,美国宪兵队军官保罗·克劳斯乘车来到东条家下令包围住宅逮捕东条。当敲门声响起时,东条故作镇静地将家人打发走,一个人留在办公室,隔着衬衫向自己开了一枪。听到枪声,美国宪兵迅速冲进房门,见东条浑身是血,扑倒在地。急救车迅速驶到,宪兵们把东条抬进了医院。东条是个左撇子,开枪时枪口偏高了一点,子弹未击中心脏,因此经过一番抢救,东条清醒过来。两名陪同翻译急忙记录东条的"死亡演说"。"要这么长时间才死,我真遗憾。"表情肌不断抽搐的东条故作镇静地低声说。这是他对自己畏罪自杀未遂丑剧发表的最初感想。待体力稍有恢复,东条继续其政治表演,色厉内荏地说:"大东亚战争是正当的,正义的!"继而又提醒在场的人别忘了他的身份,说"我不去你们的法庭,我做过大日本帝国的首相,我是大英雄!"挣扎半天,东条又跌入沮丧之中,假惺惺地说什么"我对不起我国和大东亚各国所有民族"。最后又故作姿态地呻吟:"我不愿在征服者的法庭上受审,我等待着历史的公正裁决。"东条仍然幻想美国人会饶他一命,给他以"公正裁决";或者有朝一日,有人替他翻案,为大日本帝国招魂。

1946年1月19日,麦克阿瑟据美国总统的授权,发布特别命令,成立"远东国际军事法庭"审判日本战犯。法庭由中美英苏等11国法官组成,由澳大利亚韦伯爵士任审判长。首席检察官由国际检察局长、著名美国律师季南担任。鉴于东条自杀未遂,美占领军将东条转移到了第十一监狱第二号室,即原来收容盟国被俘人员的"大森俘房收容所"。不久,东条又被转移到位于东京西北部的巢鸭监狱,住在第四十四号单人牢房。在1946年的最初几个月中,东条一共被特别检察团审问51次,计124小时。但东条态度蛮横,极力为自己狡辩,声称应受责难的,起初应该是中国人,以后是美国人、英国人;由于日本逐渐处于各国的"包围"之中,为了"自卫"才被迫行动等等。4月底,正式开庭的准备工作都已完成。以"反和平罪""杀人罪"和"通常战争犯罪及反对人道罪"等三大罪名,指控28名罪大恶极的战犯。起诉书竟长达数十万字。5月3日,第一次公审开始,东条英机、木户幸一、松冈洋右、广田弘毅、平沼骐一郎、永野修身、岛田繁太郎、铃木贞一、荒木贞夫、东乡茂德、土肥原贤二、板垣征四郎、大川周明、星野直树、畑俊六、小矶国昭、松井石根、重光葵、梅津美治郎等等战争罪犯都出现在被告席上。

在法庭上,东条为自己辩解的"技巧"似乎也颇合乎他行事的强盗逻辑。他对自己所做过的事情从策划、决策再到付诸行动都一概承认,但他却拒不认罪,狡辩说那些侵略的行为"都是必要的和不可避免的"。东条声称:"日本的大东亚政策,是由于第一次世界大战后,随着世界经济的集团化,有必要谋求近邻相互间的经济合作而提倡。后来由于东亚的赤化和中国的排日政策,爆发了中国事变。因此,日本企图靠防共和经济合作来调整日华邦交,恢复东亚的安定。然而,由于美、英、苏的直接或间接的援蒋(介石)行为,形势日趋恶化,为了对抗美英对日压迫,日本终于不得不采取自卫行为"。在这里,东条将第一次世界大战后日本的侵略罪责推得一干二净,并倒打一耙,把战争责任扣到盟国头上。这说明东条至死仍顽固不化,决心带着花岗岩头脑见上帝去了。值得注意的是,至今仍有人一再重弹东条式的"自卫战争论",篡改历史,否定侵略,可谓东条阴魂不散。到 1948 年 4 月,战犯们的自我辩护结束。整个审判历时 2 年,开庭时间达 417 天,有 12000 人提出了口头或书面的证言,控辩双方提出的证据达 5200 件之多。桩桩血写的事实,有力地揭露了东条们的侵略罪行。

1948 年 11 月 4 日远东国际军事法庭再次开庭,宣布判决结果,宣判地点是原日本大本营大楼。庭长韦伯宣读了长达 1500 页的判决书。法庭提出大量不可否认的事实,对东条等人的侵略行径与这些事实之间的关系进行了深入的调查认定。判决书指出:东条作为关东军参谋长时主张进攻苏联;任陆相、首相时作为决策者主张侵华、灭亡中国并付诸行动;同时也是挑起太平洋战争的元凶,将战祸强加给太平洋地区的各国人民,实属罪大恶极。此外,作为日本政府大政方针的决策和实施者,东条对虐待战俘,在中国实行野蛮的"杀光、烧光、抢光"的"三光政策"负有不可推卸的责任。11 月 12 日下午,判决结束。法庭裁决:"根据各种控告的理由",判处东条有罪,处以绞刑。与东条受到相同裁处的还有土肥原、广田、坂垣、木村、松井和武藤等六名战犯,东乡和重光葵分别被判处 20 年和 7 年有期徒刑;木户等则被判终身监禁。这伙战争的鼓吹、煽动、策划和实施者受到了历史的正义审判。

11 月 24 日,麦克阿瑟批准了法庭的判决。12 月 21 日,第八宪兵司令官和巢鸭监狱长接到命令:把东条英机和其他六名战犯的死刑执行日定在 1948 年 12 月 23 日午夜零时 1 分。得知死期将至的东条写下拒不认罪的遗书,诬称"审判具有政治性质,是由胜利者进行的"。为日后军国主义余孽翻案定下调门。在最后结尾处东条写了两首"和歌",其中有"去复来分归故土","待到日本花香时"的字句,表达了这个把各国人民,包括日本人民带入战争苦难的恶魔不甘心失败,还妄想复活军国主义的险恶用心。12 月 22 日夜,东条等战犯在临刑前,向神佛上香,并梦呓般地叨念着"天皇陛下万岁! 大日本帝国万岁!"极力装出满不在乎的样子。在被押赴刑场时,战犯们为给自己壮胆,一边口诵"南无阿弥陀佛",以掩饰内心的恐惧与沮丧,一边无可奈何地走向绞刑架。23 时 58 分,头套墨罩的东条被处以绞刑,得到其应有的下场。

东条死了,死有余辜。在全世界热爱和平、维护国际正义的人们心中,战争恶魔东条英机罪行累累,铁案如山。值得注意的是,在今天的日本,仍有一伙人随着日本政治、军事大国化的步伐,起劲地为东条翻案。1998 年出笼的日本电影《自尊——命运的瞬间》标榜客观立场,用正面形象为这个战争狂魔歌功颂德,重弹当年东条的陈词滥调。"树欲静而风不止",任何一个有责任感的人都不能不警惕军国主义沉渣泛起,不能不关注东条的徒子徒孙们的新举动,并给予必要的揭露与抨击,绝不能让东条的阴魂肆意游荡,危害来之不易的和平。

策划侵华的急先锋

——土肥原贤二

人物档案

简　历：日本陆军大将，在中国从事间谍活动，是策划侵华的主谋，后被作为战犯绞死。

生卒年月：1883 年 8 月 8 日~1948 年 12 月 23 日。

安葬之地：火化后骨灰投入太平洋。

性格特征：阴险、狡诈。

历史功过：他策划了"皇姑屯事件"，侵占东北三省，建立伪满洲国。

峥嵘初露

个头不高的土肥原，圆头圆脑，两道八字眉略微向下耷拉着，嘴唇上方蓄着一小撮标准的日本式胡子，一双小眼睛透着阴险、狡诈的目光。他 1891 年出生在日本冈山县，该县位于日本本州岛西部，毗邻兵库、鸟取、广岛等县，南临濑户内海。他的家乡盛产白桃、水稻等物，桃花盛开，景色秀丽，观光资源丰富。

然而，在风光旖旎的家乡，土肥原接受的却是军国主义教育。当时的日本，统治者极力控制人民的思想，把武士道作为支撑日本军国主义的精神支柱，在全国推行军国主义教育。土肥原上小学时，就接受了皇道、神道和国民的武勇等系列教育，头脑里充斥着"忠君爱国"思想。

20 世纪初，不满 20 岁的土肥原考入了日本陆军大学。1912 年他大学毕业，便在陆军参谋本部中国科工作，从此便开始了一生的侵华间谍活动。

1922 年，土肥原与板垣征四郎等日本军官参加奉系军阀作战，帮助奉系整顿军队，供给奉系大量军火，结果，在 1924 年 9 月的第二次直奉战争中，奉系利用直系军阀内部的分化，打败了直系，把奉系的势力扩展到华北和华东。

1926 年，作为得力助手的土肥原在板西的指挥下，完成了拉拢吴佩孚、卢永祥支持段祺瑞政府，同时利用黄郛破坏曹锟政府的联美计划，策动冯玉祥倒戈支持张作霖。

1928 年，任奉天特务机关长的他又与关东军参谋河本大作策划炸死张作霖，成功地导演了轰动世界的"皇姑屯事件"。

1930 年土肥原被调任关东军司令部兼奉天特务机关长的职务。同年 3 月,他奉命前往北平,策动和支持阎锡山、汪精卫组成北平国民政府,和南京国民政府相对峙,并暗中支持组建"阎冯联军"与蒋介石武力对抗。

由于"成绩"突出,土肥原贤二得到了上司的高度赏识,其职务也随之步步高升,一些重要的任务也交由其等完成,由其具体指挥策划。

逐鹿东北

1930 年 12 月,一场大雪整整下了一个星期,天地中只有茫茫一片白色,大街上偶尔行走的人们只有将厚厚的棉帽戴上抵御呼呼而来的北风,并将头紧埋在衣领中。然而与此相反,在日本关东军军部的办公室中正热火朝天,日本参谋部、陆军省、海军省、天津驻屯军各方的代表以及特务机关的土肥原贤二、板垣征四郎、石原莞尔等拥在一块。会议室外,五步一岗,十步一哨,枪上的刺刀在灯光的映照下闪闪发光。

"永田少将到!"这是传令兵的声音。随着他的声音,一辆高级防弹小车缓缓驶进院中。一旁的士兵赶忙上去开了车门,永田缓缓地从车中钻了出来,他拉了拉风衣,大踏步向会议室走去。

"唰"的一声,所有的与会者都笔直地站了起来,向永田敬注目礼,永田把风衣交给副官后,示意大家坐下:"我想大家对天皇的意图很明确了吧! 中国是一块肥肉,现在谁都想吃,我们当然也不能袖手旁观,这是军部最近拟定的一份长久计划,先请大家看一下。"永田示意副官下发文件,上面印着"以武力占领满洲的具体行动纲领"字样。接着副官又发下一本文件,上面印着"行动计划"字样。

特务机关长土肥原贤二

见手下人都看完了文件,永田接着说:"我方必须占领全中国。第一步,我们占领中国东北三省,成立一个政府,这样我们便算站稳了脚;然后我们再进占热河、唐山、遵化、密云,直逼天津,到那时,中国便是我们的了。

"各位的职务及具体工作文件上已标明,须指出的是,这些活动计划,均归土肥原贤二阁下及板垣征四郎具体指挥,有什么问题可以直接找他们,明白吗? 土肥原阁下?"

"哈依"土肥原贤二站起来,响亮答道。

"你呢,板垣征四郎阁下?"

"哈依"板垣征四郎更是得意,他和土肥原贤二四目相视,嘴角露出了一丝不易察觉的笑意。

土肥原和板垣早已设想在中国东北建立一个摆脱中国军阀统治者的满洲,使满洲成为一个自治州,一个各民族——日本人、中国人、满洲人、朝鲜人和白俄共居的庇护所,作为对苏俄的一个缓冲地带。

从 1929 年起,板垣、土肥原等人,组织了四次"参谋旅行",秘密到长春、哈尔滨、海拉尔、洮南、山海关、锦州等地侦察情况,暗中制订侵占我国东北的作战方案。据土肥原估计:当时整个东北约有 25 万中国军队,其中沈阳附近约有两万精锐部队,并拥有飞机、战车、兵工厂、迫击炮厂等,而关东军只有一万零几百人,因此,土肥原密谋"以寡制众"。

土肥原为了实现"以寡制众"的目的,分散中国东北军的兵力,搞了一系列的阴谋活动。首先土肥原用飞机把在大连的山西军阀阎锡山送回太原,他命令阎锡山出兵华北,以牵制东北军,使张学良难以兼顾。同时,土肥原还唆使军阀石友三参加反对张学良的军事联合行动。另外,土肥原又策划在延边、哈尔滨掀起暴乱,并鼓动蒙古独立,以配合日军对沈阳的进攻。1931 年 7 月,关东军把两门重炮秘密运到沈阳,安置在独立守备队的兵营内,一门攻北大营,一门攻奉天飞机场。为了做好进攻时的射击准备,关东军的士兵伪装成满铁职工去测量铁路,对张学良军队驻地北大营附近的每个目标的距离都进行了测量。板垣、石原和土肥原商谈,准备九月下旬在柳条湖炸毁满铁铁路,发动侵占中国东北的战争。

1931 年 8 月,日本政府进行了一次异常的人事调动,许多法西斯军官都被任命担任军事部门的重要职务,特别是把侵华老手本庄繁任命为关东军司令官。他担任过张作霖的顾问和驻华武官,熟悉中国东北军的一切内情。这一任命意味着,日本帝国主义侵占中国东北的军事行动已迫在眉睫。本庄繁刚一到任,土肥原就向他做了汇报,并让他审查了石原拟制的"作战计划"。

紧接着,石原、土肥原等侵华先锋准备使出最后一着棋,秘密集结部队用武力从中国手中夺取满洲。外相得悉这个传说后,连忙劝陆相从东京派一名军官前往满洲把关东军控制住。选派去的军官是个少将,于 1931 年 9 月 18 日晚到达沈阳。此时,在离城不过几里靠近中国军队第七旅兵营的南满铁路线上,刚埋下一包炸药。爆炸将成为派兵占领沈阳以"维持秩序"的借口,板垣大佐则轻易地把那位将军弄到一家日本旅店"菊文"去和艺妓们过夜。

这天晚上,日本守备队中队长川岛率领日军向文官屯南方出动,在距离柳条湖爆炸地点三公里的地方,进行前哨指挥,河本率领士兵七人到柳条湖铁路的现场。10 点 20 分,炸药爆炸,河本满以为,10 点 40 分从长春开往沈阳的快车一定能颠覆,这样就能制造出武装侵略的借口——伤亡事故。可是因爆炸效果不好,破坏程度微乎其微,只炸弯了 1 米 50 公分长的一条钢轨,毁坏两根枕木,所以火车只有轻微颠簸,发出"哐当、哐当"的巨响便安全地通过了被炸地段。当时躲在附近的河本,捂着两个耳朵等待列车脱轨,不料列车安全通过,感到十分惊讶。

因为他们已经策划妥当,不管怎样,也要按照原计划进行。于是,河本一面向北大营开火,一面又派人通知埋伏在三公里以外的川岛大尉,用贼喊捉贼的手法报告说:"北大营的中国兵炸毁了铁路,正在激战中。"这个事先参与密谋的川岛还装着吃惊的样子,一面用携带的无线电话通知他们的上司,请求派兵接应;一面又命令部下向北大营进行突然袭击。这时,蹲在沈阳日本特务机关的板垣征四郎,竟以关东军司令官本庄繁的名义,命令事先已经准备好的一部分日本侵略军马上出动,向北大营和沈阳城发动了突然袭击。驻在旅顺的关东军参谋长三宅光治晚 11 点 46 分接到板垣参谋的紧急报告后,立即批准板垣的侵略报告。然后,本庄繁根据石原的"献策",马上发出命令:"委任第二师团长"部署进攻沈阳的任务;对营口、凤凰城等地中国军队,解除其武装;驻长春的日本兵力不能全部抽调,监视中国军队,以备万一;要求驻朝鲜的日本侵略军增援。这样,在东北的日本侵略军和在朝鲜的一部分日本侵略军全部出动,向长春以南铁路沿线各重要城镇的中国军队发动突然袭击。震惊世界的"九·一八"事变,就是这样由日本帝国主义发动起来的。

日军占领沈阳后,土肥原被任命为临时沈阳市长,他以关东军司令官的名义,在沈阳城张贴荒谬绝伦的安民布告。这些布告系由木板印刷的,可见狡猾的土肥原事先已做了周密的准备。土肥原在布告中竟然造谣说:中国军队爆破南满铁路,悍然袭击日本守备队,甘为祸首,然后又花言巧语地欺骗说:"夫我军欲膺惩者,彼东北军权而已",关于民生问题,要拥护其福利,爱抚其身命。这些帝国主义强盗,一面说得好听,一面随便开枪杀人和抢掠,凡与日人在东北经营事务有妨碍者,日人无不乘机占领,或破坏之;对于青年学生尤肆意蹂躏,男生被残杀,女生被奸污者,不可指数。他们从中国银行掠夺四千万元白银,又从张学良官邸抢走六个金库。

当关东军进攻齐齐哈尔的时候,土肥原通过驻天津的日本特务机关,收买汉奸随同日本浪人扰乱天津,妄图转移人们的视线。1931 年 11 月 8 日晚,天津街上正是夜市热闹的时候,忽然从日本租界冲出了由日本浪人及汉奸组成的便衣队,向华界袭击,制造混乱,与中国军警发生冲突,这就是所谓第一次天津事件。土肥原利用这种混乱局面,偷偷地把清朝废帝溥仪从天津日本租界运到大连,这是日本帝国主义预备制造伪满洲国的一个步骤。11 月 26 日,土肥原制造了第二次天津事件,即土肥原点火引起的"对日暴动事件",然后,关东军便以救援驻天津的日军为借口,越过辽河,直指锦州。

在日伪军向哈尔滨节节逼近的时候,大特务土肥原也到哈尔滨主持特务机关,企图内外夹攻。在敌人飞机轮番轰炸、坦克横冲直撞的强大攻势下,中国抗日部队苦战两日之久,然后才退守宾州、巴彦一带设防。哈尔滨终于在 1932 年 2 月 5 日陷入日本侵略者之手,哈尔滨陷落后,日本侵略者趾高气扬,横冲直撞。最为突出的人是土肥原,人们叫他"土皇帝",他规定凡是哈市各机关,都必须添聘日本顾问,他在那里控制了实权,任意进行掠夺。日本未侵入哈市之前,被抗日军吓走的亲日派分子,在土肥原的召唤下,现又回来复职,大干卖国勾当。

从 1931 年 9 月 18 日关东军挑起柳条湖事件开始,到 1932 年 2 月 5 日哈尔滨被占领,仅四个多月时间,日本帝国主义就侵占了辽、吉、黑三省的主要城市和铁路线。日本帝国主义者对此非常得意,一再吹嘘这是关东军的"光荣""无敌",并吹捧土肥原、板垣征四郎、石原莞尔等这些侵占东北的急先锋,有"出类拔萃的才能"。自 1933 年 3 月热河失陷后,我国富饶的东北,锦绣的河山,完全被践踏于日本帝国主义铁蹄之下。这样,就开始了变中国为日本殖民地的阶段。

奉天市长

土肥原侵占东北的阴谋刚刚得逞,他就堂而皇之地当上了奉天市的市长,然而好景不长,就下台了,这是怎么回事呢?

"九·一八"事变前,为了占领东北后的统治方式问题,日本统治集团内部先后研究过几种方案。还在这年四月,日本陆军参谋本部的"一九三一年度形势判断"中,曾提出三种方式(或叫三个阶段)。第一种方式,是扶植汉奸亲日政权,名为中国政权,充当日本工具;第二种方式,是利用汉奸宣布"独立",脱离中国,建立"独立国",组织日本傀儡政权;第三种方式,是日本直接吞并东北,由日本官吏直接管理。日本统治集团对此有分歧,军部倾向于先采取第一种方式;关东军主张第三种方式。日本关东军在"九·一八"事变后的第三天,即 9 月 20 日,在沈阳组织市政公所,由关东军司令官本庄繁任命日本驻奉天特务机关长土肥原贤二为市政公所所长,即市长,沈阳改名奉天,其他重要头目也由日本人充当,如市秘书长为官村顺一,总务课长为庵谷忱,警察课长为鹤岗永大郎,财政课长为三谷末次郎等,开始进行夺权活动。9 月 21 日上午 10 时,土肥原在沈阳市政府召集重要官员会议,举行所谓奉天城"市政成立会的仪式",原中国市长李德新被迫于当天下午三点办理移交手续,中国官吏被赶出机关,实现了日本军管辖下的所谓"军政"统治。这种由日本人公开出面组织政权机关、担任官吏的做法,与日本吞并朝鲜、侵占台湾后所取统治方式大体相同。这是日本最理想和最终追求的目标。但 20 世纪 30 年代,情况又有不同,日本一下子吞下东北三省,不但中国反对,在国际上也通不过。连日本陆军中央部也感到由日本人赤膊上阵,实行军政,未免过于露骨,所以发来训令说:"关东军直接掌握军政不够妥当,关于地方行政只应做到维持治安的程度。"因此,关东军不得不让土肥原下台,而把豢养多年的汉奸赵欣伯拉出来,充当伪奉天市长,并起用卖国贼袁金铠和老牌汉奸于冲汉等,出来组织"地方自治维持会""四民维持会"以及"绅民时局解决方案讨论会"等,拉开了傀儡登场的丑剧序幕。10 月 15 日,土肥原离职,另派几名日本顾问进行监管。赵欣伯甘心做傀儡,向本庄繁大献殷勤,为之计划如何夺取权利,如何树立"新政权",深得日军信任。关东军通过他大抓实权,把警务、教育、电灯、电报、电话、图书馆及救济院的权利,都收归市政府。虽然赵欣伯等耍尽了鬼蜮伎俩,仍不能满足关东军的要求。土肥原离职这一天,与关东军参谋板垣、石原、片仓衷等商讨了"改革"市政和财政问题,结果认为仍保存"维持委员会"的名称,先从基层开始进行所谓"改革",成立财政、实业、司法等厅,以便加紧抓权,进行掠夺和镇压。

日本帝国主义所说的"独立运动",就是用关东军的刺刀,威逼利诱一批汉奸,总算让辽宁、吉林两省宣布"独立",而吉林省则更进一步,拼凑起省一级的伪政权。但关东军参谋部认为,只控制省一级政权还不够,必须把所谓"自治运动"扩展到县,进而控制县一级的政权。于是,1931 年 11 月 10 日,正式设立了一个机构,叫"自治指导部",其任务就是监督和指导县行政,拼凑县一级政权,侦察人心动向,防止反逆行为,进行所谓宣抚工作。自治指导部所需的钱,由关东军拨给,它的一切政策与活动,都必须得到关东军的承诺。板垣大佐主持这个部,石原大佐担任策略,土肥原贤二大佐在沈阳主持特务机关。哪一个中国人对日军的计划表示好意的情报,多半是由土肥原的机关供给的。所以,自治指导部是被关东军参谋部所操纵,不只是监督和指导各县行政,而且还为制造伪满洲国大造反动舆论。

炮制伪满

辞去沈阳市长,在沈阳主持特务机关的土肥原又在打着如意算盘,他策划在东北成立傀儡政权,从而达到欺骗世界舆论、便于进行殖民统治的目的。

还在"九·一八"事变发生后的第四天,即 9 月 22 日,日本奉天特务机关长土肥原就提出《满蒙问题解决方案》,主张建立一个由日本支持,领土包括东北四省及蒙古,以宣统皇帝为首的中国政权,成为满蒙各民族的乐土。随后,在此方案基础上,多方反复研究沟通,进一步补充。10 月 15 日,土肥原辞去沈阳市长,把汉奸赵欣伯拉出来任市长。1932 年 1 月,据该方案拟出关东军司令官对参谋板垣的指示,由板垣到东京上呈日本政府。板垣到东京后,受到日本天皇召见,陆军省、海军省、外交省据板垣汇报,于 1 月 6 日制定《处理支那问题方针纲要》。1 月 13 日,板垣把它带回东北,关东军以之建立伪满洲国。这个统治方案把溥仪派上了用场。

在挟持溥仪前,日本曾一度要溥伟出马,搞"明光帝国"。1931 年 10 月 24 日,日本侵略者真是异想天开,把前清的废王(即恭亲王)溥伟从大连弄到沈阳,就任"四民维持会"会长,表面上以"救济"为名义,暗中却演傀儡戏,为制造伪国政权大造舆论。一小撮复辟派像苍蝇一样围绕在溥伟的周围,阴谋策划建立"明光帝国"。10 月 30 日,召开准备会议,

伪满时期土肥原贤二住宅

除一般旧日王孙和热衷于帝制的家伙参加外,土肥原代表日方出席。会议争论得很激烈,没有结论。溥仪比溥伟更有"优势",关东军早已决定,利用清朝废帝溥仪,作为伪满洲国的傀儡,中间抬出溥伟只不过是一个客串傀儡演员,起一个过渡作用罢了。所以当溥仪被挟持到沈阳时,溥伟一见风头不对,赶紧跑回大连。溥伟被利用演傀儡戏,时间很短,即被踢到一边。

溥仪是清朝末代皇帝,辛亥革命爆发,溥仪被迫退位。起先,根据"清室优待条件",他在紫禁城内还过着保留皇帝尊号的小朝廷生活。1924 年 11 月 5 日,溥仪被冯玉祥的国民军撵出紫禁城后,先躲入他父亲的北府里,后来经过卖国贼罗振玉的暗中活动,又逃入日本使馆,投靠了日本帝国主义。日本公使芳泽利用这个机会,对溥仪进行了殷勤照料,为他准备了"大清皇帝"的奏事处和值班房,接受清朝遗老遗少的朝贺。溥仪以封建专制余孽"亡国皇帝"的资格,居住在日本租界地里。他在天津一连住了七年,每天所接触的,不是日本官吏和浪人,就是清朝余孽。据他自己说:"大致可分为这几派:起初把希望放在优待条件方面,后来又退缩为维

持原状的，是以陈宝琛为首的一批'旧臣'，可以称之为'还宫派'；把希望放在出洋以取得外国（主要是日本）援助上的，是以罗振玉为首，其中有遗老遗少，也有个别王公和溥伟之流，按当时的说法，可以称为'联日'或'出洋'派；把希望放在联络、收买军阀方面，即所谓'用武人'一派，这派人物颇复杂，有前清遗老，也有民国的政客，中心人物却是我自己。"这几派的最终目的，其实并不矛盾，都是一致希望复辟。溥仪在年青时代长久被这种恶劣环境所包围，几乎与外界隔绝，这就助长了他复辟的野心。

溥仪在天津的七年间，也拉拢过一切他想拉拢的军阀，想为他的复辟效劳。但是，溥仪的这种活动，却受到日本帝国主义的监视，他每逢外出，日本便衣警察必定跟着，名义上保护，实际上是监视，不让他进入中国管辖地区，禁止他和奉系军阀们接触，以便把溥仪垄断在日本帝国主义者自己的手里。

张作霖被炸后，在溥仪身边就有这样一种卖国论调："关东之人恨日本刺骨，日本禁关东军与党军（指张学良与国民党）协和，力足取之，然日本即取关东不能自治，非得皇上正位则举措难施。"这虽然是奉承溥仪的话，但在实际上，日本侵略中国，如果不找一个傀儡作为独立的遮羞布，也难以实现它的殖民统治。因此，日本侵略者之所以这样控制和"保护"溥仪，也是为以后能利用他充当傀儡。而溥仪等复辟派也想"借用日本之力"，来达到他们复辟的目的。二者就是这样，在互相利用的基础上勾结起来了。

日本侵略者为了拉拢、控制溥仪，是很花费一些功夫的，对他的要求尽量满足。溥仪要派他的弟弟溥杰和他的三妹夫润麒一同到日本去学陆军，天津日本总领事特意推荐了一个叫远山猛雄的日本人当家庭教师，教他们学日文。更用一些细微的小动作，来培植溥仪的亲日感情，鼓动他的复辟野心。如日本总领事吉田茂曾邀请溥仪参观一所日本侨民小学，小学生手持纸旗，夹道向溥仪欢呼"万岁"，以取得这个废帝的好感；当军阀内战的战火烧到了天津的边缘，天津日本驻屯司令官小泉六一中将特意会见溥仪说"请宣统帝放心，我们决不让中国兵进租界一步。"溥仪听了大为得意；每逢新年或溥仪的寿辰，日本领事馆和日军将校们必定到溥仪这边来祝贺，把被中国人民唾弃的废帝当作一个皇帝看待；到了日本天长节，还邀溥仪去参加阅兵典礼，植田谦吉司令官特意骑马过来向溥仪行致敬礼；日本驻屯司令部多年来经常派参谋们给溥仪讲时事，主要是讲中国内战形势，说"中国的混乱，根本在于群龙无首，没有了皇帝"。并胡说什么中国的"民心"唯有溥仪"才能收拾"。日本侵略者就是用这种手法，笼络溥仪的心，使溥仪完全信赖日本帝国主义，把它作为自己复辟的一个外援力量。

"九·一八"事变前的两个月，在日本学习的溥杰，带回了吉冈安直的口信说：中国东北"在最近也许就要发生点什么事情。……请宣统皇帝多多保重，他不是没有希望的！"7月10日，溥杰回到了天津，把这个秘密消息告诉了溥仪。正当中国东北局势日趋紧张，传来了这样的消息，对溥仪来说，无疑是一个信号。

"九·一八"事变的第二天晚上，日本参谋本部作战部长建川美次立即主张树立以宣统皇帝为盟主的傀儡政权，这绝不是偶然想出来的，实际上是日本军方早就密谋过的。关东军参谋部按照这个指示，开始了对溥仪的工作。先于事变当年的9月22日，关东军参谋部致电天津日军司令官，委托其"保护溥仪及其亲信。随后派罗振玉和上角利一去天津,要接溥仪到东北。

这时,溥仪每天也在做"重登大宝"的复辟美梦,并派刘骧业、佟济煦到东北进行联络,探听各方面的情况。

1931 年 9 月 30 日下午,驻天津日本司令部翻译官吉母忠太郎到静园,说司令官香椎浩平叫溥仪"到司令部谈一件重要的事情"。当溥仪一到司令部的客厅,就看见有两个人恭恭敬敬地站着,一个是长袍马褂的罗振玉,另一个是穿西服的陌生人。香椎指着这个陌生的人介绍说:他是关东军参谋板垣派来的,名叫上角利一。罗振玉把汉奸熙洽的信交给溥仪,信中诱劝溥仪勿失时机,立即到祖宗发祥地主持大计。信中还说:只要溥仪一回到沈阳,熙洽在吉林首先宣布复辟。等溥仪看完了信,罗振玉又进一步用谎言煽动说:东北三千万子民盼溥仪回去,关东军愿意叫溥仪去复位,特意派了上角利一来接溥仪。实际上这是关东军通过熙洽和罗振玉的嘴表示要起用溥仪,把他诱骗到东北去。溥仪听完了这些话后,心中犹豫未定,于是说:"等我回去考虑一下,再做答复。"这时香椎催促说:"天津的治安情况不好",希望溥仪"能考虑关东军板垣大佐的意见,动身到东北去。"

当时,由于中国抗日运动的高涨,锦州和黑龙江省还没有沦陷,外加国际舆论正在强烈地谴责日本,迫使日本政府不能不有所顾忌,因此日本军政两界在挟持溥仪、炮制伪政权的步骤和方法上,确有意见分歧,这在日本驻军司令部与驻天津领事馆之间反映出来了。就在溥仪会见罗振玉的第二天,日本驻天津总领事馆的副领事后藤便找上了门,劝告溥仪不要离开天津。但另一方面,日军司令部的翻译官吉田,却一再说:"日本军方决心支持溥仪,最好立刻动身出行。"

这时,天津新闻界已经把溥仪去日本司令部的消息,很快传到了社会上,甚至说溥仪已乘轮到了东北。与此同时,不知从哪里传来了谣言,说中国人要对溥仪有不利的举动。因此,溥仪更觉得不能在天津呆下去了,立即派人去问日本总领事桑岛,想先到旅顺暂住怎么样?桑岛表示:"到旅顺去也不必要。"桑岛这一态度不是自作主张,而是根据日本外务省的训令,不让溥仪随便走动,要进行严密监视。恰在这时,第二次去东北的溥仪亲信刘骧业来了信,说是探得了关东军司令官本庄繁的真正意图:"现在东北三省尚未全部控制,俟三省团结稳固,当由内田(满铁总裁)请上临幸"。这样,溥仪只得待命等候。

但板垣等人仍在积极活动,又先后派日本浪人川岛浪速和金梁来到天津,劝诱溥仪。这一切都无济于事时,日本特务机关又派土肥原到天津,具体策划挟持溥仪的阴谋活动。

土肥原辞去沈阳市长后,关东军给他安排了一个重要任务,即策动溥仪到东北。10 月 27 日,土肥原秘密去天津。1931 年 11 月 2 日,日军驻天津司令部的翻译官吉田到静园来说:"土肥原至天津,与司令部秘商,宜速前往。"于是,11 月 3 日夜间,土肥原以关东军代表的身份与溥仪在静园相见。土肥原是靠侵略中国起家的,是个善于搞阴谋诡计的两面派。

土肥原见到溥仪时,脸上始终带着温和和恭顺的笑意,溥仪因此对他的印象很好,认为这种笑意给人的唯一感觉就是这个人说出来的话,不会有一句是靠不住的。

土肥原向溥仪讲了一番关东军"不得已"出兵东北的苦衷,他假惺惺地说:

"关东军对满洲绝无领土野心,只是诚心诚意地要帮助满洲人民,建立自己的新国家。希望你不要错过这个时机,回到你的祖宗发祥地,亲自领导这个国家;日本将和这个国家订立攻守同盟,它的主权领土将受到日本的全力保护,作为这个国家的元首,你一切可以自主。"

这些话是一派谎言。然而,土肥原诚恳的语调,恭顺的笑容,以及他的名气和身份,使溥仪不容用对待罗振玉和上角利一的态度来对待土肥原。

土肥原不失时机,斩钉截铁地说:"天皇陛下是相信关东军的!"

土肥原本人就是关东军的举足轻重的人物,听了这句话,溥仪坚信土肥原就代表关东军,关东军就代表日本政府。溥仪已深深陷入复辟的梦幻中,对于日本发动侵华战争的罪恶,对于中国领土主权所受的损害,对于中国人民的苦难,一概不想、不问、不关心,在这方面他和日本侵略者没有分歧。因此,他没有必要、也根本无法识破土肥原这个大特务的谎言。如果说溥仪和日本有分歧、有矛盾的话,那就是他最关心的是能不能复辟当皇帝。所以他问土肥原:

"这个新国家是什么样的国家?"

"我已经说过,是独立自主的,是由宣统帝完全做主的。"土肥原微笑着欺骗他说。

溥仪又说:"我问的不是这个,我要知道这个国家是共和,还是帝制?是不是帝制?"

"这些问题,到了沈阳都可以解决"。

"不!"溥仪坚决地说,"如果是复辟,我就去,不然的话我就不去"。

土肥原微笑了,声调不变地说:

"当然是帝国,这是没有问题的"。

"如果是帝国,我可以去!"溥仪表示了满意。

"那么就请宣统帝早日动身,无论如何要在 16 日以前到满洲。详细办法到了沈阳再谈,动身的办法由吉田安排吧"。

双方都没有问题了,政治买卖成交。土肥原谈完以后,带着满足的神情走了。

吉田告诉溥仪:"不必把这件事告诉总领事馆;关于动身去大连的事,自有我给你妥善安排。"溥仪这时已决定去东北。

但是,出乎人们的意料,第二天报纸上就把溥仪秘密会见土肥原的消息登了出来,并揭露了土肥原此行的卑鄙目的。正好,刘骧业从日本东京发来的电报说,日本军部方面认为溥仪出山的时机仍然未至。于是溥仪又踌躇起来,他同陈宝琛、郑孝胥、胡嗣瑗等商量去不去东北的问题,陈宝琛认为当前大局未定,轻举妄动有损无益,而郑孝胥担心时机错过,等日本人把溥伟扶上去,他们为臣子的将陷皇上于何地? 双方展开了激烈的争论。当时,一班亡清遗老,多曾表示反对,唯有郑孝胥父子,一味迎合日本侵略者的意图。与此同时,溥仪也接到不少来信来访,其中有提出忠告、警告的,甚至有劝溥仪不要认贼作父,要顾惜中国人的尊严。但是,当时溥仪一心想东山再起,什么也听不进去,正像他自己说的:"我已经被复辟的美梦完全迷了心窍,任何劝告都没有生效。"

此时,日本外务省、军部和关东军,在具体行动步骤上仍有不一致之处。11月 4 日,土肥原根据他的调查,立即拍电报给关东军,土肥原在电报中说:"溥仪确实

沙场悍将卷

有逃往满洲的企图,并拟在吉林组织政府。天津总领事根据政府的训令,不希望溥仪外逃,正严密监视其行动。如果不采取非常手段,很难达到目的。"关东军司令官叫板垣告知土肥原,不同意土肥原过早采取非常手段,指示他待黑龙江政权稳定后再取断然措施,挟溥仪逃出。但土肥原没有停止活动。土肥原等人急不可耐,为了早日挟持溥仪逃走,竟搞了一连串阴谋诡计,先是利用特务进行威吓,后是策划"天津事件",为溥仪逃走制造烟幕。

就在溥仪离开天津的前两天,有个陌生人给静园送来一份礼品,附一张原东北保安总司令顾问赵欣伯的名片。打开一看,水果筐中竟放了两颗炸弹。溥仪的随侍祁继忠慌慌张张地跑进来叫喊说:"不好了!""炸弹!两个炸弹!"溥仪一听,吓得都不能从沙发上站起来了。日本警察和日本司令部来人取走了炸弹。次日吉田翻译官说那炸弹是张学良兵工厂制的,意思是说,炸弹是东北军方面送来的。接着就对溥仪说,宣统帝不要再接见外人了,劝溥仪早日动身。与此同时,溥仪还接到不少恐吓信,要溥仪离开,有一封只有这样一句话:"如果你不离开这里,当心你的脑袋!"祁继忠还告诉溥仪一个更为惊人的消息,说有一些形迹可疑的人,好像衣服里面藏有电刀,打听溥仪的住处。溥仪一向认为祁继忠是他最喜欢的随侍之一,很受自己的宠爱。然而,他却不知道祁继忠是一个日本间谍。这些伪造的惊人消息,就是日本特务土肥原通过祁继忠干的。

土肥原为了急于把溥仪挟持到东北,竟在 11 月 8 日晚策划了一个"天津事件"。他组织汉奸便衣队对华界大肆骚扰,制造混乱局面。然后,驻天津日军司令部立即下令警戒,占领日本租界的外围线,断绝了与华界的交通。然后,日本侵略者又把装甲车开到溥仪居住的静园门外,把静园控制得很严。他们怕走漏了风声,于是,一个秘密挟持溥仪的计划开始执行了。

1931 年 11 月 10 日傍晚,按照日本间谍祁继忠的安排,瞒过所有的耳目,把溥仪放进一个敞篷汽车的后箱里。在离静园大门不远的地方,那个翻译官吉田忠太郎坐着一辆汽车悄悄跟在后面,如果遇到日本兵阻挡时,经后面的吉田一招呼,便立刻通过,偷偷地被送到一家日本餐馆。他们给溥仪穿上一件日本军大衣,带上日本军帽,又坐上日军司令部的军车,来到英租界的一个码头上,登上早已等候在那里的一只没有灯光的小汽船,偷渡白河。郑孝胥父子在船上,还有日本人上角利一等三人及日本兵十名。这个船上布置了沙袋和钢板,准备动用武力;还有一大桶汽油,准备万一被中国军队发现不能脱逃,就放火烧掉包括溥仪在内的证据。到大沽口外,换乘商轮淡路丸渡渤海,13 日到营口。板垣派来关东军特务机关的甘粕正彦等迎接,住进汤岗子温泉疗养区的对翠阁温泉旅馆。一个星期后,根据板垣的电话,迁居旅顺大和旅馆,严加封锁,溥仪处于被监禁的状态。

溥仪本来是被土肥原施以诡计挟持而来的,但他们却撒谎说:"溥仪因天津暴动而感到自身危险,自动逃出天津,13 日 10 时突然在营口登陆,要求保护。"固然溥仪有积极卖身投靠的责任,但关东军的鼓动、怂恿,甚至武力威胁和挟持,也是事实,不管怎样胡诌,也是改变不了的。

土肥原等人把溥仪挟持到东北后,又开始为制造伪满洲国而加紧阴谋活动。1932 年 1 月 22 日,在关东军司令部参谋长的办公室里,召开了所谓"建国幕僚会议",参加者有板垣、石原、松井、土肥原等,讨论所谓"新国家"最高机关、"人权保护条例"、交换备忘录大纲等。此后,土肥原又多次参加建国幕僚会议,策划如何建立伪政权,如何控制东北的矿山、铁路、交通、海关以及税收、移民,起用日本人为满洲官吏和薪金等问题,总之一句话,就是怎样控制伪政权和中国东北的经济命脉,以便进行掠夺。因土肥原在会上献计献策,日本关东军决定将土肥原在沈阳的公馆作为"建国事务所",以备日方专门处理伪满建国工作事务。

其实,早在 1931 年 10 月,伪沈海铁路局成立时,土肥原就任监事长。此后,土肥原为伪满的建立和溥仪粉墨登场竭尽全力。1932 年 2 月 15 日,土肥原随同板垣和汉奸张景惠等人一起乘飞机到沈阳。次日,他们在沈阳大和旅馆召开所谓"建国会议"的开幕式,之后又举行了出卖东北、建立伪满的筹备会议。经过土肥原等人的精心策划,1932 年 3 月 9 日,溥仪终于听从摆布,举行了就职典礼。1934 年 3 月 1 日,伪满洲国改行帝制。1934 年 10 月 16 日,关东军与关东厅因驻满行政机构改革问题矛盾激化,关东军决定在大连设特务机关,17 日,土肥原就任特务机关长。

无孔不入

土肥原不仅在中国玩弄阴谋诡计,将东北变为日本的殖民地,而且,他的间谍网,盘根错节,无孔不入。这些间谍和特务使用各种卑鄙手段和伎俩,如金钱收买,色相拉拢,武力胁迫等,在中国窃取机密情报,镇压抗日力量,扶持汉奸傀儡,为日本侵略中国立下了"显赫功劳",其中土肥原最为得意的女间谍当推川岛芳子和南造云子。

川岛芳子,又名金璧辉,原名爱新觉罗·显玗,字东珍,生于 1906 年,已故肃亲王善耆的第 14 王女。孩提时代受生父的影响,怀有浓厚的封建复辟意识。6 岁时,其父妄想匡复大清社稷,将其送给日本浪人川岛浪速作养女,改名川岛芳子,辗转东京、长野等地,作为一个日本人长大成人,其后在浪速一班人的熏陶下,随着年龄的增长,她复辟的野心日烈,决意继承生父遗志,恢复清廷,日本帝国主义因此对她大加利用。

1930 年初,日本参谋部次官福岛安正召见川岛芳子:"芳子小姐,帝国非常赏识你的才能,再给你一个更为重要的任务。"他点燃了一支雪茄,继续说道:"最近,在处理支那问题上,内阁和军部一直存在着摩擦,为了加快解决支那问题,我们急需掌握南京政府的动向,应该设法拿到第一手资料,也好同内阁中的稳健派摊牌。为此,我想把你派到上海、南京去做谍报工作,你愿意吗?"

芳子听了福岛这一番透露上层内幕的谈话,觉得是对自己的信任,顿时颇有一种受到重用之感,便激动地说:"我绝不辜负参谋本部对我的信任,无论发生什么困难,我也要竭力完成你交给我的这项重大任务。"

"好极了,你不愧为帝国之花。你现在就去见一见土肥原贤二特务机关长,他现在也在东京办事,他会给你详细指示的。"福岛按了一下铃,唤来一副官,命令他:"把这位小姐带到土肥原贤二机关长那儿去!"

土肥原贤二是芳子崇拜的偶像,老牌的日本特工"巨星"。一见面,土肥原就急不可待地拉着芳子的手亲热地说:"芳子小姐,你真是越来越漂亮。"

芳子故作媚态说:"土肥原君太会说话了"。

双方寒暄完后，土肥原贤二说："现在给你一个重要的任务。为了加快帝国的'共荣'计划，必须加强上海的谍报工作。从现在起你归田中隆吉机关长领导，即赴上海。我相信，凭你特有的美丽和才智，完全可以达到预期目的。我等着你的好消息，并在东京为你庆功。"

然后，土肥原贤二详细交代了去上海工作时，应如何隐蔽，采取哪些手段，窃取什么机密情报……说罢，土肥原贤二端起两杯白兰地，一杯递给芳子，并将一封信递给她说："我已和上海那边联系好了，你到上海后带着这封信去找田中隆吉机关长，他会同你很好合作的。好吧，祝你一帆风顺，干杯！"

田中隆吉被称为日本陆军虚伪、奸佞、阴险的疯子，1929 年 10 月，他以日本驻上海公使馆武官辅佐官的身份，来到上海就职，主要是搞情报活动。他一听川岛芳子要来，马上喜得合不拢嘴。

上海，田中隆吉很早就来到了江湾去接川岛芳子。不用说，他一眼就认出了芳子：冰肌玉肤，娇小婀娜，笔挺的西服，锃亮的皮鞋，身上那股略带男人气的气质刹时散发出奇特的魅力，一副金缘眼镜，一双聪慧的、澄澈的眼睛！

田中隆吉把芳子接到他租下的豪华套间。芳子为了自己的梦，愉快地接受了田中隆吉让其充当舞女的角色。为了打开局面，她用自己漂亮的脸蛋、身姿和胴体，广泛接触上海各界社会名流，她轻盈柔丽、娴熟的舞姿，卖弄风情的双眼，色眯眯的挑逗和引诱……不到半个月，一下子红极了整个上海滩。

芳子很快在芸芸众生中捕获了一个猎物——国民政府要员立法院院长。她使出了浑身解数，使院长心醉神迷，流连忘返。院长干脆拿出一大笔钱，在上海霞飞路为她购置了一幢小洋楼，作为定期相会的"香巢"。

川岛芳子呢，时而男装，时而女装，时而披发，时而卷发，今天一个样，明天一个新，千般妩媚，万种柔情，立法院长很快沉溺情海，一下班便直奔香巢，把保密文件忘得一干二净。

芳子开始了第二步战略：窃取公文包机密。

这天院长刚一到"香巢"，芳子便马上跑了上去，飞吻一下院长，顺便从院长手里拿过公文包。

"累了吧？我已经替你放好洗澡水了。"她一边挽着他的一只胳膊，一边走上楼梯。

院长想都没想，立刻进了洗澡间。

芳子趁机把公文包交给一个假扮仆人的特工。特工飞快地跑向后楼一间密室。早已等候多时的田中隆吉，如获至宝，迅速把所有文件翻拍完毕。

当院长从浴室里出来时，公文包早已放回原处。芳子适时将身子凑上去，紧紧地贴在欲火难熬的院长身上。

有时当这种方法不行时，芳子趁晚餐机会，假意春意盎然，灌醉院长，然后乘他熟睡时，再偷拍文件。

这样，各种重要的文件神不知鬼不觉源源不断地放到了日本军部的案头。

他俩这样生活了一段时间后，院长觉得还不满足，况且，长期这样来回跑，容易走漏风声。心想，让她给我当私人秘书，既好接触，又遮人耳目。于是他对芳子说："我老是这样跑来跑去不行呀！干脆，你到南京，给我当私人秘书吧。"

"当私人秘书?"芳子乐得几乎要跳起来,她早就盼着这一天。但她还是说:"好是好,就怕我难担此任。"

院长说:"你能胜任,只要我们密切合作,你定能干得十分出色。好,明天我们就一同回南京去。"

当晚,芳子又悄悄地找到田中隆吉,商量对策。田中隆吉说:"你能打入南京国民政府心脏里去,这可是千载难逢的良机啊!不过,南京的特工云集,你一切行动都要小心谨慎,千万不要暴露身份。"接着,他们详细研究了传递情报和直接联系等各项细节问题。

这样,上海滩红极一时的舞女,摇身一变,竟成了国民党南京政府立法院长身边形影不离的私人秘书。南京也成了川岛芳子为土肥原大搞间谍活动的战场,她经常坐在那辆银灰色的高级轿车里,陪同院长出席各种机要会议,跟着进出门禁森严的国民政府各个部门,轻易窃取了大量的绝密文件。她逐渐接触到不少官场中的上层人物,有两次竟然应邀参加宋美龄举办的周末家庭舞会,她凭借着淫荡放纵的手腕,把她那张无形的情网,从立法院慢慢地编织到其他更有实权的要害部门⋯⋯

继川岛芳子实施美人计得手之后,土肥原又指令潜伏在南京的女间谍南造云子用美色金钱俘虏了国民政府机要秘书、最高统帅部掌管机要文件的黄浚,结果使蒋介石政府在军事上损失惨重,蒋自己也几乎被炸身死。

南造云子1909年出生在上海。其父是日本的一名职业间谍,在上海秘密搜集中国军事、政治、经济情报。在父亲"为了天皇牺牲一切"和"大日本民族利益高于一切"的训导和培养下,她学会了骑马、唱歌、跳舞、打枪和应付不同场合不同类型人物的出色本领。13岁时,师从土肥原贤二,17岁从间谍学校毕业后,马上被派到中国大连从事间谍活动。

1929年,土肥原贤二为了进一步发挥她的作用,特地精心安排南造云子以失学青年的身份潜伏在国民党的首府——南京。她的代名是廖雅权。不久,她打入了国民党要员经常出入的南京汤山温泉招待所,这儿整天有盛大宴会,国民党政府高级军政人员经常在此进进出出。

一天晚上,舞会照例举行。黄浚又像往日一样,一个人在轻柔的舞曲中端着一只酒杯,一边喝,一边欣赏着舞池。与其说他欣赏,不如说他在物色新的女孩。最近升迁机要秘书使他很高兴。因为这样自己又可以多拿几倍的钱。一位大约20岁的女孩立刻被他捕捉到了,女孩在客人中像春天的蝴蝶飞来飞去,那双眼也光彩四溢,她就是廖雅权。从此,廖雅权便以自己的身体和水一样的温柔,像磁铁般紧紧地吸住了黄浚。

一次,廖雅权娇柔地问黄浚:"黄先生,你我相好这么久了,你对我是不是真心的?"黄浚连忙发誓:"老天在上,我黄浚对你若有二心,不得好死。"廖雅权赶紧说:"不准你这么说,你死了,我怎么办呢!不过,你我相好这么久了,我有个朋友是投机商,需要一些'内部情况',不知你肯不肯帮忙啊?"黄浚起初有些犹豫:"这可是秘密,泄露了是要坐牢的。"可望着廖小姐那荡人的媚态,也就什么都不顾了。"你的事就是我的事,我知道的东西,只要你需要,我都告诉你。"黄浚就这样中计了。

每次当黄浚把"重要情况"告诉廖小姐的时候,廖小姐总是拿出一叠钱给他,说:"黄先生,这是我朋友给您的好处费。"黄浚欢喜地接过钱,心里乐开了花,既有美人相拥,又有金钱进账,我何乐而不为? 于是他更加卖力地为廖提供各种重要情报,还把在外交部任副科长的儿子黄晟也拉了进来,泄露秘密给廖小姐。

南造云子认为时机到了,便露出了真面目。一次,她把一叠钱交给黄浚后,又拿出一张日本特工人员登记表叫他填上。黄浚一看,心中一惊:"这是怎么回事?""告诉你,你已经是大日本皇军的人。怎么回事,这钱是谁给你的?""不是你的朋友送的好处费吗?"南造云子哈哈大笑:"是这大日本皇军给你的好处费,你给大日本皇军提供的情况很准啊,他们很满意,决定吸收你加入我们的组织。"黄浚额头上急出了汗,直愣愣地望着满脸凶相、往日柔情荡然无存的廖小姐:"你是?"南造云子指着他的额头说:"我是日本人,叫南造云子,是专门来刺探你们情报的! 上几次你给我提供的情报,我都报告了我的上司土肥原贤二机关长,他对你很赏识。"黄浚连连后退、语无伦次:"你……"南造云子紧逼一步:"怎么,你怕了,放心,只要你听我的,我不会把事情说出去的。不然的话,你是个聪明人,应该知道后果。"说着,又换上了那掠人心魄的媚态,"黄先生,人生有限,不要辜负大好时光了。只要你效忠日本皇军,自然会前程远大。"黄浚望着眼前的美女金钱,心里一横,什么国家民族,都滚一边去吧。事情已经做了,被发现也是死,一不做,二不休,他拿起笔填上了那张表。

此后,黄浚及其儿子黄晟便死心塌地利用各种机会为南造云子收集情报,并扩大其间谍组织,国民党方面的重大机密连连被窃,损失惨重。

"英雄难过美人关",多少英雄豪杰不为富贵利禄所动,但往往易中美人计,断送了自己一生。土肥原在侵华伊始,就利用川岛芳子、南造云子的美色大搞美人计,刺探中国情报,取得了在战场上得不到的效果。

华北谋"鼎"

伪满洲国建立以后,关东军里一批有影响的激进人物,又开始组织对华北进行未经批准的骚扰,中心人物就是土肥原贤二。他与石原有许多相似之处,同样聪明浮夸,同样善于玩弄阴谋诡计。西方的新闻界人士早已称他为"满洲的劳伦斯"。土肥原的下一侵略目标是占领华北,把华北变为第二个伪满洲国,然后以华北为基地,向华中和华南扩张。但在当时要马上武装占领华北,军事上的准备还不够充分;而它在吞并东北以后,也需要有一段时间来加强那里的殖民统治;另外,它要马上对华北实行军事占领,对于在华北拥有较多政治经济利益的美、英帝国主义,也多少还有些顾忌。因此,土肥原采取了以军事威胁和政治阴谋双管齐下的侵略方式。

土肥原图谋华北的第一个步骤,是利用军事讹诈,攫取冀察两省的主权。

1935 年 5 月初,在天津日租界发生了亲日分子《国权报》社长胡某和《振报》社长白某被暗杀的"河北事件"。日本华北驻屯军参谋长酒井隆、驻北平使馆武官高桥坦密谋借此挑起事端,声称此案与中国的蓝衣社、宪兵特务队及青红帮都有秘密关系,系中国排外之举动,若中国政府不加以注意改善,则日方将取自卫行动。5月 29 日,日本在天津的驻屯军参谋长酒井等借口中国援助东北义勇军孙永勤部进入滦东"非武装区",破坏了《塘沽协定》,向国民政府北平军分会代理委员长何应钦提出种种无理要求。6月9日,酒井又会见何应钦,更向中国政府提出了取消河北省内一切党部,撤退驻守河北的东北军,解散国民党军分会政训处及蓝衣社、励志社等机关,撤免日本指名的中国官吏,取缔全国一切反日团体及活动等条款,并限于6月12日上午答复,否则日军将采取自由行动。面对日本帝国主义的威胁,国民党政府采取了屈辱的让步政策。6月10日晚何应钦面告日军说:"中央决定全面承诺日方要求。"但日方不满足何应钦的口头承诺,6月11日华北驻屯司令官梅津美治郎差人给何应钦送去一份"备忘录",让何签字后送交日方。何请示南京,国民党中央怕引起全国人民的愤怒,不敢让何在"备忘录"上签字。于是日派代表直接到南京政府外交部进行军事威胁。国民政府遂命何应钦致函梅津,全文如下:"迳启者:6月9日酒井参谋长所提各事项,均承诺之,并自愿的期其遂行,特此通知。此致梅津司令官阁下。何应钦。"这个未签字的"何梅协定"使中国丧失了河北的全部主权,极大地加强了日寇在华北的侵略势力。

"河北事件"纠缠未了之际,又发生了张北事件。6月5日,有4名日本军人潜入察哈尔省,测绘地图,被当地驻军扣留。察省主席宋哲元闻讯后,下令立即释放。但日本关东军特务机关长土肥原以此为借口,向中国提出种种要挟,并调动日军进驻察哈尔边境,派飞机在北平上空示威。国民党政府再一次向日本屈服。6月27日,察省代主席秦德纯与土肥原贤二正式签订了《秦土协定》,包括向日本道歉,撤换与该事有关的中国军官,保证日本人今后在察省可以自由来往。取消察省境内国民党的机关,成立察东非武装区,29军从该地区全部撤退,撤销察省主席宋哲元的职务等。《秦土协定》使中国在察省的主权大部分丧失,华北的局势严重恶化。

土肥原图谋华北的第二步是施展政治阴谋,策划"华北五省自治运动"。

1935年9月24日,日本新任华北驻屯军司令多田骏狂妄地发表声明,主张"华北经济圈独立",华北五省(指河北、察哈尔、绥远、山西、山东)实行自治。接着,日本政府也公开提出使华北地区特殊化的侵略方针。日本侵略者所叫嚷的"自治"和"特殊化",就是要使华北同整个中国脱离,成为日本帝国主义的殖民地。策动这一侵略阴谋的又是侵华老手土肥原。土肥原是靠在中国搞特务活动起家的,1932年到天津把溥仪弄往东北当伪满洲国傀儡的是他,制造河北事件和察哈尔事件的罪魁祸首也是他,这一次又是他导演了这一幕"华北自治"的丑剧。正如当时报纸上所揭露的那样:"土肥原用他那贪得无厌的鼻子,嗅遍了华北的每一个角落。"他只身前往华北,诱骗军阀以及北部五省的官员脱离中国,建立在日本皇军保护下的自治政府。首相冈田知道此事后,曾传话制止土肥原的这种蛮干。但土肥原不理睬东京,继续阴谋策划,成功地建立了各种各样的自治政府。在跟着太阳旗前进的口号下,善于利用时机的日本商人,像洪水般涌入华北,激怒了中国的商人,并在全中国激起了反日情绪。土肥原宣称,他建立傀儡政权,只不过要作为中国和满洲之间的缓冲地带。

土肥原首先计划把旧直系军阀巨头吴佩孚拉出来,建立以吴为中心的伪华北政权,但未能成功。

接着,土肥原把29军军长、平津卫戍司令宋哲元当作主要的拉拢对象。但是,土肥原对宋哲元的策动很不顺利。于是,他策动一伙汉奸地主武装和流氓无赖,于

1935 年 10 月 22 日举行暴动,占领北平东南的香河县城,成立"县政临时维持会",发表"自治宣言",叫嚷要实行"自治",这就是所谓"香河事件"。11 月 11 日,土肥原到北平,向宋哲元提出"华北高度自治方案",主要内容有:成立华北共同防共委员会,领域为华北五省二市;首领宋哲元,总顾问土肥原;财政截用中央在各该省市之关税盐税和统税;开发华北矿业、棉业,使与日"满"结成一单元;保留南京政府之宗主权;亲日反共等十项。土肥原限宋哲元于 11 月 20 日宣布自治,否则日军将取河北和山东。关东军司令官南次郎与土肥原的活动紧密结合,命令关东军在 15 日以前做好从长城外向华北进军的准备,并令空军做好在 20 日进驻平津的准备。

11 月间,日本侵略者又收买一批汉奸、流氓、毒犯,向国民党天津当局请愿,要求"自治"。

在冀东,土肥原唆使国民党冀东行政督察专员、汉奸殷汝耕于 11 月 25 日在通县组织"冀东防共自治政府"。在内蒙古,日本侵略者扶持反动封建王公和伪军头目成立"内蒙古自治政府",而更大的阴谋活动是土肥原亲自出马到保定、太原、济南等地,同阎锡山、韩复榘等国民党军阀进行勾结,策动搞"华北五省自治运动"。为了支持土肥原的阴谋活动,日本关东军在山海关集中了由飞机、坦克和机动部队组成的攻击部队,准备进占平、津。日本飞机天天飞临平、津上空示威;日军并占领市郊的丰台车站和永安门车站,阻断平绥、津浦、平汉等铁路交通。当时,日本驻华大使川樾茂公然叫嚣:"华北系为适应满洲国的生存与发展的命运而存在",真是荒谬和蛮横到了极点!

宋哲元接到土肥原所提通牒后,一面向国民党中央政府请示应付方针,一面致电国民党"五大",要求中央开放政权,结束训政,实施宪政,还政于民,集中人才,努力复兴大业。土肥原认为宋电是迈向建立华北自治政权的起点。

华北危机已到顶点,为了阻止华北"自治",国民党中央采取了一些对策,如派军事委员会参谋本部参谋次长熊斌北上对宋哲元进行说服工作,同时调动部队在南京附近进行特别大演习,并把其中的一部分军队自陇海线北上佯动。11 月 19 日,蒋介石在国民党第五次代表大会上发表外交关系演说。20 日又与日本驻华大使有吉明会谈,要求日方停止策动华北自治,表示作为中国,对引起违反国家主权完整、破坏行政统一等之自治制度,统对不能容许。同日,蒋介石还复电宋哲元,表示"如平津自由行动降敌求全,则中央绝无迁就依违之可能,当下最后之决心"。由于国民党中央政府的反对,土肥原未能迫使宋哲元在 11 月 20 日宣布"自治"。土肥原为了达到目的,继续向宋哲元施加压力,迫使宋在 11 月 30 日宣布"自治"。

1935 年 11 月 4 日,国民党政府在英国支持下,宣布实行"币制改革",加入英镑集团。土肥原等人听到这个消息,加紧了促进华北分离工作,他认为国民党政府的"币制改革"有从根本上破坏日本独霸中国的危险,必须采取予以彻底阻止的办法,利用这个机会一举而坚决进行华北自治,使华北各省脱离中国。蒋介石既不允许华北脱离南京中央政府管辖而宣布"自治",又慑于日本的武力威胁,于是派何应钦北上,与宋哲元等紧急磋商解决华北危机办法。宋哲元虽不愿步殷逆之后尘,却又要利用自己举足轻重的地位,向蒋介石索取独揽华北的权力。蒋介石为拉住宋哲元只得让步,12 月 11 日,南京国民党政府明令在北平设置冀察政务委员会,由宋哲元任委员长,其委员有臭名昭彰的汉奸王揖唐、王克敏、齐燮元、曹汝霖等。这个半傀儡式的组织虽然满足了日本侵略者的部分要求,但它在形式上仍然隶属于国民党政府,并且管辖的区域只限于冀察两省,而不包括山东、山西和绥远在内,这同土肥原最初计划的"华北自治运动"有相当的距离。

1936年1月13日,日本政府制订《处理华北纲要》,正式把分离华北确定为国策,决定处理华北由中国驻屯军司令官负责,并将该司令官升格为与关东军司令官同级。出于准备发动全面侵华战争的战术上的需要,华北事变刚告一段落,狡诈成性的日本侵略者又玩弄新的外交缓和花招。

黔驴技穷

"七七事变"之后,短短几个月内华北领土大片丧失。日本为了达到侵吞中国之最终目的,其铁蹄所到之处,收罗一些汉奸,成立傀儡政权,1937年8月14日,日关东军制定《对时局处理大纲》,提出在华北五省建立伪政府的方针。31日,日本在北平增设特务部。1938年1月,日本首相近卫发表第一次对华声明,声称"帝国政府今后不再与国民政府为对手,而期望真能与帝国合作的中国新政权的建立与发展,并将与此新政权调整两国邦交,协助建设复兴的新中国。"日本所指的新政府,就是由日本帝国主义设想的由它扶植的傀儡政府。全面侵华战争爆发初期,他们先后在北平(今北京市)和南京导演成立所谓"临时政府"(1937年12月)和"维新政府"(1938年3月)。中日战争进入相持阶段前后,随着中国人民抗日战争全面展开,战争持久化,日本当局发现自己在战场上已是"泥足深陷"。这时,日本国内政治、军事危机也进一步尖锐化。日本侵略者感到,区域性的傀儡政权,已经不足以达到稳定占领区和摆脱长期消耗战困境的目的,他们急于把几个地方性的傀儡政权联合为一个"统一的中央政府"。企图找到既有声望又有一定势力的头面人物出来充当这个政府的首脑。1938年7月,日本五大臣会议正式批准"建立一个新的中国中央政府"的建议。会议决定,立即着手起用中国第一流人物,削弱中国现中央政府和中国民众的抗战意识,同时,酝酿建立巩固的新生政权。

为着手进行"中央政府"工作,同月26日,五大臣会议做了下列规定:

一、在五相会议之下成立"对华特别委员会";

二、委员会是对华的政治和经济策略的决策机构;

三、目前与上项业务有关的各地现有机关均受委员会指挥;

四、委员会与大本营之间的联系,由陆相和海相负责。

对华特别委员会由特务头子土肥原贤二控制,海军中将津田静枝、外务省顾问坂西八郎中将予以协助,又称"竹机关""土肥原机关"。

土肥原于1938年7月出任日本对华特别委员会负责人。他走马上任后,经过一番物色试探,到1938年8月,土肥原机关确定争取靳云鹏、唐绍仪和吴佩孚出山,充当"中央政府"领袖。

靳云鹏在北洋军阀统治时期曾经煊赫一时,先后任过段祺瑞政府的陆军总长和内阁总理,他和后来从北洋系分化出来的皖系直系奉系都有较深的关系。他在1921年下台后,由政界转而从商,继而又于1930年之后出家为僧,在天津隐栖,土肥原企图劝靳放弃隐居生活,与日合作,但被坚决辞谢。

下一个对象就是唐绍仪,土肥原为什么看中唐绍仪？是因为唐绍仪本人具有特殊身份及价值。

唐绍仪,字少川,1860年生于广东香山唐家湾,12岁被清派遣赴美留学,毕业后回国历任天津海关道、奉天巡抚、赴美专使等职。1905年出使英国,升为外务部侍郎;1906年,又兼任会办税务大臣;辛亥革命时,他以袁内阁身份代表北方与南方伍庭芳谈判;袁世凯上台之后,唐袁因思想不同,关系破裂,唐加入国民党;1919年南北议和,唐再次充任北方议和代表;接着唐与孙中山因交往甚密被委任广州军政府七总裁之一。1931年,出任中山县县长,3年之后,因与陈济棠等人发生矛盾,又不满蒋的统治,离开中山长期旅居法租界。唐绍仪在中国政界关系较多,有一定社会影响。他对日本的军事力量倍加推崇,在他看来,中国要从西方帝国主义的统治下解放出来,只能依靠一个强大的中日同盟。这样一位在清末民初显赫一时的人物,比起王克敏等人,在资智、才力上当然要强得多,所以日军特务当然不惜老本拉拢他了。

白田宽带着自己的使命来到上海。土肥原设想先网罗一批失意政客、北洋余孽,在南京召开国民大会或约法会议,然后再制定约法并选举唐绍仪、吴佩孚为正、副总统,再由总统任命国务总理及各总长。白田宽很快找到了陈中孚、伍援道等人,但他们带来唐绍仪的口信,"一俟军事上达到相当败绩程度,即进行与日谈判。"

土肥原又生一计。1938年2月7日,他派汉奸张莫华到上海与唐秘密会见。唐回答说:"须于日军占领津浦全线后,再看大局如何演变始能作个人最后决定。"

1938年5月,日军攻克徐州,并企图全线占领陇海、津浦铁路。日方决定一结束徐州会战,即将华北、南京两政府合并为一个统一政府,由唐绍仪和吴佩孚作正副总统。

5月21日,唐绍仪对和议提出了一点要求,一要停战;二要双方声明将以前成立的各种协定一概取消之后,重新再来;三要和议成功之后不能反对国民党。

1938年9月,土肥原亲自来上海,与唐绍仪进行了两次秘密会谈。

唐公馆坐落在上海亚尔培路13号,这是一座漂亮别致的院落。两株高大的古槐树像一顶墨绿色的大伞,将大半幢楼房掩映在浓浓的荫翳里。一条小路笔直通向客厅,路边的花朵姹紫嫣红。客厅里一片宁静,这是一间西式的屋子,壁炉上面,横挂着一幅复制的油画,画中的少女在那里沉思。两只式样不同的大沙发呈八字摆在壁炉前。对面是一张玲珑的琴桌。琴桌上面的墙上,挂着孙中山遗像和遗嘱,中央一张圆桌,桌上摆着一尊唐代古董,四把椅子围着,地板上铺着地毯。

土肥原坐在沙发上,打量着屋子,讨好地对唐说:"唐总理真是喝过中西墨水的人啊!"

唐绍仪连忙说道:"哪里哪里!贵国的樱花才是世界一绝啊!"

土肥原接口道:"只是总理不想去一趟!"

唐朗声应道:"此话怎讲?"

土肥原答:"今日我来,即亲自求唐兄为统一政府的总理,徐州会战马上告捷,我国军队已向南推进,直捣武汉;国民党灭亡,指日可待;更何况唐总理身为国民党一朝元老,岂可甘居蒋介石之下?只要唐兄肯出面挑起重担,我们答应唐总理的议和要求。"土肥原单刀直入。

唐绍仪想，日本人答应先停战后议和，可见仍有一定的诚意；废除左一个"淞沪协定"，右一个"何梅协定"，重签一个新的协定，自己既可免遭卖国求荣做汉奸之辱骂，又有停战安国之功勋，使日军议和不杀国民党，可稳固军心，把蒋介石一帮人拉拢过来。这真是一箭双雕啊！

他沉吟了半晌："贵国之厚意，我唐某自不胜感激，待唐两天准备！"

土肥原没料到唐绍仪这么快就答应，即刻大喜：看来不必按：军部之命令：如唐不从，即胁迫到南京就任。

土肥原打算让唐绍仪"出任新政府首领，由吴佩孚在旁予以协助，成为新中央政府骨干"。并决定"新中央政府于十月底成立"。但是，1938 年 9 月 30 日，唐绍仪在他的家里被国民党军统特务杀死，此计划成了泡影。

靳、唐工作先后夭折，建立新政府的工作到此完全遭到挫败。但是，土肥原并未轻易放弃这个计划，又想建立以吴佩孚为中心的新政府。

吴佩孚，字子玉，山东蓬莱县人，北洋军阀直系著名的首领。二十年代，吴佩孚曾经是中国政治舞台上的风云人物。1927 年 5 月，北伐军击败直系军阀势力，他被迫流寓川东。1931 年 7 月，吴佩孚由川北上，次年到达北平。时正值"九·一八"事变发生，日本占领东三省，全国抗日民族运动日趋高涨，吴佩孚企图利用日寇侵略之隙，在北方组织旧部，东山再起。

从历史上看，日本帝国主义素与直系军阀关系不好，和吴佩孚也一直没有什么密切来往，但在此时，却何以瞩目于他呢？显然，其中有一些特别的原因。吴佩孚在政治上一贯有"统一中国"的野心，就在他下野之后，还打着"孚威上将吴"的旗号，照旧设立所谓"大帅行辕""八大处"，时刻准备重整旗鼓。他在华北及两湖等地较有影响，在这些地方，不仅有一大批旧部可事收揽，而且他在许多民间组织如红枪会、妙道会和杂军、散勇、土匪中，也颇具声望和号召力。他是国民党的败敌，下野后又屡受蒋介石压制，无以实现其抱负，与国民党蒋介石积怨日深。他有着唯我独尊的性格，自信心和夸大狂几乎达到令人惊奇的程度。他平素说话，什么大就说什么，好ända求胜之心溢于言表。特别是在华北沦陷后，局势峻恶，吴佩孚仍居北京不愿南下，自称"日以启导和平为事"。

上述这些原因，使土肥原机关看中了吴佩孚。他们决定不惜人力、物力，拉其出山，精心制定了代号为"吴佩孚工作"的计划。

土肥原不声不响地抽着闷烟。

1923 年，他就与吴佩孚有过交往，那时他随驻华武官助理赴洛阳，他曾暗示用飞机使吴的军队现代化作诱饵；1927 年，吴佩孚兵败，他又派海军第一遣外舰队特务长荒城二郎少将以提供步枪 10 万支、机枪 2000 挺和 100 万赠款帮吴东山再起。张学良被逼下台后，他又派大迫通贞大佐、田野增次郎联络吴部下陈廷杰、符定一积极怂恿吴佩孚出山……可吴佩孚却一口回绝了，难道他真的就无办法引诱了吗？

土肥原眉头紧锁站在窗前。地上是密密麻麻的烟头。往事像流水似的一点一滴流进他的脑海：华北自治运动热闹了一阵子就没有声息了，可见殷汝耕等人资望不够，号召力不强；"七·七事变"后，唐绍仪又被杀；北平陆军助理今井武夫与吴的亲信蒋雁行曾联络，但吴佩孚似乎不易上船啊！土肥原思绪联翩。中国局势令人忧心。唐绍仪一死，日本失去一个得力助手，而且很多想投靠日本的人也吓怕了，把头缩了回去。吴佩孚曾是北洋头目之一，现在仍有"孚威"，而且此人权力欲很强，在四川、甘肃重整旗鼓只差一步时，蒋介石却使其事业付诸东流，照理蒋吴矛盾无法弥合。恐怕吴会坐山观虎斗，我得下点功夫，免得成了第二个唐绍仪！

1938年初，土肥原来到什锦花园胡同吴公馆，进门便苦苦哀求："请玉帅出来，救救我们日本！"他称玉帅而不喊大帅，一方面表示亲热，一则是他也以吴大帅的部下自居，他想"我土肥原亲自请你，你该有所表示吧！"

只见吴大帅哈哈大笑，然后回答："我连自己都救不了，还能救你们日本人。"接下来，他又似乎感慨："依我看，现在不是谁救谁的问题，而是怎么救法啊！"土肥原怫然不语，立即辞谢。

没过几天，土肥原开门见山："请玉帅出来调停中日和平。"

"好哇！"吴一边答应，又接着说："请贵国天皇和我国蒋委员长，双方打来电报要我出任调解，我一定照办。"土肥原语塞，怏怏地走了。

锲而不舍，土肥原再顾茅庐："请玉帅出山，还是担任你原来的职务，然后和日方共同维持中日民族问题。"

"现在还谈什么出山不出山，"吴佩孚摇了摇头，"如果一定要我出山，请你们退出中国，可以吗？"土肥原大惠，绝裾而去。

土肥原一气之下，又想出了新的阴谋。首先，他指使汉奸，特别是原属吴佩孚部下的汉奸，广招人马，发起组织汉奸社团，如全国性的"和平救国会"，地方性的"平津和平俱乐部""华北革命党"等等，借所谓"民意"，由江天铎、张啸林等大大小小汉奸、民族败类，纷纷向吴佩孚发出劝进函电，要吴救天下之饥溺，安呼号之苍生，与友邦明达之士，停战修和。其次，利用广播、报刊，广泛制造吴佩孚出山的舆论，造成既成事实，以迫其就范。当时，日伪报刊不断有吴将军"出山宣言""出山讲话""出山通电"之类的报道，东京《朝日新闻》《读卖新闻》还煞有介事地登载了下述消息："吴近日将赴开封，组织军队，讨伐蒋"等等。与此同时，日本还公开打起吴佩孚的旗号，收拢一批杂军、散勇与土匪，设立开封绥靖公署，加紧进行建立伪"中央政府"的准备工作。

一时，北平东四什锦花园吴佩孚寓所，日本谋臣、中国金士，络绎不绝，冠盖如云。而吴本人，亦名声大噪，嚣嚣然，不减当年"洛阳时代"。

一切准备就绪，土肥原再一次踏进吴公馆：

"我们请您出山这一事，日军愿意先行撤出北平，使北平能在玉帅的控制之下。"

吴佩孚立即明白这是土肥原可退让的极限，仍更进一步问："那么，武汉前线呢？"

土肥原踌躇半晌委婉答道："等玉帅就任了新职之后，请您亲临武汉，作为缓冲，以后我们逐步撤退。"

吴佩孚沉默半晌："请你让我考虑考虑。"

土肥原说："您是否准备召开一个记者招待会，怎样？"

吴佩孚答道："好！"

土肥原喜出望外，实际上他另有一套诡计。他先令人代吴佩孚抄好"一切赞同日方主张"的谈话，要吴大帅按照原稿当众宣读一遍。至于外国记者，则预先令翻译人员,不管吴大帅所说,而照土肥原的稿一字一句译成外文。此所谓移花接木之计。

此间,吴大帅召开记者招待会的通知已登上日本及沦陷区中外报章的头条!

土肥原踌躇满志。吴记"中央政府"是他在中国精心构想和炮制的又一"杰作",现在,眼看就要呱呱坠地了。

"好事"偏偏作梗多。

就在日本侵略者制造的吴佩孚出山舆论甚嚣尘上的同时,国内进步舆论以及抗日民族统一阵线国共双方对吴佩孚也积极展开了工作。"唐吴合作"之议初起,吴佩孚就得一匿名信,警告他:"一失足成千古恨,再回头已百年身。"不久唐死,他又得一信,上书:"请看上海唐绍仪。"土肥原开展"吴佩孚工作"的风声稍露,有抗日爱国之心的各方人士即以多种方式,或函电直言,或遣人密访,要吴自重,保持中国军人的气节。1939年元旦,孔祥熙密函吴佩孚,谓迩来道路流传,奸人妄思假借名义,以资号召,遂致愚氓揣疑,谣诼繁兴。弟及中枢诸同仁深知先生正气凛然,不可侵犯,唯念居处困难,辄为悬系不已!"

双方都在争夺。吴佩孚究竟采取什么态度呢?在函复孔祥熙时,他表示了态度,写下:"弟处境安如泰山,应付绰有余裕。"接着又写了四句太公语录:"纯刚纯强,其国必亡;纯柔纯弱,其国必削;能柔能刚,其国乃昌。"表白他将在日本包围之中,采取"能柔能刚"的态度,与之周旋。

1939年1月31日上午,什锦花园车水马龙,二三百名中外记者济济一堂,热闹非凡。吴公馆附近军警林立,禁卫森严,胡同两头,先要接受日伪军警的搜身检查。土肥原先派人散发了吴大帅的"谈话稿",中西日文字俱备,每人一份,吴大帅的座位桌前,更是老早就摊好了一份。

十二时,吴佩孚在卫兵簇拥之下,颔首为礼,他走到座位前,突然扫了一眼:

"余受'和平救国会'之推荐,组织绥靖委员会,着手准备建立政府机关,以实现和平。第一阶段当编成作为骨干之军队。为此,余打算首先使华北游击队归顺。若在华北巩固了地盘,则可在日华之间实行武力调停,解决事变。因为武力调停,余在国内战争中已有数次经验,所以对此是有信心的。"

土肥原见吴佩孚没有照着他的讲稿而即席演讲,吓得出了一身冷汗。当他听完这一段开场白之后,脸上面带微笑,欣喜若狂地等着吴往下说。

只见吴佩孚突然脸色凝重:

"恢复和平,必须是全面的、平等的,因为我们晓得:惟平乃能和,和必等于平!本人认为今天要讲中日和平,唯有三个先决条件:

一、要有实地,以便训练人马;

二、要有实权,以便指挥裕如;

三、要有实力,以便推施政策。"

在这所谓"三实主义"的出山条件里,他特别强调"要有实权",他说:"实权这个问题,是最要紧的,也可以说是先决条件。日本,一日不肯让出主权,则余一日不能出山。把握住主权之日,即余出山之日。"

吴佩孚说完这一席话,然后抬头高喊一声:"丛秘书,翻译成日文,一字一句,断乎不容更改!"

日本人大惊失色,中外记者则奋笔疾书! 接着,吴佩孚面对一个外国记者递过的那张土肥原的草拟稿:"这张稿是日本人一手炮制的,我从来没有说过如此荒唐的话!"

说完,吴佩孚把这张纸狠狠地踩在脚下。原来,吴佩孚用了一个缓兵之计,借召开记者会之名,揭穿日本特务的谎言,为了防止日军的捣乱,他亲自带了自己的翻译。

这个素有"东方劳伦斯"美誉的土肥原,没料到自己一手导演的"黄袍加身",反倒自己砸了自己的脚。

1939 年 2 月,日本华北侵略军就吴佩孚在记者招待会上的讲话电告东京大本营,以激烈的措辞表示:"对吴次数繁多的背信行为,已不能容忍。"要求土肥原的工作应当立即停止。电文还严厉指责吴佩孚"肆行破坏与华北军队的协定,搅乱华北治安",说明决不允许由于吴的再度背信弃义行为,而使临时政府濒临崩溃,并断言如果成立以吴佩孚为首的新政府,只有害而无利。

土肥原焦头烂额,"和平运动"的步骤乱了套,但是他却不愿就此罢休。他极力辩解:"现在立即中止吴佩孚工作未免太着急了一点,目前,日华事变已陷入无底之泥沼,为尽快解决日华事变,只有建立新中央政府。而为了建立新政府,只有树立吴佩孚,别无他法。"为挽回被动局面,土肥原命令严密封锁吴在记者招待会上的讲话,结果,平津一带报刊,除天津《庸报》有较为准确的消息报道之外,其他如《新北京》等统统做了假报道;同时,土肥原努力说服日本驻华北侵略军等反对"吴佩孚工作"的各军事、政治集团,以谋求得到他们的支持。

为迫使吴佩孚就范,土肥原对吴进一步施加了压力。三月上旬,今井武夫奉命专使北平,了解"吴工作"进行的情况。同月 25 日,土肥原亲自抵平与吴佩孚会谈,逼其表态。吴态度依旧,一面表示:"依然以和平救国为念,有意出马,以大总统自居。和平运动成功之晓,再行隐退。"一面又声明:"不欲如'维新'、'临时'两政府成为日本政府之玩物。"四月,大迫通贞少将亦访吴,同样未获结果。

土肥原终因吴佩孚工作失败而离开了他亲手建立的日本特务组织!

吴佩孚这位身陷日本人魔掌的中国旧军阀,这一次对土肥原一仗,赢得那么漂亮、光荣,却也留下了日本特务决心谋杀的祸根!

狼狈为奸

土肥原在南唐北吴计划陷入困顿之时,又着手帮助李士群、丁默邨建立汪伪特务大本营。

李士群,浙江人,生于 1905 年,少时在本乡读私塾,20 年代初到上海,先后入美术专科学校、上海大学读书,后留学苏联东方大学。北伐开始后,他投笔回国。在大革命高潮影响下,加入中国共产党。1932 年他被国民党特务组织"调查科"逮捕,随即叛变,任国民党中央组织部党务调查科上海工作区的直属情报员,并与丁默邨等一道主编由陈立夫、陈果夫控制的《社会新闻》,攻击诋毁中共与其他反蒋刊物。抗战爆发后,李士群奉命潜伏下来,住在南京中央路大树根 76 号。李士群感到怀才不遇,深感自己在国民党中根基不牢,又没有靠山,出息不大,于是想改换门庭。其家女佣中有一日本特务立即引诱。1938 年夏秋之间，李士群乘中统委派他新职之际，席卷全部经费，避开中统在广州的布置，绕道广西、云南、经河内、海防逃往香港，拜见日本驻港总领事中村丰一。中村又把他介绍给日本驻华大使馆书记官清水董山做情报工作。这样，李士群开始了他在上海的汉奸生涯。

1938 年底，随着汪精卫的"艳电"发表，汪日加紧勾结，上海被看作"和平运动"中心。清水董山开始试图让李士群从情报部门转向特工行动。李士群感到飞黄腾达的机会到了，可是自己地位与声望不足以在蒋特务圈中有号召力，他脑袋一转，一个人忽地闯进了他的脑海——丁默邨！

丁默邨，1903 年生，早年加入革命队伍，后投靠国民党。30 年代，在上海文艺界进行特务活动。1934 年任国民党"军统局"第三处处长，与戴笠、徐恩曾相当。抗战爆发后，因贪污中共大叛徒张国焘的招待费，被戴笠告了一状。从此日薄西山，百无聊赖中到昆明养病。李士群深知这个曾是他的上司的丁对权力的梦想，于是经日特工同意，派丁的同乡鄑建午专程把丁接到上海。

李士群一见到丁默邨就毫不掩饰地说："国民党已经不要你了，这种乱世，我们哪里不能打天下？吃饭要紧，什么名誉不名誉，我已经和日本人挂上钩，决心当汉奸了。"说完便掏出一支手枪和一叠钞票，朝桌子上一甩，接着又说："怎么样？你愿意干，就收下这钞票，我们一起干，你仍然是我的上司，一切听你的话行事；不干呢，也不要紧，我李士群是汉奸了，丢了你的面子，你就拿这支枪打死我。"

李士群这一招"激将法"果然奏效，丁默邨终于上了"贼船"。

1939 年 2 月初，丁默邨、李士群在重光堂拜会了土肥原贤二。此时土肥原精心策划，花费巨大人力物力及财力的"吴佩孚工作"阴谋已告破产，心灰意冷，两人的到来似乎让他看到了希望，他打起了精神。

为了摸清丁、李究竟有多大本事，土肥原对着他俩问道："丁先生，中国人的暗杀活动太厉害，请问你们如何采取措施防范上海的恐怖活动呢？"

丁胸有成竹，微微一笑："上海恐怖活动的罪魁祸首是在幕后指使凶手进行现场活动的那些家伙，毫无疑问，这就是重庆特务工作的蓝衣社地下组织。要取缔这些恐怖活动，必须粉碎敌人的特工组织。单靠日本军警抓几个恐怖分子是解决不了问题的。"

土肥原的助手马上又问："依你之见，又如何粉碎敌人的特工组织呢？"

丁不假思索地接口道："我认为当前应该做的有两条，一条是迅速建立自己的特工组织，二是查清上海滩上所有抗日团体的成员关系及情况。"

"何以见得？"土肥原兴致勃勃地追问。

"其一可能以硬对硬，以牙还牙。中国有句古话叫'以其人之道还治其人之身'即此也。其二则有利于我们利用矛盾，吸收成员，对不利我者，则一网打尽之。"

土肥原很感兴趣，又话锋一转："试问你对这些工作做了些准备没有？"

丁默邨朗声道："本人今天特为此事而来，请长官仔细看看。"

土肥原一看，正是一份由李士群调查编制的《上海抗日团体一览表》。内容包括国民党上海特别市党部及其下属党部，国民党主要特工组织蓝衣社、CC 团、三民主义青年团以及多种抗日团体等组织机构，这些组织机构的负责人、力量、经费来源等。还特别介绍了军统局的情报网络。这是日本方面无法搜集到的。另一份材料是由丁、李合作制订的《上海特工计划》,这份计划以获取日本经费、武器援助为前提,详细写明了这个特工组织的方针、工作要领、组织机构、工作据点设置、行动队的组成、经费的使用、情报活动的开展以及反谍报的方法等。这两份材料使土肥原对丁、李的能力不再怀疑,大加赞赏。

土肥原又问道:"你们工作有何困难?"

丁说:"缺少经费,这样就没人为我们卖命!"

身为日本对华特别委员会负责人的土肥原立即着手为丁、李争取经费,建立特工组织。

几天之后,30万元运进了大西路76号。中留少尉来到上海负责与丁、李联络。2月10日,日本大本营参谋长影佐祯昭给土肥原下达了《援助丁默邨一派特务工作的训令》,训令决定每月贷30万日元,借枪500支,子弹5万发及炸药500公斤,从而稳定上海局势,与汪精卫的和平运动合流。

有了钱、枪和土肥原的支持,丁、李于是大干起来。不久之后,杨杰、张鲁等"七大委员会",国民党特别市党部和军统成员蔡洪田、王木天、马啸天、谢文达等国民党上海组织一些成员先后参加进来。吴四宝等一批地痞、潘公过等华籍特别巡捕"十弟兄"也吸收进来。

土肥原与丁、李狼狈为奸,终于建立了一个罪恶的"七十六号"特工组织。

1939年5月初,汪精卫一行抵达上海,汪在周佛海的陪同下,在土肥原公馆,与丁、李进行会谈,两大汉奸组织终于坐在了一起。

死有余辜

1940年3月,出任日本"对华特别委员会"负责人不到两年的土肥原,被调任满洲东部日军司令官,不久即离开中国,1941年以后历任日本航空总监、驻新加坡第七方面军司令官、教育总监等职。1945年,日本战败投降后,盟国在东京成立了远东委员会,在有关国家政府和人民的强烈要求下,麦克阿瑟下令逮捕首批被指控的40名战犯,土肥原贤二被作为甲级战犯被捕。1948年被远东国际军事法庭判处绞刑。

1948年12月22日晚上10点钟,东京巢鸭监狱的美国宪兵,将土肥原贤二、东条英机、广田弘毅、板垣征四郎、松井石根、木村兵太郎和武藤章等7名甲级战犯,押送进一间屋子里。这时,土肥原一伙都预感到死亡将临。

美军执行官当场宣布:"驻日盟军总司令麦克阿瑟将军命令,今晚对你们执行死刑。命令将于1948年12月23日0时1分生效。"

零时1分,以土肥原为首的死刑犯,被美国宪兵推上绞刑架。土肥原抬头看看绞架上的套索,默默不语。一名美国宪兵一脚踹翻了他踩着的垫箱,土肥原便一命呜呼了。

24小时后,7具尸体被运往火葬场火化。后来,美军用飞机把土肥原等战犯的骨灰投到了太平洋里。

这个在中国从事特务活动达20余年的日本大特务终于在劫难逃,他的死,乃是罪有应得、死有余辜。

旧日本帝国海军的偶像

——东乡平八郎

人物档案

简　　历:1863 年 6 月由征募进入萨摩藩军队;1866 年进入萨摩藩组建的海军;1871 年被选中赴英留学;回国后参加丰岛海战,随后中日甲午战争全面展开;参与了中日黄海大战;日俄开战后任联合舰队司令,击毙了沙俄名将马卡罗夫,攻破旅顺,将波罗的海舰队歼灭在对马海峡。

生卒年月:1848 年 1 月 27 日～1934 年 5 月 30 日。

安葬之地:不详。

性格特征:宠辱不惊,泰山崩于前不变色。

历史功过:东乡的胜利为日本在整个日俄战争中奠定了胜局。日俄战争的胜利使日本独霸在中国东北和朝鲜的利益,并一跃成为世界强国。

名家评点:东乡亲手将日本海军推上"世界第三"的宝座。

萨摩少年

夏日的鹿儿岛宁静而美丽。在没有飓风的日子里,海上总是刮来清新的海风,拂过低矮的丘陵,掠过稻田和乡村,吹散炊烟,将母亲呼唤孩童的声音捎向远处。

一个约莫八九岁的孩子向自己家飞奔而去。他的手里拿着一把锋利的小刀,另一只手提着用柳枝串起的几条鲫鱼,脸上带着抑制不住的笑容。

孩子的母亲东乡益子正在家中忙碌着。这是一个武士家庭,孩子们的父亲东乡左卫门实友是萨摩藩藩士,益子的娘家是藩士崛与三卫门家。武士的家庭从小教育孩子们"忠孝",要求他们一举一动要符合武士道的规范,就是在家里也不能嬉笑忘形。因此,那个孩子——东乡平八郎(此时名为仲五郎)跑进家门时先收敛起笑容,对父母鞠躬后才脱鞋走进来。母亲和三个哥哥招呼他吃饭。孩子毕竟是孩子,仲五郎忍不住举起手中的鱼,得意地对母亲说:"妈妈,这些鱼可烤来吃。"

益子微笑着问:"这都是你抓的吗?"

"是我用小刀在溪水里劈杀的呀",仲五郎越说越兴奋,"有过路的大叔大婶说:'手脚多麻利呀,刀子又快又准,真了不起!'妈妈,他们称赞我了不起呢!"仲五郎满心以为母亲会为此高兴。

孰料益子一下子直起身子,目光也变得严厉起来,孩子们都怔住了。

"武士当以沙场破大敌为荣!"益子呵斥道,"如果斩杀几条小鱼便得意扬扬,将来能成大器吗?"

小仲五郎顿时羞愧难当。数十年后,已是元帅的东乡平八郎与人语及此事时说:"这对我触动很大。"正是从这一天起,东乡平八郎开始以武士的标准要求自己,养成了宠辱不惊、泰山崩于前不变色的个性。

武士道的思想就这样渗透到这位萨摩少年的头脑中。武士道,脱胎于中国传统的儒教思想,强调君臣、父子、兄弟、夫妇、朋友五伦,严格长幼尊卑之分;特别光大了儒教"忠孝"的情操,"士为知己者死",唯主公马首是瞻,强调无条件服从命令;崇尚"义勇",鄙视贪生怕死者,以战死沙场为荣。与此同时,武士道对儒教中"仁义"的教诲视若无睹,残忍成为美德,无怪乎受了这种教育的人会犯下"南京大屠杀"的暴行了。

东乡平八郎1848年1月出生于鹿儿岛,这里是日本强藩——萨摩藩治所。东乡出生时,正是日本社会酝酿大变革的时代。日本此时正处于幕府时期,昏聩的幕府对内实行残酷专制,对外采取闭关锁国的消极政策。根据幕府17世纪的"锁国令",日本除与中国、朝鲜、荷兰保持一定贸易外,断绝了与其他国家任何形式的往来。可是到了19世纪,日本的国门再也挡不住强大的西方资本主义国家了。

1853年7月,美国海军准将伯利按美国务院指令,率"萨斯奎汉那"号等四艘蒸汽战舰驶进江户湾,强迫幕府接受国书。次年2月,伯利舰队再度驶入江户湾,这次他带来七艘战舰和一千名士兵,强迫幕府签订了《神奈川条约》,允许美舰停靠日本港口,派驻领事,享受贸易最惠国待遇。此例一开,英、俄、荷等国纷纷强迫幕府签订类似条约,锁国时代一去不复返了。

东乡的家乡萨摩藩实力强劲,始终与幕府保持距离。早在1838年,萨摩便以"富国强兵""殖产兴业"为口号开展近代化改革,摒弃锁国令,了解、接触西方;发展商业,改革财政;建立近代化工业,改革军队。可谓开风气之先。

开国之后,西方人带着他们的产品涌入日本,对日本下层平民的生活产生冲击,他们趾高气扬的举止也令人侧目。

1862年9月,15岁的东乡平八郎听说了一件大事:在神奈川的生麦村,几个萨摩武士遭遇几名英国水手,双方发生冲突,武士们杀死一名英国人,打伤了另外几个。消息传开,包括东乡家在内的许多武士、平民都感到高兴。但是,这股高兴劲很快被忧虑所替代。"英国能善罢甘休吗?"许多人都这样想。虽然有豪侠之士激动地宣传"英夷不足为惧",可是一想起以当年幕府之强尚且屈服于美国,萨摩藩又何以对抗号称"日不落帝国"的英国呢?东乡深为家乡命运忧虑。

果然,第二年6月,英国政府正式照会幕府,要求日本赔款道歉,交出凶手。8月,拥有数十艘蒸汽战舰的英国东方舰队驶进鹿儿岛湾。

在此之前,萨摩藩早已战云笼罩。藩主岛津久光决心与英夷一决高低。他下达动员令,修筑炮台,添置火炮,储备粮食,同时下令征兵,16~45岁的男子都在征募之列。

这纸征兵令决定了我们这位传主的生活道路。16 岁的少年有那个年龄特有的幻想,剧烈变革的社会使青年人面前出现无数崭新的道路,然而,出于对家乡的责任感,东乡决心应募,当一个现代武士。

告别父母时,益子语重心长地对东乡平八郎说:"记住你是武士的后代!"

16 岁的少年走出了家门。

萨摩藩的军队,是诸藩中较为近代化的军队,他们拥有较为先进的后装膛火炮和滑膛枪,而且部队编制、战术、军衔、服饰都仿照西方国家。

东乡参军后如鱼得水,枯燥、紧张的生活在他眼中乐趣无穷。军人的自豪感支配着他的行动。当时大战在即,训练夜以继日,东乡平八郎珍惜每一分钟,在整个步兵联队中训练成绩名列前茅,引起众多军官瞩目。

训练仅仅数月,英国东方舰队便兵临城下。

东方舰队向岛津久光下达最后通牒,重申要求交出凶手,遭到拒绝,大战势不可免。

东乡所在部队被布置在港口附近的制高点上,任务是一俟敌兵登陆,即刻发动反击,驱敌入海。从这里可俯瞰整个港口,远方海面上影影绰绰的一群黑点便是敌舰。

8 月 15 日晨,英舰起锚升火,逼近港口。萨摩方面没有像样的战舰,只能等待敌舰驶入炮台射程。

几十艘庞大的英舰喷吐着黑褐色的煤烟,排成单纵队,杀气腾腾而来。东乡平八郎生平第一次见到如此庞大的舰队,不禁为其雄壮的气势所折服,以至忘记了那是敌人。

英舰队在炮台射程外完成了阵型演变,纵队变成斜向横队,以侧舷向敌,那样便于集中火力。

终于,海面上似响起一声闷雷,英舰开火了。炮台立即开始"咚、咚"地还击,海面上腾起无数水柱。英方只有一艘军舰在射击,它从容不迫地校正弹着点,一个远点,又一个近点,炮弹越打越准,其他英舰保持静默,等待它发出准确的射击目标。

终于,英舰开始齐射了。大炮轰鸣,似阵阵滚雷掠过海面,东乡和伙伴们似乎能感受到那灼人的火焰。

坚固的炮台渐渐不支,它发出的炮弹不时命中敌舰,但它的大炮一门接一门地哑了,黑色、紫色的烟雾笼罩在周围,炮手们无法看清海面,而英舰发出的炮弹却穿过浓烟四处开花。炮台渐渐沉寂下来。

英舰掉转炮口,向海岸诸制高点射击。炮弹在东乡和伙伴们周围呼啸,弹片撕裂着人体,血肉横飞的场面令人窒息。东乡并不恐惧,但清醒地意识到:"我们输了。"

指挥官下令各部队撤离暴露的阵地。

英舰并未乘势派遣陆战队登陆,而是游弋在港口附近,炮击鹿儿岛市区。兵工厂被夷为平地,市区多处起火。藩主岛津久光终于下令投降。英舰在条件得到满足后离去。

战败的耻辱使东乡没齿难忘，但对他触动最大的还是近代化大舰队的赫赫威力，从那时起，东乡便暗下了从事海军事业的决心。

会当长风

胸怀大志的东乡平八郎不知是否意识到，他正处于日本历史上变革最剧烈的年代，这个时代又给他提供了怎样的机遇。

幕府自被迫开国以来，本来就不高的声誉已跌至谷底，越来越多的日本人意识到：不推翻幕府，日本就无法生存下去。

当时的日本诸藩，以最早开始近代化改革的长州、萨摩两藩为最强。他们都拥有近代化兵工企业和新式军队。两藩构成"倒幕（府）派"主体。他们积极与天皇沟通，以"尊王攘夷"为口号，加强在京都地区的势力，有计划、有步骤地开始了倒幕活动。

1864年，幕府发动对长州藩的讨伐。由于在此之前，长州藩在与英、美、法、荷联合舰队的冲突中损失惨重，不得不暂时向幕府投降，幕府就势收兵。

幕府心知肚明：长州只是暂时屈服罢了，不彻底击垮它是无法维持统治的。第二年，幕府再度"征长"。这次非但遭到萨摩等强藩的公开反对，军事上更是遭受惨败。长州藩的近代化军队——"奇兵队"以少敌众，屡败幕府军队。第二次"征长"宣告失败。12月，一桥庆喜就任德川幕府将军。

庆喜上台后，对外投靠法国，对内则演出了一场"奉还大政"的闹剧。在谋士策划下，庆喜于1867年阴历10月14日向天皇辞去"征夷大将军"职位，假意"奉还"大政于天皇，自任"诸侯会议"主席，以图继续把持大权。

以西乡隆盛、大久保利通、木户孝允为首的倒幕派根本不买庆喜的账。他们借天皇名义秘密下达"讨幕密敕"。阴历12月9日，萨、长两藩发动政变，宣布"王政复古"，名义上恢复幕府以前天皇号令天下的状况，实际上是成立了以天皇为首的资产阶级政府。新政府将此消息通告各国驻日公使。

政变发生时，德川庆喜逃出京都，在大阪纠集军队，以"清君侧"为名，讨伐京都。1868年阴历1月中旬，在京都西南的鸟羽、伏见两地，双方发生大规模战斗。仅有5000人的倒幕派军队士气高昂，指挥得当，一举击溃15000人的幕府军，庆喜逃回大阪。至第二年夏，倒幕军获得彻底胜利。由于1868年是戊辰年，故而史称戊辰战争。

戊辰战争为日本变法自强扫清了道路。

东乡平八郎并未参加鸟羽、伏见战役，因为此时他已进入海军服役。

1866年，萨摩藩开始组建海军。舰船由国外购入，人员则从陆军中抽调。

东乡平八郎十分兴奋，认为这是实现抱负的良机。他似乎已经看见自己驾驶着高大的战舰，劈波斩浪、奋勇前进。

东乡来报名时，主官恰是曾经带过他的教官，他对东乡抱有好感，因此很快批准了他的要求。

当东乡平八郎换上白色的海军服时，他暗自激励自己："东乡，加油干！"

萨摩海军初建时规模很小，总吨位不过千余吨，主力舰船是几艘木壳铁肋的炮艇。但无论如何，它毕竟是日本最早的近代化舰队，东乡在海军里心情舒畅，训练十分起劲，而且为人沉稳、果断，很有人缘。很快，东乡被提拔为分队长，在炮舰"春日"号上服役。此时东乡年仅 18 岁。

戊辰战争爆发后，萨摩海军奉命在江户湾执行封锁任务，拦截幕府运输船只，策应陆军作战。虽然海军在战争中作用有限，但东乡表现十分优异，受到上下瞩目。

明治维新开始后，日本逐步实行中央集权制，消除地方势力；大力发展近代工业；扶持商品经济；改革教育制度；建立文官制度；改革官僚体制。日本走上了资本主义道路。

明治政府以"富国强兵"为己任。所谓"强兵"，就是建立一支强大的西方化、近代化的军队。日本自古以来就有对外扩张的野心，因此一支强大的海军是必不可少的。

1871 年 8 月，明治政府在原水户藩所办的"石川岛造船所"的基础上，创办了海军兵工厂，负责生产、修理海军舰艇及武器。至 1878 年，萨摩藩的"鹿儿岛造船所"被合并。另外，在幕府所办"横须贺制铁所"基础上，成立了横须贺海军工厂，形成了炼钢、炼铁、蒸汽缸、铸造、船台、船渠成龙配套的体系。至 1880 年，日本人终于在无外籍人帮助的情况下造出了第一艘国产军舰"磐城"号。

近代化的大舰队需要大批专业人才。选送青年出国留学成为日本培养人才的捷径。明治维新伊始，陆军便派人前往德国（普鲁士）留学，海军则把人员送往英国。

1871 年，东乡平八郎被选中赴英留学。

欧洲是当时日本人景仰的地方。日本人是善于学习的民族，喜欢模仿先进民族的一切，包括政治体制、生产方式乃至于风俗习惯。因此，东乡一行对"世界文明的中心"——欧洲也是无限憧憬的。

但东乡明白："此次赴英，绝非游山玩水。国家用外汇送我辈留学，是为了让我辈尽快回国效力。"因此，虽然富丽堂皇的白金汉宫、庄严的威斯敏斯特大教堂、壮观的大笨钟令东乡暗自惊叹，但他还是很快将注意力放在了学习上。

在海军学院里，日本学生接受航海、导航、船舶制造、武器、战术、气象、测量、后勤诸多方面的教育。同时，英国皇家海军重视实践，因此学员们花费大量时间参观舰艇、港口，观看军事演习。

1874 年夏的一个清晨。正在朴茨茅斯参观港口的日本学员们，意外地看到了一群身穿海军制服，脑后拖长辫的中国清政府留学生。

这是日本人未来的对手。

1873 年 11 月，琉球群岛一些渔民避海难流落到台湾，被高山族人误为海盗而杀死。日本政府借题发挥，准备侵略台湾。

日本地处弹丸小岛，资源贫乏，自古就有对外扩张的欲望。公元 7 世纪曾企图趁高丽、百济、新罗三国之乱侵略朝鲜半岛，白江口一役遭唐朝水师迎头痛击。明万历年间，日本再度侵略朝鲜，当时的实际统治者丰臣秀吉毫不掩饰其醉翁之意："以我日本刀剑之锐利，不难征服大明长袖之国！"以当时中日两国实力对比尚且如此，更不用说值此日本羽翼渐丰，而清朝却日益衰落之时了。

1874 年 4 月，日本政府任命西乡从道为"台湾蛮地事务都督"。5 月，西乡从道率 3 艘军舰、4000 名士兵登陆台湾，大肆烧杀，然后驻扎下来，准备"屯田开发"。消息传来，清政府立即质询日本驻华使节，申明台湾系中国领土，不得侵犯，日公使则辩称台湾乃新发现的"生番地"，谁发现即可占有。中国政府不能接受这种理论。后来英国居中调停，加上日本感到军事实力尚不足，因而在索取 50 万两白银后，日军撤离。

日本东乡平八郎纪念铜章

此事公开暴露了日方战略企图。中日双方意识到战争不可避免，同时决定大力发展海军。清政府也向英国派出留学生学习海军。东乡所看到的，正是他们中的第一批，内有刘步蟾、林曾泰、林永升等。

东乡与同伴们望着中国留学生，一言不发。很快，中国留学生们也看见他们，双方颔首致意。在这个晴朗的夏日清晨，在喧嚣的朴次茅斯军港码头上，两群日后势必为敌的东方人相互对视着，心照不宣。

就这样，中国人成为日本人的"同学"。与敌人同窗共读，双方都承担着很大压力。大家都发奋刻苦，似乎要先在这英国皇家海军学院里一较高低。

东乡很崇拜纳尔逊等海军名将。他在学习中认真钻研各国海军战略战术，注重基础理论。在留学期间，他的思想渐成体系，这些思想指导着他的一生。比如，他高度重视日常训练，提出著名口号："一门百发百中的炮，胜过百门百发一中的炮。"训练成绩关乎士气，是取胜之关键。另外，东乡高度重视指挥艺术，喜欢出奇制胜。

英国留学的时光，把东乡塑造成一个果敢坚毅、学识丰厚的海军军官。如同羽翼渐丰的日本海军一样，东乡像一只凶猛的猎鹰，即将乘长风一飞冲天了……

侵华干将

自 1874 年台湾事件以后，中日双方互为假想敌，展开了一场军备竞赛。

1875 年，中国率先向英国阿姆斯特朗公司订购 320 吨和 440 吨铁制战舰各 2 艘，命名为"龙骧""虎威""飞霆""策电"，随后又购入 440 吨级战舰 7 艘，分别命名为"镇东""镇西""镇南""镇北""镇中""镇边""海镜清"。

而日本则向英国订购三艘巡洋舰，命名为"扶桑""比睿""金刚"号，其中"扶桑"号排水量 3777 吨，3650 马力，拥有 280 毫米炮 4 门，150 毫米炮 4 门，鱼雷发射管 2 座。"比睿""金刚"号排水量 2284 吨，2500 马力，拥有 170 毫米炮各 2 门，150 毫米炮各 4 门，鱼雷发射管各 2 座。

两国相比，日方所购舰在吨位、航速、适航性、火力方面压过了中方。

至 19 世纪 80 年代，在洋务派的坚决要求下，以慈禧太后为首的清政府统治者终于决心大力发展海军——尤其是北洋水师，借以拱卫京津，对外宣扬"天朝国威"。

　　清政府斥巨资在德国购买两艘大型铁甲舰,排水量均为 7335 吨,6000 马力,航速 14.5 节,各有 305 毫米巨炮 4 门,150 毫米副炮 2 门,鱼雷发射管 3 座。此二舰在当时世界上是屈指可数的一流军舰,在远东地区更是无可匹敌。两舰于 1885 年回国服役,分别命名为"定远""镇远"号,成为北洋水师核心战舰。

　　虽然日方在英国订购了"浪速""高千穗"号巡洋舰,但无可否认的是:在军备竞赛第二阶段,中方压倒了日方。

　　1878 年,东乡平八郎完成学业,回到海军继续服役。

　　1884 年,在担任"天城"号舰长期间,东乡受命先后赴上海、福州观察中法战况,对清廷的腐败和清军的懦弱有了感性认识。但东乡心存疑问:"据说北洋水师是与众不同的部队,应该不像这些清军一样无能。什么时候能见识一下呢?"

　　这个机会终于来了。

　　1886 年夏,清政府为了进行战略震慑,派遣"定远"号访问日本长崎。日本海军大部分中高级军官都赶去参观。东乡平八郎与上村彦之丞、野村丞等人同行。

　　所有的日本人都被"定远"号宏伟的气势所震撼,那高大的舰身和"亚洲第一"的巨炮令日本海军人士自叹弗如。

　　上村等人一边参观一边惊叹:"这样的巨炮一炮足以击沉一艘巡洋舰!"

　　"6 英寸的装甲真令人无可奈何啊!"

　　唯有东乡一言不发。

　　第二天,本来不是参观日,但东乡还是硬拉着上村、野村等去港口。

　　看来看去,"定远"号还是那个样子,上村很不耐烦了。

　　东乡这时开口了:"北洋水师金玉其外,败絮其中。"

　　"何以见得!"

　　"诸君请看那里!"

　　大家顺着东乡的手指看去。

　　"定远"号舷侧副炮管上,赫然晾晒着士兵们花花绿绿的短裤、汗衫,在阳光暴晒下懒懒的随风摆动。

　　"人比武器更重要。只此一端便可以说北洋水师不是纪律严明的部队。这样的军队无论拥有多么先进的武器也是徒劳的。"东乡不慌不忙地阐述着观点。

　　大家你看看我,我看看你,不约而同地说:"东乡君的话有道理!"

　　回顾甲午战史,想到东乡的这一番话,每每令人掩卷长叹。

　　但无论如何,"定远"号长崎之行还是强烈刺激了日本的民族情绪。狂热分子鼓吹扩军备战,海军要求增加军费,就连小孩子们都玩起了"打定远"的新游戏。

　　针对"定远""镇远",日本海军订购了"松岛""桥立""严岛"号巡洋舰,由于舰名都是著名风景区,因而号称"三景舰"。三景舰共同的特点是"小舰扛大炮",排水量均为 4278 吨,仅相当于"定""镇"的一半稍强,却各配备 320 毫米巨炮一门,冀图以此击穿"定""镇"装甲。

　　1886 年,日本国产"葛城""大和""武藏"号巡洋舰下水,其主要性能指标不亚于中方在英订购的"超勇""扬威"号。

　　1889 年,日本在英订购的快速装甲巡洋舰"吉野""秋津洲"号抵达长崎。日本海军实力大增。

与此同时,中方也添购了"致远""靖远""经远""来远"号巡洋舰,国产的"广甲""广乙""广丙""平远"号的性能也达到国际水准。

至甲午战前,中日双方海军实力都已跃居世界一流海军之列。中方拥有北洋、南洋、福建、广东四支舰队,总吨位83900吨,舰船78艘,鱼雷艇24艘。日方拥有常备舰队和西海舰队,总吨位61373吨,舰船31艘,鱼雷艇24艘。

虽然在舰艇数量和总吨位上逊于中方,但日方主力战舰舰龄新、航速高、速射炮多,总体实力已超过中方。

1891年,北洋水师提督丁汝昌,"定远"号管带刘步蟾曾上疏清廷,指出日方实力增长迅速,要求购置新舰备战。此时慈禧却另有打算:她担心北洋水师实力过强,会使洋务派在朝中的势力"尾大不掉",因而对丁、刘的建议置之不理。更甚的是,就在中日战争箭在弦上、一触即发之时,她还挪用海军军费扩建颐和园。

而日本方面已从政治、外交、军事、财政上做好了对华战争准备。

1894年春,朝鲜全罗道、忠清道爆发"东学党"起义,很快波及半岛南部。朝鲜政府无力弹压,遂向宗主国——中国求援。

日本政府意识到,这是发动对华战争的良机。于是日本海军陆战队于1894年6月4日在仁川港登陆,开入汉城。6月8日,清军1500人在牙山登陆。日方闻讯增兵,不几日驻朝日军便多达12500人。

东学党被平定后,清政府建议中日双方同时撤军,而日方却提出"中日共同改革朝鲜内政",遭到拒绝。7月12日,日本向清政府发出断交通知。与此同时,清廷内部"帝""后"党争不止,军事准备不足,直到看到断交通知,方才着手备战。

此时,日方已完成战备。日本海军主力编成联合舰队,由伊东祐亨中将任司令。东乡平八郎大佐被任命为"浪速"号巡洋舰舰长。

7月23日,日本在朝发动政变,推翻闵妃集团,扶植大院君集团,同时对陆海军发布作战命令。中日甲午战争爆发了。

1894年7月25日,东乡平八郎指挥的"浪速"号会同"吉野""秋津洲"号由佐世保军港出发,前往朝鲜半岛牙山海域。

午前7时许,日舰发现两艘清军巡洋舰"济远"号和"广乙"号。日方以"吉野"号打头,冲向清舰。

"济远"号管带方伯谦出发前领受的任务是在这一海域掩护运输船队,不意在此受到攻击。众寡不敌,清舰多处中弹,方伯谦见势不妙,调头便逃,"广乙"号无奈也随其逃跑,但不久即被击中搁浅。

就在"吉野"马上追上"济远"号之时,"济"舰后主炮发炮命中"吉野"舰首,"吉野"顿时航速大减。

正当此时,"浪速"号和"秋津洲"号发现两艘运输船开来,于是高速迎上,看清是运送中国陆军的"操江"号和"高升"号。

"秋津洲"逼近"操江"号,船上清军胆小如鼠,立即挥起白旗。日军士兵登上"操江"号,升起了日本国旗。数百名清军乖乖地当了俘虏。

东乡平八郎指挥的"浪速"号逼近"高升"号。

"高升"号船主是印度支那公司,代理商是贾金麦迪逊公司,总吨位2134吨,船籍英国,船长是英国人托马斯·莱达尔·高惠悌,船上有水手64名,此时正受雇于清政府,向牙山运输清陆军 1100 人及一批武器、弹药,带队将官名叫高善继。

东乡平八郎欺"高升"号是运输船,决心俘虏它。此时是午前 9 时。

"浪速"号向"高升"号船首方向发射四发炮弹,令其抛锚。船长高惠悌吓得立即遵命停船。

此时船内的中国官兵不知出了什么事,纷纷涌上甲板,一见是日舰靠近,顿时群情激昂,跑下舱房取出武器。

东乡平八郎本欲与"高升"号接舷,不料看见中国陆军士兵们手持步枪,对"浪速"号做瞄准状。东乡急令本舰停船。

满载着中国陆军士兵的运输船与全副武装的日本巡洋舰虎视眈眈地对视着。

东乡平八郎以为凭"浪速"号上那两门 260 毫米大炮足以慑服中国士兵,于是派人见大尉乘舢板去"高升"号劝降。

此时"高升"号上的中国军官正在质问船长高惠悌为何停驶,高惠悌回答:"我船没有武器,也没有支援……"

高善继勃然大怒:"你对我等视若无睹吗? 我等手中没有武器吗?"

高惠悌看看身旁中国士兵手中的步枪,低下头不再作声。

正在此时,人见大尉登上"高升"号,用英语向高惠悌询问船籍,并命令高惠悌"跟随我舰前进",高惠悌表示从命。

高善继手握军刀,不离高惠悌左右,无奈不懂英语,只能对日本军官怒目相向。

人见大尉不敢再做停留,乘舢板返回"浪速"号。东乡平八郎用旗语向"高升"号下令:"跟随我!"

高惠悌惴惴不安地下达"起锚"的口令。

高善继猛然明白他要干什么了,"唰"地一下将军刀架在高惠悌颈上:"不许你跟随日舰!"

般长双腿打战,哆嗦着说:"如不从命,'浪速'号一炮即可击沉我船。"

高善继目眦欲裂:"我等宁死不降!"

丰岛海战距今已一百余年了,高善继已在战斗中以身殉国。凭一艘运输船与敌巡洋舰对抗,可谓"不智",可是甲午之战的败北,不正是由于清政府和清军中惜命的"聪明人"太多了吗? 如果人人坚强如同"高升"号上的官兵一样,国家、民族何以蒙羞?

船长无奈只得向"浪速"号发出"不能从命"的信号。东乡对左右说:"此船上的清兵看来已有必死的决心了。"于是他命令对"高升"号发出"弃船"的信号,这意味着开火。一军官提醒东乡:"此船是友邦英国的商船,击沉它恐怕引起英方不满。"东乡转过头狠狠地说:"船上难道不是敌国的士兵吗? 谁让它出现在交战水域呢?"

信号兵报告:"'高升号'发出信号,要求我舰派舢板接其船长、水手。"

东乡面不改色:"告诉他们'不行'"。

"浪速"号的桅顶升起红旗。一枚 460 毫米口径的鱼雷带着啸声扑向 250 米外的"高升"号。

中国士兵看见日舰开火,纷纷用步枪对"浪速"号猛射。步枪子弹对巡洋舰的装甲无可奈何,可这毕竟是一千名勇士唯一的抗敌手段。

那枚鱼雷紧贴船头掠过。东乡一面斥骂鱼雷手无能,一面下令主炮开火。

260毫米炮弹轻而易举地击断"高升"号,残船带着一千多名中国将士沉入大海,海面上只剩下勇士们愤怒的吼声,久久不散。

东乡平八郎和参谋们站在舰桥上,望着海面上大片的油污和具具浮尸,默默无语。

除了东乡,所有人都断定:"击沉英国商船,无论上面是否有中国兵,都是个大麻烦。"

"说不定东乡舰长会因此遭撤职呢。"几名军官窃窃私语。

东乡本人此时心情怎样呢?他在事后未曾详述,我们无从得知。但能肯定的是:东乡决不会为屠戮上千名中国士兵感到不安,武士道早已使他和所有日本军人习惯了血腥味。

东乡平八郎平静地对众人说:"此事由我负责,诸位不必担心。"

当三舰回到佐世保时,击沉、俘虏清船的消息迅速传开,日本人欣喜若狂。而伊藤博文内阁闻听东乡平八郎击沉英国商船,不禁骇然。此时日英关系正处于微妙关头,日本亟待与英磋商废改不平等条约,英方正欲借日本之力与列强在远东抗衡。这个节骨眼上击沉英船,造成英人伤亡(仅船长和少数船员获救),不啻是一种疯狂举动。

"东乡平八郎太混账!"外相陆奥宋光在内阁会议上愤愤难平。几乎所有内阁大臣都赞成惩罚东乡。

首相伊藤博文沉得住气,待众人把话说完才发表意见:"日清已经开战,有许多更重要的事需要诸君处理,此事由我负责向陛下解释。"

会后,伊藤和外相委派法制局长官末松谦澄前往佐世保军港进行调查。

东乡平八郎辩解说:"英国商船在日清开战后仍为中方输送兵员,本身将自己置于日本敌对方中,应视同为清军用舰船。另外,我舰开火前多次劝降,无奈由于清兵向我开枪,无法靠近,不得已击沉该船。"东乡又针对人们担心此事导致日英交恶而发表意见:"此船为中国政府所雇用,是纯粹的商业行为,并非中英政府间的合作,因此与英国政府无直接关系。另外,英国难道会仅为一条商船而与日本断交吗?"

伊藤博文和陆奥宋光在听取了末松谦澄汇报后都认为东乡讲得有道理。于是,伊藤授意末松写了一份歪曲真相的"调查报告",内中将日军描绘成仁义之师,一而再、再而三地欲保全"高升"号,无奈清兵肆意滋事,"浪速"号不得不将其击沉。英籍船员并非为日舰炮火所毙。而是被清兵枪杀云云。伊藤带着这样的报告入宫晋见天皇。他为天皇宽心道:"英国需要日本,一如日本需要英国,两国结好势在必行,英人能分清孰轻孰重,不至为了区区一条商船与我交恶。"天皇被说服,末了还夸赞了东乡一句:"东乡干得好!"

果不出所料,英国正急需与日结成战略伙伴关系,牵制沙俄在远东的发展,于是强咽下"高升"号这枚苦果,悄悄地了结了此事。

这次事件之后,东乡平八郎在海军内的知名度大大提高。

丰岛海战后,中日甲午战争全面展开。8月1日,日本政府正式对华宣战,日本陆军进攻驻牙山清军,清军提督叶志超、副提督聂士成率先溃逃,开清军"见敌即退"之先河。此后战局一发不可收拾。9 月 16 日,平壤陷落,战火开始移向中国境内。

陆军攻克平壤的第二天,东乡平八郎经历了他平生的第一次大海战——中日黄海大战。

9 月 17 日,日本联合舰队在黄海大东沟海面游弋,寻找北洋水师主力。

联合舰队主力由"松岛""严岛""桥立""千代田""比睿""扶桑""赤城"七舰组成,司令伊东祐亨以"松岛"号为旗舰,伊东是日本海军创始人之一,是东乡的老上级。海军军令部长桦山中将乘改装炮舰"西京丸"随行。

东乡平八郎的"浪速"号与"吉野""高千穗""秋津洲"号共四舰组成游击舰队,与主力舰队策应配合。

午前 10 时,日舰队在远方地平线上发现煤烟,伊东司令下令舰队以战斗队型向冒烟处开进。不一会儿,望远镜中出现了军舰桅杆,一根、两根、三根……从数目上看,必是北洋水师主力无疑。所有军官都激动得发抖,那种感觉既不是高兴,也不是害怕,完全是一种战前的亢奋。

几乎同时,北洋舰队亦发现日本舰队。

北洋舰队由"定远""镇远""经远""来远""致远""靖远""济远""平远""超勇""扬威""广甲""广丙"共 12 舰组成,提督丁汝昌坐镇"定远"号。

概观双方舰队,数目上旗鼓相当。北洋舰队特点是巨舰大炮,日方特点是航速高、速射炮多。

双方展开战阵,触舻相衔,斩浪前行,一场世界历史上第一次蒸汽舰队大战拉开了帷幕。

战斗的过程,想必诸位读者耳熟能详,在此不再赘述,要提及的是东乡在战斗中的所作所为。

在接敌过程中,东乡平八郎镇定如常,而其他军官、士兵则神色紧张,脸色铁青,炮手们手发抖、声发颤。东乡安慰大家说:"战前的紧张再正常不过了,待会儿炮声一响,也就顾不得紧张了。"

12 时 20 分,双方接火。游击舰队奉令脱离主力,依仗高航速迂回攻击北洋舰队右翼。正在激战中,游击舰队发现主力舰队弱舰"扶桑""比睿"号正遭到北洋舰队围攻,于是调头增援。游击舰队四舰都是快速型舰只,北洋水师对此没有思想准备,被打了个措手不及。巡洋舰"超勇"号先后被"吉野"和"浪速"号击中,轮机舱爆炸,旋即沉没。

"浪速"号上响起一片声嘶力竭的"万岁"声,东乡也高兴得脸通红。

游击舰队在此役中左突右冲,穿插迂回,扰乱了北洋舰队既定战术,使本方主力舰队得以从容攻击中方"定远""镇远",为赢得此役立下汗马功劳。

纵观整个战役,日方指挥得当,机动灵活,战斗人员军事素质高。反观北洋水师,由于丁汝昌开战即负重伤,因而指挥不力;战斗人员士气低落,素质较低。激战正酣之际,北洋舰队"福龙"号鱼雷艇逼近"西京丸"号,距离数十米处施放一枚口径 460 毫米的鱼雷,以如此之距离,"西京丸"必沉无疑,就连乘坐该舰的日方海军军令部长桦山中将看见鱼雷逼近,亦仰天长叹:"啊,吾事毕矣!"孰料鱼雷手定深错误,这枚鱼雷竟从"西京丸"号舰底穿过,在另一舷侧冒出水面,"西京丸"得以逃离战场。北洋水师官兵素质之低可见一斑。

北洋舰队致败的另一原因是怯敌惧战。"济远"号管带方伯谦重施丰岛故伎，开战之际转身逃跑，并撞伤友舰。整个战役中，清军火炮命中率大大低于平日训练水平，原因是炮手及军官胆怯畏死，技术动作变形。虽有"致远"舰、"来远"舰在邓世昌、林永升指挥下殊死力战，无奈独木难撑大厦，本舰沉没，以身殉职。

午后5时30分，双方脱离接触。中方损折"超勇""扬威""来远""致远"四舰，"广甲"号负重伤退至大连湾。日方旗舰"松岛"号和改装炮舰"西京丸"负重伤，但没有军舰沉没。

黄海一役，北洋舰队元气并未大伤，因为"定""镇"犹在，尚可一战。但清政府却被此战吓破了胆，从此北洋舰队一味"避战"以求"自保"而致最终不保。

9月23日，东乡平八郎的"浪速"号和"秋津洲"号奉命赴大连湾一带侦察。东乡在这里发现了17日身负重伤的"广甲"号。

"广甲"号和"广乙""广丙"号本是广东水师舰只，战前临时编入北洋舰队。"广乙"号在丰岛海战中已被击沉，这一回噩运降临在"广甲"号上。

"广甲"号舰身伤痕累累，乘员死伤惨重，轮机和主炮都已不堪使用。大部分人员已上岸，只有少数水兵在坚守岗位，等待增援。

东乡看见"广甲"号后，和"秋津洲"号一左一右迫近"广甲"。

"广甲"水兵眼见敌舰气势汹汹而来，自己已不能逃脱，但又不愿当阶下囚，毅然放火焚毁了军舰。

东乡的行动算是给黄海大海战画了一个句号。

中日甲午战争最终以日本胜利、腐败的清政府签订丧权辱国的《马关条约》而告结束。日本海军在战争中扮演了开路凶犬的角色，它不但截断了清军海上运输线，而且彻底歼灭了北洋水师。日方心腹大患"定远"号被击沉，"镇远"号和北洋舰队残部在威海卫被俘。"镇远"号铁锚被摆放在上野公园，借以显示皇军的"赫赫军威"，直至1945年日本投降，此铁锚才重返中国，此乃中华民族历史上至痛之一页！

东乡平八郎指挥的"浪速"号虽不是主力舰，但在屡次战斗中十分活跃，"功绩"显著，东乡平八郎开始崭露头角。

"一将成名万骨枯"，东乡踩着无数中日士兵的枯骨向事业的巅峰前进着。

风云激荡

日本的胜利，引起老牌帝国主义国家——沙俄的严重不安。沙俄觊觎中国东北已久，只是苦于时机未到。不曾想半路杀出个程咬金，日本逼迫中国清政府在《马关条约》中割让辽东半岛和台湾、澎湖列岛，沙皇心中不禁"醋海翻腾"。

沙俄决心干涉。

它试探列强态度。德国一直欲与俄结好以对抗英国，欣然同意加入干涉行列，法国不愿得罪沙俄，也同意参加，英、美等国则反应冷淡。

沙俄觉得手中牌已经很大了，于是在1895年4月23日——《马关条约》签署一周后——和德、法三国驻日公使向日本外务省递交照会，称如果日本占据辽东，则会威胁北京,亦使朝鲜之独立有名无实,进而妨碍远东和平,因此日方必须将辽东半岛归还中国。德国公使还特别指出:日本媾和条件过分,有损列强在华利益,列强为此不惜一战。

仿佛为了证明此言非虚,沙俄太平洋舰队出现在日本神户和指定交换和约批准书地点——中国烟台。

日本政府陷入恐慌之中,甲午战争已使日本国库空虚、兵困马乏,实力不足与三国一战。日本政府想借其他列强之力与三国对抗,无奈就连与日本关系最好的英国也不愿惹麻烦,日本陷入孤立无援的状态。

从4月底至5月初,日本接连召开御前会议和内阁会议,经过反复讨论,确认除接受还辽要求外,别无他法。5月13日,明治天皇颁布诏书,宣布将辽东半岛归还中国。1895年11月8日,中日在北京签订《交还辽东半岛条约》,在索取三千万两白银后,日本无可奈何地从辽东撤回了军队。

日本全国上下,如丧考妣,眼见到手的肥肉被夺走,焉能不心痛?日本政界人士痛感日本国力、军力还不够强大,无法成为真正的世界强国。而且通过此事可以断言:日俄必有一战。因此日本政府便以俄国为假想敌,大力扩充实力。

1896年,投资1400万日元的八幡大型炼铁厂建成,归属国营,加上民营的月岛钢厂和大阪铸钢公司,日本钢铁年产量达10万吨以上。

日本政府颁布《造船奖励法》,规定国产铁壳船吨位超过700吨的,每吨补助12日元,超过千吨的,每吨补助20日元。这样大大刺激了国内造船业发展。这个措施本意是发展国产军用舰艇,但直至日俄开战,日本海军主力舰还都是英国造。

日本还加紧建设国防科研队伍。

此时沙俄正稳步发展其在远东的势力。凭着干涉"还辽",俄定了为了对付日本,俄军可"到达有遭受侵略危险的地点",俄军舰可驶入中国港口。密约还规定沙俄可在中国修筑西伯利亚大铁路支线——中东路,并派兵护路,使沙俄控制了中国东北北部。

沙俄见进展顺利,不禁踌躇满志,竟梦想将中国东北变成"黄俄罗斯"。

同时沙俄又把手伸向朝鲜。通过一系列政变,1896年2月,沙俄将朝鲜政府中的亲日派驱走。6月,日俄签订《关于朝鲜问题的协议书》,规定双方在财政、军事诸方面共同控制朝鲜,这就是说沙俄将日本已叼到嘴上的肉又硬给抢走一半。

日本方面对俄一让再让,这倒不是日本人良心发现,而是实力不足,还要韬光养晦。这段时间里,日本一直未曾放松准备。

在外交上,日英同盟的结成是日本外交的一大胜利。英日一直有所勾结。日本是想靠上英国这棵大树与沙俄对抗,英国是打算借日本之手牵制沙俄,以便英全力与德对抗,这也是其传统大陆政策的延伸。

本来日本国内伊藤博文、井上馨等元老派对与英结盟心存疑虑,总觉得不如与俄维持现状,不料1901年9月伊藤赴俄遭到冷遇,使他意识到只有日英结盟一条路好走。1902年1月30日,日英在伦敦签订《日英同盟协定》,这下使日本在未来对俄战争中少了后顾之忧。

在军事上,日本实力增长迅速。有了中国赔款做后盾,日本陆军由甲午时的7个师团增至13个师团。海军到1903年已有舰艇113艘,总吨位265000吨,主力舰队按六·六方案(六艘战列舰和六艘装甲巡洋舰)编成。日本还研制了一批新式装备,计有31式速射炮、30式村田步枪、下濑火药、伊集院信管等。

我们的传主——东乡平八郎正在仕途上稳步上升。

1899年1月,52岁的东乡被任命为佐世保镇守府司令。所谓镇守府,相当于海军军区,属一级行政机关。东乡上任后,常乘舰在朝鲜半岛至台湾岛之间巡视,详细记录该地区各季节的气候、风向、潮流、海雾。为什么东乡如此关注此地呢?原来他认为未来日俄海战主战场一定在这一地区。他还发现,位于朝鲜半岛南端的镇海湾是个天然的深水港,是大舰队理想的驻泊地。后来的战争一一证实了东乡的判断。

1900年5月,东乡又荣任常备舰队司令,这是每一个海军军人企望的显职。

这一年,中国爆发了轰轰烈烈的义和团运动,引起列强恐慌。英、美、日、德、俄、法、意、奥组成八国联军,自大沽口登陆,攻打北京。

东乡奉命率常备舰队开赴大沽口。此番八国联军共纠集35艘军舰,内有俄舰6艘。东乡平八郎并不关心与义和团的作战,他知道大刀长矛是无法抵御枪炮的。他最感兴趣的是俄国舰队,眼睛总是盯着他们,并且若有所思。

义和团被镇压后,常备舰队回国。在接风宴上有人问东乡:"你对俄国舰队有何观感?"

"不如想象中可怕。"东乡平静地说。

"噢,此话怎讲?"大家洗耳恭听。

"我眺望俄国舰队,觉得他们谈不上军纪严整、训练有素。他们用军舰运输补给,证明他们轻视军舰本职功能,徒然耗费精力,战端一开,难以保障战斗力。另外这也证明俄国在远东运输能力不足。"

想到东乡曾一眼窥破北洋水师实力,在座的人都对东乡的分析点头称是。

1901年7月,因镇压义和团有功,东乡被授予旭日大绶章。

10月1日,东乡改任舞鹤镇守府司令,这无异于降职,怎么回事呢?恐怕还是海军内派系斗争的结果。

祸不单行,就在这一年,东乡最敬爱的母亲东乡益子病逝,东乡沉浸在巨大悲痛之中。

日俄开战

沙俄借口镇压义和团于1900年出兵侵占中国东北全境,此后便赖着不走,一再增兵,并侵入朝鲜北部,在龙岩浦建立军事基地。

日本方面反应强烈,在1903年4月21日召开的日本政界要人会议上,日本决定与俄交涉,寸步不让,不惜一战。

此时沙俄陆军总兵力为207万人,海军分太平洋舰队和波罗的海舰队,总吨位80万吨。日本陆军总兵力20万人,海军总吨位26万吨,总体上看,日方处于绝对劣势,但由于俄能部署在远东的兵力有限,双方在这一地区倒也旗鼓相当。

1903年12月,日俄谈判破裂。日军着手进行战时编制。

12月28日,海军舰队改编为第一、二、三舰队,其中第一、二舰队组成联合在确定联合舰队人选时,海军大臣山本权兵卫颇费苦思,按理说,日高壮之丞和柴山矢八是元老级人物,深孚众望,是理想人选,但山本总觉得沉稳果断的东乡平八郎更合适。经过反复思量,山本力排众议,任命东乡平八郎中将为联合舰队司令。

此时的东乡正在潜心研究沙俄。他不但了解俄军现状,还对俄军历史和著名将领进行了钻研,掌握俄国军事思想和将领个性。在刚被任命为舞鹤镇守府司令时,有人议论说东乡这辈子走到仕途尽头了,他听了也不为所动,依旧进行他的研究。

山本权兵卫是将东乡请到东京私邸,当着伊东祐亨海军军令部长的面任命东乡担任联合舰长司令的,东乡十分感激山本的信任,同时也感到责任重大。

东乡上任后立即着手拟订对俄作战计划。此时联合舰队拥有 6 艘战列舰、6 艘装甲巡洋舰、12 艘巡洋舰和其他一些舰船,共计 152 艘。而俄太平洋舰队拥有 7 艘战列舰、4 艘装甲巡洋舰,10 艘巡洋舰,加上其他舰船共 74 艘。虽然联合舰队稍强于俄太平洋舰队,但俄国远在西欧还有一支更强大的波罗的海舰队,开战后,这支舰队必将驰援远东,如果两支俄舰队会合,其实力将大大超过日方,因此唯有乘波罗的海舰队还未到达远东时便将太平洋舰队彻底歼灭,而后腾出手来对付波罗的海舰队,以求"各个击破",东乡战略思想已定,便开始考虑如何消灭太平洋舰队。

目前太平洋舰队以旅顺口为基地,另有一支分舰队驻海参崴。

消灭这支舰队的速度要快,同时己方还不能蒙受大的损失,这令东乡绞尽脑汁。最终决定:以偷袭方式进攻旅顺。

1904 年 2 月,经过御前会议,日本决定对俄开战。2 月 5 日,天皇对全国国民的敕谕秘密下达至陆、海军。

"苍天佑我万世一系之大日本帝国,朕在此告尔等忠诚勇武之臣民:

兹宣布对俄开战,期我陆海军竭尽全力,与俄交战,文武百官务必恪尽职守,为达成国家之目的而努力。

俄国自始无爱好和平之诚意,拒绝帝国之提案。韩国安全濒临危急,帝国利益将遭侵害,事已至此,帝国依靠谈判赢得和平以保障未来之愿望,已是除兵戎相见,别无他途。朕期以尔等之忠诚勇武,速恢复永久和平,以保全帝国之光荣。"

敕谕通篇强调日本"爱好和平",与俄之战实属迫不得已。

日本这条小犬为了"保卫"它从别处抢来的骨头,要对沙俄这条大熊亮出爪牙了。

这篇敕谕是在尚未正式宣战时下发的,因此东乡只在由各舰队司令、舰长参加的小范围会议上宣读了敕谕。自小接受武士道教育的军官们听罢个个热泪盈眶。东乡哽咽着说:"在过去几年里,我不分昼夜与诸位一道训练,就是为了今天。殷切希望诸位继续努力奋斗……"

按大本营会议决定,对俄作战应由海军打响,并且要求海军在不遭受大的损失的前提下歼灭俄太平洋舰队,而后迎战敌波罗的海舰队,务必胜利,以保障海上运输之安全,促进战争全面胜利。

东乡会后即向舰队下达作战令。联合舰队之第 1、2、3 战队和驱逐舰队共百余舰直驶旅顺口。2月8日下午5时,舰队到达西距旅顺44海里的圆岛水域。

与此同时,日第4战队(司令瓜生外吉少将)在韩国仁川港意外遭遇俄太平洋舰队巡洋舰"瓦良格"号和炮舰"高丽人"号,两艘俄舰竟丝毫不知日俄断交、大战在即。瓜生指挥第4战队的6艘战舰发动攻击,从而打响了日俄战争第一炮。

两艘俄舰均遭重创,不得已举火自焚。俄国过分轻视日军,两舰的折损验证了"骄兵必败"的老话。

圆岛水域。

东乡平八郎命令"三笠"号旗舰升起"天助成功"的信号,这个信号意思是"驱逐舰队发动夜袭"。

第1、2、3驱逐舰队负责直接攻击旅顺港;第4、5驱逐舰队前往大连湾搜寻敌舰;拥有战列舰、装甲巡洋舰的第1、2、3战队殿后。

几十艘驱逐舰如同恶狼一般,风驰电掣地扑向旅顺。

夜色阴沉,杀气笼罩着旅顺。

此时的太平洋舰队竟停泊在港外,几乎所有舰长都被斯塔尔库司令官邀请上岸,参加其夫人的"命名日"庆典。舰上水兵们有的在酣睡,有的正在进行煤炭装载作业。日俄交恶至如此地步,前线俄军如此懈怠,焉有不败之理?

晚10时半,驱逐舰队发现俄海岸探照灯光。11时左右,两艘俄舰与日本偷袭部队擦肩而过,由于毫无警惕性,竟未发现敌人。

"这不过是两条小杂鱼,我们的目标是座头鲸!"驱逐舰队指挥浅井大佐自言自语。

驱逐舰队避开探照灯光,快速逼近敌舰队。

零时20分,日舰借月光发现前面出现了小山一般黑黢黢的敌舰影。浅井下令各舰拣个头大的开火。刹那间,一枚枚鱼雷呼啸而出,劈波斩浪,撞向俄舰。

一声声巨响撕破了夜空,俄巡洋舰"帕鲁拉达"号首先中雷,轮机被毁,引起爆炸。紧接着战列舰"列特维尊"号吃水线以下中雷,数百吨海水涌入底舱。战列舰"策萨列维奇"号舵舱被毁,勉强开至岸炮台下。

东乡和幕僚们站在60海里外的"三笠"号舰桥下,眺望着远方地平线上的闪闪火光,高兴地说:"夜袭成功了!"

俄舰队此时已乱成一团,水手们有的当场毙命,有的爬上炮位却不知所措。两艘万吨级的战列舰已遭重创,其他舰船大多挂彩。

日本驱逐舰排水量均为300~400吨,航速高达30节,在众多俄舰中往来穿梭,俄炮手竟无法捕捉目标。

等到俄舰队定下神来,日本人已无影无踪了。

2月9日午前9时许,执行侦察任务的第3战队向东乡报告:"敌主力仍在港外,2艘战列舰倾斜,5艘军舰冒烟。"

东乡大喜,敌舰队仅有的7艘战列舰已有2艘失去战力,机不可失,时不再来,趁敌舰尚在港外,应出动主力,以求全歼。

"三笠"号悬起战旗,率第一战队(辖战列舰"三笠""朝日""富士""八岛""敷岛""初濑"号)和第2战队(辖装甲巡洋舰"出云""浅间""吾妻""八云""常磐""磐手"号)及第3战队(辖巡洋舰"千岁""高砂""笠置""吉野"号)扑向旅顺。

太平洋舰队此时正乱七八糟地挤在一起,看见日舰便"轰轰隆隆"地开炮射击,岸炮台也遥相呼应。但这是惊慌失措的举动,无人瞄准,也无人观察弹着点,几百发炮弹打出去,却鲜有命中者。

距敌 7500 米时,东乡下令开火。

"三笠"号的 305 毫米炮弹率先击中战列舰"帕派达"号,使其起火逃遁。其他俄舰也不断中弹,纷纷逃向港内,日本舰队穷追不舍。

不知不觉,日舰队进入岸炮射程,俄军大口径炮弹不断击中日舰。"三笠"号的舰旗被炸飞,7 人死亡,日本人开始陷入被动。

"与无论如何也不会沉没的岸炮台交战是不明智的。与其如此,不如撤退吧。"东乡下达了命令。

对旅顺的第一次奇袭宣告结束。俄太平洋舰队受重创,但并未丧失战斗力。日舰队的行动只能说成功了一半。

战后有人评价认为:东乡指挥不当。夜袭应投入所有驱逐舰,并力求在 8 日晚解决敌舰队。东乡的举动证明他只迷信"巨舰大炮",不信任个小灵活的驱逐舰。

在海军发动袭击的第二天——1904 年 2 月 10 日,日本才正式对俄宣战,因此俄方指责日本进行的是"不道义的战争"。

日本政府将宣战消息通报各国,并特别要求中国"保持中立",清政府唯唯诺诺,将满洲划为战区,任凭日俄铁靴蹂躏东北大地。

2 月 11 日,东乡趁雪夜又对旅顺发动第二次袭击,结果由于俄防范甚严,东乡无功而返。

开战虽击沉数只敌舰,但战略、战术目的均未达到,东乡苦恼万分。

敌舰龟缩港内,拒不出战,看来是等待波罗的海舰队。如果真是那样,麻烦就大了。

一天夜里,东乡正披着大衣坐在舱房里苦思冥想,传令兵来报:"有马良橘中佐求见。"

这个有马中佐时任"常磐"号副舰长,属海军中较为活跃的一辈,曾经通过野元舰长上书东乡,提出自己的一系列观点,给东乡留下较深的印象。

东乡立刻说:"请他进来。"说罢站起来整理一番军装。东乡处世严谨,即便在自己的舱房里,不到就寝时也决不宽衣,军装上的铜扣和皮鞋总是亮晶晶的。

有马中佐进来后,敬军礼,东乡延坐,有马一坐下便开门见山:

"卑职今日求见长官,是想向您提出建议。"

"哪一方面的呢?"

"就是关于敌太平洋舰队的。请看这张图!"有马从口袋里掏出一张旅顺港草图,上面用黑色条块代表俄舰位置,在狭窄的入港口画着几个叉。

有马解释道:"敌人不出港也没办法,索性用几条商船装上石块沉堵在入口处,封锁住敌舰队,让它想出来也不行,波罗的海舰队来了也无法汇合……"

东乡哈哈地笑了起来。有马有点儿慌了:"卑职的建议也许有点儿可笑……"

"不,不,哪里话,"东乡说,"请有马君也看幅地图。"东乡转身从保险柜中取出一个铁匣,拧开锁头,拿出一张手绘地图。

有马凑过来一看,这也是一张旅顺港图,只不过比自己的更精细,上面将港口周围丘陵标高、工事以及暗礁都标出来了。更妙的是,在入口处亦有同样的几个叉。

"原来长官早有此谋啊!"东乡、有马会心地笑了起来。

东乡早在战前即预想出多种作战方案。曾考虑到敌舰队有可能龟缩港内不出,便想出一个"沉船堵口",困敌于港内,然后由陆军从陆上攻占旅顺,歼灭敌舰队的方案,并已获大本营同意。只不过为了保密,未曾向外透露过。有马中佐来之前,东乡正在考虑其具体实施办法。

应联合舰队要求,日本政府搜集了5条千吨级的轮船,其中"天津丸"排水量更达4325吨。这些商船满载石块,以水泥浇灌,水手被从联合舰队挑出的"敢死队员"代替。

2月24日凌晨,"沉船堵口"行动开始。有马良橘中佐亲任堵口船队总指挥,在他的船队身后有五艘驱逐舰策应。

4时15分,悄悄接敌的船队被岸炮台发现,俄军立即开炮射击,有马眼见无法偷袭,索性开足马力向港口最窄处冲去。俄军炮弹在船队四周激起无数水柱,弹片横飞。有马乘坐的"天津丸"触礁,"报国丸"在老虎尾半岛岸旁自沉,另三条船也未能沉在预定位置。

第一次堵口没有成功。好在敢死队员仅一人死亡。

东乡平八郎一方面下令继续袭击旅顺港,一方面要求国内再搜集商船,准备再次堵口。

正当此时,俄太平洋舰队实行了重大人事更迭:俄土战争期间的海军名将斯捷潘·马卡罗夫中将接替严重失职的斯塔尔库担任舰队司令,这就像一针强心剂一样,令旅顺的俄国陆海军将士欣喜若狂,要知道,马卡罗夫的名字在俄军心目中与胜利是同义词。他是首屈一指的鱼雷艇战术专家、船舶设计师,也是经验丰富的实战指挥官。"我们挨打的日子快到头了。"所有俄军将士都这样想。马卡罗夫上任后亲口表示要率领他们击败东乡平八郎,歼灭日本舰队,这更令人欢欣鼓舞。

马卡罗夫首先正确估计了敌我态势,认为固守待援是上策,但深藏不出又有损士气,于是他制订了新的战术原则:日舰靠近港口时,俄舰便出港迎战,但决不超出岸炮射程。

另外,他下令海参崴分舰队加强活动。这一招着实厉害,"柳立克""俄罗斯""格罗莫鲍伊"号巡洋舰时时南下朝鲜海峡,击沉多艘日本商船,日陆军补给线受到威胁,东乡只得令上村彦之丞率第二舰队去对付海参崴分舰队,同时令第三舰队补充进联合舰队。

俄军的士气如同不断添柴的篝火一样,越烧越烈。

东乡平八郎则陷入长时间的思考……

猎杀强敌

马卡罗夫中将的上任没有对外公布,因此东乡并不知道,但凭直觉判断,东乡认定敌舰队指挥官肯定易人了。

这个判断很快得到证实。

3月10日,日第3驱逐舰队在老铁山以南海域与两艘俄舰遭遇,经过一番炮战,"斯太莱库西契"号负重伤,失去航力,另一艘俄舰逃遁。日军登上"斯太莱库西契"号,俘房全体舰员并由"涟"号驱逐舰拖曳"斯"号。

马卡罗夫得知俄舰被房,勃然大怒,立即率装甲巡洋舰"巴彦"号和"诺维克"号追击日舰。

日本驱逐舰正拖着"斯太莱库西契"号得意扬扬地前进,不料两艘巨大的俄舰喷吐着黑烟自身后赶来,吓得日舰砍断缆绳,逃之夭夭。

万幸的是,"斯"号舰员已被转移到日舰上。审讯他们得知:马卡罗夫已经接任太平洋舰队司令。

"果不出所料啊!"东乡平八郎沉思着。

对于马卡罗夫,东乡虽未曾谋面,但可谓了如指掌。马氏在国际上久负盛名。他的名著《海战论》是东乡经常研读的一本书,透过纸背,东乡已看清了马卡罗夫的战术思想和指挥艺术特点,了解了其个性,也分析了俄海军及马卡罗夫本人的缺陷。

参谋们闻讯后心中七上八下,但看见东乡依旧平静如水,也就有了几分胆气。

东乡当即决定:立即进行第二次堵口。

这次堵口的是4艘4000吨级的商船,总指挥仍是有马中佐。

3月27日晚,堵口船队故伎重施,乘夜偷袭旅顺港,不料马卡罗夫早有防备,俄军在探照灯策应下,用岸炮冷静射击,堵口船纷纷被击沉、搁浅,"福井丸"指挥官广濑武夫少佐被击毙。

东乡总结两次堵口失败原因,认为主要是动用船舶太少,因此又向国内要求一次调拨12艘商船,大本营答复说需要较长时间的筹集。

旅顺港内,马卡罗夫想方设法修复受损舰船,并经常指挥舰队出港对日舰队进行有限的挑战,以期将日舰引入岸炮射程。

东乡也识破了对方意图,下令严禁靠近陆岸。

双方就这样对峙着。

东乡经常乘小型舰艇在海面上巡弋,观察马卡罗夫的举动。而马卡罗夫每见日舰队便亲率战列舰出港迎战,日舰撤退后,马卡罗夫还要指挥舰队沿岸巡弋示威一番。东乡注意到:马氏的舰队总在崂律嘴水域折返。

被敌人掌握己方行动规律是兵家大忌。

东乡的眼睛里闪烁着异样的光彩。

4月10日夜,联合舰队水雷布设队司令小田喜代藏中佐被东乡叫到"三笠"号上,接受了在崂律嘴水域布雷的任务。东乡拍着他的肩说:"该你露一手了。"

4月12日夜,水雷队出动。这时天降小雨,真是天赐良机。由于下雨,俄岸炮台未能发现日本布雷舰。任务完成后,小田中佐返回"三笠"号,在东乡的海图上标出布雷地点。这次布的全是触发锚雷。

"明早用第3战队去引诱马卡罗夫,他是个脾气耿直的人,不会不来的。"东乡下达了命令。

第二天拂晓,机会意外地来到了,日本第2驱逐舰队与俄驱逐舰发生战斗,俄"可怕"号被击沉,双方巡洋舰赶来支援,战成一团。不一会儿,只见旅顺港内升起许多烟柱,马卡罗夫出动了。

马卡罗夫这次被激怒了,他以战列舰"彼得罗巴甫洛夫斯克"号为旗舰,率14艘军舰猛扑出来。出发前,有参谋提醒他港外未进行例行扫雷,但马卡罗夫正为己方军舰被击沉而恼火,根本没听他说什么。事实证明,这是一个致命错误。

马卡罗夫一出来,日本巡洋舰就后退,这回马卡罗夫再也不顾炮台掩护,穷追不舍。东乡见状,立即率拥有8艘战列舰(新自英国购回"春日""日进"号)的第1战队迎敌。马卡罗夫一看,自知不敌,下令后撤至岸炮射程内,引诱东乡。

日本舰队在岸炮射程外停住。马卡罗夫笑道:"东乡不过是个懦夫。"他指挥舰队在港外由东向西,趾高气扬地游弋着。

东乡平八郎站在舰桥上用望远镜紧盯着悬挂司令旗的"彼得罗巴洛甫斯克"号。他的参谋们一边紧盯着敌舰,一边在海图上推算。

终于,"三笠"号航海长釜屋中佐满面春风地来报告:"敌人旗舰就要触雷了!"

东乡依旧端着望远镜,一言不发。身旁的伊地知舰长已经按捺不住,下达了一条前所未有的命令。

"所有手头没事的人,都到甲板上观看!"

于是,军官、水兵、军乐队员、军医、厨师都跑来了,大家像看戏一样兴高采烈。

釜屋中佐大声读秒:"1,2,3……"

"彼"舰此时正笔直地向雷区前进,包括东乡在内的所有人都凝神屏息。

10时32分,一声巨响震撼整个崂律嘴海面,巨大的爆炸声伴随着浓烟、火焰、直往外喷的白色蒸汽……"彼得罗巴洛甫斯克"号变成了一座正在喷发的火山。日本锚雷引爆了它的火药舱。

仅仅一分钟,"彼得罗巴甫洛夫斯克"号便舰首朝天,沉入了大海。马卡罗夫及其幕僚31人和600名水兵一同葬身鱼腹,只有100余人获救。

"万岁!万岁!万岁……"整个日本舰队沸腾了,人人欣喜若狂,东乡的脸上也绽开一丝微笑。

击毙马卡罗夫使日本大本营欢欣鼓舞,联合舰队的士气陡然上升。而俄军方面,如同浇了一盆冰水一样,士气降到了零点。

福不双至

日本人乘胜又进行了第三次"沉船堵口"。

这次堵口规模空前,共有12艘轮船参加,然而由于风向突变,有4船未达目的地,另8条船也伤亡惨重,堵口又失败了。

东乡总结教训,认为:敌已加强防范,己方对港口地形不够熟悉,能出动的船只又太少,堵口作战已没有再进行之必要。

联合舰队现在能做的只有继续封锁海面,等待陆军从陆上攻击旅顺。

日俄战争初期,海上战事频频,而陆地上由于双方忙于集中兵力,至5月才发生第一次大规模战斗。当时驻朝日军第一军强渡鸭绿江,攻占九连城。第二军于5月5日在辽东半岛登陆,在南山与俄军发生激烈战斗。

俄军凭借地形和坚固工事固守南山,日军仰攻,已属不利,而且俄军还使用了新式武器——水冷式马克沁机枪。蜂拥而至的日军纷纷倒在机枪口下,鲜血顺着山坡向下流淌。正在一筹莫展之际,海军的炮舰前来增援,日军鼓起勇气,在炮火掩护下夺取了南山。

当伤亡统计数字汇报到大本营时,参谋们看着标有"死伤4400人"字样的电报直发怔,他们凭十年前甲午战争的经验,认为仅仅一战不可能有如此多的伤亡,于是回电责问第二军是否"多加了一个零"。当伤亡数目被证实后,大本营里一片肃然,所有人都感受到这种大战的惨烈。

5月30日,日军攻战大连湾。第二天,大本营命令第十、十一师团组成第三军,由乃木希典中将指挥,直接负责攻打旅顺。

而此时,联合舰队正惶惶不可终日。因为自5月12日至17日短短6天中,联合舰队接连损兵折将。

5月12日,48号扫雷艇触俄水雷沉没。

5月14日,"宫古"号通讯舰触俄水雷沉没。同日,"春日"号战列舰与"吉野"号巡洋舰相撞,曾在甲午海战中猖狂一时的"吉野"号沉没。

5月15日,这是损失最重的一天。战列舰"初濑""八岛"号触雷沉没,"龙田"号巡洋舰触礁。

5月17日,驱逐舰"晓"号触雷沉没。勤务舰"大岛"号与炮舰"赤城"号相撞沉没。

一时间,联合舰队人人自危,有人议论说这是"中了邪"。

东乡平八郎明白:此时最需要要镇静。他一方面仍然每天若无其事地在"三笠"号甲板上散步,一方面采取措施稳定人心。他首先严令禁止将军舰沉没消息外露,以免俄军知晓。另外他仔细分析了接连蒙受损失的原因:第一,自击毙马卡罗夫以来,日军内部滋生轻敌情绪,警惕性降低;第二,对俄军水雷战能力估计不足;第三,联合舰队数月征战不辍,人员疲惫,装备损耗,急需喘息时间。

东乡下令舰队整顿纪律,提高警惕,同时电告大本营,请求陆军尽快攻打旅顺,以便早日将联合舰队撤回国内休整。

看到下属们仍然满脸沮丧,东乡笑着说:"这就是战争嘛,战争就是要蒙受损失。"东乡的镇静感染了每一个人。

黄海鏖战

大本营接到东乡的电报后,急令乃木希典迅速攻战旅顺。

中日甲午战争时,日军曾攻占过旅顺,可现在的旅顺已今非昔比,俄军在这里用了6年时间,花费上亿卢布修筑了众多混凝土永久工事,守军配备大批机枪、火炮,城内粮秣充足,有精锐部队35000人,另有文职军人数千人,斯提塞尔中将任要塞司令。整个旅顺变成一座军营,俄军大肆宣扬:"旅顺口要塞固若金汤!"

第三军自6月26日起开始扫清旅顺口外围,7月底攻占凤凰山,从而将俄军压缩到旅顺口要塞内。

此时东乡平八郎向乃木希典提议用大口径炮对旅顺要塞进行盲射,可直接命中敌军舰。乃木同意,可是第三军没有合适的炮,东乡下令将舰炮拆下运上岸。

所谓盲射,就是隔山对敌炮击,因为旅顺周围多山,日军所到之处还无法看见旅顺。

海军重炮队由永野修身中尉率领,将几门305毫米舰炮拆下,费了九牛二虎之力拖上大白山以东高地。重炮队在地图上将旅顺口市区和港湾划分成棋盘格,计算射击距离,向每个区划内打300发炮弹,这样虽然无法直接观察山那边的射击效果,但也可确保炸遍整个旅顺。

8月7日,炮击开始。大口径炮弹带着类似特快列车的那种呼啸声越过山头,落在俄军兵营、码头、船厂、仓库、医院上,旅顺城内鬼哭狼嚎,浓烟四起。8日,重油仓库被击中起火,战列舰"列特维尊"号、"策萨列维奇"号被击中,一艘商船被击沉。太平洋舰队恐慌万分,军官们都认为:与其坐以待毙,不如拼死突围。

接替阵亡的马卡罗夫任舰队代司令的是维特格夫特少将。此人原本是参谋军官,生性优柔寡断,并非帅才。此时他正借酒浇愁,终日呆坐,军官们的建议令他心烦意乱。8日晚,远东总督阿列克塞耶夫向他传达了沙皇敕令:"太平洋舰队即刻起程前往海参崴。"这下他不敢抗命了。

8月10日黎明,太平洋舰队升火起锚,驶出旅顺港。由于时间仓促,准备极不充分:几门借给陆军的舰炮还留在陆地炮台上;整个舰队编制混乱,高航速与低航速、受伤的和没受伤的、火力强的与火力弱的杂处在一起,大大小小数十艘军舰"浩浩荡荡"地出发了。维特格夫特坐在旗舰"策萨列维奇"号上,忐忑不安。

联合舰队接到"敌舰队全体出动"的电报后,一片欢腾,敌人缩在港内数月,今天终于出来了,这正是全歼它的良机。

东乡下令迎敌。午前11时,双方接近。

若干年后,东乡平八郎对人们说:"所有人都认为对马海峡之战是决定性的,实际上真正关键的是黄海海战,我所竭心尽智的,也正是这场战斗。"

东乡所言非虚,歼灭太平洋舰队是整盘棋的"棋眼",唯有消灭太平洋舰队,才能确保迎战波罗的海舰队时取得胜利。

东乡平八郎思索良久,初步断定敌人全体出动是寻求决战。他指挥日舰队排成单纵队,欲先迂回敌侧后,断其退路,再在远海歼灭之。

但东乡的判断错了。俄舰队的目的是前往海参崴与分舰队会合,东乡截断它通向旅顺之路是毫无意义的。

双方都以战列舰打头、殿后,成单纵队相向行驶,日本舰队高速前进,直插敌后,孰料俄舰队却一点儿反应也没有,只顾前行,东乡平八郎恍然大悟:"敌舰队目的地是海参崴!"日本舰队临时转向,颠倒原顺序,以"日进"号战列舰打头,猛追远去的俄舰队。

午后1时15分,双方相距8800米,俄舰率先开炮。

日舰队航速高,很快与俄舰队并肩行驶,东乡沉稳地指挥舰队改向东北,欲压住俄舰队航向,经过一番调度,日舰队与俄舰队形成"丁"字形,引起俄舰队混乱,小型舰船干扰大舰航向。东乡见状,下令开炮,此时双方距离6000米。

俄舰队旗舰"策萨列维奇"号首先中弹,冒出黑烟。但俄海军毕竟是世界一流海军,技战术水平颇高,中弹后立即还以颜色。几发大口径炮弹击中东乡所乘"三笠"号,其中一发命中后主炮,炸死数名炮手,上来接替的炮手很快又被悉数击毙。

"朝日"号、"日进"号也被击中,伤亡惨重。

日舰队不得不稍稍与俄舰拉开距离,于是维特格夫特面前出现一线生机,他命令以 14 节航速前进。东乡平八郎在后紧追,此时他觉得在海上全歼敌舰队难度很大,不如将其堵回旅顺港,于是他命令以 15 节航速赶超俄舰队。

在长达 3 小时的追赶过程中,双方抓紧时间进行损管、护理工作,战斗人员都用了午餐。日舰逐渐赶上俄舰队,相距 7000 米并行。俄舰队航速不能再高一些吗?就其主力战舰而言,航速完全可以达到 18 节以上,但由于俄舰队里还有一批航速低的后勤船只,再加上一部分主力舰本来就有伤,因此 14 节已是最高航速。

午后 5 时 30 分,俄舰队殿后的"波尔塔瓦"号开炮,日舰还击,第二轮炮战开始。海面上炮声隆隆、硝烟弥漫。

头 30 分钟内,日舰队损失严重,几乎所有战列舰都中了弹,"三笠"号吃水线以下和烟囱被"波尔塔瓦"号击中,"春日"号伤亡惨重,"敷岛"号的一门 305 毫米主炮被击毁。维特格夫特少将站在"策萨列维奇"号司令塔内勇敢地指挥战斗,一扫往日的紧张和胆怯。

东乡平八郎站在"三笠"号舰桥上观察战况,周围弹片横飞,水雾弥漫,东乡毫不为之所动。一发炮弹击中信号台,被炸死的士官的鲜血喷溅到东乡的脸上,他却连望远镜都不肯放下。

这段时间,联合舰队可谓奋力苦撑,全舰队 305 毫米主炮由 16 门减少到 11 门,死伤数百人。炮手们裹伤奋战,轮机兵在高温的轮机舱内赤着身子向锅炉内添煤,军乐队员站在甲板上高奏进行曲,每次击中俄舰都引得日本水兵们高呼"万岁"。

下午 6 时许,一枚 305 毫米炮弹准确命中"策萨列维奇"号司令塔。这是一颗扭转整个战局的炮弹,维特格夫特少将和 16 名下属被炸死,全体参谋军官和舰长负重伤。俄舰队群龙无首,像炸了营一样发生了混乱。"彼列维斯特"号上的乌赫托姆斯少将接过指挥权,无奈本舰桅杆被炸断,只能将指挥信号悬挂在舰桥上,远处的俄舰根本看不清。

东乡抓住时机,下令主力舰队"左 4 度调头",第 5 战队从北面、第 3 战队从东南面一齐围攻俄舰。乌赫托姆斯基少将见状大骇,命令舰队调头逃回旅顺。看不见信号旗的俄舰只能自行其是,四散奔逃。日本舰队正欲追歼俄战列舰,却被十几艘小小的驱逐舰挡住去路,此时日薄西山,东乡认为与灵活并配有鱼雷的驱逐舰夜战于己不利,于是停止追击。

这次海战没能击沉俄舰,但有效地破坏了其突围企图,俄舰大部分逃回旅顺,少数舰船流落到上海、烟台、西贡等地。

联合舰队又重新对旅顺港实行封锁。过了四天,又传来好消息:上村彦之丞的第二舰队击沉了海参崴分舰队的"柳立克"号装甲巡洋舰,击伤另外 2 艘,敌海参崴分舰队已基本丧失战斗力,这样,日本陆军的海上补给线终于安全了。

血雨腥风

东乡企盼已久的旅顺攻坚战终于开始了。

1904 年 8 月 19 日黎明,乃木希典的第三军对敌要塞发动正面进攻。日军投入兵力五万人,士兵们在高举战刀的军官率领下高呼"万岁",向着铁丝网、鹿砦、壕沟和混凝土碉堡冲去,可是俄军的工事极其坚固,就连 76 毫米的炮弹打上去都被弹了回来,更何况士兵手中的步枪呢?俄军在战斗中大量使用马克沁式机枪,把日军像割麦一样成批打倒在阵地前。战至黄昏,日军第一次攻坚宣告失败,损失 15800 人,营连干部更是死伤累累。

面对如此坚固的要塞,乃木希典为什么非要采取代价巨大的正面进攻呢?这就不能不谈谈乃木其人了。此君五十岁左右,满面胡须,一副赳赳武夫的模样。当年参加西南战争时,时任联队长的乃木希典在战斗中丢失军旗,天皇没有追究其责任,乃木感激涕零,发誓为天皇不惜肝脑涂地,这次攻坚,被他视为效忠良机,乃木虽身为高级将领,但冷酷而无能,他不会寻找敌防御体系弱点,也不懂诡兵之计,只会一味蛮干,视士兵生命如粪土,以"肉弹"对付敌人的机枪。

第一次攻坚失败后,乃木命令各部队修筑工事,巩固前进阵地,同时伸手向大本营索取新的兵力、装备。

9 月初,第一、二军取得辽阳大捷,使第三军少了后顾之忧。9 月 19 日,日军发动第二次攻坚战,这次投入兵力、装备更多,战术仍是正面强攻,经过数日激战,付出巨大代价后,日军攻占了几个阵地。

此时东乡平八郎自海军角度出发,建议攻取 203 高地,那里可以俯瞰整个港区,设立观察所后可引导炮击,击沉所有敌舰。

10 月 15 日,日本海军的心腹大患波罗的海舰队起程前往远东。消息传来,日本举国为之担忧,天皇更下达敕谕,要求第三军尽快攻取旅顺。

日军开始掘壕作业,企图将前进阵地推至敌堡垒前。俄军则派出小股兵力不断袭扰日军作业,并且在修械所内制造出一种新式武器——迫击炮,这种炮由山炮改装而成,弹道弯曲并可调整,用来对付壕内日军颇见成效。日军每天都付出上百人伤亡的代价。

日本国内对乃木的愚蠢愤慨万分,纷纷指责其无能、残忍,反战情绪开始高涨,唯有天皇不为所动,这下乃木更是死心塌地地为他效劳了。

11 月 26 日,第三次总攻开始,战斗在松树山、二龙山、东鸡冠山一线打响,203 高地成为重要目标。日军工兵强行坑道作业,凿开岩石,将炸药包送到敌工事前引爆。日军组成敢死队,头缠白带猛冲猛打,宪兵在后督阵,遇退缩者杀无赦。日军的攻击一波接一波,而俄军则死守不退,双方多次发生肉搏战,有的士兵子弹打光了便手持石块冲入敌阵。在小小的 203 高地上,日军弃尸数万,其中包括乃木希典的两个儿子。远远望去,203 高地的形状因为积尸而改变,以至于日军炮队抵近射击时,不得不将炮车从尸堆上碾过,许多伤兵因此被碾死。203 高地掘地三尺都是血泥,俄军阵地正面土地上平均每平方米有三到四具尸体。

那天,高悬在 203 高地上空的太阳想必是血红色的吧?……

联合舰队自海面远眺战场,不禁悚然,东乡安慰大家说:"这样的堡垒只能这样打,别无他法。"

12 月 5 日,日军终于攻占 203 高地。第二天用 280 毫米大炮轰击太平洋舰队,由于可观察弹着点,因此命中率极高,爆炸的火光和硝烟吞噬了俄舰队,战舰一艘接一艘沉入海底,还有的则干脆驶出港口,单枪匹马挑战联合舰队,虽不免一死,但却死得轰轰烈烈。

英勇的俄国太平洋舰队覆灭了。

1905年元旦,俄旅顺守军投降,万余人成了俘虏。日第三军共损失59000人,为乃木换得了天皇的嘉奖和勋章。

东乡平八郎的联合舰队自旅顺撤回日本,休整备战,以迎击波罗的海舰队。

劳师远征

日俄之战始自1904年2月,为何迟至10月波罗的海舰队才出发?最根本的原因还是俄国在战争初期过分轻视日本,以为凭太平洋舰队足以对付日本海军,不料几次战斗后,太平洋舰队被压得抬不起头,俄国这才手忙脚乱地开始组织波罗的海舰队远征。俄国是个腐朽的专制国家,官僚体系即便在战时也效率低下,经过漫长的准备,直至太平洋舰队马上要遭到灭顶之灾时,波罗的海舰队才从本土出发,驰援远东。

舰队司令季诺维·彼得罗维奇·罗日杰斯特温斯基中将出身贵族,曾任沙皇侍卫,颇受沙皇赏识,曾出任军令部长。在尼古拉二世眼里,他是一个精明强干的人,因此挑选波罗的海舰队司令时首先想到他。实际上,罗日杰斯特温斯基不过是个媚上的庸才,此人自小娇生惯养,脾气暴戾,为人刻薄,他的脾气坏到极点,瞧不起任何人,对任何人都用挖苦的腔调讲话,斥骂下属如同斥骂三岁小孩,当然,当他对沙皇和上级讲话时便是一副截然不同的面孔了。在官邸内,他一会儿将妻子打得钻到桌子底下,一会儿又将勤务兵打得满院子乱跑,在他眼里,每个人都很可憎。罗氏不学无术,即无统帅的气质,也没有统帅的专业技能,选中这样的一个人率舰队出征,沙皇注定自取其辱。

舰队出发时,几乎所有人都哭丧着脸,预感自己是去送死。实际上,在舰队集结阶段便有水兵蓄意破坏军舰,还有人以自伤来逃避远征。当舰队驶离本土最后一个港口——利巴瓦军港时,许多水兵都眼含热泪,与故土"诀别"。

正在航行途中,传来了太平洋舰队全军覆没的消息,俄舰队士气更加沮丧。

联合舰队刚回到佐世保军港,早已等候多时的工程师、工人们纷纷登上军舰,检查伤情和设备磨损程度。水兵们上岸休息。东乡平八郎则动身前往东京,晋见天皇。

天皇在接风宴上对东乡勉励有加,令东乡诚惶诚恐。宴会后,一向不说大话的东乡向天皇立下军令状:"一定全歼敌波罗的海舰队!"令在座所有人大吃一惊。

联合舰队各舰在数月征战中伤痕累累,在短时期内修好难度很大,船厂工程技术人员和工人分三班轮流倒,24小时不停地维修,所有军舰按战列舰、巡洋舰、驱逐舰、辅助船只的顺序按好队。日本工程师在维修过程中大胆采用新工艺手段,使许多原本需要数月才能修好的军舰仅用半个月便修葺一新。

东乡深谙"兵不厌诈"之道。根据他的命令,日本间谍前往新加坡,装扮成当地人散布谣言,说什么日本潜艇已埋伏在大西洋等待俄国舰队。潜艇在当时属于最尖端的新式武器,日本连一艘也没有,可驻新加坡的俄国领事馆的人却听信谣言,当作"可靠情报"电告国内。俄国统帅部信息不灵,搞不清日本是否有潜艇,只好又把这个消息原封不动转告罗日杰斯特温斯基,罗氏接到电报后大呼小叫,搞得幕僚们神经紧张,于是谣言像电流一样迅速传遍舰队。其实如果冷静思考便会识破谣言,以当时潜艇的续航力能从日本开到大西洋吗? 即使有这个能力,为何沿途诸港(包括新加坡)没有人见过它们?

这实际是东乡对敌实施的心理疲劳战术。

俄舰队内部议论纷纷,甚至有人说日本潜艇已经开到丹麦附近,于是俄舰队在远隔日本万里的欧洲西海岸便开始实行灯火管制和战斗值班,这种紧张情绪导致一件令人哭笑不得的事件的发生。

10月7日夜,波罗的海舰队驶经德国北部的多乌海尔班克渔场,碰上一支英国渔船队,神经兮兮的俄国人在黑暗中把船队看成日本驱逐舰队,旗舰"苏沃洛夫"号率先发难,全舰队大炮、小炮、机关枪都"咚咚咚""啪啪啪"地打了起来。炮手们脸色铁青、牙关紧咬,炮弹一上膛就拉绳,连瞄都不瞄;军官们翻着眼白,只顾大叫:"放! 放! ……"军乐队员们敲着小鼓在甲板上疯跑,似乎觉得乱得还不够。

正当此时,殿后的"阿芙乐尔"号、"德米特里·顿斯科伊"号巡洋舰驶过来了,黑暗中又被看成"日本舰队主力"而挨了炮弹,两舰以为向他们开炮的是日本人,立即还击,双方打了个不亦乐乎。

等到误会消除,俄国水兵们才注意到一幅惨景:英国渔船被打得千疮百孔,船员伤亡惨重,几条船已经沉没,只剩船员浮在水里高呼"救命",罗日杰斯特温斯基看到不是日本驱逐舰松了一口气,竟置落水船员于不顾,率领舰队扬长而去。

这种蠢行加暴行令全世界震惊,罗氏很快成为全世界报章嘲笑和指责的对象。英国政府对俄提出抗议,并派遣一支舰队尾随俄舰队数日,弄得俄国人又紧张了好几天。

舰队长时间漂流海上,淡水、食物都得不到充足供应。由于缺乏营养,许多人病倒了,大家情绪都很低沉。罗日杰斯特温斯基为了改善伙食,下令各舰饲养牛、猪、羊和鸡鸭,这下有了新鲜肉吃,可是军舰卫生却一塌糊涂,堂堂的万吨级战列舰甲板上臭气熏天,这又引得罗氏将舰长们痛骂一顿。

当太平洋舰队覆灭的消息传来时,大家都绝望了。尽管司令官不断整饬军纪,水兵们还是日益沉溺于酗酒、赌博之中,舰队每靠一个港口便跑上岸找妓女寻欢作乐,一副"今朝有酒今朝醉"的模样。还有一些水兵乘机逃亡。

舰队的日常训练也很不正常,经常是演习开始而军官、士兵们还在睡觉,预备役转现役的老炮手已经忘了怎样打开炮闩,实弹射击的命中率令人绝望。就是这样一支舰队,俄国舆论还给予厚望,梦想靠拥有38艘战舰的波罗的海舰队会同太平洋舰队残舰击败日本海军。大多数波罗的海舰队水兵对此嗤之以鼻。

东乡平八郎正指挥联合舰队抓紧训练。

大部分战舰已修复完毕。舰队天天进行大规模演练,包括昼间炮击、夜间鱼雷攻击、队形变化。训练强度很大,平常一年消耗的弹药如今十天就打完,镇海湾海面上昼夜炮声隆隆。

同时,东乡对全舰队进行心理训练,要他们确信"大日本帝国天佑神助";日本舰队富有实战经验,强过波罗的海舰队;以逸待劳,日本必胜等等。这些思想广为东乡还对第一阶段作战进行反思,总结了经验教训,明确了迎战波罗的海舰队的战术。现在最令人烦恼的是:不知波罗的海舰队要走哪条航线。由于旅顺已被日军占领,因此俄舰队只能前往海参崴。由黄海到海参崴有三条航线:一条经由朝鲜与日本之间的对马海峡,一条经由日本本州与北海道之间的津轻海峡,还有一条经由北海道与库页岛之间的宋谷海峡。联合舰队兵力有限,不能同时把守三条海峡,可假若俄舰队由哪个不设防的海峡溜进海参崴,问题就严重了……

东乡和参谋们天天在海图上推算波罗的海舰队航向。

波罗的海舰队经过数月航行于1905年4月8日进入新加坡。水兵们很高兴,因为可以休整几天,而罗日杰斯特温斯基呢,这一路上他的脾气坏极了,太阳穴上的青筋都"突突"地跳,没人敢进他的舱房,尤其当他听说国人有人主张替换他,更是愤怒,沮丧到无以复加的地步。

舰队驶入新加坡时,岸上观者如潮,内中有日本间谍将所见电告国内。报告上说:俄国军舰甲板上都堆着煤炭,似乎很脏。舰身吃水线附近长满海蛎和水草。

东乡闻听此报立即判断出敌舰队必走对马海峡。面对半信半疑的下属,东乡阐述了理由:一、敌舰队燃料不足,舰身长满海蛎、水草必影响航速,从而加重燃料问题,因此敌人只能选择捷径,走路程最短的航线即经过对马;二、敌人看来已极疲惫,生理疲惫必影响心理,使其只注意尽快到达目的地而不知躲避危险。

过了几天有情报说敌海参崴舰队的几艘小炮艇到宋谷海峡附近活动,这非但没有迷惑住东乡,反而使他更坚信敌人必走对马。

此时,波罗的海舰队(已更名为第二太平洋舰队)驶至越南金兰湾,与后期赶来的涅博加托夫指挥的第三太平洋舰队会合,形成了一支50艘军舰组成的大舰队,彼得堡还是命令罗日杰斯特温斯基为司令。罗氏虚荣心得到满足,脸上露出少有的微笑。

可是,金兰湾再向东,可就进入危险的海域了,谁知有什么在等着俄国人呢?

俄舰队内部就走哪条航线也发生分歧。有人建议舰队绕大圈悄悄走宋谷海峡,也有人建议走津轻海峡,更有血气方刚的年轻军官提议闯进东京湾,先轰它个七零八落再说。罗氏此时却拿不定主意了,这时有参谋提醒他燃料不足,使他下定决心走对马海峡。与此同时他命令两艘轻巡洋舰先期前往津轻海峡以迷惑日本人。

此时东乡将舰队驻扎在早年看中的深水锚地——镇海湾,从这里可迅速到达对马海峡。东乡在海图上将对马海峡划分成方格,用数字命名,每个区划内都派遣巡洋舰或驱逐舰往来巡弋,日夜监视本水域,形成一个纵深达100海里的监视体系。同时,东乡派人去津轻、宋谷海峡设立观察哨,架起无线电天线,以防万一。日本布雷艇还到海参崴港外敷设了700枚水雷。

一张大网已经张开,只等俄国舰队这条大鱼自己送上门来。

决战对马

越靠近日本,罗日杰斯特温斯基越紧张。尽管拥有8艘万吨级战列舰,他还是不敢相信自己的实力，尤其是 5 月 26 日在黄海海面进行的一次阵型演练中，整个舰队那乱七八糟的样子着实令他心寒，现在他唯一能做的就是祷告上帝，保佑舰队不被日本人发现而通过对马海峡。

俄舰队以 15 节航速前进着。有命令实行灯火管制和无线电静默。5 月 26 日夜，俄舰电台已能够侦听到日本电台之间的联络。大多是密码，频繁而有规律，参谋军官们判断这是日本军舰在互相通报观察结果。

夜深了，海雾渐浓，海风掠过栏杆，发出令人心悸的声响。甲板上不见人影，炮手们都和衣卧在炮位上。这是一种大战前的静寂。

罗日杰斯特温斯基坐在舱房里默默无语，似乎苍老了许多，几名参谋见了，觉得他这时是那么可怜，值得同情。

与此同时，东乡平八郎及其幕僚们也彻夜不眠。根据航程推断，俄舰队应在这两日到达预定海域，可直到现在也未接到情报。海雾严重干扰了日本巡逻舰船的活动。

前一日，曾有巡逻舰报告"发现敌舰队"，可当联合舰队驶出镇海湾时又接到电报说"前电系误报"，原来巡逻舰将本方巡洋舰看成敌舰了。联合舰队并未回港，又进行了一轮炮击训练。事后证明，那份误报对联合舰队快速出击起了很大作用，因为联合舰队大大小小上百艘军舰要依次驶出镇海湾要花费很长时间，这次训练后舰队驻泊在港外，后来接到"信浓丸"号敌情通报后很快就集结完毕。

"信浓丸"发现俄舰队是在 5 月 27 日凌晨 2 时 45 分。当时"信浓丸"正在 203 海域巡逻。这是一艘改装巡洋舰，舰长成川揆大佐当时正手持望远镜在黑暗中搜寻。这种搜索已持续数日，可谁都不敢懈怠。

借着微弱的月光，成川舰长发现了一条大船，"这肯定不是日本船，难道……"他一下子激动起来，下令接近目标。

这条船是俄舰队医疗船"阿察尔"号，此时它已掉队，正在追赶大队，这时看见"信浓丸"号靠近，以为是友舰，便用灯光信号与之联络，这下让"信浓丸"把它看了个明明白白，根据信号判断，还有别的俄舰在这一海域。成川大佐高兴地大吼大叫："无线电！无线电！"

这是一封日本海军史上著名的电报："敌舰队出现在 203 海域，正向东航行！"

联合舰队司令部接电后如释重负。

另一艘巡洋舰"和泉"号接到通报后也赶到 203 海域，借着曙光看清了整个俄国舰队，把它的航向、航速、队形、编制用电报不断报告给东乡，使东乡平八郎未及开战便对敌情了然在胸。

联合舰队刀出鞘、箭搭弦，向预定作战区域全速开进。

"信浓丸"和"和泉"号都被俄舰队发现了，但罗日杰斯特温斯基却不采取任何措施，依旧照原航向前进。根据这个俄国莽汉的秉性，也许他认为被发现是迟早的事，同时又担心过度反应会引起舰队混乱，因而摆出副"听天由命"的架势。

俄舰队此时正成双纵队，右列为第 1、2 战舰支队，以旗舰"苏沃洛夫"号打头，左列为涅博加托夫的第 3 战舰支队，以"尼古拉一世"号打头，双纵队之间是一些小型舰船，5 艘巡洋舰和驱逐舰殿后。

午前 9 时，罗日杰斯特温斯基的望远镜捕捉到了一簇煤烟，顺着看去，发现了

357

一支日本舰队,那是东乡事先部署在对马岛附近的第3、第5、第6战队和第4驱逐舰队,他们接到敌情通报后赶到203海域。这支日本舰队远远地与俄舰队并行,若即若离,俄"曙光"号按捺不住,开炮射击,日本人只是稍稍拉大距离,继续等待主力舰队的到来。

联合舰队于午前

东乡平八郎大将在旗舰三笠号舰桥上指挥对马海峡海战

6时05分出发,以第1、2、4战队和第1、2、5驱逐舰队,第9、14、19鱼雷艇队的次序呈单纵队前进,边行进边进行战斗准备,甲板上的煤包被抛入大海,士官们逐个检查火炮,水兵们都洗了澡,换了新衣服,午前10时用了午餐。此时海面上风疾浪高,东乡见鱼雷艇行驶困难,便命令它们暂时脱离编队。

午后1时39分,联合舰队与先头部队会合,随即看到了俄舰队,所有人都凝神屏息,等待东乡平八郎司令的命令。

东乡平八郎身着海军礼服,腰挎一口文字吉房宝刀缓步走上"三笠"号舰桥,这个情景使人仿佛看到了特拉法尔加海战中的纳尔逊。东乡此时怀着与年轻时的偶像一样的心情眺望着敌舰队,他似乎感受到了全舰队落在他身上的目光。东乡轻轻一挥手,一道信号旗飞快挂上桅顶,这就是日本海军史上著名的Z字旗:

"皇国兴亡,在此一战! 全体将士,务必奋发努力!"

联合舰队高呼"万岁",喊声压过浪涛,响彻云天。

午后2时02分,双方相距8500米,这已是305毫米大炮的有效射程,但东乡仍不动声色……

双方不断接近……

8000米时,"三笠"号炮术长询问东乡在哪边炮击,东乡却下达了一个不同寻常的口令:"左满舵!"几乎所有人都吃了一惊,"左满舵"意味着敌前转向,这是兵家大忌,东乡司令长官究竟怎么了?!

东乡的打算是将整个舰队左转90度,由与敌相向行驶变成与敌呈"丁"字形,这样可以成功地压住敌人航向,不让他们逃向海参崴。这是东乡在汲取黄海海战教训的基础上制订的战术方案。这个方案有很大冒险性:在转向过程中,己方无法瞄准射击,而敌人正好可以逐一瞄准,各个击破,如果敌人炮术精良,完全可在日本舰队还未完成转向时便击沉所有日本主力舰。可东乡为了胜利甘愿赌上一把,而且根据情报,东乡确信敌人没有那么高明的炮手。

罗日杰斯特温斯基看到日舰转向,先是大惑不解,继而高兴起来:"东乡不过是个愚人,敌前转向,这是要当拖靶呀!"他下令开火,这样位于前列的战列舰都一齐开炮,拼命地打了起来。

巨型炮弹尖啸着划破天空扑向日本舰队,冲天的水柱包围了"三笠"号,日本舰队顿时陷入危难之中。

一颗炮弹击中"三笠"号右舷前甲板,打死打伤 11 人,一块近失弹的弹片飞进司令塔,打倒了副舰长和几名参谋,还有巴掌大的一块弹片擦伤了东乡的右脚,参谋们大惊失色,唯有东乡若无其事。

俄舰队齐射是个败招,因为这样谁也无法看清自己炮弹的弹着点,从而无法纠正误差,尽管如此,日本人还是蒙受了一些损失。

东乡一直等到距敌 6500 米时才下令开火。第 1 战队的 6 艘战列舰集中攻击俄旗舰"苏沃洛夫"号,第 2 战队的 6 艘装甲巡洋舰集中攻击"奥斯拉比亚"号。日本舰队的炮击刚开始由一艘军舰独自开火,修正误差,取得射击诸元后再一齐开炮,这样一开始便取得战果:"苏沃洛夫"号被击中起火,"奥斯拉比亚"号大桅折断,烟囱受损,火焰从舰体破洞中喷出,舰身倾斜。

俄国水兵大多数未曾经历实战,当炮弹在甲板上炸裂时,士兵们看着血肉横飞的场面目瞪口呆,军官则连推带搡地驱赶士兵去救护伤员、扑灭大火。甲板上呻吟声、咒骂声和炮声交织在一起,如同地狱一般。

罗氏看到击沉"三笠"号的意图破灭,恐惧攫住了他的心。他躲进有装甲防护的司令塔,周围挤满了舰长、幕僚和传令兵。罗氏嘶哑着嗓子下令:"北 23 度东,方向海参崴!"此时此刻,突围成了最大的愿望。

俄国的双纵队由于受到日舰队挤压而不自觉地变成单纵队,渐渐被迫改变航向,形成与日舰队平行的态势,在这种情况下,双方相互炮击应是胜负各半,但由于日本炮手技高一筹,因此占据主动。

日本人的 305 毫米炮弹肉眼看得到,这些黑色死神准确无误地扑向俄舰,由于里面装的是下濑火药和伊集院信管,因此威力巨大,甚至碰到小拉绳也能爆炸并引起大火。

东乡站在舰桥上指挥,这太危险了,幕僚们劝他进司令塔,他执意不肯。在他身后,一名参谋不断地通过传声筒向甲板下机舱里的战友们报告战况,借以激励士气,东乡微笑着,纠正他出现的口误,一副大将气派。

上天真会捉弄人。舰桥上的东乡安然无恙,而躲在司令塔内的罗日杰斯特温斯基却负了伤。

下午 6 时,一颗 305 毫米炮弹击中"苏沃洛夫"号,弹片飞入司令塔,打死打伤十余人,罗日杰斯特温斯基头部负伤倒地,鲜血染红了头发。

库伦参谋长急忙上前抱住司令官,罗氏已经昏迷,嘴里喃喃道:"北 23 度东,北 23 度东……"他还没忘突围。

"苏沃洛夫"号已经成了一艘火船,爆炸声不断,舰身倾斜。库伦参谋长下令将司令长官移至巡洋舰"厉害"号上。

此时,战列舰"奥斯拉比亚"号、"博洛季诺"号已被击沉。

俄舰队夺路而逃,联合舰队尾追而去,这一海域恢复了平静。

此时,日本巡洋舰队跟随而来,看见了一幅惨景:一艘不知舰名的巨舰漂浮在海面上,像柴垛一样燃烧着,漆黑的桅杆上爬满水兵,远望如同蚂蚁一般。日本人驶近才发现这竟然就是日夜念叨的宿敌——敌舰队旗舰"苏沃洛夫"号！此时它已是一具空壳,随波漂荡。

出人意料的是:"苏沃洛夫"号发动了攻击! 它那令人生畏的 305 毫米大炮已经不起作用了,唯一的一门 152 毫米舷炮顽强地外炮射击,俄国水兵殊死力战的精神令人惊讶。

几枚鱼雷击中"苏"号,强大的俄国旗舰战斗到最后一息,带着几百名水兵沉入大海。

至此,俄舰队已有 7 艘主力舰沉没,另有数舰负重伤。

东乡下令:联合舰队主力脱离战斗,奔赴郁陵岛以南海面。驱逐舰、鱼雷艇投入夜战。

21 艘驱逐舰和 40 艘鱼雷艇乘夜幕降临,风驰电掣,直插敌舰队。

此时俄舰队已转由涅博加托夫指挥。他刚刚庆幸摆脱了联合舰队,又吃惊地发现敌鱼雷艇来袭。他错误地下令打开探照灯瞄准,结果给日本人提供了目标,一枚枚鱼雷向着灯光扑去,海面上不时响起巨大的爆炸声,战列舰"伟大的西索伊"号、装甲巡洋舰"纳希莫夫海军上将"号、"弗拉基米尔·诺马赫"号沉没。

连连遭受重创的俄国人疲惫不堪,只盼趁夜逃出日本人的手掌。

孰料,东乡平八郎带领主力正在前面等着他们呢!

而此时,罗日杰斯特温斯基已经当了俘虏。

转移到"厉害"号上以后,罗氏又被转移到"严厉"号上。"严厉"号载着受伤的司令官形单影只地摸索前进。深夜,"严厉"号与日本驱逐舰"涟"号遭遇。

"涟"号隶属第 3 驱逐舰队,本应参加夜袭,无奈由于机械故障而掉队,也许是命运的安排,"严厉"号遭遇了这艘掉队的日本驱逐舰。

库伦参谋长断定附近肯定还有日本驱逐舰,尽管"严厉"号尚可一战,但为了司令长官的生命安全,不能冒险,他下令投降。

一块充当白旗的台布悬挂出来。"涟"号水兵登上"严厉"号甲板,在舱房里意外地发现了一个满身是血的老者,肩章上赫然缀着中将的金星。

库伦参谋长镇定地说:"这是我第二太平洋舰队司令罗日杰斯特温斯基中将,请根据国际法给予他相应的待遇。"

日本士兵只顾张着大嘴傻站着,急促呼吸的样子令人联想起鲇鱼。

5 月 28 日晨,当涅博加托夫发现日本舰队主力横在前方航路上时,他的精神顿时崩溃。征求下属意见后,他下令投降。随后涅博加托夫蹒跚着走进舱房,瘫倒在椅子上,嘴里喃喃道:"就这样吧,就这样吧……"

俄国的最后一线希望——波罗的海舰队覆灭在对马海峡。东乡的胜利为日本在整个战争中奠定了胜局。为期两天的海战中,俄国损失战舰 28 艘,死伤官兵 11000 人,日方仅损失 3 艘鱼雷艇,死伤官兵 700 人。

日俄战争的胜利使日本独霸在中国东北和朝鲜的利益,并一跃成为世界强国。

日本国内对军队的赞誉扑面而来,作为高级将领的东乡在战后拥有了数不清的荣誉和奖赏。

1905 年,东乡出任海军军令部长。

1911 年 6 月陪同依仁亲王赴英参加英皇加冕大典。

1913 年获元帅军衔。

1914 年,出任东宫御学问所总裁。

1934 年,被封为侯爵。

逝者已矣

1934 年,86 岁高龄的东乡病逝于东京。

在此后的岁月里,东乡日益被神化,他的音容笑貌成为人们竞相模仿的对象,当时日本正竭力扩充海军军备,已死去的东乡被看成是"帝国海军的象征",这一切恰好符合军国主义分子的愿望,于是在阴云密布的战前岁月里,东乡被摆放在神坛上,受到国民的景仰。

这种个人崇拜导致的恶果是:日本海军从思想到行动都打上了"东乡"的烙印,实际上是日本海军沉溺在日俄战争时代而不能自拔,他们因循守旧,拒绝接受新事物。

当航空兵开始叱咤长空时,日本人也开始发展航空母舰,但始终拒绝把它当成主力舰,甚至在日本航空母舰袭击珍珠港后还是如此。当美国人把战列舰降格为掩护登陆的火力舰时,日本人还将希望寄托在两艘世界最大的战列舰"大和""武藏"号上。

日本人很早就将美国当成假想敌,但只是简单地将美国看成另一个沙俄,对它拥有的巨大生产力视若无睹。

日俄海战由几场大战组成,日本人此后很长时间天真地幻想未来日美海战也可以毕其功于一役,对战争的残酷性、长期性估计不足。

东乡亲手将日本海军推上"世界第三"的宝座,但始料未及的是后继者们又用他的"手"为日本海军掘下了坟墓。

电影《日本海大海战》中最后一个镜头是这样的:东乡硕大的背影,由近及远,渐渐消逝在茫茫暮色中……

逝者已矣,东乡和他的时代一去不复返了,那旭日旗在别国土地上飘扬的时代一去不复返了……

太平洋战争赌徒

——山本五十六

人物档案

简　　历:1904年从江田岛海军学校毕业,任"日进"号装甲巡洋舰上的少尉见习炮官。参加了1904~1905年的日俄海战,支持和参与了日本军国主义的侵华战争,是太平洋战争的重要策划者和组织者之一,谋划了对珍珠港的袭击,组织与指挥了中途岛海战、所罗门群岛争夺战。

生卒年月:1884年4月4日~1943年4月18日。

安葬之地:东京日比谷公园。

性格特征:坚强,争强好胜;倔强刚健,胆大心细,深谋远虑。

历史功过:山本谋划的对珍珠港的袭击,保障了进攻东南亚地区日军侧翼的安全。中途岛海战使日军遭到挫折,所罗门群岛争夺战又使日本遭到更大的失败。

初涉航空

1884年4月4日,日本长冈市武士高野贞吉家的第六个儿子呱呱坠地了。因为这一年高野贞吉56岁,所以给儿子取名为高野五十六。

这个贫困武士的儿子,自幼具有坚强的意志和争强好胜的进取精神。17岁那年,他考入江田岛海军学校,1904年毕业后任"日进号"装甲巡洋舰上的少尉见习枪炮官,参加了日本海军名将东乡平八郎指挥的1904~1905年的日俄海战。在战斗中,他负了重伤,左手的食指、中指被炸飞,下半身被炸得血肉模糊,留下了累累弹痕和终身残疾。由于他只剩下了八个手指,同僚们给他起了个"八毛钱"的绰号。1914年,他以上尉军衔进入海军大学深造,1915年晋升为少佐。1916年,他从海军大学毕业后,登记为山本带刀之养孙,改姓山本,由高野五十六成为山本五十六。

他是一个孝子,当军官后还常常回乡为高野、山本两家的祖坟扫墓,大部分薪水都寄给了母亲,接济哥哥、姐姐,有时还为亲戚和老师的子弟缴纳学费。据说这是他迟迟不成家的一个重要原因。1918年8月,山本和故乡一位朴实、美貌的挤牛奶姑娘礼子在东京举行了婚礼。婚后他们生有两男两女。

山本五十六身材短粗,略显驼背,但却很结实。他身高只有1.59米,与他崇拜的偶像东乡平八郎恰好一般高。他外表文质彬彬,神情忧郁,显得心事重重,内心却倔强刚健,胆大心细,深谋远虑,富有带兵才能。1924年,山本刚调到霞浦航空队任副队长时,这里的飞行员留长头发,蓄小胡子,军容不整,军纪松弛。他决心加以整顿。可那些散漫惯了的飞行员,起初根本看不起这个其貌不扬的外行长官。年已40的山本,除严格要求部属履行自己的职责外,每天主动像小伙子一样接受几小时的飞行训练。没过多久,他的飞行技术超过了不少青年学员,达到了单飞教练机的水平。他以自己的意志和才干,在飞行员中建立了威信。在山本的组织指挥下,霞浦航空队的训练和军纪焕然一新。1926年,山本调任赴美时,队员们十分惋惜。当山本乘坐的"天洋丸号"起航时,一个中队的飞机出现在该船上空,飞行员们驾机俯冲掠过,向他们尊敬的上司道别。

偷袭扬名

1928年,山本从美国归国,先后在巡洋舰"五十铃"号、航空母舰"赤城"号上担任舰长和海军航空部技术处长、第一航空队司令官等职。1930年和1934年两次赴伦敦参加海军裁军会议。1934年晋升中将,就任航空部部长。在此期间,山本最感兴趣的是飞机,他大肆鼓吹"空军本位主义","以航空母舰为基地的进攻战"。

1939年9月1日,在德国入侵波兰的当天,山本当上了联合舰队司令官。从这时起,他基本上可以放手按他的观点建设现代化日本海军,训练重点放在以航空母舰为基地的航空兵方面。在1940年的一次春季演习中,当他看到航空兵在训练中取得理想成绩时,转身对他的参谋长说:"训练很成功,我想进攻夏威夷是可能的。"从这时候起,山本就着手准备珍珠港之战了。

珍珠港位于日美之间太平洋东部的夏威夷群岛,距日本3500多海里,距美国本土2000海里,是美国太平洋舰队最重要的基地。1941年1月7日,山本写信给海军大臣及川古志郎,正式提出了偷袭的设想。此后就和几个参谋一起,极端秘密地制订"Z"作战方案。6月,正式方案提出后,曾在日本上层引起争论,一些人不相信庞大的舰队横渡3500海里而不被发现,对这一计划的可行性表示怀疑。山本固执己见,甚至以辞职相要挟。日本统治集团为了"南进",于10月中旬批准了这个计划。于是,山本指挥联合舰队选择了与珍珠港相似的鹿儿岛湾,开始了紧张的模拟训练。

1941年12月7日凌晨,从6艘航空母舰上起飞的第一攻击波183架飞机,穿云破雾,扑向珍珠港。7时53分,机群发回"虎、虎、虎"的信号,表示奇袭成功。此后,第二攻击波的167架飞机再次发动攻击。仓促应战的美军损失惨重,8艘战列舰中,4艘被击沉,1艘搁浅,其余都受重创;6艘巡洋舰和3艘辅助舰艇被击伤,188架飞机被击毁,数千官兵伤亡。日军只损失了29架飞机。日本联合舰队的军官们额手称庆,欣喜若狂。山本虽故作镇静,而但他的部属们仍看得出他激动得满脸通

363

珍珠港事件发生后,美国总统罗斯福把 12 月 7 日宣布为"国耻日",而大洋另一边的日本则举国欢庆。山本五十六立即成为家喻户晓、妇孺皆知的大英雄。山本策划和创造了世界海战史上远距离偷袭的奇迹,使得他威名大震,显赫一时。

赌徒失利

山本面对其一生的最得意之作,并没有丧失理智。他深知,当时美国的生产能力数倍于日本,美国的战争机器一旦开动起来,日本断难获胜。出于赌徒的本能,山本想对美国再进行一次奇袭,进攻珍珠港西北 1300 英里的中途岛。

1942 年 2 月,当第一阶段作战即将结束之时,山本指示联合舰队司令部拟订下一阶段作战计划,即中途岛作战计划。1942 年 4 月 18 日,美国航母"大黄蜂号"运载的 B-25 轰炸机 16 架空袭东京、横滨、川崎、横须贺等城市,这是日本本土自开战以来第一次受到轰炸,引起了不小的震动,为了进行报复和消除来自中太平洋方向的威胁,山本所坚持的中途岛作战计划立即顺利通过。

1942 年 6 月初,山本亲率作战舰只 200 余艘开赴中途岛和阿留申群岛。山本认为,取得这次决战的胜利,对美国的战斗意志将是一次更为沉重的打击,但进攻中途岛的行动企图被美军发现。美军破译了日军的密码,赢得了作战准备时间,调兵遣将,布下了伏击日军的陷阱。美国太平洋舰队司令尼米兹选择了最佳时机对由南云指挥的航空母舰编队实施了突然而集中的打击,以劣势兵力重创日军,击沉了日本的 4 艘航空母舰,一艘重巡洋舰,重伤 1 艘重巡洋舰和 2 艘驱逐舰,击毁日机 332 架,数千日军包括许多富有经验的舰载机飞行员丧生。美军仅损失航母 1 艘、驱逐舰 1 艘,飞机 147 架。这一挫折,沉重打击了山本的自尊心,日本海军也从此开始走下坡路。

此战以后,山本无可奈何地说:"我将向陛下直接请罪。"日军大本营于 6 月 10 日发布消息称,中途岛作战击沉美军航母 2 艘,日方航母 1 艘沉没,1 艘重伤。为了防止真实情况外露,南云舰队生还的官兵只准在基地内活动,不允许和外人接触,甚至和家人见一面也不准,不久他们就被遣往南洋作战去了。这就是山本所说的一切由他负责。

因袭而亡

1943 年 2 月,在瓜岛作战的日军残余部队 1.3 万人最终撤出,战况对日军更加不利。4 月,山本将司令部由特鲁克移至靠近前线的新不列颠岛腊包尔基地。他此行的目的是为了执行一个代号为"阿号作战"的计划。该计划是把联合舰队的舰载机 300 余架转移到腊包尔陆上基地,企图以集中的轰炸,把美军近期夺去的前进基地拔除一至两个,以挫败美军的攻势。从 4 月 1 日至 14 日,日机共进行 5 次攻击,出动飞机 652 架次,分别攻击了瓜达尔卡纳尔岛、图拉吉岛和新几内亚岛上的基地和附近海面的船只。"阿号作战"结束后,山本突然宣布,在返回特鲁克岛基地以前,他要到离瓜达尔卡纳尔岛前线较近的肖特兰地区各基地巡视一天,以提高守卫部队的士气。

山本的行程以电报通知了各基地,1943 年 4 月,美军情报人员再次破译了日军的密码。美国对这个偷袭珍珠港的策划者恨之已久,自然不会放过这个除掉他的良机。罗斯福总统亲自做出决定:"截击山本。"

4 月 18 日晨,山本率领舰队参谋长宇垣中将等分乘两架轰炸机由腊包尔机场起飞,预定在市根维尔岛南端的一个小岛——布困岛降落。他的座机由 6 架战斗机护航。当座机飞抵布困岛上空降落之前,从瓜达尔卡纳尔岛起飞的美军飞机 16 架,乘日军护航战斗机离开的瞬间,接近目标,一举将两架座机击落,山本摔死,参谋长宇垣受重伤。第二天,日军找到了座机残骸。山本五十六依然被皮带缚在坐椅上,他头部中弹,仍挺着胸,握着佩刀,但垂下了头。山本之死在日本引起很大震动,日本海军拖了一个月后才将山本的死讯通知其家属。5 月 21 日,日军大本营公布"联合舰队司令长官海军上将山本五十六于本年 4 月在前线指挥全盘作战时遭遇敌机,在机上壮烈战死"的消息。日本当局追授山本元帅军衔,并赐国葬。山本的国葬于 1943 年 6 月 5 日在东京的日比谷公园举行,百万人参加了葬礼。

博学多才战绩辉煌的俄罗斯统帅

——苏沃洛夫

人物档案

简　历:1774 年奉命到莫斯科对付普加乔夫农民起义军;1787 年,参加土耳其和俄国的战争,获得圣安德烈高级勋章和绶带;1793 年,镇压波兰民族起义;1799 年接管俄奥联军指挥权,开始对法战争。

生卒年月:1730 年 11 月 24 日~1800 年 5 月 18 日。

安葬之地:不详。

性格特征:刚强自立、学识渊博、思想深邃、勤俭节约、生活严肃。

历史功过:苏沃洛夫一生中所指挥的绝大多数战役均获得胜利,远征意大利是他军事生涯和指挥艺术的顶峰。但他一生中指挥的战役规模都不很大,直接指挥的作战部队最多不过 70000 人;作战的敌方波兰和土耳其均是弱敌;在意大利北部虽然同革命法国的军队作战,但却未能与当时最杰出的军事统帅拿破仑直接对阵较量。

名家点评:诗人杰尔查文为苏沃洛夫大元帅的病逝写诗哀悼:"狮心鹰翼已长往,今岁征战谁统帅?"恩格斯也曾评价"直接的进攻"是苏沃洛夫的独创精神。

怪癖的少年

1742 年 6 月,莫斯科城外近郊。

莫斯科河的支流亚乌扎河波光闪烁,弯曲绵延的河岸两旁,是起伏不平的原野。近处的农庄果园里,苹果坠满枝头,樱桃点染红晕。农田里小麦碧绿,刚刚开始抽穗。旷野上杂草丛生,灌木葱茏。远处的乡村教堂塔顶,灰色的小木房子,在树林掩映和阳光照耀下,明丽如画。

这是一个礼拜日的午后,从莫斯科河上游吹来的潮湿西风,一阵又一阵掠过原野。青灰色的云团在天空中迅速积聚,蓝天和阳光一点一点地退缩。远方的云间传来沉闷的雷声。

波克罗夫卡村的乡间土路上,出现了两位少年骑手。前面马上的少年身材瘦弱,两眼碧蓝,鼻子尖尖,衣着华鲜整洁;跟随其后的同伴,褐色睫毛,面带雀斑,穿一身贱民服装。一眼便可看出,这是一对少年主仆。

乌云吞没了最后一缕蓝天。又一阵狂风吹过,天空中一道闪亮,随即是一声霹雳。稀疏的雨点落了下来,打在路面的浮土上,溅起小小的土花。两匹马被土腥气一呛,打起了响鼻。

12岁的少爷亚历山大·苏沃洛夫仰望天空,神情亢奋,举起马鞭叫道:"我的部队要进攻了。士兵们,风雨无阻。叶菲姆,跟我冲锋!"他催动坐骑,迎着风雨疾驰而前。

叶菲姆抹了一把雨水,不紧不慢地跟在小主人后面。这个锅炉工的儿子,与他的小主人同岁,但想的却不大一样,风雨天骑马乱奔,真是瞎胡闹,回去还要自己烤衣服。

小苏沃洛夫从树林折返回来,人马精湿。"叶菲姆,你又违抗我的命令。像你这样懒,将来肯定当不上将军。"叶菲姆故意打了个喷嚏:"我想当甘尼巴尔那样的仆人。可我不是黑人,你也不是彼得大帝。"

叶菲姆说的"黑人"叫阿布拉姆·彼得罗夫·甘尼巴尔,是彼得一世皇帝(1682~1725年在位)的仆人和义子。半年前他刚被叶莉扎维塔女皇(彼得一世之女,1741~1761年在位)提升为将军。早在孩童时,甘尼巴尔就与苏沃洛夫的父亲是好朋友。现在,他更是苏沃洛夫家的贵客了。

电闪雷鸣,风助雨势。小苏沃洛夫身上发冷:"叶菲姆,现在冲回庄园去。你能跑在前面,发给奖赏。"

"奖什么?"叶菲姆挺起身子。

"面包和果酱,加上烤肉。"

"我想再要一点蜜酒。"叶菲姆两脚一磕马身,向前猛冲。

"我还没有发令。看我抽你的屁股。"

泥泞的土路上,疾速的马蹄声,伴着少年的大叫和笑声,在风雨中传开,与天空的雷声相应和……

1742年10月23日,沙皇近卫军普列奥布拉任斯基团的中尉瓦西里·伊万诺维奇·苏沃洛夫,来到谢苗诺夫斯基近卫团的士兵办公室,为自己未成年的儿子进行入伍登记。小苏沃洛夫被编入该团八连。

根据彼得大帝时的规定,所有的贵族子弟都要服兵役,并且禁止晋升对军事基础一无所知的人为军官。地位显赫的朝廷权贵们在遵守这一诏令条文的同时,仍然不忘寻求特权。他们在自己的孩子出生不久或年龄尚幼时,就到近卫团中为其登记,编入士兵名册。对于这种"预授"军衔的贵族特权,讲究实际的老苏沃洛夫自然不会放弃。但是,他首先考虑的是儿子的体质太弱,不大适合做军人。他迟于"常规"为儿子选择谢苗诺夫斯基团,多半是因为该团驻地正好就在自己家的对面。

位于亚乌扎河畔的普列奥布拉任斯基村和谢苗诺夫斯基村,是沙皇的两个近卫团的驻地。彼得一世"亲政"之前,就是在这里度过了他的少年时代。酷爱军事游戏的彼得,与身边的小伙伴们——贵族、马夫或奴仆的儿子,终日在一起挥舞着木枪木刀,修筑土堡,演习攻城略地。"娃娃兵"与彼得情同手足,他们长大后,于1689年被编为两个团队,分别以其宿营地命名。

　　这两个以皇村命名，最初由宫廷侍从、贵族子弟、少年兵、马夫、御用饲鹰猎人等组成的少年游戏兵团，就是俄国近卫军的起源。到后来，两个团队中不仅军官是贵族，而且士兵也主要来自贵族子弟，实际上是为非近卫军的正规部队培养骨干。

　　小苏沃洛夫天生体弱，个头矮小，瘦削的身骨和面相，既不匀称也不漂亮。但是，他天生好动爱玩，性情活泼，有着灵敏机智的天赋。当家里来客人时，他就坐在一旁，倾听大人们的交谈议论。老苏沃洛夫有空也给儿子讲俄罗斯历史、彼得大帝的故事。当小苏沃洛夫自己能够读书时，父亲书房里的历史和军事图书，引起了他的极大兴趣。在一本本书籍里，小苏沃洛夫找到了心目中的英雄：马其顿的国王亚历山大、罗马统帅恺撒、迦太基名将汉尼拔、敢于冒险的查理十二世、欧根亲王……在父辈一代的影响下，他对彼得大帝更是无限崇拜。这些名垂史册的军事统帅们，激发起他童年的理想之翼，在战争艺术的天地里开始了最初的遨游。

　　尽管老苏沃洛夫时常担忧儿子的身体和前途，但是公务家事缠身，使他无暇多加过问。儿子的勤学令父亲喜在心头。但儿子身上那种与年龄不甚相称的刚强自立性格，又让父亲觉得是行为乖张。

　　小苏沃洛夫急于使自己的体格健壮起来。他打棒球、练游泳、洗冷水浴、玩军事游戏，在狂风暴雨中骑马奔驰，天寒地冻仍穿着单薄衣服锻炼，因此时常搞得感

苏沃洛夫少年军校军服上衣 CBY

冒患病。在家人和邻居眼中，小苏沃洛夫是个有"怪癖"的孩子。

　　小苏沃洛夫的祖父伊万·苏沃洛夫，是个门第古老但并不显赫的中等贵族，曾担任过沙皇近卫团的总司书，替年轻的彼得一世签署过命令。1708年，他的儿子瓦西里出生后，是彼得一世亲自为其举行洗礼。伊万·苏沃洛夫死于1715年。

　　瓦里西·苏沃洛夫这个彼得一世的义子长到14岁时，被选定担任勤务兵。沙皇的勤务兵地位并不低微卑下，这个地位可以增长阅历。俄国历史上不少著名人物，如缅希科夫、波将金、鲁缅采夫等都干过这个差事。瓦西里·苏沃洛夫在沙皇御前既当勤务兵，还当翻译。他在语言方面天赋非凡，能熟练使用好几种语言。多年以后，他在语言方面的博学和才能，还受到女皇叶卡捷琳娜二世的称赞。彼得一世驾崩后，瓦西里·苏沃洛夫开始在近卫军中服役。近30岁时，他晋升为中尉。在人们眼中平凡无奇、一生庸碌无为的瓦里西·苏沃洛夫，在叶莉扎维塔女皇当政时期，官运开始亨通。到老年时，他已是身居高位，有上将头衔，还获得过三枚勋章。瓦西里·苏沃洛夫身材矮小，其貌不扬，只有一双碧蓝的眼睛，显示出内在的聪明睿智。他尽心于家事，勤俭节约到了悭吝的程度。他的家财虽然算不上富有，但很殷实。在三个县里有他的庄园，拥有300名男性农奴。他的妻子叶芙多基娅，是位宫廷秘书官的女儿。他为丈夫带来的嫁妆，是一套石砌的住宅。婚后的叶芙多基娅，为丈夫生儿育女，操持家事。不幸的是她未能长寿，于1774年病逝。

小苏沃洛夫在小康家境和严父教养下度过了少年时代。他住的那间小房陈设简单。木床上铺着硬垫子和皮枕头,窗前一张桌子,摆放着书籍和地图。睡床上方有一尊圣像,给这俭朴的小屋增添了纯洁而虔诚的气氛。

母亲去世时,小苏沃洛夫 15 岁。悲伤不已的父亲决定让儿子留在家中。12 月 11 日,他给留守莫斯科的谢苗诺夫近卫团递交了一份书面保证:小苏沃洛夫离队到 1746 年 1 月 1 日为止;在此期间,自理生活,学完军事条令规定的课程和全部军事操练内容;每隔半年,向团部报告一次课程学习成绩。根据这份文书,小苏沃洛夫学习的课程有算术、几何、三角、炮兵学、工程学、外语等。

小苏沃洛夫继承了父亲的碧蓝眼睛和语言天赋。除了俄语,他会法语和德语。正式进入近卫团服役之前,他已学会了当军官所必须掌握的一切知识。他钻研过莱布尼茨的哲学原理,阅读了普卢塔克的历史著作和恺撒的回忆录,学习了地理学,研究过奥地利军事家蒙特库利科的《论军事艺术》。文化课程和外语学习,是他在父亲的亲自指导下完成的。

近卫军士兵

1747 年 12 月,苏沃洛夫离开莫斯科,带着自己的两个农奴叶菲姆·伊万诺夫和西多尔·科亚夫列夫,前往彼得堡去正式服役。作为贵族子弟,无论会有多么远大的前程,都必须从近卫团当士兵开始起步。

初到彼得堡,苏沃洛夫对一切都感到惊奇。冰冷宽阔的涅瓦河、华丽的皇宫和雄伟的要塞,收藏珍奇的博物馆,涅瓦大街两旁荷兰和法国式的建筑……这些笼罩在深冬蒙蒙雾气中的美妙风光,与他从小看惯的莫斯科相比,别是一派新景象。

苏沃洛夫住在叔父亚历山大·伊万诺维奇的军官宿舍里。伊万诺维奇在 1748 年新年时晋升为奥布拉任斯基团的上尉。但他对军事和公职,既无大志也不热情,整天忙于家事和教育儿子。大多数近卫军人与他一样敷衍职责,平庸度日。

谢苗诺夫斯基团的驻地在首都郊外,营区很大,住房宽敞。许多士兵都带着家眷,置备有自己的住宅和菜园。家境阔绰的贵族士兵还有私人马车,遇到繁重的公差活儿,就让自己的农奴去干。

新年之后,苏沃洛夫穿上缀有下士臂章的绿军服,开始了日复一日的操练和值勤。他首先难以适应的就是戴假发、扑香粉。这种从普鲁士军队学来的讲究,如同妇女的化妆打扮一样,烦琐而别扭。

苏沃洛夫身材瘦弱,貌不惊人,但却有一股倔强争胜的干劲。对于从小就倚仗父辈的贵族少爷习气,他极为反感。他的步枪总是保养良好,队列训练,操枪和敬礼动作规范利落。有一次,他被派到皇宫御花园值勤,正好遇见女皇在散步。

苏沃洛夫向女皇致礼,动作英武潇洒。女皇不由得停下脚步,询问他的姓名。当彼得一世的女儿知道面前这位下士的父亲就是他父皇的义子时,便掏出一枚银卢布赏给下士。

"回禀陛下,队列条令上禁止士兵在站岗时收受钱物。"苏沃洛夫下士恭敬而严肃地报告道。女皇天蓝色的目光显出赞许之意。她面容白皙,嘴唇俏薄,华贵温雅,是纯粹俄罗斯气质的女性。"好样的,我的孩子,你很懂规程。"女皇把银币放在下士脚边,"等换岗时把它拿去吧!"

"慈母女皇陛下,衷心感谢您的恩赐!"苏沃洛夫下士心情显得很激动。尽管他还只是一名下士,然而对于沙皇制度和沙皇本人的忠诚,已经是他从父辈那里继承来的道德情感。

在彼得大帝死后的三十七年中,俄国先后发生了五次宫廷政变。出身王侯的世袭老贵族与彼得一世时提拔起来的平民出身新贵族,相互争权夺利,插手干预皇位继承。被扶上宝座的沙皇,都是胸无大志的昏庸之辈,精神懒散而贪图享乐。因而宫廷宠臣佞官得以专权弄柄,导致了国势衰弱政事混乱的局面。

女皇安娜·伊凡诺夫娜(彼得一世的侄女,原普鲁士库尔兰公爵的遗孀,1730~1740年在位)当政时,懒于国事,奢侈挥霍,由她从库尔兰带回的贵族比隆执掌大权。比隆贪婪而残暴,蔑视俄罗斯的制度和文化。"比隆暴政时期",俄国的政治、军事、外交开始转向普鲁士化。安娜女皇死后无嗣,在国际反普鲁士势力法国和奥国支持下,近卫军拥立叶莉扎维塔·彼得罗芙娜为女皇。彼得一世的女儿废除了比隆苛政,并宣布恢复其先父在位时的政策和传统。至此,政局才稍趋稳定。

然而,贵族中的亲普鲁士派势力依然存在。加之女皇又指定其外甥彼得·费多罗维奇为继承人,就使普鲁士派可能东山再起。彼得·费多罗维奇的父亲是普鲁士公爵,他本人又在普鲁士长大,非常崇拜腓特烈二世(1740~1786年在位),极端仇视"该死的俄国"。

女皇叶莉扎维塔只具有彼得一世的血统,却没有继承其父的治国才能和革新精神。她在年近40岁时,将军国大权托付给亲信大臣,自己像个青春少女一样,热衷于舞会和娱乐,无止境地讲究服装、首饰和珍宝。光是服装一项,她就有15000件之多。宫廷里舞会和演出接连不断,狂喝滥饮、调情猎艳、温语缠绵。对女皇的曲意奉承和赞颂之词,不绝于耳。

宫廷中盛行的沉湎逸乐之风首先影响到贵族子弟组成的近卫军。苏沃洛夫吃惊地发现,士兵擅离职守、酗酒斗殴的地主习气司空见惯。军官们拉人情寻靠山以图升迁,才疏学浅而尸位素餐者比比皆是。父亲时常讲的彼得大帝时的严明军纪和忠于职责,已是凤毛麟角。

苏沃洛夫计划从平凡枯燥的训练和值勤开始,首先做一名模范士兵,靠自己的努力奋斗,成为像他所崇拜的那种伟大人物。他认真操练,学习条令,从不逃避勤务职责,总是以极大的热忱去完成每一次任务。他节俭用度,余下的钱都用以购买书籍。

近卫军的士兵,在社会地位和执行公务上,是与非近卫军的军官平起平坐的。他们可以参加宫廷舞会,有可能受命出国或被差遣到全国各地去。苏沃洛夫下士作为团队的优秀士兵,参加过海军军舰的下水典礼,被抽调担任过女皇出行时的护卫队。他自愿到皇家陆军总医院去值班。医院里由于管理人员的贪污克扣和懒惰渎职、设施简陋、护理粗劣、污秽混乱,伤病士兵的悲惨状况,令人不忍卒睹。亲眼看到来自农奴的普通士兵的医疗待遇后,在苏沃洛夫心中,奠定了日后对军队中大小医院所持的严厉批评态度。

在一年多的服役生活中,苏沃洛夫下士勤勉尽职,时刻保持着良好的军人姿态。对于他在操练时的规范表现以及战斗序列指挥中显示的才能和创造精神,营长索科夫宁少校大为赞赏:"老弟,你是好样的。看得出来,你对战斗部署的学习,比尉官们都要强。"1749 年 12 月,苏沃洛夫被提拔为营长的常任传令官。

1751 年 6 月,苏沃洛夫晋升为中士。1752 年初,他因声誉甚佳和懂得外语,作为信使被派往德累斯顿和维也纳,在国外逗留了八个月。这使他有机会提高德语和法语水平,还学会了意大利语。后来他担任团长时,军官名册上登记着通晓三门外语。

1753 年,老苏沃洛夫时运通达。12 月 18 日,在女皇生日这天,他被提升为陆军院(统帅机构)的少将委员。他对于彼得大帝及其思想的忠诚,受到了女皇的高度赞扬。这时,他那位 24 岁的儿子,还是近卫军普通士兵,过着训练值勤,吃粗饭、睡干草的平凡生活。

1754 年 4 月 25 日,根据女皇把优秀近卫军人派到非近卫军中担任军官的"口谕",苏沃洛夫等 175 名近卫军人被提升为军官。5 月 10 日,陆军院任命苏沃洛夫中尉到英格曼兰团任职。

第一次参战

1754 年 4 月到 1756 年底,苏沃洛夫由近卫军中士(相当于中尉)晋升到了少校军衔。在中等贵族军人中,提升速度算是比较快的。这一时期,他先后担任过步兵军官、监督军需的粮秣主任和军务主任等职。朴实勤恳的苏沃洛夫少校,急于想在实际工作中干出一番成绩。这种时机很快就随着七年战争(1756~1763)来到了。

1748 年,普鲁士王国从奥国夺取了富庶的西里西亚,一跃而成欧洲大陆的军事强国。敢于冒险的腓特烈二世雄心勃勃,1756 年又与英国结盟,得到军费上的援助,更加公开地图谋夺取邻国的土地。1756 年 8 月,普鲁士先发制人,以 100000 大军占领了萨克森国,其矛头是指向奥国。腓特烈二世想利用敌对各国的战略分歧,逐个击破。地大而落后的俄国,是其计划中的最后较量者。

普鲁士的崛起,成为俄国向波罗的海水域扩张的劲敌。1757 年 2 月,俄奥两国结盟,俄国承诺出兵援奥。俄国的战略目标是夺取波罗的海南岸的东普鲁士。是年 5 月,俄军越过波兰,兵锋直指东普鲁士首府哥尼斯堡。由于普军主力正与奥军作战,俄军的进展比较顺利。但是,由于俄军总司令斯捷潘·阿普拉克辛元帅忧心国内政局,行动迟疑缓慢,贻误了战机,使普军得以调整部署,迎击俄军。

8 月 30 日,占优势的俄军在格罗斯—耶格斯道夫村地区遭到普军的突然袭击。激战数小时后,俄军损失很大,几乎溃不成军。危急时刻,32 岁的鲁缅采夫上将不待命令,指挥一个旅穿过树林,攻击普军侧后,以猛烈的白刃冲击扭转了战局。

此役胜利,为俄军打开了通向哥尼斯堡的道路,然而,阿普拉克辛却下令撤退。秋季的道路泥泞不堪,俄军的物资损失比打了败仗还惨重。阿普拉克辛因此被撤职问罪,死在受审之中。

俄军参战之后,苏沃洛夫少校在波罗的海岸边的港口麦麦尔,负责军需供应。他通过战报、伤兵和信使,关注着前线战况。1758 年,他担任麦麦尔城防司令,并负责在里夫兰和库尔兰为前方组建预备营。由于出色地完成了任务,他在 10 月晋

1759 年 8 月,俄奥联军与普军在奥得河畔的法兰克福相遇会战。俄国上将萨尔蒂科夫指挥联军,利用库涅斯多夫村一带岗峦起伏的地势构成防线,使普军适宜于平坦开阔之地的楔形攻击战术难奏其效。轻敌自信的腓特烈二世,遭到俄军鲁缅采夫师的顽强抵抗和联军骑兵的包抄攻击,全线溃败,自己也险些被俘。

在这次会战中,苏沃洛夫中校在费莫尔伯爵指挥的第一师担任值勤官。当会战接近尾声时,费莫尔放下望远镜叫道:"军官先生们!胜利了!"站在一旁的苏沃洛夫立即说道:"我若是总指挥,现在就乘胜进军柏林。这样,战争就能早日结束。"

然而,盟国之间的战略分歧,迟滞了联军的进一步行动,使得腓特烈二世绝处逢生。俄军由于伤亡过大和粮秣耗尽,只得撤回国内休整过冬。

1760 年 4 月,俄军出兵偷袭兵力空虚的柏林,守军不战而降。但是,由于普军数万之众从萨克森回师援救,俄奥联军在占领柏林三天之后,又匆忙撤出。

此年 4 月,已获中将军衔的老苏沃洛夫,受命前往驻外部队中担任"军粮司主管"。这项工作需要廉洁正直而孜孜不倦的人。老苏沃洛夫没有运筹帷幄的指挥才能,却在军需供应方面表现出很强的组织能力。他获得了一枚勋章,并受封为枢密官。

1761 年,俄国企图对普鲁士进行最后一战并将其彻底击败。总司令布图尔林元帅将主力调往西里西亚,与奥军协同作战。另一路辅攻方向由鲁缅采夫指挥,攻击波罗的海岸边的要塞港口科尔堡。

苏沃洛夫中校编在贝格少将指挥的轻骑兵军团,第一次直接参加战斗。他率领一支哥萨克骑兵,以游击战的方式骚扰敌军。这种突袭要求疾驰猛冲,快速机动。苏沃洛夫的军事指挥才能,在初露头角时,就表现为进攻战术。

9 月间,普军 12000 人在普拉滕将军率领下,出现于鲁缅采夫的后方,赶来增援困守中的科尔堡。与此同时,贝格将军指挥俄军增援鲁缅采夫。10 月中旬,两支援军在兰得斯堡地区遭遇,发生激战。为了切断普军前进之路,苏沃洛夫带领一个骑兵连,夜行军 40 俄里,烧毁了瓦尔塔河大桥。随后,在攻击戈劳尔城的普军时,他身先士卒,冲锋在前,因战马倒地而跌伤。不断地从侧翼袭扰敌军,是苏沃洛夫在七年战争中的主要战斗经历。而骑兵部队的快速机动性,奠定了他日后战术原则思想的一个方面。

初冬时节,科尔堡的一部分普军利用浓雾天气突围而走。12 月 16 日,留下的 3000 名守军久困断饮,被拍投降。俄军终于夺取了这个具有重要战略地位的海上补给基地,然而战争却已临近结束了。12 月 25 日,叶莉扎维塔女皇驾崩,亲普的彼得三世一上台,立即与他崇拜的腓特烈二世停战议和,同意放弃俄军的全部占领地。普鲁士再一次绝路逢生。而俄军在这场战争中人财空耗,一无所获。

女皇驾崩前,老苏沃洛夫正在新占领的哥尼斯堡(今加里宁格勒)担任总督。彼得三世下诏免去了他的职务,另行派他到遥远的西伯利亚任职。这实际上是一种体面的流放。老苏沃洛夫回到彼得堡后,拖延未行,并参与了 1762 年的"六月政变"——野心勃勃的皇后叶卡捷琳娜·阿列克谢耶芙娜在以奥尔洛夫兄弟为首的近卫军拥护下,杀夫夺权,登上皇位。

步兵团条令

1762 年 8 月,苏沃洛夫中校奉命从哥尼斯堡返回首都,谒见了新女皇叶卡捷琳娜二世(1762～1796 年在位)。女皇把自己的一幅画像赐给了他。回到家中,心情激动的苏沃洛夫在女皇画像旁题词:初次谒见为我铺平了获得荣誉的道路。

8 月 26 日,晋升为上校的苏沃洛夫被派往阿斯特拉罕步兵团担任团长。七个月后的 1763 年 4 月,他又奉诏调任苏兹达尔步兵团团长。这支团队组建于彼得一世时期,已有半个多世纪的历史,久经战阵,功绩显著。在刚刚结束的七年战争中,也是参战最多的团队之一。苏兹达尔团的徽号是金色盾牌上站着一只头戴公爵宝冠的白色雄鹰。团徽分别佩戴在军官胸前和士兵的绿色呢帽上。

这时的苏沃洛夫上校,头发已显稀疏,削瘦的脸上因饱经风霜而皮肤粗糙,过早地刻上了皱纹。他不喜欢跳舞和打牌,在热闹的娱乐舞会上,在高谈阔论和津津于轶闻艳趣的社交场合,总是感到窘迫不安。与 34 岁的实际年龄相比,他的面容显老得多。但是,处事的深思熟虑,以及对职责的热忱精神,却要比其他军官更为出色。

苏沃洛夫在早年的刻苦学习和钻研中,对彼得一世颁布的步兵操典和条令领会至深。他分析过北方战争(1700～1721 年)的全过程,对步兵、骑兵、水兵的基本军事操练和技能了然于心;对滑膛燧发步枪的射击效果、步兵的白刃冲击、骑兵的全速猛攻和大刀斩劈尤为注重,对于野战时的战斗队形变换、火炮的轰击威力、诸兵种的协同行动勤加思考。彼得一世对俄国军事制度的改革和战术革新思想,为他的军旅生涯,奠定了坚实的思想基础。

但是,在当时的俄国统治集团中,围绕着稳定军队、提高战斗力、军队效忠沙皇、更有效地进行战争诸多问题,形成了保守和创新两派势力。18 世纪中叶以后的国内局势和对外战争,对俄国的军事思想产生了深刻的影响。为了镇压农民起义和进行领土扩张,俄国需要一支强大而可靠的军队。然而,俄军士兵主要来自农奴,终身服役,生活待遇低劣,训练粗野而惩罚严酷。叶卡捷琳娜二世执政后强化农奴制度的政策使军队的官兵关系——实质上是穿军装的贵族与穿军装的农奴的关系空前恶化。侵略扩张性的对外战争,又使军队士气普遍低落。

当时的欧洲各国中以普鲁士军队为最强。军官一律由贵族担任,士兵由强征的农民和约占半数的外国雇佣兵混编组成。由于成分复杂,士气不高,因此靠残酷的棍棒纪律来约束士兵。军事训练极为严格,并且特别注重形式。腓特烈二世要求把士兵训练成为盲目服从命令的机械人。作战时,普军常采用"机动战略",即在战场外围进行机动,造成威胁敌军后方的态势,争取不经会战而迫使敌军退兵或投降。当必须进行决战时,除与其他各国一样采用线式战术外,还使用楔形编队的"斜形攻击法",力争首先攻破敌军较弱的侧翼,再投入主力形成两面夹击之势。这种战术,后劲锐盛,对付单纯采用线式战术的敌军,多能制胜奏捷。腓特烈二世用此战术,在同奥军作战中,获得过辉煌胜利。

而俄军在七年战争之前,武器装备和战术指挥,都落后于普军。七年战争中,俄军战略上是进攻。但在历次会战中却是处于防御地位,等待敌军来进攻。当敌军退却时，又不实施追击。因此不能够全歼敌军，往往打成两败俱伤或得不偿失的消耗战。也就是在实战的经验和教训中，一些反对墨守旧规、勇于创新的将领看出，普军的"机动战略"以及适用于平坦地形的楔形攻击正在过时。尤是鲁缅采夫发挥彼得一世积极进攻的战术原则，首先使用散兵阵和纵队形，以有效的火力打击敌军，并采用密集的刺刀冲锋实施进攻，成为崭露锋芒的革新派代表人物。

苏沃洛夫对鲁缅采夫的勇敢精神和指挥才能十分敬佩。他自己在贝格将军麾下进行的"游击战"，突出快速、机动的攻击，与传统军事原则对比鲜明。实战锻炼、博览群书、熟悉士兵，这些因素使得具有批判精神和务实作风的苏沃洛夫在担任团队指挥官后，开始探索从实战出发，对部队进行全面的军事素质训练的创新之路。

苏沃洛夫为自己的团队制定了专门的条令，名为《团的建设》。从连长到班长，人手一册。条令详细说明了各分队的学习内容和学习方法。在规定的训练内容中，主要是队列训练和士兵"操练法"，要求从易到难，学深学透。苏沃洛夫指出，战斗中士兵起决定性作用，因而平时训练极为重要。为了带出一支模范团队，苏沃洛夫时常组织演习，演练战斗队形的纵横交换，合拢和展开；拉出营房进行长途行军；演练围困要塞的攻坚战。他最注重的训练项目是贯穿冲击和白刃拼搏。

当时的步枪杀伤力只有 60 步到 80 步远。在决定胜负的最后关头，白刃拼杀具有头等重要的意义。而当时风行于欧洲各国军队的普鲁士训练方式，是以密集的火器射击代替白刃战。这是因为雇佣兵难以胜任白刃战。苏沃洛夫不盲目照搬普鲁士模式，刻意训练部队进行以冷兵器为主的进攻型战术，表现出从实际出发的军事思想和独特的军事教育手段。贯穿冲击和白刃拼搏，有利于养成士兵的勇敢精神和坚强意志。

1764 年，俄军中颁布了比比科夫的《步兵团团长工作细则》。其内容在一定程度上恢复了彼得一世的军事制度，但与《苏兹达尔团条令》相比，仍显逊色。为了把新兵尽快训练成真正的士兵，俄军中盛行野蛮的杖笞和鞭打。士兵被看作是没有个性，没有自觉性的战争机器的零件。

苏沃洛夫在自己的团队中强调严格纪律和绝对服从。对于违纪行为，在给予必要惩罚的同时，还要让士兵明白所犯的过失。用适当的惩罚唤起士兵的自尊心，并培养下级军官爱护士兵的道德感。苏沃洛夫教给农奴出身的文盲士兵们一些祈祷文，让他们参加基本的宗教仪式，用淳朴的习俗教育感化士兵。他厌恶殷勤献媚、徇私拍马、攀亲靠友谋求举荐升迁的庸俗作法，在军中开展竞赛，用表彰奖励、提拔晋升的方法，激发军官和士兵的荣誉尊严之心。"任何人都有自尊心。"这是苏沃洛夫对待士兵的真挚情感。

1765 年 6 月，苏沃洛夫带领苏兹达尔团队从驻地拉多加镇急行军赶到距首都30 俄里的红村，参加遵照女皇谕旨而举行的野营集训。这是俄军历史上首次多兵种协同演习。参加演习的共有三个师和一个轻便军团。苏兹达尔团编在轻便军团中。

6 月 19 日下午 4 时，一声号炮，阅兵式开始。所有团队排成横队。叶卡捷琳娜二世在野营总部的将帅们陪同下，检阅部队，44 门火炮齐鸣，"乌拉"声震耳欲聋。

在第二天的演习中，苏兹达尔团担任女皇率领的"攻方"前锋队，攻击"守方"

的侧翼。在整个演习过程中,苏兹达尔团表现出来的机动灵活与行动快速,证明其军事素质已远远超过了别的团队。7月1日,演练结束,苏兹达尔团又以急行军返回拉多加镇,途中没有丢下一个病号。

从1763年到1768年,苏沃洛夫在和平环境中,担任苏兹达尔团团长五年之久。他同士兵一起荷枪操练、野外演习、风餐露宿,以始终不渝的热情和兢兢业业的模范行动,训练出了一支优秀团队,也赢得了士兵们的尊敬和爱戴。

锋利的战剑(一)

1768年9月,苏沃洛夫晋升为准将。他急于到战场上去建立功名。叶卡捷琳娜二世的对外政策,则为他提供了纵横驰骋的用武之地。早在16世纪中期,统一的俄罗斯国家形成之后,俄国贵族和商人就迫切希望掠夺新的土地、农奴和财富,急于夺取具有战略和贸易双重作用的陆海通道。但当时俄国扩张的直接目标,还是邻邦的土地。到彼得一世时,俄国就以争夺海洋水域即打通出海口为目标了。彼得一世说过"俄国需要的是水域"。他通过二十余年的战争,打败瑞典,夺取了波罗的海沿岸的大片土地,取得了通向西欧的捷径。在南方,俄国需要控制黑海和土耳其海峡,以便进入地中海,进而控制巴尔干地区。而这一扩张目标,是由彼得一世事业的继承者叶卡捷琳娜二世来实现的。在她执政的对外政策中,打败土耳其夺取黑海出海口和兼并波兰,占着优先的地位。

波兰王国是俄国西邻,地处欧洲中部的奥得河与维斯瓦河流域,气候温和,雨量充沛,土地肥沃。南有苏台德山和喀尔巴阡山,森林广大。波兰美丽富饶,而且南临黑海,北依波罗的海,战略地位尤为突出。到17世纪上半叶时,波兰版图有近百万平方公里,仅次于俄国而居欧洲第二位。

但是,波兰国内的封建割据局面和贵族共和政体与欧洲其他国家的中央集权相比,显得落后而衰弱。此外,波兰国土平原莽莽,无险可守。民族构成复杂与宗教派别众多也易成为外国势力干涉和入侵的可乘之机。

俄国与波兰之间,历来存在着民族矛盾、宗教矛盾和领土争端。1763年10月,波兰国王奥古斯特三世驾崩。为了控制波兰,沙俄与同怀觊觎之心的波兰西邻

苏沃洛夫铜像

普鲁士结盟,准备以武力来干涉波兰内政。1764 年夏天,波兰国会举行国王选举会议。俄军 50000 人开进波兰,进逼华沙施加压力,并以数十万卢布收买大贵族。结果,使俄国女皇的情夫斯坦尼斯拉夫·波尼亚托夫斯基当选为新国王(1764～1795 年在位)。随后几年中,俄国又强迫波兰议会实行宗教权利平等,并保证不经俄国允许不得擅自改革国家制度。

1768 年初,一部分反对国会向俄国让步的波兰贵族,在南部波多利亚的巴尔城组织起贵族党,宣布废黜傀儡国王,以武装行动反抗俄国干涉。贵族党人的武装同盟,得到法国和土耳其的支持与援助。由于这场反俄运动与宗教问题相纠缠,又引起了乌克兰人和哥萨克人反抗波兰贵族地主的起义。

为了镇压波兰贵族党人,也为了防止农民起义波及俄国,叶卡捷琳娜二世又一次下令俄军开进波兰。1768 年 11 月,苏沃洛夫准将接到命令,进军斯摩棱斯克。次年 5 月,苏沃洛夫被任命为旅长,统率三个团队待命。8 月初,贵族党人逼近华沙。苏沃洛夫奉命进军,在华沙和卢布林之间,追歼贵族党人的骑兵游击队。9 月初,苏沃洛夫到达卢布林。这里靠近奥地利边境,满布森林、沼泽、城堡和修道院,交通不便。贵族党人在此地有精良的骑兵,直接威胁着正与土耳其人作战的俄军的后方。贵族党人的骑兵游击队,作战灵活,出没无常。而同样长于游击战术的苏沃洛夫采用的对策,主要是突然奔袭。

1770 年新年时,苏沃洛夫晋升为少将。他亲自指挥一个由步、骑、炮兵组成的混合旅(3500 人)。4 月初,在卢布林西南的桑多米尔哨所附近,苏沃洛夫指挥俄军,歼灭了 300 名贵族党骑兵。俄军在卢布林地区的一连串胜利,使苏沃洛夫荣获了一枚圣安娜勋章。

1771 年 3 月,俄军在攻打贵族党人据守的山区城堡时,遭受挫折,苏沃洛夫也中弹受伤。他领悟到俄军还缺乏攻打坚固堡垒的作战经验。4 月 18 日夜,4000 余名波兰骑兵和步兵攻击克拉科夫城,俄军被迫撤退。苏沃洛夫闻讯后,夜行军赶到前线,调集了 3000 名官兵,立即实施反击,一举夺回克拉科夫,并追击敌军到一座山区古镇。5 月 10 日早晨,双方摆开阵势。波兰人占据山脊,居高临下。苏沃洛夫大胆地采用骑兵散兵线攻击战术,只用半个多小时,就摧垮了敌方阵线,歼敌500 余名。

尽管苏沃洛夫指挥巧妙,常常以几百人的小分队追歼数倍于己的贵族党人,并将其击溃,但他总觉得不是正正经经地打仗。他希望到南方广阔的战场上去与土耳其人作战。然而陆军部却让他在复杂而混乱的波兰战区呆了三年多时间。

1772 年 5 月,害怕俄国独占波兰的奥国和普鲁士,也对波兰进行武装干涉。俄国因为正忙于同土耳其交战,遂在 8 月与奥、普达成瓜分波兰的协议。俄国占领了白俄罗斯和拉脱维亚地区共 42000 平方公里土地和上百万人口。年底,苏沃洛夫少将奉命回到彼得堡,并得到了盼望已久的新任命,前往南方鲁缅采夫的第一军团去报到。

1768 年,土耳其政府插手干涉波兰事件,引起了俄土战争的爆发。战争一开始,双方主攻地区是波兰南部的霍亭。土耳其人想打到华沙与波兰贵族党人会合。俄军则要在霍亭堵截土耳其人。

俄国第一集团军于 1769 年秋天由鲁缅采夫元帅指挥。1770 年 6 月,俄军沿普鲁特河左岸南下,鲁缅采夫充分发挥了主动进攻和迅速突击的战术,连续战胜优势的土耳其军队。三个多月时间里,俄军控制了德涅斯特河与多瑙河之间的广大地区。

1771年,俄国第二集团军攻占了整个克里木半岛。次年,两国进行谈判。由于俄国的条件苛刻,未能达成协议。土耳其人虽然控制着亚速海、黑海和东地中海的制海权,但其政治经济比俄国更野蛮落后。奥斯曼土耳其帝国称霸的时代毕竟已过去了。

1773年2月,女皇命令鲁缅采夫打过多瑙河去,对土耳其施加军事压力。然而,第一集团军兵力不足40000人,发动攻势力不从心。鲁缅采夫将部队分成三个军团,决定在宽大的正面实施渡河。为了迷惑土军,苏沃洛夫少将受命对多瑙河右岸的土尔土卡伊要塞进行侦察奇袭。

土军在右岸的保加利亚,以鲁什楚克、锡利斯特拉两座要塞和舒姆拉为鼎足之势构成防御。土尔土卡伊位于两座要塞之间。土耳其军队的骨干是常备步兵,习惯于依托要塞工事作战,主动出击较少。另有战时召集的民团骑兵,人数众多,集团冲锋。但土军的武器装备比较陈旧,战斗时不讲队形,也不熟悉线式战术。

5月6日,苏沃洛夫少将来到多瑙河左岸的一座小镇。镇子西面是南流汇入多瑙河的阿尔杰什河。在这一地段,多瑙河面宽达千步以上,河岸陡峭。对岸的土尔土卡伊要塞和战舰上的大炮,可以封锁附近的河口和渡口。

土尔土卡伊的守军有4000人,火炮20门。围绕要塞小城设置着三处营地都配备有大炮。而苏沃洛夫指挥的俄军只有1500人和7门火炮。他决定夜间渡河,进行突然袭击。

5月9日深夜,俄军快到达敌岸时,土军才发现,随即开炮拦截。但夜幕下的炮火缺乏准确性。俄军步兵登岸后,以纵队形发起攻击。在短兵相接的夜战中,俄军的刺刀大显威风,土军很快就全线崩溃。俄军缴获6面军旗、16门火炮和19艘战船。苏沃洛夫下令烧毁小城,然后胜利返回左岸。这次成功的奇袭,使他荣获一枚二级乔治十字勋章。

俄军退走后,土军又陆续开到土尔土卡伊,重新构筑工事。指挥官是英勇善战曾任麦加总督的费祖拉—穆罕默德,统领着4000余名精兵。

鲁缅采夫命令渡河的俄军围攻锡利斯特拉要塞。为了牵制土军兵力,6月17日,苏沃洛夫受命再次袭击土尔土卡伊。这次他指挥的部队增加到3000人,配备15门火炮。是夜,风雨交加,苏沃洛抱病指挥战斗。俄军在大炮掩护下,渡河登岸,掷弹兵连冲在前面,如同尖刀,两翼是猎骑兵。步兵冲上高地后,展开成方阵队形。先头俄军与土军激战数小时后,苏沃洛夫率预备队渡河增援。在顽强的反冲击中,土军指挥官费祖拉—穆罕默德被击毙。刹那间,土军便溃败逃散了。俄军夺取了土军的全部火炮和35艘船只,两次突袭土尔土卡伊,土军伤亡800余人,俄军伤亡200余人。

俄军大部队返回左岸,在右岸只有吉尔索沃一个据点。鲁缅采夫把坚守任务交给了苏沃洛夫。俄军只有3000人,苏沃洛夫下令加固城堡,构筑新工事。9月初,苏沃洛夫指挥俄军击退了上万名土军步骑兵的围攻。这场守御战成为俄军1773年中的最后一次胜利。不久,鲁缅采夫命令俄军退回左岸,进入冬季营房休整。

1774 年 3 月,苏沃洛夫晋升为中将。由于国内爆发了普加乔夫起义(1773.6~1774.9),沙皇俄国急于抽调兵力去镇压,迫切希望与土耳其停战。为此,俄军决定发动夏季攻势,迫使土耳其政府就范。俄第一集团军 55000 人与正面的 100000 土军对峙。鲁缅采夫派兵分别攻击鲁什楚克、锡利斯特拉,并向舒姆拉方向推进。

6 月 9 日,苏沃洛夫指挥的 8000 俄军,与土军 40000 名步骑兵在舒姆拉东面的科兹鲁扎城外遭遇。两军之间隔着一片绵延 9 俄里的森林。次日,土军主力布设在城外一片高地上。苏沃洛夫以猎骑兵和掷弹兵为第一线,骑兵为两翼,两个团为预备队。开战之后,俄军以刺刀顶住了土军骑兵的疯狂冲锋,然后投入预备队以方阵向前推进。苏沃洛夫命令炮兵猛轰土军兵营,亲自率领骠骑兵向土军占据的小山岗冲击。迂回前进的步兵也越过障碍冲入土军阵地。土耳其军队的特点是一旦失利便溃散逃命。这一仗,土军损失千余人和 29 门大炮,再没有力量组织反击了。

7 月下旬,苏沃洛夫接到女皇的诏令,调他到莫斯科去对付普加乔夫农民起义军。哥萨克叶美连·普加乔夫领导的农民起义不到半年时间,就从叶克河波及伏尔加河流域草原地区、乌拉尔地区和西伯利亚地区。1774 年 3 月,起义军发展到 50000 人,围困奥伦堡,火烧喀山城,进逼察里津。贵族和地主们丧魂失魄,纷纷逃向莫斯科。

沙皇政府对起义军的第一次讨伐失败后,立即组织起第二次讨伐。农民起义军英勇奋战,但因为军事素质低,武器差,内部分裂等原因,不久便走向低潮。8 月24 日,苏沃洛夫到达讨伐军总司令帕宁上将的驻地,接受了起义地区各省军政大权的委托证书,立即去接管军队。9 月 16 日,当苏沃洛夫到达起义地区的雅伊克镇时,普加乔夫已被起义军叛徒出卖,交给了雅伊克警备司令西蒙诺夫上校。9 月21 日普加乔夫被押往莫斯科。1775 年 1 月 1 日,他被沙皇政府以极刑处死。

多事的南方

1775 年夏天,苏沃洛夫经历了极大的痛苦和欢乐。7 月 15 日,父亲病逝。8 月1 日,女儿出生。苏沃洛夫的妻子瓦尔瓦拉·伊万诺夫娜出身于莫斯科的名门望族,父亲是普罗佐罗夫斯基公爵。这门亲事是老苏沃洛夫生前选定的,孝顺的儿子对父亲的选择完全同意。婚礼是在 1774 年 1 月举行的。从相貌上看,两人并不怎么般配。44 岁的苏沃洛夫矮小瘦弱,24 岁的公爵小姐面颊红润、身材匀称,堪称美人。然而,由于公爵生活上阔绰挥霍,公爵小姐的嫁妆并不多。苏沃洛夫家中数不尽的金银财产,光“男性”农奴就有 2000 名之多。此外,在注重军职的显赫贵族中,苏沃洛夫的少将军衔和累累战功,就是一份令人满意的“聘礼”。

老苏沃洛夫永远不会想到他给儿子选择的婚姻是留给儿子的一场感情灾难。公爵小姐智力一般、性情急躁、作风轻浮、不惜金钱,像叶卡捷琳娜二世时代所有轻佻浅浮的贵族妇女一样。她的这些秉性品质,与苏沃洛夫的学识渊博、思想深邃、勤俭节约、生活严肃都是格格不入的。

1768~1774 年俄土战争的结果,是库楚克—凯纳尔吉和约:土耳其承认克里木汗国“独立”;俄国夺取了亚速夫、刻赤、厄尼卡列、金布恩以及第聂伯河与布格河之间的大片土地,兼并了北高加索;俄国商船取得在黑海航行并通过达达尼尔海峡的权利;土耳其向俄国赔款400万卢布。这是俄国"南进"的一场重大胜利,虽然距控制黑海,进入地中海的目标尚差很远。

失败的土耳其政府对克里木汗国的"独立"自然不愿善罢甘休。1775年7月,一支土军在克里木半岛的卡法登陆,黑海沿岸的局势变得紧张起来。为了遏止土军,1776年,俄军重兵集结于克里木和亚速海东岸的库班河边界地区。俄国既要保持对克里木的控制权,又不愿事态扩大到爆发战争的地步。这便需要一位经验丰富的军事指挥官。女皇的宠臣格里戈里·波将金上将推荐了第六莫斯科师师长苏沃洛夫中将。

1776年12月,苏沃洛夫到达亚历山大罗夫要塞,接任共有20000人的克里木军指挥权。此后一段时间,自尊心极强的苏沃洛夫与顶头上司、优柔寡断的普罗佐罗夫斯基中将相处得并不融洽。1777年6月,心情烦闷的苏沃洛夫患寒热病,获准短期休假,回到波尔塔瓦的家中与妻子和女儿娜塔莎共享天伦之乐。

1778年1月,苏沃洛夫被派往库班地区担任军长。当时的库班警戒线就是俄土两国的边界。苏沃洛夫巡视了这里的兵站和要塞,建议沿库班河北岸500余俄里的地段构筑防御体系,加强俄军的阵地。3月23日,鲁缅采夫元帅任命苏沃洛夫为克里木军军长,仍兼库班军指挥职务。5月至6月间,苏沃洛夫先后向库班军和克里木军下达命令:加强军事训练,保证后勤供给,改善士兵日常生活。这是他在多年的军旅生活中逐渐总结出来的治军原则和具体方法。他作为杰出统帅的声望,很大程度是建立在对普通士兵的爱护之上。

1779年,叶卡捷琳娜二世向奥地利皇帝约瑟夫二世提出结盟反对土耳其的建议,得到对方热烈响应。女皇宠臣波将金时任黑海沿岸新边疆区总督,准备利用英法之间的矛盾,远征波斯的里海地区。1780年1月,苏沃洛夫奉波将金的密令,来到阿斯特拉罕,着手作远征的准备。然而,由于国际形势的迅速变化,波将金的远征计划难以实施。苏沃洛夫在荒僻的阿斯特拉罕待了两年多。

1782年,俄土关系重新紧张起来。苏沃洛夫又被调到克里木—库班地区。沙俄政府在这个新吞并的边疆区要确立新的臣属关系,又要防卫边界。在苏沃洛夫心目中,他指挥的军队不仅要保卫俄罗斯边疆,还要维护现行国家制度。作为贵族阶级上层中的一员,苏沃洛夫对于"恶人暴动"——普加乔夫起义以及不肯臣服的克里木鞑靼人和库班诺盖人,都会予以坚决镇压。1783年,俄国宣布将克里木和库班地区并入自己的版图。从里海到亚速海的边境地区,由高加索军军长波将金负责管辖。

1784年夏天,苏沃洛夫开始担任莫斯科费拉基米尔师师长。1785年,他又调任圣彼得堡师师长。1786年9月,女皇降旨晋升苏沃洛夫为上将。是年底,他又担任叶卡捷琳娜军团第三师师长。1787年3月,陆军院院长、陆军元帅波将金授权苏沃洛夫兼管守卫波兰边境的一部分军队,并在赫尔松本兼职。这样一来,苏沃洛夫成为从西南的波兰边境到东南的塔夫利达,即第聂伯河两岸广阔地区所有部队的司令官。

4月,叶卡捷琳娜二世南下克里木巡视,并与奥皇约瑟夫二世会晤。在一系列的双边外交活动中,俄奥关系尤为重要。俄国积极准备,要与土耳其重开战端。由女皇宠臣波将金元帅负责黑海地区的防务,组织第聂伯河地区的后勤补给。新编成的叶卡捷琳娜军团由波将金元帅指挥。乌克兰军团由鲁缅采夫元帅指挥。苏沃洛夫负责克里木地区的防务,真正成为波将金手中的一把利剑。而波将金元帅则很大程度上成为苏沃洛夫在尔诈我虞的官场上的有力靠山。

就在苏沃洛夫官阶不断晋升,军权不断增大的这几年中,他的婚姻却日益走向破裂。由于丈夫过着辗转不定的军旅生活,瓦尔瓦拉·伊万诺夫娜婚后的生活极不舒心。在颠簸的旅行途中,她曾两次流产。不适应克里木的气候使她患过寒热病。年轻漂亮,在富裕舒服中长大的伊万诺夫娜,难耐与丈夫分离的寂寞,与别人发生了私通关系。这对心地纯洁而坦率自尊的苏沃洛夫而言,是个沉重的打击。他无法原谅这种堕落不忠行为,于1779年9月向宗教法庭递交了离婚申诉书。但是,由于女皇出面干预和劝慰,苏沃洛夫与妻子暂时和解。

1784年,苏沃洛夫与妻子最终决裂。瓦尔瓦拉·伊万诺夫娜是他一生中唯一爱过的妻子,也是伤透了他的自尊心的女人。这个没有坚定道德观念的女人,一再背叛婚姻和家庭的圣洁性。苏沃洛夫断然拒绝了女皇的多次出面调解,与妻子分手,从此开始了独身生活。叶卡捷琳娜二世时期是货真价实的"淫荡时代",宫廷中盛行着"自由"风尚,许多"戴绿帽子"的丈夫,害怕招惹女皇和她的宠臣,对妻子的放浪行为宁愿佯装不知。但是,苏沃洛夫无法与此苟同合污,他宁愿独身到老,而且至死也未同妻子和解。

8月初,定居在莫斯科的瓦尔瓦拉·伊万诺夫娜生下了儿子阿尔卡季。怨恨恼羞的苏沃洛夫拒绝承认这个儿子。

锋利的战剑(二)

1787年8月,土耳其帝国在英、法、普的支持下,向俄国宣战。9月2日,在黑海的金布恩海域巡逻的俄舰遭到土耳其舰只的袭击。战争首先从海上打响。

金布恩是第聂伯河与布格河河口湾金布恩沙嘴上的一座土耳其旧要塞。弯曲狭长的沙嘴伸向海中,封锁着两条河口。天气晴朗时,可以清晰地望见北面20俄里之外的陡峭海岸和奥恰科夫要塞。金布恩要塞因为地下水位很浅,并不坚固。但却可以阻挡土军舰只进入第聂伯河,又是俄军赫尔松基地的屏障。

战争打响后,苏沃洛夫上将指挥的金布恩俄军共有步骑兵4000余人,火炮90门。俄军分两线配置,前轻后重。9月中旬,土军对金布恩的两次进攻,都被伊万·列克少将击退。10月12日拂晓,土军的22艘舰船上600门火炮先向金布恩轰击,随后5000名精兵登上沙嘴向俄军阵地冲锋。土军进入火炮射程后,苏沃洛夫下令开火,并令第一线部队出击,将土军赶向海边。但追击的俄军受到土军舰只上的炮火拦截,溃退回来。苏沃洛夫在第二次反击时,被土军炮火打伤胸部,失去知觉。他一苏醒过来,立即又投入战斗。

在土军强大火力轰击下,俄军退入要塞。黄昏时分,苏沃洛夫集中全体官兵和赶来增援的近千名骑兵,发起第三次反击。夜幕降临,土军舰只受到俄军要塞火炮轰击,遭受重创,开始后撤。俄军三路反击,与土军精兵在狭窄的沙嘴上混战拼杀。土军失去舰船炮火支援,背水而战,陷入被动。俄军骑兵踩着死尸向前猛冲劈斩,土军退到齐腰的海水中,高喊"投降"和"饶命"。

激战中,苏沃洛夫左臂又被打伤。他包扎起伤口,跨上战马,大喊道:"把土军赶下大海!"经过九个小时恶战,土军丢下4500具尸体,狼狈败退而去。俄军伤亡只有450余人。这一战规模并不大,却是俄军要塞防御战的杰出范例,使土军的作战计划,一开始就受挫。苏沃洛夫受到女皇的慷慨奖赏:圣安德烈高级勋章和绶带。

波将金元帅的战略目标是土军的奥恰科夫要塞。它位于布格河口右岸,可以威胁乌克兰南部和克里木半岛。俄军若攻下它,可以保证黑海舰队的后方安全,并可使第聂伯河舰队进入黑海,还可抽调出兵力用于巴尔干战场与奥军协同作战。1788年6月,俄军50000人,攻城炮180门,渡过布格河,从陆上包围了奥恰科夫。同时,俄舰队袭扰其沿海,准备长期围困。在围攻的三路俄军中,苏沃洛夫指挥左翼。他主张从海陆两面实施强攻,但未被波将金采纳。

7月底的一天,土军2000余名步骑兵从要塞出击。苏沃洛夫率兵迎击土军并将其逼回要塞附近。他想乘虚冲击要塞,三次拒绝波将金的退兵命令,但最后因颈部受伤,被迫退回。由于伤势很重,苏沃洛夫被送回金布恩治疗,最终没能参加攻克奥恰科夫的战斗。

一直拖到12月,波将金才决定强攻。12月17日,20000名俄军兵分六路,经数小时残酷的浴血恶战,终于攻下了奥恰科夫,歼敌13000余人,缴获310门火炮。从此,俄军可集中兵力用于巴尔干战场了。

1789年春天,两支俄军合编为南方集团军,由波将金统一指挥。为了保持联系,俄奥两方各派出一支部队,相距50公里驻扎。奥军18000人由科布尔亲王指挥,俄军10000人由苏沃洛夫上将指挥。

土军统帅部的作战计划中,包括派出牵制部队到福克沙尼方向,各个歼灭科布尔亲王和苏沃洛夫的部队,切断俄奥两军的联系。6月下旬,多瑙河下游地的土军主力大举北进。同时,另有30000人由奥斯曼巴夏指挥,进抵福克沙尼,逼近科布尔亲王的奥军。科布尔亲王立即向苏沃洛夫求援。

7月27日,苏沃洛夫率5000俄军,16门野炮,一昼夜行军50公里,增援奥军。由于科布尔亲王军衔高,为避免共同制定作战计划时发生争执,苏沃洛夫未与他亲自会面,只是在攻击前几小时将计划书面通知他。

福克沙尼是瓦拉几亚和摩尔达维亚之间交通干道的枢纽。土军占据了有利的地形:北面是难以通行的森林,东面是两条无法徒涉的河流。苏沃洛夫计划俄奥联军分两个集团,分三路成纵队形,在行进间强渡普特纳河,向福克沙尼实施攻击。

7月31日深夜,俄奥联军渡河后,俄军在左翼列成六个方阵,奥军在右翼列成九个方阵,向土军阵地推进。奥斯曼巴夏率3000名精骑迎战联军,攻势凌厉,但被联军的近距离齐射击退。土军依托森林顽强抵抗。联军从两侧迂回绕过森林,直扑土军。接近福克沙尼时,苏沃洛夫命令骑兵在前,接近敌方战壕时,投入掷弹兵和猎骑兵,步兵继后。经过十个小时激战,土军向南溃逃而去。联军占领了土军兵营。此役歼敌1500余人,缴获12门火炮。

福克沙尼得胜后,联军没有乘势扩大战果。土军又很快恢复了元气。9月上旬,俄军包围并炮击土军要塞伊兹梅尔,但迟疑未攻。波将金迁回宾杰拉的行动也显得缓慢。于是,土军集结了 100000 兵力,发动新的攻势。首先攻击的方向仍是联军的结合部。9 月中旬,土军主力逼近奥军驻守的福克沙尼。科布尔亲王再次向苏沃洛夫求援。这一次,联军 25000 人同六倍于己的土军对阵。科布尔亲王主张防御为上,苏沃洛夫坚持先敌进攻。为了制定详细计划,苏沃洛夫亲自带人侦察地形。土军没有料到俄军会迅速增援,在雷姆尼克河与雷姆纳河之间,分三个营区驻扎。9 月 21 日夜晚,联军偷渡雷姆纳河,隐蔽接敌。次日清晨,毫无戒备的土军遭到联军突然攻击,立刻乱成一片。土军统帅尤素甫巴夏听到消息,惊得连咖啡碗也掉了。他命令 5000 骑兵赶去支援遭受攻击的第一营区。

俄军刚控制土军兵营,增援的土军骑兵便蜂拥而来。俄军改变队形,用交叉火力迎击挥舞着弯曲大刀的土军骑兵。少数突入俄军阵地的骑兵也立刻被刺刀击毙。

奥军攻击土军第二营区。2000 名土军骑兵猛冲俄奥联军的衔接侧翼。奥军七次冲击,均被土军打退。苏沃洛夫派出两营俄军支援奥军。双方激战到中午,土军锐气受挫,稍向后退却。联军未予追击。战场上出现短暂的停火。

土军第二营区旁的高地上,配置着强大的炮兵。下午一时,土军的优势骑兵部队,轮番冲击奥军。苏沃洛夫闻报后,指挥俄军猛攻土军的炮兵阵地,迫使土军弃阵而走。接着,俄军在全速攻击中展开队形,炮兵掩护,骑兵向奥军坚守的阵地靠近,迅速接连成一条战线。苏沃洛夫派副官通知科布尔亲王,同时发起最后攻击。于是,联军炮兵集中火力打击土军营区和森林,压制住土军火炮。联军骑兵冲入土军队列之中,互相砍杀。随后投入攻击的俄军步兵,刺刀闪亮,"乌拉"声震动大地,压向土军。拼杀激战十余个小时后,土军全线溃退,败局已定。死于战场和淹死在雷姆尼克河中的土军有 10000 余人。联军缴获 80 门大炮,上百面军旗。雷姆尼克会战打乱了土军方面的全部作战计划。不久,波将金攻取了宾杰拉和黑海岸边的阿克尔曼,控制了整个摩尔多瓦。

雷姆尼克河的胜利,使苏沃洛夫获取了新的荣誉:奥皇封他为神圣罗马帝国伯爵;女皇封他为雷姆尼克伯爵,并奖赏嵌有宝石的勋章和佩剑、肩章、戒指。苏沃洛夫盼望已久的圣乔治一级勋章也在其中。在这次会战中,苏沃洛夫上将表现了惊人的指挥艺术,全面估计敌我态势,行动果断迅速,出敌不意,以非主力的 25000 人打败了敌方的十余万大军。

1789 年 7 月法国大革命爆发后,英、普、俄等国开始勾结,准备武装干涉法国革命。俄国女皇希望以有利形势结束对土战争,计划打到多瑙河右岸去,迫使土耳其停战议和。而土军则依托沿多瑙河的一系列坚固要塞,作战略防御。

在这些要塞中,多瑙河下游临近黑海的伊兹梅尔地位最重要。它控制着多瑙河下游,威胁俄军侧翼和后方。这里集结着数万精锐土军,如果歼灭其便能大大削弱土军的战斗力。这座要塞由德、法专家援助建成,异常坚固。俄军若能攻克,定会威震欧洲各国。

要在陆上取胜,俄军必须首先在黑海上打败土军舰队。黑海舰队司令乌沙科夫上将奉命出击,于 7 月至 9 月间,先后在刻赤海峡和多瑙河口外进攻土军,牵制其海上力量。但是,波将金的地面部队行动缓慢。再加上奥国在 9 月底单方与土停战签约,使俄军失去了良机。

直到 10 月下旬,俄军才开始围攻伊兹梅尔。土军据城而守,俄军难以得手,便准备放弃围攻撤兵。此时,波将金将指挥全权交给了苏沃洛夫。12 月 13 日,苏沃洛夫到职,立即下定决心强攻,并迅速进行攻城的物资准备和模拟攻击演练。

伊兹梅尔南有 500 米宽的多瑙河,东西两面是湖泊,极不利于攻击。要塞筑在高坡上,东、西、北三面有 7 公里长的护墙,修建有 7 座炮台。护墙外是 10 米宽的壕沟。土守军共有 35000 人,火炮 265 门。整座要塞以靠多瑙河的南面防御为最薄弱。

攻城的俄军有 31000 人,火炮 600 门。还有一支多瑙河区舰队,有小型舰船 200 余艘,舰炮 400 余门。俄军兵力处于劣势,但攻击火力占优势。在战前的全体将官会议上,苏沃洛夫说:"我决心一定攻下伊兹梅尔,不然就死在要塞城下。"他的攻击计划是,将部队分为三个集团九路纵队,从东、西、南三方面同时进攻,在南面投入 2/3 的兵力和 3/4 的火炮。

12 月 18 日,苏沃洛夫致书土军司令,劝其投降。土军司令穆罕默德·艾多兹回答:"天可塌,多瑙河水可断流,伊兹梅尔决不投降。"当天,俄军频繁发射信号弹,烦扰土军。21 日,俄军开始炮击要塞。22 日凌晨 3 时许,俄军隐蔽进入攻击阵地。5 时 30 分,九路纵队同时开始攻击。土军猛烈开火,顽强抗击,并主动发起反冲击。

激战三小时后,俄军以惨重代价打破要塞外城,双方展开更残酷的巷战。黎明的曙光照亮拼死相搏的战场时,俄军已完全压倒了土军。土军司令带领 2000 余名精兵,死守最后的石头堡垒。俄军用大炮轰破堡垒大门,发起白刃冲击。土军司令被刺刀击毙。

下午 4 时,战斗结束了。土军阵亡 26000 人,被俘的 9000 人几乎全是伤兵。俄军伤亡有近 10000 人,650 名军官中有 400 人伤亡。这一战基本上决定了俄土战争的结局。土耳其人和敌视俄国的人,大为震惊。苏沃洛夫一举成为名声赫赫的将领了。

血染的权杖

1791 年 4 月,苏沃洛夫上将奉女皇之命,前往靠近瑞典和芬兰的边界地区视察防务,随后又负责西北边陲的防御工事建筑。伊兹梅尔之战的英雄,在钩心斗角的宫廷中遭受谗言讥讽,并显然受到女皇的冷落。

1791 年夏天,在攻克伊兹梅尔时崭露头角并接替苏沃洛夫任要塞司令的库图佐夫少将,两次打败土耳其陆军。乌沙科夫上将两次打败土海军。1792 年 1 月,俄土两国签订了雅西和约:土耳其承认俄国合并克里木,宣布放弃格鲁吉亚,整个黑海北岸纳入俄国版图。沙俄控制黑海的目标实现了,下一步目标就是巴尔干、地中海和中亚地区。

1792 年下半年,土耳其又在边境地区调兵遣将。俄土关系又趋尖锐紧张。11 月 10 日,女皇降旨委任苏沃洛夫为拥有广泛权力的南方军队总司令,坐镇第聂伯河口的赫尔松。这时,他管辖的部队有 70000 余人,存在着纪律涣散、缺乏训练、医院简陋、卫生糟糕和开小差现象。苏沃洛夫一方面着手整顿军纪,加强训练,改善士兵生活及医疗条件,一方面要同克扣军饷的现象做斗争。尽管已是 62 岁高龄,苏沃洛夫仍然性情急躁,同时又目标坚定,始终不渝。他盼望着奔赴战场。俄国同土耳其和波兰之间的战争随时都会发生。作为君主主义者,苏沃洛夫认为波兰人反抗俄国的民族斗争是对俄国的一种威胁。他密切注视着波兰事态的发展。

1793 年 1 月,俄国与普鲁士故伎重演,以武力第二次瓜分波兰。俄国抢占了乌克兰、白俄罗斯和立陶宛的一部分,共计 25 万平方公里的波兰土地和 300 万人口。

波兰大贵族面对强权侵略,采取不抵抗政策。这时波兰成为只有 20 余万平方公里土地和 400 万人口的小国。俄、普军队可在波兰随处驻扎,沙俄驻波兰大使成为波兰政府的太上皇。波兰人民困苦不堪,反抗的怒火终于燃成一场争取民族独立的大风暴。

波兰的部分进步小贵族和新兴资产阶级,积极地奔走呼吁,鼓动起义。1794 年 3 月,起义之火首先在克拉科夫点燃。领导人是波兰民族英雄塔代乌士·科希秋什科(1746~1817)。他出身于小贵族军官之家,青年时留学法国,深受启蒙学派思想影响。后来又参加过美国独立战争,因功勋显著而晋升为将军。1784 年,他在波兰军中任军团长,因反对国王向俄国投降而辞职出国。1794 年 2 月,他又秘密回国,组织反俄起义。3 月 24 日,科希秋什科率领军民在克拉科夫广场宣誓:"不胜则亡。"4 月 4 日,起义军首战告捷,在克拉科夫北面的腊茨瓦维采打败俄军,歼敌 3000 人,夺得 20 门大炮。4 月 17 日,华沙市民举行起义,经过两天战斗,解放了首都,并活捉了俄国大使。科希秋什科进入华沙后,立刻着手组织军队。起义军颁发文告,宣布减轻劳役,制裁贵族地主,部分地取消农奴身份,优待参加起义的农民等,受到农民热烈欢迎,队伍迅速壮大。

8 月 7 日,俄国西部边境地区军队总司令、老元帅鲁缅科夫先斩后奏,派苏沃洛夫前往波兰指挥俄军镇压起义。8 月 14 日,苏沃洛夫率 4500 人,急行军赶往波兰,并于沿途收编了几支团队,到达布列斯特时,已组成了有 11000 人的大军。与此同时,普鲁士和奥国也出兵波兰,普军向克拉科夫和华沙进发。奥军则占领了卢布林。波兰起义军三面受敌,军事形势极为险恶。

10 月 10 日,在玛契约维采之战中,波兰起义军陷入俄军包围之中,多次冲杀都未能突出去。科希秋什科多处负伤,坠马被俘。苏沃洛夫闻讯后,指挥俄军进攻华沙。11 月初,在华沙郊区的普拉加,30000 名起义军同配备有 86 门大炮的 25000 名俄军进行了最后一场血战。由于起义军内部分裂和指挥不力,激战数小时后,普拉加被俄军攻陷。11 月 6 日,俄军进入华沙。历时八个月的波兰民族起义失败了。

华沙陷落后,俄军对波兰人民进行了野蛮报复。仅在华沙的布拉格区,就有 8000 名军民惨遭杀害,2000 人被抛入维斯瓦河淹死。起义军民的鲜血染红了河水,尸体遍地,血腥扑鼻。

俄国女皇叶卡捷琳娜二世降旨:封苏沃洛夫为波兰总督,并晋升为元帅。65 岁的苏沃洛夫得到了他梦寐以求的元帅权杖。这本是在攻克伊兹梅尔要塞之后应该得到的奖赏。

1795 年 10 月,俄、普、奥三国签订协议,彻底瓜分了波兰。俄国占领了立陶宛、库尔兰和西白俄罗斯共 12 万平方公里的波兰土地。波兰灭亡了。这时,能够指挥俄军"迅速制胜"的苏沃洛夫已无用武之地了。叶卡捷琳娜二世下旨,将他召回彼得堡。

制胜的科学

1795 年 4 月 29 日,苏沃洛夫宠爱的女儿娜塔莎,在女皇出面做媒下,嫁给了 32 岁的陆军中将尼古拉·祖博夫。其兄普拉东是女皇的宠臣。苏沃洛夫的战功和声誉,使他女儿的身价大大提高了。但是,体格健壮并嗜酒的新郎,与文弱娴雅的新娘,形成了明显的对照。苏沃洛夫对自己的女婿很快就感到失望了。

1796 年 1 月中,女皇几次召见苏沃洛夫。然而,在宫廷宴会和舞会上,苏沃洛夫的坦率,尖刻和讥讽权贵、鄙视虚浮的言行,决不会讨得女皇的欢心。女皇对付他的一贯做法,就是打发他离开首都去干苦差事。3 月,苏沃洛夫元帅前往西南地区担任指挥官。俄国西部和南部分别驻有三支大军,由苏沃洛夫元帅、鲁缅采夫元帅和列普宁公爵指挥。这时的鲁缅采夫已入垂暮之年,俄军中再没有人可以和苏沃洛夫相匹了。他指挥的战役,取得了一连串的胜利;他获得了俄国的全部勋章,有伯爵和公爵的爵位。尤其是他的博学和钻研精神,是所有高级军官中罕见的。

苏沃洛夫通过研究欧洲战争的历史和总结俄国的军事经验,从四十余年的军旅生涯的实践中,形成了自己的军事思想和原则。他是俄国军队"进攻战略"思想的集大成者,无论是战略还是战术,都以"进攻"为核心。当听到奥地利一位将军称他为"进攻将军"时,苏沃洛夫回答说:"'进攻'是我心爱的原则。但我也向后看,然而不是为逃跑,而是为了进攻。"

苏沃洛夫的进攻作战思想首先以歼灭敌方军队为目标。对于攻击城堡,他反对长久围困,主张以强攻迅速夺取。其次是集中优势兵力去专注于一点,而不要分兵把口分散力量。在强攻奥恰科夫和伊兹梅尔要塞时,苏沃洛夫就极其清楚地表现了这一重要思想。再次是乘胜追击以扩大战果。"没有砍倒的树还会再长",因此要毫不留情,不顾疲劳,追击敌人直到歼灭为止。

1796 年,苏沃洛夫把自己编写的《制胜的科学》发给部队。这是为官兵而写的一部简明的教科书。其内容的第一部分是写给军官的,名为"战斗规则";第二部分是写给士兵的,名为"口头训令"。这本手册要求每个士兵要明白自己的军事动作的用途,要养成基本的军人品质即自信力,每个士兵都应有良好的身体和军事素质。

苏沃洛夫指出,没有在书斋中打胜的战争,没有实际的理论只是空话。他总结自己的战术思想为三条基本的原则:第一是"目测",就是要善于判断敌情和地形,及时下定决心;第二是"快速",军事行动要有高度的机动性和突然性,速度和突然性可以代替数量,一分钟可以决定战斗的结局;第三是"猛攻",全力以赴,特别要敢于拼刺刀,死神在勇士的马刀和刺刀面前也会退却。

苏沃洛的战术思想并没有完全突破线式战斗队形。但他勇于采用纵队形和散兵线,进攻时的样式机动灵活富于变化,特别是惯于寻找敌方的薄弱侧翼实施攻击。他的军事思想深受鲁缅采夫的影响。而苏沃洛夫的陆军作战原则又被海军上将乌沙科夫运用到海战之中,获得"舰队的苏沃洛夫"之称。

385

苏沃洛夫以极大的热忱将自己的治军思想和具体原则付诸实施。他明白女皇派他到南方来的意图——准备进攻革命的法国。叶卡捷琳娜二世认为资产阶级革命是对专制制度的致命威胁，所以准备公开加入反法同盟。苏沃洛夫在他的司令部驻地图尔钦小城时刻关注着意大利境内意、法之间的战事。他预料到在意大利节节胜利的法国人必将成为俄军的新敌手。

1796 年 11 月 6 日，叶卡捷琳娜二世驾崩。于是，沙俄与英国之间订立的共同反对法国革命的军事计划——由苏沃洛夫统率 60000 大军进攻法国，便未能付诸实施。

新沙皇保罗一世（1796~1801 年在位）登基之后，虽然对其母在世时严禁他过问国事耿耿于怀，但在仇视法国革命上一脉相承。只是由于俄国因连年战争搞得财政困难，政局不稳，迫切需要喘息，才决定推迟参加对法战争。

1797 年初，保罗一世颁布了从腓特烈二世 1760 年军事条令中抄袭来的俄军新条令。普鲁士式的军事训练又重回俄军之中：士兵穿普鲁士式军服，戴假发辫，训练机械加上棍棒纪律。保罗一世不仅要"从头开始"改造俄军，还要按照军营面貌来组织国家生活。于是，在苏沃洛夫元帅身上，对皇帝的忠诚和对军队前途的忧虑，产生了巨大的矛盾冲突。让他放弃自己千辛万苦建立的军事思想和原则，这与他的天性格格不入。他从新条令中一下子就闻出了"普鲁士气味"。使士兵头上生虱子的假发和磨破双脚的瘦皮靴，这是他一贯深恶痛绝的东西。学习屡屡败于自己手下的普鲁士人那一套腐朽的东西，这比什么都令苏沃洛夫难受。

由于连连违犯保罗一世的新条令，苏沃洛夫受到沙皇两次通告全军的训斥。于是，他写了辞职报告。而保罗一世则于 1797 年 2 月 6 日降旨令他退职，到偏僻的诺夫哥罗德省属于他的领地康昌斯科村居住。5 月 5 日，苏沃洛夫到达康昌斯科村。他的行动受到监视。保罗一世在遥远的首都，也未忘记从精神上折磨这位倔犟的已无权无职的元帅。

一个月后，苏沃洛夫的女儿祖博娃伯爵夫人带儿子来到父亲的流放地，陪伴苦闷忧郁的父亲。两个月后，天气渐冷，女儿返回彼得堡。苏沃洛夫不胜悲凉，常常痛哭失声，身体已日渐衰弱。这时候，出现了一些落井下石的小人们，编造各种理由向他敲诈钱财。他那些因效命沙场流血负伤屡建奇勋而获得的奖章、珍宝和钱财，令那些贪婪之徒眼红心馋。

远征意大利

1798 年 7 月，法国年青将军拿破仑·波拿巴率军远征埃及，准备再向叙利亚进攻。这一行动威胁到英帝国的东西交通线，又与土耳其发生直接冲突。沙俄是不愿法国染指地中海和土耳其的。是年底，英、奥、俄、土等国组成第二次反法同盟，由英国出钱，俄、奥等国出兵。

法军的战略方向在意大利北部。法军是在大革命风暴中诞生的新军队，士兵主要来自摆脱封建奴役的农民，在质量上占明显优势。作战方法上，也抛弃了"机动战略"，重视集中兵力进行决战，采用密集的纵队与散兵线结合的战术。在革命战争中涌现的以拿破仑为代表的年轻将领，指挥法军像狂风一样，连连击败墨守成规的普鲁士和奥地利军队。

奥地利军队在意大利和瑞士战场连吃败仗。奥皇弗朗茨致信俄皇保罗一世，请求组织俄奥联军，并指名要苏沃洛夫担任统帅。1799年2月6日，保罗一世召回流放中的苏沃洛夫。虚荣而骄横的沙皇虽然同意了奥皇的请求，但仍密诏格尔曼中将监视苏沃洛夫。

3月9日，苏沃洛夫元帅到达维也纳，奥皇赐封他为奥军元帅。4月15日，苏沃洛夫到达意大利北部的瓦雷吉奥接管了联军指挥权。然而，俄奥两国的各怀异心和指挥上的不相统属，已为后来的军事行动埋下了不利因素。

当时，占领意大利北部和瑞士的法军有十多万人。意大利北部的谢勒尔军团73000人向波河北面的支流阿达河一线机动，想利用天然屏障组织防御，与从意大利中部北上的麦克唐纳军团（44000人）会合，歼灭俄奥联军。

联军共有80000余人，其中40000奥军分散执行守备任务，可机动兵力是48000人。苏沃洛夫首先训练联军的协同作战能力。他特别强调白刃战、夜间行军和纵队突击，并组建炮兵预备队，改进后勤补给方法，建立移动的弹药和粮食仓库。战前约有十天的强化训练，使联军掌握了战略主动权。

意大利北部是法、瑞、奥及亚平宁半岛的咽喉，北有阿尔卑斯山，南有亚平宁山，波河从平原中部谷地流过，南北两面注入的几条支流，构成易守难攻的防线。对于曾在草原上打败土耳其人，在森林和沼泽地区打败波兰人的苏沃洛夫元帅来说，这里是新的战争环境。

联军从4月中旬展开攻势。时值春天雨季，道路泥泞，但有利于达成突然性。苏沃洛夫的攻击目标是米兰。阿达河是必经之地。河两岸地形西高东低，水深不能徒涉。法军利用有利地形，在100多公里的宽大正面设防，没有留下预备队。联军4月25日进至阿达河东岸。苏沃洛夫决定在50公里的正面实施突击。主攻方向是法军防御薄弱的中部，以26000人对法军8000人，形成局部的绝对优势，并有13000人为预备队。

4月26日早上，联军在北侧翼首先打响。巴格拉季昂少将以3000俄军牵制优势的法军达十二小时。是夜，联军主力架设浮桥，翌日拂晓发起突然强渡，一举打破法军防线。同一天，联军南侧翼也强渡成功。法军指挥官莫罗将军急忙调集三个师于中路迎击联军。苏沃洛夫命令奥军两个师、三个哥萨克骑兵团，以及预备队的两个师歼灭该部法军。但因预备队渡河受阻，延误了时间，使法军得以撤走。强渡阿达河一战，法军损失7000余人，联军自损2000人。在宽大正面强渡江河是俄军战史上第一次。

4月28日，联军向米兰挺进，次日占领该城。5月26日，联军又攻占都灵。一个多月时间，基本上控制了意大利北部。法军主力转移到沿海的战略基地热那亚。由于俄奥之间的战略分歧，给了法军一个月的喘息时间。6月上旬，法军完成了新的进攻准备，仍然是南北两路夹击联军。

这时，苏沃洛夫可使用的机动兵力有50000余人。他决定以17000兵力牵制从热那亚北上的25000人的莫罗部，以30000人先歼灭从佛罗伦萨方向北上的麦克唐纳部35000人。6月17日，两军在波河南支流提多涅河遭遇后，麦克唐纳退守东面的特勒比亚河。苏沃洛夫下令联军成三路纵队，在行进中投入战斗。6月18

日,联军进入攻击,意在将法军压迫到波河边歼灭之。麦克唐纳在特勒比亚河左岸顽强抗击,同时得到10000援兵的增援,终于顶住了联军的强大压力。傍晚,法军退守到河右岸休整。

次日早上,法军渡河反击。双方激战一整天,于下午各自退出战斗。三天战斗中,联军歼敌11000余人,自己伤亡5000余人。

6月20日,苏沃洛夫得知法军已于夜间转移,急令联军分两路追击,在靠近波河的皮阿琴察再歼法军7000余人。6月22日,联军留下10000兵力继续追击麦克唐纳,其余部队转向去歼灭莫罗部。但莫罗打败联军的牵制部队后,看到形势不利,已向热那亚撤退。

由于联军内部战略上的一再分歧,苏沃洛夫立即歼灭莫罗的计划被迫推迟。而法军却得到新的增援,并由茹贝尔将军接替莫罗指挥。法军计划从热那亚和瑞士南北攻击苏沃洛夫,由茹贝尔担任主攻。

8月11日,茹贝尔挥军从亚平宁山区向下率先发起攻击。当发现联军已在诺维北面平原上集结时,便停止下山,先头部队则在山脚高地作防御准备,等待后继大军。

针对变化的情况,苏沃洛夫立即改变计划,主动发起攻击。先以次要主力27000人攻敌左翼,用积极的攻击态势吸引法军主力。8月15日拂晓,战斗打响后,法军果然以为左翼为联军主力,调动后续部队和右翼兵力加强防御。上午10时许,法军被牵制于左翼,预备队也使用殆尽。这时,联军主力38000人向法军右翼发起猛烈攻击。激战到傍晚,法军害怕被包围歼灭,主动撤出战斗。苏沃洛夫准备次日早晨开始追击,但因奥方停止后勤补给,计划告吹。这次战役,法军损失16000人以及全部火炮和辎重,指挥官茹贝尔将军阵亡,联军损失8000余人。至此,意大利境内的法军主力基本上被歼灭,无力再组织起新的攻势。

阿尔卑斯山

诺维会战之后,奥、英两国坚持要苏沃洛夫指挥的俄军转向瑞士战场。这样,联军在意大利北部的胜利就为奥、英所有,并可进一步削弱俄国的力量。而保罗一世却未识破其用心,反而认为这样有利于意、瑞境内两支俄军会合,而后经由瑞士进攻法国本土,从而取得反法联盟的主宰地位。

苏沃洛夫反对俄军撤走,主张先肃清法军残部,并建议联军主力向德国南部集结,然后从意、德、瑞三个方向同时进攻法国本土。但是,他的建议被否决了。1799年8月,苏沃洛夫接到奥皇从维也纳送来的一份书面命令。命令经保罗一世签署,指令苏沃洛夫越过阿尔卑斯山至瑞士与李姆斯基——科尔萨科夫的那个军会合,尔后从那里展开对法国的进攻。

当时瑞士境内由马塞纳指挥的法军有88000人。奥军原有59000人,其中36000人已转移到法国南部,只有20000余人仍留在瑞士东部。俄、奥两军分布在长达160公里的战线上。而苏沃洛夫的20000名俄军远在200公里外的阿尔卑斯山之南。苏沃洛夫的计划是瑞士境内联军和他的部队分别从南北方向对法军实施向心攻击,在瑞士南部围歼马塞纳。

9月8日，俄军从意大利北部亚历山大里亚地区出发，六天行军150公里，到达阿尔卑斯山麓的塔维尔诺。由于奥方未能按原计划在此地准备好粮秣弹药和骡马，俄军被耽误了一周时间。这便使苏沃洛夫的计划丧失了战机。

9月21日，俄军抄近道快速翻越阿尔卑斯山。前进道路上的军事要地都在法军的控制之下。24日，苏沃洛夫指挥俄军攻击法军一个旅守卫的圣哥达山口。山崖陡峭，寒风刺骨，俄军以正面攻击及侧翼迂回，夺取了山口，打胜了远征瑞士的第一仗。

圣哥达山口有一条路直下山间小河里斯河，河上架有高75英尺的轻便拱桥，名叫"鬼桥"。由于连日降雨，河水齐腰。俄军攀上陡峭的岩坡，迂回到桥头，猛扑鬼桥。法军抵挡不住，将鬼桥拆断后撤。俄军士兵冒着弹雨，用腰带和绶带绑扎好圆木架通鬼桥，冲向对岸。同时，敢死队也涉水强渡，向法军发起白刃冲锋。冲过鬼桥后，俄军沿大道连续追击，占领了阿尔特多尔。这里有一座小型粮草库，俄军得到了急需的补给。

圣哥达大路已到尽头。再向前就是荒凉光秃的罗斯希托克雪峰。这时，从北面的施维茨方面不断传来炮声。为了加快进军速度，俄军只得沿着牧人和猎手踩出的小径鱼贯而行。黄昏时分，登上山巅的官兵靴子全部破烂不堪。饥肠辘辘、浑身发抖的俄军，稍事休息和用餐，冒着凛冽的朔风，下到木登河谷。9月29日，到达木登塔尔村后，苏沃洛夫才获悉瑞士境内的俄奥两支部队已于三天前被马塞纳歼灭。同时，也发现自己陷入优势的敌军包围之中：前进之路已被马塞纳堵住，后撤之路也被列库尔布切断。而且，弹药和粮食消耗几尽，没有任何方面的支援。俄军陷入了"濒于灭亡"的绝境。

经过木登塔尔的路只有一条，向西北是施维茨，向东北是格拉鲁斯，都有法军横堵着。马塞纳已夸下海口，要生俘苏沃洛夫。

9月29日，苏沃洛夫召开军官会议。他分析道："向施维茨进攻已不可能。马塞纳的兵力有60000人，而我们只有20000人。往意大利退却是耻辱的败退。我们处于绝境，无人来援助，只能寄希望于上帝和英勇的士兵们。我们面临世界上最艰险的困难。"69岁的苏沃洛夫元帅痛苦地闭上双眼，双膝跪地。与会的将领们深受感动，大家拥抱元帅，齐声起誓要战胜敌人。苏沃洛夫摊开地图："我们要向格拉鲁斯进发，在那里设立据点。"俄军决定奋力突围，摆脱困境。

苏沃洛夫将部队一分为二：主力14000余人东进，在格拉鲁斯方向打开缺口；后卫7000余人在施维茨方向牵制法军主力。9月30日，俄军开始突围。后卫部队在罗森贝格将军指挥下拼死抵抗，打败法军的多次攻击，并生俘了列库尔布，马塞纳也差一点当了俘虏。饥饿不堪的俄军士兵在敌人尸体的背袋中找到了救命的面包、干酪和烧酒，吃了一顿饱饭。罗森贝格坚持到10月1日夜晚，急速向东追赶主力。

俄军主力占领格拉鲁斯后，稍事休整，等待罗森贝格到来。苏沃洛夫望着自己衣衫褴褛、粮弹缺乏的部队，决定绕道而行，向莱茵河谷转移。10月4日，后卫部队与主力会合。10月5日夜，俄军开始翻越潘尼克斯山。狭路蜿蜒，山高谷深，大雪封顶，狂风怒号。士兵们顶着风雪艰难行进，几千人抱着枪坐在冰冻的峡谷斜坡上向下滑溜。几十名士兵落入山洞送了命。在山坳里，还得蹚过冰冷刺骨的河流。

早在意大利时,苏沃洛夫的身体已垮了。他尽力支持着。在最后的行军中,由两名身体强壮的哥萨克士兵扶他坐在马背上行走。

10月8日,俄军跳出法军的包围圈,从瑞士边境到达莱茵河谷。这次向瑞士进军历时16天,20000人的部队损失了1/4。苏沃洛夫眼含热泪,望着自己的士兵们一个个衣不蔽体,两脚赤裸,消瘦疲惫……

瑞士远征结束后,苏沃洛夫在国内成为传奇式人物。10月28日,保罗一世下令授予苏沃洛夫全俄军队大元帅的荣誉军衔。苏沃洛夫内心在为失望的瑞士战局而苦恼。国外的人们也视他为胜利者。在德国和捷克的城市里,人们热烈欢迎他,歌颂他,赞美他。

但是,苏沃洛夫大元帅的身体已是逐日衰弱,从布拉格到波兰的克拉科夫,曾中途停下来治疗,勉强赶到科布林就病倒了。他浑身长满了斑疹和水泡,是躺在担架上被抬到科布林的。从彼得堡传来愉快的消息:要为苏沃洛夫大元帅举行最隆重的欢迎仪式,御用马车队来迎接他,军队夹道列队,擂响战鼓,欢呼"乌拉"。这个消息使苏沃洛夫的心情好了许多,决定缓速前行。

然而,在1800年3月20日,一道诏书犹如晴天霹雳:为他准备的一切欢迎安排被取消了。反复无常的保罗一世对苏沃洛夫反对他采用普鲁士军制耿耿于怀,指责苏沃洛夫在指挥过程中曾违犯了他的规章法令。4月20日,奄奄一息的大元帅到达彼得堡,住进亲属家里。

阳光明媚的5月,彼得堡的树木长出了嫩绿的叶片。苏沃洛夫没有得到进宫谒见沙皇的诏令,也不许他接待任何人。1800年5月18日,为沙皇制度和农奴制俄国南征北战近半个世纪的苏沃洛夫在寂寞中悄然病逝。时隔不久的1801年3月12日,暴戾恣睢的保罗一世在他的儿子亚历山大同情默许的宫廷政变中被弑杀。

苏沃洛夫病逝之后,他的部下、朋友和许多敬仰他的人,将他的骨灰护送到墓地安葬。诗人杰尔查文为苏沃洛夫大元帅的病逝写诗哀悼:"狮心鹰翼已长往,今后征战谁统率?"综观俄国军事史,苏沃洛夫是影响最大的伟大统帅之一。恩格斯也曾评价"直接的进攻"是苏沃洛夫的独创精神。苏沃洛夫一生中所指挥的绝大多数战役均获得胜利,远征意大利是他军事生涯和指挥艺术的顶峰。但他一生中指挥的战役规模都不很大,直接指挥的作战部队最多不过70000人;作战的敌方波兰和土耳其均是弱敌;在意大利北部虽然同革命法国的军队作战,但却未能与当时最杰出的军事统帅拿破仑直接对阵较量。

1800年5月,拿破仑指挥法军再次出征意大利。6月14日。法、奥两军在马伦哥村决战,优势的奥军一败涂地。法军重新占领了意大利北部。苏沃洛夫在此地的胜利化为乌有,第二次反法同盟完全失败。

击败拿破仑的英雄统帅

——库图佐夫

人物档案

简　历：参加俄土战争,并在强攻伊兹梅尔要塞的过程中表现尤为突出;1792 年 11 月被任命为驻土耳其特命全权大使;18 世纪 90 年代,被任命为波多利斯克集团军司令官,同拿破仑在疆场上相遇,并在战争失败后遭到了流放;1812年指挥了俄国卫国战争,并大败拿破仑。

生卒年月:1745 年 9 月 16 日~1813 年 4 月 28 日。

安葬之地:彼得堡喀山大教堂。

性格特征:城府很深、疑心重重、孤独怪癖。

历史功过:他身经百战,屡建战功,他的一生也几度沉浮,历经坎坷,毁誉不一。但作为一名军事统帅,其天才的指挥才能是举世公认的。他孜孜不倦的实践活动,把俄国的军事艺术推向一个崭新的、更高的发展阶段。

名家点评:总司令列普宁对库图佐夫做了这样的评价:"库图佐夫将军的聪颖和机智不是我用一切赞美的语言所能表达的。"

少年立志

米哈伊尔·伊拉里奥诺维奇·库图佐夫,1745 年 9 月 16 日出生于俄国彼得堡的一个名门望族。他的家族在俄国历史上曾显赫一时,先人在俄国中央集权建立和巩固时期,在政府和军队中担任要职。母亲早逝,库图佐夫是在祖母的抚育下长大的。他的父亲是一位高级军事工程师,有教养且富于同情心,由于博学多才,人称"活书本"。他经常注意培养孩子的学习兴趣,激发他强烈的求知欲望。然而,对这位未来统帅影响最大的是一位本家亲戚——海军上将伊万·洛吉诺维奇·库图佐夫。年幼的库图佐夫在母亲去世后的一段时间里寄居在这位亲戚家里,饱览了家中丰富的藏书,很快掌握了法语和德语。由于父亲和海军上将亲戚的安排,1757 年,年仅 12 岁的库图佐夫踏入了炮兵工程学校学习。虽未成年却思想早熟,聪明能干,很快成为在校学生中的佼佼者。

库图佐夫在工程兵学校学习的这段时间,接受了正规的基础训练,为成长为未来的统帅做了充分准备。1759 年 12 月 10 日,校长、炮兵总监鉴于他"修业勤奋,外语及数学成绩俱佳,且对工程学颇多爱好。因此根据学校推荐,特令擢升其为工兵军一级技术员"。并被留校任教,辅助军官教授其他学生。其间勤学不辍,阅读了大量军事学术、军事历史和哲学方面的书籍。

当时俄国与普鲁士正在交战,俄军取得的一系列辉煌胜利,都鼓舞着、吸引着血气方刚的库图佐夫。他产生一种强烈愿望:要去体验军队的战斗生活,并立志献身军事事业。经他多次恳求,1761 年 6 月,库图佐夫被派往驻守彼得堡的阿斯特拉罕步兵团任连长——从此便掀开了他 50 余年漫长坎坷的军旅生涯的序幕。

浴血沙场

库图佐夫一出校门便投身于频繁出现的军事事件当中。当时俄国和普鲁士之间七年战争(1756~1763)尚未结束,这场战争是 18 世纪中期最大的事件。欧洲列强纷纷卷入了这场战争。英国和普鲁士为一方,法国、奥地利、瑞典、俄国等国为另一方。双方参战国在战争中各求所需,俄国则意在打败普鲁士,以消除对自己国境安全的隐患。库图佐夫虽未去战场拼杀,但他却极为关注战争的进程,仔细研究历次重大交战。他的许多军事学术观点,在很大程度上受到俄军与当时西欧最强大的普军作战经验的影响。同时,命运似乎对这位未来元帅很是青睐——库图佐夫所在的这个团,隶属于俄国当时著名将军苏沃洛夫。苏沃洛夫带兵有他自己的一套:真正以仁慈之心对待士兵,真正和士兵同呼吸、共命运。库图佐夫看到了部队生活的新面貌和当时鲜见的战斗训练。他几乎把全部时间和精力用在下属中间,训练他们列队、操枪,率领连队参加全团的野外演练,无论春夏秋冬、阴晴雨雪从不间断。他深信苏沃洛夫的一贯原则:"训练多流汗,战时少流血。"每当训练和演习结束,库图佐夫常常可以看到苏沃洛夫把斗篷铺在篝火旁,然后坐下来和士兵们一起休息,无所不说,还不时地说些俏皮话,或者开玩笑。返回营房后,苏沃洛夫还要教士兵的孩子们学习,亲自教孩子们识字。库图佐夫明白了:为什么士兵们那样爱戴和信任苏沃洛夫,为什么他们跟着他赴汤蹈火也在所不辞。他懂得,这些士兵是不可战胜的,因为他们所受的训练,无论是俄国军队还是外国军队都无可比拟。苏沃洛夫也发现了库图佐夫的才干,对他亲近备至,并让他懂得俄国军队的力量在于士兵;要根据战争的需要进行训练,使士兵在和平时期也如置身于战争之中……苏沃洛夫的教诲,库图佐夫在此后数十年的征战生活中时刻牢记并付诸实践。

库图佐夫任连长约一年。1762 年 3 月,他被任命为雷瓦尔省省长的副官。他对从政不感兴趣,第二年便又到驻波兰的俄军中任职,随后又参加了新法典编纂委员会的工作。在此期间,他结识了不少当时先进的社会活动家,开阔了眼界,更好地了解了俄国的现实和国家的政治经济情况。新法典编纂工作结束后,库图佐夫又回到军队,参加了一些小规模的战斗,但对军事才干的增长无济于事。他自己也承认"尚未理解战争"。其后俄土战争的爆发,才真正对库图佐夫成长为统帅产生了重大影响。

18 世纪后半叶,俄国因生产力的发展,急需大力扩大与加强同外部市场的经济联系。为争夺黑海的出海口,俄国与得到英法支持的土耳其矛盾日益尖锐。土耳其不但掌握着全部濒黑海低地、克里木和高加索沿岸地区,而且还威胁着俄国的南部地区。1768 年,土耳其在西方列强的怂恿下对俄国宣战,战争一直持续到1774 年。这是库图佐夫军旅生活的重要阶段。

1770 年,库图佐夫被调到和土耳其作战的鲁缅采夫指挥的集团军内任军作战处处长。他非常庆幸能在杰出统帅指挥下作战,表现出非凡的参谋才能,出色完成了侦察敌情、现场勘察、拟制兵力部署图、组织行军等等工作,并亲身参加了俄国历史上著名的坑凹墓地战斗、拉尔加河战役和卡古尔河战役,出生入死,拼杀在最前线。由于库图佐夫在拉尔加河战役中英勇机智,战功卓著,被晋升为一级少校衔作战处处长,深为鲁缅采夫所赏识。

然而,库图佐夫的博学多才、英勇善战,加上他激烈抨击在当时俄军中被奉为至尊的普鲁士军事体系,招致了在俄军团司令部中占据几乎所有职位的普鲁士军官的忌恨。一天,库图佐夫突然被毫无道理地调离了鲁缅采夫的集团军。原来,他的一个"朋友"向鲁缅采夫报告说,库图佐夫在闲暇时曾模仿总司令的举止和步态,博得同事们哄堂大笑。元帅的度量非常狭小,觉得自尊心受到了伤害。碍于库图佐夫出色的工作成绩和卓越的战功,鲁缅采夫没有给他处分,只是把他调到斯摩棱斯克步兵团了事。然而这件事却给库图佐夫心中留下了深深的烙印,以至于他换了一副性格,由热情开朗、待人宽厚继而变成一个城府很深、疑心重重、孤独怪癖的人。从此他再也不相信任何人了。

即便如此,库图佐夫认为鲁缅采夫是一位坚决、果敢,同时又是一位谨慎细心的统帅。在他的指导下,库图佐夫初步"懂得了战争"。他从鲁缅采夫那里学到了一条基本的军事艺术原则:在武装斗争中不是靠数量,而是靠本领取胜。

1772 年,库图佐夫奉调克里木集团军,在独立支队内任营长。一次,他率部抗击土耳其的登陆部队。激战中,库图佐夫高举军旗,身先士卒,率领全营冲锋陷阵,英勇厮杀,不幸身受重伤,子弹从他的左太阳穴射入,从右眼穿出。子弹穿透了颅骨,但并未伤及大脑。医生们认为他伤势严重,无法医治。但库图佐夫却活了下来。女皇叶卡捷琳娜也亲自过问库图佐夫的伤事,并准予他到国外就医。库图佐夫在国外一年有余,他游历了德国、英国和奥地利,所到之处,除治病外,还注意了解西欧各国军队的军事艺术状况,结识了许多欧洲著名学者和先进人物。

1777 年,库图佐夫回国,受命到当时闻名遐迩的苏沃洛夫元帅麾下任职,使他再一次有机会全面学习苏沃洛夫的治军方法。库图佐夫成为苏沃洛夫的得力助手,被委以防卫克里木沿岸地区的重任。在此后的 6 年里,库图佐夫踏踏实实地接受了苏沃洛夫一整套部队训练与教育方法,深刻理解了苏沃洛夫"制胜之科学"的最重要原则,领略苏沃洛夫战略和战术要旨。导师对他这位天才的学生十分器重。根据他的请求,库图佐夫被提升为上校,并被任命为长枪团团长,后又被任命为骑兵团团长。和鲁缅采夫相比,苏沃洛夫对库图佐夫的影响更大,库图佐夫继承了苏沃洛夫的坚定信念,即俄国军队的主要力量蕴藏于兵士之中,关怀爱护兵士,赢得他们的信任和爱戴,就能使他们在战争中发挥最大的勇敢顽强精神,夺取战斗的胜利。这一点在他以后的军事行动中得到切实体现。

1778 年 5 月,库图佐夫与当时著名军事活动家比科夫中将的女儿叶卡捷琳娜·伊里伊尼奇娜结为伉俪。妻子经常伴随他转战沙场。他们生有 1 个儿子 5 个女儿。

1782 年,37 岁的库图佐夫晋升为少将,出任新的轻步兵兵种——猎兵军军长。库图佐夫指挥猎兵军 5 年,这一时期是陶冶统帅高尚品质的重要阶段。他注意在平时战斗训练中培养士兵养成积极主动、机智灵活的战斗作风,且时时关心士兵的生活和健康,严惩玩忽职守、对部下傲慢无礼的个别军官。

1787 年,土耳其向俄国重新挑起战端。库图佐夫指挥自己的军担任了守卫沿布格河走向的俄国边界的任务。在攻打奥恰科夫要塞时,土军偷袭布格河猎兵军,两军发生激战。库图佐夫在率部冲锋时身体中弹。子弹打穿头部,几乎是从第一次负伤的部位射入的。医生断定他活不到天亮。但是,库图佐夫又一次顽强地活了下来,只是右眼开始失明。枪伤刚刚痊愈,他又投入新的战斗。

在俄土战争最后阶段,库图佐夫起的作用越来越大,他承担了越来越重的任务,成为俄军的著名军事长官之一。他卓越的统帅才能在准备和实施强攻伊兹梅尔要塞的过程中表现得尤为突出。

1790 年,战争仍在继续。俄军虽然打了许多胜仗,但仍未取得预期战果。位于多瑙河上的伊兹梅尔要塞具有极其重要的战略意义,谁控制了伊兹梅尔,谁也就控制了多瑙河。俄国能否巩固已经取得的成果,完全取决于伊兹梅尔之战的结局。俄军决定攻取坚固的伊兹梅尔要塞,迫使土耳其尽快缔结有利于俄国的和约。

伊兹梅尔要塞屹立在陡峭的河岸上,构筑非常牢固。它高墙耸立,堡垒密布,护城河水既宽又深,用高低双层炮火封锁了通往要塞的所有交通要道。驻守要塞的军队由 3.5 万名土耳其精兵组成,并可得到其他要塞兵力的支援。当时多雨的秋季已经来临,俄军疲惫不堪,减员严重,而土军自恃要塞强固,准备充足,拒不投降。

攻打伊兹梅尔要塞的重任又非苏沃洛夫莫属。库图佐夫协助元帅制定攻击计划,积极训练军队,提供物质技术保障,一切准备工作就绪。

1790 年 12 月 11 日夜里 3 时,第一颗信号弹划破夜空。俄军对伊兹梅尔要塞展开猛烈攻击。库图佐夫指挥的第 6 纵队从左翼,经基利亚门实施突击,夺取伊兹梅尔最坚固的支撑点之一——新堡垒。当部队冲到壕沟时,即遭土耳其人疯狂抵抗而前进不得。这时,库图佐夫带领士兵跳进堑壕,猛攻敌人的壁垒和五角堡,两次攻上城墙均被敌人击退,俄军损失惨重。在这关键时刻,库图佐夫把预备队中的猎兵和掷弹兵集中起来,亲自率领他们实施第三次冲击,猛攻五角堡,用刺刀杀开一条血路,突入要塞。不久,苏沃洛夫和库图佐夫两支部队在伊兹梅尔广场会师——伊兹梅尔要塞终于被俄军攻破。

伊兹梅尔的战斗,深深地震撼了库图佐夫。他在给妻子报平安的信中说:

"很久没打过这样的仗了,真令人毛骨悚然。昨天傍晚,当看到自己还活着,而这座可怕的城市已经落入我们的手中时,我特别高兴,可是,晚上回营后,却像是落入了荒漠。我没有问营中的任何人是死了还是活着,我的心里血泪并涌。

"整个夜晚就我一人,而且有那么多麻烦事……比如清运城里的大约 1.5 万具土耳其官兵尸体,恢复城内秩序……

"我无法集合起一个军,几乎没有军官活下来。"

苏沃洛夫对库图佐夫在战斗中的表现大加赞赏。他说:

"他表现出高超的作战艺术和非凡的勇敢精神。他冒着敌人的炮火,克服一切困难,爬上城墙,夺取了五角堡。当在优势敌人的压制下前进受阻时,他身先士卒,临危不惧,制服了敌人,在要塞里巩固下来……他虽在左翼,但却是我的主要助手……"

在伊兹梅尔城下,库图佐夫得到了儿子死亡的噩耗,这使他震惊不已,悲痛万分——那是他6个孩子中唯一的男孩。但性格坚强的库图佐夫经受住了命运的打击,依然平静地处理军中事务,参加了争夺多瑙河各个渡口及黑海沿岸城堡的艰苦战斗。

伊兹梅尔战斗胜利后,库图佐夫声威大振。他被擢升为中将,荣获三级乔治勋章,并被任命为伊兹梅尔要塞司令,统辖部署在德涅斯特河和普鲁特河之间的全部军队。

1791年,苏沃洛夫被派赴守卫俄国芬兰边境,库图佐夫成了能承担继续进行俄土战争任务的主要将领。新任命的联合集团军司令列普宁上将在很大程度上要依靠库图佐夫,时常请库图佐夫出谋划策。

土耳其失去了伊兹梅尔要塞后,伺机进行反扑,妄图将其夺回。库图佐夫采取有力措施加固要塞,同时缜密地组织侦察,查清了敌人的兵力和企图,继而采取了极其大胆的、深思熟虑的决定:与其固守,不如先发制人,在土耳其军队进犯之前,对伊兹梅尔附近出现的两股土军予以各个歼灭,不给他们以会合进行联合作战的可能,结果大败土军。总司令列普宁对库图佐夫在战斗中运用灵活机动的战术,采用各种不同战斗队形,给敌人以毁灭性的打击做了这样的评价:"库图佐夫将军的聪颖和机智不是我用一切赞美的语言所能表达的。"

俄军在攻占伊兹梅尔之后取得的胜利,再次轰动俄国舆论界。库图佐夫受到人们的交口称赞。

1791年,土耳其战败求和,俄土战争结束。库图佐夫对土耳其多年战争实践,使他取得了丰富、全面的战斗经验,锤炼了作为军事长官的优良素质,掌握了更精深的军事知识。

俄土战争的结束,标志着库图佐夫生平事业一个重要时期的完结。此时,库图佐夫已成为具有渊博军事知识和战斗经验,能解决复杂的战略、战术任务的高级军事领导人。

身处逆境

1792年11月,智勇双全的库图佐夫将军出人意料地被沙皇叶卡捷琳娜二世任命为驻土耳其特命全权大使。18世纪末,英、法、普鲁士和俄国在土耳其的利益错综复杂地交织在一起,使得出使土耳其是一件极为困难的工作。但他出色地完成了这一重任,使许多极为复杂的问题顺利获得有利于俄国的解决,并大大改善土耳其同俄国的关系。他还成功地抵制了西方列强针对土耳其对外政策散布的敌视俄国的影响,使俄罗斯国威大振。

1794年9月,库图佐夫回国后被任命为陆军武备学校校长,担负起为俄国军队培训军官的重任。库图佐夫曾多次亲自授课,竭力把渊博的军事知识传授给学员,充分表现出他是一位有才干的军事教育家。第二年,他还兼任了驻芬兰陆军司令。库图佐夫经常视察部队,组织领导构筑工事,参加旨在改善俄国和瑞典关系的外交活动。1797 年,库图佐夫奉命前往柏林执行外交使命,仅用两个月时间,就使普鲁士站到俄国一边反对法国。后奉命担任立陶宛和彼得堡督军。因主张在俄军中实施进步改革,反对使俄国军队走上曾被打败的、当时已落后了的普鲁士军队走过的道路,为沙皇所不容,无缘无故地命他交出彼得堡督军的职务。库图佐夫受到不公正待遇,感到莫大屈辱,被迫离开彼得堡。1802 年初,独自回到故乡沃伦省戈罗什卡村,实际上,这是对他的一次放逐。他在那里住了三年有余。

库图佐夫号战舰

为打发孤独难挨的时光,他从事农业生产,又买了一所硝石厂,经营大麻纤维和碳酸钾,但那离他所向往的驰骋沙场、建立功业的愿望毕竟太远了。他给妻子的信中流落出悲观失望的情绪:

"这里的情况如此之糟,使我对工作和改善经营毫无兴趣。有时由于绝望,真想了却一切,顺从上帝的意志。我在年轻时代所经历的一切艰难险阻和身上的处处创伤,看来全都枉然了。思想上的苦闷使我百无聊赖,一事无成……"

此时库图佐夫不仅精神无所寄托,战时负伤的伤口隐隐作痛,旧病复发,因风湿而变形的双腿艰难地支撑着肥胖的身躯,被子弹打中的那只眼睛完全失明了。一个无所作为、面临贫困的被彻底忘却的人所特有的忧郁之感笼罩在库图佐夫的心头。他想起无论声望、地位、还是财产都胜过他的苏沃洛夫,被贬逐到荒僻的小村庄,在孤寂凄清中了却伟大统帅辉煌的一生,不禁悲从中来,更感前途黯淡。似乎库图佐夫的军事生涯就此终结,然而时来运转,库图佐夫东山再起的机会来了。

初胜拿破仑

18 世纪 90 年代,法国资产阶级革命胜利,动摇了欧洲的封建制度。1805 年以前,欧洲的封建国家先后两次组织反法同盟,都被拿破仑统帅的强大军队所打败。1805年,拿破仑在英吉利海峡沿岸集结军队,宣称要进军英国。英国急忙拼凑起包括英、俄、奥三国在内的反法同盟。根据同盟国的作战计划,集结在多瑙河沿岸的俄奥联军向法国推进。

战争迫在眉睫,一个十分尖锐的问题摆到沙皇亚历山大一世的面前:派谁来统帅派往奥地利的俄国军队?沙皇历数俄国军中统帅,都无一能胜任,于是就像保罗一世被迫请出苏沃洛夫一样,亚历山大迫不得已想起了被黜的库图佐夫将军。

库图佐夫和他的老师、上司苏沃洛夫有着相同的命运:他们都遭到诬陷、迫害、贬谪。当没有战争时,他们就被忘记;而当战争来临,君主及其宠臣们都无能为力时,他们又被想起。

库图佐夫似乎从来没想到这些。他生平中一个重要时期来到了:他第一次率领俄军出国远征,并第一次同小他24岁、但却威震欧洲的拿破仑在疆场上相遇。

库图佐夫抵达彼得堡后即被任命为波多利斯克集团军司令官。然而出师伊始,库图佐夫就被置于尴尬的境地:虽然他被委以重任,但却不赋予他一个在国外作战的军队司令官所应有的实权——他隶属于奥地利军队总司令,且沙皇亚历山大不止一次地要求他“无条件服从奥军总司令的命令”。制定战略计划,也不要库图佐夫参加,只能遵命沿着规定的行军路线仓促向奥地利挺进。

然而,奥军统帅早在战争一开始就犯了一个严重错误:不待所有部队集结完毕就命令匆忙集中的兵力向巴伐利亚、意大利北部和蒂罗尔挺进,这就使在总兵力少于联军的拿破仑能在其选定的方向上取得数量上的优势,并将联军各个击破。同时,俄军的运动路线过长,它必须穿过整个加里西亚、奥地利,然后进入巴伐利亚的乌尔姆地区与奥军会合。

拿破仑利用奥军所犯的错误,在莱茵河两岸调动和集结军队,试图在库图佐夫军队到达前消灭突前过远的奥军麦克集团。奥军统帅为了弥补这一疏漏,多次要求俄军加速前进,险恶的环境和高强度的急行军,使俄军士兵疲惫不堪,病号大增。强行军给俄军带来新的困难:步兵快速前进,炮兵、骑兵、辎重却远远落在后边。军队的火炮、马匹和弹药告急,库图佐夫多次为此和奥地利政府交涉,对方反应冷漠。

1805年10月中旬,俄军越过巴伐利亚边界,进抵因河,行程一千多公里,在布劳瑙城附近停止前进,结束了为时近两个月的长途跋涉和艰难历程。

还有几日行程,俄奥两军便可会师。但战略形势急转直下——拿破仑在乌尔姆以重兵对麦克集团实现迂回包抄,并迫其投降。会师的对象已被消灭,俄军成了与拿破仑军队对阵的唯一力量,并且处境十分艰难,右侧是多瑙河滔滔巨流,左侧是高耸的阿尔卑斯山,后方直到维也纳没有任何预备队。俄军总数不超过5万人,而法军却有15万人。此时,奥军总司令向俄军提出了不可能实现的要求:力避失败,完整无损地保存部队,不同拿破仑交战,但也不准他前进一步。库图佐夫冷静地分析敌我形势,清楚认识到:唯一的出路是把部队从布劳瑙地区撤出,以便与俄国后续开来的布克斯格夫登集团军会合。

拿破仑军队紧紧尾随追赶撤退的俄军。大部分兵力沿布劳瑙大路挺进。小部分兵力向萨尔茨堡推进,以便从右侧包抄俄军。最终目的是想把俄军压向多瑙河边,围而歼之。

在有奥地利国王参加的军事会议上,库图佐夫分析形势,认为只有沿多瑙河谷退却,利用特劳恩河和恩斯河等水障,消耗敌人的力量,然后将部队调至多瑙河左岸,构筑坚固防御工事,阻止敌人渡河,并争取时间组织积极的战略进攻。

在秋季恶劣的天气里,饥寒交迫的俄国士兵在被大雨冲毁的道路上前行。同盟国奥地利答应供给的炮弹、粮草、被服等等,库图佐夫一样也没有得到,更别说军事上有帮助——俄军陷入孤立无援的境地。但在这种危急的情况下,奥地利皇帝弗兰茨却要求保卫维也纳,亚历山大又一次支持了他,要求库图佐夫"同奥地利将军们同心同德"。但库图佐夫拒绝保卫维也纳,因为在当时的条件下,这是俄军力所不能及的事。

法军紧紧追随在俄军后面。巴格拉季昂指挥的俄军后卫和缪拉指挥的法军前卫在恩斯河渡口相遇。法国士兵、元帅和拿破仑本人都第一次看到,他们面前的军队既不同于奥地利人,又不同于普鲁士人,也不同于意大利人。第一阵枪响过后,俄国人非但不跑,反而端着刺刀转入反冲锋。法军被击退了。这样,关于法军不可战胜的神话第一次被打破了。

就这样,库图佐夫以巴格拉季昂为后卫,采用机动灵活的战术打败了追击的敌人,使俄军安然北撤。只要渡过多瑙河,然后炸毁桥梁,俄军就到了安全地带,法军的一切努力都将会付之东流。

拿破仑也看到了这一点,他决定派莫捷隐蔽过河,夺取桥梁,在克雷姆斯附近截击俄军。

此时,俄军的处境相当危险,莫捷在河北岸拦截,而拿破仑的主力正步步逼近南岸。出路只有一条,即抢在莫捷之前到达克雷姆斯附近。库图佐夫当机立断,命令部队加快行军速度,超过莫捷。

俄军在库图佐夫的率领下,以超人的努力强行军。后卫刚刚到达北岸,法国的猎骑兵就踏上桥头。就在这时,大桥"轰隆"一声塌落河中。

拿破仑慌了——他不仅放走了库图佐夫,而且把莫捷这支孤军留在了北岸。库图佐夫抓住时机,命令米洛拉多维奇和多赫图罗夫从正面和翼侧向莫捷发动进攻。莫捷终于带着残兵败将逃走。多瑙河北岸的敌人被消灭了。

至此,拿破仑围剿俄军的计划成为泡影。在从布劳瑙到克雷姆斯史无前例的退却机动行军中,俄军在库图佐夫的运筹帷幄下巧妙地和拿破仑周旋,不是停下打后卫战,就是一撤再撤,最后胜利渡过多瑙河,在法国皇帝眼皮底下击溃莫捷军队,在全世界面前出了他的丑。

库图佐夫这次机动行军从1805年10月25日开始至11月22日结束,持续了近一个月,俄军行进400多公里。结果俄军摆脱了被合围的危险,取得了战略上的胜利,它表明法军轻易取胜的时代已经过去了。同时,这次行军作为战略机动的出色典范载入军事学术史册。

经历了长途行军之后,驻扎在克雷姆斯疲惫不堪的俄国士兵们头一次埋锅造饭,头一次安安稳稳躺下休息。他们虽然摆脱了拿破仑的合围,但仍然没有实现与从俄国赶来的布克斯格夫登集团军的会师。此时,拿破仑岂肯善罢甘休,又开始实施新的更为狠毒的计划。

多瑙河上的桥梁在两军交战中毁灭殆尽,只有位于维也纳附近的塔博尔斯克桥尚完整无损。一条大路与此桥相连直通茨奈姆。而库图佐夫只有经过茨奈姆才能与布克斯格夫登集团军会合。拿破仑命令自己的元帅们立即占领维也纳,不惜任何代价夺取大桥,抢在库图佐夫之前到达茨奈姆,同时向俄军发动猛攻。

塔博尔斯克桥被法军设计谋轻易夺取。

拿破仑的前卫向茨奈姆前进。他命令主力从正面进攻北岸的俄军,同时分兵在克雷姆斯附近渡过多瑙河,从背面进行夹击。俄军面临覆灭的危险。

在这关键时刻,库图佐夫命巴格拉季昂率5000名士兵昼夜兼程,迎头阻击法军前卫并坚持到俄军主力到达茨奈姆。

在一个风雨之夜,巴格拉季昂率领部队出发了。他们穿山林,越沟壑,涉泥泞,走小路,终于在拂晓前抢先赶到预定地点,做好了迎击法军的准备。与此同时,库图佐夫也行动起来。饥饿的士兵扔掉了锅中没有煮熟的饭,鼓起最后的力气,向茨奈姆前进,迎接从国内来的预备队。

巴格拉季昂在申格拉伯恩附近的阵地上截击敌人。此时他得知,在他前方的奥地利伯爵诺斯蒂茨叛变了,放过了法国军队,使巴格拉季昂的部队暴露在法军面前。

此时,法国人展开进攻队形,冲向申格拉伯恩。但法军将领缪拉在获悉俄军主力离巴格拉季昂阵地不远时,就犹豫了。他不敢进攻库图佐夫的军队,便耍了个花招:以法军的停止进攻换取俄军撤离奥地利。库图佐夫假意应允,把聪明的法国元帅诱进了他自己设的陷阱中。库图佐夫在向沙皇奏折中写道:"根本没有想要接受条约。我坚持过20小时再做答复,同时继续撤退,走出距法军两天的路程。"

拿破仑得知此事后,气得暴跳如雷,痛骂缪拉一通,一边命令他立即进攻俄军,一边驰往申格拉伯恩亲自督战。

法军前卫3万余人向巴格拉季昂5000人的部队猛扑过来。法军依仗人多势众,从两翼夹击俄军,并以一次比一次更猛烈的攻势向中央进攻。巴格拉季昂率部顽强抵抗,且战且退。战斗一直持续到深夜。俄军发起反冲锋,同数量上占优势的敌人展开肉搏,以阻断通往茨奈姆的道路,使库图佐夫统率的俄军主力安全撤退。

深夜,拿破仑确信继续进攻是徒劳的,遂命令停止射击。巴格拉季昂击退了包围的法军,用刺刀杀开一条血路冲了出来,追赶上已经远去的库图佐夫。俄军终于抵达茨奈姆。

库图佐夫拒绝了奥地利皇帝弗兰茨要他同拿破仑作战的要求,继续撤退,终于与布克斯格夫登集团会师了,并在奥尔米茨附近占据了有利阵地。此时,他的兵力有8.6万人,另有8万名奥地利军队正向他靠拢。俄军在库图佐夫的领导下已脱离了危险。

兵败蒙羞

库图佐夫的大踏步撤退使拿破仑的法军背上了沉重的包袱:占领了维也纳和奥地利半壁河山,大量的部队被用于保卫城市和漫长的交通线,兵力高度分散。拿破仑此时手中总共只有5万机动兵力,而且决战就在眼前。相比之下,俄军占有绝对的优势,这使得沙皇亚历山大的虚荣心迅速膨胀起来,产生了亲自统帅军队的念头。但是他既想给自己戴上战胜拿破仑的桂冠,同时又对名闻天下的拿破仑怕得要死,他不敢统率俄国军队和联军,却施展出惯用的两面手法:任命库图佐夫为总司令,而实际上是他亲自指挥;同时任用头脑不清、屡败于拿破仑手下的奥地利将军维依洛特尔为自己的顾问。亚历山大的用意很明显:胜了,他就是英雄;败了,责任归库图佐夫。

亚历山大召开军事会议,提议进攻拿破仑的军队。几乎所有的人都随声附和,跃跃欲试想和敌人交战。只有库图佐夫一人反对进攻。他建议不与拿破仑作战,而是继续向有粮草保障的地区撤退。库图佐夫深知:尽管拿破仑的现有兵力比联军的兵力少,但他能抢在奥地利军队到达之前把分散的各军集结起来,而俄军由于离开了奥尔米茨的有利阵地,必将再次陷入困境。因此,俄军必须继续撤退,以赢得两三周的时间。届时,从意大利赶来的 8 万奥军已到达,联军的力量得到加强,而被迫实行追击的拿破仑将被彻底削弱。

亚历山大对库图佐夫的意见不屑一顾,仍旧决定进攻,这正中拿破仑的下怀。拿破仑知道追击撤退了的俄军会拖垮法军的,他需要交战,他想在联军预备队到达之前打败联军。

联军在秋季泥泞的道路上缓慢地前进着,经过三昼夜的行军才到达奥斯特利茨。

奥斯特利茨的西南部有一片由湖泊和鱼塘组成的水网地带,它与利塔河相连,形成许多隘路。普拉秦斯高地位于整个战场的中央,毫无疑问,它决定着交战的结局。

拿破仑通过自己的谍报人员,对联军准备进攻的情况和计划早已了如指掌。他在左右两翼中部署极少的兵力,在中央,即普拉秦斯基高地却集中了大量兵力。他的意图很明显。在实施翼侧防御的同时,进攻普拉秦斯高地,从正面对联军实施中央突破。

尽管库图佐夫仍旧是总司令,但亚历山大实际上剥夺了他的作战指挥权,而让维依洛特尔来指挥。而维依特洛尔却不研究实际情况,也不侦察敌情,仅仅依据自己的偏见写出了关于奥斯特利茨交战的书面命令。

维依特洛尔拿着俄国沙皇和奥地利皇帝批准的书面命令来到库图佐夫的司令部。他召开了军事会议,啰啰唆唆地宣读了这份命令。大多数与会者明白,这份命令根本行不通。库图佐夫独坐一隅,一语不发。此时,他比联军中的任何人都更明白眼前危险的局势。但他却无力与两位皇帝,与他们的侍从、维也纳朝廷的奥地利将军们抗争,他被排斥于军队的领导之外,只有把唯一希望寄托在俄国士兵的无比勇敢上,寄托在他在战斗中能通过自己的正确决定挽救局势。而库图佐夫有可能指挥的仅仅是五个纵队中的一个纵队。

12 月 12 日清晨,联军自左翼发起攻击。他率领士兵占领了普拉秦斯基高地,开始准备交战,按照书面命令,他们应该继续前进。但库图佐夫认识到高地的重要性,对维依洛特尔的要求不予理睬。

拿破仑在自己元帅的簇拥下,正站在奥斯特利茨原野的另一端,按兵不动,等待时机。在俄军离开普拉秦斯基高地之前,他不敢贸然发动正面突击。在这隆冬雾气蒙蒙的早晨,双方就这样相互对峙着。

亚历山大一世对库图佐夫的行动极为不满,他急驰到普拉秦斯基高地,把第四纵队驱赶下高地。当俄军放弃高地正向下离去的时候,拿破仑向俄军发起了猛烈攻击,库图佐夫的先头部队被击溃了,法军占领了高地——中央被突破。库图佐夫竭尽全力阻止部队溃散,却无法挽回颓势。他自己也负了伤。手执战旗、和他一起冲锋陷阵的女婿蒂森豪森也被打死。库图佐夫带着一个旅且战且退,试图摆脱敌人的突击,然后转入防御。

拿破仑突破中央之后,全力对付俄军的两翼。巴格拉季昂所在的右翼还在激战,打退法军的多次进攻,损失惨重;左翼是俄军主力布克斯格夫登指挥的三个纵队。库图佐夫派人给他送去立即撤退的命令。这个命令如被执行,就能保存下大部分俄国军队,交战的结局也会大不相同。但蠢笨自负、对形势一无所知的布克斯格夫登却没有执行,继续实施无用的进攻——奥斯特利茨惨痛的一幕发生了:溃败的俄军从磨坊的坝上突围,但磨坊中炮起火,道路被阻塞;士兵们从桥上过利塔瓦河,但桥"轰隆"一声塌落;士兵们涌向池塘与湖泊上尚未冻坚的冰面,冰层塌陷,溺死者不计其数。此时,法军在高地上架起数十门大炮,向被封锁在各条隘路上和水中挣扎的俄军将士们开炮。

深夜,当脸部受伤的库图佐夫、多赫图罗夫和巴格拉季昂集合残部准备再战时,两个皇帝和他们的侍从正在找酒喝呢。第二天早晨,安安稳稳睡了一夜的亚历山大起程回国了。

也是这天早晨,老人库图佐夫在奥地利一户农民的小木房里失声痛哭。朋友们试图安慰他,给他回忆说,在战斗最激烈的时候,他负了伤,并亲眼看着蒂森豪森死去,他仍然镇静自若地指挥战斗。

"昨天我是统帅,"库图佐夫强忍悲痛,回答说,"而今天我是父亲……"

库图佐夫不单是为自己的亲人阵亡而痛哭,他更伤心痛哭的是在奥斯特利茨阵亡的数万名俄国士兵。

库图佐夫心中的创伤长久不愈,因为奥斯特利茨的失败而带来的种种指责时常折磨着他。后来,人们都知道了失败的责任在俄国皇帝,而不是库图佐夫。但这样一来,亚历山大一世更加痛恨库图佐夫了。他把库图佐夫调离军队,任命他为基辅督军,当时被人称为"光荣的流放"。

库图佐夫本人对奥斯特利茨的惨败是问心无愧的,战役结束后十天,他在给妻子的信中写道:"你一定听到了有关我们不幸的消息。我可以告慰你的是,虽然我严于律己,但对己无可非难。"

将军出奇兵

18世纪下半叶的俄土战争虽以俄国胜利而告终,但并没有解决两国的尖锐矛盾。土耳其帝国不甘心丧失自己往日的威风,它伺机找到一个同盟者,勾结后以便向俄国卷土重来,夺回割让的克里木,争夺黑海沿岸地区及其主要据点。拿破仑瞅准这一时机,千方百计鼓动土耳其撕毁和约,发动了对俄战争。

俄国军队越过德涅斯特河后,两月之内接连攻克土耳其许多重要要塞后抵达多瑙河沿岸地区。接着,俄军的任务是攻占土耳其在多瑙河左岸的全部要塞,然后渡过多瑙河并在河右岸发起攻势,迫使土耳其政府议和。然而战事既开,进展缓慢。为改善事态,维护沙俄帝国的荣誉,沙皇亚历山大一世不得不勉强委任库图佐夫为摩尔达维亚军队主力军的司令。尽管库图佐夫在奥斯特利茨战役中失利,但在全军乃至全国仍享有崇高的威望。摩尔达维亚军队中的将军、军官以及士兵都很了解他、敬重他。唯有总司令官——七十五岁的普罗佐罗夫斯基元帅既寄希望于库图佐夫,却又嫉妒这位老将军的过人才干和指挥才能,担心自己在军中的威望会日益下降。因而不听库图佐夫的劝说,在较少的兵力和缺少炮火攻击的情况下就强攻坚固的布拉伊洛夫要塞。结果要塞未攻下,俄军损失过半。这样一来,库图佐夫与总司令的关系更加紧张。普罗佐罗夫斯基却以攻打要塞失利为借口,向沙皇大进谗言。库图佐夫被排挤出摩尔达维亚军队,被任命为立陶宛总督——这是他又一次"光荣的流放"。

俄土战争已进入第五个年头,多瑙河俄集团军司令已撤换4个,他们战绩平平,哪一个也没有什么惊人的举动。这期间国际形势的发展,使得法国拿破仑军队入侵的威胁已迫在眉睫。这场即将爆发的俄法战争关系到俄国的生死存亡,因此必须尽快结束同土耳其的战争,打破拿破仑想拉土耳其做他的军事伙伴的图谋。沙皇亚历山大一世环顾朝野众将帅,也只有库图佐夫具有足够的知识和才能与土耳其作战,挽狂澜于既倒。因而,尽管亚历山大一世对库图佐夫有积怨,1811年4月还是被迫起用库图佐夫为多瑙河集团军总司令。

此时,多瑙河战区的形势对俄军已极端不利:摩尔达维亚军队有一半被调往西部边境,防御拿破仑的入侵。库图佐夫统辖下的军队总兵力只有4.5万人,且分散在一千余公里的战线上;而土军的兵力已达8万人,集结于一地,对付俄军的中央,要在如此不利的情况下取得胜利,如果再使用过去的打法难以奏效。库图佐夫审时度势,想出一个大胆新颖的奇策:先将自己的军队撤回多瑙河北岸集结,形成一个强有力的拳头,引诱敌土军攻打鲁什丘克要塞,然后集中兵力全力以赴,进行决定性进攻,彻底消灭敌人。这是他不盲目照搬苏沃洛夫和鲁缅采夫的作战方法,力争在新的更加复杂的条件下采用的新战略。

奇策既定,库图佐夫进行了一系列异常紧张的准备工作:架设桥梁,补给弹药,储备粮草,并坚持不懈地进行军事训练,还耍了一个迷惑敌人的花招——派代表和土军开始议和谈判,以便为俄军的进攻争取时间。

一切准备就绪。6月30日夜库图佐夫率主力在一夜之间秘密渡过多瑙河,登上右岸并在鲁什丘克以南4公里的拉兹格勒大路附近占领了阵地,准备和土军决战。

值得注意的是俄军的阵地是一片开阔高地,右翼有陡峭的河岸和灌木作屏障,左翼是开阔平原。面对4倍于俄军的强大敌人,库图佐夫背向多瑙河部署军队,似乎是犯了兵家的大忌,冒了很大风险。一旦失利俄军就有被全歼的危险。库图佐夫也知道这个阵地不是很有利,但他认为,打仗阵地固然重要,但起决定作用的是有坚忍不拔精神的士兵和用兵有方的司令官。库图佐夫依据自己丰富的作战经验和多年对土耳其军队的深刻了解,将直接进入阵地的骑兵、步兵、炮兵分三线组成,纵深配置,机动灵活。

7月2日凌晨,俄军打退了土军骑兵试探性的攻击。7月4日清晨,激战正式开始。敌人70门大炮向俄军的正面全线开火,接着,土军骑兵、步兵在炮火掩护下急促冲击俄军的中央和两翼,接连发动了五次冲击都被英勇的俄军将士击退。土军扔下了许多尸体和伤兵,躲进了筑垒工事。土军总司令又派出1万多名精锐的骑兵以排山倒海之势扑向俄军左翼,并从一二两线边缘突破,企图从后方包抄俄军。然而,库图佐夫早有先见之明,迅速将留在鲁什丘克的军队投入战斗,把土军骑兵驱赶到远离要塞的地方。部署在三线的所有俄军骑兵调转马头突入后方的土军骑兵。土军骑兵四面受敌。战斗开始出现转折,俄军转入全线追击,一直追到土军营地附近,然后遵照库图佐夫的命令返回鲁什丘克。激战持续了近12个小时,虽然土军4倍于俄军,但仍以彻底失败而告终。土军伤亡4千余人,俄军损失不过500人。

鲁什丘克战斗是俄土重开战火五年中首次大规模的野战战斗,虽然敌我兵力众寡悬殊,但由于库图佐夫深谋远虑,善于运兵,仍取得辉煌胜利。

土军虽遭受重创,但并未被歼灭。土军司令凭借坚固的堡垒和众多的兵力,重整旗鼓准备再战。库图佐夫深知凭借俄军微薄的兵力,短时间的准备去攻打土军营垒,只能是以卵击石,削弱俄军的力量而不能取得有决定意义的战果,甚至会葬送俄军。因此库图佐夫做出完全出人意料的决定:撤出鲁什丘克地区,炸毁要塞,然后将军队撤出多瑙河左岸。命令一出,许多将士大为不解,甚至指责库图佐夫优柔寡断,胆小如鼠。他们没有想到,主动放弃鲁什丘克,是库图佐夫经过深思熟虑的一次战略机动,目的是将战场移至多瑙河左岸,以期在那里消灭土军。

土军总司令更没预料到库图佐夫会来这一招,轻信了俄军撤退是软弱表现的说法,于是立即派兵乘虚而入鲁什丘克,宣布大获"全胜"。土耳其苏丹奖赏了总司令,拿破仑也为此兴奋异常。此时,库图佐夫却在加紧构筑工事,调整部署,等待土军的到来。

果不其然,在苏丹要求"打败俄国人",拿破仑要求早日"活捉库图佐夫"的催促下,土军总司令率主力7万人中的5万人渡过多瑙河,向俄军阵地进发。而把大本营——包括2万士兵、旗帜、粮草,军火等留在南岸。库图佐夫见调虎离山,时机成熟,便在一个漆黑的秋夜里,命令马尔科夫将军在远离土军的多瑙河上游率7千人渡河占领对岸,对土军大本营实施突袭。土军被这突然袭击惊呆了,抱头鼠窜,俄军俘虏土军士兵2万多名,并缴获火炮、弹药、粮食等全部辎重,损失不过死9人,伤40人。库图佐夫出奇制胜的这一招,从根本上改变了整个战略形势。紧接着,库图佐夫调集俄军将土军的主力重重包围。土军断粮8天,人马损失2/3以上,其余被困的1.2万人被迫投降。

土耳其要求和谈,但法国竭力阻止土耳其和俄国签订和约,许诺说,如果继续打下去,拿破仑将于近期率"大军"攻打俄国,而且出师必胜,以至谈判拖延半年之久。由于库图佐夫的坚持不懈和外交才干,终于克服重重困难,于1812年5月28日,即拿破仑入侵俄国前一个月,签订了对俄国有利的布加勒斯特和约,条约规定土耳其不得与拿破仑结盟,避免俄法战争爆发后,俄国腹背受敌的危险。

虽然库图佐夫率领俄军在对土战争中战绩辉煌,但由于亚历山大一世对库图佐夫怀有恶感,再次撤销了他在军队中的领导职务。库图佐夫又回到了戈罗什卡村自己的庄园。

东山再起

　　土耳其对俄战争的失败,使拿破仑利用土耳其打击俄国的计划成为泡影。但拿破仑称霸欧洲的野心并未削弱,他一面采用外交手段和俄国签订和约蒙蔽世人,一面向俄国边境调集部队,组建法国和包括西欧各附庸国军队在内的 60 万"大军",以排山倒海之势,于 1812 年 6 月 24 日不宣而战侵入俄国——俄国卫国战争开始了。

　　俄国此时处于孤立无援的境地:拿破仑经过历次战争,几乎征服了除英国以外整个西欧大陆,而俄国与英国的同盟关系早已断绝;俄国曾将希望寄托在盟国普鲁士身上,但它虽然维持表面的独立,实际上已成为法国的附庸。而在俄国西部边境地区,和 60 万拿破仑军队对峙的,只有约 20 万俄国士兵,且分别由巴克莱和巴格拉季昂两位将军统领。敌人在数量上占有明显优势,迫使俄军不得不从业已形成的局面中寻求出路。而解脱目前困境的唯一的办法是:巴克莱和巴格拉季昂的两个集团军沿向心方向撤退,尽快联合起来。

　　交战初期,沙皇亚历山大一世不断干涉军队的作战方案,贻误战机。拿破仑趁机占领了一个又一个城市,竭力阻止两军团的会合,然后将其各个击破。经过一个多月的奋战,8 月 3 日,两军团终于在斯摩棱斯克实现了期待已久的联合。这是1812 年卫国战争中的重大事件。8 月 16 日,法军向斯摩棱斯克开进,妄图一举攻占该城。俄军在坚守斯摩棱斯克两天,打退了敌人的多次攻击,最后被迫撤退了。

　　然而,沙皇亚历山大一世过多干预和未确立对军队的统一指挥所造成的不协调日益严重,并导致了巴格拉季昂和巴克莱的意见分歧,两人势不两立,巴格拉季昂坚决反对撤退,而巴克莱认为只有撤退才能不断削弱拿破仑。但俄国士兵再也不愿后撤了,他们急欲和法军交战。由于退却而产生的不满情绪在部队中滋长,内部出现了混乱,而法军气势咄咄逼人,形势十分严重,急待采取果断措施。

　　沙皇亚历山大一世在这紧急关头惊慌失措,束手无策。他知道,俄国处在生死存亡的关键时刻,急需一位能力挽狂澜统管全部武装力量的统帅,同时善于解决极为重要的、与战争密切相关的重大国家问题。此人非库图佐夫莫属。

　　历史再一次将库图佐夫推上波峰浪尖,此时他已是 68 岁的老人了。

　　拿破仑入侵俄国的消息,库图佐夫是在他的戈罗什卡村庄园听到的。纵然没有人召他前往,但作为一个真正的爱国者,对这次战争他是有准备的,可没想到来得这么突然。他此时没有时间去考虑个人的恩怨,他甘心情愿把自己的全部精力和多年的作战经验贡献出来,保卫祖国,摆脱奴役。他换上戎装,乘车直奔彼得堡。

　　库图佐夫应邀参加紧急召开的内阁秘密会议,商讨对敌事宜,沙皇也于当天降旨库图佐夫:"鉴于形势危急,朕委任您组建军队,保卫彼得堡。"由于军队兵力有限,彼得堡和莫斯科都急需组建民兵,库图佐夫当选为总司令,并投入紧张的组建和训练当中。每到夜晚,他都把自己关在房间里,在战争形势图前一坐就是数小时,全神贯注地研究军队的行动。

　　前方战事愈来愈紧,急需一名统辖全军的总司令,来协调在广阔空间各自为战的各个集团军。亚历山大一世考虑了三天,最终给库图佐夫写了一封信:

"米哈伊尔・伊拉里奥诺维奇:

您在军队中的崇高威望,您对祖国的真诚热爱,您屡建奇功的丰富经验,使您有权赢得这一信任。在选择您担当此重任之际,我请求上帝保佑您旗开得胜,马到成功,不负众望。

亚历山大谨启。"

亚历山大一世重用库图佐夫显得无可奈何,他从内心深处痛恨库图佐夫,甚至不想在宫廷里听到"库图佐夫"这几个字。他在给姐姐叶卡捷琳娜的信中写道:

"我在彼得堡发现,大家都坚决拥护库图佐夫这个老头子任总司令。这是众望所归。我由于了解这个人,开始反对任命他。罗斯托普钦8月5日写信告诉我说,整个莫斯科都希望库图佐夫统率全军,因为巴克莱和巴格拉季昂两人均不胜任此职。况且,巴克莱在斯摩棱斯克城一再失误。人心所向,我只得听之任之,只好起用库图佐夫为总司令。迫于形势,我无法做出别的抉择,只能根据大家的呼声做出选择。"

亚历山大为一旦作战失利好推卸自己的责任,便在任命库图佐夫为总司令时,转托一个特别委员会物色总司令人选,而该委员会一致同意库图佐夫。同时,亚历山大任命贝尼格森为参谋长,以便在必要时接替库图佐夫。

拿破仑在得知库图佐夫的任命时,意味深长地说:"这可是一只'北方老狐狸'!"库图佐夫在得知拿破仑的反应后,谦逊地说:"我将努力向这位伟大统帅证明:他说得对!"

库图佐夫在市民的热情欢送下离开彼得堡去正在向莫斯科撤退的军中赴任。

然而,他刚一到任,就与仇视他的参谋长贝尼格森发生了冲突。贝尼格森认为自己是唯一能与拿破仑相匹敌的统帅,而如今库图佐夫却不公正地夺走了总司令的职务。数十个曾与巴克莱作对的阴谋家,现在一齐把矛头指向了库图佐夫。库图佐夫清醒地认识道,除拿破仑外,自己在司令部也有许多敌人。尽管如此,他对俄国军队的英勇顽强、对这场战争的胜利深信不疑,他在给妻子的信中说:"我找到一支士气高涨的军队,它有许多优秀的将军……我满怀信心……我想我们能取胜。"他一面有计划组织部队继续向后撤退,一方面积极准备预备队,为随时转入反攻创造必要的条件。最后,在莫斯科附近的博罗季诺,法军的优势已不明显,可以通过会战进一步消耗其兵力。在这里,库图佐夫部署并指挥了著名的博罗季诺会战。

博罗季诺位于莫扎伊斯克以西约12公里,莫斯科以西120公里,科洛查河左岸。附近的新斯摩棱斯克大道经莫扎伊斯克通往莫斯科,是俄军主要的交通线和退路。往南还有一条老斯摩棱斯克大道经乌提察森林通往莫扎伊斯克,地势起伏,多丛林,可以隐蔽地配置军队和实施预备队的机动。俄军在博多季诺以东占领阵地,正面为科洛查河,右翼临莫斯科河,左翼直至乌提察森林。库图佐夫在这里布置了一个以支撑点为骨干的,有一定纵深的防御体系。第一集团军防守右翼和中央,由巴克莱统一指挥;第二集团军防守左翼,由巴格拉齐昂指挥。部队成三线配置:第一线为步兵,第二线为骑兵,第三线为预备队。2/3的兵力兵器集中在右翼,牢牢控制新斯摩棱斯克大道。库图佐夫试图利用博罗季诺阵地的布置及工程设施定能可靠地掩护通向莫斯科的各条主要道路,并使拿破仑在北有河流、南有森林的战场上无法机动其军队,迫使法军在对其不利的地形上交战——即在狭窄的战线地段进行正面突破。

参加这次会战的俄军有 12.5~13 万人、640 门大炮,法军 13~13.5 万人、587 门大炮。俄军在炮兵方面,特别是大口径炮方面略占优势。

9 月 5 日中午,法军主力到达瓦卢耶瓦。拿破仑决定首先攻占俄军左翼阵地前沿突出部的舍瓦尔丁诺多面堡——它妨碍法军后续部队与主力靠拢,并对法军主力翼侧构成威胁。拿破仑出动 4 万人、186 门大炮,攻击俄军 1.2 万人、36 门大炮,双方争夺激烈,鏖战至深夜,最后俄军被迫放弃舍瓦尔丁诺多面堡,撤回主阵地。这次战斗是大会战的前哨战。库图佐夫通过这次战斗赢得了在博罗季诺阵地完成防御工事的时间,查明了法军的主力正好针对俄军中央和左翼,并相应地做了调整,加强了左翼兵力。

9 月 7 日晨 5 时,隆隆的炮声拉开博罗季诺会战的序幕,双方展开激烈的炮战。法军在猛烈炮火的支援下,对俄军正面中部的博罗季诺村发起了进攻。俄军向后退却,渡过科洛查河。这时,法军的主攻方向指向俄军左翼,双方激战最为激烈的要属争夺巴格拉季昂棱堡的战斗。俄军在 6 小时内打退法军七次进攻。第八次,拿破仑调动了 4.5 万人和 400 门大炮来对付俄国人在一公里半阵地上的 2 万人和 300 门大炮,库图佐夫派部队前去增援,而巴格拉齐昂不待援军到达,即率领全军反击,和法军展开激烈的白刃战。他本人身负重伤,部队随即陷入混乱。法军乘机占领了巴格拉季昂棱堡——第一兵团处境险恶。

在这危急时刻,库图佐夫果断命令普拉托夫指挥的哥萨克骑兵部队和乌瓦罗夫指挥的第一骑兵军偷渡科洛查河,迂回到法军左翼实施奇袭,两支部队立即出发。

在争夺巴格拉奇昂棱堡的同时,拿破仑命令一支部队渡过科洛查河,攻击俄军正面中部的拉耶夫斯基炮台。俄军拼死抵抗。法军占领谢苗诺夫村以后,拉耶夫斯基炮台即暴露在法军三面炮火的围攻之下。拿破仑集中 3.5 万人、近 300 门大炮准备最后夺取炮台。恰在这时,库图佐夫派出的骑兵部队突然攻击法军左翼。这出乎拿破仑意料,打乱了法军的部署,使得法军对拉耶夫斯基炮台的最后攻击推迟约 2 小时。在此期间,库图佐夫重新部署了兵力,用第二、三军加强了俄军的中央和左翼的防御。

14 时许,拿破仑下令对拉耶夫斯基炮台再次发起攻击,炮台几度易手。最后法军绕到炮台后方,迫使俄军撤到第二、三道阵地固守。

在这关键时刻,拿破仑的元帅们请求他把最后的预备队——近卫军投入战斗,以争取最后胜利,但拿破仑没有同意,他不敢拿他的军队的核心去冒险。他最终放弃了已攻占的俄军阵地,将军队撤回出发地。至此,博罗季诺会战结束。

库图佐夫在向亚历山大一世报告博罗季诺会战结果时说:"26 日发生的战争,是当代所有的著名的交战中最残酷的一次浴血奋战。我们完全守住了阵地,敌人却逃回到他们原先向我们发起冲击时的阵地。"

博罗季诺交战对拿破仑来说是一次空前的得不偿失的消耗战。拿破仑后来曾写道:"在我一生的作战中,最令我胆战心惊的莫过于莫斯科城下之战。作战中,法军本应取胜,而俄军却博得了不可战胜的权利。"俄军却在这次会战中增强了战胜敌人的信心,同时也显示出库图佐夫高超的战略思想和善于最大限度杀伤敌军,为以后交战保存实力。

博罗季诺会战,使拿破仑妄想"速战速决"占领俄国成为梦想,改变了1812年卫国战争的进程,为战争最后胜利奠定了基础。

俄军在博罗季诺会战中给拿破仑以重创,自己也损失惨重,但从总的兵力对比看(俄军主力约5万余人,法军近10万人),俄军转入反攻的条件尚不具备,而且沙皇政府也不能采取有效措施征集兵员,补充武器、弹药和给养,于是库图佐夫采取了在当时是唯一正确的决定:即俄军主力经莫扎伊斯克撒到莫斯科,以保存实力,积聚力量,然后再彻底消灭侵略者。他写道:"这场战争并不仅是为了赢得几次战役的胜利,其整个目的在于彻底歼灭法军。……因此,我决定撤退。"

功成一世名

俄军撤离莫扎伊斯克,向莫斯科退却。法军在后面不紧不慢、一步不落地尾随。

越是接近莫斯科,库图佐夫的危机感也就越重。作为军队的统帅,一个严峻的问题摆在他面前:撒到莫斯科怎么办? 是在它的城下进行决战,守至最后一兵一卒呢? 还是弃城不战,保存实力,以谋求最终战胜敌人? 其实,具有远见卓识的库图佐夫当听说斯摩棱斯克失陷后,就预感到"莫斯科的大门被打开了"。他深知以当时俄军的损失惨重、缺少预备队的实际情况要武装保卫莫斯科,再打一场流血战斗只是无谓的牺牲。他现在唯一要做的是如何说服司令部的其他军官放弃坚守莫斯科。

9月13日,库图佐夫在菲利召开了军事委员会。不出所料,放弃莫斯科的决定在司令部引起激烈争执。部分将军主张放弃莫斯科,而参谋长贝尼格森一贯对库图佐夫嫉贤妒能,看出沙皇是不得已才启用库图佐夫,因此千方百计竭力阻挠贯彻库图佐夫采取的一切措施。这一次更是纠集一些将军,有恃无恐地指责库图佐夫放弃莫斯科是害怕拿破仑,根本不是什么战略转移。双方意见完全相悖,会议一时陷入僵局。一双双眼睛注视着库图佐夫,等待着他的最终决定。

库图佐夫坚信:战争的结局最终取决于俄国人民和军队渴望胜利的意志,取决于俄国所拥有的军事潜力。只要有军队在,有人民的支持,就最终能打退侵略者,收复失地。即使我一时不被人理解,被沙皇误解又算什么呢? 时间紧迫,不能再犹豫了。于是库图佐夫沉稳地站起身来,语气舒缓而坚定地说:"丢掉莫斯科就是保卫俄罗斯。我认为,首要的天职是保存军队,

俄罗斯有严冬,也有"库图佐夫"

并和前来增援我们的军队靠拢,我们放弃莫斯科是为敌人挖掘坟墓……什么时候

军队存在并有能力抗击敌人，什么时候就有赢得最后胜利的希望。但是，军队一旦被消灭了，莫斯科乃至整个俄国将断送。因此，我命令撤退。"

将军们的争吵平息了，默默地散去了。他们低着头，谁也不看谁一眼，各自返回自己的营地。空荡的大厅只留下库图佐夫一个人，谁也不知道他是如何度过这一夜的。把莫斯科交给敌人，是俄国人民和军队最难以容忍的悲剧，同时也是作为统帅的库图佐夫痛心疾首的局面——当不仅要决定自己的命运，而且要决定千千万万人的生命，决定人民和国家的命运的时候，这位统帅的内心充满了痛苦。有人说从他的房间不时地传出竭力压抑着的痛哭声。

要放弃莫斯科的消息在俄军中引起了一阵骚动。许多人根本不相信撤退的命令，更有人说这是背叛。

库图佐夫自作主张放弃莫斯科，使沙皇政府产生了疑虑。内阁召开了专门会议，提出下列意见：

"内阁认为应致函总司令查明：第一，他应将召开委员会讨论不经任何战斗而将莫斯科让给敌人的决议书呈送上来；第二，今后他应及时呈报有关他采取的措施及其行动的全部材料。"

亚历山大一世甚至对彼得堡的命运忧心忡忡，气愤地写信给库图佐夫：

"倘若敌人得手将大军调往彼得堡，威胁兵力不足的首都，届时您将承担全部责任。因为您所统领的军队，只要采取坚决果断的战斗行动，是能转危为安的。要记住，您还应该对灾难深重的祖国失掉莫斯科承担全部责任。"

不过，沙皇的惶恐和忧虑是多余的，对拿破仑来说，莫斯科是他望眼欲穿的目标。他希望在莫斯科迫使俄国签订和约。即使这样，库图佐夫感到：他和沙皇之间时起时落的冲突达到了危机的程度。只要一决定放弃莫斯科，他这个老帅将永远被逐出军队。但是，他已顾不得这些了。

9月4日拂晓，俄军在莫斯科街道上开始撤退。他们横穿市区，沿着寂静的街道行进。没有人知道部队要撤到哪里去。库图佐夫对此是严格保密的，他必须充分运用自己的军事机智来隐蔽俄军的行动，欺骗拿破仑，使他对自己的意图产生误解。即使对自己的司令部，库图佐夫也不能泄露真实意图，因为司令部的人，除少数几个指挥官外，他一概信不过。他曾开玩笑地说"统帅所睡的枕头也不应该知道统帅的思想"，他必须提防贝尼格森之流随时会泄露他的任何机密，以致出卖最核心的军事秘密。这样做也使库图佐夫陷入尴尬的处境：他不仅不能向沙皇、人民和军队解释自己的决定，说明自己是无罪的，而且使自己在遭到沙皇指责时无法为自己辩护，也给贝尼格森一伙进行恶意中伤提供了更多的口实。

莫斯科的居民，一部分出了城，其他或是集中在沃罗比约夫山上和克里姆林宫内，准备参加保卫莫斯科的战斗，或是待在家里等待战役的开始。留下的人都确信，军队要坚守莫斯科，不让敌人进城。但是，要放弃莫斯科的消息还是传到了他们的耳朵里。大批大批的人蜂拥着跟在军队的后面，人们放弃了家园，携儿带女，搀老扶弱，逃出城去。城里只留下了数千名来不及撤走的伤员，街上一片凄凉景象。

最后一支部队通过了莫斯科。库图佐夫来到多戈米洛夫斯卡亚哨所，准备从城外绕过莫斯科。他无法面对眼前的残酷现实，对传令兵说："给我带路，不要碰上任何人。"

天色越来越昏暗。在空空如也的莫斯科上空,回荡着教堂的钟声。法军已分批开进了莫斯科城。当卫兵将这一消息告诉库图佐夫时,他正把手撑在膝盖上,陷入了深深的沉思,似乎在等待着什么。

这时,著名的游击队员菲格涅尔大尉来到他面前,向他报告说,他的命令已经执行。在菲格涅尔的住宅里,准备执行统帅密令的人都已到齐,引火物也都准备好了。

菲格涅尔说:"拿破仑进城的第一夜,莫斯科就会燃烧起来。"

原来,俄军准备放火烧毁莫斯科城,留给敌人的将是一片废墟。

库图佐夫拥抱了菲格涅尔,并低声说:"莫斯科将成为波拿巴的最后一次胜利。"

拿破仑率领司令部的全部人马,来到库图佐夫曾经站立过的波克隆山。他得意扬扬地说:"终于到了,这座名城!"确实到了,他多少年来梦寐以求的一生中最大目标终于达到了:莫斯科就在他的脚下。他此时俨然是战局的主人,以一个胜利者的姿态站在波克隆山上,在他个人的辎重车队中,有数辆得到特别保护的马车,车上载着他准备竖在克里姆林宫内的个人雕像和价值连城的帝徽。

法军兵分几路,潮水般涌进了莫斯科,拿破仑自己则住进克里姆林宫,安安稳稳地做起胜利者的美梦来。

突然,他被一阵阵"噼噼啪啪"的声音惊醒。窗户上映照着血色的火光。拿破仑翻身下床,赤着脚,半裸着身子冲到窗前。他被眼前的景象惊呆了:莫斯科市区一片火海,风卷着火球在城市上空翻腾咆哮起来。他赶快穿好衣服,布置灭火。但一切都来不及了。他不由得惊叹道:"这是多么可怕的情景!这是他们自己放的火。多少漂亮的建筑被付之一炬!多么大胆的决策!这是些什么样的人!"

莫斯科大火整整烧了一星期。从多罗戈米洛夫斯基城关到梁赞大道,凡法军行经的各条街道几乎都烧了起来。莫斯科几乎全部被毁。火灾过后,法军趁火打劫,闯入空无一人的住宅、商店、仓库,抢夺珍宝、油画、衣服等。他们毫不顾忌拿破仑——他们的"雷神"的到来。这使拿破仑感到震惊,他下达了一道又一道命令,结果无济于事。拿破仑看着来回乱窜疯狂抢劫的士兵,一种不祥的兆头涌上脑海:"库图佐夫和他的军队现在哪里?"他开始担心起来,下令部下查明库图佐夫的下落。

此时,库图佐夫默默地望着被莫斯科的火光染红的天陲,辎重车辆和人群从他身边经过。九月的寒风送来了阵阵糊焦气味和火灾的灰烬,也吹拂着统帅的满头白发。此时此刻,谁也不知道他脑海里想的是什么,他的心里翻腾着什么样的感情,他将怎样统率军民为拯救俄国而战。伟大的统帅仍和往常一样不动声色。然而,正是在元帅不动声色中,俄军又成功地实行了一次名扬战争史册的机动行为。

俄军在退出莫斯科的第二天,沿梁赞大道行军 30 公里,从博罗夫斯克渡口渡过莫斯科河。根据库图佐夫的指示,部队突然调头西进。9 月 19 日,部队以强行军奔上图拉大道,并在波多利斯克地域集结。三天后,已踏上卡卢加大道,并在红帕赫拉附近安营扎寨。停留五天后,部队又沿卡卢加大道进行了两次转移,渡过纳拉河,最后进驻塔鲁季诺。

放弃莫斯科以及随后进行的极其英明的机动行军,从根本上改变了整个战略形势,是库图佐夫统帅艺术的顶峰。

库图佐夫统帅天才的全部实质和丰富多彩的内容,通过这一系列行动得到了最鲜明的体现。他理解战争的本质,善于预见战役的过程。他相信自己的人民和军队的力量,摸透了敌人的意图,并与之进行针锋相对的斗争。他通过出色的机动和组织有序的行军,取得了有利的战略地位。他机动灵活,严守秘密,成功地掩盖了自己的意图。他英明果断,谨慎小心,珍惜官兵的生命,力争以小的代价换取胜利。他不顾自己的生命和康宁,以坚忍不拔、始终不渝的气概实现自己的决策,不愧为勇敢、无畏、忠贞为国的光辉典范。

库图佐夫的撤退,是为了赢得时间和空间以发动决定性攻击而实施的机动。在鲁什丘克是这样,在克雷姆斯是这样,在博罗季诺也是这样。他的统帅艺术的实质,就是当所有有利因素都在敌人方面时,在战场以外实行广泛的战略机动,由防御转入进攻,然后消灭敌人。只有现在库图佐夫完成了向塔鲁季诺的惊人的机动行动,造成了对法军的实际威胁的时候,人们才明白,统帅是对的。

现在,人们都想起了库图佐夫说过的话。他说:"我放弃莫斯科,是为了使拿破仑走向灭亡,"法军在莫斯科就像水中的海绵,水吸足了,力量也耗尽了。人们想起,库图佐夫在苦口婆心地说服大家的时候曾经说,他放弃莫斯科是为拯救俄国,而俄国的希望在于俄国人民,他曾许下诺言,要像去年对付土耳其人那样,迫使法国人吃马肉。但在当时,大家对库图佐夫的这些话充耳不闻,而这些话确实是具有先见之明的。

现在,人们都明白了,如果一开始就沿卡卢加大道撤退,就会使俄军陷入被夹击的境地;而沿其他道路撤退,在战略上也无利可讲。但是沿梁赞大道实施机动,就可以利用两翼地形的掩护,使俄军在渡过莫斯科河以前摆脱危险。这样,还可取向托尔马索夫和奇恰戈夫集团军靠拢之利。显然,俄军出现在卡卢加大道上,就切断了拿破仑进入俄国南方各省和从图拉、布良斯克取得武器补给的路线,使拿破仑在斯摩棱斯克方向的主要运输线处于被动挨打的地位。

拿破仑尽管向各条大道派出部队,想摸清俄军主力的行动方向,但他却一无所获。甚至有两个星期摸不清库图佐夫的军队究竟在什么地方。将近十万之众的军队突然在敌人的眼皮底下消失了,恐怕在军事史上也找不到这样的先例。等拿破仑彻底搞清楚库图佐夫的意图时,为时已晚——1812年战争进程中的转折开始了。

大败拿破仑

俄军开进塔鲁季诺地区后,便打开了与俄国南方各省直接联系的局面。那些省可以给军队提供兵力、马匹和其他各种必需品。这次机动也保证了主力集团军与托尔马索夫集团军和奇恰戈夫集团军之间的联系。而且,它给俄军的展开和游击队的活动开辟了广阔的局面;同时,它不仅使拿破仑驻守莫斯科的军队陷入被动挨打的局面,更使拿破仑与大后方的军队乃至与巴黎保持联系的重要交通命脉——莫斯科到斯摩棱斯克的整个交通就不得安宁。

但沙皇亚历山大及其追随者看不到这些。亚历山大只知道拿破仑稳稳地占据莫斯科城，通往彼得堡的道路畅通无阻，而俄军却在塔鲁季诺"按兵不动"，便不管战略形势对俄军有利与否，坚持要库图佐夫与拿破仑交战，甚至还想与拿破仑缔结和约。但库图佐夫依然我行我素，与沙皇之间的关系日趋紧张。沙皇虽对库图佐夫怀恨在心，但在战争处于关键阶段的时候，他下不了决心将深受军民爱戴、颇具才干的库图佐夫赶走。

拿破仑在克里姆宫独自徘徊着，窗外秋雨绵绵，风卷起火灾后留下的灰烬，漫天飞舞。街道上弃置着一堆堆破碎的家什；天空中黑云低垂，笼罩着焦土般的莫斯科空城。一向惯于靠赔款、征税和掠夺过寄生生活的法军，一旦军队的供应中断，就连正确利用莫斯科尚存少量的储备品都不会。不少部队由于饥饿，经常为在莫斯科划分抢劫区域而展开争斗，士兵们纪律松弛，开小差者与日俱增，军队逐渐在瓦解。而且严冬即将来临，全军已缺粮断草，士气大落……听着属下的报告，拿破仑感到有些窒息。他感到自己成了俘虏，成了被烧毁的莫斯科的看守人——而这一切是年迈的库图佐夫迫使他这样做的。

为摆脱眼前的困境，万般无奈之下，他放下皇帝至尊的架子，派洛里斯东去库图佐夫的司令部议和。

洛里斯东的来意库图佐夫早有预料，他自然不会与拿破仑媾和的。他的表现颇具元帅风度且富于戏剧色彩：他文质彬彬、礼貌客气地接待了洛里斯东，收下他带来的两封信——一封是给亚历山大的，另一封是给他本人的。库图佐夫接过信，放在身边的桌子上，就与这位使者谈起天气、音乐和巴黎的女人来了。

洛里斯东忍耐不住了，直截了当地建议库图佐夫看一看拿破仑给他的亲笔信，库图佐夫拆开信，把信看了看，就又谈论起巴黎的女人和他访问过的巴黎来了。洛里斯东实在忍不住了，便坦率说明，拿破仑建议结束战争。

"结束战争？"库图佐夫舒了口气，意味深长地说，"要知道，我们是刚刚开始这场战争……"库图佐夫没有拒绝谈判，但他拒绝做出任何承诺。库图佐夫打算以谈判拖延法军留在莫斯科的时间，从而使自己的军队得到更充分的休整。

就这样，洛里斯东一无所获空手而回。拿破仑明白：非撤退不可了。但是，他对自己的元帅们却说，不是撤退而是向俄军进攻，不是逃出俄国而是到斯摩棱斯克和第聂伯河去过冬以便来春再战。他不但没有急于退出莫斯科，而且还频频举行阅兵式。

库图佐夫预见到将来再次与敌人交锋，并为此积极进行准备。

塔鲁季诺附近的纳拉河河流不深，却河岸陡峭。凭借陡峭的河岸，俄军在这里大兴土木，修筑工事，在正面和两翼都修筑了钝堡和棱堡。

为了开展积极的进攻行动，库图佐夫将第一西方集团军和第二西方集团军合在一起，由他统一指挥，同时采取果断措施，铲除巴克莱、贝尼格森、罗斯托普钦等反对派，使他能按部就班地做好部队决战的准备工作：

补充俄军在博罗季诺会战中损失的部队，按兵种建立预备队，使俄军步兵总数已达 8 万人。

组建民兵，开展游击运动，游击队常使法军不得安宁。分驻在各村的法军常因住房起火而被惊醒。他们一跑出来，就被游击队击毙。法军大部队行动时，不是桥梁被毁就是道路阻塞;辎重车队经常被抢,护送部队几乎无能为力。

……

一天,库图佐夫登上纳拉河陡峭的河岸视察,对陪同他的军官们说:"现在再也寸土不退了,该着手干一场了。好好检查一下武器。要记住,整个欧洲和可爱的祖国都在注视我们呢!"

俄军在塔鲁季诺站稳了脚跟,力量壮大,不仅使拿破仑寝食不安,也使沙皇亚历山大一世心里感到惶恐——库图佐夫处理军事问题方面的威望和作用越来越突出。他想限制总司令的权限,取消法规赋予他的对战区临近各省的直接指挥权,便向大臣委员会提议在尽量靠近元帅所在地之处建立一个特别委员会,而库图佐夫的一切决定须同这个委员会商定。虽然这个企图最终未能实现,但沙皇想尽量限制库图佐夫的活动,使其仅限于解决军事问题的用心暴露无遗。

库图佐夫竭力迫使拿破仑军队放弃莫斯科,采取的办法不是照直进攻,而是利用游击队的骚扰活动和组织封锁等手段,让法军在城里欲住不能。俄国军队的力量增加了。从防御转入决定性进攻的时刻已经来到了。

10月18日拂晓,库图佐夫命令哥萨克团对其防线正面的拿破仑前卫部队进行突然袭击,打响了战略反攻的第一仗。敌营垒遭到打击后顿时一片混乱。俄军插入敌后,迫使法军撤退,战斗在傍晚前结束,法军死伤2.5万人,被俘1000人,损失大炮38门和几乎全部辎重。塔鲁季诺营地一片欢腾气氛。胜利大大鼓舞了俄军的士气,他们竭尽全力,以图尽快将敌人赶出俄国国土。

这天夜里,俄军从一封被截获的信件中得知,拿破仑打算尽快放弃莫斯科。当司令部参谋将这一消息告诉库图佐夫时,这位老人哽咽起来。他跪在床上,转身朝着圣像小声说:"上帝啊,我的主啊!你终于听从了我们的祈祷。从现在起,俄罗斯得救了……"他意识到严峻的时刻已经到来:部队将面临对敌主力进行一系列大规模交战的考验。

法军的战败在某种程度上说是库图佐夫向拿破仑抛出的一封挑战书。拿破仑已经预感到前景不妙:征服俄国计划的破产和战争的失败不仅使他在军事上威信扫地,同时也使他在政治上一败涂地——因为放弃莫斯科不可避免地将导致放弃俄国,接着便要放弃他已征服的西欧各国。现在摆在他面前唯一能走的路也只有一条,这就是撤出莫斯科。他气急败坏地说:"我们去卡卢加!谁在路上碰到我们就叫谁倒霉!"

于是拥有十万之众的法军放弃了莫斯科。随军运载大批掠夺的财物——几乎每个军官都有一车,这些由四万辆大车组成的庞大的辎重队伍绵延数十俄里,行动迟缓。拿破仑为摆脱库图佐夫的追击,采取一系列军事计谋,并派人送信给库图佐夫,再次提出和约条件,请求元帅"采取措施,使战争的进程能按条款的规定安排"——这一切都是为自己军队摆脱目前困境创造条件。但这些狡猾的勾当,也没能蒙蔽库图佐夫雪亮的眼睛,他从法军俘虏中得知拿破仑及随从人员和近卫军丢下全部辎重在波兰军队的掩护下向小雅罗斯拉韦茨逃去。

小雅罗斯拉韦茨是莫斯科南边的一座不大的城市,它之所以使拿破仑感兴趣,是因为它是通往卡卢加的要冲,从这里还可进而挺进斯摩棱斯克。

10月23日,法军前卫部队到达该市。

库图佐夫得到报告,立即调兵遣将,进行围堵。10月24日拂晓,多赫杜罗夫部队也抵达小雅罗斯拉韦茨。他们在卡卢加大道两旁设伏,阻击拿破仑的前卫部队。多赫杜罗夫抽调三个猎兵团去攻击只有两营的法军。凌晨,法军被逐出城,撤向附近的卢扎河。这时法军后续部队赶到,与俄军又展开激战。库图佐夫也在不断增调兵力,双方部队展开殊死的浴血巷战,这场战斗越打规模越大,越打越残酷。至15时许,法军被打出了城市。

　　拿破仑赶到交战地点,抽调两个师的兵力,协同其他部队突入市内,重新占领城市。当天下午,俄军主力部队也赶到这里,他们分别占据卡卢加大道两侧的阵地。

　　城市在继续鏖战中,库图佐夫立刻赶到作战部队。同时代的人回忆道:"他身处敌人的枪林弹雨之中,人们好心地劝他离开这里,他没有听从身边人的劝告,一心想亲眼识破拿破仑的意图,因为这是有关扭转整个战局的大事。在卫国战争的历次交战中,他从来没有像在小雅罗斯拉韦茨交战中这样如此长时间地置身在敌人的枪林弹雨之中。"

　　拿破仑得知俄军主力已抵小雅罗斯拉韦茨后,便对自己的元帅们说:"这将彻底改变形势。"他终于明白了:通向卡卢加的大门如今已紧紧关闭。

　　小雅罗斯拉韦茨交战,使争夺战略主动权的斗争达到顶点。它在1812年卫国战争的史册上占有极其重要的位置。交战的结局注定了战争的下一步进程,并注定了拿破仑军队的厄运。两军虽然仍在对峙,但库图佐夫对胜利已深信不疑。因为他的主要目的——将自己兵力集结在拿破仑退却的路上——已经实现。

　　拿破仑彻夜未眠。这位伟大的统帅感到难受,因为这是他平生第一次决定逃跑。他知道,他没有光彩的出路了,剩下的只有一条可耻的路——沿着完全被毁坏的斯摩棱斯克大道逃跑。

　　拿破仑企图尽快突出重围,到达有粮草储备、又可使法军得到新锐兵力的斯摩棱斯克。为了加快速度,拿破仑有意在行军中尽量避开与俄军的接触,以免丧失时间。这一切全在库图佐夫意料之中,并采取一切措施以阻击法军的退却。11月3日,俄军在维亚济马给逃路的法军以重创,法军死伤6千余人,被俘2.5万人。加之游击队频繁的突袭,法军从此一蹶不振,威风扫地。

　　拿破仑终于在11月2日到达斯摩棱斯克。那些疲惫不堪,伤亡过半的各军在一周时间内,陆陆续续进城。1812年严冬比往年提早近一个月,天下大雪,气候寒冷,法军没有过冬的准备,沿途冻死了不少。人数由退出莫斯科的10万人锐减到只剩5万余官兵,大部分兵团只剩下一个番号。马匹大批饿死病死,大炮也大量丢失。拿破仑打算在这里补充粮食,休整部队,但这里储备的粮食,早已被先行到达的饥饿的法军自己抢劫一空。眼看在此无法立足,无奈之下,拿破仑决定继续向西撤退。士兵中慌乱和瓦解情绪像"传染病一样在军中蔓延扩散",撤退几乎变成了狼狈逃窜。

　　库图佐夫谨慎而又信心百倍地指挥俄军进行追击。俄军士兵顶风冒雪,在业已到来的冬季严寒中追击敌人,也受尽了艰难与困苦。他号召士兵说:"我们在这些天里,在到处都取得辉煌胜利之后,剩下的任务就是迅速追击敌人。只有这样,才能使敌人梦寐以求的俄国土地成为埋葬他们尸骨的巨大坟场。

因此,我们要穷追不舍、毫不懈怠。冬天、暴风雪和严寒就要来临。但是你们,北方之子,难道还怕这些吗?我们的钢铁胸膛无所畏惧,无论是严酷的天气,还是凶残的敌人,都吓不倒它;它是祖国的铜墙铁壁,它将一切敢于来犯之敌碰得粉身碎骨。"

但是,库图佐夫一方面要求士兵们不怕困难,另一方面想方设法减轻他们的痛苦,给军队供应了短皮大衣、面包、肉,甚至酒。

库图佐夫时刻关注逃窜法军的动向。当得知拿破仑为使部队在居民点得到休息,把军队划分成单独的、相互无法支援的纵队后,库图佐夫便不失时机利用这一弱点,决定攻击在路上拉得过长的法军纵队,使其无法合拢,切断其从斯摩棱斯克到克拉斯内,以及从克拉斯内到奥尔沙的退路,以便各个击破。结果拿破仑军队遭到来自四面八方的突击,溃不成军。拿破仑企图用自己的近卫军和法军残部反扑,但大势已去。

拿破仑率领着残兵败将向别列津纳河急奔。他以为,一过别列津纳河,就脱离了危险区。没想到在南方作战的奇恰戈夫集团军早已封锁了各个渡口。巧的是鲍里索夫渡口以南还有一个渡口未被占领。拿破仑一面在那里实行佯渡,一面又在鲍里索夫以北斯图焦卡附近找到一处浅滩,涉水过了河。一周后逃到波兰的斯莫尔贡。尔后,拿破仑将部队交由缪拉指挥,自己逃回巴黎。

库图佐夫打败拿破仑,总共用了 3 个月的时间。1812 年 12 月 22 日,到达维尔诺后,受命全权向人民和军队宣布:"这场战争以全歼敌人而结束。"

拿破仑逃走后,俄国境内的法军残部继续退却,库图佐夫则继续追击。12 月中旬法军渡过涅曼河,退出俄国。几十万"大军"只剩下 2 万余人。

沙皇亚历山大一世来到军中。库图佐夫以非常隆重的礼节迎接了他。沙皇向他颁发了俄军的最高奖赏——一级乔治十字勋章。

英名不朽

法国侵略军被赶出俄国领土,俄军推进至西部国境线。

"俄军是不是立即打出去?"在这个问题上,俄国统治集团内部发生了尖锐矛盾。库图佐夫不反对打出去,但希望充分准备,给俄军以必要的喘息时间。在沙皇亚历山大的坚持下,俄军终于在 1813 年 1 月 13 日越出国界,向西欧进军。库图佐夫在致全军的号召书中写道:

"不要高枕于英雄业绩之上,我们现在将奔向远方,越过国界,竭尽全力把敌人战败在他们自己的土地上。"

横渡涅曼河前夕,俄军只有 10 万人左右,而位于对岸的拿破仑军队总计有 7 万人,基本兵力集中在东普鲁士和华沙。俄军从三个方向上转入进攻:科尼斯堡、但泽方向,普沃茨克方向和华沙方向。

俄军在东普鲁士方向法军的基本兵团(麦克唐纳和约克军)实施了突击,占领了大片土地,使拿破仑无法利用这一地域的人力和物质资源。当地居民兴高采烈地迎接俄军。1813 年 1 月,俄军攻占了麦克唐纳元帅驻守的科尼斯堡——东普鲁士强大的支撑点。普鲁士国王由依附于拿破仑转向沙皇亚历山大。随后俄军在奥得河岸展开对法军的大规模作战,并占领了普鲁士首都柏林。

为解放波兰国土,俄军兵分三路,渡过涅曼河,向维斯瓦河挺进。占领普沃茨克,对驻守华沙地区的敌军构成威胁。1813年2月,俄军进入华沙。

然而,斗争再度复杂起来,拿破仑纠集的军队赶到易北河,企图转守为攻,并逐个歼灭分散的盟国军队。库图佐夫命令在各个方向上行动的俄军和普军联合起来,并向德累斯顿集中。他随部队一起行动,并把自己的司令部移到了本茨劳城。

激烈的战斗在广阔的战区展开。库图佐夫作为总司令殚精竭虑,体力和脑力长时间处于极度紧张状态,再加上充满艰难困苦的远途跋涉,难免不损伤库图佐夫的精力和健康。这位年近古稀的老人在给亲

俄军统帅库图佐夫纪念碑

人的信中,经常讲述他的痛苦、疲倦、疾病和忙碌:"我需要安静的休息,我疲倦至极,很久以来我再没有得到过安静地休息了。"临终前他在给妻子的第二封信中说:"有多少事等待我操劳,说真的,我得活下去呀。"

以沙皇的弟弟康斯坦丁亲王为首的参谋人员的倾轧仍旧折磨着他。他痛苦地呻吟道:"当我的状况如此恶化的时候,我以耶稣基督的名义请求得到珍重……"

前线的形势日益紧张,库图佐夫的病情不断恶化,但他没有向病魔屈服。4月8日,库图佐夫批准了下一步作战计划;4月10日,他高瞻远瞩地预见到形势必将进一步恶化。他写信给沙皇,说明必须尽快向易北河以西集结军队,同时着手解决将丹麦和挪威从拿破仑军队的铁蹄下解放出来的问题。

1813年4月17日,库图佐夫离开盖脑,奔赴德累斯顿。途中元帅走下轿式马车,改为骑马。这一天天气潮湿多风,库图佐夫只穿着平时的一套制服,因而受了风寒,第二天不得不在本茨劳停留。库图佐夫偕同司令部人员下榻在一幢二层的小楼房,他虽然身患重病,仍继续指挥着军队,用他那微弱的、几乎难以听清的声音下达各种命令。可是,病情迅速恶化。4月28日21时35分,元帅库图佐夫与世长辞了。

在他死前不久,沙皇亚历山大一世曾来探视。这位从登基当上皇帝的第一年起就开始迫害库图佐夫的伪君子,现在却假仁假义地向一个临近死亡的人请求宽恕。

"陛下,我原谅您,但是俄国会原谅您吗?"元帅这样回答道。

库图佐夫生前负债累累,以至临终前还为此忧虑不安。即就在他死后,债主们不断登门向其家属追讨欠款,而且沙皇拒绝了元帅遗孀希望得到帮助的请求。

库图佐夫的遗体经防腐处理后收殓在锌制灵柩中,于5月8日掩埋在波兰本茨劳以西的一座小山上。第二天运抵彼得堡。本茨劳和彼得堡的全体市民涌上街

头为伟大的俄国统帅送终。1813年6月25日,库图佐夫被隆重地安葬于彼得堡喀山大教堂内。后来,在大教堂的前面为库图佐夫建起一座纪念碑,一直保存至今。

七年后,在本茨劳市广场上,一座大型纪念碑揭幕落成。纪念碑上镌刻着:

"库图佐夫元帅率领战无不胜的俄国军队到达此地,但就在这里,死神终止了他的光荣事业。他拯救了自己的祖国,开辟了欧洲解放的道路。他的英名永存。"

总司令的死讯被封锁了几天,但驻奥得河和易北河的俄军却总以为元帅仍在领导着全军,继续向西进攻,完成他未竟的事业。

库图佐夫度过了五十多年的戎马生涯,从担任一名地位低下的准尉军官开始,经历了所有军队指挥岗位。他身经百战,屡建战功:因为参加拉尔加河战役、卡古尔河战役和伊兹梅尔战役,因为实施布劳瑙至茨奈姆的撤退行军,而获得多枚勋章、丰厚奖赏和将军军衔;因为在多瑙河打败土耳其人和签订了布加勒斯特和约而获得伯爵和公爵爵位;因为博罗季诺会战而获元帅军衔;因为追击和歼灭拿破仑大军而获得斯摩棱斯基的封号。他的一生也几度沉浮,历经坎坷,毁誉不一。但作为一名军事统帅,其天才的指挥才能是举世公认的。他以其孜孜不倦的实践活动,把俄国的军事艺术推向一个崭新的、更高的发展阶段。

胜利的永恒象征

——朱可夫

人物档案

简　　历:1939 年指挥在蒙古同日本的作战,指挥哈勒欣河战役;1941 年 1 月 31 日出任苏军总参谋长;第二次世界大战期间,指挥了莫斯科保卫战,赢得了莫斯科战役的最后胜利,指挥了斯大林格勒战役,粉碎了德军的"堡垒"计划,指挥了奥得河战役、柏林战役。

生卒年月:1896 年 12 月 1 日~1974 年 6 月 18 日。

安葬之地:不详。

性格特征:吃苦耐劳、诚实稳靠。

名家点评:而朱可夫同志的名字,作为胜利的象征,将永不分离地同这个战场联系在一起。

——斯大林

在战胜法西斯德国军队的享有荣誉的苏联统帅中,朱可夫是最杰出的。

——华西列夫斯基

朱可夫是战场上的胜利的永恒象征。

——美国历史学家奥·普·钱尼

少年磨难

19 世纪末期,俄国千百万农民虽然摆脱了农奴制的桎梏,但仍生活在沙皇的残酷统治之下,饥饿、繁重的劳动、早夭像瘟疫一样流行着。那时的莫斯科,虽不是最繁华的城市,但也高楼林立,巨商富贾汇集。一掷千金的阔太太、声色犬马的纨绔少年比比皆是。然而一出莫斯科,便是贫穷落败的农村。莫斯科西南的卡卢加省斯特烈耳科夫卡村,便是这无数个穷村之一。一条没膝深的小河从村边缓缓流过,村里树木葱茏,但美丽的自然风光总掩不住贫穷,村里没有一座像样的农舍,大人孩子们面黄肌瘦、衣衫褴褛。村子中央有一幢很破旧的房子,房子的一角已几近坍塌,墙壁和屋顶疯长着绿苔和野草。其实这房子总共只有一间房,低低地开着两扇窗户,只有晴朗的日子才有阳光光顾这间漆黑一团的房子。然而就是在这样的房子里,1896 年 12 月 1 日诞生了一个男孩,有谁能料到,在那添丁添张嘴、苦苦度日的岁月里,这个声音洪亮的穷孩子日后竟成为国家民族安危系于一身、百万敌人闻名丧胆的英雄呢? 也许真的应了那句古话:自古英雄多磨难。

这个男孩名叫格奥尔基·康斯坦丁诺维奇·朱可夫。朱可夫的父亲是一个可怜的弃婴,三个月时被发现在孤儿院的门口台阶上。一位名叫安努什卡·朱可娃的寡妇无儿无女,生活十分凄凉寂寞,在他父亲两岁时将其领养到家。八岁时,朱可娃去世,年幼的父亲就开始到附近的鞋厂当学徒,后来终于在莫斯科的维义斯制鞋厂找到了工作。年届五十时父亲娶了邻村的一个寡妇,她就是朱可夫的母亲。父亲在莫斯科辛苦挣钱,但那时由于作坊主与资本家的残酷掠夺,工人收入十分微薄,父亲每月寄回来的工钱根本无法糊口。母亲是田间劳动的主力,身强力壮,农闲时还要帮人送货,挣点少得可怜的钱贴补家用。朱可夫有一个比他大两岁的姐姐玛莎,朱可夫五岁时,母亲又生下小弟弟阿列克谢。弟弟十分瘦弱,而饥饿威胁着全家,母亲不得不把不满一岁的弟弟交给七岁的玛莎照看,自己仍外出帮人送货。阿列克谢不到一岁便死了,朱可夫和姐姐看着悲痛的父母安葬了弟弟。祸不单行,不久他们那摇摇欲坠的房子终于倒塌了。母亲流着泪卖掉了家中唯一的一头牛,总算在冬季到来之前筑起了新房。多少年之后,已垂垂老矣的朱可夫回忆起当年的情景感慨道:"我们这些贫农家的孩子,都看见过妈妈们日子过得多么艰难。每当她们流泪时,我们心里也十分难过。"

苦难使人早熟,朱可夫八岁便已经下地干活了。第一次干农活是跟父亲去割草。八岁的孩子想到的不是累,而是觉得自己终于成为一个对家庭有用的人了。他干活十分卖劲,手上很快打满了血泡,但他不声不响,一直到血泡破了,不能再干为止。繁重的农活锻炼了朱可夫的吃苦耐劳精神,培养了健康结实的体魄,成为日后事业的基石。不久朱可夫进了一所教会小学。虽然衣衫破旧,书包也是母亲用粗麻布缝制的,但穷困遮不住聪明,小朱可夫成绩非常优秀。1906 年父亲因参加罢工被驱逐回乡。由于见过世面,又有技艺,替乡人修鞋制鞋尽量少收工钱,因而父亲颇受敬重。朱可夫非常尊敬自己的父亲,但父子俩脾气都固执,父亲气极了,朱可夫免不了常常挨揍。一次朱可夫又挨打了,他和姐姐玛莎商量好,自己便跑出家门,在一片大麻地里躲了起来,玛莎每天给他秘密送饭。儿子出走后,父亲懊悔不已,母亲焦虑不安,不停地数落着,直到第三天一位邻居发现朱可夫,把他送回家。父亲表示以后再也不打儿子了。就在这一年朱可夫从三年制小学毕业了。母亲专门为他做了一件新衬衣,父亲亲手为他制作了一双皮靴,庆祝朱可夫成为"有文化的人"。日子太艰难,继续深造无望,母亲让儿子在家待了两年,13 岁时,父母决定让儿子去莫斯科学手艺。

"1908 年夏天到了,每当我想到我就要离开家、离开亲人和朋友们去莫斯科的时候,就感到心情紧张。我知道,我的童年实际上就此结束了。过去这些年只能将就说成是我的童年,可是我又能奢望什么呢?"那时学艺也得有熟人,母亲想到了自己的兄长,已经发了财的毛皮作坊主米哈伊尔·皮利欣。1908 年夏天,父亲领着儿子去米哈伊尔·皮利欣的避暑山庄,因为母亲求情还不算,老板要看看徒工身体如何。快到皮利欣家时,父亲对朱可夫说:

"看,坐在门口的就是你未来的老板。你走到他跟前时,要先鞠个躬,说声:'您好,米哈伊尔·阿尔捷米耶维奇。'"

朱可夫反驳说:"不,我要说'米沙舅舅,您好!'"

"你要忘掉他是你舅舅。他是你未来的老板。阔老板是不喜欢穷亲戚的。千万要记住这一点。"

米沙舅舅躺在门口的藤椅上,父亲走上去向他问好。舅舅没有起身,也不搭理,转身看了看朱可夫:身体结实,个子不高,但肩膀很宽。舅舅点了点头。"识字吗?"舅舅问了一句。父亲连忙递上朱可夫的奖状,舅舅满意了,答应收外甥为徒。朱可夫要远行了,当时做学徒的往往四五年不准回家。母亲包了两件衬衣、两副包脚布和一条毛巾,这些便是朱可夫的所有家当。老父亲的眼圈红了,眼泪不住地往下淌。母亲忍不住伤心痛哭,把儿子紧紧搂在怀里,仿佛一生一世再也见不到了。母亲把儿子送到村口,朱可夫问:"妈,你记得吗?就在三棵橡树旁边那块地里,我跟你一起割麦子,把小手指都割破了。""孩子,我记得。当妈妈的对自己孩子的一切,都记得。只是有的孩子不好,他们往往忘记了自己的妈妈。"朱可夫坚定地说:"妈妈,我绝不会那样!"

朱可夫第一次坐火车,第一次来到莫斯科,那时他还是一个孩子,一个穷孩子。有谁能料到二十多年后,这个城市受到威胁时,率领千军万马保卫它的,竟是这个穷孩子!朱可夫来到舅舅开在季米特洛夫大街(后称普希金大街)的作坊,他是最小的徒弟。除了学艺外,他每天还要打扫房间,为大小主人擦鞋、点灯、熄灯,帮厨师洗餐具和生茶炉子,还要经常跑到外面帮师傅们买烟打酒。每天早上6点起床,晚上11点才能睡觉。熬到第三年,朱可夫当上了徒工的头,指挥着6名徒工。尽管生活很苦很累,朱可夫却渴望读书。老板的儿子亚历山大与朱可夫年龄相近,对朱可夫也很不错,帮助朱可夫读书。老板不在家时,朱可夫便抓紧时间学习,晚上爬到后门楼道的高板床上借着厕所透过来的光线读书。在老板两个儿子的游说下,老板终于同意朱可夫去上课程相当于市立中学的文化夜校。老板希望聪明好学的朱可夫能带动他那两个不上进的儿子,再说几年下来朱可夫吃苦耐劳、诚实稳靠也使老板对他颇有好感。老板时常打发朱可夫去送货,给他几个戈比的车马费。朱可夫总是一路小跑去,省下钱来买书。最后,朱可夫以优秀成绩通过了中学的全部课程考试。

1911年,离家四年的朱可夫终于盼到了十天的假期,老板允许他回家探亲。离家时他还是一个孩子,刚来莫斯科时那种对亲人、对家乡的思念常使得性格本来十分刚强的朱可夫暗自流泪。在老板的责骂,甚至殴打下,对亲人的思念只好藏在心底。如今朱可夫已长成威武少年。母亲赶到小站去接,差点认不出自己朝思暮想的儿子了。母亲哭着,摸着自己的儿子:"我以为我死以前看不到你了。"回到家时,天已经黑了,父亲和姐姐在门前的土台上迎着,姐姐已长成大姑娘,父亲驼着背,老泪纵横:"我终于活到了这一天,看到你长大成人了。"

返城不久,朱可夫学徒期满,当上了师傅,月薪10卢布。这在当时的工人阶层中算是高收入了。米哈伊尔非常信任朱可夫,经常派他到外面联系业务,办理托运。朱可夫利用外出的机会,了解了俄国当时的政治情况,一有机会便阅读布尔什维克的《明星报》和《真理报》。朱可夫百看不厌,报纸仿佛说出了自己的心里话,又使他懂得了为什么工人和资本家、农民和地主之间的矛盾不能调和。1914年,第一次世界大战爆发了,在沙皇的宣传鼓动下,不少有钱人的孩子被"爱国主义"激励,纷纷参军了。老板的儿子亚历山大也决定去,并极力劝朱可夫去,一开始朱可夫真动心了,后来他去找他最尊敬的费多尔·伊万诺维奇商量。伊万诺维奇说:

"亚历山大的心愿,我是理解的,他父亲有钱,他有理由去打仗。你呢?傻瓜,你为什么去打仗?是不是因为你父亲被赶出莫斯科?是不是因为你母亲被饿得发肿?你被打残废回来了,就再也没有人要你了。"

朱可夫放弃了当兵的想法。那时他正与房东的女儿玛丽亚恋爱,并开始商量结婚,然而美好的生活计划被破坏了,沙皇前线兵员不足,败仗连天。1915年7月,沙皇决定提前征召1896年出生的青年,朱可夫只好上战场了。到那时为止,朱可夫并不知道自己还有军事天赋。

军事天赋

参军后,朱可夫很幸运地分到骑兵连。骑兵是人们当时心目中的英雄,驰骋疆场,威风凛凛,剽悍潇洒。但当了骑兵之后,朱可夫才知道骑兵的辛苦。除了学习步兵的科目外,还要学习马术,学会使用马刀等冷兵器,每天还要刷三次马。朱可夫十分坚强,两条大腿都磨出了血,刚结了疤,又磨破了。发给他的那匹烈马起初并不怎么看得起这个矮壮的主人,重重地摔了朱可夫好多次,但烈马发现主人越摔练的时间越长,最后只好屈服,朱可夫很快掌握了骑兵的基本技术。在等级森严的沙皇军队里,朱可夫作为最下层的一员,感受最深的是军官们的军阀作风。军官高高在上,根本不与士兵交流,士兵与长官之间除了上下级关系外,心理距离很大。特别是有些军官随意毒打部下。朱可夫记得很清楚,当时他们骑兵训练班一个小小的军士就曾打掉好几个士兵的牙齿。因为在沙皇军队里,打骂士兵谁也不认为它违反什么法规,士兵也从来没有权利为自己辩护。那些处事公道、性情温和的旧军官在士兵们心中拥有很高的威望。旧军队的经历给朱可夫留下了太深的印象,以后朱可夫成为红军高级将领后,从不责骂士兵,处事公道,凡事以身作则。

训练结束后,朱可夫获得准军士衔。1916年8月朱可夫就随部队上前线了。时间不长,朱可夫在一次侦察时踏上地雷,被从马上掀了下来,受了严重震伤,昏迷了一天一夜后,被送往后方医院。这时朱可夫获得了两枚乔治十字勋章。一枚是因为俘虏德军军官被授予的,另一枚则是因为这次受重伤奖给的。伤愈后,他被派到骑兵连训练新兵。不久俄国国内爆发了二月革命,彼得格勒建立了工兵代表苏维埃,沙皇被赶下台,统治俄国300多年的罗曼诺夫王朝灭亡。2月27日凌晨,朱可夫所在的骑兵连突然集合,大家都不知道发生了什么事情,朱可夫问排长,排长问连长,连长只知道到团部集合,其他也不清楚。朱可夫的连到达团部时,工人"打倒沙皇!

着常服的朱可夫元帅

打倒战争!工兵代表苏维埃万岁"的游行队伍包围了过来。很快连长和其他一些军官被捕,朱可夫的连被苏维埃政府接管。局势非常混乱,11月7日,列宁率领布

尔什维克再次起义,推翻了资产阶级临时政府,建立了苏维埃政权。政权建立以后,列宁立即宣布退出战争。1918 年 1 月又决定组建苏维埃自己的武装力量——红军,红军宣布官兵一致,人人平等,团级以下军官由军人代表大会选举产生。它极大地调动了广大士兵的积极性,8 月朱可夫加入红军。他被编入莫斯科骑兵第一师第 4 团。团长是铁木辛哥,师长就是当时正值盛名的布琼尼将军。从 1918 到 1922 年,朱可夫投入到保卫苏维埃新生政权的血战中。当时苏维埃政府立足未稳,外有英法德日的武装干涉,内有沙皇、地主、旧军阀的武装叛乱。朱可夫出生入死,其军事天赋开始崭露,在实践中他的作战经验日渐丰富,职务也一再提升。正是在这一时期,朱可夫加入了布尔什维克。他后来在《回忆录》中这样谈到"现在,许多事情都记不得了,但我被吸收入党的这一天,却终生难忘。"

1919 年 9 月,布琼尼所在的师成为保卫察里津(后改名斯大林格勒)的主力之一。朱可夫英勇地加入了战斗,战斗中朱可夫又一次负伤。第二年,由于作战勇敢,朱可夫被选派到骑兵训练班学习,训练班用半年时间授完了正规军校两年的课程,训练班结业后,朱可夫成为一名红军正式军官。军人事业初现成效,但初恋的情人玛丽亚却不愿等待,朱可夫伤心地看着自己的情人出嫁了。此时朱可夫成了排长,一次朱可夫率领全排追剿残匪,由于朱可夫指挥有力,身先士卒,残匪被全歼,而全排无一人伤亡,不久朱可夫又被升为连长。1922 年苏维埃内战结束,红军大批裁员,但一批有指挥能力的军官被留下来。朱可夫不仅没有被裁掉,反而由连长升到了骑兵第 7 师第 40 团的副团长。1924 年 7 月朱可夫以团长的身份被派往列宁格勒高等骑兵学校学习。朱可夫很轻松地通过了考试,并名列前茅。和他同时入学的有罗科索夫斯基、巴格拉米扬和叶廖缅科等后来苏联著名将领。朱可夫在这里受到了高等军事理论的训练。"像其他许多学员一样,我是第一次到列宁格勒。我们怀着浓厚的兴趣参观了该城的名胜古迹,走遍了十月革命时作过战的地方。当时我哪能想到,17 年后我会指挥列宁格勒方面军,抗击法西斯军队,保卫列宁城!"深造班结业后,朱可夫和其他三名同学决定不乘火车而是骑马返回明斯克。路程 963 公里,计划 7 昼夜,这么远程的集体乘马行军当时在世界上还很罕见,领导批准了,但不提供沿途的给养与食宿。第七天,他们克服了许多意想不到的困难到达明斯克,到达时马匹减重 8 至 12 公斤,人员减重 5 至 6 公斤。朱可夫获得了政府的奖金和首长的嘉奖,并允许短期休假。

朱可夫又一次回到了阔别的家乡。老父亲已经离世了。母亲也苍老多了,但仍像以前那样辛勤劳作着。姐姐已经出嫁,并有了两个孩子。两个小外甥毫不客气地掏着出息了的舅舅的箱子。朱可夫深刻地感到农民的日子尽管并不富裕,但情绪好多了。特别是新经济政策颁布后,农民的日子逐渐好起来。告别母亲后,朱可夫回到营地,此时他被任命为团长兼团政委。由于朱可夫从严治军,经常率领全团野外训练,从而使朱可夫所在团威名远扬。布琼尼(骑兵集团军司令)和叶果罗夫(白俄罗斯军区司令)先后光顾该团,并给予高度赞扬。1929 年朱可夫再次获得深造的机会,他被派往著名的伏龙芝军事学院高级干部深造班学习。这次学习,令朱可夫终生难忘。此时,正值苏联军事学科形成时期,朱可夫带着浓厚的兴趣研读了伏龙芝的军事著作,沙波什尼科夫的《军队的头脑》,图哈切夫斯基的《现代军队的作战特点》等。特别是图哈切夫斯基对坦克在未来战争中作用的描绘,引起朱可夫的高度重视。从此,朱可夫开始研究坦克。1933 年 3 月,朱可夫接到命令,他被委任为骑兵第 4 师师长。第 4 师是骑兵第 1 集团军的核心,并以伏罗希洛夫的名字命名,布琼尼曾任该师师长,率领该师出生入死,立下赫赫战功。朱可夫十分高兴,收拾停当就赶往4师驻地列宁格勒。此时朱可夫不再是独来独往了,他已经有了自己的小家:妻子亚历山德拉和女儿埃拉。布琼尼亲自主持了朱可夫的授职仪式。朱可夫的军事才能已引起高层领导人的重视。

担任师长后,朱可夫越来越意识到建立大规模坦克部队的重要性。当时苏联红军已经成立了第一批机械化军,每军编成两个机械化旅、一个步兵机枪旅和一个独立高炮营,一个军配备500辆坦克和200辆汽车。尽管如此,苏军内部对于组建专门的装甲部队意见分歧较大,不少高层领导人认为装甲部队应分散在步兵和其他军队中才能发挥作用,这一观点直接左右着斯大林。由于苏军关于装甲部队的设置首先在骑兵部队中开始,朱可夫在实践中指出,现代坦克可以起独立作用,这个新的强有力的武器不应和行动缓慢的步兵部队一道展开,这样会降低它的威力。装甲部队不仅要坦克与炮兵相配合,而且必须配备摩托化步兵,否则就不能充分利用远距离作战的机械化部队所取得的成果。但朱可夫的这些观点直到1941年苏军在德国装甲兵团的凶猛攻打下大规模溃败时,才予以重视。

1935年苏军实行军衔制,布琼尼、伏罗希洛夫、叶果罗夫、图哈切夫斯基、布留赫尔成为第一批苏军元帅。此时朱可夫的第4师由于作战训练与政治训练表现出色,获得了政府的最高奖励——列宁勋章。朱可夫本人也获得了一枚列宁勋章。布琼尼元帅亲自到第4师授勋。布琼尼紧紧拥抱着朱可夫激动不已,宽阔的手掌重重地拍打着朱可夫的脊背,感谢朱可夫为他的师赢得至高的荣誉。不久苏联国防人民委员伏罗希洛夫又视察了第4师。1936年秋,由伏罗希洛夫举荐,并经斯大林同意,朱可夫离开骑兵第4师,参加了苏联派往西班牙的军事观察团。朱可夫和其他军事专家一起利用这一机会考察了苏制坦克的性能和现代战争的特点。1937年朱可夫回国担任骑兵第3军军长,7个月后又调任第6军军长。1938年夏,朱可夫到中国担任军事顾问,考察日本作战战略与战术,以对付将来与日本可能的战争。同年冬,朱可夫又被召回国,委以白俄罗斯特别军区副司令员之重任。白俄罗斯是苏联西部的重要门户,德国纳粹的威胁首当其冲。此时,斯大林在国内掀起了大规模的肃反运动,军队内部受冲击十分严重。大批高级将领被以希特勒内奸的名义处死,第一批授勋的五名元帅只剩下两名:布琼尼和伏罗希洛夫。据苏军自己人士分析,这是由于斯大林与两位骑兵元帅曾经生死患难(特别是保卫察里津),因而对骑兵很信任。朱可夫大概托此宏福,在大清洗时期不仅没有受牵连,反而得以提升。历史将会证明,这不仅是朱可夫一人的福分,而且是苏联人民的万幸。

奔赴远东

1939年6月1日,明斯克,朱可夫正与白俄罗斯军区的高级将领就刚刚结束的首长——司令部演习进行讲评,军区军事委员苏赛科夫匆匆走进会议厅,对朱可夫说:刚才莫斯科电话通知,命令你立即动身,明天向国防人民委员报到。

朱可夫草草收拾了一下,立即搭乘火车前往莫斯科。2日清晨,朱可夫走进了伏罗希洛夫的接待室。伏罗希洛夫的助手告诉朱可夫:

"你进去吧,我马上去命令给你准备远行的行装。"

"什么远行?"

"进去吧,人民委员会告诉你一切的。"

进去后,伏罗希洛夫对朱可夫说:"日军突然侵犯我友邻蒙古的边界。根据1936年的苏蒙条约,苏联政府有责任保卫蒙古不受任何外敌侵犯。这是入侵地区5月30日的情况图。……日军的海拉尔警卫部队侵入蒙古人民共和国领土并袭击防卫哈勒欣河以东地区的蒙古边防部队,我认为这里孕育着严重的军事冒险。无论如何,事情并没有到此结束……你是否立即飞到那边去,而如果需要的话,把部队的指挥权接过来?"

"我马上可以起飞。"朱可夫回答。

"非常好,"伏罗希洛夫说,"你乘坐的飞机16点可准备好,在中央机场。你到斯莫罗基洛夫(代副总参谋长)那儿去,在他那里你可以拿到必要的材料,同时商量一下今后同总参谋部的联系问题。派给你几个专业军官,在飞机上等你。再见,祝你成功!"

6月5日朱可夫一行人到达驻扎在蒙古的塔木察格布拉克的苏军第57特别军司令部。朱可夫发现司令部对前线缺乏了解,司令部里除政委基舍夫外没一人到过发生冲突的地域。朱可夫建议立即到前边去就地考察,但军长借口莫斯科随时可能来电话找他,让政委陪朱可夫一同上前线。到了冲突地段,经过一番了解,朱可夫迅速得出结论:单靠57军的兵力无力阻止日军的军事冒险。朱可夫马上电告参谋部:增派航空部队,增调不少于3个步兵师和1个坦克旅的兵力,并大大增加炮兵力量,否则无法获胜。第二天,总参谋部同意请求,并增派了21名荣获苏联英雄称号的飞行员,领队是朱可夫早在白俄罗斯军区就很熟悉的斯穆什克维奇。总参同时送来了新型飞机——现代化的伊—16和"鸥"型飞机。当时日军在哈勒欣河的目标是:围歼哈勒欣河东岸的全部苏蒙军队,渡过哈勒欣河,前出至河的西岸,消灭苏蒙预备队,夺取并扩大哈勒欣河西岸的登陆场,保障日后的行动。日军把第6集团军从海拉尔调来,计划在秋季到来前结束在蒙古境内的全部军事行动。日军把握十足,战役之前甚至把一些新闻记者和外国武官请到作战地区,观看他们的胜利进军。被邀请的客人中就有希特勒德国和法西斯意大利的记者和武官。

7月3日拂晓,蒙军苏联总顾问阿福宁上校到巴英查冈山视察蒙军第6师的防御,但他很快发现那里已被日军占领,蒙军第6师已退至巴英查冈山西北,日军乘夜色已经偷渡过了哈勒欣河,情况十分紧急。朱可夫此时已接任苏军第57军军长之职,得到情报后立即命令所有预备队出击,坦克、装甲和炮兵部队受命在行进间向敌人进攻,同

1939 年 7 月塔木

时命令航空兵对敌人进行轰炸和强击。在苏军实施反突击的预备队到达以前,用航空兵的袭击和炮兵的火力把日军钳制并阻止在巴英查冈山。炮兵还受令向哈勒欣河渡口进行炮击。上午9时,苏军坦克第11旅的前卫营先头部队已抵达作战区域,很快苏军投入坦克第11旅(有150辆坦克)、摩托化装甲第7旅(154辆装甲

车），还有装备 45 毫米加农炮的蒙军装甲营第 8 营。并召来了所有的航空兵，苏联英雄的飞行员们发挥了高超的作战能力，虽然当时总兵力苏军远不及日军，但苏军集中了全部火力进行反突击并充分发挥了坦克部队的威力。到第 5 日，日军抵抗被最后粉碎，日军开始仓皇向渡口退去，但他们自己的工兵由于害怕苏军坦克突破，把渡口炸毁了，日军军官全副武装跳入水中，溺死者甚众。日军严重遇挫后，开始全面建立防御，运木材、挖堑壕、筑掩蔽部、加固阵地等。而朱可夫并没有陶醉在胜利中，他正加紧准备大反攻，以最后粉碎侵入蒙古的所有日军。

朱可夫考虑到战役战术的突然性是决定此次战役取胜的决定因素。苏军要以突然行动使日军无法抵挡苏军歼灭性的突击，也无法进行反击。朱可夫还注意到日军没有良好的坦克兵团和摩托化部队，无法迅速从次要地段和从纵深调来部队抗击苏军的突击集群。为完成战役准备，朱可夫调动了近 3000 辆卡车和 1000 多辆油罐车，从距哈勒欣河至少 650 公里的供应站运来了 55000 吨作战物资，朱可夫甚至将部队的火炮牵引车都派去运送物资。为了达到战役的突然性，除行动与作战计划绝对保密外，苏军指挥部还制定了一系列蒙蔽日军的计划，达到了预期的目的。它们包括：

——隐蔽运输和集中为加强集团军从苏联调来的部队。

——隐蔽调动在哈勒欣河东岸进行防御的兵力兵器。

——部队和物资储备隐蔽地渡过哈勒欣河。

——对出发地域、部队的行动地段和方向进行现地勘察。

——参加此次兵役的各兵种特别隐蔽地演练各种科目。各军兵种隐蔽地实施补充侦察。

——发布假情报，欺骗敌人。如用易于破译的密码发布关于建立秋冬防御的命令；印制几千张传单，传单内容是战士防御须知；模拟夜间部队调动的各种杂音（飞机飞行、火炮、迫击炮、机枪及各类枪支射击的声音），在战役开始前 12~15 天便开始实施，使日军习以为常等。

1939 年 8 月 20 日，哈勒欣河战役打响。这是一个星期日，哈勒欣河西岸风和日丽，日军指挥部深信苏蒙军队不想进攻，毫无防备，不少军官甚至获准休假，有的还跑到海拉尔娱乐去了。5 时 45 分，苏方炮兵对日军高射炮和高射机枪突然开始猛烈袭击，部分火炮还对航空兵即将袭击的目标发射烟幕弹。之后，哈勒欣河的天空立即出现了苏军 150 架轰炸机和 100 架歼击机，一个半小时之内日军炮火无力进行还击，敌人的观察所、通信联系、炮兵阵地被彻底摧毁。苏蒙军队顺利渡河，渡河之后与日军发生了激战。日军进行了顽强抵抗，到 26 日日本第 6 集团军终于被苏蒙军队合围。但分割歼灭的战斗仍然十分艰苦。哈勒欣河流域流沙、沙坑、沙丘众多，日军指挥官告诉士兵苏军枪杀俘虏，被围的士兵极为顽固，战至最后一人，宁可自杀，也拒不投降。8 月 30 日，侵入蒙古边界的日军第 6 集团军被全部歼灭。此次战役苏军伤亡 1 万人，而日军伤亡 5.2 万到 5.5 万人。伏罗希洛夫代表国防部给哈勒欣河的指挥员与士兵以高度赞扬和嘉奖。朱可夫获苏联英雄称号。9 月 15 日，苏联、蒙古与日本在莫斯科签订协议，双方同意交换战俘，并建立一个委员会来划定哈勒欣河地区蒙古与中国满洲之边界。远东的战事逐渐沉寂下来。

1940 年 5 月，朱可夫接到莫斯科命令，去人民委员部另行分配工作。朱可夫抵达莫斯科后马上被授予大将军衔，并被委任为苏联第一大军区基辅军区司令员。

赴任前,斯大林亲自召见了这位远东战役的英雄。朱可夫第一次见到斯大林,非常激动。斯大林在短暂寒暄后问道:"你认为日军怎么样?""与我们在哈勒欣河作战的日军训练不错,特别是近战,他们守纪律,执行命令坚决,作战顽强,特别是防御战。下级指挥员受过很好的训练,作战异常顽强。下级指挥人员一般不会投降,'剖腹'自杀时毫不迟疑。军官,特别是中高级军官,训练差,主动性差,习惯于墨守成规。"朱可夫认为日军的技术装备是落后的,与苏军作战的是日本精锐部队。斯大林又问:"我们的部队打得怎样?"朱可夫回答说:"我们的正规部队打得很好。但如果没有两个坦克旅和3个摩托化装甲旅,肯定不可能如此迅速地合围敌人,我认为应大大扩充装甲坦克部队和机械化部队。"朱可夫坦率地谈了自己的看法,斯大林最后说:"现在你已经有作战经验了。你到基辅军区去,利用自己的经验训练部队。"带着殷切的希望与嘱托,朱可夫又一次踏上了征程。

总参谋长

1940年5月朱可夫匆匆赶赴基辅军区任职之时,国际局势日益紧张。希特勒德国已拥有欧洲的半壁江山,虽然苏联已与德国签订了互不侵犯条约,但谁都心里明白,这不过是缓兵之计。1939至1940年,苏联红军建立了东方战线,将国境线向西推进了200至300公里,苏军与芬兰、波兰、罗马尼亚等国军队发生了直接战斗,特别是苏芬战争,苏军在开始之初严重受挫。苏军在武器、组织、训练、指挥各个环节暴露了许多弱点。1940年3月苏共中央召开了政治局会议,大会批评了苏军的战斗训练与教育问题。斯大林还亲自参加军事会议,号召将领们研究现代战争。5月中旬,伏罗希洛夫被免职。铁木辛哥出任国防人民委员。这一系列变化使朱可夫多年来压在心底的想法得以实现:国家终于重视现代战役的特点,坦克部队、机械化兵种的配合作战终于引起了高层领导人的重视,回想1939年斯大林曾下令取消坦克部队真令人心寒。5月朱可夫拜访了乌克兰党中央第一书记赫鲁晓夫(基辅为乌克兰首府),朱可夫介绍了远东战役的情况,并请求乌克兰对军区在物质生活方面提供帮助。赫鲁晓夫对朱可夫很有好感,后来赫鲁晓夫在回忆录中曾这样谈道:"朱可夫是一位天才的组织者和强有力的领导人。他在战争中表现出是有气概的。可惜的是,像铁木辛哥和朱可夫这样的人是少数。在老的近卫军被清除之后,像麦赫利斯、夏坚科、库利克这样的人跑了上来,国防人民委员部成了疯狗窝。"6月,朱可夫亲自走访了基辅军区几乎所有的部队和兵团。他带着军区司令部在塔尔诺波耳、利沃夫一带进行了大规模的野外作业。一年之后,德国法西斯正是在这一带对乌克兰实施了主要突击。在野外训练中朱可夫发现,担任集团军、兵团及司令部领导职务的大多为年轻军官,而且刚从较低职务上提升上来,战役战术基础很差,尤其对现代战争了解甚少,而对旧的教科书上的条条框框奉若神明,朱可夫十分担心。朱可夫一面把自己在远东作战的经验变成军事条例贯彻到基辅军区的训练中,一面把经验汇集起来提供给总参谋部,制定新的军事条例,但欧洲战争发展太快了,这些宝贵的经验来不及实施战争便爆发了。

1940年9月,朱可夫接到总参谋部通知,要他参加12月在莫斯科举行的高级将领会议,并指定他在会上做题为《现代进攻战役的特点》的报告。通知还说,会议期间将进行大规模战役战略演习,朱可夫被指定为"蓝方"。12月底,苏联最高统帅部在莫斯科召开了这次极其重要的会议,各军区、各集团军司令员、参谋长,各军事院校校长,各兵种监察部部长,苏共中央政治局全体成员都参加了会议。会上朱可夫的报告使众将领形成了广泛运动战的共识。在会上朱可夫还尖锐地指出苏军在西线边境线上的防御离边境太近,敌人的火力足以达到全部防御纵深,建议防御线大大后撤,这一宝贵建议因引起争论而被搁置。6个月后德军的猛烈进攻将证明这一建议的搁置使苏军付出了惨重的代价。会议结束后当天晚上,斯大林召见各位代表,建议各司令员待演习结束后再离开。1月12日,演习开始,总指挥为铁木辛哥和总参谋长麦列茨科夫。演习的前提是假设苏联遭到德国进攻,朱可夫与波罗的海沿岸军区司令员库兹涅佐夫代表进攻方"蓝方",西部特别军区司令员巴甫洛夫和克里莫夫斯基代表防御方"红方",双方兵力:蓝方60多个师,红方50多个师,双方都有强大空军支援。演习中双方都用了很大心思用进攻部队深入敌阵,以击败大量的敌方部队。演习中充满戏剧性的情节,这些情节与1941年6月苏军遭到德军进攻后所发生的一些情况在很多方面极为相像。演习中暴露了许多问题,特别是双方都没有给第二梯队和预备队留下足够的兵力,主要进攻方向的兵力优势,是以削弱方面军次要地段的兵力达到的。演习结束后,铁木辛哥组织了讲评。斯大林出人意料地亲自打来电话,建议在克里姆林宫再进行一次讲评。斯大林的决定使总参谋长麦列茨科夫手忙脚乱,心情紧张。他的报告很不连贯,显得支离破碎,他作的一些结论和建议脱离了实际,斯大林极不满意。副国防人民委员库利克更令斯大林恼火,这位军方重要负责人居然大谈"组建坦克和机械化军团,目前还不宜开始",建议把步兵师编制人数增至16000~18000人,要求炮兵用马匹牵引。会后斯大林下决心更换军方高层领导人,国家已到了十分危急的时刻,已没有更多的时间考虑了,当晚政治局召开会议,对军队高层领导人进行了一系列任免。

第二天上午,斯大林召见朱可夫。他叼着大烟斗,神情十分严峻,说:

"政治局决定解除麦列茨科夫总参谋长的职务,任命你接替他。"

朱可夫愣住了,太出乎意料,他一下子不知如何作答,沉默了一会儿,朱可夫说:

"我从没有在司令部工作过,我始终在部队里。总参谋长我干不了。"

"政治局决定任命你,你应该服从。"斯大林一脸严肃,特意把"任命"二字咬得很重。

朱可夫知道任何反对都无济于事,他立即表示感谢最高统帅对他的信任,然后又强调说:"如果发现我不是一个称职的总参谋长时,我将请求再回部队。"斯大林总算满意地点点头。朱可夫赶到铁木辛哥的办公室,铁木辛哥微笑着说:"我听说了,你拒绝担任总参谋长的职务。刚才斯大林同志给我打电话了。现在你回军区去,然后尽快回莫斯科。基尔波洛斯上将(列宁格勒军区司令员),将受命接替你当军区司令员。"

1月31日,朱可夫正式出任苏军总参谋长。此时苏军总参谋部人才济济。第一副总参谋长是闻名全国的瓦杜丁中将,此外还有索科洛夫斯基和华西列夫斯基等优秀将领,朱可夫率领参谋部和铁木辛哥配合加速推动军队改革、改组机构、淘汰不称职的军官,反对军事上的官僚主义。朱可夫还亲自向斯大林发出警告:大量德军集结在东普鲁士和波兰、巴尔干一线,而苏联西部各军区都缺乏足够的战斗准备。然而这种担心并没有转变成积极防卫。此时德国进攻俄国的"巴巴罗萨"计划早已送到希特勒案头。"德国武装部队必须在英国战役结束之前就准备好以快攻战击溃俄国……陆军必须为此运用所有部队,留下若干部队用以防止被占国家遭受突然袭击。海军仍应集中主力攻打英国!……必须大胆作战,坦克分四路深入,以消灭俄国西部的大量俄国陆军;必须防止枕戈以待的敌方部队退入俄国的辽阔地区。"德国人很明白俄国地大物博,资源丰富,必须采用闪电战,用绝对的优势兵力在极短的时间内消灭其有生力量。因此"巴巴罗萨"选择了白俄罗斯作为主攻方向。为达到战役的突然性,德军采用了各种欺骗措施,德国外长亲自访问莫斯科,并邀请苏方人员回访德国,一再表白苏德友好,同时在英吉利海峡大造声势,作渡海作战的各种逼真伪装。军队的调动采取极为隐蔽的形式,直到战争爆发前夕,德军才在边境线上实施集中,坦克部队仍配置在很远的地方,6月21日夜间才进入出发地域。而苏联一方在德方周密布置天罗地网时,做出了一个又一个的错误判断。首先斯大林认为德军主攻方向将在乌克兰。乌克兰是苏联粮库,煤炭资源极为丰富,后面有高加索的石油宝库,当时无论斯大林,还是朱可夫的参谋部对于德国的闪电战没有足够认识,认为苏德战争将是一场长期战,而且像以前一样先会在边境交战几天,之后双方主力才进入交战。而闪电战的特点是战争在很短的时间内结束,根本无需考虑资源问题,哪里兵力薄弱,哪里将成为突破口。当时德国几乎拥有整个欧洲,已拥有足够的人力与物力资源。斯大林对主攻方向的判断,尽管朱可夫等将领都在场,但并没有引起大家的怀疑。

战争的前夜紧张不安,各种情报真真假假纷至沓来。斯大林作为最高统帅心里很清楚和德国的战争不可避免,但他始终贯穿一个愿望,那就是尽可能避免战争,竭尽全力制止战争,实在避免不了则尽量往后拖。因为无论斯大林,还是身为总参谋长的朱可夫都非常了解苏军当时的情况:军官年轻缺乏足够训练;1941年才开始恢复组建机械化师和坦克师,朱可夫任总参谋长后要求至少配备20个机械化师,但一年之内苏联根本就生产不出32000辆坦克;1941年4月才组建空降军,战争爆发时,空降兵只能当步兵用,所有的训练根本来不及。战争爆发时,苏军在西部边境虽有149个师,但每师编制仅8000人,而德国进攻动用了190个师每师编制为15000人。越来越多的迹象表明战争一触即发,朱可夫寝食难安。6月13日,他和铁木辛哥再次前往克里姆林宫,请求使部队进入一级战备状态。斯大林着急了:"这就是战争!你们懂不懂?"斯大林很清楚他不能轻举妄动。

然而,战争终于突然而至!

6月21日晚,朱可夫接到基辅军区参谋长的电话,报告有一名德军司务长投诚,说德军正在进入出发领域,将在22日晨发动进攻!朱可夫立即和铁木辛哥赶往克里姆林宫,铁木辛哥建议立即命令前线部队进入一级战斗准备。斯大林仍表示也许问题还可以和平解决,最后在斯大林指示下用平和的语调下达了一级战备令。21日晚总参谋部和国防人民委员部全体人员奉命留在各自岗位上,朱可夫通过电话电令西部各军区司令员在岗位待命。22日凌晨3时30分,西部军区报告,德军空袭白俄罗斯13分钟后,基辅军区报告乌克兰遭德军空袭!3点40分,波罗的海沿岸军区报告敌人开始进攻!战争终于爆发了!朱可夫感到全身的血液仿佛一下子全集中到头上,脑袋嗡嗡作响。铁木辛哥大声命令朱可夫给斯大林打电话,电话要通了,朱可夫报告了德军轰炸苏联西部各城市的消息,请示允许还击。斯大林惊呆了,好一会儿没有声息,电话那端的朱可夫着急了:"您听懂了我的意思吗?"仍然是沉默!最后斯大林疲惫地说:"你和铁木辛哥到克里姆林宫来一趟,通知政治局全体委员。"人员到齐了,长时间难以承受的沉默,最后斯大林说道:"下命令吧!"然后顽强地从椅子上站起来。

保卫首都

1941年6月22日拂晓,德国法西斯对苏联发动突然袭击,一个半小时之后才正式向苏联宣战。意大利、罗马尼亚、匈牙利、芬兰也相继参加了侵苏战争。法西斯190个师(153个德国师)、4300辆坦克、5000架飞机、总兵力550万人从波罗的海到黑海1500公里的战线上全面突进。一天内苏联就损失约1200架飞机,成千上万的苏军被合围,被消灭,损失惨重!9月,北路德军包围了列宁格勒,中路推进到离莫斯科约400公里的斯摩棱斯克,铁木辛哥亲自指挥斯摩棱斯克的保卫战,但几乎全军覆没!斯大林在盛怒之下要罢免铁木辛哥,被朱可夫力阻。南线德军一路攻至第聂伯河,乌克兰首府基辅危在旦夕。

7月29日,朱可夫请求斯大林紧急接见,一到克里姆林宫朱可夫分析了局势,建议从西部与西南方向,以及统帅部预备队各抽调一个集团军立即加强莫斯科所在的中央方面军,同时建议西南方面军立即撤过第聂伯河。斯大林警觉地问,"基辅怎么办?"朱可夫明白放弃基辅谁都接受不了,但作为总参谋长,朱可夫告诫自己不能感情用事,他断然回答:"基辅不得不放弃。"难堪的沉默,朱可夫试图再解释什么,斯大林终于发火:"把基辅交给敌人,亏你想得出来!"朱可夫也急躁起来,请求解除总参谋长职务,上前线去实地指挥。斯大林同意了,沙波什尼科夫出任参谋长,朱可夫战争开始后第一次奔赴前线。从7月30日到9月9日,朱可夫在距离莫斯科最近的防线叶利尼亚突出部成功地组织了一场反突击,苏军收回了叶利尼亚,德军在付出5个师的代价后被迫后撤,此役在败绩连篇的战争初期极大地鼓舞了苏军士气。而同一时期基辅保卫战在残酷地进行着,9月19日基辅失陷,约65万名苏军官兵被德军俘虏,苏军指挥员赫鲁晓夫、布琼尼、铁木辛哥等差一点儿当了俘虏。在残酷的事实面前,斯大林承认当初朱可夫的建议是明智的,从此以后战场上所有重大问题,斯大林都注意听取朱可夫的意见。

9月9日晚朱可夫被突然从前线召回,斯大林直截了当地对他说:"你到列宁格勒去,接替伏罗希洛夫指挥方面军和波罗的海舰队。"列宁格勒是苏联的北方门户,1924年朱可夫作为一名骑兵高级指挥官曾在此接受培训。此时的列宁格勒已被包围,指挥列宁格勒方面军的伏罗希洛夫元帅几乎完全失去了信心。斯大林意识到列宁格勒一旦失守,德芬军队必将会合从北面进攻莫斯科,苏军不得不消耗准备用于保卫莫斯科的预备队来开辟北面的新战线,而且将不可避免地失掉强大的波罗的海舰队。危难之际朱可夫飞抵列宁格勒。朱可夫一到立即颁布一系列稳定战线的措施,他亲自部署了海、空兵种的火力配置,下令波罗的海舰队除炮火支援外,水兵组建水兵师投入列宁格勒保卫战。同时下达死守列宁城的命令。列宁格勒的居民被动员起来挖战壕,筑街垒,全体军民做好了保卫每所房屋、每条街道的准备。惊慌失措的情绪很快被稳住,德军装甲部队攻到距列宁格勒约9公里、4公里处仍被苏军顽强击退。到9月底一方面希特勒准备进攻莫斯科,不得不从列宁格勒抽调部分兵力,另一方面由于朱可夫指挥下的苏军拼死抵抗,攻占列宁格勒的企图不得不放弃。列宁格勒最危险的时刻终于熬过来了。但之后希特勒采取封锁战术,列宁格勒军民一直被饥饿困扰,直到1943年才突破封锁,这期间约60多万市民被活活饿死!

1941年10月5日,正在列宁格勒指挥作战的朱可夫突然接到斯大林电话,斯大林命令朱可夫立即返回莫斯科。此时莫斯科方向局势十分紧张。9月30日德军发起了对莫斯科的总攻,德军投入了180多万兵力,1700辆坦克和1390架飞机。10月2日德军从中部突破了苏军防线,6日德军南北合围了保卫莫斯科的西方面军、预备队方面军的4个集团军!苏军虽浴血奋战,但绝大多数被歼被俘,从10月2日到10日苏军仅被俘人员就达66万之众!7日朱可夫飞抵莫斯科,斯大林说"你立即到西方面军司令部去一趟,我无法从西方面军与预备队方面军得到有关真实情况的详细报告"。当时西方面军已与最高统帅部失去了直接联系。朱可夫不敢有片刻停留,从总参谋部要来西部方向的地图,马不停蹄地赶往前线。由于时间紧迫朱可夫只好打着手电在颠簸起伏的汽车里研究地图。在列宁格勒的20多天里朱可夫几乎没有睡过整觉,现在更没时间打盹了,困得实在不行时,朱可夫只好让司机停下车,他跑上一段路再往前开。

天开始下起小雨,空旷的田野大雾弥漫,汽车开过了朱可夫的家乡,那熟悉的一草一木很快将成为战场,朱可夫想起了年迈的妈妈,还有姐姐,如果真的德国人打来了,妈妈她们很可能成为俘虏!有那么一瞬间朱可夫有些心动,车子只要拐一下就可以接走亲人,但理智告诉他:军务紧急,不可有片刻延误!车子开过了村边那条熟悉的小河。三天后,朱可夫派人接走了母亲及家人,两个星期后,朱可夫家的房子连同整个村庄被德军烧成了灰烬。

朱可夫找到了西方面军与预备队方面军司令部,在向斯大林汇报完情况后不久,斯大林正式命令两个方面军合并为西方面军,由朱可夫任司令员。朱可夫以他特有的充沛精力和工作效率开始了他的新任务。他立即与副司令员科涅夫和参谋长索科洛夫斯基开会,当场决定在莫斯科正西方向,从沃洛科拉姆斯克到卡卢加一线建立防御带,建立第二梯队和方面军预备队,同时组织被围的苏军实施突围。但突围未能成功,英勇的红军官兵在被合围的情况下仍不屈不挠地战斗,虽付出了巨大牺牲,却为朱可夫争取了建立新防线的宝贵时间。

10月13日德军在通往莫斯科的所有方向上发起猛烈进攻,当天朱可夫下令放弃卡卢加,莫斯科附近的塔鲁萨与阿列克辛两个城镇失守,德军还包围了莫斯科南方门户图拉。战斗十分激烈,莫斯科附近10月的防御战在苏联人民保家卫国的战争史上可歌可泣!朱可夫在战后的回忆录中也十分感慨地谈道:他一生最难忘的是莫斯科保卫战的日日夜夜。那时几乎所有的预备队都投到了战场,莫斯科步兵指挥学校学员被混编成步兵团派往前线最重要的地段,临行前校长发表了演讲:"凶恶的敌人要闯入我们祖国的首都莫斯科……现在没有时间进行你们的毕业考试了。你们将在前线,在与敌人的战斗中经受考验。我相信,你们每个人都会光荣地通过这次考试!"学员们急行军85公里,于10月7日达到前线,他们不怕危险,不怕牺牲,一直牢固地守住了防线。10月20日开始,莫斯科实行戒严,在此之前中央机关与所有外交使团已疏散到古比雪夫,斯大林决定留在莫斯科。莫斯科的工人、职员、学生被动员起来建立了4个民兵师,几十万莫斯科人不分昼夜构筑环绕首都的防御工事,这一主要由妇女与少年组成的修筑大军用自己的双手挖出了300多万立方米的土,修建了近13万米长的战壕、7.2万米长的防坦克壕、近8万米的断崖。整个 10 月份德军虽然前进了 200 多公里,推进到离莫斯科仅 60 多公里处,但德军被拖得精疲力竭,希特勒在 10 月中旬攻战莫斯科的计划破产了。

11 月 7 日斯大林在征询朱可夫意见后,在德国军队几乎兵临城下的危局中,在莫斯科"马雅科夫斯基"地铁车站举行了纪念十月革命 24 周年庆祝大会,并在莫斯科红场举行了传统的阅兵式,极大地鼓舞了苏军士气。11 月 15 日德军向莫斯科发起了第二次进攻。从 15 日到 18 日德军疯狂已极,德军坦克不惜任何代价试图冲进莫斯科,27 日德军攻占了离莫斯科仅 24 公里之遥的伊斯特腊,德军用望远镜可以望见克里姆林宫的顶尖。深夜,朱可夫正在司令部里组织反击,突然斯大林来电话:"你坚信我们能够守住莫斯科吗? 我怀着内心的痛苦在问你这个问题,希望你作为共产党员诚实地回答。"朱可夫坚决地说:"毫无疑问,我们能够守住莫斯科!"此时德军虽没有放松进攻,但已到了强弩之末。到 12 月 5 日德军第二次进攻被彻底粉碎。6 日朱可夫下令西方面军从莫斯科南北两面开始反攻。朱可夫已严重睡眠不足,但仍靠坚强的毅力支撑着。10 多天的反攻使疲弱已极的德军在冰天雪地中后撤了 150~300 公里。希特勒一面撤职查办伦斯德、古德里安等,一面下令拼命死守,德军才没有全线崩溃。红军解放了克林、加里宁、卡卢加等城市,赢得了莫斯科战役的最后胜利。苏联报纸刊登了朱可夫的巨幅照片,朱可夫作为拯救莫斯科的英雄而举世闻名。

激战斯城

莫斯科战役之后,朱可夫负责指挥苏联西方面军和加里宁方面军对德军实施不断突击。进入 1942 年后,希特勒决定主力进攻苏联南部。1942 年 4 月 5 日希特勒正式签发了作战指令:一切可用的军队将集中到南翼的主要战线,其目的是在顿河这边消灭敌人,以夺取高加索油田和进入高加索山区的隘口。希特勒特别强调:"无论如何,必须竭尽一切努力到达斯大林格勒市区。或者至少使这座城市处于重炮射程之内,从而使它不能再成为工业中心和交通枢纽。"丘吉尔在他的回忆录中曾这样谈道:斯大林格勒的诱惑使希特勒着了迷。这座城市的名字本身就是对他的挑战……这座城市成为一块吸铁石,把德国陆军与空军的主力都吸引过去了。

由于德军在整个冬季作战中伤亡了 110 多万人,德军兵员严重不足,希特勒亲自出马在轴心国集团中搜罗到 52 个师,并将其中 41 个师派到苏联南部。尽管德军将领并不十分赞成用盟国军队充数,但德军现在要防守漫长的防线,同时要保证南线进攻,早已力不从心,而这些素质极差的盟军,后来证明不仅成事不足,反而败事有余,加速了德军在斯大林格勒城下的溃败。

1942 年 7 月 23 日,德军以 5 个师的兵力进攻防守在顿河西岸的苏军,揭开了长达 200 天的斯大林格勒大会战。7 月 25 日德军在给予苏军强大打击之后,企图在长拉奇附近强渡顿河,直扑斯大林格勒。希特勒还特意从南高加索抽调第四坦克兵团前往斯大林格勒,德军攻势凌厉。苏军顽强抵抗,粉碎了德装甲兵团在"行进"中占领斯大林格勒的计划,但德军主力仍然渡过了顿河,已经逼近了斯大林格勒。8 月 23 日,德军坦克冲入维尔佳奇地域,将斯大林格勒的防御分割为两部分,同时德军进行了侵苏以来第二次规模最大的空中攻击,一昼夜出动了 2000 架次飞机狂轰滥炸,全市成为一片火海!

斯大林格勒岌岌可危！形势发展不堪设想！一旦城市沦亡，将切断苏联欧洲部分南北水陆交通、将切断中央与南方重要经济区高加索的联系。不仅如此，从斯大林格勒沿伏尔加河北上，可以威胁莫斯科；或由高加索南下切断英美经伊朗向苏输送物资的供应线。8月27日，正在西方面军负责牵制德军、以减少斯大林格勒方向苏军压力的朱可夫，突然接到斯大林电话："你必须尽快到最高统帅部来，留下参谋长代理你的工作。"晚上，朱可夫赶到克里姆林宫。斯大林说：德军可能占领斯大林格勒，国防委员会决定任命你为最高副统帅，并派往斯大林格勒地域。末了斯大林问："你打算什么时候起程？""我需要一昼夜时间研究情况，29日能飞往斯大林格勒。"斯大林点点头，十分郑重地说："你必须采取一切措施。不然的话，我们会丢掉斯大林格勒！"朱可夫再一次临危受命！

29日朱可夫飞抵伏尔加河地域。9月3日，在朱可夫指挥下，苏军近卫第一军团发起进攻，但在德军的强大阻击下，只前进了几公里就被迫停了下来。德军离斯大林格勒仅有5公里之遥，形势急剧恶化。9月5日，朱可夫在斯大林格勒地域再次组织反突击，但德军仍很顽强，经过一天交战，苏军进展甚微。9月6日，苏军仍被遏制，10日朱可夫再一次巡视了各集团军的部队，他得出一个结论：目前，苏军在斯大林格勒地区浴血奋战，只能蒙受沉重损失。以现有的兵力是不能突破敌人的战斗队形并消除其分割苏军而形成的走廊。

12日，朱可夫奉命飞往莫斯科，汇报前线形势，总参谋长华西列夫斯基也被叫去，当二人汇报完情况后，斯大林聚精会神地研究着地图。为了不打扰斯大林，朱可夫和华西列夫斯基走到离桌子稍远的地方，低声地说："显然需要找个什么别的解决办法。"斯大林突然抬起头来问道："有什么别的解决办法？"朱可夫和华西列夫斯基十分惊讶斯大林的听力，连忙走到桌前解释，斯大林说："这样吧，你们到总参谋部去，好好想想，在斯大林格勒地区应该采取什么措施。"

第二天，朱可夫和华西列夫斯基向最高统帅斯大林提出如下建议：苏军继续以积极防御来疲惫敌人，然后发动一次特大规模的反攻，在斯大林格勒围歼德军，从而根本改变南部战略形势。斯大林有些意外地问：

"现在有足够力量实施这样大规模的战役吗？"

朱可夫说："根据我们计算，过45天，战役可得到必要的兵力和兵器保障，而且能够充分准备完毕。"当时配备有苏联最新式T-34型坦克的装甲兵团正在组建。斯大林又提出了几个问题。朱可夫与华西列夫斯基解释说，战役分为两个主要阶段：第一阶段是突破德军防御，合围德军斯大林格勒集团并建立牢固的正面防线，以隔绝该集团与外部敌人的联系；第二阶段，歼灭被围的敌人并制止敌人解围的企图。

正当苏军计划组织反攻时，德军统帅希特勒却做出了十分狂妄的决定：同时拿下斯大林格勒和高加索！陆军总参谋长哈尔德竭力主张集中兵力攻占斯大林格勒，并一再陈述德军根本没有力量能在不同方向同时进行两场重大战役的意见。而希特勒反驳说，苏联人已经"完了"。当有人提醒他说苏军于1942年仍有可能在斯大林格勒附近集结到100万生力军，并证实苏联每月能为前线提供1200辆坦克时，希特勒暴跳如雷，不许今后再有人提及这些愚蠢的废话。

虽然希特勒的狂妄完全忽视了苏联的巨大潜力，一场涉及150万兵力的大反攻正在进一步酝酿之中，但斯大林格勒的局势仍在恶化。9月13日，朱可夫飞抵前线,历时两个月的斯大林格勒市区争夺战开始了。17 万德军在近 500 辆坦克和 1700 门火炮的掩护下攻入市区,斯大林格勒的每条街道几乎全成了激烈的战场,双方短兵相接,逐街逐屋反复争夺。一号火车站一星期内易手 13 次。红军战士为保卫斯大林格勒的每寸土地顽强战斗着,巴甫洛夫中士等 24 名战士在一幢楼房里,顶住一个师德军反复冲击 58 天,守住了大楼。10 月,德军占领了城市的大部分,有的地区甚至推进到伏尔加河边。苏军背水奋战,寸土必争。11 月下旬,高加索方面德军的攻势也因兵力不足而被阻止。希特勒既没有拿下斯大林格勒,也没有占领高加索,反而因兵力分散,捉襟见肘,不得不把斯大林格勒战线侧翼交给战斗力极差的意、罗、匈等国的军队去掩护,暴露了自己的薄弱点。而苏联红军则不仅度过了最艰难时刻,而且大反攻的一切准备已经就绪,一百多万进攻部队在德军毫无知觉的情况下进入了进攻地域。

1942 年 11 月 19 日早晨,经朱可夫、华西列夫斯基、斯大林等周密筹备两个月的大反攻终于开始。苏军 110 万兵力,1500 辆坦克、15000 门火炮、1350 架飞机分两路,首先向战斗力薄弱的罗马尼亚第 3 集团军阵地发起冲击,罗马尼亚军队惊恐万状,很快土崩瓦解。苏军迅速渡过顿河,直捣德军后方。另一路苏军从斯大林格勒南部发起进攻,突破罗马尼亚第 4 集团军防线后,迅速向西北推进,11 月 23 日在卡拉奇与北路苏军会合,从而完成了大反攻的第一阶段,德军第 6 集团军 22 个师约 30 万人被紧紧压缩在包围圈中。苏军突然而强大的反攻,打得希特勒晕头转向,他急忙把冯·曼施泰因元帅从列宁格勒调到南方组建"顿河"集团军,以解救被围的德军。

12 月 12 日,曼施泰因来不及等部队全部集结完毕就向斯大林格勒方向猛冲,19 日,这支不顾重大伤亡、被称为"同死神赛跑"的军队离斯大林格勒仅 40 公里时被迫停住,此时被围德军因燃料短缺,坦克跑不了 40 公里,眼睁睁地看着死里逃生的机会倏忽而逝。苏军在朱可夫等指挥下又一次南北两路冲击顿河集团军,而对潮水般涌来的苏联军队,曼施泰因担心的不再是被围的 30 万德军,而是如果继续往前,自己的军队也将面临被包围的处境,曼施泰因被迫下令德军往南撤退,希特勒解围计划成为泡影。

被围的德军处境越来越差,希特勒一开始还赌咒发誓保证他们的供给,到 1943 年 1 月,希特勒也明白斯大林格勒城下败局已定,从而将重点放到建立新的防线上,对被围德军处境无动于衷。1 月 10 日,苏军开始围歼被围德军,1 月 30 日希特勒下令授予第 6 集团军总指挥保卢斯元帅军衔,指望他能战斗到一兵一卒,然而第二天保卢斯就投降了。2 月 2 日,被围德军全部投降或歼灭,经过 200 天的鏖战,这场二战中最大的一次战役结束。这一战役极大地鼓舞了苏联人民和全世界人民反法西斯的信心和勇气,它成为整个战争的转折点。

战役结束后,朱可夫再次受到隆重表彰。他与华西列夫斯基等将领一起获得苏沃洛夫一级勋章,而且朱可夫获得第 1 号苏沃洛夫一级勋章。在斯大林格勒战役尾声,1943 年 1 月 18 日,朱可夫被晋升为苏联元帅,朱可夫的名字再次享誉全世界。

进军柏林

斯大林格勒战役后,希特勒决定于 1943 年夏季实施"堡垒"进攻计攻,试图夺回苏德战场上的主动权,而苏军一方也在摩拳擦掌,争取彻底粉碎"堡垒"计划,从根本上击败德军。朱可夫作为最高副统帅又一次被派往交战地域库尔斯克。苏军配备了130多万兵力,3444辆坦克和强击火炮,近20000门火炮,近3000架飞机。7月5日双方开始激战,经过10天左右的战斗,德国在强大的苏军攻势面前开始后撤,8月3日和5日苏军攻克别尔哥罗德和奥廖尔城,5日晚苏联首都莫斯科120门大炮齐鸣12响,卫国战争以来苏联国土上第一次响起祝捷礼炮。8月23日,乌克兰第二大城市哈尔科夫被解放,至此苏联卫国战争中最大的一次会战以苏军的胜利而结束,德军为他们的"堡垒"计划又损失了50多万兵力和至少1500辆坦克。朱可夫元帅又一次获得苏沃洛夫一级勋章。

1943年12月,朱可夫奉命回到最高统帅部,总参谋部决定就1943年的总结和近期战争前景征询元帅的意见。经过几天的全面总结和局势分析,苏军最高统帅部决定在1943年冬和1944年初展开北由列宁格勒南到克里木的大范围进攻。1944年年初朱可夫奔赴苏德战场的核心:乌克兰方面军与德国南方集团军群战场,朱可夫负责协调乌克兰第1、第2方面军,总参谋长华西列夫斯基负责乌克兰第3、第4方面军。在朱可夫指挥与协调下,乌克兰第1和第2方面军向前推进了200多公里,全部解放了基辅州、日托米卫州、基洛夫格勒等重要地区。1944年1月,乌克兰1、2方面军在科尔松—舍甫琴柯夫斯基地域又合围了德军包括9个步兵师、1个坦克师和1个摩托化师在内的强大集团,尽管由于经验不足,一批德军得以突围,但仍消灭了55000名德

1943年9月卫国战争期间朱可夫在指挥部

军。2月18日,莫斯科为负责合围战役的乌克兰第2方面军鸣放礼炮。3月,由于乌克兰第1方面军总指挥瓦杜丁大将负伤牺牲,朱可夫又被正式任命为1方面军司令员。朱可夫元帅率领1方面军在南线掀起一股旋风,28天作战,解放了16173平方英里的苏联领土,3个乌克兰中心城市,57个城镇。在喀尔巴阡山山麓乌克兰第1方面军击溃德军,并前进到捷克斯洛伐克和罗马尼亚边境,莫斯科数次响起向乌克兰第1方面军致敬的礼炮,朱可夫打到哪里,胜利便降临哪里的神话到处被传颂。

4月22日,朱可夫奉命回最高统帅部,讨论1944年夏秋季战局。此时驱逐德军于国门之外,完全解放被德军占领的苏联领土成为夏秋战役的目标,为此斯大林、朱可夫、华西列夫斯基等缜密筹划,准备通过10次战役完成这一任务。此即苏联史书上常说的10次打击。经过10次接连不断、此起彼伏的重大打击,苏军解放了列宁格勒州、全部乌克兰、敖德萨、克里木半岛。击败芬兰军队,芬兰当局停战求和。白俄罗斯全境解放,波罗的海大部分领土收复,迫使保加利亚、罗马尼亚退出战争,并对德宣战。包围了匈牙利首都布达佩斯,俄军攻入捷克斯洛伐克与南斯拉夫境内,北线逼近华沙与德国的东普鲁士。

华沙—柏林方向的进攻很快成为苏军的主攻方向,白俄罗斯第1方面军被配

置在这一重要方向上。苏联众多战绩赫赫的将领都渴望成为指挥进攻柏林这一光荣任务的候选人。然而由于斯大林的厚爱,这一美差落到了常胜将军朱可夫的头上。1944年11月16日,他被斯大林任命为白俄罗斯第1方面军司令员。原司令员罗科索夫斯基被调任白俄罗斯第2方面军司令员。这两支部队与科涅夫大将指挥的乌克兰第1方面军共250万人成为即将攻克柏林的主力。然而朱可夫面临挑战,在柏林战役正式打响之前,在著名的维斯瓦河—奥得河战役结束后,苏联战略正面的几个方面军基本处于同一线上。虽然斯大林对朱可夫很器重,但战场上的主动权则由各位实地作战的将军们掌握的。特别是指挥乌克兰第1方面军的科涅夫,原本就对最高统帅将白俄罗斯第1方面军指挥大权交给朱可夫不服气,此时更是信心十足决心与朱可夫一较高低。

1945年4月1日,斯大林召回了朱可夫与科涅夫两员虎将,商议柏林战役的最后准备工作。此时英美盟军已打过莱茵河,为未来的政治前途计,盟军也试图攻克柏林。斯大林问两位将军:"现在谁将要攻克柏林,是我们还是同盟国?"

还没等朱可夫开口,科涅夫抢先回答:

"我保证苏军一定能先攻占柏林!"

斯大林问科涅夫:"你的主力部队在南翼,你怎样建立一个攻占柏林的突击集团呢?"科涅夫表示方面军将保证在规定的时间内完成战争部署。

朱可夫不慌不忙地站起来请求承担主攻柏林的任务,理由是白俄罗斯第1方面军战略正面直接对准柏林,而且离柏林最近。朱可夫坚持白俄罗斯第1方面军可以独立攻占柏林。最后斯大林为科涅夫的主动精神所感动,默许了科涅夫的计划,但斯大林同时也给了朱可夫同等的机会:那就是以柏林东南约60公里的吕本为界,哪个部队先到达吕本,哪个部队就参加攻占柏林。

返回前线的路上朱可夫心情并不轻松。攻占柏林对一位苏联将领来说无疑将是最光荣、最辉煌的一页,是名垂青史的重大事件,朱可夫决不甘心落后。然而令朱可夫更担忧的并非谁将获得头功,而是法西斯困兽犹斗将使柏林战役空前残酷。

德国法西斯派出了以海因里希上将为司令的强大集群部队来抵抗朱可夫的进攻。海因里希与朱可夫曾在莫斯科战役中交过手。他惯于采用一套独特的防御战术,那就是准确判断对方的进攻时间,然后在敌方发起进攻前将自己的部队迅速后撤到第二道防御线,使对方进攻时猛烈的炮火全部落在空无一人的第一道防御线上。等苏军炮火一停,又重新占领原先的前沿阵地。1945年4月15日,海因里希又一次准确判断出苏军的进攻时间,在4月16日朱可夫发起进攻时将前沿部队后撤。然而朱可夫不甘示弱,一是将进攻时间由以往的清晨改在晚上,同时别出心裁地使用了140部,耗电总共1000多亿度电的巨型探照灯。德国阵地被照耀得如同白昼,黑暗中的目标全部显露,德军士兵被突如其来的强烈光柱震慑。然而朱可夫的进攻遇到了强大阻击。在朱可夫部队进攻柏林途中的泽劳弗高地是柏林接近地最后的屏障,被德国人称为"柏林之锁",在德军的强大火力面前,朱可夫部队一次又一次的冲击都被击退。而此时科涅夫大将的乌克兰1方面军攻势顺利,很快接近柏林城郊,斯大林甚至同意科涅夫的两个坦克集团军向柏林进发。朱可夫激动了,下令苏军发疯似的进攻,18日泽劳弗高地终于被攻克。20日,朱可夫手下的第3突击集团军在库兹涅佐夫上将指挥下首先向柏林市区开炮,而科涅夫的军队于21日晚逼近柏林市区防御圈,两员战将的攻势再次难分高下。关键时刻斯大林发话:市区攻坚战一分为二。但科涅夫认为斯大林仍然偏心地将柏林市的象征国会大厦划到了朱可夫一方。战功卓著、久经考验的朱可夫再一次领受了最艰巨的作战任务。

希特勒决定死守柏林,柏林的战役因而十分惨烈。德军利用楼房,高大厚实的墙壁、纵横交错的防空通道、地下室、下水道等组成了严密的防御。朱可夫指挥部队不分昼夜不停地进攻,白天第1梯队、晚上第2梯队,分割德军,各个击破。从4月21日到5月2日,单朱可夫的部队就对柏林发射了180万发炮弹,相当于36000吨钢铁重量。市内攻坚战开始后,苏军铺设了专门的路轨,将每发重半吨的要塞炮运抵战场,有的德军驻守的楼房仅一发要塞炮便可顷刻拔掉。4月29日朱可夫的部队离希特勒的总理府仅一街之隔了,30日凌晨希特勒自绝身亡。30日早晨,朱可夫的部队开始攻打国会大厦,朱可夫的部队与党卫军精锐部队进行了一场近距离血战。苏军占领了下面各层后,上面楼层的德军仍拼死抵抗,苏军不得不每个房间、每个楼层地与德军搏斗,直到夜间国会大厦才升起了苏联的旗帜。亲自指挥这一历史性战斗的库兹涅佐夫拿起电话机,兴高采烈地向朱可夫报告:

“国会大厦上升起了红旗!元帅同志,乌拉!”

朱可夫激动不已,14年卫国战争,多少牺牲,多少困难,终于盼来了这一历史性时刻!朱可夫激动地下令继续战斗,完全彻底地击溃法西斯!

5月1日,德国汉堡广播电台发表声明:

“我们的元首阿道夫·希特勒同布尔什维克主义战斗到最后一息,今天下午在德国总理府的作战大本营里为祖国牺牲了。4月30日,元首任命海军元帅邓尼茨为他的继承人。”邓尼茨政府试图讨价还价,但遭到苏联坚决回绝,5月2日德军柏林城防司令魏德林将军率残部投降,柏林战役胜利结束。

战斗一结束,朱可夫匆匆赶赴帝国办公厅,想亲自查实希特勒之流自杀的情况,然而苏军的重炮毁掉了所有痕迹。正当朱可夫带着扫兴的心情准备离开帝国办公厅时,忽然有人报告发现了戈培尔6个孩子的尸体,久经沙场的朱可夫不忍心去目睹这一悲剧,匆忙离开了。经过详细调查,朱可夫确信希特勒自杀属实。当朱可夫向斯大林报告希特勒已自杀身亡的消息时,最高统帅也不顾及文雅不文雅,冲口大骂:

“完蛋啦?这个混蛋!可惜没能活着把他抓到!”

5月7日,邓尼茨政府在艾森豪威尔的盟军总部签署了无条件投降书。斯大林十分气恼,要求德军投降书应在反希特勒联盟所有各国的最高统帅部面前签署,地点必须在法西斯的侵略中心柏林。斯大林的建议为盟国所接受。5月9日,德国无条件投降仪式在柏林正式举行,朱可夫作为苏军最高统帅部的全权代表端坐在正中。5月9日零点43分,签字仪式结束。苏、英、美、法各国代表欢庆一堂,柏林上空响起了胜利的礼炮,朱可夫一身戎装,情不自禁地跳起了“俄罗斯舞”,在欢快的旋律和互相亲切的祝愿中,一个时代结束了。

往事如烟

战争刚结束的那段日子,朱可夫的声望达到了高峰。在柏林还在举杯同庆胜利的时刻,朱可夫得到了艾森豪威尔、蒙哥马利等著名将领的称赞。在国内,各类报刊上大篇幅地登载着朱可夫满佩勋章、喜气洋洋的文章与照片。斯大林对朱可夫的器重,几乎全世界人民都有目共睹。1945年6月24日,莫斯科红场举行了盛

435

大的阅兵式，隆重庆祝反法西斯战争的胜利，斯大林特意安排朱可夫担任阅兵首长，自己退到幕后。同时朱可夫被委任为四国对德管制委员会中苏方最高长官，协调各国对德国问题的处理。朱可夫获得了美国政府与英国政府颁发的荣誉勋章。尽管有不少分歧，朱可夫和艾森豪威尔之间忠诚的友谊逐日加深，8月12日在苏联体育节检阅那天，两位将军在列宁墓的检阅台上热烈拥抱，红场上的苏联人民热烈欢呼，为和平的未来，也为两位战争英雄的珍贵友谊而欢呼。然而祸兮，福兮！极大的成功、至高的荣誉，与一位即将成为美国总统的人的不同寻常的友谊，加之元帅本人倔强、果断、喜欢自夸的性格，这一切的一切在未来的岁月里，给将军带来了不少麻烦。或许人们要说将军此时功成名就，急流勇退就好了，免得之后几十年风风雨雨，大喜大悲，阅尽政坛险恶，尝尽世态炎凉。然而人在高处时，有几人能主动走下神坛？更何况历史的车轮在滚滚向前，朱可夫元帅也和许许多多重要人物一样，战争一结束，便卷入到苏联变幻莫测的政治漩涡中。

1946年2月14日，朱可夫尚在柏林即被选为最高苏维埃代表，他的名望仅次于斯大林，是斯大林身后最耀眼的明星，选民们甚至用"乌拉"来欢颂他。4月10日，朱可夫离开柏林，回国就任苏联陆军总司令。然而暴风雨悄然而至，7月份，《真理报》不动声色地刊登了一则消息：朱可夫被调到敖德萨军区，担任一个不重要的职位。一时间到处在传说着朱可夫被贬的原因，连美国的艾森豪威尔将军也在分析：人们对于他实际上已不公开出面所推测的原因之一是：他与我有人所共知的友谊。我不相信这是原因。实际上元帅的被贬是几种原因造成的：一是战争结束后，斯大林作为最高统帅，他在二战中的作用与地位绝对不能受到旁人的威胁，斯大林不能容忍朱可夫的名望太高而喧宾夺主。将军在二战中的赫赫战功在群众心中正光芒四射，加之将军喜欢自夸的个性更加渲染了他的军事天赋，许多要人开始不满。有一次朱可夫出席党的会议，会议主席十分粗暴地大声对他嚷道："我们胜利的功劳不属于你，而属于党和领袖！"此外便是将军的直率，朱可夫对于斯大林坚持把战争胜利归于他的天才，越来越轻蔑，继而反感，在一些场合元帅直抒胸臆，公开表示不满，秘密警察们一字不漏地报告了斯大林。第三是固执地坚持军队的职业化，轻视党和政治工作对军队的影响。在战争期间，斯大林让了步，军队取消了政治委员，但现在仗打完了，斯大林再也不能容忍朱可夫对党的工作人员的排斥态度。

朱可夫离开了他仅坐了三个月的陆军总司令的交椅，老对手科涅夫取而代之。朱可夫的下坡路还没走完。朱可夫在敖德萨任职期间，在列宁格勒被围战役中有过严重分歧的戈沃洛夫，以监察部长的身份视察了敖德萨，早就对他怀恨在心的戈沃洛夫向国防部递交了一份对朱可夫极为不利的报告，朱可夫再次被贬，他被调到乌拉尔更低的岗位上。

元帅无法承受这一次次不明不白的打击，他请求离开他为之终身服务的军队，他抗议政府对他的功绩一笔勾销，抗议秘密警察没完没了的盘查，但请求没有得到任何回音。然而元帅生命的转折又降临了，1953年3月5日，一代巨人斯大林因患脑溢血突然离世，3月6日凌晨，莫斯科电台宣布了斯大林逝世的消息，同一天，朱可夫被任命为国防部副部长，并同时负责苏联陆军部队。

元帅生命的春天又一次来到。一代巨星斯大林陨落后的星空，朱可夫又一次成为耀眼的明星。这在巨人逝世后的年代里对于稳定军心与民心产生了积极作用。斯大林时代之后继之而起的赫鲁晓夫，需要将军的帮助，仰赖军队的支持，更何况朱可夫的美国朋友成了美国总统,在美苏冷战激烈的时代,或许元帅与艾森豪威尔的私情能化解东西方的坚冰,总之,朱可夫很快又大红大紫起来。他参与了处置贝利亚集团的重大事件,对秘密警察的切齿痛恨使元帅对贝利亚毫不手软。军队在苏联的柱石作用重新得到了承认。1955 年 7 月,朱可夫以军方代表身份出席了赫鲁晓夫与艾森豪威尔在日内瓦举行的美苏高层会晤。然而令艾森豪威尔伤感的是,元帅已今非昔比,会晤时讲的话仿佛在背诵台词,嘴里轮回地念着冠冕堂皇的辞藻。那个独立而充满自信、敢作敢为、精明果断的将军已成了永恒的记忆。但将军的固执依旧,他对军队实行军事首领的一长制终身不逾,他坚持文职当局必须放手让军事司令员处理军队事务,而不要让政治委员来干涉。在朱可夫的领导下,苏联军队进入了一个新的时代,军官重视军事理论,而党的观念淡化了,不少政治干部因没有前途,纷纷离开军队。这是一种潜在的危机。党的领导视为这是军队对党的挑战,对元帅而言,这一思想与客观现实将再次成为他跌向低谷的重要原因。

此时的朱可夫尚不能离开政治核心,赫鲁晓夫深知要在政治强手如林的政治漩涡中站稳脚跟,还离不开朱可夫。1957 年 4 月马林科夫、莫洛托夫、卡冈诺维奇开始向赫鲁晓夫发难,他们抨击他的各项政策,大家异口同声地谴责这个以反斯大林个人崇拜而扬名的人搞个人崇拜,要求赫鲁晓夫立即辞去党的第一书记职务。赫鲁晓夫在目瞪口呆之余终于回过神来,坚持立即召开全体中央委员会会议,以决定他的去留。危难之际朱可夫毫不迟疑地

朱可夫元帅塑像

支持赫鲁晓夫,并命令国防部迅速派军用飞机把分散在全国各地的中央委员火速接到莫斯科。赫鲁晓夫赢了,马林科夫等人作为"反党集团"被清洗。由于三人又曾经是 30 年代对红军指挥人员血腥清洗的重要参与者,军人集团对这个反党集团有着特殊的怨恨,朱可夫也决不手软地要清算这笔血债。元帅在政治舞台上似乎有些忘乎所以,他痛斥反党集团是害群之马,他公开呼吁为 30 年代蒙受不白之冤的军官们平反。也许出于对朱可夫的感激,赫鲁晓夫默许了元帅的种种建议:图哈切夫斯基元帅和布留赫尔元帅平反昭雪了。苏军总政治部向党中央直接报告的制度停止了,转而向朱可夫报告工作。军队派代表参加秘密警察领导机关的活动,对内务部的军队和国家安全委员会的边防军都有权指挥。正式和公开地谴责斯大林时代对军队的清洗等等。然而元帅不懂得党的领袖们始终是一个整体,他们在许多方面,几代人都是一脉相承。元帅似乎肆无忌惮地向党的隐蔽处进攻,显然触犯了政治敏感的神经。元帅出席各种集会的机会多了,对自己往日的功劳也许表白得太多。"朱可夫想干什么?"这一问题在党的领袖们脑海里挥之不去。"不能让他为所欲为",赫鲁晓夫暗自决定。

1957 年 10 月,朱可夫春风得意地在南斯拉夫、阿尔巴尼亚访问。访问结束后,朱可夫原计划取道克里木去检阅那里的部下。赫鲁晓夫的秘书打来电话请元帅直飞莫斯科,说是 11 月 7 日革命节的 40 周年盛大军事检阅有许多事情等着老将军回来定夺。朱可夫压根没有想到,那个得到他大力帮助的赫鲁晓夫早已为他准备

好了陷阱。

朱可夫被免去了国防部长的职务,这一新闻立即传遍了世界各地。朱可夫又一次突然从社会和政治生活中消失了。新任国防部长马林诺夫斯基操纵《红星报》说:一个高级军人被他自己成功的军事经历迷住了心窍,他为此犯了严重的错误,受到了党的严厉制裁。朱可夫的亲密战友和部下如罗科索夫斯基、索科洛夫斯基、扎哈罗夫等异口同声地声讨他。老对手科涅夫元帅决心一鼓作气把这个竞争者彻底搞臭,他竭力贬低朱可夫在战场上的功劳,说朱可夫占领德国国会大厦是他的乌克兰第1方面军让出来的,朱可夫窃取了不应有的荣誉云云。那个幸亏朱可夫而免遭灭顶之灾的赫鲁晓夫公开表示:"就一个生命来说,一个细胞死亡,另一个细胞代替它,生命才能继续下去。"苏联战争史在悄悄改变,朱可夫的功绩被一点点遮盖。元帅又一次面对精神与肉体的摧残,在中央委员会全体会议上,元帅自己投票赞成把他从主席团清除出去。

朱可夫退休了,在莫斯科郊外的一幢别墅里悄悄地度着自己的晚年。外界的风雨时而也敲打着将军的窗棂,但将军已经习惯地漠然处之。1964年,68岁的元帅离婚,与比他年轻25岁的格林娜结婚,不久老将军晚年得女,小玛莎的活泼与格林娜的温柔给心灰意冷的元帅带来了慰藉。

历史的车轮滚滚向前,克里姆林宫再次更换了主人。1964年10月勃列日涅夫担任苏联党的第一书记。1965年5月9日,反法西斯战争胜利20周年纪念日,莫斯科红场举行了盛大的阅兵式,在列宁墓顶上,人们又看到了久违的英雄——朱可夫元帅。许多人感动得流下了热泪。

1969年,朱可夫著名的回忆录——《回忆与思考》在苏联出版了,第一版就发行了60万册。1966年12月,为庆贺老将军70岁生日,最高苏维埃主席团授予朱可夫国家最高级勋章——列宁勋章,致贺的电报、亲切的问候纷至沓来。同年8月,蒙古人民共和国授予元帅英雄金星勋章。面对荣誉和善良的人们忠诚地问候,老元帅激动不已,荣辱兴衰,宦海沉浮,沙场浴血,世态炎凉,往事如烟,一切都交给后人评说吧。

然而历史不会忘记那些对历史做出了贡献的人们,人们也不会忘记那些挽救了历史的英雄,朱可夫元帅的伟大贡献将不仅被苏联人民铭记,而且将永远被全世界人民铭记。

1974年6月,朱可夫在莫斯科安然离世。

特别提示:

本书在编写过程中,参阅和使用了一些报刊、著述和图片。由于联系上的困难,和部分作品的作者(或译者)未能取得联系,对此谨致深深的歉意。敬请原作者(或译者)见到本书后,及时与本书编者联系,以便我们按照国家有关规定支付稿酬并赠送样书。

联系电话:010-80776121   联系人:马老师